सुभाष चन्द्र कुशवाहा

उत्तर प्रदेश के कुशीनगर जनपद में 1961 में जन्म। विज्ञान से स्नातकोत्तर। विगत तीन दशकों से हिंदी कथा साहित्य में हस्तक्षेप। अब तक तीन कविता-संग्रह— 'आशा', 'क़ैद में है ज़िंदगी', 'गाँव हुए बेगाने अब'; पाँच कहानी-संग्रह— 'हाकिम सराय का आख़िरी आदमी', 'बूचड़ख़ाना', 'होशियारी खटक रही है', 'लाला हरपाल के जूते', 'लाल बत्ती और गुलेल'; कबीर पर शोधात्मक पुस्तक— 'कबीर हैं कि मरते नहीं', इतिहास पर— 'चौरी चौरा : विद्रोह और स्वाधीनता आंदोलन', 'अवध का किसान विद्रोह (1920-22)', 'टंट्या भील : द ग्रेट इंडियन मूनलाइटर', 'चौरी चौरा पर औपनिवेशिक न्याय'; पाँच संपादित पुस्तकें— 'कथा में गाँव', 'जातिदंश की कहानियाँ', 'लोकरंग-1', 'लोकरंग-2', 'लोकरंग-3', 'लोकरंग-4' प्रकाशित। कथादेश पत्रिका के किसान विशेषांक, 'किसान जीवन का यथार्थ: एक फ़ोकस' का संपादन। वर्ष 1998 से लोकरंग पत्रिका का संपादन। प्रमुख पत्र-पत्रिकाओं में 350 के लगभग आलेख।

'सृजन सम्मान', 'प्रेमचंद स्मृति कथा सम्मान', '18वाँ आचार्य निरंजननाथ सम्मान-2016'।

संपर्क- sckushwaha@gmail.com

भील विद्रोह

संघर्ष के सवा सौ साल

सुभाष चन्द्र कुशवाहा

हिन्द युग्म

ISBN : 978-81-953061-0-7

प्रकाशक:
हिंद युग्म
सी-31, सेक्टर-20, नोएडा (उ.प्र.)-201301
फोन- 0120-4374046

मुद्रक : मनीपाल टेक्नोलॉजीज लिमिटेड
कला-निर्देशन : विजेन्द्र एस विज

पहला संस्करण : अक्टूबर 2021
दूसरा संस्करण : मार्च 2022
तीसरा संस्करण : दिसंबर 2023
मूल्य : ₹399

Bheel Vidroh : Sangharsh Ke Sawa Sau Saal
by *Subhash Chandra Kushwaha*

Published By
Hind Yugm
C-31, Sector-20, Noida (UP)-201301
Phone- 0120-4374046
Email : sampadak@hindyugm.com
Website : www.hindyugm.com

First Edition: Oct 2021
Second Edition: Mar 2022
Third Edition: Dec 2023
Price : ₹399

स्मृतिशेष

पिताजी

और माई को

विषय-सूची

प्रारंभिक बात

आदिवासी समुदाय के प्रति हमारी दृष्टि, अभिजन बनाम अभिशप्तजन में विभाजित रही है। यह सुघड़ और फूहड़ के मनोरोग से भी ग्रसित रही है। भारतीय भू-भाग पर बाहर से आए अश्वारोही आक्रमणकारियों ने मैदानी सैन्य कुशलता के बल पर जब भील प्रांतों पर कब्जा जमाया, तब उन्होंने काली चमड़ी वाले मूल निवासियों को छलबल से बेदखल करने के लिए, उनकी सत्ता में सेंध लगा दी। यह एक प्रकार की आर्थिक और सामाजिक डकैती थी, जिसके द्वारा अभिजनों ने, अभिशप्तजनों के हिस्से की सामान्य और सामूहिक खुशियों पर कब्जा कर, उनकी प्राकृतिक जीवनयापन संपदा को हथिया लिया।

इन अभिजनों ने, शारीरिक ताकत से युक्त भील आदिवासियों तक शिक्षा और आधुनिक साधनों की पहुँच रोक दी। अज्ञान के अंधकार में अंधविश्वास को स्थापित किया गया। अशिक्षा और अज्ञानता के कारण, देश के लगभग तिहाई भू-भाग पर फैले भील आदिवासियों को सामाजिक कुरीतियों का वाहक बना दिया गया। यही कारण रहा कि अज्ञानता और आपदा के बीच जीने वाली इस आदिवासी जाति के अंदर अंधविश्वासों की भरमार होती गई। डायन प्रथा में विश्वास सघन था और डायनों को दंडित करना भील समाज की संस्कृति बन चुकी थी। पेट पालने के साधनों के अभाव में भूख मिटाने को लूटमार के लिए छापामार जीवनशैली ने उन्हें बर्बर और लुटेरी नस्ल के रूप में चिह्नित कर दिया था।

राजपूतों की अश्वसेना से भीलों का मुकाबला नया-नया था। वे उनके सामने मैदानी क्षेत्रों में मुश्किल में पड़ रहे थे। घोड़ों की रफ्तार उन्हें मोर्चाबंदी में कमजोर कर रही थी। इसलिए साहसिक संघर्ष के बावजूद, वे मैदानी क्षेत्रों से पीछे हटते गए। उन्होंने जंगलों और पहाड़ियों में जाकर अपनी मोर्चाबंदी सँभाल ली।

अन्न की उत्पादकता मैदानी क्षेत्रों में ज्यादा थी। खेतरहित पहाड़ी क्षेत्रों में जंगली जानवरों के बीच, जीवनयापन के साधन सीमित थे। धीरे-धीरे आदिवासियों में भूख की व्याकुलता बढ़ने लगी। समय-समय पर प्राकृतिक आपदाएँ भूख की चिंगारी बन चटकने

लगीं। वे भुखमरी के शिकार हुए। जीवन संघर्ष में भूखे मरने के बजाय उन्होंने हिंसा और लूटपाट का सहारा लिया। खेती-बारी से परे, लूटमार पेट पालने का तरीका बन गया। वे छापामार युद्धशैली की ओर बढ़े। स्थानीय शासकों, राजे-रजवाड़ों द्वारा धीरे-धीरे भील मुखियाओं के हकों को छीना जाने लगा। जंगलों के उत्पादों पर विभिन्न प्रकार के कर लगा दिए गए। यह देख भीलों ने जंगलों और पहाड़ियों में मोर्चा सँभाल लिया। अपने क्षेत्रों से गुजरने वाले बाहरी लोगों पर उन्होंने नियंत्रण स्थापित किया। भीलों की हिंसक कार्रवाइयों के पीछे यही मूल कारण थे। भीलों को उजाड़ने वाले राजपूतों ने उन्हें बर्बर, जंगली, क्रूर और अपराधी नस्ल बताकर दमन का बहाना ढूँढ लिया।

जंगल, पहाड़ और घाटियों में खदेड़ दिए गए एक बड़े आदिवासी वर्ग को, अभिजनों द्वारा मुख्यधारा में जान-बूझकर कभी आने नहीं दिया गया। शिक्षा देने का प्रश्न ही नहीं था। वर्ण व्यवस्था के पोषक अभिजनों की रीति-नीति में शूद्रों को शिक्षा देना वर्जित था। इस कारण भी आदिवासी अज्ञानी बने रहे। अपने हक-हकूक से वंचित रहे। अभिजनों ने अपने स्वार्थी ज्ञान और धार्मिक वितान के छल-बल से जनजातियों की जमीन, जंगल और पहाड़ों की संपदा का दोहन कर, अपनी सेहत को बेहतर किया। ज्यादातर जनजातियों को भूमिहीन रखा गया। वीरान पड़ी विस्तृत जमीन के व्यक्तिगत मालिकाना हक की उत्पत्ति कुलीनों के मस्तिष्क की देन है। उन्होंने बड़ी चालाकी से यहाँ की जल-जमीन से मूल निवासियों की सामूहिक सत्ता को नकारते हुए, व्यक्तिगत हक-हकूक स्थापित किए और स्थायी स्वामी बन बैठे। जब आदिवासियों को इसका भान हुआ तब तक बहुत देर हो चुकी थी। वे सरल हृदय के प्राकृतिक लोग थे। आर्थिक चालाकियों से अभी अपरिचित थे।

ज्यादातर भील राजाओं की सत्ता जाती रही। कुछ राजा से सामान्य पटेल की हैसियत में आ गए। बहुत कम ऐसे बचे, जिन्होंने अपनी गद्दी को बरकरार रखा, मगर उन से भी राजपूत राजाओं ने कर वसूली कर अपनी अधीनता मनवाने का प्रयास किया था। बॉम्बे सरकार के अभिलेखों के अनुसार, सगबारा के वासावा परिवार की वंशानुगत सत्ता, भारत की आजादी तक कमोबेश बनी रही और वासावा खानदान के उत्तराधिकारियों को प्रीवी पर्स स्वीकृत हुआ यद्यपि सगबारा को राजपीपला स्टेट के राजपूत राजा के अंतर्गत माना जाता रहा।

इतिहास की अनुगूँजें बताती हैं कि कर्मशील आदिवासियों के हाथों से जर-जमीन और जंगल छीन लेने वाला तथाकथित कुलीन तबका, मनुष्य विरोधी रहा है। वह सबसे पहले निम्नवर्ग को सताता है और फिर उसी के रक्त-मांस को निचोड़कर अपने चेहरे की लाली चमकाता है।

कालचक्र के काले पन्नों में धीरे-धीरे भील जातियाँ, विद्रोही दर्ज कर दी गईं।

इतिहास में कभी वे बेहद सरल, शांत और वचन के पक्के मानव समूहों में रही हैं। वे अपने बाबादेव घोड़ा की परिक्रमा कर जो वचन ले लेतीं, उसे हर हाल में निभातीं। भील, बाबादेव घोड़ा के अथान पर लिए गए हर वचन पर कायम रहने वाली जनजाति रही है।

जब राजपूताना के भीलों ने मोतीलाल तेजावत के कहने पर 'एकी' में शामिल होने का वचन ले लिया था, तब अँग्रेजों के धमकाने, मारने-जलाने के बावजूद भील, एकी के वचन से बँधे रहे। उनके वचनों का मूल्य, लिखित दस्तावेजों से ज्यादा था। वे बिना लिखा-पढ़ी के बनियों या साहूकारों से कर्ज ले लेते और हर साल अपनी उपज का पहला हिस्सा, कर्ज के ब्याज के रूप में चुकाते रहते। किस्त-दर-किस्त चुकाने के बावजूद, ठग बनियों या साहूकारों की चालाकियों से वे कर्ज से मुक्त नहीं हो पाते। जब तक बनिये या साहूकार चुकता शेष बताते, वे चुकाते रहते। यह सादगी थी उनके वचनों की। जो वचन दे दिया, सो दे दिया।

भील कितने सीधे, सरल और ईमानदार थे, इसका एक उदाहरण 9 जुलाई 1868 के 'बॉम्बे गजट' अखबार में मिलता है।

एक बार एक थानेदार ने एक रईस भील मुखिया पर 100 रुपये का दंड लगा दिया। अनपढ़ भील मुखिया को लगा कि यह बहुत बड़ी राशि होगी। उसने थानेदार से पूछा कि क्या वह यह रकम दे पाएगा? अगर थानेदार उसे घर जाने की मोहलत दें तो वह अपनी झोपड़ी में गाड़कर रखा एक ड्रम रुपया लाकर दे सकता है, उससे अधिक उसके पास नहीं है। थानेदार ने सुना और उसके साथ घर गया। जब उस भील ने अपना ड्रम खोदकर थानेदार को दिया तो उसमें एक हजार से ज्यादा रुपये थे।[1] डब्ल्यू गॉर्डन कमिंग ने अपनी पुस्तक 'सेन्स इन कैम्प एंड जंगल' में लिखा है कि लुटेरे भीलों के बीच 9 साल भटकते हुए भी उनका एक रुपया कभी चोरी नहीं हुआ जबकि कई बार वह बिना गार्ड के भी रहे।[2]

राजपूतों ने जब भील मुखियाओं को गद्दियों से बेदखल किया तब भील मुखियाओं के वंशानुगत अधिकारों को हड़पते हुए, प्रतीकात्मक महत्त्व प्रदान करने का प्रलोभन दिया। उन्हें बहलाया-फुसलाया गया। कहा गया कि गद्दी पर बैठने वाला राजपूत तभी राजा माना जाएगा, जब भील मुखिया अपना अँगूठा चीर, अपने रक्त से राजतिलक करेगा। यह परंपरा मात्र भीलों के विद्रोही तेवर को शांत करने का एक उपक्रम रहा। कुलीनों ने ऐसे अनेक फुसलाने वाले उपक्रमों द्वारा ही शूद्रों को शांत रखने की नीतियों का अनुसरण किया है।

इतिहास इन सच्चाइयों से सदियों से मुख मोड़े रहा कि प्राकृतिक संपदाओं पर जिनकी सत्ता थी, जिनका पहला हक था, उस समाज के सभी मानवीय अधिकारों का हनन किया गया। उन्हें असभ्य बताकर दमन किया गया। एकलव्यों का अँगूठा कटवाकर

द्रोणाचार्य, गुरुत्व के भार से मुस्कराते रहे।

भील समुदाय के लिए भी कुछ मानवीय अधिकारों का होना जरूरी है, ऐसा कभी भी भील क्षेत्रों के राजपूत राजाओं ने नहीं सोचा। इसलिए समय-समय पर भीलों ने बगावत की। इन बगावतों की प्रारंभिक जानकारी उपलब्ध नहीं है। यहाँ भील समुदाय के सवा सौ वर्षों के संघर्ष को निरूपित करने का प्रयास किया गया है। यह अवधि लगभग 1800 से 1925 ईस्वी तक की है। 1925 के बाद, मुख्यत: भील विद्रोह या संघर्ष दिखाई नहीं देता। उसका कारण यह है कि 1920 के असहयोग आंदोलन की शुरुआत के साथ ही औपनिवेशिक शासन के विरुद्ध आम जनमानस, महात्मा गाँधी के नेतृत्व में संगठित हो रहा था और राजे-रजवाड़े कांग्रेसी आंदोलन में समाहित हो गए थे। धीरे-धीरे पूरे देश में कांग्रेसी छत्रछाया में धरना-प्रदर्शन, सविनय अवज्ञा आंदोलन जैसे विरोध-प्रदर्शनों में भील समुदाय के स्वर समाहित हो गए। ब्रिटिश गुलामी से मुक्ति-संघर्ष में राजा-रजवाड़ों की गुलामी दब गई। भीलों ने भी अपनी मुक्ति की परिकल्पना राष्ट्रीय आंदोलन के अंतर्गत कर ली थी।

1800 से पूर्व, भीलों ने जो विद्रोह किया होगा, वे, साक्ष्यों के अभाव में सामने नहीं आ पाते। दरअसल अँग्रेजों की सत्ता के साथ ही, एक व्यवस्थित प्रशासन की शुरुआत होती है और साक्ष्यों के उपलब्ध होने की गुंजाइश शुरू हो जाती है।

ब्रिटिश शासकों की एक खासियत यह रही कि उन्होंने अपने प्रशासनिक दस्तावेजों को सँभालकर रखा। इस संग्रह की रचना बिना ब्रिटिश दस्तावेजों के संभव नहीं हो पाती। एक ओर अँग्रेजों ने अपने विभिन्न गजेटियरों में बहुत कुछ लिपिबद्ध करना शुरू कर दिया था तो दूसरी ओर उनके कार्यालयीन पत्र-व्यवहार और समाचार पत्र, लिखित दस्तावेज के रूप में भारत सहित ब्रिटेन, ऑस्ट्रेलिया, अमेरिका आदि देशों के अभिलेखागारों में सुरक्षित रहे। अँग्रेजों की प्रशासनिक व्यवस्था, भारतीय राजशाही की तुलना में उत्कृष्ट थी। इसलिए भी घटनाओं को लिपिबद्ध करना उनकी विशेषता थी। अँग्रेजों के गजेटियरों ने आधुनिक भारत के इतिहास को लिपिबद्ध करने में बहुत मदद की है। आप उन्हें औपनिवेशिक दृष्टि का लेखन कहकर खारिज इसलिए नहीं कर सकते क्योंकि आप इस क्षेत्र में निरा बंजर हैं।

भीलों का ब्रिटिश सत्ता के विरुद्ध संघर्ष और विद्रोह जारी रहा। हमारे राजे-महाराजे इतने स्वार्थी और सुख-सुविधाओं में संलिप्त थे कि कभी भी विदेशी आक्रांताओं से मुकाबले के लिए खड़े न हुए।

भीलों ने गद्‌दारी नहीं सीखी। चुनौती के सामने समर्पण नहीं किया। स्वाभिमान की कीमत पर समझौता नहीं किया। भारत की मैदानी दुनिया ने जब-जब विदेशी आक्रांताओं के सामने अपनी पीठ दिखाई, तब-तब जंगली और असभ्य कही जाने वाली

भील जनजातियों ने अपनी धरती और स्वायत्त दुनिया की हिफाजत के लिए धनुषों की प्रत्यंचाओं पर तीर तान लिए। तलवारें मुट्ठियों में आ गईं और फौलादी सीना सामने तन गया। उन्होंने कभी किसी गैर का हस्तक्षेप बर्दाश्त नहीं किया, अपने खून की कीमत पर प्रतिरोध का झंडा बुलंद किया।

भीलों के बारे में औपनिवेशिक सत्ता की ललक तब से देखी जाती है, जब उसने खानदेश और मध्य भारत में ठीक से अपने पाँव भी नहीं जमाए थे। 'कलकत्ता गजट' नामक अखबार में 1 नवंबर 1804 को एक समाचार छपा था, जिसमें लिखा गया था कि- भील एक बहादुर कौम है। इसी अखबार में 16 फरवरी 1809 में लिखा गया कि मध्य भारत के जितने भी दर्रे हैं, उनमें से बड़वानी को छोड़कर, सभी दर्रों पर भील मुखियाओं और अरबी लोगों का नियंत्रण है।[3] अँग्रेजों ने जब जमीनों की पैमाइश शुरू की तो पढ़े-लिखे और चालाक राजपूत, ब्राह्मण, बनिया और साहूकारों ने ज्यादातर जमीनों का स्वामित्व अपने नाम करा लिया। अनपढ़ भीलों को स्वामित्व के बारे में कोई खास जानकारी न थी। ज्यादातर भील भूमिहीन रहे। वे खेती-किसानी के बजाय, गाँवों की चौकीदारी करते रहे। साहूकारी और व्यापार को बनियों ने अपने हाथों में ले लिया था। होल्कर, सिंधिया, निजाम, मराठों और राजपूताना के राजपूतों की लूट-दर-लूट ने उन्हें अपनी जान बचाने के लिए कभी पिंडारियों के साथ तो कभी अरबों के साथ जाने को विवश किया।

भीलों के विद्रोही बनने, बर्बरता और लूटपाट को पैतृक व्यवसाय बनाने की मजबूरी का ठीक-ठीक मूल्यांकन होना चाहिए था मगर हमारे शोध संस्थानों ने इस दिशा में मौन साधे रखा। क्षेत्रीय स्तर पर कुछ काम हुए। डॉ. बृज किशोर शर्मा ने राजस्थान में किसान एवं आदिवासी आंदोलन पर महत्त्वपूर्ण काम किया है। इसी प्रकार टंट्या भील पर चारु चंद्र मुखर्जी ने 1890 में अँग्रेजी में और फिर बाबा भांड ने 1940 में हिंदी में महत्त्वपूर्ण काम किया। अँग्रेजी में कुछ काम मेजर ए.के. प्रसाद, अरविंद एम. देशपांडेय, अजय सारिका, अल्फ गुनवल्ड निल्सन, वी.के. वशिष्ठ आदि ने किया है।

अब तक प्रकाशित सामग्रियों में एक दर्जन से भी कम भील मुखियाओं का नाम आया है। संपूर्णता में भील क्षेत्रों के दो सौ से अधिक भील मुखियाओं का संघर्ष कभी प्रकाश में नहीं आया। खानदेश, मध्य भारत और महाराष्ट्र के ज्यादातर भील विद्रोह अछूते रह गए। भारतीय स्वाधीनता आंदोलन की एक महत्त्वपूर्ण पुस्तक- India's Struggle for Independence, बिपिन चंद्रा, मृदुला मुखर्जी, आदित्य मुखर्जी, सुचेता महाजन और के.एन. पन्निकर, में कोली और संथाल जातियों के विद्रोहों का संक्षेप में जिक्र है मगर भील विद्रोह के बारे में मात्र चार-पाँच शब्दों का उल्लेख किया गया है। 1857 के विद्रोह के समय भील नायकों को लगभग भुला दिया जाता है। एक दमित, अशिक्षित और

प्रताड़ित समाज के संघर्ष के इतिहास की यह अनदेखी वाकई में चिंता का कारण इसलिए भी है कि भीलों ने 1925 तक लगातार संघर्ष किया, अपनी कुर्बानी दी। मैंने संपूर्ण मध्य भारत, खानदेश, महाराष्ट्र, गुजरात और राजस्थान भील क्षेत्रों के विद्रोहों को नए दस्तावेजों के आधार पर संगृहीत करने का प्रयास किया है। नए दस्तावेजों के आधार पर टंट्या भील एवं उनके सहयोगियों के जीवन संघर्षों को भी सामने लाने का प्रयास किया है।

एक सवाल यह उठाया जाता है कि भीलों ने राजपूतों और औपनिवेशिक सत्ता के विरुद्ध विद्रोह किया या संघर्ष? संघर्ष को स्वायत्तता से और विद्रोह को गुलामी से देखने की आत्मतुष्टि की अवधारणा को अस्वीकार करते हुए मैंने 'विद्रोह' शब्द उपयुक्त समझा। ज्यादातर ब्रिटिश दस्तावेजों में भीलों के लिए 'रेबेलियन' शब्द का प्रयोग हुआ है। मुझे ज्यादातर जगहों पर भीलों के विद्रोही तेवर ही देखने को मिलते हैं। संघर्ष, मनुष्य के अंदर और अपने आप के विरुद्ध भी संभव है मगर विद्रोह का प्रकटीकरण जरूरी है। विद्रोह सामुदायिक उत्पीड़न, अस्मिता हनन और शोषण की लंबी परंपरा के विरुद्ध संभव है जबकि संघर्ष, एकल और अन्य कारणों से भी संभव है। 1800 से 1925 के काल में जिस तरह से भीलों का दमन किया गया, उन्हें सताया गया, उनका हक छीना गया, उन्होंने जीवन-मरण के प्रश्न के रूप में विद्रोह किया है।

वर्तमान अध्ययन में लगभग दफना दिए गए तमाम महत्त्वपूर्ण भील मुखियाओं यथा नादिर सिंह, जग्गा रावत, गुमानी, रामजी, हिरिया, औचित, कूर वासावा, मोगीर, हटनिया, कलिया चमार, ईचा पुग्गी, ओंकार रावत, बांगचुंद, सूरजमल, कुँवर जीवा वासावा, रे सिंह नायक, रूपा सिंह, नीलमा, रतनिया, जुगतिया, इटिया, श्यामलजी, कीरा सिंह, देवी सिंह, दौलत सिंह, दल्ला, देवा, अनूपजी, पेनचुंद, खेमा नायक, कनिया भील, कालिया चमार, काजी सिंह, भीमा नायक, भागोजी, सीताराम, पुंजा धीरज, पुत्ताजी नायक और चिट्टो नायक आदि के संघर्षों को लिपिबद्ध किया है। दो सौ से अधिक भील मुखियाओं या भील लड़ाकों का इस संग्रह में उल्लेख किया गया है जिनमें से अधिकांश अभी तक ओझल थे।

भीलों के सवा सौ साल के विद्रोह को समेटने के लिए ज्यादातर प्राथमिक स्रोतों की तलाश की गई है। ब्रिटिश न्यूजपेपर्स आर्काइव्स से प्राप्त तत्कालीन ब्रिटिश अखबार, पहले प्रामाणिक स्रोत हैं, जहाँ से सैकड़ों भील नायकों के बारे में जानकारी मिलती है। पाठकों के सामने अधिकांश विदेशी समाचार पत्रों के संदर्भों को पहली बार लाया गया है।

अँग्रेजों ने भीलों की जंगली संस्कृति को कौतूहल से देखा था। ज्यादातर अँग्रेज अफसरों ने भील संदर्भों को तत्कालीन ब्रिटिश अखबारों में लिखा था। ब्रिटिश सरकार के विरुद्ध भीलों के विद्रोह के संदर्भों की तलाश में जब मैं ब्रिटिश न्यूज पेपर्स आर्काइव्स से गुजर रहा था, तब तमाम जनजातियों के विद्रोह के साथ, खानदेश के भील विद्रोह के

बहुसंख्यक समाचारों से गुजरा। मेरी जिज्ञासा भीलों के विद्रोह में थी। डिजिटल अखबारों को पलटते हुए भील विद्रोहों के संदर्भ मिलते गए और मेरी जानने-समझने की उत्सुकता बढ़ती गई। पहले मेरी योजना खानदेश के भील विद्रोह को लिखने की थी मगर बाद में लगा कि खानदेश के भील नायकों का हस्तक्षेप रेवाकाँटा और माहीकाँटा क्षेत्रों में भी हुआ है। इसलिए संपूर्ण क्षेत्र को अध्ययन में लेना जरूरी लगा।

अध्ययन की शुरुआत में ही लग गया कि भीलों के मुकम्मल विद्रोहों को समेटना, आदिवासी भील नायकों के इतिहास को ठीक से समझने के लिए जरूरी है। हिंदी भाषा में लिखे गए सामाजिक इतिहासों में इन विद्रोहों की अनुपस्थिति ने प्रेरित किया कि इस कठिन कार्य को किया जाना चाहिए यद्यपि यह अत्यधिक खर्चीला और थकाऊ सिद्ध हुआ। फिर भी कुछ मित्रों की प्रेरणाओं और अभिलेखों से जन्मी उत्सुकताओं के चलते 2017 से इस किताब की रचना प्रक्रिया शुरू हुई।

इस किताब में 'ब्रिटिश न्यूज पेपर आर्काइव' से सौ से अधिक समाचार पत्रों के सैकड़ों संस्करणों को शामिल किया गया है।

ब्रिटिश लाइब्रेरी के कैटलॉगों को निहारते हुए मुझे तमाम ऐसे कैटलॉग हाथ लगे जो पहली बार देखे-पढ़े जा रहे थे। बारी गाँव के भीलों का विद्रोह और कुँवर जीवा वासावा, काजी सिंह, भीमा नायक, भागोजी, सीताराम आदि पर विस्तृत सामग्री ब्रिटिश लाइब्रेरी से ही जुटाई गई है।

'नेशनल लाइब्रेरी ऑफ ऑस्ट्रेलिया', सिडनी से भी अनेक महत्त्वपूर्ण सामग्रियाँ मिली हैं। वहाँ के बहुत सारे अखबारों को भी पलटने का मौका मिला जहाँ भील विद्रोह के तमाम संदर्भ बिखरे पड़े थे। खासकर मेलबर्न के 'लीडर' और सिडनी के 'वर्ल्ड न्यूज' में छपे धारावाहिक, जो टंट्या भील के साहसिक कारनामों के संबंध में थे, पहली बार हाथ लगे। कुछ समाचार पत्रों को 'न्यूज पेपर आर्काइव', यू.एस.ए. से प्राप्त किया गया।

न्यूयॉर्क टाइम्स और कुछ जर्मनी के अखबारों से भी इस कृति में मदद मिली है। पाठकों को अवगत कराना है कि इस किताब की लगभग आधी से अधिक सामग्री ब्रिटिश लाइब्रेरी, 'ब्रिटिश न्यूज पेपर आर्काइव', न्यूज पेपर आर्काइव (यूएसए) और नेशनल लाइब्रेरी ऑफ ऑस्ट्रेलिया के अभिलेखों पर आधारित है। शेष, राष्ट्रीय अभिलेखागार, नई दिल्ली, मध्य प्रदेश शासकीय अभिलेखागार और संग्रहालय, भोपाल और कुछ महत्त्वपूर्ण पुस्तकों से जुटाई गईं हैं।

इस प्रकार पूरी पुस्तक की लगभग अस्सी प्रतिशत सामग्री मूल दस्तावेजों पर आधारित है। पहली बार पाठकों के सामने खेमा नायक और टंट्या भील के संबंधों पर विस्तृत सामग्री दी जा रही है। लंबे समय तक टंट्या को ब्रिटिश अधिकारियों से छिपाने का काम खेमा नायक ने ही किया था। संपूर्ण भील क्षेत्र के भील विद्रोहियों के विद्रोहों के

बारे में एक साथ सामग्री को पहली बार पाठकों के सामने रखते हुए संतोष का अनुभव हो रहा है।

एक वृहद क्षेत्र में रहने वाले भील आदिवासी, जो इंदौर से लेकर पूना तक और औरंगाबाद से लेकर उदयपुर तक लड़ते, मरते रहे, उनका इतिहास, गंभीरता से और उनके असंख्य नायकों के संघर्षों को निरूपित करते हुए अत्यंत थकाऊ कार्य में भी आनंद की अनुभूति हो रही है। चार वर्षों का समय कैसे गुजर गया, कहा नहीं जा सकता। जब देश-दुनिया कोरोना वायरस से आतंकित, घरों में कैद थी, उस समय में मैंने इस कार्य में स्वयं को उलझाकर, बेहद तनावपूर्ण समय को हल्का रखा।

टंट्या भील पर चारु चंद्र मुखर्जी ने 1890 में अँग्रेजी में और फिर बाबा भांड ने 1940 में हिंदी में महत्त्वपूर्ण काम किया। बीच में ताँत्या भील: कीर्तिभानु राय, 1925; तंट्या भील: विश्वनाथ सखाराम खोड़े, बाणी खरगोन पत्रिका, निमाड़ अंक, 1930; चाँद का फाँसी अंक, 1888, तंट्या भिल्ल (मराठी): रामचंद्र विनायक टिकेकर उर्फ छनुछिरी, 1891; तंट्या भील (मराठी): नाथ माधव, 1928; तंट्या भिल्ल (मराठी नाटक): शांताराम गोपाल गुप्ते, 1937; ताँत्या उर्फ तंट्या भिल्ल यांचे चरित्र (हिंदी अनुवाद): मदनमोहन जोशी, 1905; तंट्या भिल्लाया पोवाड़ा: बाल मोहन पाठक, 1905 और ताँत्या मामा: राम कुमार जैसे प्रयास होते रहे हैं।

इस पुस्तक के पहले भाग में मध्य भारत के ज्यादातर हिस्सों को शामिल किया गया है तो दूसरे भाग में राजपूताना क्षेत्र यानी गुजरात और राजस्थान क्षेत्र के भील विद्रोहों को रखा गया है। यद्यपि कुछ भील विद्रोह, खानदेश, और राजस्थान सीमा के दोनों ओर एक साथ शामिल मिलते हैं। उन्हें सर्वाधिक क्षेत्रफल वाले भाग के अनुसार पहले या दूसरे भाग में रखा गया है। अंतिम भाग टंट्या भील और खेमा नायक पर केंद्रित है।

ब्रिटिश लाइब्रेरी के तमाम कर्मचारियों यथा- Kathryn Mouncey, Andrew Gough, Mukund Miyangar and Debbie Horner ने बहुत धैर्य से मेरी अभिलेखीय माँगों को समझने और उपलब्ध कराने में जो सहयोग दिया, उसका यहाँ उल्लेख किया जाना जरूरी है। कई बार दस्तावेजों को हासिल करने की प्रक्रिया में कुछ व्यवधान आया। मैंने ब्रिटिश लाइब्रेरी के कर्मचारियों का अत्यधिक समय ले लिया, फिर भी उनका सहयोग मिला, उसके लिए मैं आभारी हूँ। बिना उनके सहयोग के यह कृति पूरी नहीं हो सकती थी।

राष्ट्रीय अभिलेखागार, नई दिल्ली की लचर व्यवस्था के कारण विलंब हुआ है। राष्ट्रीय अभिलेखागार, नई दिल्ली की वर्तमान दशा इतनी शोचनीय बना दी गई है कि वहाँ से लगातार निराशा हाथ लगती है। अभिलेख पटल पर ऑनलाइन भुगतान करने के लगभग नौ महीने के बाद भी अभिलेखों के लिए तरसना पड़ा। बार-बार ईमेल और

फोन करना पड़ा तब जाकर कुछ अभिलेख उपलब्ध हो सके मगर अधिकांश अभिलेख अनुपलब्ध बताए गए। पहले दिल्ली चुनाव का बहाना बनाया गया और फिर उसके बाद कोरोना और लॉकडाउन के कारण अभिलेखों को उपलब्ध कराने में दस महीने का समय लग गया। अभिलेखों का अनुपलब्ध होना, चिंता का विषय है। इस निराशा के बावजूद श्रीमती जया रवींद्रम, असिस्टेंट डायरेक्टर ने मेरी मदद की है और मैं उनके सहयोग के बिना कुछ भी हासिल नहीं कर पाता।

मध्य प्रदेश शासकीय अभिलेखागार और संग्रहालय, भोपाल की उप संचालक, डॉ. गीता सभरवाल, सहायक पुरालेख एवं प्रभारी रजिस्ट्रार, पदम सिंह मीणा एवं लिफ्टर, दीपनारायण कुशवाहा का भी आभारी हूँ, जिन्होंने कोरोना काल में, बहुत कम समय में ज्यादातर अभिलेखों को उपलब्ध कराया। वहाँ के एक और कर्मचारी, भरत सिंह मंडलोई ने, जो स्वयं भीलाला समुदाय के हैं, बड़वानी के बारे में कुछ जानकारियाँ उपलब्ध कराईं। उन्होंने बड़वानी के सुप्रसिद्ध इतिहासकार एवं पूर्व कुलपति, डॉ. एस.एन. यादव से परिचित कराया।

इस पुस्तक की रचना प्रक्रिया में कई मित्रों ने कम या ज्यादा, मदद की है, वह याद करने योग्य है। आशीष कुमार, असिस्टेंट प्रोफेसर (अँग्रेजी), क्रिश्चियन डिग्री कॉलेज, लखनऊ का विशेष रूप से शुक्रगुजार हूँ जिन्होंने समय-समय पर हाथ से लिखी ब्रिटिश कालीन पत्रावलियों को पढ़ने में मदद की। भारत में अँग्रेजों ने टाइपराइटर का प्रयोग उन्नीसवीं सदी के मध्य में प्रारंभ किया था। 1880 के बाद ही टाइपराइटरों का प्रयोग सामान्य रूप से दिखता है। ऐसे में ईस्ट इंडिया कंपनी के अभिलेख और कुछ 1880 तक के अभिलेख हस्तलिखित होने के कारण कम पठनीय थे। तब की हस्तलिखित अँग्रेजी राइटिंग को समझने में बड़ी मुश्किल आई। यह तो आशीष जी के नि:स्वार्थ सहयोग का परिणाम है कि उन्हें पढ़ना संभव बना। आदरणीय नरेश नदीम, दिल्ली ने लगभग सभी ऑस्ट्रेलियाई सामग्री का हिंदी में अनुवाद कर मेरा काम आसान किया। अमेरिका से बड़े बेटे डॉ. अंकित ने चारु चंद्र मुखर्जी की किताब खोजकर दी। पत्नी आशा ने घर-परिवार के समय को चुरा लेने के अपराधबोध से मुक्त रखा तथा किताब की अशुद्धियों को दूर करने में मदद की। विशाल शुक्ला, पत्रकार, फैजाबाद ने भी ईस्ट इंडिया कंपनी की एक हस्तलिखित पत्रावली को पढ़ने में मेरी मदद की। साथी चंद्रिका और रामजी यादव ने भी पांडुलिपि पर अपनी राय दी। मित्र हरिभटनागर ने भोपाल अभिलेखागार से पांडुलिपियों को उपलब्ध कराने में मदद की। भोपाल प्रवास के दौरान उन्होंने और उनकी पत्नी श्रीमती प्रीति भटनागर ने कोराना काल में भी पूरी सुरक्षा और सहयोग प्रदान किया।

पूरी सामग्री दो पुस्तकों में प्रकाशित हो रही है-

1. भील विद्रोह : संघर्ष के सवा सौ साल

2. टंट्या भील : द ग्रेट इंडियन मूनलाइटर

इस पुस्तक को तैयार करने में प्रत्यक्ष और परोक्ष रूप से सहयोग करने वाले सभी मित्रों का शुक्रगुजार हूँ। पुस्तक आपके हाथों में है। बेहतर लगे तो अपनी टिप्पणी से जरूर अवगत कराएँ।

अक्टूबर 2021

सुभाष चन्द्र कुशवाहा

बी 4/140 विशालखंड, गोमतीनगर, लखनऊ- 226010

संदर्भ :

1. Bombay Gazette, 9 July 1868.

2. W. Gordon Cumming, Scenes in Camp and Jungle, Edinburgh, Edmonston & Douglas, MDCCC LXXII, 1871, PP. 181-182.

3. Calcutta Gazette, 1 November 1804.

- The Bheels are very daring in their enterprizes; not long ago, Captain Fallon's house was entered, although there was a guard stationed there; his bedroom plundered of several articles within twenty yards of sentinel, who was over the colours of the Regiment, but they are so expert, that they can elude the most vigilant eye.

दूसरे संस्करण के बारे में

महज एक माह के अंदर प्रथम संस्करण का समाप्त होना, पुस्तक की स्वीकार्यता का प्रमाण है। यह विगत पाँच वर्षों की मेहनत के सार्थक होने का प्रमाण भी है। इतिहास की पुस्तक की पठनीयता और खासकर हिंदी में गंभीर शोधात्मक कार्यों का स्वागत, संतोष की बात है। आदिवासी समुदाय ने जिस तरह से इस पुस्तक का स्वागत किया है उसे देख कहा जा सकता है कि कर्मठ भील समुदाय अपनी अस्मिता की हिफाजत के लिए सक्रिय है और तमाम बाहरी छलाओं और प्रायोजित सांस्कृतिक घालमेल किए जाने के कुचक्रों के बावजूद, मूल निवासी अवधारणा के प्रति सजग है। भील समुदाय अपने अतीत का अन्वेषण करना चाहता है और अपने मुखियाओं की गद्दियों के अपहरण का वृत्तांत जानना चाहता है। वह अपने पूर्वजों की हत्याओं का तथ्यात्मक इतिहास पढ़ रहा है जिसे पेशवाओं ने अपनी बर्बरता से अंजाम दिया था।

ज्यादातर भील मुखियाओं ने अंग्रेजों के पूर्व पेशवाओं के साथ मुठभेड़ की थी। अपनी सरलता के कारण उन्हें गद्दियों से, फिर भूमि के स्वामित्व से और अंत में जंगली संपदा से बेदखल कर भले ही सामंतों और राजे-महाराजों ने संपन्नता सुख भोगा, मगर वे स्वाभिमानी भील कौम को कभी झुका नहीं पाए।

सामंती सत्ता स्थापित हुईं तो भीलों ने ही उनकी हिफाजत की। बिना उनकी प्रत्यंचाओं के राजपूतों की गद्दियाँ सुरक्षित नहीं थीं। बड़वानी को छोड़कर पूरे भील क्षेत्र के पहाड़ी दर्रा मार्गों की हिफाजत, भीलों और कुछ अरबी हथियारबंद जवानों के जिम्मे था।[1] सन 1816 तक स्थितियाँ बदल गई थीं। होल्कर और पेशआवों द्वारा खानदेश को तहस-नहस कर वीरान कर दिया गया था तो भीलों ने पिंडारियों के साथ अपने अस्तित्व की लड़ाई तेज कर दी थी। यह प्रतिक्रिया की लड़ाई थी जिसमें उन्होंने पेशवा क्षेत्रों को लूटना शुरू किया। बख्श नामक पिंडारी नेता का साथ, धूलकोट के समीप की पहाड़ी के भील मुखिया ने निभाया और चांगदेव के समीप ताप्ती नदी को पार कर दोनों ने 4,000 लड़ाकों के बल पर आदिलावाद परगना को रौंद दिया।[2] सन 1818 में मराठों का अंग्रेजों से युद्ध

सन्निकट था तब एक बार फिर मराठों ने भील मुखियाओं से संपर्क साधा और बॉम्बे को जोड़ने वाले मार्गों को रोक देने का अनुरोध किया। भील मुखियाओं ने ऐसा किया भी और 5 अप्रैल 1818 तक बॉम्बे से एक भी डाक को पहुँचने नहीं दिया।[3] तब तक त्रिंबकजी देंगलिया के साथ संगमनेर से लगभग एक हजार भील और अरबी जवान आ चुके थे।[4] यह वही मराठा सरदार था जिसने 1806 में 15,000 भीलों का नरसंहार किया था। शायद वह ऐसा जख्म था, जिसे भील कभी भुला नहीं पाए। संगमनेर के अलावा और कहीं से सहयोग नहीं मिला। मराठों के पराजय के पीछे, व्यापक भील समुदाय द्वारा सहयोग न करना भी एक कारण रहा। 1824 में भी त्रिंबकजी देंगलिया के भतीजे ने एक बार फिर बगलान के भीलों के सहयोग से मराठा राज्य की पुनर्स्थापना करनी चाही थी मगर वह तब भी असफल रहा।

इस प्रकार पेशवाओं के अतीत के विश्वासघात ने उनकी पराजय की कहानी लिख दी थी। अगर पेशवा और होल्कर ने भीलों के हक और उनकी गद्दियों का सम्मान किया होता तो निश्चय ही अंग्रेजों के विरुद्ध वे भारी पड़ते। अंग्रेजों ने इस तथ्य का अनुसरण किया। भील मुखियाओं को अपने पक्ष में करने के बाद ही कैप्टन बारटन (Barton) ने 1818 में रतनगढ़, कोटलगढ़, अलमगढ़, मदनगढ़ आदि किलों पर कब्जा जमाया।[5]

ऐसे दुर्द्धर्ष भील आदिवासियों की संघर्षगाथा- 'भील विद्रोह: संघर्ष के सवा सौ साल' का द्वितीय संस्करण कुछ और बेहतर ढंग से आपके सामने है। हिंदी भाषा में वंचितों के इतिहास के प्रति ऐसी ललक, व्हॉट्सअप और फेसबुक के जमाने में अचंभित करती है। इस पुस्तक को पाठकों ने ही प्रचारित किया है। भील समुदाय के विभिन्न समूहों द्वारा सोशल मीडिया के माध्यम से किताब के बारे में जानकारी फैलाई गई है। महाराष्ट्र के भील समुदाय के लोगों ने किताब का अध्ययन किया और अपने दूसरे साथियों तक इसकी पहुँच को आसान बनाया। उदयपुर, जयपुर, नंदुरबर, रामपुर, धुलिया, बड़वानी, अलीराजपुर, इंदौर, महू, पुणे, हर कहीं से लोगों ने फोन कर बधाइयाँ दी हैं। कुछ साथियों ने इस पुस्तक के मराठी भाषा में अनुवाद की आवश्यकता पर भी जोर दिया है। वहीं ऐसे मामले भी प्रकाश में आए कि बिना पढ़े कुछ लोगों ने सोशल मीडिया पर यह सवाल उठाया कि पुस्तक में भीलों को लुटेरा और बर्बर क्यों कहा गया है ? शायद उन्होंने ब्रिटिश संदर्भों या अखबारों को ठीक से नहीं पढ़ा-समझा होगा। जनजातियों के बारे में अंग्रेजों द्वारा ऐसे शब्दों का प्रयोग किया गया है न कि मेरे द्वारा। अंग्रेजों ने 'क्रिमिनल ट्राइब्स' के रूप में कुछ जनजातियों की पहचान कीं और उनके लिए अलग से प्रशासनिक नीतियाँ तैयार की थीं। ब्रिटिश अखबारों में आदिवासियों के प्रति औपनिवेशिक सत्ता द्वारा ऐसे अपमानजनक शब्द प्रयुक्त हुए हैं। उन्हीं संदर्भों को प्रस्तुत करते समय 1800 से 1925 ई. तक के अखबारों के समाचारों को मूल रूप से प्रस्तुत करते समय उन शब्दों को

यथावत प्रस्तुत किया गया है। मेरा मानना है कि औपनिवेशिक मानसिकता की जानकारी भी पाठकों को होनी चाहिए। यह सच है कि किसी भी आदिवासी समुदाय के संघर्षों का इतिहास, ब्रिटिश दस्तावेजों के बिना संभव नहीं हो सकता।

ब्रिटिश अधिकारियों के लिए आदिवासियों को जानना, समझना, उनके सामाजिक जीवन में झाँकना कौतुहल का विषय रहा है। उन्होंने नि:संदेह सबसे पहले और गहनता से आदिवासियों के जीवन, संघर्ष, रीति-रीवाजों, सामाजिक रीतियों और बुराइयों का परीक्षण किया। भाषा और परिवेश में अंतर के कारण कई बार आदिवासियों ने गोरों से दूरी बनाई तो कभी अपने सामाजिक परिवेश में उनका हस्तक्षेप बर्दाश्त न कर, विद्रोह किया। आदिवासियों का परिस्थितिजन्य मनोभावों से उपजा त्वरित विद्रोह, अंग्रेजों को बर्बर लगा। कबीलाई जीवनयापन में संघर्ष और लूट, दैनिक जीवन के अभिन्न अंग रहे हैं। उनके कारण भी अंग्रेजों और दूसरी सामंती सत्ताओं को भील बर्बर और लुटेरे लगे। कैप्टन सीली ने भील आदिवासियों के बारे में लिखा है-

"Their haunts are in the wildest parts of India, where neither civilization nor the Brahminical creed have ever penetrated; and they hold both in great contempt. They are generally of short stature, sometimes with curly hair and a thickness of the lower lip; of very dark complexion, and more masculine in form than the Hindoos. Their habits are migratory; but wherever extensive forests or mountainous woody tracks are formed, parties of Bheels reside, and only quit their strong holds for plunder, or to engage as auxiliaries in a foray, to devastate and destroy that which contending chiefs cannot themselves accomplish.

A refinement in the vengeance of sanguinary warfare was always had recourse to in the employment of Bheels; and of late years likewise in those desultory vindictive inroads of petty chiefs the Bheel became a willing and useful ally, and the work of destruction was incomplete without his demoniacal aid, in poisoning the wells, burning the villages, murdering the inhabitants, destroying the crops, and driving off the cattle. Fifty Bheels would be more useful than five hundred troops, approaching by paths through deep forests known only to themselves. Their appearance was as sudden as unexpected, and the visit fatal to the devoted spot. To find treasure, the most horrid and refined cruelties were practised, the like of which we have dot in history. Their retreats were unknown; the jungle and mountains were impenetrable to all but themselves; and woe to the individual who opposed a Bheel, or was marked out by him for vengeance.

A journey of three hundred miles would be a mere walk to a Bheel. Wily, hardy, and bold, no danger could arrest his progress, and no security protect his victim, though years might elapse of unavailing pursuit; and if the Bheel not succeed at last, he would destroy himself."[6]

तत्कालीन समय में सारी सामंती सत्ताएँ लूट पर आधारित थीं। पेशवाओं की सेना भी लूटमार करती थी। ईस्ट इंडिया कंपनी के जो दस्तावेज उपलब्ध हैं, उनमें भीलों के प्रति कहीं सम्मान है तो कहीं अपमान भी है। उनके दस्तावेजों में भीलों के जंगली जीवन का कौतुहल और तिरस्कार भी है। अंग्रेजों की नजरों में भील काले, बदसूरत और बर्बर हैं और सरल हृदय वाले भी हैं। ऐसी स्थिति में इतिहास लेखन की मौलिकता बनाए रखने के लिए जरूरी था कि उपलब्ध साक्ष्यों को प्रस्तुत करते समय अंग्रेजों के कथनों के साथ-साथ, भीलों के सवा सौ सालों के विद्रोह को दस्तावेजी साक्ष्यों के अनुसार सामने रखा जाए। पूरी पुस्तक पढ़ने के बाद पाठक स्वत: समझ जाएँगे कि इसकी रचना का मूल ध्येय, भीलों के शौर्य और बलिदान को सामने लाना है। उन पर किए गए अमानवीय जुल्मों से परिचय कराना है। इतिहास का यह पक्ष, भविष्य में वंचित समुदाय के सामाजिक उत्थान के लिए जरूरी वैचारिकी के निर्माण में सहायक होगा।

उम्मीद है कि इस पुस्तक का दूसरा संस्करण, पाठकों को और भाएगा।

फरवरी 2022

सुभाष चन्द्र कुशवाहा

संदर्भः

1. Culcutta Gazette, 16 February 1809.

2. Bombay Gazette, 14 August 1816.

3. Evening Mail, 20 April 1818.

4. Globe, 06 May 1818.

5. Morning Advertiser, 26 February 1819.

6. Cumberland Pacquet, and Ware's Whitehaven Advertiser, 02 August 1824.

भाग-1

"चौदहवीं और सोलहवीं सदी तक खानदेश प्रांत भारत का समृद्ध इलाका रहा। सदियों पूर्व, दक्कन या दक्षिण के मुसलमानों की छह राजधानियों में से एक के द्वारा इस प्रांत पर शासन किया जाता था। 1600 ई. में यह प्रांत अकबर के हाथ में आया और 18वीं सदी के मध्य में मराठों के हाथ में। अरबों और पिंडारियों ने इनके गाँवों को लूटकर उजाड़ बना दिया था जिससे भीलों को पहाड़ियों में चले जाने को बाध्य होना पड़ा।"

- इवांस बेल, मेमॉयर ऑफ जनरल जॉन ब्रीग्स

अध्याय-1 भील जनजाति : सामान्य परिचय

विंध्य पर्वत-शृंखला से लेकर नर्मदा घाटी तक फैले भारतीय भू-भाग, मध्य प्रदेश, महाराष्ट्र, गुजरात और राजस्थान में बसने वाली भील जनजातियों का इतिहास प्राचीनतम है। शिक्षा से वंचित इस आदिम और सरल हृदय समुदाय ने, छल-बल, तिकड़मों और धोखे से राजा से रंक तक की यात्रा तय की है। भील यहाँ के मूल निवासियों में हैं और पूर्व के स्वायत्तशासी शासक भी। इनका इतिहास आर्यों से पूर्व का है।[1] सामंतों और ब्रिटिश सत्ता के नियंत्रणों को चुनौती देने वाली इस लड़ाकू प्रजाति पर सबसे पहले ब्रिटिश विद्वानों ने प्रचुरता से अध्ययन किया। भीलों के नस्लीय एवं सामाजिक मनोविज्ञान का अध्ययन कर, अँग्रेजों ने अपनी सत्ता संरचना को स्थायित्व देने के लिए, स्वायत्ततानुरागी और संतोषी भीलों को आर्थिक, प्रशासकीय और धार्मिक बंधनों में बाँधा। जॉन मैल्कम ने मध्य भारत के अपने संस्मरण में, भीलों को विशिष्ट प्रकार की जाति मानते हुए, अन्य भारतीय जनजातियों की तुलना में इसे प्राचीनतम बताया है।[2]

नदी, पहाड़, झरने और घाटियों में जंगली जीवों के बीच पले-बढ़े भील आदिवासियों को धनुषधारी रूप में जाना जाता है। यह दक्षिण एशिया की सबसे बड़ी जनजाति है। प्राकृतिक बसेरों और मौसम के थपेड़ों के बीच, जीवन की न्यूनतम सुविधाओं में जीने वाली इस जनजाति का रंग काला होना स्वाभाविक है। इनका सरल जीवन, पहाड़ियों पर बनी छोटी-छोटी झोपड़ियों वाले पालों (गाँवों) में गुजरा, जिनका शासक, गाँव का मुखिया या 'गमेती' कहा जाता। पंचायती व्यवस्था का कठोरता से अनुपालन करने वाली यह जनजाति, शांति और सरलता से जीवन जीने में विश्वास करती थी मगर समय के कुचक्र के साथ, बाहरी आक्रमणकारियों ने इन्हें विद्रोही बना दिया।[3]

बाहरी हस्तक्षेप को सदा नकारने वाली यह स्वशासी जनजाति, अपनी सामाजिक, सांस्कृतिक और परंपरागत जीवन पद्धतियों के बदलाव की हिमायती नहीं थी। इसलिए वह बाहरी हस्तक्षेपों के विरुद्ध जल्द उग्र हो जाती थी। परंपरानुसार इनके मुखिया स्वतंत्र शासक जैसे रहते आए थे। जब राजपूतों या अँग्रेजों ने इन्हें नियंत्रित करने की कोशिशें कीं

तब इन्होंने अपनी स्वतंत्रता में हस्तक्षेप समझ, तीर-धनुष उठा लिए। तलवारों को हवा में लहराना शुरू किया। यहीं से भीलों का इतिहास रक्त रंजित होता गया। ब्रिटिश सरकार से इन्होंने सवा सौ साल तक लगातार युद्ध किया। न झुके, न रुके, लाखों को बलिदान कर दिया। इनके जिद्दी या हठी स्वभाव को समझ न पाने के कारण ही, अँग्रेजों ने इन्हें खूँखार, बर्बर, जंगली, हत्यारे, लुटेरे या अनियंत्रित जनजाति के रूप में व्याख्यायित किया।

इनके दुखों का आरंभ, राजपूतों के आने से होता है। बाहरी राजपूतों ने जब यहाँ आकर भील राजाओं की हवेलियों पर कब्जा करना शुरू किया तो ये अपनी अस्मिता, जल-जंगल और प्रकृति के बचाव के लिए लड़ने-मरने को तैयार हो गए। आज जितने भू-भाग पर इनकी आबादी है, उससे कहीं अधिक भू-भाग पर इनकी आबादी होनी चाहिए थी। मगर मध्य प्रदेश के खानवा से लेकर मुम्बई के पूना तक, औरंगाबाद से लेकर उदयपुर तक, हर पहाड़ी की चोटियों, घाटियों और दर्रों में इनके तीरों और रक्त के निशान हैं। छल-बल से लाखों की संख्या में इनका नरसंहार किया गया है।

भारतीय भू-भाग पर भील जनजातियों को मुख्यतः दो भागों में बाँटा जा सकता है। पहला, मध्य भारत के भील और दूसरा, पूर्वी भारत के भील। मध्य भारत के भील, व्यापक क्षेत्र में फैले हुए हैं, जिनमें पहले ब्रिटिशकालीन खानदेश, मध्य भारत और राजपूताना शामिल था यानी वर्तमान का मध्य प्रदेश, महाराष्ट्र (पूर्वी दक्खिनी भाग), गुजरात (रेवाकाँटा और माहीकाँटा) और राजस्थान (राजपूताना) के पर्वतीय क्षेत्र। पूर्वी भारत में, त्रिपुरा के उत्तर-पूर्वी भागों में भी कुछ भील पाए जाते हैं।[4]

2011 की जनगणना के अनुसार, त्रिपुरा में कुल 3, 105 भील थे। कहा जाता है कि इनके पुरखे मध्य प्रदेश से विस्थापित होकर यहाँ आ बसे थे। एक अनुमान के अनुसार, 2020 में पाकिस्तान में 12 से 17 लाख भील निवास करते हैं जिनकी बोली-भाषा राजस्थानी मारवाड़ी, गुजराती और सिंधी बोलियों से मिलती-जुलती है। हमारे अध्ययन में त्रिपुरा या पाकिस्तान के भील शामिल नहीं हैं।[5]

1901 की जनगणना के अनुसार, गुजरात सहित बंबई में 5,69,842, राजपूताना (अजमेर-मेरवाड़ा सहित) में 3,39,786, मध्य भारत में 2,06,934 और अन्य स्थानों पर कुल 82,281 भील पाए गए थे।[6] यानी भीलों की कुल जनसंख्या 11,98,843 थी। आज संख्या की दृष्टि से भारत के बड़े जनजातीय समूहों में भील तीसरे स्थान पर हैं। गोंड़ पहले स्थान पर और संथाल दूसरे स्थान पर हैं। क्षेत्रफल की दृष्टि से भीलों का पहला स्थान है क्योंकि वे विस्तृत क्षेत्र में फैले हुए हैं।[7]

'भील' शब्द की उत्पत्ति के बारे में कई मिथ और काल्पनिक कथाएँ हैं। उन्हें बिना किसी ठोस साक्ष्य के ज्यादातर इतिहासकारों ने दुहराया है। देखा जाए तो पौराणिक गल्पों का कोई आधार या प्रमाण नहीं होता। प्राचीन तमिल कवियों ने धनुषधारियों के लिए

'विलुवर' शब्द का इस्तेमाल किया। इस आधार पर 'विलु' या 'भीलु' को द्रविड़ियन शब्द कहा जाता है। कर्नाटक के दक्षिण, कनारा जिले के लोगों को 'बीलावा' कहा जाता है परंतु वे खुद को भील नहीं कहते तथापि वे भी धनुषधारी हैं। तरवी, नायक, गिरासिया या मुखिया जैसी उपाधियाँ, भीलों और बीलावा, दोनों में पाई जाती हैं। इससे हम भील शब्द को द्रविड़ियन कह सकते हैं। कुछ इतिहासकार भील शब्द को न तो आर्य कुल से जोड़ते हैं और न द्रविड़ों से।[8]

'भील' शब्द का उल्लेख महाभारत और रामायण, दोनों में मिलता है। इन महाकाव्यों में यह उल्लेख मिलता है कि जब राम, सीता की खोज में जंगलों में भटक रहे थे तब शबरी नामक भील महिला ने उन्हें खाने के लिए बेर दिए थे। कथा यह भी है कि महादेव के बेटे निषाद और एक जंगली स्त्री के संसर्ग से भीलों की उत्पत्ति हुई है। निषाद को क्रूर और बदसूरत बताया गया है, जिसने अपने पिता महादेव के बैल की हत्या कर दी थी। महादेव ने गुस्से में उसे निर्वासित कर, जंगल और पहाड़ों में भेज दिया था। ऐसे मिथकों का यथार्थ से कुछ लेना-देना नहीं होता। लोक कथाएँ, लोक जीवन को कुछ ऊर्जा प्रदान करती हैं। हम इससे निष्कर्ष निकाल सकते हैं कि शिव आदिवासी देवता रहे होंगे। मध्य भारत के जंगलों में निवास करने वाले भील, रंग-रूप में काले, पराक्रमी, साहसी और जीवट इंसान रहे हैं। इन्होंने महान योद्धाओं की तरह सदियों तक सामंतों, मराठों और अँग्रेजों से मुकाबला किया है। इतिहास में ऐसी जीवटता, जो समाज, संस्कृति, परंपरा, संघर्षमय इतिहास और हक-हकूक के लिए हो, तथाकथित सभ्य समाज में देखने को नहीं मिलती।[9]

संस्कृत भाषा में 'भील' शब्द सात सौ वर्ष पहले बर्बर लोगों की अजीब-सी दौड़ के लिए प्रयुक्त हुआ था जो मुख्यत: लूटपाट पर निर्भर थे। इससे जाहिर होता है कि संस्कृत भाषा से पूर्व, यहाँ भीलों का बसेरा रहा, जो नर्मदा नदी के आस-पास की पहाड़ियों में पाए जाते थे। उससे भी पहले इस दौड़ का उल्लेख महाभारत के श्लोकों में हुआ है, जहाँ भीलों के बारे में कुछ वर्णन मिलता है और उनकी उत्पत्ति के बारे में एक कथात्मक विवरण दिया हुआ है।

अक्सर गुजरात और मालवा के मुसलमानों, मेवाड़ और उदयपुर के पहाड़ी बाशिंदों के इतिहास में देखा जाता है कि वे एक मजबूत मुखिया के रूप में, दरबार या न्यायालय जैसी प्रशासनिक व्यवस्था चलाते थे। पुराने अभिलेखों में खानदेश की उत्तरी सीमा पर स्थित विशाल पहाड़ी श्रृंखलाओं में छोटी संख्या में जनजातियों के निवास करने के संकेत मिलते हैं। सतपुड़ा रेंज की पहाड़ियों में, मेवाड़ और जोधपुर में बसी अन्य जनजातियों की ही तरह, भील जनजातियाँ बस गई थीं। विंध्य, सतमाला या सतमुला के बीच, माही, नर्मदा और ताप्ती नदियों के किनारे, जहाँ प्रकृति द्वारा मजबूत सुरक्षा उपलब्ध हुई, वहीं

इन जनजातियों ने अपने डेरे डाल दिए। जीविकोपार्जन के लिए लकड़ी के अलावा, इनके कुछ आंशिक उद्योग थे लेकिन संपदा पर सामंतों द्वारा कब्जा कर लिए जाने के कारण वे मुख्यतः अमीर किसानों से लूटमार कर अपना जीवन चलाने को मजबूर हुए। अपने क्षेत्र के रक्षक और शासक होने के कारण, वहाँ से गुजरने वाले व्यापारियों से कर वसूलने का हक भीलों का था।[10]

भीलों की सांस्कृतिक विरासत हिंदू समाज से भिन्न रही है। जीवन-मरण के सभी संस्कार और कृत्य, हिंदुओं से भिन्न रहे हैं। भील समुदाय हिंदुओं की तरह श्राद्ध कर्म नहीं करता था। वे नवरात्र के समय पूर्वजों का स्मरण 'पूर्वज रमाना' नाम से करते थे। वे उन्हें मांस और शराब चढ़ाते और उनकी वार्षिकी मनाना अपशकुन मानते।[11]

मूल निवासी भीलों के बारे में कैप्टन सीली का एक बयान, स्टार (लंदन), 26 जुलाई 1824 में छपा था। उनके अनुसार, 'जंगली हिस्सों में रहने वाली शिकारी भील जनजातियों तक हिंदूवादी पंथ नहीं पहुँचा है। हिंदुओं की तुलना में उनका रंग गहरा काला है और वे उनसे अधिक मर्दाना होते हैं।'[12] अँग्रेजों के आने के बाद, जैसे-जैसे भीलों को मुख्यधारा में लाने के प्रयास हुए, उन्हें पुलिस और सेनाओं में शामिल किया गया, वे मैदानी समाज के सन्निकट आते गए। कुछ राजपूतों के यहाँ वैवाहिक संबंध कायम हुए और धीरे-धीरे उनमें हिंदू समाज के रीति-रिवाज भी प्रवेश करते गए।[13] आदिवासी भीलों की शारीरिक बनावट भी हिंदू समाज से पूरी तरह भिन्न रही है। वे कद-काठी में काफी मजबूत रहे। इनकी प्रकृति और परिवेश अलग रहा। कहा जाता है कि पहाड़ियों में 50 भील, 500 की सेना से भिड़ने के लिए पर्याप्त होते थे। ये 300 मील तक पैदल चल सकते थे।[14]

भीलों के सरदार को गमेती, उनके मुखिया को नायक, उनके द्वारा शोर मचाने को कुल्की कहा जाता। भीलों में लगभग 40 कुल या गोत्र थे। सभी कुलों के विशिष्ट कुल देवता, पेड़ और जानवर होते। हर गाँव में एक ढोली (चारण) होता जो शादी या मृत्यु के समय वाद्ययंत्र बजाता। हर गाँव में एक रावल होता जिसका मुख्य काम कैता (मृत्युभोज) आयोजित करना होता। मानपुर और सतपुड़ा के भीलों में आपस में ब्याह नहीं होता। वंशानुगत सरदार को तुर्वी कहा जाता जो मृत्यु आयोजन पर जनेऊ पहनता। राजपूताना के भील, अन्य भीलों से खुद को उच्च समझते। 1901 में कुल राजपूताना भीलों का दो-तिहाई, मेवाड़ और बाँसवाड़ा में थे। राजपूत राजाओं के माथे पर भीलों के रक्त का टीका लगाने का प्रचलन मेवाड़, डूंगरपुर और बाँसवाड़ा क्षेत्र में होता था। भील और राजपूतों के संसर्ग से पैदा हुई भील जाति को भीलाला कहा जाता है जो स्वयं को उच्च मानती है। 1901 में कुल 1,44,423 भीलाला थे जो भोपावर एजेंसी क्षेत्र एवं मध्य भारत में थे। भोपावर एजेंसी में इन्हें भूमिया या भू-स्वामी कहा जाता। राजा ओंकार मान्धाता

(भीलाला) को मध्य प्रांत का मुख्य प्रतिनिधि माना जाता था। मध्य भारत में भीलाला बड़े और छोटे समूह में बँटे थे जिनमें आपस में शादियाँ नहीं होती थीं।[15]

आज भीलों के धर्म और भाषा में परिवर्तन आया है। ये अपनी भाषा छोड़ चुके हैं और अपने आस-पास प्रचलित आर्य भाषाओं पर आधारित, एक भ्रष्ट बोली बोलते हैं। भील बोली मुख्यतः गुजराती से व्युत्पन्न है लेकिन मारवाड़ी और मराठी से प्रभावित है, खासकर निमाड़ में वह मराठी का एक भ्रष्ट रूप बन जाती है। 'भीली' कहलाने वाली इस बोली में अनेक अनार्य शब्द पाए जाते हैं जिनमें से कुछ शब्द लगता है मुंडारी से और कुछ द्रविड़ भाषाओं से आए हैं। लेकिन यह कोई ऐसा आधार नहीं है जिससे यह निष्कर्ष निकाला जा सके कि भील कभी कोलारी या द्रविड़ नस्ल से जुड़े हुए थे। उनकी बोली, भारतीय आर्यन भाषा कुल से मिलती है।[16]

पहनावे की दृष्टि से देखें तो पहले भीलों के शरीर का अधिकांश हिस्सा खुला रहता था पर सिर पर पगड़ी होती थी। समय के साथ खान-पान और पहनावे में परिवर्तन आया तथापि लंबे समय से भील महिलाएँ परंपरागत साड़ी पहनती रही हैं जबकि भील पुरुष पगड़ी, पाजामा, मिरजई और पीतल के गहने पहनते रहे हैं। भील नायक मुकुट धारण नहीं करते। उनकी औरतें चोली नहीं पहनतीं। यह धनुषधारी जाति, बाँस से धनुष का निर्माण कर अपना शिकार और सुरक्षा करती रही है।[17] भील औरतें जंगलों, पहाड़ियों और घाटियों में कठिन कार्य करती थीं। उन्हें हिंदू और मुस्लिम औरतों की तुलना में ज्यादा आजादी हासिल रही है।[18]

भीलों के सामान्य जीवन के बारे में एक ब्रिटिश अखबार में 1889 में 'The Bhil and Their Country' शीर्षक से एक महत्त्वपूर्ण टिप्पणी छपी थी, जिसे पढ़ा जाना चाहिए-

'In the course of an interesting article on the Bhils, an aboriginal tribe of Central India, living in the rough country and jungle around the Vindhya Mountains, Sir Lepel Griffin says that from the earliest day of the Aryan conquest of India the Bhils have been looked on as wild animals, deserving of no protection or kindness. Since the advent of the British government, the condition of these simple and harmless people has much improved, so that the poor Bhils are gradually becoming less and less savage. Their knowledge of woodcraft and of the habits of birds and beasts makes them invaluable to English officers. Un-

like the orthodox Hindu; the Bhil has always eaten the flesh of the cow and the buffalo and other abhorred animals. In fact, he eats every wild animal except this monkey, which is universally worshipped in the form of the forest god Hanuman. The tiger is held in great respect, and the people are very unwilling to kill it, unless it is a man eater. If a beast has thus become obnoxious, a trial is held with religious rites, and if the animal is found guilty, sentence is passed upon him, he is pursued, killed, and hung up on a tree over the main road as a warning to all evil-doers of his species. The Bhils are noted for their endurance, for their capacity of living where others would starve, their indifference to the greatest changes of temperature. Not even to save his life will a Bhil tell a falsehood. Their moot solemn oath is by the dog, their most valuable companion in the chase. They are gay and of a light-hearted disposition and take every opportunity of having a feast and a drinking bout. Their drink is made from the Mowra, a tree which abounds in Central India, the white flowers of which, when pounded and mixed with grain, farm a palatable food, and when distilled by a simple process produce a highly intoxicating spirit. Their priests are not of any particular caste, but the office is a hereditary one. The deities most generally worshipped are the ordinary Vedic deities of water, fire, and the heavens, and each village has its presiding deity, who is a different personage in each village. Like Hindus they burn their dead, except un-married children of both sexes, who are buried, as also those who die from smallpox. In case of cholera they also bury the dead, believing that the smoke from the pyre disseminates the disease. The dead are worshipped and propitiated by offerings; tree worship is unusual; witchcraft and omens are implicitly believed in; charms of various kinds are universally used.'[19]

पूर्व-मध्यकालीन कृति 'समराइचकहा' के लेखक हरिभद्र के अनुसार, भीलों को

हिंदू धर्म की जानकारी न थी। उनके देवता प्राकृतिक थे। चूँकि वे सनातन धर्म के विरुद्ध थे, इसलिए ही उन्हें हिंसक और अमानुषिक चित्रित किया गया है। उन्हें म्लेच्छ कहा गया है। अनार्य संस्कृति के बाहर के मूल निवासियों को आर्यों ने जान-बूझकर म्लेच्छ शब्द से संबोधित किया है। यह आदिवासियों के प्रति उनकी दुर्भावना को दर्शाता है।[20]

इस समुदाय का सामाजिक और धार्मिक जीवन, भिन्न प्रकार से रहा है। भीलों में पेड़ों की पूजा प्रथा रही है। मेवाड़ के भील, ऋषभदेव नामक प्रथम जैन तीर्थंकर, जिन्हें केसरयाजी भी कहा जाता है, की पूजा करते हैं। बाबादेव घोड़ा, खारो, धन, मोटो धर्मी (पवित्रता के देवता), भैस धर्मी (ईमानदारी के देवता), नानदेव (मक्के के देवता), मानटोनियो देव (सब्जियों के देवता), गावली (दूध के देवता) और माता धरती भी इनके देवी-देवताओं में रही हैं।[21] इनके अलावा आदिवासी समाज द्वारा खंडोबा, कन्होबा, बहोबा और शीतला माता जैसी स्थानीय देवी-देवताओं की पूजा की जाती रही है। जंगलों में बाघ होने के कारण बाघदेव की भी पूजा होती रही है। यद्यपि हिंदू धर्म के प्रभाव में यहाँ भी बदलाव हुआ है।[22] भील, हनुमान की भी पूजा करते थे। जंगलों में बंदर पाए जाने के कारण वे हनुमान को जंगल का देवता मानने लगे। यही कारण था कि वे गाय, भैंस सहित सभी प्रकार के जानवरों का मांस खाते थे परंतु बंदर का मांस नहीं खाते।[23] यह भी सच है कि हिंदुओं के करीब आने पर भीलों ने उनके देवी-देवताओ और पूजा-पद्धतियों को अपनाया।[24]

उपरोक्त देवताओं के (ऋषभदेव को छोड़कर जो जैन तीर्थंकर हैं) मंदिर नहीं होते। इस समुदाय के वंशानुगत जादूगर, इन्हें सलाह देने का काम करते रहे हैं। इनके भगत या गुरु, धार्मिक संस्कारों को पूरा कराते हैं। गाँव के मुखियाओं के निर्देशन में चलने वाले इस समाज में आज परिवर्तन देखने को मिलता है। पहले इनके गमेती या मुखिया, आपसी विवादों को सुलझाते थे। ये अपने जातीय नियमों का कड़ाई से पालन करते और अपनी जाति में ही शादी-ब्याह करते थे। लड़के-लड़की में प्यार को महत्त्व देने की प्रथा रही है। ये नृत्य और संगीत में भी रुचि रखते हैं। राजस्थानी भीलों का 'घूमर' प्रसिद्ध नृत्य है। शादी के समय घोड़ा नाच महत्त्वपूर्ण रहा है। वधू, वर के कंधे को पकड़, आग के चारों ओर नाचती और सभी बैठे लोग अपने सिर को आगे-पीछे घुमाते। जंगली परिवेश के कारण ये मिट्टी के बाघ, घोड़े और हाथी भी बनाते हैं। पर्व-त्योहारों पर ये आग के चारों ओर नाचते-गाते हैं। समय के साथ इन प्रथाओं में परिवर्तन स्वाभाविक है।[25]

जातिप्रथा का रोग भीलों में भी देखने को मिलता है। ऐसा लगता है कि बाहरी दुनिया के संपर्क में आने के साथ ही यह कुप्रथा यहाँ कायम हुई। भीलों द्वारा दिए पानी को कोली नहीं पीते थे। अच्छे भील मुखियाओं और कोलियों का दिया पानी ब्राह्मण और ठाकुर पीते थे लेकिन भील नायकों द्वारा दिए पानी को वे नहीं पीते थे। वहीं हुक्का पीते

समय कोई जातिवाद नहीं दिखता और सभी एक ही पाइप से हुक्का गुड़गुड़ा लेते। भील भी उच्च और निम्न जातियों में बँटे थे, जैसे- भील, नायक और कोली (भीलाला)। इनमें कई जातियाँ देखने को मिलती हैं।[26]

रहन-सहन की दृष्टि से भीलों को तीन भागों में बाँटा जा सकता है। पहला, गाँवों में रहने वाले भील, जिन्हें चौकीदार या वॉचमैन कहा जाता। ये भील अपेक्षाकृत कम विद्रोही स्वभाव के होते थे। इनके पास खुद की जमीनें नहीं होतीं या चौकीदारी करने के एवज में समृद्ध काश्तकारों द्वारा थोड़ी-बहुत जमीनें दे दी जाती थीं। दूसरे प्रकार में वे भील होते जो खेती-किसानी करते और तुर्वी या मुखिया के साथ जिला मुख्यालयों या शहरों में रहने लगे थे। तीसरे प्रकार के भील निहायत गरीब और विद्रोही स्वभाव के होते। वे पहाड़ियों में रहते।[27]

युवा भील

Young Bhil Warrior and hunter, with his bow and arrows (Of the type used in the raid on a lorry) a reluctant sitter who posed for the camera after two hours of persuasion and bribery.

(The Illustrated London News, 19 January 1935)

संदर्भ :

1. The Queenslander (Brisbane), 12 November 1931.

2. W. Gordon Gumming, Scenes in Camp and Jungle, second edition, Edmonston & Douglas, Edinburgh, London, 1871, Page 180.

3. Subhash Meena and Nitesh Pal Singh Meena, Historical Perspectives of Different Tribal Groups in India, International Journal of Interdisciplinary and Multi-disciplinary Studies (IJIMS), 2014, Vol. 1, No.10, 48-57, Page 50. (Now- Subhash Meena and Nitesh Pal Singh Meena).

4. M.A. Ansari, Tribals in Criminal Web, Publication Scheme, Jaipur, 1987, Page 69.

5. https://trci.tripura.gov.in/bhil; reserchgate.net/Bhil in Pakistan/Hussain Ghulam, Bielefeld Univercity/August 2020.

6. डॉ. बृजकिशोर शर्मा, राजस्थान में किसान एवं आदिवासी आंदोलन, राजस्थान हिंदी ग्रंथ अकादमी, जयपुर, 9वाँ संस्करण, 2019, पृष्ठ 1, 3.

7. B.K. Sharma, Tribal Revolts, Pointer Publishers, Jaipur, 1996, Page 1.

8. Ibid, Page 2.

9. Subhash Meena and Nitesh Pal Singh Meena, Page 50.

10. D. Graham, A brief historical sketch of the Bheel tribes, inhabiting the province of Khandesh, British Library, Historical Print Editions, 1843, PP. 1, 2; The Atlas, 9 March 1861.

11. Tribune (Tribalurne) 22 June 1916; P.C. Jain, Christianity, ideology and social Changeamong tribals, Rawat Publications, Jaipur, 1995, Page 76.

12. Star (London), 26 July 1824- The following are anecdotes of the Bheels, a horde of banditti, who are considered in Captain Seely as the aborigines of India, 'Their haunts are in the wildest parts of India, where neither civilisation nor the Brahminical creed have ever penetrated; and they hold both in great contempt. They are generally of short stature, sometimes with curly hair and a thickness of the lower lip; of very dark complexion and more masculine in form than the Hindoos. Their habits are migratory; but wherever extensive forests or mountainous woody tracks are formed, parties of Bheels reside, and only quit their strong holds for plunder, or to engage as auxiliaries in a foray, to devastate and destroy that which contending chiefs cannot themselves accomplish.'

13. Times Of India, 10 October 1878.

14. Cumberland Pacquet, and Ware's White haven Advertiser, Monday 2 August 1824.

15. Imperial Gazetteer of India, Provincial series, Bombay Presidency,

Vol. I, Superintendent of Government Printing, Calcutta, 1909, PP. 149, 150, 151, 152.

16. R.V. Russell & Hiralal, The Tribes and Castes of the Central Provinces of India,Vol. II, Asian Educational Services, New Delhi & Madras, 1993, Page 293.

17. Subhash Meena and Nitesh Pal Singh Meena, PP. 50, 51; Bombay Gazette, 9 July 1868.

18. London Church Missionary Society, Battling and Building amongst the Bhils, Salisbury Square, E.C., 1914, Page 11.

19. Congleton & Macclesfield Mercury, and Cheshire General Advertiser, 22 June 1889.

20. डॉ. बृजकिशोर शर्मा, राजस्थान में किसान एवं आदिवासी आंदोलन, राजस्थान हिंदी ग्रंथ अकादमी, जयपुर, 9वाँ संस्करण, 2019, पृष्ठ 5.

21. M.A. Ansari, Tribals in Criminal Web, Publication Scheme, Jaipur, 1987, PP. 71, 72.

22. Subhash Meena and Nitesh Pal Singh Meena, PP. 50, 51.

23. Congleton & Macclesfield Mercury, and Cheshire General Advertiser, 22 June 1889.

24. London Church Missionary Society, Battling and Building amongst the Bhils, Salisbury Square, E.C., 1914, Page 13.

25. R.V. Russell & Hiralal, The Tribes and Castes of the Central Provinces of India,Vol. II, Asian Educational Services, New Delhi & Madras, 1993, Page 293; Bombay Gazette, 9 July 1868.

26. Bombay Gazette, 9 July 1868; 4 June 1851; 9 July 1868.

27. NAI, Foreign Department, Notes, File no 2212/1869, A Short History of the Meywar Bhil Corps, August 1890.

अध्याय-2 खानदेश और खानदेश के भील

खानदेश, भारतीय भू-भाग का केंद्रीय महत्त्व वाला, मध्य भारत का हिस्सा रहा जो बम्बई के उत्तर-पूरब, वर्तमान गुजरात, महाराष्ट्र और मध्य प्रदेश के तिकोने पर ताप्ती नदी बेसिन का हिस्सा था और ब्रिटिश भारत की प्रशासनिक इकाई के रूप में अपना स्थान रखता था। ईस्ट इंडिया कंपनी की सत्ता के बाद यह प्रांत से जिला इकाई के रूप में जाना जाने लगा। एक ओर यह इंदौर की सीमा को छूता था तो दूसरी ओर पूना की सीमा को। इसके अंतर्गत आज के जलगाँव, धुले, नंदुरबर जिलों के अलावा नासिक जिले के कुछ हिस्से पड़ते थे। इसकी सीमाएँ रेवाकाँटा और माहीकाँटा को छूती थीं। उन्नीसवीं सदी के उत्तरार्द्ध में खानदेश की ब्रिटिश शासन व्यवस्था में कुछ प्रशासनिक परिवर्तन हुए। खानदेश को 'केंद्रीय प्रांत और बरार' नाम से प्रशासनिक इकाई में शामिल किया गया और बॉम्बे प्रेसिडेंसी का एक जिला बना दिया गया। बाद में कुछ और परिवर्तन हुए। 1869 में खानदेश का दक्षिणी हिस्सा, नासिक जिला बना दिया गया। 1906 में शेष खानदेश को पूर्वी खानदेश और पश्चिमी खानदेश में विभाजित कर दिया गया। जलगाँव और धूलिया या धुले, क्रमशः इनकी राजधानी बनीं। बाद में पूर्वी खानदेश को जलगाँव जिला और पश्चिमी को धुले जिला कहा गया। 1998 में पुनः धुले जिले को विभाजित कर एक नया जिला, नंदुरबर बनाया गया है।[1]

खानदेश एक बेहद उर्वरक और सिंचित मैदान था जिसका क्षेत्रफल 13,000 वर्ग मील के लगभग था। इसमें अनेक छोटी-छोटी पहाड़ियाँ और उनसे निकली हुई नदियाँ थीं, जो आगे चलकर ताप्ती में मिल जातीं। पूरा प्रांत विस्तृत पहाड़ी श्रृंखला और काँटेदार वनस्पतियों से घिरा था। यहाँ के प्राकृतिक वातावरण में इन पहाड़ी जनजातियों के अलावा कोई नहीं रह सकता था। सतपुड़ा पहाड़ी श्रृंखला, पंक्तिबद्ध होकर प्रांत की उत्तरी सीमा में फैली थी। बीच-बीच में विस्तृत दर्रे थे। पूरा इलाका जंगलों से आच्छादित और बेहद खूबसूरत था जहाँ डाकुओं को आश्रय मिलता था। पश्चिम में सुखेन पर्वत श्रृंखला, खड़ी और पथरीली तथा बाँस के घने जंगलों से पूरी तरह आच्छादित थी। दक्षिण से सतमाला

(चंदोर और अजंता) की श्रृंखलाएँ घेरे हुए थीं। इस प्रकार सतमाला और सहयाद्रि की पहाड़ियों से घिरे इस क्षेत्र की भौगोलिक बनावट दुर्गम थी। बबूल के घने जंगलों में खाइयों का पता लगाना तथा बाहरी लोगों के लिए भगोड़ों को ढूँढना असंभव था। बरार के उपजाऊ मैदान, पूर्वी खानदेश को अलग करते थे। पूरे प्रांत में सड़कें नहीं थीं। हर चीज की कमी ही कमी थी। दर्रों से होकर पहाड़ों के बीच बसे गाँवों में पहुँचना आसान न था।[2]

खानदेश का कोई वास्तविक नक्शा पहले नहीं था। इसे कैप्टन ब्रीग्स ने अपने कार्यकाल के दौरान इंजीनियरों की मदद से दो साल में तैयार कराया था।[3]

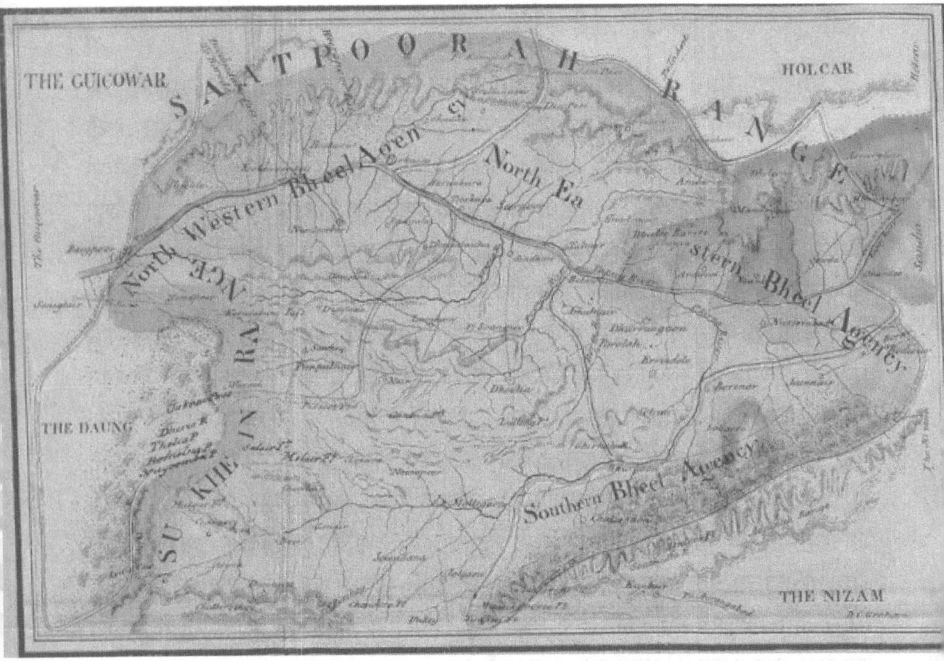

Collectorate of Khandesh

(Hunter, Sir William Wilson, et al. (1908). Imperial Gazetteer of India, Volume 15. 1908-1931; Clarendon Press, Oxford, Page 225, 226.)

खानदेश, पश्चिमी निमाड़ (होल्कर राज) और पूर्वी निमाड़ (शिंदे राज) की सरहदें जलगाँव जिले के पाल गाँव के पास मिलती थीं।[4]

1872 में खानदेश का भौगोलिक परिसीमन $20^\circ\ 8'$ और $22^\circ\ 7'$ उत्तरी अक्षांश तथा $73^\circ\ 42'$ और $76^\circ\ 28'$ पूर्वी देशांतर के बीच स्थित था। उसका कुल क्षेत्रफल 10,431 वर्ग मील (20,099 वर्ग किलोमीटर) तथा कुल जनसंख्या 1,028,642 थी।[5] 1818 में

यह पूरी तरह कमिश्नर दक्कन के अधीन था। तापी नदी के किनारे 256 किलोमीटर इसकी सीमा थी और उसके उत्तर इसकी चौड़ाई 92 से लेकर 144 किलोमीटर तक थी। खानदेश का पहाड़ी हिस्सा, भीलों का स्वाभाविक निवास रहा है। यहाँ भीलों की संख्या कितनी थी, इसका पहला अनुमान अँग्रेजों ने 1830 के आस-पास लगाया और 55,000 के लगभग बताया।[6]

खानदेश में भीलों के अलावा, अहीर जनजातियों की अच्छी-खासी संख्या थी। एक समाचार के अनुसार, अफगानिस्तान से विस्थापित गैर हिंदू और गैर आर्यन अहीरों की 1903 में कुल जनसंख्या 1,04,894 थी जो खानदेश, नासिक, कच्छ और कठियावाड़ में आ बसे थे। अहीरों द्वारा बोली जाने वाली मराठी भाषा को अहिरानी कहा जाता था जो खानदेश की लगभग आधी जनसंख्या द्वारा बोली जाती थी। अँग्रेजों की निगाह में खानदेश की गुज्जर जातियाँ सबसे ज्यादा समझदार और मेहनती कृषक थीं।[7]

चौदहवीं और सोलहवीं सदी तक खानदेश प्रांत भारत का समृद्ध इलाका रहा। सदियों पूर्व, दक्कन या दक्षिण के मुसलमानों की छह राजधानियों में से एक के द्वारा इस प्रांत पर शासन किया जाता था। 1600 ई. में यह प्रांत अकबर के हाथ में आया और अठारहवीं सदी के मध्य में मराठों के हाथ में। अरबों और पिंडारियों ने इसके गाँवों को लूटकर उजाड़ बना दिया था जिससे भीलों को पहाड़ियों में चले जाने को बाध्य होना पड़ा।[8]

खानदेश की ओर अँग्रेजों के आकर्षित होने के कई कारण थे। खानदेश का पूरा इलाका पठारों और जंगलों से आच्छादित था। मुख्य रूप से यह प्रांत ताप्ती और नर्मदा नदी द्वारा लाई गई उपजाऊ मिट्टी की वजह से कपास की खेती के लिए बेहद उपयुक्त था। यही कारण है कि इस प्रांत पर कब्जा करने के बाद, यहाँ कपास उगाकर अँग्रेजों ने रूई का भरपूर दोहन किया था। घने जंगलों में लकड़ी भरपूर मात्रा में मौजूद थी तो वहीं शेर, चीतों और अन्य जंगली जानवरों का भरपूर शिकार करने का उन्हें जो अवसर खानदेश में मिला, वैसा कहीं और नहीं। केवल मेजर ओलिवर प्रॉब्यान (Oliver Probyn) ने 100 से ज्यादा बाघों का शिकार किया था। वह 1843 में ईस्ट इंडिया कंपनी की सेना में शामिल हुए थे और 1858 में खानदेश के पुलिस अधीक्षक के पद पर तैनात हुए। तब खानदेश की भील कार्प्स (वाहिनी) उन्हीं के नियंत्रण में थी।[9]

खानदेश में पहाड़ी क्षेत्र होने के बावजूद, आबादी बहुत थी। 1818 के पूर्व जब मराठे उत्तर की ओर लूटपाट करने निकलते तो खानदेश में छापे मारते। इसलिए यह उपजाऊ इलाका उजाड़ लगता था। इसका परिणाम यह हुआ था कि इस क्षेत्र में रहने वाले भील मुख्यत: लूटमार से अपनी आजीविका चलाने को विवश हुए थे। ब्रिटिश अखबार उन्हें अड़ियल और जंगली बताते हैं। वहाँ किसी भी सत्ता की कोई हनक कभी रही नहीं। एक अखबार के अनुसार, लुटेरी और शिकार करने वाली भील जातियों के कब्जे में यह क्षेत्र

हमेशा रहा। उन्हें अँग्रेज, Rob Rays Of India यानी रोटी लूटने वाली भारतीय नस्ल कहते। उन्हें प्राकृतिक रूप से परभक्षी और मांसाहारी बताते। उनका कहना था कि यह जाति आनुवंशिक रूप से जंगली जानवरों की ही तरह है। यह वैसे ही रहती, जैसे जंगली जानवर। जैसे जंगली जानवर बिना दया के अपना शिकार करते हैं, वैसे ही यह जाति अपना शिकार करती है।[10]

1779 में (फरवरी 6 से 25 तक) कर्नल गोडार्ड (Goddard) ने सेंट्रल प्रॉविंस होते हुए सूरत तक की यात्रा की थी। उन्होंने रास्ते में खानदेश की उपजाऊ जमीन और खुशहाल लोगों को देखा था और पाया था कि यह एक ऐसा प्रांत था, जहाँ अनाज भरपूर पैदा होता था। उन्होंने यह भी देखा था कि यहाँ की जनजातियाँ, सेना को देखकर भागती नहीं, अपितु स्वेच्छा से उसके लिए रसद उपलब्ध करा देती थीं। कर्नल गोडार्ड ने लिखा है कि बुरहानपुर से 80 मील पश्चिम तक, गाँव ही गाँव थे। मकान ठीक-ठाक बने थे।[11] यानी समृद्धि ही समृद्धि। इससे कहा जा सकता है कि मुगल काल में यह इलाका संपन्न रहा होगा। मुगल काल में भील अपने इलाके के चौकीदार थे। बाहरी हस्तक्षेप नहीं होता था और न वे बर्दाश्त करते थे।[12]

खानदेश की संपन्नता का आभास दूसरे स्रोतों से भी होता है। कंपनी की सत्ता के प्रारंभ में, खानदेश में कई महत्त्वपूर्ण बाजार लगते थे। खानदेश में पड़ने वाले तालुका-तलोड़ा (Taloda) का बाजार शुक्रवार को लगता था और उसमें भीलों और अन्य जनजातियों की जरूरतों की सारी वस्तुएँ मिल जाती थीं। नंदुरबार और रनाला में कपड़ा, सोनगिर में धातु के बरतन, बैल, घोड़े, खच्चर और अन्य जानवर बिकते थे। बाजारों में गुज्जर, मराठा, गुजराती बनिया, मारवाड़ी, भील, पोवरा (Powras) और अकरानी के रोहिला आते थे। पोवरा जनजाति पर्याप्त संख्या में बाजार में आती थी। वह जंगली वस्तुएँ, जैसे चरोली या चिरोंजी बीज (Buchanania Latifolia), महुआ फूल, शहद, मोम, लाख, गोंद और राल बेचने आती। अकरानी से आने के लिए कोई सड़क न होने के कारण लोग सिर या बैलों पर सामान लादकर लाते। पंचमहल के भीलों की तरह पोवरा गरम कपड़े इस्तेमाल करने लगे थे। तलोड़ा एक छोटा बाजार था जहाँ साल की लकड़ी का बाजार लगता था। वहाँ एक डिस्पेंसरी भी थी। बनिया और मारवाड़ी जैसे व्यापारी वहाँ रहते थे। मध्य और दक्षिण-पूर्वी गाँवों में गुज्जर थे, जो समझदार और मेहनती किसान थे। बाकी आबादी भीलों की थी जो कई हिस्सों में बँटी थी, जैसे तलोड़ा, नंदुरबर और नवापुर के भील। बाजार में पाटिल (साहूकार) रहते थे जो छह प्रतिशत पर उधार देते थे। उनकी हैसियत गुजराती पाटिलों की तरह थी। भीलों ने सरकंडे की छत डालकर बारू (घर) बनाकर रहना शुरू कर दिया था। मिट्टी की दीवार और खपरैल अभी अपवाद थे। जिन भीलों की स्थिति बेहतर थी, उन्हें कम दर पर उधार मिल जाता था मगर गरीब

भील, रोहिला साहूकारों की गिरफ्त में आ जाते थे। खानदेश में शराब पीना आम था तथा अच्छी हैसियत की निशानी थी। आदिवासी समाज कपड़े पर बहुत कम खर्च करता था। नंदुरबार के गुज्जर सबसे धनी थे। उनके मकान पत्थरों या ईंटों के होते। उनका शादी-ब्याह खर्चीला होता था।[13]

1888 के आस-पास खानदेश गिनिंग एंड वीविंग फैक्ट्री (Khandesh Ginning and Weaving Factory) स्थापित हो चुकी थी।[14] इस प्रांत के ज्यादातर बाजार, या शहर पूर्वी प्रांत में ही पड़ते थे। थालनेर अपवाद था जो ताप्ती नदी के तट पर शिवपुर तालुका में पड़ता था। पश्चिमी भाग उपेक्षित था। उसका कारण यह था कि व्यापार के लिए एकमात्र उपयुक्त सड़क, इस प्रांत को उत्तर-पूरब से दक्षिण-पश्चिम की ओर, आसिरगढ़ होते, पूर्वी खानदेश पार कर, अजंता दर्रे तक जाती थी जो आगे चलकर दक्षिण में दौलताबाद और अहमदनगर की ओर निकल जाती थी। फ्रांस के मशहूर व्यापारी, बर्नियर ने औरंगजेब के जमाने में सूरत से खानदेश प्रांत की दो बार यात्रा की थी। उसने लिखा है कि नवापुर में भारत का सबसे अच्छा चावल पैदा होता था। बुरहानपुर एक महत्त्वपूर्ण स्थान था।[15]

खानदेश के भील

ब्रिटिश सत्ता के शुरुआती दिनों में, खानदेश क्षेत्र में जो अराजकता थी, वैसी मुगल काल में न थी। खानदेश की समृद्धि का पतन 1802 से शुरू होता है। 1802 में मुसलमान शासकों से होल्कर ने कुछ इलाकों को झटक लिया और उसकी सेना ने इस इलाके को लूटकर उजाड़ बना दिया। कुछ इलाका पेशवाओं और निजाम के पास चला गया। घुमंतू भील, खानदेश के अन्य निवासियों से घुलमिल गए और कुछ गाँवों की चौकीदारी करने लगे। बाद में यही चौकीदार भील कार्प्स (वाहिनी) के निर्माण में सहायक सिद्ध हुए। जो भील बेरोजगार और भूखे रह गए, वे पहाड़ों के बीच चले गए और जीवनयापन के लिए विकल्पहीनता की स्थिति में पुन: लूटमार के धंधे में लिप्त हो गए। ज्यादातर भीलों को अपनी संपत्ति बेचनी पड़ी, जिससे उनके अंदर निराशा पैदा हुई और अंतत: खानदेश की भूमि पर अराजकता फैल गई।

प्रारंभ में भील लूटमार करने वाली जाति नहीं थी। मेवाड़ और उदयपुर उनके मूल निवास स्थान थे। वहाँ से भगाए जाने के बाद ही वे खानदेश की पहाड़ियों में आ बसे थे। पेट पालने की मजबूरी के कारण, रॉब रॉय या रॉबिन हुड की तरह ही उन्होंने, आने-जाने वाले व्यापारियों को लूटना एवं कर वसूल करके जीविका चलाना शुरू किया।

खानदेश के इलाके में पठानों को सिंधिया और होल्कर की पूर्ववर्ती तीसरी पीढ़ी ने बुलाया था। उन्होंने भीलों और अन्य जनजातियों से अपनी सुरक्षा हेतु इन्हें अफगानिस्तान

से बुलाकर इस क्षेत्र में बसा रखा था।[16] बाद में पिंडारियों का आगमन हुआ। अराजकता के माहौल में इस इलाके को घोड़े पर सवार पिंडारियों द्वारा साल में एक बार लूट लिया जाता। अरब व्यापारियों ने पहले ही इस क्षेत्र पर अपनी आँखें गड़ा दी थीं। उन्होंने इस क्षेत्र में स्थिरता उत्पन्न करने के लिए किलेबंदी कर पड़ोसियों को शांत कर दिया। ऐसे में ब्रिटिश प्रशासन द्वारा अरबों को बाहर करने के लिए युद्ध करना स्वाभाविक था। ब्रिटिश अधिकारी, कर्नल ग्राहम की नजर में घोड़ों पर सवार लुटेरों (पिंडारियों) को रोकना, मैदानी क्षेत्र में असंभव था लेकिन अराजक हो चुके भीलों को बसाना, उससे भी ज्यादा कठिनाई भरा काम था। अरब व्यापारियों और पिंडारियों ने इन्हें बहुत दुख दिए थे।[17]

कर्नल ग्राहम ने लिखा है- 'खानदेश की कुल जनसंख्या का 1/8, भील थे जो मुख्यतः बागलान तथा उत्तर-पश्चिम हिस्से में पटेलों की तरह शांतिपूर्वक रहते थे। पटेल भू-स्वामी उपजाऊ जमीन पर खेती करते थे। पटेल, प्रांत के इस हिस्से में निम्न स्थिति में नहीं थे क्योंकि वे पूरी तरह से बेसहारा नहीं थे। उनके पास जमीन का स्वामित्व था। वे मेहनत करते थे और सम्मान के साथ रहते थे जबकि भील पूरी तरह से बेसहारा थे। उनके पास जमीनें न थीं। वे सभ्य न थे और एकांत में शांतिपूर्वक रहना पसंद करते थे। पहाड़ की तलहटी में रहने वाले भील सबसे ज्यादा उपद्रवी और अशांत थे। वे विभिन्न दर्रों पर नियंत्रण रखते थे। पिछले दिनों तक (यानी 1843 के पूर्व) वे मैदानी किलों पर भी नियंत्रण रखते थे। वे पहाड़ियों के शीर्ष पर छत्तेदार वनस्पतियों के बीच झोपड़ी में रहते, जहाँ हर दृष्टिकोण से अपना बचाव कर सकते थे। यह शरणस्थल स्थायी नहीं होती। वहाँ वे कुछ दिन या महीनों रह सकते थे। वे स्वभाव से घुमंतू और कुशल शिकारी थे। मैदानी इलाके का हर व्यक्ति उनके खिलाफ होता था इसलिए वे विद्रोही बन चुके थे और कई सरकारों से लोहा लेते रहे थे।[18]'

अधिक सभ्य भील उन्हें कहा जाता था जो कानून का पालन करते थे, जो सघन जंगलों में रहते थे।

तुरी भीलों ने मुगल काल में मुस्लिम धर्म स्वीकार कर लिया था। वे उत्तर-पूरब प्रांत में रहते थे। उनका रंग-रूप साफ था। वे अन्य जनजातियों की तुलना में खेती की ओर झुके थे मगर अराजकता के दौर में पिंडारियों के साथ लूटमार में सहयोग करते थे। तुरियों की पड़ोसी नहल जनजाति बर्बर थी। वह पहाड़ों की तलहटी में फलों और बेरी की झाड़ियों के बीच रहती थी और दूसरों से संबंध नहीं बनाती। उसके रीति-रिवाज भी भिन्न थे। युवा जोड़े स्वतंत्रतापूर्वक किसी के साथ रह सकते थे और अपनी मर्जी से संबंध-विच्छेद कर सकते थे। छोटे बच्चे माँ और बड़े, अपने पिता की निगरानी में पलते। नहल काले और छोटे होते। उनका चेहरा बुरा होता। बहुत कम नहल जंगलों में खेती करते थे। हिर्धी भील मुसलमान थे जो अजंता रेंज के जमुआर और बड़गाँव परगना में रहते थे। ये

बहुत जल्द विद्रोह कर देते। ये बर्बर माने जाते क्योंकि इन्हें नियंत्रित करना कठिन था। इस प्रकार पूरे खानदेश प्रांत में बिखरी हुई जनजातियों को सामान्यत: भील कहा जाता। भील स्वयं को अन्य जनजातियों से श्रेष्ठ मानते। वे दूसरी जनजातियों से भोजन प्राप्त कर लेते मगर उनसे शादी नहीं करते। वे सदा तीर-धनुष के साथ रहते।[19]

मुतवारी, बर्दा और डोरेपी जनजातियाँ उत्तर-पश्चिम में अकरानी और धडगाँव के पहाड़ी क्षेत्र में निवास करतीं। टोकरी बुनाई और खेती में कुशल होने के कारण अन्य जनजातियों से अलग हो गई थीं। खोटिल शब्द सामान्यत: उन सभी जंगली जनजातियों के लिए प्रयुक्त होता जो सतपुड़ा पहाड़ियों में निवास करतीं और मोम तथा गोंद को मैदानी क्षेत्रों में आपूर्ति करतीं। डंगची शब्द डंग में निवास करने वाली सभी जनजातियों के लिए प्रयुक्त होता जो पश्चिमी घाट के नीचे निवास करती थीं। ये बाद वाली सभी जनजातियाँ, दूसरी जंगली जनजातियों की तुलना में ज्यादा असभ्य थीं। गरीबी, अशांत जलवायु और कष्टों से घिरीं इन जनजातियों में गलत-सही का सिद्धांत मायने नहीं रखता। उनमें चरम अंधविश्वास, भय, भाग्य, पशुवृत्ति, शकुन-अपशकुन की धारणा कायम थी। यहाँ तक कि अपशकुन की धारणा के कारण कई बार अस्थायी गाँवों से विस्थापित होकर दूसरी जगह चले जाते। वे नशे के आदी होते। उनका मानना था कि जब वे उत्साही आत्मा के प्रभाव में आते हैं तो उनकी सारी दुष्ट प्रवृत्तियाँ धधकती आग में झुलस जाती हैं। वे अपने बड़े मुखियाओं के नेतृत्व में, जो सालों से विद्रोही बने हुए थे, सुरक्षित होते। एक बार गायकवाड़ की दस हजार सेना, इन जनजातियों को नियंत्रित करने के लिए भेजी गई थी मगर पराजित हुई। इन जनजातियों ने, होल्कर के यूरोपीय साथियों द्वारा अपने मुखियाओं की गिरफ्तारी किए जाने के कारण और पहली बार उन पर नियंत्रण स्थापित किए जाने की नीति के कारण अपमानित महसूस किया और डटकर उनका मुकाबला किया।[20]

मराठों और मुसलमानों के बीच संघर्ष के समय भी पहाड़ी भीलों ने महत्त्वपूर्ण भूमिका निभाई थी। कहा जाता है कि 1798 तक, जब नाना फडनवीस की मृत्यु के बाद बाजीराव ने पेशवा की उपाधि ग्रहण की थी, तब खानदेश उत्कर्ष की स्थिति में था लेकिन उसके कुछ समय बाद, यशवंत राव होल्कर द्वारा सफल विद्रोह कर देने से, खानदेश में कई गुना दुख और दुर्भाग्य की शुरुआत हो गई। दो साल के अंदर, लूटमार करने वाली मराठा सेना की वजह से तीन बार सत्ता बर्खास्त हुई और मराठा सैनिकों द्वारा प्रांत को बर्बाद कर दिया गया। 1803 का मराठा युद्ध और अकाल, जिसकी विभीषिका सतपुड़ा पहाड़ों से लेकर हैदराबाद शहर तक थी, के कारण स्थिति और भयावह हो गई। इस आपदा से काश्तकार, बरार और गुजरात की ओर पलायन कर गए। पूरा इलाका वीरान हो गया। मैदानी क्षेत्रों से भील, पहाड़ियों में चले गए और फिर नहीं लौटे। उसके बाद अराजकता और भ्रम की स्थिति पैदा हुई जो लंबे समय तक इस प्रांत में चलती रही।

भीलों के संगठित गिरोह हर दिशा में लूटपाट करते रहे जो ब्रिटिश अधिकारियों के लिए समस्या बन गए थे। अब वे हर बाहरी व्यक्ति को अपना दुश्मन मानते। पहाड़ी चोटियाँ भील मुखियाओं के नियंत्रण में आ गईं। उन्होंने छोटे-मोटे राजकुमारों को अपने नियंत्रण में ले लिया था। यह अराजकता का दौर 1818 में चरम पर था, जब ब्रिटिश सेना ने यहाँ कब्जा जमा लिया। उस समय यहाँ 50 से ज्यादा कुख्यात गैंग, अपने पाँच हजार के लगभग विद्रोहियों के साथ, 'पश्चिम का बगीचा' कहे जाने वाले खानदेश प्रांत में लूटमार कर पेट पालते हुए काबिज थे। पूर्व के शासकों के बार-बार के धोखे और झूठे आश्वासनों को देख चुके भीलों ने नई विदेशी सरकार को और अधिक संदिग्ध समझा और उसके आगे न झुकने की नीति पर चलने का निर्णय लिया। कुकरमुंडा (गुजरात) से लेकर बुरहानपुर (मध्य प्रदेश) तक की पूरी सतपुड़ा पहाड़ी श्रृंखला पर बसे भील विद्रोही बने रहे। सतमाला और अजंता के भील अपने 32 गैंग मुखियाओं के साथ, दक्षिणी हिस्से में हथियार और आतंक से खेल रहे थे, तलवार चला रहे थे। पींट (महाराष्ट्र) और अभोना (महाराष्ट्र) के छोटे-मोटे राजा, गोविंदा नामक शक्तिशाली भील नायक के नेतृत्व में पश्चिमी घाट पर खूनी खेल खेल रहे थे। यहाँ की सड़कें चलने लायक न थीं। हर दिन गोविंदा के नेतृत्व में गाँवों को लूटा जाता और हत्याएँ की जातीं। मवेशियों को लूट लिया जाता। अराजकता इतनी भयावह हो गई कि रैयतों ने तकावी* (Tuccavee) प्रथा से किनारा कर लिया क्योंकि उनकी फसल पूरी तरह से भील लुटेरों की दया पर निर्भर हो चुकी थी। इस प्रकार यह 'गार्डन ऑफ वेस्ट' पूरी तरह से बर्बाद हो चुका था। यहाँ केवल भील, शेर और सियारों के अलावा कोई न बचा था।[21]

18वीं और 19वीं सदी के प्रारंभ में खानदेश मराठा परिसंघ का हिस्सा था और निजाम, गायकवाड़ तथा मराठा पेशवा द्वारा शासित था। 1738 की भोपाल संधि के द्वारा मालवा क्षेत्र पर मराठों की सत्ता स्थापित हो गई थी। 1818 में तीसरे एंग्लो-मराठा युद्ध में मराठों की पराजय के बाद इसे ब्रिटिश भारत में मिला लिया गया।[22]

संदर्भ :

1. Hunter, Sir William Wilson, Imperial Gazetteer of India, Volume 15. 1908-1931, Clarendon Press, Oxford, 1908, PP. 225, 226.

2. D. Graham, A brief historical sketch of the Bheel tribes, inhabiting the province of Khandesh, British Library, Historical Print Editions, 1843, Page 1; Major A.K. Prasad, The Bhils Of Khandesh under The British East India Company, Thesis, University of Poona, 1986, PP. 8, 9, 10.

---

*तकावी- खेती-किसानी के लिए जमींदारों से अग्रिम लेने की प्रथा को तकावी कहा जाता था।

3. Evans Bell, Memoir of General John Briggs of the Madras Army; with Comments on some of his Words and Works, Chatto and Windus, Piccadilly, 1885. Page 82.

4. बाबा भांड, जननायक तंट्या भील, प्रभात प्रकाशन, 2014, पृष्ठ 5.

5. Gazetteer of the Bombay Presidency, Vol. XII, Government General Press, 1880, Page 1; Major A.K. Prasad, The Bhils Of Khandesh under The British East India Company, Thesis, University of Poona, 1986, Page 3.

6. Maharashtra State Archives, Mumbai (MSAM), Vol. 14/398, Political department, 1830; Major A.K. Prasad, The Bhils Of Khandesh under The British East India Company, Thesis, University of Poona, 1986, Page 3.

7. The Homeward Mail, 4 April 1903.

8. Evans Bell, Memoir of General John Briggs of the Madras Army; with Comments on some of his Words and Works, Chatto and Windus, Piccadilly, 1885. PP. 75, 76, 76.

9. The Illustrated London News, 11 August 1883.

10. The Scotsman, 9 September 1880; The Aberdeen Journal, 22 July 1880.

11. Gazetteer of the Bombay Presidency, Vol. XII, Government General Press, 1880, Page 252.

12. Gazetteer of the Bombay Presidency, Vol. XII, Government General Press, 1880, Page 254.

13. The Homeward Mail, 17 December 1900, PP. 1698, 1699.

14. The Illustrated Sporting and Dramatic News, 23 Octobers 1915.

15. Khandesh Bhil Corps, By A.H.A. Simcox, Collector, East Khandesh, Thacker & Company Limited, Bombay, 1912, PP. 1, 2.

16. Times Of India, 6 September 1884.

17. D. Graham, A brief historical sketch of the Bheel tribes, inhabiting the province of Khandesh, British Library, Historical Print Editions, 1843, PP. 1, 2; and The Atlas, 9 March 1861.

18. Ibid, PP. 2, 3; The Atlas, 9 March 1861.

19. Ibid, PP. 3, 4; The Atlas, 9 March 1861.

20. Ibid, Page 4; The Atlas, 9 March 1861.

21. Ibid, PP. 4, 5; The Atlas, 9 March 1861.

22. Hunter, Sir William Wilson, Imperial Gazetteer of India, Volume 15. 1908-1931, Clarendon Press, Oxford, 1908, PP. 225, 226; Stewart Gordon, The New Cambridge History of India, II-4, The Marathas 1600-1818, Cambridge University Press, 2008, Page 139.

अध्याय-3 मध्य भारत* और खानदेश के भीलों के प्रति अँग्रेजों की नीति

भीलों के प्रति अँग्रेजों की सोच, कुछ पाश्चात्य शिक्षा और कुछ भारतीय अभिजातवर्गीय धारणाओं से घुल-मिलकर बनी थी। वे भीलों को यहाँ का मूल निवासी मानते थे, इसके बावजूद, बर्बर, लुटेरे, डकैतों का गिरोह, नंग-धड़ंग हत्यारे और अमानुष, उपमाओं से नवाजते रहे। वे भीलों की ताकत को समझते थे। अपनी सत्ता को मजबूत करने के लिए उन्होंने खानदेश भील कार्प्स, मेवाड़ भील कार्प्स, मालवा भील कार्प्स, गुजरात भील कार्प्स और मारवाड़ भील कार्प्स आदि का गठन करना जरूरी समझा। भीलों को शिक्षित करने, कुछ हद तक उन्हें सभ्य बनाने के पीछे उनकी वीरता और साहस का ब्रिटिश हित में उपभोग करने की नीति ही रही।

गुजरात, मालवा, खानदेश सहित अन्य भील क्षेत्रों में पाँव पसारने के पूर्व अँग्रेजों ने इन क्षेत्रों के भील लड़ाकों से समझौता करने की नीति अपनाई। उन्हें पता था कि देशी राजाओं, होल्कर, सिंधिया और पेशवाओं को परास्त करने में यह नीति काम की सिद्ध होगी। सबसे पहले 1806 में उन्होंने भील लड़ाकों से समझौता करने की शुरुआत की।[1]

अँग्रेजों के लिए ऐसा करना मजबूरी थी। उन्हें पता था कि भीलों का बसेरा जिन पहाड़ी क्षेत्रों में हैं, उनमें बड़वानी दर्रे को छोड़कर बाकी सभी दर्रों पर भील मुखियाओं का कब्जा है। उन दर्रों पर सशस्त्र भील, कुछ अरबी और अन्य योद्धाओं के साथ पहरा देते हैं। बिना उनकी अनुमति के उन दर्रों से गुजरना संभव नहीं है।[2]

---

* ब्रिटिश कालीन मध्य भारत का शासन, मध्य भारत एजेंसी के अंतर्गत था और इसकी सीमाएँ, उत्तर-पूरब में संयुक्त प्रांत आगरा और अवध, पूरब में दक्षिणी सीमा तक मध्य प्रांत से, दक्षिण-पश्चिम में खानदेश, रेवाकाँटा एजेंसी से तथा बॉम्बे प्रेसीडेंसी के पंचमहल से मिलती थीं। राजपूताना एजेंसी के कई राज्य, उसके उत्तर-पश्चिम से सटे थे। मध्य भारत एजेंसी के अंतर्गत 78,772 वर्ग मील क्षेत्रफल था और 1901 में इसकी जनसंख्या 8,62,878 थी। मध्य भारत में 1901 में भीलों की कुल जनसंख्या 2,06,934 थी (Imperial Gazetteer of India, Central India Superintendent of Government Printing, Calcutta, 1908, page 1)।

1815 में जॉन ब्रीग्स की नियुक्ति जूनियर असिस्टेंट के रूप में पूना रेजीमेंट में हुई थी। अपने पूना हेडक्वॉर्टर से ही ब्रीग्स ने पेशवा के विरुद्ध सैन्य अभियान में योगदान दिया था। मध्य सितंबर 1817 में उसे, सर जॉन मैल्कॉम (Malcolm) ने नर्मदा नदी पार कर होल्कर क्षेत्र की ओर आने को कहा। होल्कर की सेना उज्जैन के पास महिदपुर में थी। 5 नवंबर 1817 में महिदपुर में मराठों की संयुक्त सेना, जिसमें होल्कर और सिंधिया शामिल थे, से ईस्ट इंडिया कंपनी का युद्ध प्रारंभ हुआ। इस युद्ध में संयुक्त सेना के 3,000 जवान और कंपनी के 778 जवान मारे गए। 21 दिसंबर 1817 को मराठे परास्त हो गए थे। राइफल कार्प्स के कैप्टन इवांस (Evans) ने भी इस युद्ध में भाग लिया था। दोनों पक्षों में भारी जनहानि के बाद 6 जनवरी 1818 को मंदसौर में समझौता कर लिया गया। इस समझौते के बाद होल्कर ने सतपुड़ा रेंज के सभी क्षेत्रों पर से अपना दावा छोड़ दिया। वह हिस्सा अँग्रेजों के पास आ गया। अभी भी मराठों के पास खानदेश के 19 किलों पर अधिकार था।[3]

इस प्रकार ईस्ट इंडिया कंपनी के कैप्टन ब्रीग्स ने 1818 की शुरुआत में ही खानदेश को जीत लिया था। कुछ किलों पर कब्जा शेष रह गया था। आष्टा में 19 फरवरी 1818 को मराठे पराजित हुए तब वे खानदेश छोड़ने को बाध्य हुए। 27 फरवरी को कैप्टन ब्रीग्स और सर थामस हिसलॉप के नेतृत्व में सेना ने बिना किसी बड़े संघर्ष के थालनेर (महाराष्ट्र), गौलना (खानदेश का पहाड़ी किला, औरंगाबाद से 87 मील उत्तर-पश्चिम) और चंदोर (महाराष्ट्र) किले को अपने नियंत्रण में ले लिया था। चंदोर किले में होल्कर के एजेंट रामदास का हेडक्वॉर्टर था। कंपनी के सामने रामदास ने मार्च, 1818 में हथियार डाल दिए थे और इस प्रकार खानदेश ब्रिटिश इंडिया के अधीन आ गया था। 16 मई 1818 को धौलकोट का किला भी, जो असीरगढ़ के पास था, अँग्रेजों के नियंत्रण में आ गया। वहाँ उन्होंने फर्स्ट डिवीजन ऑफ द डक्कन आर्मी का हेडक्वॉर्टर बना लिया।[4]

1818 में खानदेश, भले ही ईस्ट इंडिया कंपनी के कब्जे में आ गया था मगर यहाँ कानूनी नियंत्रण की शुरुआत करने में सात साल इंतजार करना पड़ा। प्रारंभ से ही कंपनी के अधिकारियों ने भीलों से एक ओर मित्रवत संबंध बनाने और दूसरी ओर दबाव बनाने की नीति का सहारा लिया।[5]

खानदेश पर आधिपत्य जमाते ही मई 1818 में कैप्टन जॉन ब्रीग्स को वहाँ के राजनीतिक एजेंट का चार्ज लेने का आदेश मिला। वह 1818 से 1823 तक इस पद पर रहा। तब खानदेश का प्रशासन कमिश्नर ऑफ डक्कन के नियंत्रणाधीन था। ब्रीग्स ने धुलिया में अपना हेडक्वॉर्टर बनाया जो बॉम्बे-आगरा सड़क मार्ग पर स्थित था। ब्रीग्स द्वारा लेफ्टिनेंट कर्नल जार्डिन को 1 अप्रैल 1819 को लिखे एक पत्र से ज्ञात होता है कि वह रामजी और औचित नामक भील मुखियाओं के विद्रोह से बहुत परेशान था। वह

चाहता था कि किसी भी तरह जार्डिन, दोनों उपद्रवी भील नायकों को पकड़ ले।[6]

Water-colour painting of Gaulna Fort by John Johnson (c.1769-1846). This image is from a sketch-book of 36 drawings depicting scenes chiefly in West India and Mysore, c. 1795-1801.

कैप्टन जॉन ब्रीग्स ने पाया कि खानदेश में लगभग 50 कुख्यात भील मुखिया, अपने 5,000 समर्थकों के साथ लूटपाट और हत्या में संलिप्त थे। बॉम्बे के गवर्नर जनरल, माउंट टुअर्ट एलफिंस्टन (Mounts Tuart Elphinstone), ने कैप्टन ब्रीग्स को सुझाव दिया कि वह भीलों को पहाड़ियों की ओर खदेड़ दें। कैप्टन ब्रीग्स की मंशा कुछ और थी। वह भीलों को नियंत्रित करना चाहता था। उसने गवर्नर जनरल को बताया कि इससे तो लुटेरे आश्रय पा जाएँगे। कैप्टन को मैदानी और पहाड़ी भीलों के कृत्यों में कोई विशेष अंतर नहीं दिख रहा था। उसने 1818 में कुछ भील मुखियाओं के साथ समझौता किया कि अगर वे शांति व्यवस्था कायम करने में सहयोग देंगे तो उन्हें पेंशन दी जाएगी।[7]

ब्रीग्स ने रामजी सहित कई भील मुखियाओं से समझौता किया। नंदुरबार के भीलों को अनाज वितरित किया गया। चंदोर के भीलों को पेंशन दी। अधिकतम एक साल में 2,000 रुपये की पेंशन दी गई थी, जबकि रामजीत और उसके भाई को मात्र 50-50 रुपये मासिक पेंशन से संतुष्ट कर लिया गया था।[8]

समझौते के अंतर्गत ही कैप्टन जॉन ब्रीग्स ने गुमानी या गुमानिया, फेगी खान, जीवा वासावा, राना, देवी जी, रहीलिया, कुन्दू और रामजी आदि को पेंशन दी। इस प्रकार 1818 में गुमानी (सेंधवा क्षेत्र) को 2,000 रुपये, जीवा वासावा (चिकली) को 3,000 रुपये,

बुढ़वल के राना चंदर सिंह को 2,000, गोहाली के भील मुखिया को कुल 1,300 रुपये (1,000 बड़ोदा राज्य से और 300 ब्रिटिश राज्य से), काँटी के भील मुखिया को 37 रुपये 8 आना, सिंगपुर के मुखिया को 200 रुपये, नल मुखिया को 200 रुपये, रहीलिया वल्द वसलिया पर्वी मुखिया, जिसका इलाका अत्यंत छोटा था, को वार्षिक पेंशन देकर शांत कर दिया गया। इनके अलावा कुछ और भील मुखियाओं को 2,000 रुपये सालाना पेंशन दी गई और जिन भील मुखियाओं ने समझौता नहीं किया उन्हें 1818 में ही गिरफ्तार कर लिया गया। कुख्यात भील मुखिया, नादिर सिंह को उसके एक साथी ने गद्दारी कर गिरफ्तार करा दिया। गंगा नायक ने चोपड़ा (महाराष्ट्र) के पास सेना पर आक्रमण कर दिया लेकिन वह मारे गए। उसी समय तुर्वी भीलों ने पुलिस वाहिनी पर आक्रमण कर दिया मगर वे असफल रहे। एरंडोल (महाराष्ट्र) के भील मुखियाओं ने कंपनी से प्राप्त पेंशन वापस कर दी। थालनेर (महाराष्ट्र) परगना को पहाड़ी भीलों ने लूट लिया। मेजर मैकबीन ने कनिया भील की झोपड़ी में आग लगा दी थी। 1819 में भीलों ने चारों ओर से विद्रोह करना शुरू कर दिया। सरकार उन्हें गिरफ्तार कर रही थी मगर तुरंत नए मुखिया मोर्चा सँभाल लेते थे। एक प्रकार से जंगल युद्ध जारी था। आम माफीनामे के प्रस्ताव को भी भीलों ने ठुकरा दिया था। चील नामक भील मुखिया लंबे समय से सिरदर्द बने हुए थे। उन्हें गिरफ्तार कर फाँसी पर लटका दिया गया। 1820 के आस-पास दशरथ नामक भील मुखिया ने कुख्यात पिंडारी मुखिया, शेख दुल्ला से दोस्ती कर ली और अंधाधुंध तबाही मचाने लगे थे। उन्होंने एक गाँव को उजाड़ा और लूट लिया। मेजर मॉरीन (Morin) ने उसकी गतिविधियों पर पाबंदी लगाई और उसे दक्षिणी पहाड़ी क्षेत्रों में समर्पण को बाध्य किया। 1821 में भी स्थिति अराजक बनी रही। सैन्य कार्रवाइयों से कोई फर्क नहीं पड़ रहा था। परोला (जलगाँव) के आस-पास के गाँवों में भीलों का विद्रोह जारी था। एक बार तो कैप्टन ब्रीग्स पर घात लगाकर मारने की कोशिश भी हुई थी। 1822 में हरिया नामक भील मुखिया के नेतृत्व में भीलों ने विद्रोह किया। उसको दबाने के लिए कर्नल रॉबिन्सन को लगाया गया था। रॉबिन्सन ने भीलों की झोपड़ियों में आग लगाई और उन्हें पकड़-पकड़कर क्रूरता से मारा। हरिया या हिरिया निर्वासित जीवन बिताने को बाध्य हुए। निर्वासन में ही उनकी मृत्यु हो गई।[9]

उस समय का गुमानी भील एक मशहूर मुखिया थे। सबसे पहले ब्रीग्स ने गुमानी भील के साथ समझौता किया। गुमानी के नेतृत्व में 230 भीलों का गिरोह था जो सेंधवा दर्रे पर नियंत्रण रखता था। सेंधवा दर्रा, खानदेश और मालवा के बीच व्यापार का मुख्य मार्ग था। समझौते के लिए दबाव बनाने के लिए ब्रीग्स ने राशन की आपूर्ति रुकवा दी थी फिर भी गुमानी लूटपाट करते रहे। समझौता हो जाने के बाद भी गुमानी नियंत्रण में न रहे। वह ब्रीग्स के साथ हुए समझौते का लगातार उल्लंघन करते रहे और कुछ सालों तक ब्रिटिश

प्रशासन के लिए सिरदर्द बने रहे। 1821 में कर्नल ने उत्तर और दक्षिण के पहाड़ी क्षेत्रों में कुछ ग्रामीणों के सहयोग से सैन्य अभियान चलाया और गुमानी सहित उनके गिरोह के 200 भीलों को गिरफ्तार कर लिया। उन्हें थाणे जेल भेज दिया गया। कैप्टन ब्रीग्स का यह कृत्य बॉम्बे के कोर्ट ऑफ डायरेक्टर को पसंद नहीं आया। न्यायालय ने बिना किसी विशेष अभियोग के भीलों की गिरफ्तारी को नियम विरुद्ध माना। 1824 में जब ब्रीग्स को खानदेश से मुक्त कर सतारा भेज दिया गया तब कोर्ट ने गिरफ्तार किए गए भीलों को रिहा कर दिया था। मुक्त होने के बाद भील फिर खानदेश के जंगलों में वापस चले गए और उन सभी गाँव वालों की हत्या कर दी, जिनके बारे में उन्हें संदेह था कि उन्होंने कर्नल ब्रीग्स को सहयोग दिया था।[10]

कैप्टन ब्रीग्स ने भीलों को शांत करने के लिए जोर-जबरदस्ती और हिंसा का सहारा लिया था मगर यह नीति पूरी तरह से असफल हुई थी। कर्नल ब्रीग्स द्वारा अपनाई गई पहली योजना थी-खाद्यान्न की आपूर्ति रोक देना, जो मैदानी इलाके से की जाती थी। दूसरी योजना थी-जिन पहाड़ियों से भील मुखिया हट चुके थे, वहाँ आक्रमण करना। ब्रिटिश प्रशासन के दूसरे साल, ब्रिटिश सैनिकों के प्रयासों से कई भील मुखिया या तो गिरफ्तार कर लिए गए या मारे गए। जो अन्य प्रभावी मुखिया बचे थे, वे सेना की पहुँच से दूर थे और ब्रिटिश सेना की वजह से उनकी संपत्ति और जीवन सुरक्षा की कोई गारंटी न थी। घोषणा की गई कि जो भील मैदानी गाँवों में लौट आएँगे, उन्हें गाँव की ओर से खाने की उपलब्धता होगी और उनके पुराने अपराध माफ कर दिए जाएँगे। इस उदार पेशकश को स्वीकारने एक भी भील आगे नहीं आया। ज्यादातर गाँवों के चौकीदार, जो पहले भील थे, वे विद्रोही बन गए थे और सरकार के विरुद्ध हथियार उठा लिए थे। उनके विद्रोही हो जाने से प्रशासन को गुप्त सूचनाएँ मिलनी बंद हो गईं। भील ही खानदेश की उपजाऊ जमीन के बारे में सब कुछ जानते थे। उनके गिरोहों के सहारे ही प्रशासन चला पाना संभव था। तब तक प्रांत में कोई स्थायी पुलिस व्यवस्था नहीं थी। प्रतिदिन डकैती, हत्या और घर तोड़ने के समाचार आ रहे थे। केवल नंदुरबार नामक एक जिले से एक माह में इस प्रकार की सौ शिकायतें प्राप्त हुई थीं। तुरी भीलों के वंशानुगत मुखियाओं से, सेना नायक के रूप में कार्य कराने का प्रयास किया गया लेकिन यह असफल रहा। भीलों में नशाखोरी की स्थिति लगातार बनी हुई थी। कैप्टन ब्रीग्स ने लूटपाट करने वाले अनेक भील मुखियाओं को प्रति माह दो रुपये पेंशन देना शुरू किया और साथ में कुछ मात्रा में अनाज भी। इन उपायों के बावजूद बात नहीं बनी और अंततः सैन्य कार्रवाइयों का सहारा लिया गया। दर्रों की सुरक्षा के लिए सैनिक भेजने पड़े लेकिन जल्द ही उन्हें हटाना पड़ा क्योंकि वहाँ के वातावरण से भिज्ञ न होने के कारण, मलेरिया से दो-तिहाई सैनिक मारे गए। भील, प्रशासन का लगातार मजाक उड़ाते रहे। यह देखकर एक बार फिर दर्रों की

जिम्मेदारी वंशानुगत भील मुखियाओं को दे दी गई और उनका भत्ता पहले की तुलना में दूना कर दिया गया। यह उपाय भी पहले की तुलना में लाभदायक न रहा। पिछले चार सालों तक चार प्रकार के प्रयोग किए गए मगर चारों असफल रहे। कैप्टन ब्रीग्स के उत्तराधिकारी कर्नल आर्चीबल्ड रॉबर्टसन ने अपनी नीतियों में उदारता बरती और भीलों से बातचीत शुरू की। कोर्ट ने भी मैत्रीपूर्ण नीतियों का पक्ष लिया जो सही सिद्ध हुईं। बॉम्बे गवर्नर माउंट टुअर्ट एलफिंस्टन को भी ऐसी नीति से उम्मीद जगी। उन्हें लगा कि अगर ब्रिटिश अधिकारियों के व्यक्तिगत प्रभाव से भीलों को अनुशासित सेना में बदल दिया जाए या उन्हें शांतिपूर्वक खेती करने वाला बना दिया जाए तो करमुक्त जमीन देने या उनके मुखियाओं को पेंशन देने की तुलना में ज्यादा फायदेमंद साबित होगा। इस प्रकार जिन नई नीतियों की शुरुआत हुई, वे ही आगे चलकर खानदेश के राजनीतिक एजेंट, लेफ्टिनेंट ऑट्रम और मेजर ओवंस को वांछित परिणाम दे सकीं।[11]

बॉम्बे प्रेसीडेंसी प्रमुख, माउंट टुअर्ट एलफिंस्टन ने अँग्रेज अधिकारियों को सलाह दी कि वे भीलों की आदतों, रीति-रिवाजों से परिचित होकर उनका दिल जीतें। उन्हें नौकरी पर रखें। कैप्टन ब्रीग्स के समय से खानदेश में दो भील एजेंट कार्य कर रहे थे। एक भील एजेंट दक्षिण के लिए था और दूसरा पश्चिम के लिए। वे एजेंट यह प्रयास करते थे कि भीलों को जमीन और बैल देकर खेती-किसानी में लगाया जाए। इनके अलावा अस्थायी तौर पर बाहरी चौकियों पर सशस्त्र गार्ड तैनात किए गए थे। 1824 में खानदेश का पहला कलेक्टर-आर्क रॉबर्टसन (Arch Robertson) को नियुक्त किया गया। 1825 में कोर्ट ऑफ डायरेक्टर्स ने तुष्टिकारी नीतियों को लागू करने के लिए उन्हें भील कार्प्स के गठन का आदेश दिया। उसी वर्ष कलेक्टर ने उन्हें सुझाव भेजा कि भीलों को बच्चों की तरह जोड़ा जा सकता है, जो डर के बजाय प्यार से अधिक मानते हैं। साथ ही साथ उनके आपराधिक व्यवहारों के लिए यह आभास दिलाना जरूरी है कि वे एक बहुत ही मजबूत विपक्षी (अँग्रेज) के अधीन हैं। उसने कुछ को क्षमादान देने और कृषि कार्य हेतु तकावी देने का भी सुझाव दिया, जिसे बॉम्बे सरकार ने मान लिया था। इसके बाद कलेक्टर ने नई नीतियों को लागू किया। उसने 22 वर्षीय युवा लेफ्टिनेंट ऑट्रम को, जो 23वीं बॉम्बे नेटिव रेजीमेंट के सहायक थे, भील कार्प्स का नेतृत्व सँभालने के लिए चुना। उन्होंने ऑट्रम को दिशा-निर्देश दिए कि वह खानदेश के भिन्न-भिन्न हिस्सों से भीलों को भील कार्प्स में शामिल करें और इस बात का खयाल रखें कि एक ही क्षेत्र के भील न शामिल हो जाएँ। उनके वेतन का भुगतान अनाज के रूप में दिया जाए और केवल खास मौके पर नकद भुगतान हो। उन्हें अनुशासन का पाठ पढ़ाया जाए। व्यक्तिगत स्वभाव वाली गलतियों को नजरअंदाज किया जाए।[12]

इस प्रकार लेफ्टिनेंट ऑट्रम को 22 अप्रैल 1825 को खानदेश के राजनीतिक

एजेंट की तरह कार्य करने और भील कार्प्स (वाहिनी) के गठन का दायित्व निभाने की जिम्मेदारी दी गई थी।[13]

कार्यभार ग्रहण करते ही मि. ऑट्रम ने खानदेश में भील कार्प्स (भील वाहिनी) का गठन शुरू कर दिया। यह ईस्ट इंडिया कंपनी की उस नीति का हिस्सा था, जिसने समझ लिया था कि वह आसानी से खानदेश के भीलों पर नियंत्रण नहीं स्थापित कर सकती। उसे कूटनीति का सहारा लेना ही होगा। उसी कूटनीति का हिस्सा था कि 1825 में खानदेश को तीन एजेंसियों में बाँट दिया गया। पहली, कुकरमुंडा एजेंसी जिसमें मुतवा शामिल किए गए जिनमें नंदुरबार, सुल्तानपुर, पिंपलनेर और धंग के नायक शामिल थे। दूसरी, दक्षिण एजेंसी, जिसमें अजंता रेंज और उसकी घाटी क्षेत्र के भीलों को शामिल किया गया। तीसरी, उत्तर-पूर्वी एजेंसी, जिसमें सतपुड़ा रेंज के भीलों को शामिल किया गया। प्रत्येक एजेंसी का नेतृत्व यूरोपीय अधिकारी के हाथ में रखा गया जिनके पास विधायिक और प्रशासनिक अधिकार थे। इसके बाद पहाड़ियों में सीमा चौकियों की स्थापना की गई और प्रत्येक एजेंसी की वहाँ तैनाती कर दी गई। तीसरी एजेंसी को भील वाहिनी की संख्या बढ़ाने की जिम्मेदारी सौंपी गई और धरणगाँव में इसका मुख्यालय स्थापित करने का निर्णय लिया गया।[14]

उपरोक्त विभाजन के बाद नियुक्त किए गए अधिकारियों को निम्नलिखित निर्देश दिए गए थे-विभिन्न जिलों में नियुक्त किए गए ये एजेंट या अधिकारी शांति व्यवस्था कायम करने का काम करेंगे। अपने नियंत्रण क्षेत्र की निगरानी रखते हुए भीलों को सुधारने और उनमें सरकार के प्रति विश्वास पैदा करने के लिए प्रेरित करेंगे। उन्हें मेहनत के काम करने के लिए प्रोत्साहित करेंगे। शिकायतों का निस्तारण करेंगे तथा जिन भील मुखियाओं को पेंशन दी गई थी, उन पर निगरानी रखेंगे। एजेंटों को भीलों और सरकार के बीच मध्यस्थता करने का भी काम करना था। अपराधियों को पकड़ने और जनजातियों की प्रथा के अनुसार उन्हें दंडित करने का काम करना था तथा विद्रोहियों को शांत रखना था, जिससे सैन्य अभियानों की जरूरत कम-से-कम हो। उन्हें भीलों को पंजीकृत भी करना था। उनके आजीविका प्राप्त करने के तरीकों का लेखा-जोखा रखना, उनको बंजर भूमि आवंटित करना, कुछ प्रतिबंधों के साथ कॉलोनियाँ बनाने के लिए तैयार करना, भीड़ को एकत्रित होने से रोकना, अंधविश्वासों के चलते पहाड़ियों के बीच हट्टीज (भीलों की पहाड़ी झोपड़ियाँ, हट्टी) में जमा होने से रोकना था। उन्हें ये भी निर्देश थे कि जिन मुखियाओं को सुरक्षा प्रदान की गई थी, उपहार स्वरूप करमुक्त जमीनें और जानवर दिए गए थे, अगर अब उनके आचरण पर संदेह हो रहा हो तो उनसे सुरक्षा सहित उपहार में दी गई चीजें वापस ली जाएँ। गाँव के पटेलों को भी वांछित फल प्राप्त करने हेतु प्रोत्साहित करें। एजेंट अपनी सीमा के सभी भीलों का लेखा-जोखा रखें। विद्रोही भीलों पर नजर रखें।

देय करों को वसूलें। भील पंचायतों का आयोजन एजेंटों की उपस्थिति में हो। जेल भेजने जैसे दंड सुनाने से पंचायतों को रोका जाए। जो भील सरकार को सहयोग करने को तैयार हो जाएँ, उन्हें दुख न दिया जाए।[15]

लेफ्टिनेंट ऑट्रम के नेतृत्व में तीसरी एजेंसी थी, जिसके जिम्मे भील वाहिनी का गठन करना था। उनकी सहायता के लिए एक भील इन्फैंट्री सैन्य दल को वहाँ तैनात कर दिया गया। उन्हें देशी कमीशन्ड और नान कमीशन्ड अधिकारी दिए गए। खानदेश के जिस हिस्से की जिम्मेदारी मि. ऑट्रम को सौंपी गई थी वह चुनौतीपूर्ण था मगर बॉम्बे सरकार प्रमुख माउंट टुअर्ट एलफिंस्टन की सूक्ष्मदर्शी नजर में मि. ऑट्रम इसके योग्य थे। अपनी तैनाती के साथ ही मि. ऑट्रम ने कूटनीति से काम किया। उन्होंने पाया कि भील समुदाय अपने मुखियाओं के नेतृत्व में छापेमारी करता है। यहाँ मुखियाओं की ही सत्ता होती है। ऐसे में उन्होंने कुछ चुनिंदा भील मुखियाओं के प्रति सख्ती बरती और उन्हें मरवा दिया। उन्होंने भीलों को बाध्य किया कि वे उनकी सत्ता का सम्मान करें। एक बार इस स्थिति में पहुँच जाने के बाद और भील सैन्य दल से सहयोग ले लेने से उन्होंने भीलों से संवाद कायम करना शुरू किया। धीरे-धीरे बातचीत से उन्होंने भीलों का दिल जीतना शुरू किया। बीच-बीच में वह उनके बीच बिना सशस्त्र बल के भी रहने चले जाते। भील जाति कुशल शिकारी थी। मि. ऑट्रम भी कुशल शिकारी थे। इस गुण के कारण भी उन्होंने उनके दिल में सम्मान बना लिया। कई बार शिकार करते समय उन्होंने साहस का परिचय दिया और अपने भील सैन्य दल के चहेते बन गए। एक बार अपने भील सैन्य दल का चहेता बन जाने के बाद, उनका उद्‌देश्य आसानी से पूरा होने लगा। भील वाहिनी उनके हर आदेश का कुशलता से पालन करने लगी। प्रारंभ में 1 जुलाई 1825 को भील वाहिनी की संख्या केवल 25 तक पहुँची परंतु अगस्त में 62 और सितंबर में 92 हो गई। ऑट्रम ने नौजवान भीलों को सैन्य टुकड़ी के रूप में और उम्रदराज भीलों को सिपाही के रूप में रखना शुरू किया। नवंबर के बाद से भीलों ने परेड को नापसंद करना कम कर दिया। उन्हें सबसे पहले तलवार दी गईं। साल के अंत में भील वाहिनी को लेकर ऑट्रम ने प्रांत में मार्च निकाला। बाद में वे यूरोपीय हथियार सँभालने वाले बन गए। मात्र एक वर्ष के अंदर ही, 1826 में उनकी रेजीमेंट में 600 से ज्यादा मजबूत भील शामिल हो गए थे। वह एक शक्तिशाली सैन्य टुकड़ी बन गई जो देश में कहीं भी जा सकती थी। यह मि. ऑट्रम का व्यक्तिगत करिश्मा ही था जो उन्होंने बहुत कम समय में खानदेश के जंगली आदिवासियों का दिल जीत लिया। एक ब्रिटिश अखबार लिखता है कि खानदेश के लिए उनका आभामंडल अर्द्ध-दैवीय माना जाएगा और उनका स्मरण हमेशा किया जाएगा। उनके पुराने सिपाही, उनके न रहने पर भी उन्हें 'ऑट्रम साहिब' कहकर पुकारते थे।[16]

कोलकाता में लगी ऑट्रम की मूर्ति, ब्रिटिश हितों के अनुकूल उनके योगदान को दर्शाती है।

खानदेश पर अपना नियंत्रण पुख्ता करने के लिए, अँग्रेजों के लिए जरूरी था कि वे स्थानीय धनुषधारियों को अपने नियंत्रण में रखें और सलवा जुडूम नीति की तरह भीलों के कंधे पर बंदूक रखकर शासन करें।

भीलों को अनुशासित करने के लिए अँग्रेजों ने कई प्रयोग किए। भील सैनिकों का पाँच रुपये मासिक वेतन निश्चित किया गया। मुख्यालय से बाहर की ड्यूटी पर अतिरिक्त भत्ता मिलता था। वर्दी सरकार देती थी तथा बंदूकें लाइट इन्फैंट्री की तरह दी जाती थीं। प्रारंभ में उनसे बहुत ड्यूटी की उम्मीद नहीं की जाती। उन्हें अनुशासित रहने की सीख दी जाती जिससे भविष्य में वे अपनी बेतरतीब आदतों से मुक्त होकर कठिन ड्यूटी कर सकें। उनके व्यक्तिगत पहनावे पर ध्यान दिया जाता था। सामान्य गलतियों को नजरअंदाज किया जाता। केवल गंभीर अपराध में ही उन्हें सेवा से निकाला जाता। मुख्यरूप से कोशिश यह थी कि जो भील मुखिया वंशानुगत तौर-तरीकों से दंड विधानों को लागू करते थे, उन्हें यूरोपीय अनुशासन में ढाल दिया जाए। वे अपना जंगली स्वरूप छोड़कर अँग्रेज अधिकारियों के नियंत्रण में अनुशासित योद्धा बन जाएँ। साथ ही साथ पहले की तरह गाँव की पुलिस का काम करें और कानून व्यवस्था सुदृढ़ करें। इस प्रकार भीलों को भील कार्प्स में अनुशासित करके, उन्हीं के द्वारा भील क्षेत्र में कानून व्यवस्था लागू कर, अपराधियों को दंडित कर के सैन्य अभियानों को कुछ आराम दिया गया।[17]

ब्रिटिश अधिकारियों की इस नीति को वर्तमान में हम सलवा जुडूम नीति में देख सकते हैं। यानी भीलों को हथियार पकड़ाकर, भीलों के दमन और नियंत्रण की ब्रिटिश नीति, आजाद भारत में भी आदिवासियों के दमन की नीति के रूप में जिंदा रही। जिन अपराधियों ने समर्पण कर दिया, उन्हें सरकार द्वारा क्षमा कर दिया गया। उन्हें बीस साल तक के लिए करमुक्त बंजर जमीनें आवंटित कर दी गईं। जहाँ भील मुखियाओं ने बसने की इच्छा जाहिर की वहाँ उन्हें बसने, कपड़े-लत्ते के लिए धन और जानवर उपलब्ध करा दिए गए। उन्हें कहा गया कि वे अपने जीवनयापन हेतु अन्न पैदा करें। यह धन हालाँकि मुफ्त नहीं दिया जा रहा था। यह एक प्रकार का अग्रिम था और इससे कृषि पैदावार होने पर स्वत: वसूल लिया जाने वाला था। इससे भीलों में शांति स्थापित होनी थी। वे लूटपाट छोड़कर कृषि कार्य में लग सकते थे। इसका परिणाम भी कुछ हद तक ठीक रहा। कुछ भील विभिन्न स्थानों पर शांतिपूर्वक बस गए। एजेंटों ने उन्हें कृषि उपकरण और पशु उपलब्ध कराए। वे लूटपाट को छोड़कर खेती-किसानी करने लगे। उनका सरकार में विश्वास बढ़ा। कुछ विद्रोही, भील कार्प्स (वाहिनी) में शामिल हो गए।

इस प्रकार कैप्टन ऑट्रम ने भीलों को मुख्यधारा में लाने, उनसे नजदीकी रिश्ता

बनाने और विश्वास जीतने में सफलता पाई थी।

ऑट्रम ने सबसे पहले नौ कुख्यात रंगरूट भील मुखियाओं को लेकर भील कार्प्स का गठन किया था। उनमें से एक ने तो हाल ही में सेना की टुकड़ी के नियंत्रक अधिकारी को लूटा था। उन नौ भील नायकों के प्रभाव से अन्य भीलों को सेना में शामिल करना आसान हो गया। इस प्रकार जब ऑट्रम मॉनसून से पहले धरणगाँव मुख्यालय से बाहर गए तब तक भील कार्प्स में 60 जवान शामिल हो चुके थे, जिनके पास हथियार के रूप में तीर-धनुष था और वे पूरे प्रांत में भ्रमण कर, प्रत्येक जिले से रंगरूटों को भील कार्प्स में शामिल करने में मदद करते रहे। उसी समय मालेगाँव में बॉम्बे नेटिव इन्फैंट्री के 23वें रेजीमेंट कैम्प में रंगरूट भीलों का स्वागत किया गया। उच्च जाति के लोगों ने भील जवानों की प्रशंसा की और उन्हें सुपारी भेंट की। यह बात तो सभी जानते थे कि लंबे समय से जो आदतें भीलों में बनी थीं, उनको दूर होने में समय लगेगा। प्रयास शुरू किया गया। अभी भील वाहिनी का परिणाम देखना बाकी था। चूँकि उनके अंदर लंबे समय से प्रतिशोध की भावना उत्पन्न हो गई थी, अत: उसको दूर करने में समय तो लगना ही था।[18]

मराठे, विद्रोही भीलों को रास्ते से हटाना चाहते थे। बालाजी लक्ष्मण ने 1804 में कापरगाँव में भीलों को लालच देकर बुलाया था और छिपी हुई सेना ने उनका नरसंहार कर दिया था। बच्चों को पत्थरों से कुचल दिया था। उनकी सामूहिक हत्या कर दी गई थी। धोखे से की गई उस हत्या के बाद भील और उग्र हो गए। ऑट्रम लिखते हैं कि दस वर्ष पूर्व धरणगाँव की कचहरी में समर्पण करने आए भीलों का निर्दयतापूर्वक नरसंहार किया गया था। इसके कारण भी भीलों के अंदर बहुत घृणा भरी थी। चालीसगाँव और अंतूर में भी भीलों का इसी प्रकार से धोखे से नरसंहार किया गया था। इन तमाम कारणों से ऑट्रम को मालेगाँव कैंप में अपेक्षाकृत कम भील जवान उपलब्ध हो सके थे।[19]

पूरे प्रांत में भील वाहिनी के गठन को लेकर तरह-तरह की अफवाहें भी तेज थीं। कुछ भील विद्रोहियों द्वारा अभी भी पहाड़ियों में हथियारों के बल पर लूटपाट जारी थी। विद्रोहियों को चौकीदारी से मुक्त करते हुए कृषि कार्य में लगाने के प्रयास किए गए। 1826 में 300 के आस-पास हल वितरित किए गए और भीलों को कृषि कार्य की ओर आकर्षित किया गया। चुने गए स्थानीय भील अधिकारियों के सहारे भील वाहिनी में 300 भीलों की भर्तियाँ हो चुकी थीं।[20]

खानदेश भील कार्प्स की उपयोगिता

भीलों को नियंत्रित करने के लिए उनकी तैनाती की नीति के अंतर्गत बनी भील कार्प्स की उपयोगिता सिद्ध हो चुकी थी। इसलिए तेजी से भील वाहिनी की संख्या बढ़ाई गई। 1827 में बरसात के मौसम तक भील वाहिनी की संख्या 600 तक जा पहुँची थी। भील

वाहिनी के मुख्यालय, धरणगाँव के सभी पंडाल और झोपड़ियाँ भर चुकी थीं। अधिकारियों द्वारा भील जवानों की तारीफ करने और उनके प्रति सहानुभूति प्रदर्शित करने के कारण, वफादारी बढ़ती गई।[21]

खानदेश भील वाहिनी की संख्या कितनी रखी जाए, इस संबंध में बॉम्बे प्रॉविंस की सरकार ने कोई आदेश नहीं दिया था। खानदेश के कलेक्टर ने 400 तक जवानों की भील वाहिनी का प्रस्ताव सुझाया था जिसे आगे बढ़ाया जा सकता था। ऑट्रम ने बिना किसी विशेष आदेश के भील वाहिनी की संख्या पहले 600 तक रखी, फिर 1835 में 700 तक पहुँचा दी। 1842 में भील वाहिनी की संख्या 763 तक हो चुकी थी। 1850 के आस-पास यह संख्या 1,160 तक जा पहुँची। इनमें 1,072 भील थे और शेष विदेशी या गैर भील जवान थे।[22]

1827 में मॉनसून प्रारंभ होने के पूर्व जिले के ब्रिगेडियर द्वारा भील वाहिनी की चार दिनों की परेड आयोजित की गई। सेना ड्रेस पहनने और उनकी आदतों में सुधार का परीक्षण किया गया। यह आश्चर्य का विषय था कि एक जंगली और असभ्य कही जाने वाली जाति में बहुत कम समय में सुधार दिखाई दे रहा था। उन्हें जिले में परेड कराई गई। जो भील, सीमा की कमजोर चौकियों पर तैनात थे उन्हें भी शिविर में वापस बुलाया गया, जिससे उन्हें अनुशासित बनाया जा सके। गाँव के मुखियाओं के माध्यम से एक अनुबंध पत्र भरवाया गया कि अगर भील अनुशासित रहेंगे, तकावी व्यवस्था में मिली सहायता से खेती करेंगे, गाँवों में अपराधों से दूर रहेंगे तो उनके पूर्व के अपराध माफ कर दिए जाएँगे। कौल (कसम या अनुबंध) का उल्लंघन करेंगे तो पुराने और नए, दोनों अपराधों के लिए दंडित होंगे। इसका अच्छा परिणाम निकला। मुखियाओं को नियमित भुगतान भी किया गया। केवल कुछ मुखियाओं ने कौल का उल्लंघन किया। जिसके कारण हर एक के बारे में जाँच कर कार्रवाई की गई। कुछ पटेलों को कर मुक्त जमीनें दी गई थीं। यह जमीन गाँव के राजस्व के अनुपात में तय की गई थी। उस पर पटेल खेती करते थे। इस प्रकार गाँवों के भील विद्रोहियों को खेती-किसानी में पटेलों के साथ लगाया गया और वे जल्द आज्ञाकारी किसान बन गए। तीन साल बाद सतपुड़ा और अजंता की पूर्वी सीमा पर बचे हिंसक भीलों को प्रांत के दक्षिणी भागों में बसा दिया गया। सभी भीलों का एक रजिस्टर बनाया गया। प्रत्येक, नायक और तगला के हक के संबंध में कौल भरवाया गया। सभी को उचित भुगतान किया जा रहा था कि वे नियमों का पालन करें। बिना अपने पटेलों की अनुमति के गाँव न छोड़ें। प्रत्येक ताल्लुका में एक दारोगा तैनात कर दिया गया जो देखता था कि भील खेती-किसानी में रमे हैं या नहीं। जिलों में एजेंट दौरा कर निरीक्षण करते रहे। इस प्रकार पूर्व के हिंसक भील अब शांतिपूर्वक रहने लगे थे। सड़कों पर लूटपाट कम हो गई थी।[23]

खानदेश भील वाहिनी के गठन के पाँच साल के अंदर ही अपेक्षित सुधार और खुशहाली देखी गई थी। भील वाहिनी एक अनुशासित बल बन चुकी थी। उनमें नशाखोरी खत्म हुई थी। वह पूना सरकार के लिए भी उपयोगी साबित हुई। भील सैनिकों के बच्चों की शिक्षा शुरू की गई। दक्षिणी प्रांत में कई भील कॉलोनियाँ फैली हुई थीं मगर इतने विस्तृत प्रांत पर केवल दो भील वाहिनी के गठन से पूरी तरह न्याय नहीं किया जा सकता था। बाद में एक भील वाहिनी को प्रांत से बाहर उपयोग में लाया गया। कुछ उपद्रव की घटनाएँ होती रहीं फिर भी भील वाहिनी (कार्प्स) के जवान कठिन परिस्थितियों में बहुत काम के सिद्ध हुए। वे बाहरी और आंतरिक, दोनों प्रकार की समस्याओं से लड़ने में उपयोगी सिद्ध हुए। गुजरात में जहाँ उनके भाई-बंधु उपद्रवी बने थे, वहाँ भी भील कार्प्स का इस्तेमाल किया गया। यह कम आश्चर्य की बात नहीं कि इंग्लैंड के तिहाई क्षेत्रफल वाले खानदेश की कानून व्यवस्था मात्र 800 की संख्या वाले भील कार्प्स ने सँभाल ली थी। स्थानीय भील वाहिनी के गठन का आर्थिक प्रभाव भी पड़ा। ब्रिटिश सैनिकों या अधिकारियों के वेतन, घोड़े और उनके नौकरों की भारी-भरकम फौज पर होने वाले खर्च की तुलना में भील वाहिनी का खर्च बहुत कम था और परिणाम बेहतर थे।[24]

इस प्रकार मि. ऑट्रम की नीतियाँ बड़े काम की साबित हुईं।

एक ब्रिटिश अखबार ने मि. ऑट्रम (MES Outram) के ब्रिटिश भारत के सेवाकाल पर एक विस्तृत आलेख प्रकाशित किया था, जिसे मेजर जनरल एफ. गोल्डस्मिथ ने लिखा था। इस आलेख को जब प्रकाशित किया गया था तब तक ऑट्रम को मरे 17 साल हो चुके थे। वह भारत में विभिन्न पदों पर रहे। उन्हें ब्रिटिश सरकार द्वारा भारत का सूरमा (The Bayard Of India) कहा गया था। वह बम्बई और बंगाल सेना में लेफ्टिनेंट जनरल के पद पर रहे। अवध के चीफ कमिश्नर भी रहे। 1857 के विद्रोह में लखनऊ की घेराबंदी में भी उनकी मुख्य भूमिका थी।[25]

मि. ऑट्रम के कुशल शिकारी होने के बारे में एक प्रसंग अखबार ने छापा था। अप्रैल या मई, 1825 में उनके एक शिकारी, जिसका नाम चीमा था, ने उन्हें खबर दी कि उसने पहाड़ी के नीचे, मस्जिद के पास, एक टाइगर को देखा है। वहाँ तक जाने का रास्ता काँटेदार नाशपाती की झाड़ियों से होकर जाता था। लेफ्टिनेंट ऑट्रम ने शिकार की ओर पैदल ही प्रस्थान किया। उनके सहयोगी घोड़े पर सवार होकर बढ़ने लगे और झाड़ियों को चीरते, जानवर के पास पहुँच गए। तभी ऑट्रम के मित्र ने टाइगर पर गोली दाग दी। दुर्भाग्य से निशाना चूक गया। इसके बाद टाइगर शोर करता हुआ उछला और मि. ऑट्रम को जकड़ लिया। वह उन्हें खींचता हुआ पहाड़ी के नीचे ले जाने लगा। मि. ऑट्रम ने टाइगर के पंजे से खुद को छुड़ाने का पूरा प्रयास किया और अंततः कामयाब हुए। उन्होंने तुरंत अपनी पिस्टल से टाइगर के सिर में गोली मार दी। उस दृश्य को भील

देख रहे थे कि मि. ऑट्रम घायल हो चुके हैं। वे सभी चिल्लाने लगे। उनकी आवाज सुन, दूसरे शिकारी भी वहाँ पहुँच गए और मि. ऑट्रम को लेकर आए। इस प्रकार अपेक्षाकृत कम अनुभव के बावजूद मि. ऑट्रम ने खानदेश की कठिन जिम्मेदारी को निभाया। वह 1825 से 1835 तक खानदेश में भील कार्प्स के कमांडर बने रहे। 7 अक्टूबर 1832 को उन्हें कैप्टन पद पर प्रोन्नति मिली। 1831 में उत्तर-पूर्वी क्षेत्र में अडावद के भील विद्रोही बने हुए थे। ऑट्रम ने सौदा और यवल में भील विद्रोहियों को कुचलने का काम किया। 469 संदिग्धों को गिरफ्तार किया जिनमें से 158 पर अभियोग कायम कर दंडित किया। 1835 में उनका तबादला हो गया और उन्होंने जिला छोड़ दिया। उन्होंने अपने कार्यकाल में 190 बाघों, 25 भालुओं, 12 जंगली भैंसों और पंद्रह तेंदुओं का शिकार किया था।[26]

1827 के आस-पास जमनेर की पूर्वी सीमा पर भीलों को बसाने का काम शुरू हुआ जिससे वे खेती-किसानी की ओर आकृष्ट किए जा सकें। कुकरमुंडा में भी एक भील एजेंसी गठित की गई थी मगर उसे 1827 में बंद कर दिया गया और एजेंसी में नियुक्त किए गए भीलों को सेकेंड असिस्टेंट कलेक्टर के अधीन रख दिया गया जो पश्चिमी जिलों की कानून व्यवस्था सँभालने में उपयोग में लाए गए।

खानदेश भील कार्प्स की ही तरह मालवा भील कार्प्स का गठन 1837 में कैप्टन स्टॉक्ले के नेतृत्व में किया गया था जिसका मुख्यालय-भोपावर में था।[27] मेवाड़ भील कार्प्स के बारे में आगे जानकारी दी गई है।

संदर्भ :

1. Lancaster Gazette, 27 December 1806. Calcutta

2. Calcutta Gazette, 16 February 1809; Sun (London), 15 September 1809.

3. Gazetteer of the Bombay Presidency, Vol. XII, Government General Press, 1880, Page 254; Evans Bell, Memoir of General John Briggs of the Madras Army; with Comments on some of his Words and Works, Chatto and Windus, Piccadilly, 1885. PP. 41, 53, 54; Major A.K. Prasad, The Bhils Of Khandesh under The British East India Company, Thesis, University of Poona, 1986, Page 37.

4. Evans Bell, Memoir of General John Briggs of the Madras Army; with Comments on some of his Words and Works, Chatto and Windus, Piccadilly, 1885. PP. 41, 53, 54, 55, 56; A.H.A. Simcox, Collector, East Khandesh, Khandesh Bhil Corps, Thacker & Company Limited, Bombay, 1912, Page 15; Major A.K. Prasad, The Bhils Of Khandesh under The British East India Com-

pany, Thesis, University of Poona, 1986, PP. 38, 39.

5. The Scotsman, 9 September 1880; The Aberdeen Journal, Thursday, July 22, 1880.

6. Evans Bell, Memoir of General John Briggs of the Madras Army; with Comments on some of his Words and Works, Chatto and Windus, Piccadilly, 1885. PP. 75, 78; Major A.K. Prasad, The Bhils Of Khandesh under The British East India Company, Thesis, University of Poona, Page 3.

7. Memoir of General John Briggs of the Madras Army; with Comments on some of his Words and Works, Chatto and Windus, Piccadilly, 1885, PP. 56, 61; N. Benjamin and B.B. Mohanty, Imperial Solution of A Colonial Problem: Bhils of Khandesh up to c.1850, Modern Asian Studies 41, 2 (2007), Cambridge University Press, PP. 343-344.

8. Evans Bell, Memoir of General John Briggs of the Madras Army; with Comments on some of his Words and Works, Chatto and Windus, Piccadilly, 1885. PP. 77, 78, 79.

9. Maharashtra State Gazetteers, Jalgaon District (Revised Edition), Second Edition, 1962, PP. 104, 105; Major A.K. Prasad, The Bhils Of Khandesh under The British East India Company, Thesis, University of Poona, 1986, PP. 146-155 and https://hi.wikipedia.org/wiki/%E0%A4%AD%E0%A5%80%E0%A4%B2

10. Evans Bell, Memoir of General John Briggs of the Madras Army; with Comments on some of his Words and Works, Chatto and Windus, Piccadilly, 1885, PP. 56, 61, 78, 79, 80, 81; N. Benjamin and B.B. Mohanty, Imperial Solution of a Colonial Problem: Bhils of Khandesh up to c.1850, Modern Asian Studies 41, 2 (2007), Cambridge University Press, PP. 343-344.

11. D. Graham, A brief historical sketch of the Bheel tribes, inhabiting the province of Khandesh, British Library, Historical Print Editions, 1843, PP. 1, 2, 3, 4, 5; The Atlas, 9 March 1861.

12. MSAM, Political Deptt., 1825. Vol. 10/193; N. Benjamin and B.B. Mohanty, Imperial Solution of A Colonial Problem: Bhils of Khandesh up to c.1850, Modern Asian Studies 41, 2 (2007), Cambridge University Press, PP. 348, 349.

13. https://en.wikisource.org/wiki/Outram,_James_(DNB00)

14. MSAM, Political Deptt., 1825. Vol. 10/193; N. Benjamin and B.B. Mohanty, Imperial Solution of A Colonial Problem: Bhils of Khandesh up to c.1850, Modern Asian Studies 41, 2 (2007), Cambridge University Press, PP. 350.

15. D. Graham, A brief historical sketch of the Bheel tribes, inhabiting the

province of Khandesh by British Library, Historical Print Editions, 1843, Page 6; The Atlas, 9 March 1861.

16. N. Benjamin and B.B. Mohanty, Imperial Solution of a Colonial Problem: Bhils of Khandesh up to c.1850, Modern Asian Studies 41, 2 (2007), Cambridge University Press, Page 351; The Scotsman, 9 September 1880.

17. D. Graham, A brief historical sketch of the Bheel tribes, inhabiting the province of Khandesh by British Library, Historical Print Editions, 1843, Page 7; The Atlas, 9 March 1861.

18. Ibid, PP. 8, 9.

19. N. Benjamin and B.B. Mohanty, Imperial Solution of A Colonial Problem: Bhils of Khandesh up to c.1850, Modern Asian Studies 41, 2 (2007), Cambridge University Press, PP. 351, 352; MSAM, Political department, Vol. 10/193, 1825; Major A.K. Prasad, The Bhils Of Khandesh under The British East India Company, Thesis, University of Poona, 1986, PP. 36.

20. N. Benjamin and B.B. Mohanty, Imperial Solution of A Colonial Problem: Bhils of Khandesh up to c.1850, Modern Asian Studies 41, 2 (2007), Cambridge University Press, PP. 352, 353.

21. D. Graham, A brief historical sketch of the Bheel tribes, inhabiting the province of Khandesh by British Library, Historical Print Editions, 1843, PP. 8, 9.

22. Ibid, PP. 8, 9.

23. Ibid, PP. 10, 11.

24. Ibid, PP. 12, 13, 14.

25. The Scotsman, 9 September 1880.

26. The Scotsman, 9 September 1880; https://en.wikisource.org/wiki/Outram,_James_(DNB00); Maharashtra State Gazetteers, Jalgaon District (Revised Edition), Second Edition, 1962, PP. 107, 108.

27. Imperial Gazetteer of India, Vol. XXII, Digital South Asia Library, Page 103.

अध्याय-4 खानदेश, मध्य भारत का भील विद्रोह और उसके नायक

उन्नीसवीं सदी के प्रारंभ से लेकर बीसवीं सदी के प्रारंभ तक, सवा सौ साल का समय, मध्य भारत के भील विद्रोहों के रूप में याद किया जाना चाहिए और भीलों के प्रति किए गए अमानवीय अत्याचारों का अकादमिक अध्ययन किया जाना चाहिए। यह इतिहास का मानवीय पक्ष है और ऐसे अध्ययन से ही शोषण मुक्त समाज की नीति संभव होगी। हमने इस दिशा में कुछ नहीं किया है। हम आज भी इस कलंक पर गौरवान्वित हैं कि हम जातिवाद और भेदभाव में विश्वास करने वाली नस्ल हैं। इतिहास के पन्नों में दलितों, आदिवासियों, गरीब किसानों या अन्य हाशिए के समाज के बलिदान, संघर्ष और नेतृत्व का कभी समुचित मूल्यांकन हुआ ही नहीं। यहाँ की जातिवादी व्यवस्था में हाशिए के समाजों को बराबरी का स्थान नहीं मिलता। उनके हर कृत्य को दोयम दर्जे का समझा जाता है। चाहे उनका संघर्ष हो या सफलता। उसी कड़ी में उनके स्वर्णिम क्रांतिकारी इतिहास को भी ढँका जाता है जबकि कहीं-कहीं गद्दारों को नायक का दर्जा प्रदान करने में कोई निर्लज्जता नहीं दिखाई देती। खानदेश का इतिहास, सामाजिक संरचना और भील विद्रोहों द्वारा हम इस देश के कुलीनतावादी वर्ग चरित्र और जातिवादी मानसिकता को समझ सकते हैं जो हाशिए के समाज को बराबरी का स्तर नहीं देना चाहता।

भीलों के साथ सिर्फ अँग्रेजों ने बर्बरता का व्यवहार किया हो, सही नहीं। स्थानीय राजपूतों का क्रूर व्यवहार, उनके प्रति ज्यादा अमानवीय रहा। अँग्रेजों ने खानदेश में अपने आर्थिक हितों के लिए नीतियों पर अमल किया। उन्हें शिक्षा और रोजगार देने की व्यवस्था की। अपनी सत्ता को मजबूत करने के लिए भील वाहिनियों का गठन किया मगर स्थानीय राजपूत राजाओं ने उनके खून का टीका लगाना ही गर्व समझा। राजे-रजवाड़ों द्वारा कुल कितने और अँग्रेजों द्वारा कितने भील मारे गए, इसका कहीं कोई संपूर्ण विवरण नहीं मिलता। बस आरोपित किया जाता है कि भील, बर्बर, हत्यारे, लुटेरे और नंगे रहने

वाले जंगली जानवरों सदृश थे। अँग्रेजों ने अपने अध्ययनों में चाहे जितनी पक्षधरता की हो, कुछ हद तक उन्होंने भीलों के विद्रोही होने के ठोस कारणों पर अध्ययन किया था। मुगलकाल को छोड़कर, खानदेश की संपदा का दोहन करने वाले सभी शासकों ने भीलों के प्रति आक्रमणकारियों-सा व्यवहार किया। उनके जीविकोपार्जन के संसाधनों की लूट की। उनके जल, जमीन और जंगल का दोहन किया और जब भीलों ने बाहरी हस्तक्षेप का विरोध किया तब उनकी निर्ममता से हत्या की गई।

जिस समय भारतीय राजे-महाराजे, अँग्रेजों के सामने सिर झुका रहे थे, उसी समय, काले और बदसूरत कहे जाने वाले भील, उनको नाकों चने चबवाते रहे। किसी भी भू-भाग पर सवा सौ वर्षों तक लगातार विद्रोह जारी रखने का उदाहरण, दूसरी किसी जनजाति में कम देखने को मिलता है। भीलों के भूखे और नंगे रहने का कारण, राजे-रजवाड़ों द्वारा उनकी जागीरों से बेदखल करना, उनके जीविकोपार्जन के साधनों पर कब्जा कर लेना था। भूखे भीलों के पास संपन्न लोगों से लूटकर जिंदा रहने के अलावा अन्य कोई साधन न था। जब ईस्ट इंडिया कंपनी और बाद में ब्रिटिश सरकार ने उनके विरुद्ध सेना और आधुनिक बंदूकों से मुकाबला शुरू किया तब भी भीलों के विद्रोही तेवर बरकरार रहे। लूटपाट जारी रही। भीलों द्वारा लूटपाट और हत्या करने के कारणों का विश्लेषण जरूरी है, जिससे भील विद्रोहों के सामाजिक कारणों को समझा जा सके।[1]

ईस्ट इंडिया कंपनी की सत्ता से पूर्व, 1802-03 में, मध्य भारत में भयंकर सूखा पड़ा था। उस भयंकर सूखे से खानदेश के भील भूखों मरने लगे थे। उस विकट समय में तत्कालीन राजे-रजवाड़ों को मदद करनी चाहिए थी मगर वे कभी भी भीलों के प्रति सहानुभूति नहीं रखते थे। वैसे समय में उनकी मदद करने के बजाय मराठों ने खानदेश में लूटपाट की थी। मराठों के इस व्यवहार ने भीलों को और अधिक हिंसक बना दिया था। उन्हें लगने लगा कि उनका कोई हितैषी नहीं है। हर बाहरी को वे अपना दुश्मन मानने लगे। प्रश्न जीवन-मरण का था। मूल निवासियों के प्रति बाहरी दुनिया का अमानवीय चेहरा उन्होंने देख लिया था। अब वे बाहरी लोगों के प्रति मानवीय व्यवहार नहीं कर सकते थे। उन्होंने सड़कों पर आने-जाने वाले राहगीरों और व्यापारियों को लूटकर पेट पालने का धंधा शुरू किया। भील-मुखियाओं के नेतृत्व में जीने वाला यह जनजातीय समुदाय, मरते हुए भी संघर्ष करता रहा। एक के मरने पर दूसरे भील विद्रोही बन जाते और अपराध कर पहाड़ियों में जा छिपते थे। मध्य भारत पर बॉम्बे प्रेसीडेंसी का शासन स्थापित हो चुका था। ब्रिटिश काल में जिन भीलों को गिरफ्तार किया जाता, पहले उन्हें बॉम्बे भेजा जाता। फिर वहाँ से मालवण, सिंधुदुर्ग, अहमदाबाद, अंजार और पेण भेजा जाता। इस प्रक्रिया में बहुत से भील रास्ते में मर जाते। जे.जी. हैंकॉक (J.G. Hancock), जो भील कैदियों के इंचार्ज थे, ने बताया था कि 1823 में बॉम्बे से सिंधुदुर्ग भेजे जा रहे तीन

भील कैदी, जहाज में बैठाते समय मर गए थे। डब्ल्यू. न्यूहम (W. Newham) मुख्य सचिव, ने दुख व्यक्त किया था कि 1823 में खानदेश से भेजे गए 238 भील कैदियों में से 172 मर गए थे। अब यह सहज अनुमान लगाया जा सकता है कि भीलों के प्रति कैसा व्यवहार किया जाता होगा! कैद किए गए भीलों के प्रति अमानवीय व्यवहार किए जाने के कारण ही कई भील, कैद से भाग जाते थे। कैद से छूटने वाले भीलों को किसी प्रकार का पछतावा न होता और वे फिर से जंगलों में पहुँचकर अँग्रेजों के खिलाफ उठ खड़े होते थे।[2]

भारतीय इतिहास में मध्य भारत विशेषकर खानदेश के भील विद्रोह के महत्त्व को कई कारणों से रेखांकित करने की जरूरत है। जहाँ मुगलकाल में यह इलाका संपन्न और खुशहाल रहा, वहीं मराठों, सिंधिया, होल्कर और निजाम जैसे छोटे शासकों के काल में मध्य भारत का चारों ओर से दोहन किया गया। कौन, कितना लूट सके, इसकी होड़ लगी रही। अँग्रेजों के आने के बाद, देशी राजे-रजवाड़े दृढ़ता से उनका मुकाबला करने के बजाय, गुलामी स्वीकार करने में लगे रहे, जबकि भीलों के तीर-धनुष और तलवार चमकती रही। वे अँग्रेजों से एक सदी से ज्यादा संघर्ष करते रहे। उनका विद्रोह, न केवल अपने जमीन, जंगल, संस्कृति पर हो रहे औपनिवेशिक हमले के विरुद्ध था, अपितु सामंतों के भी विरुद्ध था। 1857 के स्वाधीनता आंदोलन में भी सबसे ज्यादा भीलों ने ही खुद को कुर्बान किया। एक ओर भील कार्प्स की टुकड़ियाँ अँग्रेजों के लिए लड़ मर रही थीं तो दूसरी ओर भील विद्रोही अपनी स्वाधीनता के लिए तमाम जगहों पर अँग्रेजों के विरुद्ध सशस्त्र विद्रोह कर रहे थे। 1857 में ब्रिटिश सरकार की विभिन्न भील वाहिनियों ने, उनके लिए बड़ा काम किया था।

1804 का भील विद्रोह और पेशवाओं का कृत्य

1802 तक अन्य स्थानीय निवासियों के साथ भील आदिवासी सुखपूर्वक रह रहे थे। वे गाँव के चौकीदार (वॉचमैन) होते थे। इससे पुलिस को बहुत सहयोग मिलता। समूह में रहने वाले भील अकाल और सूखे के समय जंगलों के अंदर चले जाते और फिर स्थिति बेहतर होते ही मैदानी इलाकों में आ जाते। सूखा और अकाल के मारे भूखे भीलों के प्रति जब मराठा पेशवाओं ने जुल्म किया तो वे विद्रोही बन गए।[3]

भीलों की सांगठनिक व्यवस्था काफी मजबूत थी। अँग्रेजों ने लिखा है कि वे इतने शक्तिशाली थे कि हथियार भी उनके लिए निर्दयी नहीं हो पाते थे मगर समय के साथ खानदेश बाहरी हस्तक्षेप से बचा न रहा। एक साथ कई शक्तियों की नजर लग चुकी थी। 23 सितंबर 1803 में असये (Assaye) युद्ध में सिंधिया और नागपुर के राजा की शक्ति क्षीण हुई थी। ईस्ट इंडिया कंपनी ने खानदेश में प्रवेश किया। उन्होंने बुरहानपुर और

असीरगढ़ में 21 अक्टूबर 1803 को सिंधिया को परास्त किया तथा अदगाँव (Adgaon) में 28 नवंबर 1803 को उन्हें संधि के लिए विवश किया।[4]

अकाल की विभीषिका और सामंती सत्ताओं की उपेक्षा के चलते भील विद्रोही बने हुए थे। भीलों को दबाने के लिए पेशवा बाजीराव ने बालाजी सखाराम लक्ष्मण को खानदेश और बगलान का सरसूबेदार (गवर्नर) नियुक्त किया और उसे भीलों के प्रति सख्त कार्रवाई का अधिकार दिया। अपने एक कैप्टन, मनोहर गोसावी द्वारा प्रोत्साहित करने पर बालाजी लक्ष्मण ने गोदावरी तट पर कोपरगाँव (Kopargaon), अहमदनगर में भीलों की एक बड़ी सभा बुलाई और धोखे में उन्हें बंदी बनाकर, कुएँ में फेंकवा दिया। यह एक बड़ा विश्वासघात था। भीलों ने इस विश्वासघात को सदियों तक याद रखा। एक समय चंदोर रेंज के भीलों का सफाया कर दिया गया था। उसी प्रतिशोध में 1804 में कोपरगाँव के चंदोर भीलों ने बालाजी लक्ष्मण को घेर लिया और उनकी सेना का भीषण नरसंहार किया। मराठों के लिए यह युद्ध बड़ा आघात था। बाद में उन्होंने भी उस युद्ध में हुईं हत्याओं के प्रतिशोध में 1806 में त्रिंबकजी देंगले या देंगलिया को नरसंहार का आदेश दिया। देंगले तब जिले का इंचार्ज था। उसने शेवगाँव (महाराष्ट्र) के घेवरी-चाँदगाँव में भीलों का नरसंहार किया। इसके अलावा चालीसगाँव, धरणगाँव (महाराष्ट्र) और अंतुर (महाराष्ट्र) में भील जनजातियों की हत्या की गई। त्रिंबकजी देंगले ने करम्भा (सोलापुर) से नरोबा पाटिल को बुलाया। उसे 5,000 से 6,000 घुड़सवार और सेना दी। नरोबा पाटिल ने 15 माह में गंगथड़ी (गोदावरी घाटी) में लगभग 15,000 भीलों का कत्लेआम किया। त्रिंबकजी देंगले का मानना था कि आदिवासियों की हत्या करके वे भीलों को दबा देंगे मगर ऐसा बहुत थोड़े दिनों तक ही हो पाया। भील फिर विद्रोही हो गए। खानदेश के बड़े काश्तकारों या सामंतों ने भाड़े पर विदेशी अरब निवासियों की मदद ली, जो जल्द ही वहाँ के साहूकार बन गए थे और उनकी हैसियत भी अच्छी हो गई थी। देशी राजे-रजवाड़ों से जख्म पाए भीलों ने भी स्वयं को मजबूत करने के लिए अरब व्यापारियों से मधुर संबंध बनाना बेहतर समझा। अब खानदेश में भील मुखियाओं, अरबी साहूकारों और राजस्व अधिकारियों द्वारा, आम जनजातियों से कर वसूली की जाने लगी।[5]

मध्य भारत में पिंडारियों की उपस्थिति अठारहवीं सदी के अंत में ही देखी जा सकती है। मुगल सत्ता के पराभव के बाद, होल्कर, सिंधिया और निजाम की सेनाओं में भी पिंडारियों की उपस्थिति मिलती है। उन्नीसवीं सदी की शुरुआत में पिंडारियों के छुटपुट आक्रमण देखने को मिलते हैं। 1805 के अंतिम दिनों में 3,000 पिंडारियों ने अपने सरदार सूपकरम के नेतृत्व में मलकापुर को लूटा था, जो पहले होल्कर की सेना में काम कर चुका था। 20 मार्च 1813 के एक बॉम्बे के पत्र से ज्ञात होता है कि तीर-धनुष और तलवारों से लैस पिंडारियों के बड़े समूह ने जे. एच. स्टीफेंसन पर 3 मार्च 1813 की रात

में यात्रा के दौरान आक्रमण कर दिया था। इससे स्पष्ट है कि मध्य भारत में पिंडारियों की उपस्थिति हो चुकी थी। 1809 में पूना दरबार द्वारा समर्थित एक भील राजा, भीम सिंह का उल्लेख मिलता है जिसने वाहिद बली खान बंगुश और दाउद खान को जनवरी 1809 के प्रथम सप्ताह में देवड़ा बाबा घाट से पकड़कर, पीछा कर रहे कर्नल वालेस (Walace) को सौंप दिया था। भील राजा भीम सिंह का देवड़ा घाट पर नियंत्रण था।[6]

1816 में गंगाधर शास्त्री की हत्या के अपराध में त्रिंबकजी देंगलिया जेल में थे। वह 1816 में जेल से भाग निकले। अहमदनगर, नासिक और खानदेश के भीलों को अपनी ओर मिलाकर उन्होंने अपने पेशवा बाजीराव के विरुद्ध युद्ध छेड़ दिया। ठीक उसी समय अक्टूबर, 1817 में पिंडारियों ने परेशानी पैदा कर दी। जनरल स्मिथ ने शिरुर से आकर चंदोर रेंज के दर्रों की सुरक्षा की।[7]

1816 के आस-पास खानदेश में पिंडारियों और भीलों का गठजोड़ दिखाई देता है। पिंडारियों का प्रवेश पूर्वी पहाड़ियों में स्थित आसिरगढ़ दर्रे से हुआ था। उन्हें मुसलमान भीलों ने ही रास्ता सुझाया था। दरअसल भील, पेशवाओं और अन्य स्थानीय राजाओं से इतने छले गए थे कि बाहरी ताकतों के साथ संबंध बनाना ज्यादा उपयुक्त समझते थे। संभवतः होल्कर, निजाम, सिंधिया, मराठे और अँग्रेजों की तुलना में उन्होंने पिंडारियों को उपयुक्त समझा हो। पिंडारी निहायत बर्बर थे। 16 अक्टूबर 1817 के बॉम्बे गवर्नर जनरल के आदेश पर, लॉर्ड हास्टिंग और लेफ्टिनेंट डेवीज ने निजाम की घुड़सवार सेना के माध्यम से पिंडारियों को भगाया था।[8] तब तक पिंडारियों ने भील मुखियाओं के नेतृत्व में लगातार लूटमार की थी। एक पिंडारी नेता, जिनका नाम बख्श था, के साथ एक भील मुखिया ने मिलकर 1816 में धूलकोट को लूट लिया था तथा उसके बाद दोनों बरार की पहाड़ियों में छिप गए थे।[9] देखा जाए तो अँग्रेजों की चिंता का महत्त्वपूर्ण कारण यह था कि अगर स्थानीय भील और बाहरी पिंडारियों का गठजोड़ बना रहता, तो मध्य भारत में अँग्रेजों का टिक पाना मुश्किल होता। इसलिए उन्होंने पिंडारियों को बाहर करने में पूरी ताकत लगा दी।

पूर्व के भील मुखियाओं का पूरा हिसाब-किताब उपलब्ध नहीं है फिर भी 1807 में जूबा नाम के एक भील मुखिया का उल्लेख मिलता है जिसने नसीराबाद (महाराष्ट्र) के अंतर्गत पड़ने वाले 16 गाँवों को अनेक बार लूटा था।[10] त्रिंबकजी देंगलिया ने 1818 और 1819 में अपने स्वार्थ में एक बार फिर भीलों को विद्रोह के लिए उकसाया।[11]

जून, 1818 के मध्य में वह कैप्टन ब्रीग्स से बच निकले थे। ब्रीग्स ने पीछा जारी रखा। उसके साथ कैप्टन स्वांस्टन (Swanston) की घुड़सवार सेना भी थी। अहिरगाँव (महाराष्ट्र) में उसका साला रहता था जहाँ से उसे 29 जून 1818 को धर दबोचा गया और उसके पास से 60,000 के सोना-चाँदी तथा 5,000 के गहने और चार घोड़े मिले।

उसे चुनार जेल भेज दिया गया जहाँ उसने आजीवन सजा भोगी।[12]

नादिर सिंह भील :1802-1820

नवंबर, 1818 में महू के आस-पास विद्रोही नादिर भील नामक मुखिया का उल्लेख मिलता है जो बाद में मेजर जनरल मैल्कॉम के कैम्प में आकर, उनके कैम्प लूटने वालों को पकड़ने में सहयोगी की भूमिका में देखा गया।[13]

मांडू के पश्चिमी क्षेत्र में भीलों का बसेरा था और उनका नेतृत्व भी लाला मुखिया नादिर सिंह करते थे। नादिर का खानदान सदियों से उस क्षेत्र का मुखिया था। मांडू राज के गवर्नर ने उसे विशेष अधिकार दे रखा था जिससे वह लूटपाट करने वाली जनजातियों (मांकुरों) को दंडित करने में सहायक था। उनके पिता, मांडू के करीब, एक छोटे-से गाँव जमुनिया के रहने वाले थे। सोलह वर्ष पूर्व यानी 1802 के आस-पास जब उसके चाचा जेसो पाटिल का देहांत हुआ था तब तक नादिर विंध्य पहाड़ियों का कुख्यात विद्रोही बन चुके थे। 1805 के आस-पास उसको चार गाँव दिए गए थे कि वह उनके बदले में कुछ रकम देंगे, मगर उन्होंने दी नहीं। 8 अक्टूबर 1819 को समझौता हुआ कि वह 251 रुपये, तीन माह में दे अन्यथा उन गाँवों से बेदखल हो। कुंज्रोड़ गाँव को नादिर सिंह को 81 रुपये वार्षिक पर दिया गया था जिसे उसके बेटे भीमन सिंह को सौंप दिया गया। होल्कर नरेश यशवंत राव का उसे समर्थन प्राप्त था। यशवंत राव की मृत्यु के बाद, होल्कर राज्य से संबंध अच्छे न रहे और उन्होंने मैदानी इलाकों को लूटकर वीरान कर दिया। जब उस इलाके में अँग्रेजों ने मध्य भारत में कदम रखा तब नादिर सिंह का नाम देश के दक्षिणी हिस्से में आतंक का पर्याय बन चुका था। जब महू कैंट स्थापित हुआ था तब नादिर के पास दो सौ घोड़े और छह से सात सौ पैदल विद्रोही थे। अँग्रेजों ने नादिर की हैसियत को देखते हुए समझौता करना बेहतर समझा। उनके भतीजे और बेटे के नियंत्रण में नादिर के आदमियों को अँग्रेजों की सेवा में लगाया गया।[14]

नादिर सिंह के पास एक समय दो हजार के आस-पास अनुयायी थे। उन्होंने 15 सालों तक मालवा में एकछत्र आधिपत्य कायम रखा। अँग्रेजों ने उनके ज्यादातर अपराधों को माफ कर दिया मगर कुछ अपराध ऐसे थे, जिन्हें माफ करना उचित न समझा। मैल्कॉम के 9 मई 1820 के पत्र, जो मेटकॉफ, सेक्रेटरी को लिखा गया था, से स्पष्ट होता है कि एक माह पूर्व नादिर सिंह के सैलाना स्थित आवास के पास दो बनियों और एक भील सिपाही की जघन्य हत्या हुई थी। उन्हें अपहरण कर नादिर सिंह के घर में तीन दिन रखा गया और फिर हत्या कर दी गई। इसकी जाँच मैल्कॉम ने की। उसके बाद नादिर सिंह के बेटे भीमन सिंह की शादी, मन्द्रौस सिंह की बेटी से तय थी। नादिर सिंह पाँच सौ हथियारबंद आदमियों के साथ शादी में भाग लेने गए हुए थे। जनरल मैल्कॉम

द्वारा घेराबंदी की गई। शादी के बाद उन्हें सम्मन भेजकर नाल्चा लाया गया। इस कार्य में मैल्कॉम का बुद्धिमान सूबेदार मीर नब्बी बक्स, जो 14वीं रेजीमेंट का जवान था और मेजर विल्सन ने सहयोग किया। मैल्कॉम ने सूझबूझ से नाल्चा के आस-पास के 50 भील मुखियाओं को बुला रख था। उन्हें बता रखा था कि 6 दिन में अपराधी नहीं पकड़ा गया तो सेना सभी भीलों को तबाह करेगी। मुखियाओं ने सहयोग किया और नादिर सिंह को तीन लोगों की हत्या का दोषी पाया। उन्हें कैद कर इलाहाबाद जेल भेज दिया गया। 14 साल का बेटा, भीमन सिंह, जॉन मैल्कॉम के मुख्यालय पर दो साल से शिक्षा ग्रहण कर रहा था। उसे उसकी सम्मानित माँ, सौमनी के पास भेजते हुए बाप की जगह मुखिया नियुक्त कर दिया गया। नादिर सिंह को होल्कर राज्य से हाली रुपये 2,564 वार्षिक तनख्वाह मिलती थी। 8 मई 1820 को हुए समझौते के अनुसार, नादिर के बेटे भीमन सिंह को भी उतनी ही तनख्वाह होल्कर राज्य से मिलनी थी। 4 अक्टूबर 1820 के समझौते के अनुसार, भीमन सिंह को दुर्जनापुर घाट की सुरक्षा के बदले खेड़ी गाँव को 150 रुपये वार्षिक की रकम पर दे दिया गया था।[15]

खानदेश में अपने पाँव पसारने के बाद कंपनी की सत्ता का पेशवाओं द्वारा विरोध जारी था और 1818 में त्रिंबकजी देंगलिया के नेतृत्व में 1,000 की संख्या में भीलों ने संगमनेर से चलकर कल्याण और जुन्नर (महाराष्ट्र) में आकर बगावत की थी।[16] पराजित पेशवाओं ने मध्य भारत की आदिम जनजातियों, भीलों और रामोसियों को, सड़कों को बंद करने और लूटमार के लिए उकसाया। भीलों ने इस आदेश का इसलिए भी अनुपालन किया कि यह उनके हित में था। भीलों ने भोरा घाट के मार्ग को बंद कर दिया जिसके कारण बंबई से डाक पहुँचनी बंद हो गई। जनरल स्मिथ ने एक मजबूत सेना के सहारे घाट मार्ग को खुलवाया और आगे की सुरक्षा के लिए अहमदनगर में सेना की टुकड़ी तैनात की। उसी समय लेफ्टिनेंट एनिस (Ennis), जो बॉम्बे इंजीनियर्स के अधिकारी थे तथा शिरुर-मुंढवा मार्ग पर सर्वे कार्य हेतु तैनात थे, उनका भी रास्ता भीलों ने काट दिया। उन्हें इस आशंका के कारण, पहले ही स्टेशन पर लौटने को कहा गया था मगर अपने गार्डों पर जरूरत से ज्यादा भरोसा करने के कारण वह स्टेशन पर नहीं पहुँचे थे। उन पर रात में शिरुर-मुंढवा मार्ग पर भीलों ने आक्रमण कर दिया। सुबह होने पर त्रिंबकजी देंगलिया के नेतृत्व में भीलों ने उन्हें घेर लिया। एनिस का जमादार और 25 जवान, शत्रु से मित्रवत भाव में पेश आए। लेफ्टिनेंट एनिस मारे गए।[17]

1819-1820 के आस-पास का भील विद्रोह

गुमानी नायक का विद्रोह

जैसा पहले उल्लेख किया जा चुका है कि 1818 में गुमानी नायक, मालवा-खानदेश के मुख्य व्यापार मार्ग पर पड़ने वाले सेंधवा दर्रे पर नियंत्रण रखते थे। उनका यह नियंत्रण अँग्रेजों के आने के पूर्व से था। तब वह इस दर्रे से गुजरने वाले व्यापारियों से कर की वसूली, होल्कर राज के लिए करते थे। कस्टम अधिकारी भी सेंधवा दर्रे से कस्टम टैक्स वसूलते थे और उसमें से गुमानी का हिस्सा दे देते थे। ब्रीग्स ने 5 मार्च 1818 को गुमानी नायक के साथ समझौता किया। गुमानी ने शर्तें स्वीकारीं मगर कभी भी पॉलिटिकल एजेंट से मिलने नहीं गए। कंपनी द्वारा उन्हें दो हजार सालाना पेंशन स्वीकृत की गई। समझौता हो जाने के बाद अक्टूबर, 1818 से जनवरी 1819 के बीच गुमानी ने चार बार समझौते का उल्लंघन किया। उन्होंने चोपड़ा गाँव से मवेशियों को खोल लिया। उनका तर्क था कि सिंधिया के अधिकारी उनका हक नहीं देते हैं। कर्नल ब्रीग्स ने चोपड़ा के मामलतदार को गुमानी का हिस्सा देने का निर्देश दिया। उसके बाद गुमानी को छोटी सेना रखने का अधिकार दे दिया गया, मगर वार्षिक पेंशन घटाकर बारह सौ कर दी गई।[18]

1819 का वर्ष, ब्रिटिश सरकार के लिए बहुत बुरा था। कहीं कोई प्रशासनिक नियंत्रण नहीं दिख रहा था। चारों दिशाओं में भील, हथियारों से लैस होकर लूटमार कर रहे थे। खंडू, रूप सिंह, रामजी और उसका भाई औचित, जो कभी तुरखेड़ा (गुजरात) का चौकीदार थे, पश्चिमी पहाड़ियों पर नियंत्रण रखे हुए थे। उल्लेख किया जा चुका है कि लेफ्टिनेंट कर्नल जार्डिन इन दोनों भील मुखियाओं से बहुत परेशान था। कैप्टन ब्रीग्स के 1 अप्रैल 1819 के पत्र से, जो जार्डिन को लिखा गया था, ज्ञात होता है कि रामजी ने वादा किया कि उसे पेंशन मिल जाए तो लूटपाट नहीं करेंगे। उनसे किए गए कौल (अनुबंध) के अनुसार उनको और उनके भाई औचित को 50-50 रुपये मासिक पेंशन दे दी गई थी। इसी प्रकार फेगी खान, जावा या जीवा वासावा (अध्याय 8 में भी इसका उल्लेख मिलेगा), देवजी नायक, रैलिया और कुंडू को पेंशन दी गई। गंगा नायक ने रेगुलर फोर्स टुकड़ी पर आक्रमण किया और चोपड़ा में लड़ते हुए मारे गए। इसी समय तुर्वी भीलों को पुलिस कार्प्स में शामिल करने के प्रयास बेकार रहे। ब्रिटिश सेना ने कनाई तुर्वी भीलों के विरुद्ध मार्च किया। दशरथ ने एक गाँव को लूटा और उसे तहस-नहस कर दिया। पहाड़ी भीलों ने थलनेर परगना को लूटा। मेजर मैकबीन ने कामा नामक भील मुखिया की झोपड़ी जला दी। जार्डिन ने कामा के विरुद्ध सैन्य कार्रवाई की।[19]

चील नायक का विद्रोह

1819 में चारों ओर भील विद्रोह सुनाई पड़ रहे थे। पहाड़ी भील, मैदानी इलाकों में अपने गिरोहों को लूटपाट के लिए भेज रहे थे। अराजकता और जंगल युद्ध जारी था। गायकवाड़ भीलों ने हत्याएँ की थीं। कूर वासावा (अध्याय 8 में भी इसका उल्लेख मिलेगा) का आतंक जारी था। बुरहान खान और मीर खान को पेंशन दी गई। दक्षिण में सतमाला भीलों का मुखिया चील नायक अपने आदमियों को देश के मुख्य मैदानी क्षेत्रों में लूटपाट के लिए भेज रहा था। जनवरी, 1819 के अंतिम दिनों में चील नायक ने धरणगाँव पर आक्रमण किया और उसे लूट लिया। जब ब्रिटिश अधिकारियों ने उनके इस कृत्य की पड़ताल की तो उन्होंने बताया कि उसका वार्षिक हक 648 रुपये के बजाय केवल 175 रुपये दिए जा रहे थे और इससे वह और उसके समर्थक भूखों मरने की स्थिति में आ चुके थे। उसने ब्रिटिश अधिकारी को बताया कि 'आपको यह बताना आवश्यक है कि जिन गाँवों पर हमने हमला किया है, उनसे मेरा हक नहीं मिल रहा था। अगर आप मेरा हक दिला दें तो हम लूटपाट नहीं करेंगे। पहले हमारे हक प्रदान किए जाएँ और फिर हम लूटपाट करें तो हमें तलब किया जाए। हमारे खाने की कोई व्यवस्था न करना और घास और पत्तों पर निर्भर कर देना, लूटपाट के अलावा कोई विकल्प नहीं छोड़ता।[20]

कर्नल ब्रीग्स ने चील के हक को स्वीकार नहीं किया। उसने सेना को चील को गिरफ्तार करने को लगाया। बाध्य होकर चील ने समर्पण कर दिया। जून, 1819 के प्रारंभ में उसे कैद कर जेल में डाल दिया गया और बाद में उसे फाँसी दे दी गई।[21]

दशरथ और कनिया का विद्रोह

पूरब में मीरखान और अदावड के मुसलमान भील, नियंत्रण बनाए हुए थे। रावेर (महाराष्ट्र) में कनिया भील की मदद दशरथ और धनजी कर रहे थे जो लसुर (महाराष्ट्र) के मुखिया थे। 1820 के आस-पास दशरथ ने कंपनी के विरुद्ध विद्रोह किया था और पिंडारी सरदार शेख दुल्ला का उन्हें साथ मिला था। ये भील मुखिया, लूटमार कर, ताप्ती और सतपुड़ा के बीच की उपजाऊ भूमि को उजाड़ बना चुके थे। औचित ने एक पटेल की हत्या कर दी। जनढोला, जुकारिया और मोहन ने 1,200 भीलों के साथ मेजर मोरिन के सम्मुख समर्पण कर दिया था। सेंधवा मार्ग से गुजरना असंभव हो चुका था। नवापुर पर भीलों ने आक्रमण किया। पालजी देशमुख को पकड़कर मार दिया गया। सगबारा के कूर वासावा ने 400 भीलों को साथ लेकर नवापुर और कुकरमुंडा को लूटा और भाग गए (अध्याय 8 में भी देखें)। मेजर मोरिन ने उन्हें नियंत्रित करने में सफलता पाई और दक्षिणी भील मुखियाओं को समर्पण हेतु बाध्य किया।[22]

कनिया भील मुखिया सतपुड़ा रेंज के सबसे पूर्वी हिस्से का मजबूत विद्रोही थे। सन्

1818 के आस-पास उसके पास 650 भील लड़ाके और सिबंडी थे। इस भील मुखिया का हक रोक लेने के कारण वह भी विद्रोही हो गए थे। उसने ब्रीग्स को बताया कि, 'मेरे पास 5,000 आदमी हैं। मेरे पूर्वजों ने लूटपाट कर ही जीवन निर्वाह किया है। आप देश का मुखिया होने के नाते अगर मुझे और मेरे अनुयायियों के जीवन निर्वाह हेतु हक देंगे तो हम लूटपाट नहीं करेंगे।' ब्रीग्स ने सेटलमेंट का निर्देश दिया मगर कनिया ने ब्रिटिश प्रस्ताव को अनदेखा कर अपने इलाके में लूटपाट शुरू कर दी। इस प्रकरण के बाद ही ब्रीग्स को लगा कि भील मुखियाओं से केवल सेटलमेंट करना ही पर्याप्त न होगा। उसने अपने अधिकारी को लिखा कि अब हम सीधी कार्रवाई करेंगे। इस प्रकार 1823 में जब ब्रीग्स ने खानदेश छोड़ा तब खानदेश पूरी तरह असुरक्षित स्थिति में था।[23]

औरंगाबाद से रिस्सालाह (घुड़सवार सेना) की एक बटालियन कैप्टन डेविस (Davies) के नेतृत्व में 24 नवंबर 1819 को खानदेश के घाटों और दर्रों की सुरक्षा हेतु भेजी गई। कोपरगाँव से भी एक बटालियन बुलाई गई। दोनों सेनाओं ने संयुक्तरूप से भीलों के हट्टीज (पहाड़ी झोपड़ियाँ) पर आक्रमण किए मगर वहाँ कोई मिला नहीं। कुछ दिनों तक सेनाओं ने भीलों की नाकेबंदी की जिससे भूख के कारण भील समर्पण कर दें। 1821 में भी अशांति कम न हुई। सैन्य कार्रवाइयाँ जारी थीं मगर कोई सफलता नहीं मिल रही थी। परोला के आस-पास के गाँवों में अशांति बनी हुई थी। धुलिया से बीस किलोमीटर दूर स्थित परोला, खानदेश का एक समृद्ध शहर था जहाँ बुनकर व्यापार करते थे। इसी बीच कैप्टन ब्रीग्स पर जानलेवा हमला हुआ।[24]

हिरिया भील का विद्रोह : 1822

कुछ महीने की शांति के बाद 1822 में सतपुड़ा के नहल भीलों और सतमाला के हिरिया भील और सैबू की अगुवाई में तीन दलों ने भड़गाँव और एरंडोल के समृद्ध मैदानी क्षेत्रों में लूटपाट शुरू कर दी थी। कैप्टन ब्रीग्स ने उन्हें नियंत्रित करने का प्रयास किया मगर सफलता न मिली। कैप्टन ब्रीग्स की विदाई तक, इन क्षेत्रों में अराजकता बनी रही।[25]

1822 के प्रारंभ में वर्तमान मध्य प्रदेश और राजस्थान सीमा के पास, नीमच नामक स्थान से सूचना प्राप्त हुई कि वहाँ एक ब्रिटिश सेना की टुकड़ी रुकी हुई थी। जंगलों में भीलों के लूटमार की सूचनाएँ लगातार मिलने पर लेफ्टिनेंट हेपबर्न (Hepburne) ने अपनी सैन्य टुकड़ी के साथ प्रस्थान किया और पूरी रात चलने के बाद सुबह भीलों के ठिकाने तक जा पहुँचे। उन्होंने स्थिति का जायजा लेने के बाद भीलों को घेर लिया और भयंकर युद्ध में भील मुखिया मारे गए। ज्यादातर भील बंदी बना लिए गए। इस युद्ध में ब्रिटिश सेना के भी कुछ जवान मारे गए थे। अप्रैल, 1823 में कर्नल रॉबिन्सन ने विद्रोहियों को तितर-बितर करने, उनकी बस्तियाँ नष्ट करने में कुछ सफलता पाई।

1823 में पॉलिटिकल एजेंट ने खानदेश से प्रस्थान किया। जब कलेक्टर खानदेश ने चार्ज ग्रहण किया, सतपुड़ा के नहल, सतमाला के अंकुश, भड़गाँव और एरंडोल का हिरिया लूटपाट कर रहे थे। रूसोला कैद कर लिए गए थे। पुनिया को मार दिया गया था। उसके अगले दो सालों तक भीलों को पकड़-पकड़कर हत्या करने का अपराध किया जाता रहा। नए नायक फिर भी उठ खड़े होते। साहिब खान भील विद्रोहियों से आ मिले थे। आनंद नामक भील मुखिया को पकड़ लिया गया। गुमानी का पता लगाना संभव न हो पा रहा था। रूप सिंह, यशवंत सिंह और उसके भाई को पकड़ लिया गया। अंततः गुमानी को भी पकड़कर बाहर के जेल भेज दिया गया। मेजर डेसचैम (Deschamp) के नेतृत्व में सेना गश्त पर रही।[26]

बारी भील विद्रोह : 1824

बारी, अलीराजपुर के अंतर्गत, एक छोटा भील गाँव था जहाँ 14 दिसंबर 1824 की सुबह भीलों से पाँचवीं (रेजीमेंट), लोकल हाउस (ब्रिटिश सरकार द्वारा उज्जैन के पास स्थापित अफीम फार्म) के घुड़सवार पुलिस की झड़प हुई थी। कहा जाता है कि उज्जैन से ट्रांकल पोर्ट (गुजरात) को अफीम की आपूर्ति होती थी। 28 अक्टूबर 1824 को पहली खेप भेजी गई थी और तभी से इस मार्ग पर एस्कॉर्ट ड्यूटी लगाई गई थी। पाँचवीं लोकल हाउस के कमांडिंग अफसर, मेजर आई. गॉग (Gough) ने भोपावर से 16 दिसंबर 1824 को एक पत्र कैप्टन स्पीयर्स (Spears), स्थानीय एजेंट को लिखा। उससे पता चलता है कि मिर्जा अजीम बेग, नायब रिसालदार, घुड़सवार सिपाहियों के साथ एस्कॉर्ट ड्यूटी पर थे और ट्रांकल पोर्ट पर अफीम पहुँचाकर लौट रहे थे। उनके साथ जमादार और दफादार भी थे। दफादार उनका भाई था। देश में चारे की कमी और अनाज की ऊँची कीमतों की वजह से वे सभी थक चुके थे। उनके पास जीविकोर्पाजन के कम साधन थे इसलिए छोटे मार्ग से लौटने का निर्णय लिया। नायब रिसालदार ने स्थानीय प्रशासन से कुछ सैन्य मदद के लिए संपर्क किया था मगर मिली नहीं। वे लोग 14 दिसंबर की सुबह राजपुर से जोबत होते बारी गाँव पहुँचे थे। उन्हें उसी दिन, छोटे मार्ग यानी पहाड़ी, ऊँचाई वाले पगडंडी मार्ग से होते हुए कनास शहर पहुँचकर आराम करना था। कनास के लिए पगडंडी रास्ता जंगल के बीच से गुजरता था। उस रास्ते से सात कोस की दूरी कम हो जाने वाली थी। वे लोग गुजरात मार्ग पर पड़ने वाले बारी गाँव से एक गाइड लेना चाहते थे जो पगडंडी रास्ता बता सके। बारी के पटेल (मुखिया) से उन्होंने कनास की दूरी पूछी थी तो उसने बताया था, दस से बारह कोस। घुड़सवारों ने पटेल, ओंकार रावत से रास्ता बताने के लिए गाइड की माँग की। बात ही बात में उनमें विवाद हो गया। ओंकार स्वयं को उच्च स्तर का मुखिया समझते थे। बारी गाँव में कैप्टन स्पीयर्स ने बेगारी रोकने के लिए

दो सिपाहियों को पहले से ही तैनात कर रखा था। रिसालदार चाहता तो उन सिपाहियों से गाइड का काम ले सकता था। दुर्भाग्य से उसने पटेल को बंदी बना लिया। पटेल को कुछ दूर तक घसीट भी दिया गया। इसी बीच रिसालदार की टोपी गिर पड़ी। टोपी गिरने के कारण वह और गुस्से में आ गया। उसने और अन्य घुड़सवारों ने पटेल के मुंह और पीठ पर कई घूँसे जड़ दिए। इससे पटेल उत्तेजित हो गया। गाँव वालों ने अपने मुखिया का अपमान देख, युद्ध ड्रम बजाकर भीलों को बुला लिया और कहा कि 'आप अच्छी तरह देख सकते हैं कि हमारे मुखिया का अपमान किया गया है।' ड्रम बजते ही चारों ओर से भारी भीड़ जमा हो गई और तीर चलाने लगी। एक घुड़सवार ने गोली चलाई जो ओंकार रावत के भाई राव सिंह रावत के पैर में लगी और वह घायल हो गया। उसके बाद तीर लगने से जमादार और दफादार मारे गए। चार घोड़े भी तीर लगने से घायल हो गए थे। बंदी पटेल को मुक्त करते ही भीलों ने तीर चलाना बंद कर दिया। उसके बाद रिसालदार और उनकी पार्टी राजपुर लौट गई क्योंकि कई गाँवों के उत्तेजित भील पहाड़ियों और जंगलों में जमा हो गए थे और उन्होंने बारी से कनास तक के रास्ते को घुड़सवार सिपाहियों के लिए रोक दिया था। बाद में रामपुरा की स्थानीय बटालियन ने पहुँचकर शांति कायम की मगर उन्हें और कोई सफलता नहीं मिली। इस मामले में गहन जाँच हुई थी। कैप्टन स्पीयर्स ने अपनी जाँच रिपोर्ट, 27 दिसंबर 1824 के पत्र द्वारा जी. वेल्लेस्ली (Wellesley), रेजीडेंट, इंदौर को भेजी थी। उक्त जाँच के लिए कैप्टन 21 दिसंबर को भोपावर गए थे। राजा अलीराजपुर, उनसे मिलने आए। राजा के साथ ओंकार रावत और उसका भाई राव सिंह रावत भी था। इस मामले में स्पीयर्स द्वारा रामपुरा छठी लोकल बटालियन के सिपाही हीरा सिंह, रामबक्श सिंह और पूरन सिंह के बयान लिए गए। उक्त बयानों के आधार पर कैप्टन स्पीयर्स ने रिसालदार और उसके घुड़सवार सिपाहियों का व्यवहार अनुचित माना था। उनका मानना था कि जब बारी गाँव में उच्च अधिकारी के आदेश पर पहले से ही दो सिपाही तैनात थे तो रिसालदार को उनसे बात करनी चाहिए थी। पटेल को अपमानित करने, उसे बंदी बनाने का कोई अधिकार नहीं था। उन्होंने अपनी जाँच रिपोर्ट भेजते हुए रेजीडेंट, इंदौर से निर्देश प्राप्त करना चाहा। रेजीडेंट ने अँग्रेजों का मान बचाने के लिए बारी गाँव के भीलों पर 200 रुपये का दंड लगाया और उसे शवदाह व्यय के रूप में मारे गए जवानों के परिवार को दे दिया गया था। पटेल और बारी के भीलों के विरुद्ध कोई और कार्रवाई नहीं की गई थी।[27]

बगलान में शिवराम नायक, रे सिंह नायक, गोविंदमाँग और अन्य भील मुखियाओं का विद्रोह

मुल्हेर (नासिक, महाराष्ट्र) किले का ऐतिहासिक युद्ध : 1825

1806 में मराठा सरदार त्रिंबकजी देंगलिया द्वारा शेवगाँव (महाराष्ट्र) के घेवरी-चाँदगाँव में भीलों के नरसंहार की घटना का उल्लेख किया जा चुका है। 1817 में इस मराठा सरदार ने बगावत की थी और बगलान विद्रोह की बागडोर उसके भाई या भतीजा, गोदाजी देंगलिया के हाथ में थी।[28]

बगलान के मामलतदार ने 1 अप्रैल 1825 को एक पत्र ए. रॉबर्टसन (Robertson), कलेक्टर, धुलिया को भेजा था और उसके साथ लोहोनेर के मामलतदार का पत्र भी संलग्न किया था। पत्र में कहा गया था कि *'आज ही मुल्हेर से सूचना मिली है कि किले के नीचे, घाटी में लगभग 25 भील जमा हो गए हैं और चारों ओर से भीलों का आना जारी है। इससे मुल्हेर और आस-पास के गाँववाले बड़े खतरे में हैं। मैंने 10 आदमी और एक जमादार को मुल्हेर भेजा है लेकिन यह असंभव है कि 20 या 25 आदमी, भीलों की भारी भीड़ का मुकाबला कर पाएँ। हमारे तालुका में कोई घुड़सवार और सेबंडी (स्थानीय गार्ड) नहीं हैं। मैंने 15 आदमी कैश चेस्ट की सुरक्षा के लिए छोड़ रखे हैं इसलिए तुरंत 50 आदमी और घुड़सवारों को स्थानीय गार्डों सहित भेजा जाए।'*[29]

धुलिया से ए. रॉबर्टसन ने 4 अप्रैल 1825 को एक पत्र विलियम चैपलिन, कमिश्नर इन दक्कन, पूना को भेजा (पत्र की मूल प्रति परिशिष्ट-1 में दी गई है) और बताया कि उन्हें बगलान और लोहोनेर के मामलतदारों के 1, 2 और 3 अप्रैल के पत्र प्राप्त हुए हैं जिनमें भीलों की भारी भीड़ के जमा होने का उल्लेख है। जहाँ 1 अप्रैल के पत्र में मात्र 25 भीलों के जमा होने का उल्लेख था वहीं 3 अप्रैल के पत्र में यह संख्या 500 बताई गई, जो किले के पश्चिमी भाग में जमा थे। रॉबर्टसन लिखते हैं- *'मैंने तुरंत कुकरमुंडा से 25 घुड़सवार सेना को प्रस्थान करने को कहा जो स्थानीय भीलों को साथ लेकर बगलान के मामलतदार की कमांड को मजबूत करें। यह असंभव नहीं लगता कि अगर ये प्रयास किए जाएँ तो विद्रोही किला छोड़ने को बाध्य हों। अगर वे भागते नहीं हैं तो कम-से-कम डांग (गुजरात) में कमजोर पड़ेंगे। मैंने ऑफिसर कमांडिंग मालेगाँव को और कुकरमुंडा के कैप्टन रिग्बी (Rigby) को कहा है कि जितनी फोर्स संभव हो पाए, बगलान भेजें। यदि 50 से 100 सहायक घुड़सवार सेना भेज सकें तो बेहतर होगा। इससे अन्य मार्गों पर हो रही भीलों की लूटमार को रोका जा सकता है।'*[30]

1824 में त्रिंबकजी देंगलिया के भतीजे या भाई, गोदाजी देंगलिया ने खानदेश के पश्चिम में, बगलान के भीलों के सहयोग से, सतारा राजा से, मराठा राज्य की पुनर्स्थापना

के लिए आह्वान किया। बगलान के भीलों को उसने अपने प्रस्ताव के लिए राजी कर लिया था। उसके बहकावे में आकर भील, उस मराठा राज्य की स्थापना के लिए अँग्रेजी सेना से भिड़ गए थे, जिसने उनका कत्लेआम किया था। इनमें शामिल बहुत से भील, अँग्रेज सरकार से भत्ता प्राप्त कर रहे थे, जैसे- रे सिंह नायक, गोविंदमाँग आदि। मार्च 1825 में, खानदेश के पश्चिमी जिलों में इस बगावत ने एकाएक उग्र रूप धारण कर लिया था और इसके विद्रोही नेता ने विद्रोह को पूरे खानदेश में फैला देने की घोषणा कर दी थी। इस विद्रोह का नायक शिवराम या सेवराम, पेशे से सुनार थे। उन्होंने राजा सतारा के सामने एक फर्जी प्रपत्र प्रस्तुत किया था तथा अपने समर्थन में बगलान के भीलों को जुटाने में सफल रहा। शिवराम के पास 800 भील विद्रोहियों की मजबूत संख्या थी। वह कुछ समय से लगातार आक्रमण कर रहे थे और अंतापुर के आस-पास लूटपाट कर रहे थे। कुछ दिन में ही शिवराम ने मुल्हेर किले पर कब्जा जमा लिया था और वहीं से विद्रोही गतिविधियों को अंजाम दे रहे थे। उनके नेतृत्व में भील जनजातियाँ विद्रोही बन चुकी थीं। मुल्हेर किला ही उनका मुख्यालय था। उन्होंने किले पर पेशवा का झंडा फहरा रखा था। वह कहते थे कि उनका ध्येय मराठा संघ के गौरव की पुनर्स्थापना करना है। उस विद्रोह को कुचलने और मुल्हेर जिले के मुख्य नगर, जाइखेड़ा की हिफाजत के लिए सूरत, जलगाँव और अहमदनगर से ब्रिटिश सेना बुलाई गई। सरकारी खजाना विद्रोहियों के गढ़ से मात्र 12 मील की दूरी पर था। सबसे पहले खजाने को सुरक्षित स्थान पर भेज दिया गया। मालेगाँव से 11वीं और 23वीं रेजीमेंट के 200 जवान भेजे गए।[31] यहाँ यह अलग शोध का विषय है कि कैसे भील विरोधी मराठा समर्थकों ने, भीलों को अपने हितों में इस्तेमाल कर लिया था?

5 अप्रैल 1825 की शाम को लेफ्टिनेंट ऑट्रम के नेतृत्व में सेना ने कूच किया था जो 6 अप्रैल की सुबह, जाइखेड़ा पहुँच गई थी। जाइखेड़ा से विद्रोहियों का गढ़ मात्र 35 मील की दूरी पर था। जाइखेड़ा में ऑट्रम को सूचना मिली कि पहले की तुलना में संख्या बल के हिसाब से दुश्मन दुर्जेय स्थिति में है। ऑट्रम ने किले पर चढ़ाई की तैयारी की। उसकी योजना यह थी कि किले पर अचानक आक्रमण कर दिया जाए जिससे विद्रोहियों को सँभलने का मौका ही न मिले। उनमें खलबली मच जाए और आसानी से किले को ध्वस्त किया जा सके। उसने अपनी योजना को अपने सहयोगियों, इनसाइन ह्वाइटमोर (Ensigns Whitemore) और पॉल (Paul) को बताया जो 11वीं रेजीमेंट के थे। शाम होने के बाद ऑट्रम ने आगे बढ़ने का आदेश दिया। जिस पहाड़ी पर किला स्थित था, जब उसके करीब ऑट्रम पहुँच गए तो उन्होंने अपने सहयोगियों, इनसाइन ह्वाइटमोर और पॉल को 150 जवानों के साथ किले के सामने से छद्म आक्रमण करने की नीति का पालने करने के लिए भेजा। उसके बाद वह खुद, शेष 50 जवानों के साथ बाएँ मुड़कर

किले के पीछे से हमला करने के लिए आगे बढ़े। इस प्रकार भोर होने के पहले ही 7 अप्रैल को दोनों दल, किले की पहाड़ी पर चढ़ गए थे। यद्यपि अँधेरे में विद्रोहियों की संख्या का अनुमान लगाना मुश्किल था और उनका ध्यान सामने की ओर था, जिधर 150 जवानों के साथ इनसाइन ह्वाइटमोर और पॉल, छद्म आक्रमण की नीति का अनुसरण कर रहे थे। तभी ऑट्रम ने 50 जवानों के साथ, पीछे से अचानक आक्रमण कर दिया। ग्राहम अपने घुड़सवारों की मदद से विद्रोहियों को खदेड़ने लगे और इस प्रकार ऑट्रम को और करीब पहुँचना आसान हो गया। अचानक पीछे से किया गया आक्रमण पूरी तरह सफल रहा। शिवराम सहित कुछ विद्रोही नेता मारे गए। उनके बहुत से सहायक मारे गए। कुछ विद्रोही दूसरी पहाड़ियों की ओर भाग गए और गैंग पूरी तरह से बिखर गया। विद्रोहियों के पुनः इकट्ठा हो जाने की संभावना थी इसलिए भागते हुए विद्रोहियों का ब्रिटिश सेना ने अगले 36 घंटे तक और पचास मील तक पीछा किया था। इस प्रकार विद्रोही दूसरी पहाड़ियों पर भी मारे गए। बहुत से बंदी बना लिए गए और कुछ अपने हथियार फेंककर अपने गाँवों को भाग गए तथा खेती-किसानी में लग गए। बूँदी और सुतवा के भी भील सरदार, अँग्रेजों के खिलाफ संघर्ष कर रहे थे और उन्होंने बूँदी और सुतवा को भी लूट लिया था।[32]

उपरोक्त वर्णन में भागे विद्रोहियों द्वारा हथियार डालने की बात सही जान नहीं पड़ती। अंतापुर के मुकद्दम के 10 अप्रैल के पत्र, जो बागलान के मामलतदार को लिखा गया था, से स्पष्ट होता है कि 9 अप्रैल की रात को अंतापुर को लूट लिया गया था और रग्घू रामचंद्र पंत और उसके परिवार को तथा एक बनिया को भील उठा ले गए थे। बनिया के लड़के को मार दिया था। 10 अप्रैल को ही तहाराबाद के मुकद्दम* द्वारा बगलान के मामलतदार** को लिखे पत्र से भी अंतापुर को भीलों द्वारा लूटने और उसे वीरान बना दिए जाने का उल्लेख है।[33]

2 अप्रैल के लोहेनेर के मुकद्दम का पत्र जो सप्तश्रृंगी से कृष्णजी नीलकंठ, गोमास्ता देशपांडे को लिखा गया था, तथा 13 अप्रैल का पत्र जो कृष्णजी नीलकंठ, गोमास्ता*** देशपांडे द्वारा गोपाल नारायण, मामलतदार, लोहेनेर को लिखा था, से ज्ञात होता है कि रे सिंह नायक भील मुखिया, मुल्हेर के पास एक छोटे गाँव बाबूलन में 50 मराठों और चार से पाँच सौ भीलों के साथ देखा गया। उसने अंतापुर गाँव को लूटा और फिर अंतापुर के करीब के वीरगाँव में आकर 3-4 लोगों को घायल किया। 300 जानवरों

---

*मुकद्दम- गाँव का प्रधान, जिसके माध्यम से सरकार गाँव वालों को नियंत्रित करती थी।

**मामलतदार- तालुका का स्थानीय राजस्व अधिकारी, जैसे तहसीलदार।

***गोमास्ता- ईस्ट इंडिया कंपनी का भारतीय एजेंट जो स्थानीय कारीगरों, बुनकरों से सामान लेकर कंपनी को देता।

के सिर काट लिए। उसने कनशि, पिम्पलि, कोराड़ी में लूटपाट की। उक्त पत्रों से ज्ञात होता है कि रे सिंह नायक, गोविंदमाँग और कुछ अन्य मुखिया, सरकार से पैसा प्राप्त कर रहे थे। पत्रों से यह भी ज्ञात होता है कि अंतापुर के पास धमौरी किले पर पहले कब्जा कर वहाँ का सारा अनाज लूट लिया गया था और उसके बाद मुल्हेर किले की ओर भील गए थे। मुल्हेर किला, सिपाही अत्ताजी राव की देख-रेख में था।[34]

जिस अंतापुर नगर को भीलों ने लूट लिया था, उसे पुन: उसके मूल स्वामी को सौंप दिया गया। कहा जाता है कि लेफ्टिनेंट ऑट्रम, कैप्टेन रिग्बी एवं ओवान्स ने समझा-बुझाकर तथा भेद-नीति द्वारा विद्रोह को दबाने का प्रयास किया। ऑट्रम के प्रयासों से अनेक भील, अँग्रेज सेना में भर्ती हो गए और कुछ शांतिपूर्ण ढंग से खेती करने लगे। उन्हें तकावी ऋण दिलवाने का आश्वासन दिया। हमारे यहाँ, सिविल सेवा परीक्षा के लिए लिखी गई कुछ किताबों में सेवाराम नामक भील के विद्रोह की भ्रामक सामग्री प्रकाशित मिलती है। दरअसल उनका वास्तविक नाम शिवराम था।[35]

मुल्हेर किला (जिला-नासिक)

1826 में भीलों का विद्रोह : धूर सिंह, देवचंद, शोभनिया, रनिया, पंड्या और बावाजी भील मुखिया

मध्य भारत में सेंधवा घाट का व्यापारिक महत्त्व होने के कारण, हमेश से वह लूटपाट करने वाले भील नायकों के निशाने पर था। 1826 में धूर सिंह और शोभनिया नामक भील नायकों ने सेंधवा घाट को बंद कर दिया। इसी समय बोरगाँव (जिला-जलगाँव)और सुल्तानपुर (मेहकर के पास स्थित) को भीलों के गैंग ने लूट लिया था। इसका मुखिया देवचंद भील थे और उनके गैंग में कुल तीस विद्रोही भील थे। देवचंद के दमन के लिए सेना भेजी गई जिसने सुल्तानपुर के पास देवचंद और उनके सभी सदस्यों को मार गिराया था। शोभनिया के विरुद्ध भी सेना भेजी गई थी मगर उन्होंने अपने गैंग के साथ सेना का डटकर मुकाबला किया। बाद में रनिया नामक भील मुखिया, जो सरकार द्वारा संरक्षित थे, ने शोभनिया को बंदी बना लिया। शोभनिया को धुलिया जेल में भेजा गया था जहाँ उनकी मृत्यु हो गई थी। पंड्या नामक भील मुखिया पकड़ लिया गया था जबकि बावाजी नामक भील मुखिया की हत्या कर दी गई थी। बोदवड (जिला-जलगाँव) में भीलों के एक बड़े गिरोह ने आक्रमण कर दिया था। यह क्षेत्र लंबे समय से अशांत बना हुआ था। दो कुख्यात विद्रोही भील नायकों को, पेंशन प्राप्त करने वाले और सरकारी संरक्षण में रहने वाले भील नायकों ने बंदी बना लिया था। 1826 में डांग और लोहारा भील मुखियाओं का उपद्रव जारी था।[36]

जून 1826 में लेफ्टिनेंट बेनट की हत्या

जून 1826 में एक युवा अधिकारी लेफ्टिनेंट बेनट की हत्या कर दी गई थी जब वह अपने टेंट में सो रहे थे। यह घटना अहमदनगर जिले के नउर (Nawur) या नूर गाँव की थी। उनके गरदन पर और पीछे वार किया गया था। भीलों की एक टुकड़ी में एक भील मुखिया थे जिन्हें कुछ वर्ष पूर्व औरंगाबाद जिले के जालना में बंदी बनाया गया था। वह तभी से अँग्रेजों के खिलाफ हो गए थे और उन्होंने ही बेनट की हत्या की थी। उस घटना की जानकारी 1829 में भीलों के एक गैंग के 11 सदस्यों में से 7 को पकड़ लिए जाने पर हुई। उस गैंग के एक सदस्य के पास से एक चाकू बरामद हुआ था जिसकी मूठ, हाथी दाँत की थी और उस पर सुंदर नक्काशी थी। वह चाकू ब्रिटेन का बना हुआ था। लेफ्टिनेंट बेनट के टेंट का सारा सामान चोरी हुआ था जिसमें वह चाकू भी था। इस आधार पर जब उनसे पूछताछ की गई तो उन्होंने बेनट की हत्या की बात कबूल की। उन्हांने बताया कि दो वर्ष पूर्व मि. केनिन, रेजीडेंट कमिश्नर, औरंगाबाद ने उसे बिना अपराध के कठोर सजा दी थी और वह दो वर्ष पूर्व छूटकर आए थे। उनकी टुकड़ी को पता चला कि हैदराबाद के लिए कुछ व्यापारी जा रहे हैं तो वह अपनी टुकड़ी के साथ नउर गाँव में लूटपाट के

लिए गए थे। जब वह गाँव से लौट रहे थे तो उन्हों एक खुले स्थान पर टेंट देखा जहाँ एक युवा अँग्रेज अफसर सो रहा था। उन्हें यूरोपियों से घृणा थी इसलिए उन्होंने बेनट को पीट-पीटकर लहूलुहान कर दिया था जिससे कुछ देर बाद उनकी मौत हो गई थी।[37]

1827 में खुंदू और महादेव का विद्रोह

1827 में खुंदू और महादेव नामक भील मुखियाओं ने मिलकर सेंधवा के पास एक गैंग बनाया और बोरवाड़ी गाँव पर आक्रमण कर उसे लूट लिया। खबर मिलने पर एक छोटी भील वाहिनी को उनसे लड़ने के लिए भेजा गया। भील वाहिनी ने रात के अँधेरे में उस दुर्गम पहाड़ी क्षेत्र में विद्रोहियों पर तीर-धनुष और पत्थरों से हमला बोल दिया। विद्रोहियों को कड़ा प्रतिरोध मिला। वे जब मैदानी इलाके की ओर भागे, तब उन्हें ऑट्रम के नेतृत्व में सेना ने बंदूकों के बल पर मार गिराया जिनमें एक नायक और बाकी उसके समर्थक थे। लूट का माल बरामद कर लिया गया। 1828 में स्थिति कुछ शांत दिखी। बीस सालों के बाद सबसे कम लूटपाट की घटनाएँ देखने को मिलीं।[38]

डांग भील राजा का विद्रोह : 1830

1830 के आस-पास जंगली भील, अक्सर डांग को लूट लेते थे। ऑट्रम ने भील कार्प्स, चार नेटिव इन्फैंट्री रेजीमेंट, पूना इरेगुलर हॉर्स की कुछ टुकड़ियों और 13 अन्य अधिकारियों की भारी-भरकम फौज के साथ एक अभियान चलाया और एक महीने के अंदर डांग के भील राजा को गिरफ्तार करने में सफलता पाई। सहयोगी भील, जंगलों में भाग गए। इस अभियान से भील कार्प्स की उपयोगिता सिद्ध हुई मगर सभी अधिकारियों को जंगली बुखार (मलेरिया) ने जकड़ लिया। चार अधिकारी मर गए और बाकी मलेरिया से डरकर, खानदेश से भाग खड़े हुए। उनमें से केवल ऑट्रम ही खानदेश में बचे रहे।[39]

1831 में औचित सिंह का विद्रोह

सन 1831 में धार के भील विद्रोही हो गए थे। उनका नेता औचित सिंह थे। उन्होंने भील समुदाय में घोषणा कर रखी थी कि वह मुरारी राव पवार के पुत्र हैं जिन्हें भीलों ने स्वीकार भी कर लिया था। मुरारी राव पवार के दादा, जसवंत राव पवार ने पानीपत की लड़ाई में हिस्सा लिया था और मारे गए थे। मुरारी राव ने धार के भीलों को साथ लेकर, धार के राजा से युद्ध किया और राज्य पर कब्जा करने का प्रयास किया मगर जसवंत राव होल्कर के हस्तक्षेप के बाद समर्पण कर दिया था।[40]

भील नायक हटनिया का विद्रोह : 1833

सन 1833 के आस-पास हटनिया के विद्रोह को रेखांकित किया जाना चाहिए।

कैप्टन बनने के बाद ऑट्रम का सबसे महत्त्वपूर्ण युद्ध भील मुखिया हटनिया के विरुद्ध रहा। 1833 में खानदेश के उत्तर की सतपुड़ा पहाड़ियों के बड़वानी क्षेत्र में भीलों ने विद्रोह कर दिया था। उन्होंने बड़वानी गाँव को लूट लिया था। विद्रोह का नेतृत्व हटनिया भील कर रहे थे। कैप्टन ऑट्रम ने उनका पीछा किया और सफल रहे। उन्होंने हटनिया को गिरफ्तार कर लिया था। 27 जून को बॉम्बे सरकार ने उनके कृत्य की सराहना की थी। इस अभियान में पहली बार भील वाहिनी का सफलतापूर्वक उपयोग किया गया था।[41]

भील मुखिया मोगीर का विद्रोह : 1833

खानदेश सीमा से राजस्थान और गुजरात का भील क्षेत्र जुड़ा हुआ था। राजस्थान और मध्य प्रदेश की सीमा के पास नीमच कैंट एरिया में पड़ने वाले मेसराबाद में भीलों और ईस्ट इंडिया कंपनी की 37वीं रेजीमेंट ऑफ बंगाल नेटिव इन्फैंट्री के मध्य 1833 में भीषण संघर्ष हुआ था जिसका नेतृत्व कैप्टन हेनरी बॉडेन स्मिथ ने सँभाल रखा था। अक्टूबर, 1833 में कैप्टन स्मिथ को नीमच तब भेजा गया था जब एक स्थानीय अफीम एजेंट की हत्या कर दी गई थी। कैप्टन पासले, पॉलिटिकल एजेंट ने ब्रिगेडियर कमांडिंग, नीमच से अनुरोध किया था जिसके फलस्वरूप स्मिथ को भेजा गया था। अफीम एजेंट के हत्यारे, भील मुखिया मोगीर, बाँसवाड़ा (राजस्थान) राज्य के घने जंगल एवं पहाड़ी पर स्थित, मोवाह (Mowah) नामक भील गाँव के रहने वाले थे। वह जंगल, बाँस और सागौन के पेड़ों से घिरा था। 21 अक्टूबर 1833 को कैप्टन स्मिथ ने नीमच से भील वाहिनी के 50 जवानों और 12 घुड़सवारों को, जो द्वितीय स्थानीय घुड़सवार सेना के थे, साथ लिया और हत्यारे को गिरफ्तार करने निकले। उनके अलावा साथ में एक सूबेदार, एक जमादार, चार हवलदार और एक दफादार भी थे। 36 मील की यात्रा के बाद वह प्रतापगढ़ पहुँचे। वहाँ से वह रात 8 बजे विद्रोही के गाँव की ओर बढ़े जो प्रतापगढ़ से लगभग 12 मील दूर, मेवाड़ राज में पड़ता था। उन्होंने अपने बैग, प्रतापगढ़ में ही एक दफादार, 8 सिपाही और दो घुड़सवारों की सुरक्षा में छोड़ दिए। 24 अक्टूबर की रात एक बजे वे मोगीर के अड्डे के पास पहुँच गए। उन्होंने 24 अक्टूबर की सुबह होने के पूर्व, अँधेरे में उस गाँव को घेर लिया। मोगीर के नेतृत्व में भीलों की संख्या बहुत थी और उन्होंने सेना-पुलिस पर तीर-धनुषों से आक्रमण कर दिया। स्मिथ ने गोली चलाने का आदेश दिया जिससे कई गाँव वाले मारे गए या घायल हुए। कैप्टन स्मिथ और उनका नेटिव सूबेदार, लगातार मोगीर को बाहर आने का बुलावा दे रहे थे मगर मोगीर ने उनको अनसुना कर दिया। वह छिपकर लगातार तीर चला रहा था। इस युद्ध में अफीम एजेंट की

हत्या करने वाला मोगीर और उसका भाई घायल हुए थे और उसका भतीजा मारा गया था। अभी अँधेरा खत्म नहीं हुआ था तभी मोगीर की पत्नी, उसकी माँ और एक अन्य स्त्री को अँग्रेजों ने मार दिया था। कंपनी का एक अनुभवी जवान भी मारा गया था। स्मिथ ने घायल मोगीर को चारपाई पर लादकर बेस कैम्प की ओर ले जाने का निर्देश दिया। बंदी बनाए गए मोगीर के आदमी उसे चारपाई पर लेकर चलने लगे। युद्ध के बाद चार आदमियों, 17 औरतों और बच्चों को बंदी बना लिया गया था। युद्ध के बाद एक ऊँट, दो घोड़े और चार खच्चर भी प्राप्त हुए। इससे भील और उत्तेजित हो गए। जब स्मिथ, कैदियों को लेकर एक संकरे दर्रे से नीचे उतर रहे थे तब भीलों ने संकरे रास्ते पर पेड़ गिराकर मार्ग अवरुद्ध कर दिया। उन्होंने मोगीर और अन्य साथियों को छुड़ाने के लिए पहाड़ियों के दोनों ओर से तीरों की बौछार कर दी। लगभग एक हजार की संख्या में भील रहे होंगे जबकि स्मिथ के साथ मात्र 36 लोग थे। इस आक्रमण में तीन जवान और 11 सिपाही घायल हो गए। एक सिपाही मारा गया था। स्मिथ को दो तीर लगे थे। एक तीर उनके सिर में लगा था। स्थिति की गंभीरता को देखते हुए उन्होंने कैद किए गए भीलों को छोड़ दिया और चारपाई पर लाए जा रहे हत्या-आरोपित मोगीर को वहीं छोड़कर, अपने जवानों के साथ आक्रमण करते हुए ढाई घंटे में तीन किलोमीटर नीचे तक आने में सफल रहे। वह स्थान पंतावल (Pantawal) था। मैदानी क्षेत्र में पहुँचते ही घुड़सवार सेना सक्रिय हो गई तब जाकर भील भागे। वहाँ से स्मिथ ने पहाड़ियों पर खड़े 2,000 के लगभग भीलों की संख्या का अनुमान लगाया था। वह वहाँ दोपहर बाद तीन बजे तक रहे। उसके बाद वह मोरीन पास से प्रतापगढ़ के लिए चले। मेगरा पास (मेघराज, गुजरात) से अगर स्मिथ गुजरते तो उनके सारे सैनिक मारे जाते। 27 अक्टूबर को वे प्रतापगढ़ पहुँच गए। वहाँ के राजा ने उनकी मदद की। उनका सूबेदार रामदीन गंभीर हालत में था, उसे टेंट में रखा। दूसरा सिपाही शिवपरसन सिंह मारा जा चुका था। कैप्टन स्मिथ के सिर में लगा तीर घातक था। वह प्रतापगढ़ से तुरंत चल दिए और 29 अक्टूबर की शाम को नीमच पहुँचे। नीमच लौटने के बाद, 2 नवंबर को सुबह 9.45 पर उनका देहांत हो गया।[42]

अहमद भील का विद्रोह : 1836

सन 1836 के प्रारंभ में महू क्षेत्र में भीलों का विद्रोह जारी था। भीलों के साथ अरब विद्रोही भी शामिल हो गए थे। एक विद्रोह के खिलाफ सैन्य अभियान चलाने के लिए महू से सेना भेजी गई। उस सेना में 3 अधिकारी, 20 ट्रुप्स और 12 सिपाही थे। सेना के आक्रमण से मुस्लिम भील मुखिया, अहमद मारे गए। युद्ध में दो सिपाही, दो साइस (घोड़ावान) और तीन घोड़े मारे गए थे। एक ब्रिटिश अधिकारी घायल हुआ था।[43]

1840 में डांग, पिंपलनेर और सुल्तानपुर के विद्रोह

वर्तमान गुजरात के डांग जिले का प्रशासन खानदेश से ही संचालित था। डांग क्षेत्र मुख्यतः आदिवासी बहुल है। ब्रिटिश काल में यहाँ का शासन, भील कबीलों के राजाओं द्वारा चलाया जाता था। 1840 में अमली के राजा प्रताप सिंह ने ब्रिटिश सरकार से बगावत की। उन्होंने अपनी राजभक्ति छोड़कर भीलों को आदेश दिया कि ब्रिटिश आधिपत्य वाले गाँवों को लूट लें। इस खुली बगावत के कारण ब्रिटिश अधिकारी नाराज हो गए। मजिस्ट्रेट ने उन्हें समन भेजा मगर प्रताप सिंह ने उसका पालन करने से साफ मना कर दिया। बाध्य होकर अँग्रेजों ने 60 मील से ज्यादा दूर, धरणगाँव से भील वाहिनी और घुड़सवार सेना बुलाई। सेना ने राजा के छिपे स्थान का पता लगाया और वहाँ पहुँचकर उसके परिवार तथा भील विद्रोहियों को बंदी बना लिया। उनके हथियारों को जब्त कर लिया।[44]

सन 1841 में अहमदनगर के भीलों की भारी भीड़ ने पिंपलनेर के सरकारी खजाने को लूट लिया था। पिंपलनेर का खजाना बहुत सुरक्षित स्थिति में नहीं था। यहाँ भी भील विद्रोहियों के दमन के लिए भील वाहिनी भेजी गई थी। उसे आंशिक सफलता ही मिली। वाहिनी ने भीलों का पीछा किया था और उनमें से कुछ को बंदी बना लिया था, जबकि शेष भागने में सफल हुए थे।

सन 1841 में सुल्तानुपर के आस-पास भमनिया भील विद्रोही बने हुए थे। उन्होंने अपने साथियों के साथ सुल्तानपुर के एक गाँव पर आक्रमण किया था। उनको गिरफ्तार करने के लिए भील वाहिनी भेजी गई थी। भील एजेंट से उनकी मुठभेड़ नर्मदा नदी तट पर हुई जहाँ उन्हें गोली मार दी गई। उनके साथियों को गिरफ्तार कर धुलिया जेल भेज दिया गया।[45]

1842 में बीकाराय और बांगचुंद का विद्रोह

सन 1842 में तड़वी भीलों ने सावदा (साव्हडा) और यावल को लूट लिया था। इनका नेतृत्व बीकाराय और बांगचुंद नामक भील मुखियाओं के हाथों में था। दोनों ने ब्रिटिश सेना से कड़ा मुकाबला किया था मगर उस संघर्ष में बांगचुंद मारे गए थे और बीकाराय को बंदी बना लिया गया था।[46]

1844 में विभिन्न किलों के मामलतदारों का विद्रोह

खानदेश के कुछ इलाकों को लेकर कंपनी और सिंधिया के बीच विवाद बना हुआ था। 1844 में सिंधिया और अँग्रेजों के बीच ग्वालियर में संधि हुई। संधि के अनुसार यावल, चोपड़ा, पाचोरा और लोहारा फिर ब्रिटिश साम्राज्य में शामिल कर लिए गए। इस संधि के बावजूद तनाव बना रहा और यावल किले के मामलतदार, लालजी सखाराम

उर्फ लाला भाऊ ने किला सौंपने से मना कर दिया। उसने अपने कर्मचारियों और तीन सौ के लगभग सेना को, जिनमें अधिकांशत: भील थे, किले की सुरक्षा में लगा दिया। तत्कालीन कलेक्टर मि. बेल ने असीरगढ़ और मालेगाँव से सेना को भेजा। उन्होंने भील वाहिनी को भी भेजा जिसका नेतृत्व कैप्टन मॉरिस कर रहे थे। सेना ने यावल के दो ओर, साकली और भालोद में पहुँचकर अपना डेरा डाल दिया। लालजी सखाराम पर दबाव बनाया गया कि वह किले का अधिकार सौंप दें लेकिन उन्होंने किले पर से तब अपना अधिकार छोड़ा जब बुरहानपुर से सिंधिया का अफसर संधि के बारे में संदेश लेकर अप्रैल 1844 में वहाँ पहुँचा। अँग्रेजों को लोहारा और पाचोरा में भी इसी तरह संघर्ष का सामना करना पड़ा था।[47]

बरखेड़ा गाँव के राजपूत मंसाराम पाटिल ने किले को अँग्रेजों को सौंपने से मना करते हुए स्वयं को किले में बंद कर लिया। अंत में भील वाहिनी ने कैप्टन मॉरिस के नेतृत्व में सैन्य कार्रवाई की। खरल करने वाली 9 बंदूकें इस्तेमाल की गईं फिर भी किले को तोड़ने में बहुत समय लगा। 16 विद्रोही मारे गए और घायल हुए। मंसाराम पाटिल मारे गए। उनका बेटा घायल हुआ और अंत में किले को उड़ा दिया गया। भील वाहिनी की उपयोगिता को देखते हुए पुन: 1845 में पश्चिमी भील एजेंसी को स्थापित किया गया और नंदुरबार में भील जवानों के रहने के लिए मकान बनाए गए।[48]

पेनचुंद भील मुखिया का विद्रोह

महू से 9 मई 1846 को प्राप्त समाचार से ज्ञात होता है कि मालवा के भीलों ने बगावत कर दी थी। हत्या, लूटपाट और आगजनी की घटनाएँ चारों ओर दिखाई दे रही थीं। कुछ माह पूर्व मालवा भील कार्प्स के सूबेदार-मेजर की बीस आदमियों की टुकड़ी से पेनचुंद भील मुखिया की मुठभेड़ हुई थी। कुछ सालों से भोपावर से 5वीं इरेगुलर, जिन्हें 'रेड कोट' कहा जाता, को हटा लेने के बाद भीलों का विद्रोह चारों ओर फैल गया था। पेनचुंद को सबक सिखाने के लिए भील एजेंट, लेफ्टिनेंट इवांस ने 7 मई 1846 को 130 भील कार्प्स के जवानों के साथ धार के पास पड़ने वाले उसके गाँव पर धावा बोला। उनके साथ 5वीं इरेगुलर भी थी। कड़े मुकाबले में ब्रिटिश सेना के दफादार* की हत्या कर दी गई। कई सैनिक मारे गए। कुल 6 भील भी मारे गए थे। इवांस ने पेनचुंद का गाँव जला दिया था। भील कार्प्स के कार्य-परीक्षण का यह पहला अवसर था और ब्रिटिश अधिकारियों की नजर में इस कार्प्स ने बहुत अच्छा काम नहीं किया था। रिसालदार**

---

*दफादार- भारतीय घुड़सवार सेना का पद जो ब्रिटिश इंडिया आर्मी में सार्जेंट के पद के बराबर था।

**रिसालदार- भारतीय घुड़सवार सेना का कमांडर, मध्यम रैंक का पद।

साहिब अली खान, अपने पिता और भाई के समान तेज नहीं निकला। इस लड़ाई में इवांस के घोड़े के सिर में तीर लगा था।[49]

कुँवर जीवा वासावा का विद्रोह : 1846

अँग्रेजों के आने के पूर्व से ही चिखली (महाराष्ट्र)के मेहवासी भील मुखिया वासावा की हैसियत राजा की थी। कैप्टन ब्रीग्स के अनुसार, वासावा के पूर्वज पहाड़ी राजा थे। उनके पास राजपीपला की पहाड़ियों में जमीनों का स्वामित्व और लकड़ी के जंगल थे। उनके परिवार के स्वामित्व में राजपीपला के 84 गाँव थे। कई जमींदार उनके अधीन थे। व्यापारी और आने-जाने वाले उन्हें कर देते थे। 1818 में अँग्रेजों के स्वामित्व में खानदेश के आने के समय तक वासावा परिवार की वह हैसियत बनी हुई थी। ब्रीग्स ने वासावा के बेटे, कुँवर जीवा वासावा को कंपनी की सेवा में आने का आमंत्रण दिया। कुँवर जीवा वासावा चिखली क्षेत्र के सबसे बड़े भील मुखिया थे। ब्रीग्स द्वारा उन्हें कर वसूलने के अधिकार के साथ-साथ 11 घोड़े और 40 पैदल सैनिक रखने का अधिकार मिला हुआ था। प्रतिवर्ष उसे 3,000 रुपये पेंशन मिलती थी। स्थिति तब पलट गई जब भील एजेंट ने, कुँवर जीवा वासावा के क्षेत्र में हस्तक्षेप किया। उनके जंगलों से लकड़ियाँ कटवाईं जिसे कुँवर जीवा वासावा ने नापसंद किया और 1846 में उसने अँग्रेजों के खिलाफ विद्रोह कर दिया। नाराज होकर अँग्रेजों ने उनकी पेंशन रोक दी। कुँवर जीवा वासावा के दमन के लिए सेना भेजी गई। खूनी युद्ध हुआ। दोनों ओर से कई जवान मारे गए और अंत में जीवा वासावा को बंदी बनाने में कामयाबी मिली। उन पर सरकार ने अभियोग चलाया जिसमें उन्हें 10 साल की सश्रम सजा हुई। उनका बेटा राम सिंह और भतीजा सोनजी भी बंदी बना लिए गए और बाद में उन्हें पूना पढ़ने के लिए भेज दिया गया।[50] सन् 1822 के आस-पास राजपीपला के कुछ अन्य वासावा भील मुखियाओं द्वारा विद्रोह की घटनाएँ देखने को मिलती हैं जिनका उल्लेख अध्याय 8 में किया गया है।

सन 1854 में कुँवर जीवा वासावा का राज्य उनके बेटे राम सिंह को दे दिया गया। राम सिंह योग्य न था इसलिए उसके पास से घोड़े और पैदल सेना रखने का अधिकार समाप्त कर दिया गया मगर पेंशन पूर्ववत मिलती रही।[51]

अँग्रेजों ने देखा कि इस्लाम धर्म के अनुयायी भील ज्यादा विद्रोही हैं और उनसे निबटने में उन्हें परेशानी हो रही है तो उन्होंने खानदेश में भी हिंदू-मुस्लिम विभाजन को हवा दी। सन् 1849 में बुरहानपुर में दंगे हुए और भीलों को बाँटने का प्रयास किया गया।[52]

रोशमल (सुल्तानपुर तालुका) की वारदात : 1851

खानदेश कलेक्ट्रेट के अंतर्गत सुल्तानपुर तालुका के मौजा रोशमल में 27 जनवरी 1851 को 10-12 भीलों ने एक बुजुर्ग दाजी पुत्र सोला पटेल के घर डाका डाला। वे सभी गुजराती बोलने वाले थे। घर की दीवार बाँस की चादरों की थी जिसे भीलों ने काट दिया। उन्होंने दाजी के पेट के निचले हिस्से में तीर मारा तथा सिर पर गंभीर चोट की, जिससे 29 जनवरी को प्रातः, साठ वर्षीय दाजी का देहांत हो गया। दाजी के घर से कुल सवा सोलह रुपये की लूट हुई थी। कुकरमुंडा (गुजरात) पुलिस और खुफिया विभाग ने मृतक दाजी के अंतिम बयान के आधार पर बोदिया, वुजोदिया, भवानी, प्रथमिया, शामला, बबिना, पथेड़ा और समता नामक भीलों को गिरफ्तार किया। यह मामला खानदेश के सेशन कोर्ट में गया। सेशन जज ई.एम. सार्ट (Suart) ने सभी को 10-10 साल की कठोर सजा सुनाई।[53]

भू-सर्वेक्षण के विरुद्ध जलगाँव क्षेत्र में दिसंबर, 1852 का भील विद्रोह

हमारी जनजातियाँ पैदायशी डाकू, लुटेरी या हिंसक नहीं थीं। औपनिवेशिक सत्ता की शोषणकारी नीतियों ने उन्हें विद्रोही बना दिया था। इस विषय पर एक स्पष्ट विचार ब्रिटेन के एक अखबार में छपा था जिसको यहाँ उद्धृत करते हुए खानदेश भीलों के आचरण और व्यवहार में हुए परिवर्तन को समझा जा सकता है। अखबार का कहना था कि ईस्ट इंडिया कंपनी ने खानदेश में जो नई राजस्व व्यवस्था और कर निर्धारण की निश्चित दर लागू करने की योजना बनाई है, उसे वहाँ की रैयत समझ नहीं पा रही थी। साहूकारों का नई राजस्व कर प्रणाली के बारे में यह सोचना था कि इससे रैयत खुशहाल हो जाएगी और उनसे कर्ज नहीं लेगी। गरीब रैयत, साहूकारों की समृद्धि के लिए ही जिंदा रहती थी। दूसरी ओर, जिनके पास जमीनें थीं, वे सोच रहे थे कि पैमाइश के बाद उनकी वास्तविक जमीनों के हिसाब से ज्यादा कर देना पड़ेगा। यानी साहूकार और भील भू-स्वामी, दोनों परेशान दिखे।[54]

1852 में भू-स्वामियों के खेतों की पैमाइश की शुरुआत हुई। पत्थर गाड़कर मेड़बंदी करने का निर्णय रेवेन्यू कमिश्नर, डेविसन ने लिया और उनके नेतृत्व में एक टीम ने पत्थर गाड़ना शुरू किया तो इसके विरोध में सावदा (साव्हडा), रावेर और चोपड़ा के किसान विद्रोही हो गए। किसानों ने मजदूरों को हटा दिया तथा सर्वे टीम को पत्थर तक उपलब्ध न होने दिया। डेविसन की मदद के लिए सेना भेजी गई मगर किसानों का प्रतिरोध इतना सघन था कि सरकार के हाथ-पाँव फूल गए और उन्होंने कुछ दिनों के लिए भू-सर्वेक्षण का काम रोक दिया। डेविसन ने अपना कैम्प, सावदा से 5 मील दूर, ताप्ती के किनारे रानगाँव में स्थापित किया और वहीं रहने लगे। कुछ दिनों बाद सेना की मदद से भू-

सर्वेक्षण का काम फिर शुरू किया गया। कुछ ही समय में हजारों की संख्या में किसान जमा हो गए और उन्होंने सर्वेक्षण टीम द्वारा स्थापित टेंट को चारों ओर से घेर लिया। वे 'डिन... डिन... सर्वे नहीं...' नारा लगाने लगे। देखते ही देखते भील किसान हिंसक हो गए और उनके गुस्से को देखकर यूरोपीय अधिकारी भाग खड़े हुए। स्थानीय अधिकारी, जिनमें मामलतदार और महलकारी* थे, उन्होंने किसानों को समझाने की कोशिश की मगर किसान नहीं माने और उन पर आक्रमण कर दिया। विद्रोह की जानकारी मिलने पर धरणगाँव हेडक्वॉर्टर से कलेक्टर, मॉसफील्ड ने मेजर मॉरिस को, भील वाहिनी के साथ जाकर सरकार के आदेश का हर हाल में पालन सुनिश्चित करने को कहा। किसान किसी भी प्रकार से शांत नहीं हो पा रहे थे। एरंडोल के किसानों ने सेना के लिए बैलगाड़ियों की सेवाएँ उपलब्ध कराने से मना कर दिया। एरंडोल में मामलतदार के संदेशवाहकों को रोक लिया तथा एक सूबेदार-मेजर को एरंडोल में कैदी बना लिया गया। मेजर मॉरिस ने नेटिव इन्फैंट्री की 11वीं और 16वीं रेजीमेंट के 300 जवानों और दो भील वाहिनी कंपनियों को लिया और एरंडोल पहुँचे। भारी सेना ने किसानों के व्यूह को, जिनमें जागीरदार भी शामिल थे, तोड़ने के लिए शहर के प्रवेश द्वारों पर कब्जा कर किया। वहाँ के जागीरदारों यथा देशमुख** और देशपांडे*** को बंदी बना लिया।[55]

इस विद्रोह के बारे में एक विस्तृत पत्र, खानदेश के धरणगाँव से 15 दिसंबर 1852 को लिखा गया था और यह पत्र इंग्लैंड के एक अखबार में इस प्रकार छपा था- '11वीं नेटिव इन्फैंट्री 15 दिसंबर को अपने हेडक्वॉर्टर धरणगाँव पहुँची थी। वह 16 दिसंबर 1852 को बोदवड को प्रस्थान करेगी जहाँ उसे मेजर मॉरिस के नेतृत्व में सेना मिलेगी। मेजर मॉरिस ने 8 दिसंबर 1852 को धरणगाँव में अपना कैम्प खड़ा छोड़कर जल्दबाजी में प्रस्थान कर दिया था। वह कुछ लेकर नहीं गए थे, सिवाय अपने हथियारों के। उन्हें खुफिया सूचना मिली थी कि एरंडोल में विद्रोह भड़क गया है और भीलों ने वहाँ तैनात सेना को घेर लिया है। उन्होंने घुड़सवार सेना पर आक्रमण किया है। बोदवड से संयुक्त सेना ने युद्ध करने की नीति से मार्च किया था। पूना हॉर्स की टुकड़ी सबसे आगे चल रही थी। उसके बाद बंदूक सेना और 11वीं रेजीमेंट बाहर-बाहर चल रही थी। भील कार्प्स को सबसे पीछे रखा गया था। एरंडोल पहुँचने पर सेना के अधिकारियों ने युद्ध करने के बजाय शांति का प्रस्ताव रखा। भीलों को शांत करने के लिए समझौते का प्रयास हुआ। सेना ने एक घोषणापत्र पढ़कर सुनाया जिसे सुनकर भील शांत हो गए और अपने घरों को

---

*महलकारी- राजस्व अधिकारी, जो महल (एक प्रकार का भू-बंदोबस्त) की राजस्व वसूली का कार्य देखता।

**देशमुख- एक प्रकार का जागीरदार जो थोड़े से गाँवों का प्रशासन और कर वसूलने का कार्य देखता।

***देशपांडे- एक प्रकार का जागीरदार जो थोड़े से गाँवों के अभिलेखों का रख-रखाव देखता।

लौट जाने को राजी हो गए। फिर भी ब्रिटिश अधिकारियों ने 32 रिंग लीडरों को बंदी बना लिया और भारी फोर्स की निगरानी में उन्हें धुलिया भेज दिया। तभी ज्ञात हुआ कि तोर्नाले में पुन: भील जमा हो रहे हैं। गंभीर उपद्रव होने की आशंका थी। इस प्रकार पूरे जलगाँव क्षेत्र में भीलों के विद्रोह को देखते हुए कपास के सीजन में बॉम्बे को रूई ढुलाई के लिए कोई भी बैलगाड़ी वाला खानदेश आने को तैयार न था।'[56]

एरंडोल पर यद्यपि सरकार ने कब्जा कर लिया था तथापि सावदा और फैजपुर के किसानों की बगावत जारी थी। वहाँ विद्रोहियों ने समानांतर सरकार का गठन कर लिया था। स्थानीय प्रशासन, राजस्व वसूली और कानून-व्यवस्था आदि का कार्य देखने के लिए पंचायतों का गठन कर लिया गया था। 15 दिसंबर 1852 को मेजर मॉरिस, कैप्टन विंगेट (Wingate) और कलेक्टर, 16 दिसंबर को सुबह होने से एक घंटा पूर्व ही फैजपुर पहुँच गए थे। वहाँ उन्होंने पाया कि विद्रोहियों ने पूरे शहर को घेर लिया है। शहर के प्रवेश द्वारों पर विद्रोही किसान मुस्तैद थे। वहाँ सेना ने रिंग लीडरों को गिरफ्तार कर लिया था। उसके बाद सेना की एक टुकड़ी सावदा की ओर बढ़ी जहाँ मुख्य विद्रोही छिपे हुए थे। वहाँ भी मुख्य विद्रोहियों को गिरफ्तार कर लिया गया था मगर बाद में उन्हें मुचलके पर छोड़ दिया गया और अपने-अपने घरों को चले जाने की हिदायत दी गई। मामले को शांत करने के लिए कलेक्टर मि. मॉसफील्ड ने दो दिन बाद सावदा में एक दरबार आयोजित किया और भू-स्वामियों को समझाने की कोशिश की कि भू-सर्वेक्षण क्यों जरूरी है।[57] कुल मिलाकर इस विद्रोह में जागीरदार और भू-स्वामी नेतृत्वकारी भूमिका में थे।

खानदेश के किसानों में मुख्यत: भील और गुज्जर जनजातियाँ शामिल थीं और दोनों विद्रोही स्वभाव की थीं। ईस्ट इंडिया कंपनी के शासन में 1853 में और ब्रिटिश सरकार के शासन में 1858 में जबरदस्त विद्रोह की गूँज सुनाई पड़ती है। ईस्ट इंडिया कंपनी के नियंत्रण में आने के बाद खानदेश की संपदा का जबरदस्त दोहन किया गया था।

1853 में भू-कर के विरुद्ध विद्रोह

जनवरी, 1853 में खानदेश के किसानों ने ईस्ट इंडिया कंपनी के बढ़े हुए लगान के विरुद्ध विद्रोह कर दिया था। उन्होंने ईस्ट इंडिया कंपनी के राजस्व निरीक्षकों को बाहर कर, भू-कर देने से मना कर दिया था। खानदेश के विद्रोह की व्यापकता को देखते हुए ईस्ट इंडिया कंपनी ने अपने सभी मुख्यालयों पर तैनात सेना को खानदेश बुला लिया। उसकी सेना में घुड़सवार सैनिक, तोपें और पैदल सैनिक थे। सेना ने आते ही खानदेशियों का दमन शुरू किया। ब्रिटिश अखबार में छपे समाचार से साफ संकेत मिलता है कि 22 हजार की संख्या में किसान, विद्रोह में शामिल थे। तत्कालीन जनसंख्या के हिसाब से देखें तो यह बड़ी संख्या है। ऐसा लगता है जैसे पूरा खानदेश विद्रोही हो चुका था।[58]

खानदेश के भील किसान विद्रोह को समझने के लिए ब्रिटेन के द डेली प्रेस में 3 फरवरी 1853 को प्रकाशित एक पत्र कारगर हो सकता है। अखबार में छपे इस पत्र का शीर्षक है- 'खानदेश विद्रोह और भारतीय कृषि असंतोष'। इसमें कहा गया है कि खानदेश के किसानों के विद्रोह का कारण कंपनी की भू-कर वसूली की अन्यायपूर्ण नीति है जो गरीब किसानों का शोषण कर रही है।

यही कारण है कि खानदेश के किसानों ने कंपनी के राजस्व निरीक्षकों को निष्कासित कर दिया और भू-कर को अस्वीकार कर दिया। पत्र में लिखा गया है- 'इस विद्रोह को कुचलने के लिए सभी प्रकार की सेना- पैदल, घुड़सवार और तोपखाना को खानदेश में लगाया गया है। संभव है कि आने वाली खबर में 22,000 विद्रोहियों को कुचल देने की सूचना आए मगर यह बिना खून-खराबे के नहीं होगा। देखिए क्या होता है? असंतोष के कारण बने हुए हैं। पैदल, घुड़सवार और तोपखाना सेना उन्हें छू तक नहीं सकती। ईस्ट इंडिया कंपनी की अदूरदर्शिता, स्वार्थ, नियंत्रण बोर्ड की उदासीनता या मिली-भगत, संसद की अज्ञानता जैसी बाधाओं के होते, भारत की उत्पीड़ित जनता कर (टैक्स) के बोझ से मुक्त होगी, यह आशा करना बेकार है। जनता को कोई उम्मीद नहीं है। वह लंबे समय से ऐसी उम्मीद पालना बंद कर चुकी है। वह गुप्त रूप से अपना असंतोष व्यक्त करने और नाउम्मीद होकर विनाशकारी बदला लेने को बाध्य है। खानदेश ऐसा ही एक उदाहरण है।'[59]

उक्त पत्र में यह कहा गया है कि- 'खानदेश जैसे वर्षा वाले क्षेत्र की तुलना में, कर की अधिकता से असंतोष, देश के हजारों जिलों में भी देखने को मिलेगा। नए तथ्यों को देखते हुए, क्या यह मूल्यवान नहीं होगा कि संसद, चापलूसी में हालात को छिपाते हुए अच्छी तस्वीर प्रस्तुत करने वालों को नकारे, जैसा कि कंपनी के मान्यता प्राप्त वकील आदतन कर रहे हैं और कंपनी के भारतीय लाट वर्तमान स्थिति को दिखा रहे हैं! क्या यह पूछना जरूरी नहीं होगा कि कंपनी इस गलतबयानी को क्यों प्रोत्साहित कर रही है? ऐसा वह इसलिए कर रही है कि कंपनी के चार्टर का नवीनीकरण होता रहे। लेकिन संसद को इस वस्तुस्थिति से अवगत होना चाहिए। सर जेम्स वियर हॉग (1790-1876) ईस्ट इंडिया कंपनी के निदेशक का यह कहना कि असंतोष स्थानीय है, उचित न होगा। हम जानते हैं कि किसानों के अंदर ऐसा गुस्सा पूरे ब्रिटिश इंडिया में है। ऐसी ही पीड़ा बंगालियों और पहाड़ी आदिवासियों में सुनने को मिल रही है। हमें भारत जैसे, यूरोप से विशाल क्षेत्र पर राज करने का सार्वभौमिक अवसर मिला है लेकिन हम दूसरे ही दिन से बंगालियों को दुखी कर रहे हैं। वीर पहाड़ी जनजातियों की संप्रभुता का दमन कर रहे हैं। खानदेशी किसानों ने लगभग आधे खानदेश को अपनी सशस्त्र क्रांति से जीत लिया है। उनके इस कृत्य के लिए पूरे बॉम्बे प्रेसिडेंसी में सहानुभूति मिल रही है। हमें समझना

चाहिए था कि कलकत्ता एसोसिएशन, बंगालियों का मुखपत्र नहीं है और न सादत खान (सआदत खान, मालवा का वीर, जिसने 1857 में भी अँग्रेजों से लोहा लिया), जो कुछ अस्पष्ट शिकायतों से उत्तर-पूरब के पहाड़ों में छिपा हुआ है, पहाड़ी जनजातियों का मुखिया है। खानदेश से आ रही खुफिया जानकारियाँ हमें चौंका रही हैं और विद्रोही भिड़ने को तैयार हैं। किसानों पर थोपी गई कर प्रणाली पीड़ा दे रही है और इससे यूरोपीय लोगों के लिए खतरा पैदा हो गया है। मैं हाल ही में मद्रास एथेनायम के संपादक के सुझावों की ओर ध्यान आकृष्ट करना चाहूँगा। उन्होंने स्थानीय और यूरोपीय लोगों से बातचीत कर सुधार सुझाए हैं। सुधार के रास्ते में संसद की अज्ञानता बाधक है। खानदेश में कपास या नील की खेती करने से रैयत की हालत विगत तीस वर्षों में बदतर हुई है।'[60]

खानदेश विद्रोह के बारे में उक्त अखबार का विश्लेषण था- 'यह ईस्ट इंडिया कंपनी की अदूरदर्शिता और स्वार्थी प्रवृत्ति का परिणाम है। बोर्ड ऑफ कंट्रोल का कंपनी को प्रश्रय और उसके प्रति सहानुभूति, पार्लियामेंट की लापरवाही, किसान समस्याओं का मुकाबला करने में बाधक है। उत्पीड़ित क्या उम्मीद कर सकते हैं और कर से दबे भारतीयों को क्या मिलेगा? उनके लिए कोई आशा नहीं है। उन्हें लंबे समय तक इसे झेलना ही है। वे अपने असंतोष अंदर ही अंदर उगाते हैं। अलाभप्रद अध्ययन करते हैं या एक विनाशकारी प्रतिफल पाते हैं। खानदेश तो उनमें से एक उदाहरण मात्र है। यह उदाहरण कुछ हद तक अन्य की तुलना में बेहतर ही है। हमें डर है कि जिन जिलों में खानदेश की ही तरह कर लादे गए हैं या उन्हें भी बर्बाद कर दिया गया है, वे भी ऐसे ही विद्रोह करेंगे। हमें खानदेश विद्रोह से कम-से-कम उन जिलों के लिए नीति बनाने के लिए कुछ सीख लेनी चाहिए, जहाँ अभी उतना कर नहीं लादा गया है। हमें डर है कि कहीं वर्तमान स्थिति को देखते हुए हमारी पार्लियामेंट, अंध आत्मविश्वास में सोती रहे और अच्छी शासन व्यवस्था कायम करने के बजाय, चापलूसी में मिथ्या तस्वीर प्रस्तुत करती रहे और संतुष्ट रहे या पार्लियामेंट, कंपनी की वकालत करती रहे या विगत और वर्तमान के भारतीय दासों की दशा प्रस्तुत करती रहे। अगर हम कंपनी को चेताएँगे नहीं, उसके गलत आचरण को प्रोत्साहित करते रहेंगे, उसके चार्टर का नवीनीकरण करते रहेंगे तो उसका आचरण बिगड़ता जाएगा। ब्रिटिश लोगों के लिए यही ठीक रहेगा कि कंपनी की ज्यादतियों पर सवाल करें और रोकें। अन्यथा खून बहाने का घिनौना कार्य लंबे समय तक चलता रहेगा। अखबार ने सवाल उठाया है कि क्या महारानी 15 करोड़ भारतीयों को कॉर्पोरेट के हाथों में सौंप देंगी?'[61] (मूल पत्र परिशिष्ट-2 पर देख सकते हैं)।

1857 के आस-पास का भील विद्रोह

1857 के देशव्यापी विद्रोह में जहाँ एक ओर मध्य और पश्चिम भारत तथा खानदेश

के राजे-रजवाड़े अँग्रेजों के प्रति भक्त बने रहे वहीं इन क्षेत्रों के भीलों ने, अपनों के बीच से बनी भील वाहिनी से लोहा लेते हुए अँग्रेजों से लगातार संघर्ष किया। मराठे और भील कार्प्स, अँग्रेजों के लिए काम की सिद्ध हुईं। 1857 के विद्रोह का प्रभाव, भील विद्रोहियों पर पड़ा था और उन्होंने संयुक्त रूप से अँग्रेजों को परास्त करने का प्रयास किया था। इस संबंध में काजी सिंह, भीमा नायक, भागोजी, मवासिया, खाला नायक, दुलार सिंह और कालू बाबा का योगदान उल्लेखनीय है। देखा जाए तो भागोजी, सतमाला पर्वत शृंखला को नियंत्रित कर रहे थे तो काजी सिंह, सतपुड़ा पर्वत शृंखला को।[62] काजी सिंह और भीमा नायक के बारे में हम अध्याय 6 में विस्तार से चर्चा करेंगे।

1857 के विद्रोह के समय खानदेश भील वाहिनी ने सरकार की बहुत मदद की थी। उसको खानदेश के अंदर विद्रोही भीलों को नियंत्रित करने में लगाया गया था जो लगातार सिर उठा रहे थे। उसी के आस-पास भीलों की दूसरी बटालियन तैयार हुई थी मगर 1857 के विद्रोह को देखते हुए उसे तीन सालों तक निष्क्रिय रखा गया और अंततः 1891 में उसे पुलिस इकाई में तब्दील कर दिया गया।[63]

1857 में भागोजी नायक का विद्रोह : कैप्टन हेनरी की हत्या

सन् 1857 के आस-पास, दक्षिण नासिक और उत्तरी अहमदनगर में भीलों का विद्रोह जारी था। उन भील विद्रोहियों की संख्या 7,000 के आस-पास थी। उनका मुखिया भागोजी नायक था। भागोजी नायक ने पहली बार निजाम के क्षेत्र के भीलों को संगठित किया। उसका संगठन इतना मजबूत था कि निजाम द्वारा नियंत्रण संभव न था। निजाम के क्षेत्र में भीलों के विद्रोह को कुचलने के लिए ब्रिटिश सेना भेजी गई, जिससे शहरों को भीलों के आक्रमणों से बचाया जाए। भागोजी, पहले अहमदनगर पुलिस में अधिकारी थे। 1855 में दंगा करने एवं पुलिस को कार्रवाई से रोकने के अभियोग में उन पर मुकदमा चला और उन्हें जेल की सजा हुई। मुक्त होने पर एक साल तक वह शांत रहे। उसके बाद उन्होंने अपना गाँव-नांदुर शिंगोटे (नासिक) छोड़ दिया जो अहमदनगर से 5 मील उत्तर, नासिक के सिन्नर सब-डिवीजन में था। उसके बाद उन्होंने अपनी बिरादरी को प्रभावित कर 50 भीलों का एक गैंग बनाया और अपने गाँव से एक मील दूर, पुणे-नासिक मार्ग पर स्थित एक पहाड़ी पर मोर्चाबंदी कर ली। उनके गैंग में महिला भील भी शामिल थीं। कुछ दिनों बाद, 4 अक्टूबर 1857 को पुलिस अधीक्षक, लेफ्टिनेंट जे. डब्ल्यू. हेनरी, नांदुर शिंगोटे पहुँचे और कर्नल टी. थैचर (सहायक लेफ्टिनेंट, जिन्हें आगे, लेफ्टिनेंट कहा जाएगा), मि.ए.एल. टेलर (इंस्पेक्टिंग पोस्ट मास्टर) के साथ भागोजी का मुकाबला हुआ। हेनरी के नेतृत्व में 30 कॉन्स्टेबल और 20 रेवेन्यू मैसेंजर, तलवारों के साथ मुकाबले में शामिल थे।[64]

4 अक्टूबर 1857 को नांदुर शिंगोटे के पास हुए भील विद्रोह का ऐतिहासिक महत्त्व है। यद्यपि इस पर अभी तक प्रकाश नहीं डाला गया। इस विद्रोह से मध्य भारत में भीलों की ताकत और खौफ का एक शानदार चित्र उभरता है कि किस प्रकार उन्होंने ब्रिटिश सेना को परास्त किया हुआ था। इस पूरे घटनाक्रम का विस्तृत विवरण इस प्रकार मिलता है-

'विद्रोह को कुचलने के लिए 4 अक्टूबर 1857 को अहमदनगर के पुलिस अधीक्षक, लेफ्टिनेंट हेनरी के नेतृत्व में सशस्त्र पुलिस बल भेजा गया। कैप्टन हेनरी सुबह 6 बजे नांदुर शिंगोटे पहुँच चुके थे। लेफ्टिनेंट थैचर, असिस्टेंट सुपरिन्टेंडेंट ऑफ पुलिस, 3 अक्टूबर से वहाँ मौजूद थे। थैचर ने नांदुर पहुँचते ही स्थिति का अनुमान लगाकर, एक संदेशवाहक के माध्यम से मजिस्ट्रेट अहमदनगर से दो बंदूकधारी और 150 जवानों की माँग की थी। उन्होंने खौफ पैदा करने के लिए 3 अक्टूबर की रात में दापूर गाँव में मार्च किया था जिससे घाटों पर भील कब्जा न कर सकें। भीलों को चेतावनी दी गई। हेनरी के आते ही थैचर ने वस्तुस्थिति से अवगत कराया और सुझाव दिया कि दुश्मन की संख्या बहुत है। हमें और मदद की जरूरत है इसलिए पूना (पुणे) से लेफ्टिनेंट कार के आने तक इंतजार करना चाहिए। हेनरी ने माना कि यह कठिन समय है। इसलिए उन्होंने युद्ध के पूर्व समझौते का प्रयास किया था। हेनरी ने संगमनेर और सिन्नर के अपने एक मामलतदार और दो फौजदारों को भील मुखिया भागोजी के पास, समझाने के लिए भेजा और कहा कि कह दो, हेनरी साहेब आए हैं। वह नांदुर शिंगोटे में आकर अपना प्रत्यावेदन उचित ढंग से प्रस्तुत करे। हेनरी ने अपने अधिकारियों को विनम्रता से बात करने का निर्देश दिया था मगर यह भी कहा था कि उसे बता दें कि वह नहीं आएगा तो हेनरी साहेब आ रहे हैं। भील मुखिया भागोजी ने संदेशवाहकों को सुना मगर ब्रिटिश ताकत के आगे समर्पण करने से साफ मना कर दिया। उसने कहा कि वह तब तक हथियार नहीं डालने वाला, जब तक कि उसके विगत दो वर्षों का (अर्थात 1855-1857 के बीच का) वेतन नहीं मिल जाता। हेनरी को समझौते की बात बनती न दिखी। यह सीधे-सीधे एक पूर्व पुलिस कर्मचारी की ब्रिटिश सत्ता से बगावत थी। उसके इनकार करने पर सुबह 7 बजे हेनरी और थैचर ने नांदुर शिंगोटे से आगे बढ़ना शुरू किया। साथ में मि. टेलर भी थे। तीनों अफसरों ने भीलों के मोर्चाबंदी स्थल से पूर्व, पेड़ों की छाया में रुककर विचार-विमर्श किया। वहाँ से एक घुड़सवार को सरपट आगे दौड़ाया गया। लेफ्टिनेंट थैचर को हेनरी ने घुड़सवारों के साथ बायीं ओर से आगे भेजा जिससे भीलों की स्थिति का पता लगाया जा सके। हेनरी दायीं ओर से आगे बढ़े। उन्होंने अनुमान लगाया कि विद्रोही भीलों की संख्या 400 के आस-पास थी और पहाड़ी क्षेत्र होने के नाते उनकी स्थिति बहुत मजबूत थी। उनके पास तोड़क बंदूकें और तीर-धनुष थे। वे पहाड़ी पर जमे थे जहाँ से आसानी

से आक्रमण और बचाव कर सकते थे। ब्रिटिश सिपाहियों की कुल संख्या केवल 30 के आस-पास थी जिनमें से केवल 20 ने युद्ध में भाग लिया था। सिपाहियों को आगे बढ़ने से रोकने के लिए भीलों ने रास्ते में पेड़ काटकर डाल दिए थे जिससे घटनास्थल से एक मील पहले मार्ग अवरुद्ध हो गया था। ब्रिटिश पुलिस को करीब पाकर भीलों ने गोलीबारी शुरू कर दी। एक गोली हेनरी को निशाना लगाकर दागी गई मगर निशाना चूक गया और गोली उनके पीछे खड़े आदमी को लगी और वह मर गया। स्थिति की गंभीरता को देखते हुए हेनरी ने गोली चलाने का आदेश दे दिया। उस समय विद्रोही भीलों और हेनरी की दूरी महज 40 गज थी। मार्ग में अवरोध होने के नाते घोड़े पर बैठकर आगे बढ़ना संभव न था अत: हेनरी और लेफ्टिनेंट थैचर घोड़े से उतर गए और अपने 14 सहायकों के साथ आगे बढ़े। उन्होंने अपने अन्य आदमियों को आगे बढ़ने को कहा। तभी दो भीलों ने उन पर गोली दागी। एक हेनरी के कंधे में लगी। जब तक वह सँभलते, उनके शरीर में दनादन कई गोलियाँ लगीं। गिरने के पहले उनके अंतिम शब्द थे- आगे बढ़ो। उसके बाद थैचर ने एक घंटे तक चले संघर्ष का नेतृत्व किया। हेनरी को मारने वाले एक भील को थैचर ने मार गिराया था। यद्यपि उम्मीद यह भी थी कि पूना और नासिक से कुछ और सशस्त्र बल पहुँचेंगे लेकिन ऐसा हुआ नहीं और भीलों की मजबूत स्थिति और संख्या के आगे ब्रिटिश पुलिस बल नाकाफी था। यही कारण रहा कि पुलिस अधीक्षक की जान चली गई। थैचर जब नांदुर शिंगोटे लौटे तो उनके साथ आधे से ज्यादा पुलिस बल नहीं था यानी या तो वे मारे गए थे या घायल थे। स्वयं थैचर घायल थे। उन्होंने तत्काल निमोण, अकोला और सिन्नर की ट्रेजरी की सुरक्षा व्यवस्था की। हेनरी की मृत्यु का समाचार जैसे ही बम्बई पहुँचा, 26वीं रेजीमेंट एन.आई. को नासिक भेजा गया। अन्य क्षेत्रों से भी सेना भेजी गई। 1,500 भीलों ने सिन्नर में तलवार और तोड़क बंदूकों के साथ मोर्चा सँभाल रखा था। कुछ पहाड़ी की चोटी पर थे। भील औरतें तीर-धनुष से लैस थीं। भीलों की दूसरी टुकड़ी संगमनेर में मोर्चा सँभाले थी। इस विद्रोह के भय से नासिक का बाजार बंद हो गया था। इस संघर्ष में कंपनी को भारी नुकसान उठाना पड़ा और उसे कोई सफलता नहीं मिली।'

यहाँ पाठकों की जानकारी के लिए बताना चाहूँगा कि कहीं-कहीं भागोजी का नाम रागोजी भी मिलता है मगर वह त्रुटिपूर्ण है।[65]

पुलिस अधीक्षक की हत्या के बाद भील उत्साहित हो गए थे। अक्टूबर, 1857 में अहमदनगर क्षेत्र में भीलों का विद्रोह जारी था। राहुरी में पथरजी नायक ने लगभग 100 भीलों को बटोर लिया था मगर डिप्टी कलेक्टर, अहमदनगर ने उन्हें समझा-बुझाकर हटा दिया। अब हेनरी की जगह मेजर (जो बाद में लेफ्टिनेंट जनरल हो गए थे) मोंटगोमरी की तैनाती हुई थी। 18 अक्टूबर 1857 को अकोला के शमशेरपुर की पहाड़ियों में भागोजी

के आदमियों से 26वीं नेटिव इन्फैंट्री के कर्नल माचन की मुठभेड़ हुई। कर्नल माचन के साथ, लेफ्टिनेंट ग्राहम, स्पेशल पुलिस ड्यूटी पर थे और मि. एफ.एस. चापमैन, सिविल सेवा के अधिकारी, घायल हुए थे। यह विद्रोह व्यापक क्षेत्र में फैला था। कैप्टन नटाल (Nuttall), जो बाद में जनरल हो गए थे, ने लेफ्टिनेंट ग्राहम का स्थान लिया था। उन्होंने चतुराई दिखाई और भीलों को कुचलने के लिए उनके परंपरागत दुश्मन, कोलियों की एक वाहिनी के गठन का निर्णय लिया। जवजी नायक बोमला, जो बोमला समुदाय का मुखिया था, उसे कोली कार्प्स का मुखिया बना दिया गया।[66]

1857 में नासिक के आस-पास भीलों का विद्रोह जारी था। विद्रोह को दबाने के लिए 26वीं नेटिव इन्फैंट्री को तुरंत नासिक भेजा गया था। अन्य स्थानों से भी सेनाएँ भेजी गई थीं। नासिक के व्यापारियों में डर समाया हुआ था और अफरातफरी के माहौल में बाजार बंद हो गया था। पूना ऑब्जर्वर का कहना था कि 400 भीलों के गिरोह ने अहमदनगर जिले के पुलस्नेर गाँव को लूट लिया था। 7 नवंबर 1857 को उन्होंने टेलीग्राफ तार काट दिए थे। महू से डाक नहीं पहुँच पा रही थी। सेंधवा घाट पर भीलों ने नियंत्रण स्थापित कर रखा था। 800 भीलों के साथ भीमा नायक ने सेंधवा घाट के पास सेंधवा के एक छोटे से किले पर कब्जा कर रखा था और ब्रिटिश सेना पर आक्रमण करता रहा। स्थिति की गंभीरता को देखते हुए धुलिया और पुलस्नेर से सेना भेजी गई थी। पुलस्नेर, धुलिया-महू मार्ग पर चौथा यात्री निवास था जो धुलिया से 54 मील दूर था।[67] भीमा नायक का नाम 1857 के विद्रोह में सम्मान के साथ लिया जाता है। कहा जाता है कि जब तात्या टोपे निमाड़ गए थे तो भीमा नायक ने उनसे मुलाकात की थी। उन्हें नर्मदा नदी पार करने में सहयोग दिया था।[68] भीमा नायक, सेंधवा क्षेत्र का मुखिया था। बिना उसकी कृपा के, उसके क्षेत्र से व्यापारियों या अँग्रेजों का गुजरना सुरक्षित न था।[69]

चांडोरे जिले में 12 मील दूर कोंढार नामक स्थान पर, जो नंदगाँव के पास और मालेगाँव मार्ग पर पड़ता था, 1857 के अंत में भीषण भील विद्रोह सुनाई देता है। दक्कन फील्ड फोर्स को महू पहुँचना था, मगर विद्रोही भील उसे आगे नहीं बढ़ने दे रहे थे। अहमदनगर से चलकर फोर्स औरंगाबाद पहुँची थी। 31 अक्टूबर को फोर्स ने औरंगाबाद से आगे के लिए प्रस्थान किया था मगर एक हफ्ते में उसे दो या तीन बार भीलों द्वारा पीछे ढकेल दिया गया था। विद्रोह का स्थल कोंढार से चांडोरे, दक्षिण-पूरब में 12 मील दूर था, जिसकी औरंगाबाद से दूरी लगभग 40 मील थी। स्थिति की गंभीरता को देखते हुए अहमदनगर पुलिस अधीक्षक मेजर मोंटगोमरी (Montgomery) ने रास्ता खोलने के लिए सैन्य कार्रवाई की योजना बनाई। उनकी सहायता के लिए छठी इन्फैंट्री हैदराबाद (निजाम इन्फैंट्री) सैन्य दल के लेफ्टिनेंट स्टुवर्ट (Stuwart) सहित कई अधिकारियों को भेजा गया था जो 7 नवंबर 1857 की सुबह, बोलारम से चलकर औरंगाबाद पहुँच

गए थे। उनके अलावा मोंटगोमरी के कमांड में चौथी रायफल, 19वीं और 21वीं नेटिव इन्फैंट्री के जवान और कुछ पुलिस वाले थे। दक्कन फील्ड फोर्स ने पूर्व में ही भीलों को खदेड़ने के लिए तीन प्रयास किए थे। हर प्रयास में सेना के कुछ जवान मारे गए मगर हर बार भीलों ने सेना को पीछे ढकेला था।[70]

3 दिसंबर 1857 को कैप्टन नटाल ने 160 पैदल और 50 घुड़सवार सेना को लेकर अकोला से सुलगाना की ओर प्रस्थान किया जिधर भीलों ने मोर्चाबंदी की हुई थी। 6 दिसंबर को उन्हें रास्ते में सूचना मिली कि पांडु नामक ठाकुर ने त्रिंबक के एक ब्राह्मण के उकसाने पर भीलों के साथ त्रिंबक के खजाने पर आक्रमण कर दिया है। नटाल के पहुँचने पर भील विद्रोही त्रिंबक के पास की पहाड़ियों में छिपे थे। तलाशी अभियान में पांडु नामक ठाकुर और ब्राह्मण पकड़ लिए गए। त्रिंबक में जिले के इंचार्ज, सिविल सेवा के अधिकारी मि. चैम्पमन पूना हॉर्स और 26वीं नेटिव रेजीमेंट के साथ मिले। उन्होंने बताया कि त्रिंबक का विद्रोह, वहाँ के ब्राह्मणों के उकसाने पर हुआ है। अगली सुबह पकड़े गए ब्राह्मण को फाँसी दे दी गई थी।[71]

12 दिसंबर 1857 को पेंट राज्य से विद्रोह की सूचना मिली। हर्सुल गाँव को लूट लिया गया था और अभिलेखों को फाड़ दिया गया था। एक साहूकार की हत्या कर दी गई थी। कैप्टन नटाल ने हर्सुल पहुँचकर कुछ विद्रोहियों को पकड़ा। वहाँ एक-दो दिन रुके और फिर पेंट के लिए चल दिए जहाँ के खजाने की राशि 3,000 रुपये को लूट लिया गया था। लूट के बाद विद्रोही धरमपुर सीमा की पहाड़ियों की ओर चले गए थे। कैप्टन नटाल ने कुछ विद्रोहियों को पकड़ा मगर उन्हें छुड़ाने के लिए 1,500 से 2,000 की भीड़ ने शहर के चारों ओर की पहाड़ियों पर मोर्चा सँभाल लिया था। उनकी ताकत तब और बढ़ गई जब सुर्गना से भागोजी नायक अपने 60 लोगों के साथ वहाँ पहुँच गया। उसके ज्यादातर आदमियों के पास बंदूकें थीं। वहाँ लेफ्टिनेंट ग्लासपूल (Glasspool), चौथी रायफल के 30 जवानों के साथ भी पहुँचे थे। कैप्टन नटाल ने वहाँ अपने एक मकरानी जवान, फाल्दी खान को खोया और कुछ जवान विद्रोहियों द्वारा बंदी बना लिए गए। बाद में 19 दिसंबर को वाल्कर (Walkor) और मि. बोसवेल (Boswell) पहुँचे तब विद्रोही भाऊराजा को 15 लोगों के साथ फाँसी पर लटकाया जा सका। 20 दिसंबर को वाल्कर, बोसवेल, नटाल, अहमदाबाद के 50 पुलिस बल दक्षिण की ओर बढ़े। अगले दिन 21 दिसंबर को विद्रोहियों के साथ वसीर हीरा आ मिला। 500 विद्रोहियों से पूना हॉर्स के 50 जवानों का मुकाबला हुआ। तेरह घुड़सवार जवान मारे गए या घायल हुए। तीन बंदी बना लिए गए। भागोजी नायक के भाई महिपत नायक से हाथापाई हुई और अंत में वह मारा गया। कैप्टन नटाल का एक घोड़ा घायल हुआ। बाद में दूसरे विद्रोही ने उनके दूसरे घोड़े को भी घायल किया।[72]

20 जनवरी 1858 को मंडवार (नंदगाँव) के पास मेजर मोंटगोमरी ने हैदराबाद की फोर्स आ जाने के बाद पूरी योजना बनाई, फिर आगे बढ़े और दक्कन फील्ड फोर्स की मदद में जा पहुँचे। ब्रिटिश सेना और भीलों के बीच भयंकर युद्ध हुआ था। भीलों की भारी संख्या ने डटकर मुकाबला किया। भीलों ने घनी झाड़ियों से छिपकर आक्रमण किया जिससे मोंटगोमरी बुरी तरह घायल होकर गिर पड़े। उनके कई जवान मारे गए और उन्हें पीछे हटना पड़ा। लेफ्टिनेंट स्टुवर्ट गंभीर रूप से घायल हुए। उसके बाद लेफ्टिनेंट थैचर ने सेना को हटा लेने का निर्णय लिया। इस युद्ध में लेफ्टिनेंट डेविडसन (Davidson), 19वीं नेटिव इन्फैंट्री, लेफ्टिनेंट चैम्बरलेन (Chamberlain), सहित 15 जवान घायल हुए थे और 10 मारे गए थे। भीलों के हताहत होने की कोई जानकारी नहीं मिलती है। घायल स्टुवर्ट की बाद में मृत्यु हो गई थी। इस घटना के बाद फिर से औरंगाबाद के निकट कोरनौर में भीलों के जमा होने की सूचना मिली।[73]

भागोजी एवं बग्गाजी भील मुखिया का फरवरी 1858 में विद्रोह

1858 के प्रारंभ में जारी विद्रोह को कुचलने के लिए कैप्टन जेम्स फॉक्स पोटिंगर, 17वीं रेजीमेंट नेटिव इन्फैंट्री, और पुलिस अधीक्षक, कैप्टन आर्थर ने, पुलिस टुकड़ी के साथ महादेवडुंगर नामक स्थान पर आक्रमण किया था। वह स्थान चांडोरे (महाराष्ट्र) के पूरब में स्थित है। कोपरगाँव के पहाड़ी किले से सेना ने 13 फरवरी 1858 को अपराह्न ढाई बजे प्रस्थान किया था। सेना ने प्रस्थान करते समय टेंट और अपने बैग नहीं लिए थे। वह 44 मील मार्च करती, वाकला के रास्ते जातेगाँव 14 फरवरी की शाम को पहुँची। वाकला के पटेल, बग्गाजी नामक भील मुखिया को हथियार आपूर्ति करते थे। इनमें से कुछ को कैप्टन आर्थर द्वारा बंदी भी बनाया जा चुका था। बंदी बनाए गए भीलों ने भील राजा के खिलाफ बयान दिए थे। वाकला से जातेगाँव 8 मील की दूरी पर था तथा जातेगाँव के पास महादेवडुंगर था जहाँ पर भागोजी मुखिया ने अपनी मजबूत घेराबंदी कर रखी थी। भागोजी ने घेराबंदी का स्थान इस प्रकार चुना था, जहाँ एक ओर भागने का सुरक्षित स्थान था और पहाड़ियों पर उसके सुरक्षा गार्ड मजबूती से पहरा दे रहे थे। 15 फरवरी को पोटिंगर ने भील विद्रोहियों के सही ठिकाने का पता लगाया फिर संयुक्त कार्रवाई की रणनीति बनाई। जंगली क्षेत्र होने के कारण आक्रमण करने में जल्दबाजी नहीं की गई। स्थिति देखकर 17 फरवरी को भीलों पर आक्रमण किया गया। ब्रिटिश सेना ने पूरी तैयारी के साथ आक्रमण किया था इसलिए मुकाबला करते हुए कुछ भील मारे गए और कुछ भाग गए थे। इस भगदड़ में स्त्रियाँ और बच्चे छूट गए थे। ब्रिटिश सेना का एक नायक और तीन निजी आदमी मारे गए थे। भीलों का मुखिया, भागोजी वहाँ नहीं पाया गया।[74] भागोजी के अंतिम संघर्ष और उसके मारे जाने के घटनाक्रम के बारे में अगले अध्याय

में चर्चा करेंगे।

बॉम्बे-इंदौर मार्ग पर भीलों द्वारा लूटपाट जारी थी। एक भील प्रमुख, राजा सिंह ने अफीम खरीदने जा रहे व्यापारियों से एक बार में ही 7 लाख (70,000 पौंड) लूट लिया था। उसने दुस्साहस करते हुए सेंधवा घाट के पास ट्रेन के एक डिब्बे की तलाशी ली थी जिसमें रॉयल आर्टीलरी जा रही थी।[75] अखबार में जिस राजा सिंह का उल्लेख है, दरअसल यह ख्वाजा सिंह या काजी सिंह के बारे में है। काजी सिंह के बारे में अध्याय 6 में चर्चा करेंगे।

डाबाकोवरी का 11 अप्रैल 1858 का युद्ध

अप्रैल, 1858 में खानदेश में भीलों एवं अन्य विद्रोहियों से हुए युद्ध और उन्हें परास्त किए जाने के संबंध में सतपुड़ा थल सेना के अधिकारी का एक दिलचस्प पत्र प्राप्त हुआ है। यह पत्र सिलावाद से 15 अप्रैल 1858 को लिखा गया था। अधिकारी लिखता है- 'मैं सतपुड़ा थल सेना में था जो मेजर इवांस (Evans) के नेतृत्व में काम कर रही थी। मेजर इवांस, 9वीं बॉम्बे एन.आई. से थे। सतपुड़ा थल सेना के केंद्रीय कॉलम में, 9वीं बॉम्बे रेजीमेंट एन.आई. की एक टुकड़ी, चौथी राइफल्स की एक कंपनी, भील कार्प्स की एक टुकड़ी और दो मोटार्ड सहित पूना हॉर्स की एक टुकड़ी शामिल थी। शादा (Shadaa) से बड़वानी (Barwanee or Barwani) तक का रास्ता बहुत ही कठिनाई भरा था। हम 10 अप्रैल को बड़वानी पहुँचे। पूरे रास्ते में हमने पाया कि सभी गाँव उजाड़ पड़े थे। ज्यादातर गाँवों को जला दिया गया था। रास्ते में लकड़ी, पानी, घास प्रचुर मात्रा में मौजूद थी लेकिन इसके बावजूद हम सभी सामान बैलगाड़ियों पर लादकर साथ लिए जा रहे थे। कुल मिलाकर रास्ते के दृश्य मनोहारी थे। हरे-भरे घने जंगल, पहाड़, ताप्ती नदी घाटी बहुत आकर्षक लग रही थी। बड़वानी पहुँचने के बाद कैप्टन सीली (Sealy) के आदेश पर हम डाबाकोवरी (Dabakowree) के लिए चल दिए। शत्रु पर हमारी चढ़ाई 11 अप्रैल को शुरू हुई। प्रातः 8 बजे हमारी सैन्य टुकड़ियाँ, अपने-अपने दल के साथ मार्च करती हुई संयुक्त रूप से शत्रु पर आक्रमण करने के लिए आगे बढ़ने लगीं। शत्रु वहाँ से छह मील की दूरी पर दक्षिण की ओर मजबूत स्थिति में था। दिन में प्रत्येक टुकड़ी आगे बढ़ रही थी। हम मेजर इवांस के नेतृत्व में एक मजबूत दर्रे के मध्य में थे और हाथ के बल सरककर आगे बढ़ रहे थे। हम कुल 50 आदमी थे। लगभग तीन मील गए होंगे कि हमने शत्रुदल के तीन गुने आदमियों को करीब से देखा जो हमें देखकर, हमारे आने की सूचना देने के लिए पहाड़ी के पीछे भाग गए। आगे एक छोटा-सा मैदान आया और वहाँ हम आराम करने के लिए रुक गए। तभी हममें से किसी ने कहा कि शत्रु हमारे सामने है। वे सभी पहाड़ी चोटियों पर घात लगाए बैठे थे। वहाँ, जहाँ हम रुके थे, एक छोटा झरना

गिर रहा था जो टेढ़े-मेढ़े रास्ते से होता, गोई नदी में मिल रहा था और गोई नदी आगे चलकर नर्मदा में मिल जाती थी।'[76]

'हमने तुरंत रायफल लोड कर ली। भीलों की मुठभेड़ से बचते हुए हम आगे बढ़ते रहे और जल्द ही शॉट की रेंज में आ गए। दुश्मन आक्रमण के लिए पहाड़ी चोटी से बायीं ओर उतरना चाहता था। हम दाहिनी ओर से उसके करीब पहुँच गए। उसके बाद गोलीबारी तेज हो गई। यह स्पष्ट था कि हम लाभदायक स्थिति में थे। गोलीबारी से उनमें से बहुत से भील, दाहिनी ओर भागने लगे। मेजर इवांस ने पूना घुड़सवार सेना को आदेश दिया कि वह आगे बढ़े। थोड़ी-सी खुली जगह होने के कारण घुड़सवार सेना आगे बढ़ सकती थी और उसने आदेश को बखूबी निभाया। अब हम संयुक्त रूप से लड़ रहे थे। हमें यह देखकर खुशी हुई कि हम जिस पहाड़ी चोटी से दुश्मन को पीछे खदेड़ना चाहते थे, उसके दूसरी ओर से, हमारी ही एक टुकड़ी उन पर गोलीबारी कर रही थी। अब हम धीरे-धीरे चढ़ाई पर बढ़ने लगे थे। गर्मी बहुत थी। हमें बहुत प्यास लगी थी मगर उत्तेजना में हम यह भूल ही गए थे कि हाथ में पानी की एक बूँद न थी। यह बहुत ही मुश्किल कार्य था। चोटी पर पहुँचने के बाद हमने देखा कि हमारी एक टुकड़ी दक्षिण की तरफ, दुश्मन से लड़ रही थी। चोटी की जगह ऊबड़-खाबड़, पथरीली थी और वहाँ छोटे-छोटे कीलनुमा पत्थर थे। इस प्रकार सुबह 8 बजे से प्रारंभ हुआ सैन्य अभियान, अपराह्न 3 बजे तक इस स्थिति में दिखाई देने लगा कि अब दुश्मन नियंत्रण और दबाव में आ चुका है। चोटी पर हमने थोड़ा विश्राम किया। अंत में दुश्मन तलवार लेकर युद्ध करने लगे। वहाँ एक खड़ी चोटी पर चढ़ने में बहुत कठिनाई आई। उधर 9वीं रेजीमेंट नंबर 1 के लेफ्टिनेंट हांसन (Hanson)और सिबथोर्प (Sibthorpe), भील सेना की टुकड़ी, 9वीं एन.आई. बटालियन धीरे-धीरे ढलान से चढ़ती रही और अंत में चोटी पर पहुँचकर दौड़ी। सीधे युद्ध में हमारी ओर के चार सैनिक मारे गए मगर परिणाम संतोषजनक रहा कि चोटी पर युद्धरत दुश्मन के सभी 23 मकरानी* (Makranees) मारे गए। दूसरी ओर तोपखाना के बसेवी (Bassevi) ने बहुत ही बहादुरी और कमाल का कार्य किया। उसने एक बढ़िया वर्दी पहने दुश्मन के आदमी का, जो संभवतः मुखिया रहा होगा, सामना किया। कुछ देर तक दोनों एक-दूजे को घूरते रहे फिर करीब आए। उस आदमी ने बसेवी के दोनों हाथों पर वार किया था जिससे जगह-जगह कट गया था। बसेवी ने भी उसके सिर पर चोट मारी। अंत में दोनों आपस में एक-दूसरे से भिड़ते हुए और पकड़े हुए चोटी से पहाड़ी के ढाल पर नीचे लुढ़कने लगे। तभी गैलनडॉज (Galundauze

---

(*मकराना- बलूचिस्तान से लाई गई एक प्रकार की लड़ाकू जनजाति जो गुजरात, दादर और नगर हवेली आदि में बस गई थी। इन्साइक्लोपीडिया ऑफ द वर्ल्ड मुस्लिमः ट्राइब्स, कास्ट्स एंड कम्यूनिटीज, वॉल्यूम 1, एडिटेड बाय एन. के. सिंह एंड ए.एम. खान, ग्लोबल विजन पब्लिशिंग हाउस, दिल्ली)

स्थानीय सेना की टुकड़ी) के सैनिक बसेवी को बचाने दौड़े। उन्होंने वर्दी वाले मुखिया को गोली मार दी जो बहुत ही बड़ा मकरानी था। आप समझ सकते हैं कि डॉ. शेफर्ड (Dr Shepherd) के पास कितना काम रहा होगा। युद्ध में वह खुद जख्मी हो गए थे। यह बहुत दुख की बात थी कि इतनी बड़ी सेना, मात्र एक डॉक्टर के भरोसे भेज दी गई थी। कल्पना कीजिए कि तब क्या होता अगर डॉ. शेफर्ड मार दिए गए होते? डोलियों की दयनीय आपूर्ति भी एक समस्या थी। (सेना के घायलों को डोलियों यानी पालकियों से ही ढोया जाता था)। घायलों को बैलों की पीठ पर लादा गया था और अपने घायल कमांडरों को ढोने के लिए सिपाहियों ने डोलियों का काम किया था। हम वहाँ सैन्य सामानों की आपूर्ति के लिए रुक गए और तब तक पता करते रहे कि दुश्मन कहाँ तक भाग गए हैं। हमारे दुश्मन, जो नंगे भील थे, संख्या में 3,000 के आस-पास रहे होंगे। वे सभी अच्छे हथियारों से लैस थे और बहुत तगड़े थे। खासकर मकरानी और वेलायती। वे सभी धार, मंडलेश्वर और अन्य सेंट्रल इंडिया के भू-भागों में भाग गए। लगभग 170 भील मारे गए थे लेकिन पहाड़ी भू-भाग, जंगल और घाटियों के होने के कारण ठीक-ठीक अनुमान नहीं लगाया जा सकता। और भी मारे गए होंगे या भाग गए होंगे जो गिनती में नहीं आ पाए। मारे गए लोगों में 82 मकरानी और वेलायती (Welaeetees- मकरानियों की ही तरह एक प्रकार की जनजाति), 18 सिद्‌दी (Siddees- झुंड प्रमुख या कमांडर), 19 मुसलमान, 38 भील और 11 अज्ञात नस्ल के थे। हमने कुल 50 पुरुषों और 400 स्त्रियों और बच्चों को गिरफ्तार किया था।[77]

द एज (मेलबर्न) 7 जून 1858 में छपे पत्र से यह अनुमान लगाया जा सकता है कि मकरानी और वेलायतियों की शारीरिक बनावट और मजबूती के कारण ब्रिटिश सेना को अत्यधिक नुकसान हुआ था। द डर्बी मर्करी (The Derby Mercury) अखबार के 26 मई 1858 के अंक में छपे समाचार से ज्ञात होता है कि सेना के 35 लोग मारे गए थे और 36 घायल हुए थे जिनमें 5 अफसर थे। ऑस्ट्रेलिया के एक अखबार से युद्ध की विभीषिका का अंदाजा लग जाता है जिसमें बताया गया है कि इस युद्ध में भील पराजित हुए थे तथा 71 ब्रिटिश सैनिक या तो मारे गए थे या घायल हुए थे।[78]

11 अप्रैल के इस भयानक संघर्ष में भिन्न-भिन्न अखबारों में घायलों और मारे जाने वालों के आँकड़ों में भिन्नता है। सभी का सार यह है कि मेजर इवांस के नेतृत्व में भीलों के विरुद्ध सतपुड़ा पहाड़ी पर 11 अप्रैल 1858 को लड़े गए युद्ध में सेना के 35 लोग मारे गए थे और 36 घायल हुए थे जिनमें 5 अफसर थे- कैप्टन ब्रीग्स (Briggs), लेफ्टिनेंट बसेवी (Basevi), लेफ्टिनेंट ब्लेयर (Blair), लेफ्टिनेंट अटकिंस (Atkins), कैप्टन क्लार्क। अन्य घायलों में लेफ्टिनेंट लेविस (Lewis), डार्टनेल (Dartnell), सेवेल (Sewell), होलरायड (Holroyd), एंसिन फोवलर (Ensign Fowler),

लेफ्टिनेंट लॉरेंट (Laurent), फॉक्स प्रेंडरगेस्ट (Fox Prendergest), सिम्पसन (Simpson) और डॉ. क्रुकशंक (Dr. Cruickshunk) शामिल थे। एक अन्य सैन्य टुकड़ी पर भीलों ने करीब से आक्रमण किया था। उससे टुकड़ी के 60 लोग या तो मारे गए या घायल हुए। 11 सौ विद्रोहियों के मारे जाने का अनुमान है। कैप्टन ब्रीग्स के घोड़ेवाले के दोनों पैरों में गोली लगी थी और उनका घोड़ा घायल हो गया था।[79]

पुत्ताजी नायक

पुत्ताजी नायक लंबे समय से खानदेश और अहमदनगर प्रशासन के लिए सिरदर्द बना हुआ था। ऐसा लगता है कि 1858 युद्ध के समय ब्रिटिश सरकार ने पुत्ताजी नायक की तलाशी, युद्ध-स्तर पर की थी मगर वह हाथ नहीं आया था। उसके दोनों बेटों को पकड़ लिया गया था। तभी मजबूर होकर पुत्ताजी नायक ने पूना पुलिस के सामने बिना शर्त आत्मसमर्पण कर दिया था और सरकार से अपने दोनों बेटों को मुक्त कर देने की प्रार्थना की थी। वह कुछ माह पूर्व भरवुट्टिया (Bharwuttea) में देखा गया था। समर्पण के बाद उसे जूनेरे (Joonere) जेल में रखा गया। जेल जाने के पूर्व जिस अधिकारी के सामने उसने समर्पण किया, उसने पुत्ताजी के बयान को लिख लिया था जो इस प्रकार था- 'मैं पुत्ताजी नायक हूँ जिसे आप कभी पकड़ नहीं पाए और अब मैं आज खुद को समर्पण कर रहा हूँ। आप मुझे पकड़ लें और जितनी जल्दी हो सके फाँसी पर लटका दें मगर ईश्वर के लिए मेरे दोनों पुत्रों को छोड़ दें।'[80]

पुत्ताजी भील को सभी ब्रिटिश अखबारों ने बहादुर विद्रोही कहकर संबोधित किया था। मई, 1858 के अंतिम सप्ताह में अनेक ब्रिटिश अखबारों यथा ग्लासगो हेराल्ड (Glasgow Herald, 28 May), डंडी पीपुल्स जरनल (Dundee People's Journal, 29 May), एडिनबर्ग इवनिंग कोरांट (Edinburgh Evening Courant, 25 May) आदि ने उपरोक्त समर्पण का समाचार देते हुए उसे बहादुर योद्धा संबोधित किया है जिसने अपने निर्दोष बच्चों को बचाने के लिए खुद को अँग्रेजों के हवाले कर दिया था।

1858 में रघुनाथ सिंह मंडलोई और सीताराम बावा का विद्रोह

खरगोन से 10 किलोमीटर पश्चिम, बरूड़ एक बस्ती है। वहाँ के जागीरदार रघुनाथ सिंह मंडलोई ने भी अँग्रेजों और होल्कर के विरुद्ध विद्रोह किया था। उन्होंने आदिवासी भीलों से कहा था कि जो विद्रोह में शामिल न होगा, उसे जाति बाहर कर दिया जाएगा। विद्रोही रघुनाथ को जागीर से बेदखल करते हुए होल्कर सरकार ने दौलत सिंह मंडलोई को बरूड़ का जागीरदार बनाया। जुलवानिया में कैम्प किए कैप्टन कीटिंग ने उसे बधाई

दी और ब्रिटिश सैन्य सहायता देने की बात की मगर दौलत सिंह को विद्रोहियों से जान का डर सता रहा था। बाद में सरकार ने बरूड़ में पुलिस चौकी स्थापित की। बरूड़ क्षेत्र के बंजारे, विद्रोहियों को रसद पहुँचाते रहे। मुगल काल से ही बंजारे सेना के लिए रसद पहुँचाते रहे थे। बरूड़ विद्रोहियों की संख्या लगभग 3,000 थी। साथ में 200 बंजारे अपनी बैलगाड़ियों के साथ थे। वे लोग निमगुल, वलखड़, जिला नान्द्री व देवड़ी के थे।[81]

कैप्टन ए.एच. कीटिंग, पॉलिटिकल असिस्टेंट ने दिनांक 6 अक्टूबर 1858 को एक पत्र रॉबर्ट हमिल्टन, एजेंट टू गवर्नर जनरल, सेंट्रल इंडिया, कैम्प जुलवानिया को लिखा था। इससे पता चलता है कि कीटिंग ने 29 सितंबर को घुड़सवार पुलिसबल और रिसालदार फरजान अली के साथ मंडलेश्वर की ओर प्रस्थान किया था। उन्होंने पाया कि पलसनेर से लेकर खुराम्पुरा तक सड़क वीरान थी। भीलों ने शहरों की ओर मार्च किया था। सेंधवा से पलसनेर तथा खुराम्पुरा की ओर आवागमन बंद था। जुलवानिया के पास 2-3 हजार भील विद्रोही सीताराम के नेतृत्व में जमा थे। सूचना मिली कि 700 के लगभग भील तीस सितंबर की सुबह राजपुर को लूटने वाले हैं। बालसमुंद पुलिस चौकी को भीलों ने लूट लिया था। बारूद को लूटा था। अफीम के व्यापारियों की बैलगाड़ियाँ लूटी गई थीं और दस मन अफीम लूटकर भील पहाड़ियों में जा छुपे थे।[82]

11 अप्रैल 1858 को प्रातः 8 बजे अंबा पानी में मेजर इवांस के नेतृत्व में ब्रिटिश सेना और भील मुखियाओं के बीच भीषण युद्ध शुरू हुआ जो दोपहर बाद 3 बजे तक चलता रहा (इसका उल्लेख अध्याय 6 में भी किया जाएगा)।

इस युद्ध के बाद कैप्टन कमिंग ने अपने जमादार बग्गा सिंह को नांगलवाड़ी भेजा और उसने भीलों से बात कर समझौता कराया। समझौते के अनुसार, होल्कर राज्य को भीलों का हक (वेतन) देना था। 15 दिन के लिए भीलों ने लूटपाट से किनारा कर लिया मगर होल्कर के अधिकारियों ने सीताराम और उसके भीलों को देय वेतन नहीं दिया। 12 सितंबर 1858 को शामजी नायक ने कैप्टन कमिंग के एक कारकून को बताया कि 15 दिन के बजाय कई महीने बीत गए मगर उनका हक नहीं मिला। कमिंग ने इसकी सूचना कीटिंग को भेजी जो उन्हें 4 अक्टूबर 1858 को मिली थी। तब तक सीताराम ने विद्रोह का झंडा बुलंद कर दिया था।[83]

कीटिंग ने भोपावर सेना के 100 जवानों और होल्कर हॉर्स के 150 घुड़सवारों को लेकर 1 अक्टूबर को बीजागढ़ की ओर प्रस्थान किया जहाँ सीताराम कैम्प किए हुए थे। कीटिंग ने लिखा है कि मेरा यह प्रयास अस्थायी है। सीताराम और उसके साथी भीलों का हक होल्कर राज्य द्वारा मिलना चाहिए तभी स्थायी शांति संभव है। उन्होंने सदर अमीन को मंडलेश्वर भेजा जिससे वहाँ शांति स्थापित हो सके। खरगोन और राजपुर में योग्य अधिकारी की तैनाती के लिए कीटिंग ने अनुरोध किया था।[84]

बीजागढ़ का दुर्ग 1858 में विद्रोहियों का प्रमुख केंद्र रहा। सितंबर, 1858 के अंत में बीजागढ़ (मध्य प्रदेश) में भीलों का विद्रोह जारी था। कैप्टन कीटिंग (Keatinge), महू से सेना सहित बीजागढ़ पहुँचे और भीलों के मजबूत गढ़ को नष्ट किया। यहाँ भील विद्रोह का नेतृत्व एक हिंदू नायक-सीताराम बावा कर रहे थे जो होल्कर परिवार से विद्रोह कर 40 घोड़ों के साथ बीजागढ़ किले में अपने समर्थकों के साथ रह रहे थे।[85] उसने अधिक से अधिक रसद किले में संगृहीत कर अपनी स्थिति मजबूत कर ली थी।

सीताराम ने अक्टूबर, 1858 में खरगोन के पास स्थित बीजागढ़ के छोटे किले पर कब्जा कर रखा था जो मंडलेश्वर से 29 मील दूर था। वहीं से वह अपनी विद्रोही गतिविधियों को अंजाम देते थे। 8 अक्टूबर 1858 को कैप्टन आर.एच. कीटिंग को जानकारी मिली कि वह अपने साथियों के साथ किले में हैं। कीटिंग घात लगाए बैठा था और स्थिति का परीक्षण कर रहा था। जैसे ही उसे ज्ञात हुआ कि सीताराम के बहुत से साथी बरूड़ को लूटने और बीजागढ़ दुर्ग के लिए रसद हासिल करने किले के बाहर गए हुए हैं, उसने तुरंत अपने 30-40 घुड़सवार सैनिकों के साथ किले पर धावा बोल दिया। उसने किले को चारों ओर से घेर लिया। सीताराम से उसका मुकाबला हुआ मगर साथियों के बाहर होने के कारण सीताराम कमजोर पड़ गए थे। उनके दस साथी मारे गए और 16 को कैद कर लिया गया था। कीटिंग ने अपने रिवॉल्वर से सीताराम को मार गिराया था और ब्रिटिश नीति के अनुसार उनका सिर काटकर कैंप में ले आया था। सीताराम के दो मुख्य साथी भी मार दिए गए थे। बाकी बचे विद्रोही भील, अपने नायक की हत्या की खबर सुन भाग गए थे। वे अपने पीछे 65 घोड़े और खच्चर, कुछ बैल और कुछ खुले-अधखुले थैले, अँग्रेजों के एक पुराने दुश्मन, नाना बक्स को भी छोड़ गए थे जो बहुत ही बीमार हालत में था और चल-फिर नहीं सकता था। मंडलेश्वर ले जाते समय रास्ते में ही वह मर गया था। 9 अक्टूबर को कीटिंग अपने कैंप में आराम करता रहा। उसने एक विद्रोही रघुनाथ सिंह मंडलोई के सामने समझौता प्रस्ताव रखा, जिसे मंडलोई ने स्वीकार कर लिया। उसके बाद कीटिंग, बीजागढ़ किले के लिए चला। ऐसा लगता है कि सीताराम के अनुयायी जल्द संगठित हो गए थे। इसलिए मंडलेश्वर से सूचना मिलने के बाद 18 अक्टूबर को दिवंगत सीताराम के बचे अनुयायियों के खिलाफ कार्रवाई शुरू की गई। 45-50 भील और भील स्त्रियों को विभिन्न गाँवों से पकड़ा गया था। और लोगों के पकड़े जाने की उम्मीद थी। अखबार लिखता है कि आस-पास के सभी भील क्षमा माँगने आए थे, जिन्हें क्षमा कर दिया गया था मगर उस समय का मुख्य विद्रोही भीमा नायक क्षमा माँगने नहीं आए। उन्हें पिछले वर्ष दोबारा क्षमादान दिया गया था। यह और बात थी कि भीमा नायक हर बार क्षमादान की शर्तों का उल्लंघन कर रहे थे। यद्यपि वह अपने गैंग के साथ भाग गए थे मगर उनके साथ अब 4-5 आदमी ही बचे थे। अँग्रेज अधिकारियों

की कोशिश थी कि उन्हें पकड़कर फाँसी पर लटका दिया जाए। लग रहा था कि यह कार्य कीटिंग कर सकते हैं क्योंकि वह नर्मदा नदी तट पर स्थित धुतवारा के पास थे जहाँ से भीमा नायक महज 5 मील की दूरी पर थे। इस अभियान से सेंधवा की सड़क सुरक्षित हो गई थी।[86] कैप्टन कीटिंग एवं उनके दल को, सीताराम बावा एवं उसके साथियों के विरुद्ध की गई कार्रवाई के लिए बॉम्बे सरकार के माननीय बोर्ड ने 28 अक्टूबर 1858 को एक प्रस्ताव पारित कर बधाई दी थी।[87]

एक ब्रिटिश अखबार से ज्ञात होता है कि मार्च, 1859 के आस-पास, खानदेश में भीमा नायक गैंग के 200 विद्रोहियों से कैप्टन कीटिंग ने सफल मुठभेड़ की थी और विद्रोहियों को कुचल दिया था। गैंग के जो साथी इधर-उधर भाग गए थे, उन्हें सिपाहियों ने पकड़कर, भूखे-प्यासे हालत में लेफ्टिनेंट अटकिंस के सामने शहादा में प्रस्तुत किया था।[88] एक ब्रिटिश अखबार से ज्ञात होता है कि भीमा नायक ने अप्रैल, 1859 तक राजा बीकानेर के पास खुद पत्र देकर समर्पण कर दिया था।[89]

1858 में शिरपुर क्षेत्र में विद्रोही गतिविधियाँ

सन 1858 में भी शिरपुर क्षेत्र में भील विद्रोही बने रहे। उन्होंने महू से आने वाली डाक को रोक दिया था। वे पालतू मवेशियों को चुरा रहे थे। सरकारी बैलगाड़ियों के बैलों को भी नहीं बख्शते थे। सेंधवा और महू के बीच मार्ग पर घुड़सवारों के घोड़े चुरा रहे थे। शिरपुर-पूना के बीच की टेलीग्राफ लाइन काट दी थी। उन्होंने तीन गाँवों को लूटा और जला दिया था। इन उपद्रवों को देखते हुए 23वीं बॉम्बे नेटिव लाइट इन्फैंट्री 4 अक्टूबर 1858 को शिरपुर पहुँची थी।[90]

सुल्तानपुर, पाचोरा, यावल और शिरपुर में पूरे साल भीलों का विद्रोह दिखाई देता रहा। खानदेश की इन्हीं विद्रोही प्रवृत्तियों के बीच 1857 के विप्लव की बागडोर तात्या टोपे ने सँभाल ली थी। 3 नवंबर 1858 को अँग्रेजों को खबर मिली कि तात्या टोपे के नेतृत्व में एक सेना नर्मदा नदी पार कर खानदेश की ओर बढ़ रही है। सूचना मिलते ही ब्रिटिश सेनाएँ सतर्क हो गई थीं। असीरगढ़ और बुरहानपुर की सुरक्षा बढ़ा दी गई थी।[91]

भरुदपुरा के भोमिया बिसेन सिंह की बगावत : 1857-58

सन 1857 के विद्रोह के समय धार राज्य के गाँव-सराय तालाब, परगना-नाल्छा के भीलों द्वारा सशस्त्र बगावत की एक घटना इतिहास से ओझल रही है।

इस विद्रोह में 40 के आस-पास सशस्त्र भीलों के गिरोह ने चार मकरानियों के उकसाने पर 20 अक्टूबर 1857 को गुजरी डाक बंगले को जलाकर खाक कर दिया था। इस विद्रोह की बागडोर भरुदपुरा के भोमिया (छोटा जमींदार) बिसेन सिंह के हाथों में

थी और इस में शामिल ज्यादातर भील उसके आदमी थे। इस कांड के बाद बिसेन सिंह, टांडा, परगना- बाग की ओर चला गया था। डिप्टी भील एजेंट और पॉलिटिकल असिस्टेंट ने 23 फरवरी 1858 को रॉबर्ट हमिल्टन बर्ट (एजेंट टू गवर्नर जनरल, सेंट्रल इंडिया) को पत्र द्वारा बताया था कि जब मैंने जमादार बग्गा सिंह को बिसेन को गिरफ्तार करने भेजा तो बिसेन ने अपनी पगड़ी उतारकर जमादार के कदमों पर रख दी और कहा कि मेरा मान अब आपके हाथ में है। जमादार ने उसे ऐसा करने से मना किया। उसके थोड़ी देर बाद बिसेन जमीन पर गिर पड़ा और मर गया। अगले दिन दोपहर तक उसकी लाश वहीं पड़ी रही। शायद उसे जहर दिया गया था। मरते समय उसने जमादार सरदार मोहम्मद पर मारने का इल्जाम लगाया था। इस मामले में गाँव-सराय तालाब, परगना-नाल्छा के चार भीलों पर मुकदमा चला। उनमें लालचंद वल्द कालू भील-उम्र 30, भीकिया वल्द बाबुल भील-उम्र 18, बाबुल वल्द कालू भील- उम्र 60, भीकिया वल्द बादिया भील-उम्र 35, शामिल थे। भीकिया वल्द बाबुल भील को दोष रहित मानते हुए छोड़ दिया गया और शेष तीनों के मामले एजेंट टू गवर्नर जनरल, सेंट्रल इंडिया के पास भेजे गए जहाँ उन्हें मौत की सजा सुनाई गई। बाद में उसी गाँव के हरचंद वल्द ननिया भील-उम्र 25 वर्ष, उरजुनिया वल्द दौलिया-उम्र 30 वर्ष को भी मौत की सजा सुनाई गई।[92]

इस प्रकार 1858 के आस-पास भी खानदेश अशांत बना रहा। भील विद्रोही, सरकार के लिए सिरदर्द बने हुए थे। एक अखबार लिखता है- वहाँ की कानून व्यवस्था बहुत खराब थी। 1858 में मेजर ओलिवर प्रॉब्यान को खानदेश का राजनीतिक निरीक्षक और पुलिस अधीक्षक नियुक्त किया गया था। मेजर प्रॉब्यान में प्रशासनिक और सैन्य अफसर, दोनों की अद्भुत क्षमता थी। वह 1843 से 1856 तक, भारत में ईस्ट इंडिया कंपनी की सेना में काम कर चुके थे। जून, 1860 में एक भील मुखिया, जो सतपुड़ा पहाड़ियों पर नियंत्रण रखता था, उस पर मि. प्रॉब्यान ने लेफ्टिनेंट अटकिंस के सहयोग से आक्रमण कर उसके ठिकाने को तबाह कर दिया था तथा उसकी सारी संपत्ति जब्त कर ली थी। 1881 में जब बॉम्बे प्रेसीडेंसी में पुनः भीलों का विद्रोह उठ खड़ा हुआ था तब भी मि. प्रॉब्यान की सेवाएँ काम की सिद्ध हुई थीं। ब्रिटिश अखबार लिखता है, 'वह जानते थे कि जंगली लोगों को कैसे सभ्य और अनुशासित बनाया जा सकता है।'[93]

9वीं रेजीमेंट के लेफ्टिनेंट रावलिन्स के 1 जून 1861 के पत्र से स्पष्ट होता है कि मेम्दी के ओंकार भील से उनका एकाएक आमना-सामना हो गया था। ओंकार ने उनकी एक रायफल ले ली थी। मेम्दी नामक स्थान सिमरोल से एक कोस दूर था।[94]

मान सिंह और भिखारी नायक की बगावत : 1867

सन 1867 में मेजर ओलिवर प्रॉब्यान, कैप्टन बन चुके थे और उनके पास भील

एजेंट, खानदेश का पदभार था। उन्होंने खानदेश के मजिस्ट्रेट एल.आर.अशबर्नर (Ashburner) को 11 जून 1867 को एक पत्र लिखा था। इससे ज्ञात होता है कि मान सिंह वल्द धन सिंह नायक, तालुका-वल्वारी और भिखारी वल्द दशरथ नायक, धवली पास का रखवालदार था। दोनों के खानदान को होल्कर दरबार द्वारा हक मिलता था जिसे बंद कर दिया गया था। दोनों ने नाराज होकर ब्रिटिश अधिकारियों को प्रत्यावेदन दिया था और हस्तक्षेप करने की माँग की थी। ये दोनों नायक चोपड़ा से सतपुड़ा पहाड़ियों के बीच नियंत्रण रखते थे। उन्हें पैतृक भत्ता वर्षों से मिलता आ रहा था। होल्कर एजेंट ने राज्य के सीमा विस्तार क्षेत्र पर नियंत्रण न रखने का आरोप लगाकर भिखारी का हक रोक दिया था। होल्कर राज्य से भिखारी नायक को 275 रुपये प्रति माह हक मिलता था तथा ब्रिटिश सरकार उसे 30 रुपये प्रति माह देती थी। तालुका चोपड़ा से मासिक 30 रुपये सड़क एवं घाट की रखवाली हेतु मिलते थे। होल्कर सरकार ने उसको कम भत्ता देने का प्रस्ताव रखा जिसे उसने एवं उसके अधीन भीलों ने नकार दिया था। भिखारी के साथ कुल 40 आदमी थे जिनमें से 30 चौकीदारी करते थे। उसने 3 चौकीदार होल्कर क्षेत्र में और 2 ब्रिटिश क्षेत्र में भी तैनात कर रखे थे। धवली उन चुनिंदा पासों में से था जिनसे खानदेश से होल्कर क्षेत्र की ओर व्यापारियों के ऊँटों का काफिला गुजरता था। मान सिंह को चार पीढ़ियों से महाराजा होल्कर द्वारा 75 रुपये मासिक हक मिलता था। विगत 9 माह से उसे बंद कर दिया गया था। इससे दोनों नायक बगावत को तैयार थे। ब्रिटिश अधिकारियों का मानना था कि सुरक्षा के लिए नायकों का हक दिया जाना जरूरी है।[95]

1858 के बाद खानदेश से राजपूताना तक, 1860-61 एवं 1868-69 में सूखा पड़ा। चालीसगाँव, नंदगाँव और मालेगाँव तालुका सबसे ज्यादा प्रभावित हुए।[96] तब भीलों द्वारा कुछ लूटपाट की घटनाएँ पश्चिमी और उत्तरी सीमांत में देखने को मिलती हैं। इस अवधि में खानदेश के पूर्वी हिस्से में भील विद्रोह की घटनाएँ कम देखने को मिलती हैं। खानदेश भील कार्प्स की सफलता और ज्यादातर भील मुखियाओं को बसाए जाने के कारण भी उनमें विद्रोही तेवर कुछ कम हुए थे। रेलवे के विस्तार के कारण भी विद्रोही भीलों के नियंत्रण में मदद मिली।[97] लेकिन खानदेश के पश्चिमी और उत्तरी सीमांत प्रदेशों, यानी महाराष्ट्र, गुजरात और राजपूताना की ओर भील व्रिदोह की घटनाएँ व्यापक पैमाने पर देखने को मिलती हैं जिनका उल्लेख आगे के अध्यायों में करेंगे। निमाड़ क्षेत्र एवं आसपास के जिलों में 1878 से लेकर 1888 तक टंट्या भील का आतंक कायम रहा, जिसका उल्लेख भाग-3 में किया गया है।

संदर्भ :

1. B.K. Sharma, Tribal Revolts, Pointer Publishers, Jaipur, 1996, PP. 6, 7.

2. MSAM, Political Deptt., 1823. Vol. 10/105; N. Benjamin and B.B. Mohanty, Imperial Solution of A Colonial Problem: Bhils of Khandesh up to c.1850, Modern Asian Studies 41, 2 (2007), Cambridge University Press, Page 347.

3. Gazetteer of the Bombay Presidency, Volume XVI, Nasik, Government Central Press, Bombay, 1883, Page 194.

4. Gazetteers of Bombay Presidency, Vol. XII, Khandesh, Government Central Press, Bombay, 1880, Page 254; Maharashtra State Gazetteers, Jalgaon District (Revised Edition), Second Edition, 1962, PP. 91, 94; Maharashtra State Gazetteers, Ahamadnagar District (Revised Edition), Gazetteers Department, Government of Maharashtra, 1976, Page 137.

5. Ibid; Gazetteer of the Bombay Presidency, Volume XVI, Nasik, Government Central Press, Bombay, 1883, Page 194.

6. Kentish Weekly Post Or Canterbury Journal), 1 May 1804; Morning Advertiser, 22 March 1806; Saunder's News Letter, 4 October 1810; Star (London), 13 December 1813; Calcutta Gazette, 16 February 1809.

7. Gazetteer of the Bombay Presidency, Volume XVI, Nasik, Government Central Press, Bombay, 1883, Page 195.

8. Gazetteers of Bombay Presidency, Vol. XII, Khandesh, Government Central Press, Bombay, 1880, Page 254; Maharashtra State Gazetteers, Jalgaon District (Revised Edition), Second Edition, 1962, PP. 91, 94; Maharashtra State Gazetteers, Ahamadnagar District (Revised Edition), Gazetteers Department, Government of Maharashtra, 1976, Page 137.

9. Bombay Gazette, 14 August 1816.

10. Maharashtra State Gazetteers, Jalgaon District (Revised Edition), Second Edition, 1962, Page 93.

11. R.C. Majumdar, The Sepoy Mutiny and Revolt of 1857, Published by Srimati S. Chaudhuri, 4, Bipin Pal Road, Calcutta-26, 1957, Page 40.

12. Evans Bell, Memoir of General John Briggs of the Madras Army; with Comments on some of his Words and Works, Chatto and Windus, Piccadilly, 1885. PP. 71,72.

13. Madras Courier, 8 December 1818.

14. Sir John Malcolm, Kingsbury, Parbury and Allen, A Memoir of Central India, Including Malwa, and Adjoining Provinces: With The History, and Copious Illustrations of The Past and Present Condition of the Country,

London, 1828, Volume 1, PP. 522-525; Vol. 2, Page 421.

15. Ibid, Volume 1, PP. 522-525; Vol. 2, PP. 421, 422; NAI/Hyderabad/Volume No. 556, Page 1 to 170, Ist April 1820 to 30th July 1820/Nadir singh-report on the Character/ New Delhi.

16. The Royal Gazette, 27 June 1818.

17. Evening Mail, 20 April 1818.

18. Arvind M. Deshpande, John Briggs in Maharashtra: A study of district Administration under early British Rule, Mittal Publications, Delhi, 1987, PP. 86-88; Ajay Sharika, Being Jangli: The Politics of Wildness, Sage Publications, New Delhi, 1998, PP. 131, 135.

19. Evans Bell, Memoir of General John Briggs of the Madras Army; with Comments on some of his Words and Works, Chatto and Windus, Piccadilly, 1885. PP. 78, 79; Gazetteers of Bombay Presidency, Vol. XII, Khandesh, Government Central Press, Bombay, 1880, Page 257; Maharashtra State Gazetteers, Jalgaon District (Revised Edition), Second Edition, 1962, PP. 104, 105.

20. A. Prasad, The Bhills of Khandesh under the British East India Company, 1818-1858, Konark Publishers, New Delhi, 1991, PP. 148-149; Alf Gunvald Nilsen (2015), Subalterns and the State in the Longue Dure: Notes from 'The Rebellious Century' in the Bhil Heartland, Journal of Contemporary Asia, Vol. 45, Issue 4, April 2015, PP. 575-595; Gazetteers of Bombay Presidency, Vol. XII, Khandesh, Government Central Press, Bombay, 1880, Page 257; Maharashtra State Gazetteers, Jalgaon District (Revised Edition), Second Edition, 1962, PP. 104, 105.

21. Arvind M. Deshpande, John Briggs in Maharashtra; A study of district Administration under early British Rule, Mittal Publications, Delhi, 1987, Page 104; Sashi Bhusan Chaudhuri, Civil Disturbances During the British rule in India (1765-1857), The World Press Ltd. Calcutta, 1955, Page 158.

22. Gazetteers of Bombay Presidency, Vol. XII, Khandesh, Government Central Press, Bombay, 1880, Page 257; Sashi Bhusan Chaudhuri, Civil Disturbances During the British rule in India (1765-1857), The World Press Ltd. Calcutta, 1955, Page 158; https://cultural.maharashtra.gov.in/english/gazetteer/dhulia/his_british%20period.html

23. Gazetteers of Bombay Presidency, Vol. XII, Khandesh, Government Central Press, Bombay, 1880, Page 253; Arvind M. Deshpand, John Briggs in Maharashtra: A study of district Administration under early British Rule, Mittal Publications, Delhi, 1987, PP. 104, 137.

24. Bombay Gazette, 22 December 1819; https://cultural.maharashtra.gov.in/english/gazetteer/dhulia/his_british%20period.html

25. Gazetteers of Bombay Presidency, Vol. XII, Khandesh, Government Central Press, Bombay, 1880, Page 257.

26. Hereford Journal, 30 January 1822; https://cultural.maharashtra.gov.in/english/gazetteer/dhulia/his_british%20period.html

27. British Library, Reference: IOR/F/4/1026/28138, Papers regarding an Affray which took place at Bari a village in Ali Rajpur on 14 December 1824.

28. British Library,London, Reff. IOR/F/4/1021/28048, Bombay Political, Insurrection in Banglana.

29. Ibid.

30. Ibid.

31. Glasgow Herald, 6 January 1858, Page 2; Maharashtra State Gazetteers, Jalgaon District (Revised Edition), Second Edition, 1962, Page 106.

32. Glasgow Herald, 6 January 1858, Page 2; Maharashtra State Gazetteers, Jalgaon District (Revised Edition), Second Edition, 1962, Page 106; https://hi.wikipedia.org/wiki/%E0%A4%AD%E0%A5%80%E0%A4%B2

33. British Library, London, Reff. IOR/F/4/1021/28048, Bombay Political, Insurrection in Banglana.

34. Ibid.

35. Glasgow Herald, 6 January 1858, Page 2; Maharashtra State Gazetteers, Jalgaon District (Revised Edition), Second Edition, 1962, Page 106.

36. Maharashtra State Gazetteers, Jalgaon District (Revised Edition), Second Edition, 1962, Page 107; Sashi Bhusan Chaudhuri, Civil Disturbances During the British rule in India (1765-1857), The World Press Ltd. Calcutta, 1955, Page 159.

37. London Evening Standard, 3 February 1829; Monmouthshire Merlin, 3 March 1854.

38. Maharashtra State Gazetteers, Jalgaon District (Revised Edition), Second Edition, 1962, Page 107; Sashi Bhusan Chaudhuri, Civil Disturbances During the British rule in India (1765-1857), The World Press Ltd. Calcutta, 1955, Page 160.

39. Bombay Gazette, 13 April 1863.

40. Sashi Bhusan Chaudhuri, Civil Disturbances During the British rule in India (1765-1857), The World Press Ltd. Calcutta, 1955, Page 160.

41. https://en.wikisource.org/wiki/Outram,_James_(DNB00).

42. The Bheel Rebellion, India 1825-40-Britain's Small Forgotten wars, St. Nicholas, Brockenhurst, Hampshire, www.britainsmallwars.co.uk/arrow-intheskull-conflict-with-the-bheelss-1833.html; London Evening Standard, 17 May 1834; Hampshire Advertiser, 19 April 1834.

43. The Naval Military Gazette and Weekly Chronicle of the United Service, 8 October 1836.

44. Maharashtra State Gazetteers, Jalgaon District (Revised Edition), Second Edition, 1962, Page 108.

45. Ibid.

46. Ibid.

47. Ibid, Page 109.

48. Ibid.

49. London Daily News, 25 June 1846.

50. Maharashtra State Gazetteers, Jalgaon District (Revised Edition), Second Edition, 1962, Page 109; Major A.K. Prasad, The Bhils Of Khandesh under The British East India Company, Thesis, University of Poona, 1986, Page 147.

51. Major A.K. Prasad, The Bhils Of Khandesh under The British East India Company, Thesis, University of Poona, 1986, Page 147.

52. Ibid.

53. Bombay Gazette, 9 March 1853.

54. Halifax Courier, 22 January 1853.

55. Maharashtra State Gazetteers, Jalgaon District (Revised Edition), Second Edition, 1962, PP. 109, 110.

56. Halifax Courier, 22 January 1853.

57. Maharashtra State Gazetteers, Jalgaon District (Revised Edition), Second Edition, 1962, Page 111.

58. The Daily News, London, 3 February 1853.

59. Ibid.

60. Ibid.

61. Ibid

62. Gazetteers of Bombay Presidency, Vol. XII, Khandesh, Government Central Press, Bombay, 1880, Page 262.

63. The Bhil Kills by S.C. Verma, Kunj Publishing House, Delhi, 1908, Page 14.

64. Maharashtra State Gazetteers, Ahamadnagar District (Revised Edition), Gazetteers Department, Government of Maharashtra, 1976, PP. 144, 145.

65. Dublin Evening Post 17 November 1857; Bell's Weekly Messenger, 21 November 1857; London daily News, 17 November 1857; Stirling Observer 19 November 1857; Charles Bali, The History of The Indian Mutiny, Vol. II, The London Printing and Publishing Company Limited, London, PP. 151, 152; Maharashtra State Gazetteers, Ahamadnagar District (Revised Edition), Gazetteers Department, Government of Maharashtra, 1976, Page 145.

66. Maharashtra State Gazetteers, Ahamadnagar District (Revised Edition), Gazetteers Department, Government of Maharashtra, 1976, PP. 145, 146; Gazetteer of the Bombay Presidency, Volume XVI, Nasik, Government Central Press, Bombay, 1883, Page 200.

67. The North Briton, 18 November 1857; Dublin Evening Post 17 November 1857; Morning post, 16 November 1857.

68. https://hi.wikipedia.org/wiki/Bhima_Nayak.

69. Homeward mail from India, China and East, 11 June 1862.

70. Manchester Courier and Lancashire General, 27 February 1858; Norwich Mercury, 24 February 1858; Homeward Mail From India, China and The East, 29 December 1857.

71. Gazetteer of the Bombay Presidency, Volume XVI, Nasik, Government Central Press, Bombay, 1883, Page 201.

72. Ibid, page. 202.

73. Ibid; Gazetteer of the Bombay Presidency, Volume XVI, Nasik, Government Central Press, Bombay, 1883, Page 200.

74. North Wales Chronicle, 10 April 1858; Yorkshire Gazette, 20 March 1858; Morning Post, 5 April 1858.

75. Montrose, Arbroath and Brechin Review; Fortar and Kincardineshire Advertiser, 9 April 1858.

76. The Age (Melbourne) Monday, 7 June 1858.

77. Ibid.

78. The Inquirer and Commercial News (Perth), 7 July 1858.

79. The Derby Mercury, 26 May 1858, Jackson's oxford Journal, May 22 1858; Oxford Journal, 22 May 1858.

80. The Inquirer and Commercial News (Perth), 14 July 1858.

81. डॉ. शिवनारायण यादव, 1857 स्वाधीनता संग्राम में जनजातीय बलिदान, स्वराज संस्थान संचालनालय, 2008, पृष्ठ 205, 207, 209, 213.

82. NAI/CIA/File 2099/ 6 October 1858/letter from the Political Assistant of Nimar addressed to the AGG for CI.

83. Ibid.

84. Ibid.

85. Falkirk Herald, 25 November 1858.

86. Downpatrick Recorder, 27 November 1858; Lancaster Gazette, 27 November 1858; Homeward mail from India, China and East, 19 November 1858.

87. NAI, CIA, File No 3907 Dated 3 November 1858, New Delhi.

88. The Glasgow Daily Herald, 24 March 1859; The Preston Chronicle and Lancashire Advertiser, 26 March 1859; Royal Cornwall Gazette, 25 March

1859.

89. The Daily Post, 20 April 1859.

90. Bombay Gazette, 8 October 1858.

91. Maharashtra State Gazetteers, Jalgaon District (Revised Edition), Second Edition, 1962, Page 112; Maharashtra State Gazetteers, Ahamadnagar District (Revised Edition), Gazetteers Department, Government of Maharashtra, 1976, Page 146; Homeward mail from India, China and East, 23 December 1859; Illustrated London News, 11 August 1888.

92. NAI/CIA/Bhopawar Agency/File No. 1427 of 1858/Proceedings in the case of certain Bheels concerned in the burning of the Gujari Dak Bunglow.

93. Illustrated London News, 11 August 1883.; Homeward mail from India, China and East, 7 August 1883.

94. NAI/CIA/File No.872/1861 Date 1 June 1861.

95. NAI/ Office of Agent Governor General for Central India/File no 34/ Bhikari Naik/1867-68/Indore Durbar/Khandesh Bheel Naiks.

96. Birmingham Daily Post, 12 January 1869.

97. Burton Chronicle, 3 June 1869.

अध्याय-5 खानदेश सीमांत और महाराष्ट्र के भील नायकों का 1858 के बाद विद्रोह

खानदेश, माहीकाँटा और रेवाकाँटा से सटे, महाराष्ट्र क्षेत्र में भी भीलों का विद्रोह जारी था। पूरा भील क्षेत्र बॉम्बे सरकार के नियंत्रण में होने के कारण भीलों के विद्रोह के विरुद्ध कार्रवाई की बागडोर बॉम्बे सरकार के हाथों में थी। संयुक्त कार्रवाइयों और पहाड़ियों से घिरे क्षेत्रों में जिले की सीमाएँ कोई मायने नहीं रखती थीं। महाराष्ट्र क्षेत्र के भील विद्रोहों की विस्तृत जानकारी पहले ही अध्याय 4 में दी जा चुकी है। 1807 में नासिराबाद और अहिरगाँव में जूबा भील मुखिया, 1820 के आस-पास रावरे, लसुर में कनिया भील मुखिया, 1822 में भड़गाँव और एरंडोल में हिरिया भील मुखिया के विद्रोह का उल्लेख किया जा चुका है। 1824 में मुल्हेर किले की लड़ाई की विस्तार से चर्चा की जा चुकी है। 1826 में सुल्तानपुर में देवचंद भील ने, साथ ही साथ बोदवड़, नउर और जलाना के भीलों ने अशांति पैदा की थी। 1840 में एक बार फिर सुल्तानपुर विद्रोही दिखा। सावदा और यावल क्षेत्र के विद्रोही मुखियाओं, बीकाराय और बांगचुंद का महत्त्व कम नहीं है। 1846 में चिखली का कुँवर जीवा वासावा तथा सुल्तानपुर ताल्लुका के भील 1851 में विद्रोही बने रहे। जलगाँव क्षेत्र में 1852 में भू-कर को लेकर भील किसानों ने विद्रोह किया। 1857 में नासिक, अहमदनगर में भागोजी नायक के संघर्ष के बारे में जानकारी दी जा चुकी है। भागोजी नायक का संपर्क काजी सिंह और भीमा नायक से भी था। 1857-58 में यशवंत, हरजी नायक और पुत्ताजी अहमदनगर में विद्रोही बने रहे। 1858 के बाद भागोजी नायक की कुछ विद्रोही गतिविधियों का, महाराष्ट्र क्षेत्र की कुछ अन्य विद्रोही घटनाओं के साथ आगे उल्लेख किया जा रहा है।

भागोजी, यशवंत, अप्पा और हरजी नायकों का विद्रोह

1858 में भील विद्रोहियों ने अहमदनगर से किनारा कर लिया। वे नासिक, खानदेश

और निजाम के क्षेत्र की ओर बढ़ गए और लूटमार करते रहे। अप्रैल-मई, 1859 में भागोजी और हरजी भील नायक फिर अहमदनगर क्षेत्र में सक्रिय हुए। 5 जुलाई 1859 को कैप्टन नटाल का संगमनेर के दक्षिण-पूरब में, 8 मील की दूरी पर स्थित अंभोरे में भीलों की बड़ी भीड़ से मुकाबला हुआ। भीलों ने मजबूत मोर्चाबंदी की थी मगर कोली वाहिनी के 23 जवानों ने कड़ा मुकाबला किया जिससे 10 भील मारे गए। उनमें यशवंत (भागोजी का बेटा) भी था। तीन भील नायक बंदी बनाए गए थे जिनमें हरजी नायक और अप्पा शामिल थे।[1]

अप्पा पर देशद्रोह का मुकदमा चला था। 17 सितंबर 1862 को हाईकोर्ट द्वारा फाँसी की सजा हुई थी मगर हाईकोर्ट के अनुरोध पर गवर्नर जनरल ने इस सजा को आजीवन कारावास में बदल दिया था। अप्पा नायक, सिन्नर तालुका के मालेगाँव का रहने वाला था। उसकी सारी संपत्ति जब्त कर ली गई थी। उस पर दूसरे भी आरोप थे। जुलाई, 1859 से नवंबर, 1860 के मध्य, अहमदनगर कलेक्ट्रेट की पहले भागोजी, बाद में भागोजी और महदिया नायक ने मिलकर सशस्त्र घेराबंदी की थी। इन दोनों पर अंभोरे दर्रे पर सरकारी फौज के विरुद्ध युद्ध करने और कोंकण जिले के गाँवों को लूटने का आरोप था। मिथ सागरे की लड़ाई में अप्पा के शामिल होने का आरोप था।[2]

निजाम क्षेत्र के जिला अहमदनगर के पुलिस अधीक्षक मि. सॉउटर के लिए भागोजी विगत दो सालों से सिरदर्द बने हुए थे। 1859 में उनका गैंग एक बार फिर अहमदनगर जिले में देखा गया। अक्टूबर, 1859 में भीलों का एक समूह निजाम क्षेत्र में भागोजी से मिलने के प्रयास में था। 26 अक्टूबर 1859 को भागोजी ने कोरहाला (कोपरगाँव) में 18,000 रुपये की संपत्ति लूटी थी। उसके बाद उन्होंने चालीसगाँव में साहसिक धावा बोला था। जुलाई, 1859 में अहमदनगर जिले के नव नियुक्त पुलिस अधीक्षक के रूप में, सर फ्रैंक सॉउटर पहुँचे। 11 नवंबर 1859 को सॉउटर के नेतृत्व में अहमदनगर पुलिस और भागोजी के 51 सदस्यीय गैंग में मुकाबला हुआ था। भागोजी नायक, पहले अहमदनगर पुलिस कार्प्स की सेवा में थे। बाद में वह विद्रोही बन गए और आस-पास के भीलों को विद्रोही बनाने में सफल रहे। भागोजी का भीलों पर जबरदस्त प्रभाव था। उनका खुफिया तंत्र इतना मजबूत था कि पुलिस की हर घेराबंदी के बावजूद वह बच निकलने में कामयाब रहते थे। सरकार ने उनको पकड़ने के लिए अहमदनगर पुलिस एवं कुली कार्प्स के सहयोग के लिए 26वीं और चौथी एन.आई., पूना हॉर्स और पहाड़ी क्षेत्रों के लिए प्रशिक्षित तोपखाना टुकड़ी को लगा रखा था। 11 नवंबर 1859 को सॉउटर को भागोजी के गैंग के बारे में सूचना मिली। उन्होंने सिन्नर के पास मिथ सागरे में भागोजी की जबरदस्त घेराबंदी की जिससे वह भागने न पाएँ।[3]

मिथ सागरे का युद्ध और भागोजी की शहादत : 11 नवंबर 1859

सॉउटर को मिथ सागरे में पंचाला गाँव के मुखिया ने खबर दी कि भागोजी और उसका गैंग, पाँच मील दूर, नदी किनारे आराम कर रहे हैं। सॉउटर तुरंत वहाँ पहुँचे। चार घंटे तक दोनों ओर से जबरदस्त युद्ध हुआ। नेटिव इन्फैंट्री का एक अधिकारी, चार सिपाही और 6 घोड़े मारे गए। 15 जवान और 6 घोड़े घायल हुए थे। स्वयं सॉउटर का घोड़ा भी मारा गया था। स्थिति हाथापाई तक आ गई थी। भागोजी के गैंग के चार लोग बंदी बनाए गए और 46 मारे गए जिनमें भागोजी भी शामिल थे। भागोजी ने कैप्टन हेनरी की हत्या की थी। मि. सॉउटर उनको उसी स्थान पर फाँसी पर लटकाना चाहते थे जहाँ हेनरी की 4 अक्टूबर 1857 को हत्या की गई थी मगर जब युद्ध बाद वह उनके पास पहुँचे तो वह मर चुके थे। फिर भी उनकी लाश को लटकाकर ब्रिटिश नीति की परंपरा को दुहराया। पुरस्कार स्वरूप 1864 में उन्हें पुलिस कमिश्नर, बॉम्बे बना दिया गया था।[4]

मिथ सागरे के पास हुई इस लड़ाई में भागोजी और उसके ज्यादातर साथी मार दिए गए थे। सर फ्रैंक सॉउटर का इस युद्ध में बच जाना किसी चमत्कार से कम न था। तीन गोलियाँ लगने के बाद, उनका घोड़ा गिर गया था। तलवार के वार से उनका एक जैकेट कट गया था। फिर भी सॉउटर एक हाथ से कुश्ती लड़ते रहे। चार घंटे तक दोनों ओर से जबरदस्त युद्ध हुआ। निजाम क्षेत्र के भील, जो भागोजी के आने का इंतजार कर रहे थे, उनकी मृत्यु का समाचार सुन, तितर-बितर हो गए मगर हैदराबाद सेना के लेफ्टिनेंट पेडलर (Pedler) ने उनमें से 40 को मार दिया था। भागोजी का एक रिश्तेदार जो काफी प्रभावशाली भील नेता था, भागोजी की मदद के लिए सोनाइ से चला था मगर जब उसे भी भागोजी की मृत्यु का समाचार मिला, वह खानदेश की ओर मुड़ गया। वहाँ उसे पकड़ लिया गया मगर उसने कोई अपराध नहीं किया था, इसलिए उसे माफी दे दी गई।[5]

मिथ सागरे की उपरोक्त लड़ाई का भी विशेष महत्त्व है। सॉउटर भी भागोजी के हाथों मारे जाते मगर संयोग रहा कि बच गए। जैसा कि ऊपर उल्लेख किया गया है कि उनके घोड़े को एक के बाद एक, तीन गोलियाँ लगीं और वह गिर पड़ा था। सॉउटर के अंगरखा को भी भागोजी ने तब तलवार से काट दिया जब वह हाथापाई कर (कुश्ती लड़) रहे थे। इस चमत्कारिक घटना पर ब्रिटिश अखबार की टिप्पणी इस प्रकार थी- *First in and last out of the fight and his escape was almost miraculous. His horse fell, pierced almost simultaneously with three bullets, and his tunic was also cut through with a sword. While engaged in one of the hand-to-hand combats.*[6]

बाद में सॉउटर की उस वीरता का बढ़ा-चढ़ा कर वर्णन किया गया। एक अखबार

ने लिखा कि कैप्टन हेनरी के हत्यारे को अंततः उसके विद्रोही कृत्य का दंड मिल गया। युद्ध समाप्त होने के बाद, फ्रैंक सॉउटर ने 11 नवंबर 1859 को ही, ए. बेटिंगटन (Bettington), पुलिस कमिश्नर, बॉम्बे को एक टेलीग्राम भेजा- *I have the pleasure to report that I came up with the rebel Bheels under Bhagoji Naik at noon this day and succeeded in shooting and cutting up the gang to a man. Fifty-one bodies and Arabs composing the gang fought with great obstinacy and I regret to say that this service has not been performed without loss. A Jamadar, two sepoys, and a sowar of the police killed, several men and horses wounded. My own horse fell under me, pierced with three shots. I now start to hang Bhagoji Naik at Nandoosingoba (Nandur Shingote), the spot where Captain henry was murdered.*

इससे स्पष्ट है कि 11 नवंबर 1859 को दोपहर में भागोजी की हत्या कर दी गई थी। ब्रिटिश सैन्य बल का एक जमादार, पुलिस बल के दो सिपाही और घुड़सवार भी मारे गए थे। बहुत से जवान और घोड़े घायल हुए थे। ब्रिटिश सत्ता ने अपनी नीति के अनुसार भीलों में खौफ पैदा करने के लिए भागोजी के मृत शरीर को उसके गाँव, नंदुर शिंगोटे ले जाकर उसी स्थान पर लटकाया, जहाँ पूर्व में भागोजी ने हेनरी की हत्या की थी।[7] इस युद्ध के इनाम स्वरूप 1864 में सॉउटर को बॉम्बे का पुलिस कमिश्नर बना दिया गया।[8] उन्हें वंशानुगत वीर कहा गया क्योंकि उनके पिता अफगान युद्ध में भाग ले चुके थे। सॉउटर की मृत्यु 4 जून 1888 को ऊटी में दिल का दौरा पड़ने से हुई थी जहाँ वह स्वास्थ्य लाभ कर रहे थे।[9]

1860 में नांदेड़ जिले का भील विद्रोह : इटोबा और सुकराम नायक

पूना ऑब्जर्वर के हवाले से एक ब्रिटिश अखबार ने महाराष्ट्र जिले में सितंबर, 1860 के अंत में घटित एक भील विद्रोह का उल्लेख किया है। नांदेड़ के जिलेदार* और एक भील गैंग के बीच, देवगाँव (महाराष्ट्र) में एक घटना घटी थी। पुलिस अधीक्षक कैप्टन डेवीज को सूचना मिली कि इटोबा नायक, सुकराम नायक और कुछ अन्य, मिलकर देवगाँव में लूटपाट कर रहे हैं। सिबोरी तालुका में भी भीलों ने विद्रोह किया था। देवगाँव के विद्रोही भीलों ने एक चपरासी और एक पुलिस नायक की हत्या कर दी थी। कैप्टन

---

*जिलेदार-एक छोटा अफसर जिसे जमींदारी इलाके के किसी भाग का कर वसूलने लिए नियत किया जाता, वह नहर और अफीम की खेती को भी देखता।

डेवीज ने तुरंत नांदेड़ के जिलेदार हैदर बेग को कार्रवाई का निर्देश दिया। उन्होंने हैदर बेग को हिदायत दी कि स्थिति का आकलन कर लें और अगर उन्हें लगे कि भीलों की स्थिति उनसे बहुत मजबूत है तो हिंडोली से सैन्य सहायता ले लें। बेग ने निर्देश प्राप्त कर अपने मुख्यालय, नांदेड़ से उसी रात प्रस्थान किया। उसके साथ कुल 125 लोग थे जिनमें 40 घुड़सवार और बाकी पैदल जवान थे। इनमें मुख्यतः सिंधी और दक्खिनी थे। चार दिन की यात्रा के बाद बेग, रामपुरी पहुँचा जो 120 मील दूर था। वहाँ उसने दुश्मन के ठिकाने का पता लगाने का प्रयास किया। वहाँ से एक रात और 40 मील चलने के बाद देवगाँव पहुँचा। बेग के साथ भीलों ने कड़ा संघर्ष किया परंतु बेग के पास घुड़सवार थे और उसके आदमियों की संख्या ज्यादा थी, लिहाजा वह भीलों पर भारी पड़ा। उसने अपने कुछ आदमियों के साथ भीलों के बीच प्रवेश किया। उनसे युद्ध किया और कुल 60 भीलों को जख्मी कर दिया, जो युद्ध लायक न बचे। चार मुखियाओं सहित 44 को गिरफ्तार किया, जिनमें से कुछ कम या ज्यादा घायल थे। बेग को भी चोट पहुँची थी। उसका दायाँ कंधा अनुपयोगी हो गया था लेकिन कोई अन्य घाव नहीं हुआ था। उनके 12 जवान भी घायल हुए थे और एक घोड़ा मारा गया था।[10]

3 या 4 जुलाई 1860 को चास (अकोले तालुका के अंतर्गत गाँव), जिला-अहमदनगर, में 25 के लगभग भीलों के गैंग ने दो मारवाड़ियों की दुकानें लूट ली थीं। चास से मात्र दो मील की दूरी पर वह स्थान था, जहाँ, तीन साल पूर्व कैप्टन हेनरी मार दिए गए थे। गैंग के पास बंदूकें, तलवारें और खंजर थे। इस गैंग का मुखिया भागोजी नायक का बेटा था। वह 1,600 रुपये की संपत्ति लूटकर ले गया था। उसने कुछ मारवाड़ियों को मारा मगर किसी की हत्या नहीं की थी। घटना के कुछ समय बाद सहायक पुलिस अधीक्षक पहुँचे और तलाशी अभियान चलाया। तीन भीलों के कब्जे से मात्र 35 रुपये बरामद हो सके।[11]

1860 में शेलगाँव (महाराष्ट्र) की लूट : हिरी और बुहिरी को सजा

9 नवंबर 1860 को दिन में दोपहर बाद, शेलगाँव में एक बड़ी डकैती पड़ी। इस डकैती में 18 से 20 लोग शामिल थे जिनमें अधिकांश भील मुखिया और कुछ ठाकुर जाति के लोग थे। डकैत गिरोह में दो औरतें भी शामिल थीं। डकैतों के पास बंदूकें, तलवारें और गदा थे। एक तलवारधारी भील ने एक व्यक्ति की नाक काट दी थी। ऐसा लगता है कि यह गाँव साहूकारों का था और साहूकारों द्वारा भीलों के प्रति बहुत जुल्म किया गया था। इस लूट के विरुद्ध जयराम नामक व्यक्ति ने पुलिस में शिकायत की। यद्यपि किसी को नामजद नहीं किया गया था। कुल 1,980 रुपये की संपत्ति लूटी गई थी। शिकायतकर्ताओं की लेखा-बहियाँ भी नष्ट कर दी गई थीं। पुलिस ने अभियुक्तों को पकड़

लिया था जिनमें हिरी, बुहिरी और पाँच ठाकुर थे। मामला 17 अप्रैल 1861 को सेशन कोर्ट बॉम्बे में सुनवाई हेतु प्रस्तुत हुआ। गनेश हेमचंद ने इस मुकदमे में भील डकैतों के विरुद्ध गवाही दी। सेशन जज, सी. फोर्ब्स ने सभी को अपराध का दोषी माना।[12]

भील नायक, महदिया और पाँच अन्य भीलों की फाँसी।

अहमदनगर जिला, 17 अक्टूबर 1861

भागोजी नायक से जुड़े बहुत से भील विद्रोहियों ने अक्टूबर 1857 के विद्रोह के समय अँग्रेजों के खिलाफ बगावत की थी। इनमें से एक चर्चित भील मुखिया, महदिया था, जिसे 1857 में गैरकानूनी घोषित कर दिया गया था। वह बहुचर्चित भील मुखिया, भागोजी नायक के गिरोह से संबंधित था। 17 अक्टूबर 1861 की सुबह उसे पाँच अन्य भील विद्रोहियों के साथ फाँसी दे दी गई थी।

महदिया के ऊपर येसु भील की नृशंस हत्या का आरोप था। महदिया ने यसु की हत्या इसलिए की थी क्योंकि वह पुलिस का जासूस था। यसु की बीवी और बच्चे, सभी भील विद्रोहियों के बारे में जासूसी करते थे और पुलिस तक खबर पहुँचाते थे। महदिया को फाँसी अहमदनगर से लगभग पचास मील उत्तर-पश्चिम में 'निमगाँव यारली' में हुई थी। अँग्रेजों के अनुसार, फाँसी के लिए चुना गया यह स्थान उनके अंतिम अत्याचार का स्थल था; और चूँकि भीलों और ग्रामीणों को फाँसी देखने के लिए आमंत्रित किया गया था, इसलिए उपस्थित लोगों की संख्या बहुत अधिक थी। अँग्रेजों का मानना था कि भील देश के मध्य में दी गई इस फाँसी से निःसंदेह भीलों के मन में भय उत्पन्न होगा और वे भविष्य में ऐसा दुस्साहस नहीं करेंगे। फाँसी पर चढ़ने से पहले कैदियों ने बहुत कम बातचीत की थी इससे अँग्रेजों का काहना था कि; "ऐसा प्रतीत होता है कि वे अपने भाग्य से सहमत हैं। इसे भील विद्रोह के लिए एक घातक झटका माना जाना चाहिए, जिसने अक्टूबर 1857 से ब्रिटिश प्रशासन को परेशान कर रखा था। इस डाकू और अनुयायियों को पकड़ने में फौजदार द्वारा लगाए गए जासूसों का इस्तेमाल किया गया, जिन्होंने उन्हें खानदेश में खोज निकाला था।"[13]

1861 तक अहमदनगर क्षेत्र में कुछ शांति स्थापित हुई थी। इसका पूरा श्रेय कोली कार्प्स को दिया जाता है। काम पूरा होते ही 1861 में कोली कार्प्स को अँग्रेजों ने समाप्त कर दिया था।[14] सन् 1861 के अंतिम दिनों में एक भील गैंग ने निमाड़ के पास मालवा भील कार्प्स की टुकड़ी पर आक्रमण कर दिया। इसमें कई सिपाही मारे गए और कुछ घायल हुए। उसके बाद भीलों ने लूटमार की और कैंप में आग लगा दी।[15] मालेगाँव (महाराष्ट्र) सदर के पास भीलों ने एक गाँव को लूट लिया तथा घुड़सवार सेना के स्टेशन को जला दिया। स्थिति से निबटने के लिए पूना हॉर्स और 6वीं एन.आई. को 21

दिसंबर 1861 को मालेगाँव भेजा गया।[16] 24 फरवरी 1862 के एक विभागीय पत्र से, जो कार्यवाहक सचिव, बॉम्बे सरकार को लिखा गया था, ज्ञात होता है कि बॉम्बे मार्ग पर भीलों की लगातार बगावत को देखते हुए उनके विरुद्ध कार्रवाई की गई थी।[17]

सितंबर, 1862 में खानदेश में भीलों का विद्रोह जारी था। यूरोपीय अधिकारी के नेतृत्व में महू से सेना भेजी गई थी मगर बरसात का मौसम होने के कारण पहाड़ी और जंगलों से घिरे प्रदेश में सफलता मिलनी संभव न थी इसलिए बरसात बाद ही भीलों को सबक सिखाने का निर्णय लिया गया था।[18]

तोरणमाल पहाड़ी के श्यामलजी, झंड और डांग के श्रीपत, देवी सिंह, उदय सिंह, कीरा सिंह, और दौलत सिंह का विद्रोह : 1862

अँग्रेजों ने बहुत से भील नायकों को खेती के काम में लगाया था। उनका सोचना था कि इससे भील मुखिया विद्रोह से किनारा कर, मुख्यधारा में आ जाएँगे मगर इस क्षेत्र में उन्हें आंशिक सफलता मिली। बहुत से भील मुखिया स्वतंत्रता चाहते थे। जब पुलिस ने उन पर दबाव बनाया तो निराश उपद्रवी भील सतपुड़ा रेंज की सबसे ऊँची पहाड़ी चोटी, तोरणमाल पर जमा हो गए और वहीं से अपनी विद्रोही गतिविधियाँ जारी रखे हुए थे। तोरणमाल, सुल्तानपुर से 29 मील दूर था। निमाड़ के पॉलिटिकल एजेंट, मेजर कीटिंग ने अपने सहायक लेफ्टिनेंट कैडल (Cadell), लेफ्टिनेंट हैंसन (Hanson) और हॉल (Hall) के नेतृत्व में इन भीलों के खिलाफ मुहिम शुरू की। तोरणमाल पहाड़ी के भील मुखिया का नाम श्यामलजी था। मेजर कीटिंग ने उसे बातचीत एवं समस्या बताने के लिए पकड़कर लेफ्टिनेंट प्रॉब्यान के सामने प्रस्तुत किया। भील नायक श्यामलजी ने अपनी पुरानी सत्ता यानी जागीर की बहाली का आश्वासन चाहा जिसके बारे में अधिकारियों द्वारा कोई वादा नहीं किया गया। इससे दुखी होकर श्यामलजी, लेफ्टिनेंट प्रॉब्यान के कैंप से भाग गए। बाद में एक अधिकारी के समझाने पर श्यामलजी ने मार्च, 1862 में लेफ्टिनेंट कैडल के सामने बिना शर्त समर्पण कर दिया था।[19]

झंड (मध्य प्रदेश, गुजरात) का जंगल, रेवाकाँटा की सीमा पर था। यह पूरा पहाड़ी इलाका पंचमहल जिले में पड़ता था जो मालवा और गुजरात की संयुक्त सीमा पर था। उस क्षेत्र को ब्रिटिश सरकार ने 1861 में सिंधिया के भू-भाग से बदलकर अपने कब्जे में लिया था। इस क्षेत्र के नयकारा भीलों का उपद्रव उसी समय जारी था जिसे न्यायिक नियंत्रण द्वारा रोका गया। उन विद्रोही गतिविधियों को भीलों के सहयोग से, पेशवा का एक ब्राह्मण एजेंट जारी रखे हुए था। जल्द ही उसे निमाड़ के अधिकारियों ने अलीराजपुर के पास गिरफ्तार कर लिया।[20]

जनवरी, 1862 में डांग (गुजरात) में स्थानीय कारणों से भील अशांति पैदा हो गई थी। डांग का जंगल सह्याद्रि की घाटी में पड़ता था जो ब्रिटिश जिला नवापुर और गायकवाड़ के जिला लंगूर के बीच पड़ता था। इस क्षेत्र में 5 मुख्य भील मुखियाओं और 2 छोटे मुखियाओं का शासन चलता था। उनके विद्रोही आचरण के कारण लंबे समय से इस क्षेत्र में उनकी स्वतंत्र सत्ता कायम थी। इस क्षेत्र में सागौन की लकड़ी प्रचुर मात्रा में थी। उस संपदा पर गायकवाड़ और अँग्रेज, दोनों की निगाहें लगी हुई थीं। सागौन के महत्त्व के कारण 1852 में खानदेश के भील एजेंट ने छोटे-छोटे मुखियाओं के विरुद्ध कार्रवाई की थी। डांग के मुख्य भील मुखियाओं में श्रीपत मारे गए। उसके बाद उनका बड़ा बेटा कुछ समय तक जिंदा रहा। फिर देवी सिंह गद्दी का उत्तराधिकारी बने मगर उनके बड़े भाई ने विद्रोह कर दिया और अपने चाचा उदय सिंह को उत्तराधिकारी बनाने की शर्त पर अपना दावा छोड़ने को राजी हुए। उदय सिंह के मरने के बाद उनका बेटा कीरा सिंह उत्तराधिकारी बने मगर उन्होंने एक गलत काम यह किया कि एक मामले में दो लोगों को घायल कर दिया। इस मामले में वह गिरफ्तार हुए और उन्हें दो साल जेल की सजा हो गई। जेल से उन्हें कोलाबा के पागल अस्पताल में भर्ती किया गया था जहाँ से अप्रैल 1860 में देवी सिंह ने उन्हें भगा लिया। भागकर आने के बाद कीरा सिंह अत्यधिक विद्रोही हरकतें करने लगे। अपने पुराने साथियों के सहयोग से उन्होंने आस-पास के गाँवों को लूटा। देवी सिंह ने इस पर उसे चेतावनी दी और अंत में उनके घर में ही उनकी हत्या कर दी। इस अशांत स्थिति को सँभालने के लिए सरकार ने खानदेश भील कार्प्स को डांग भेजा। देवी सिंह फरार हो गए और अपने भाई के साथ मिलकर लूटपाट करने लगे। उन्हें पकड़ने के लिए इनाम घोषित किया गया। दबाव बढ़ने पर 5 फरवरी 1862 को देवी सिंह ने खानदेश के मजिस्ट्रेट के सामने समर्पण कर दिया। उनके भाई, दौलत सिंह और उनके समर्थकों को भी पकड़ लिया गया था। उसके बाद ही खानदेश और रेवाकाँटा के सीमांत क्षेत्र में शांति व्यवस्था कायम हो सकी थी।[21]

डांग के जंगलों में डांग भील मुखियाओं ने अपने हक-हकूक की लड़ाई जारी रखी। डांग भील मुखियाओं का गुजरात के तीन स्थानों-सगबारा, किरली और वाजपुर में स्वतंत्र अस्तित्व था। वे सदियों से स्वतंत्र शासक थे यद्यपि गायकवाड़ राजा ने उन्हें वार्षिक पेंशन देकर उनके गाँवों पर छल से कब्जा करना शुरू कर दिया था। ब्रिटिश सरकार अपने हित में डांग मुखियाओं का स्वतंत्र अस्तित्व बरकरार रखना चाहती थी। गायकवाड़ राजा उन्हें अपने साथ रखना चाहता था। 1857 में रेलवे ठेकेदार ने डांग मुखिया से डांग के जंगल लीज पर लेकर लकड़ी की कटाई शुरू की तो अँग्रेजों को यह पसंद नहीं आया। गायकवाड़ राजा ने इस लीज की स्वीकृति दी थी। 31 मई 1863 को यह लीज खत्म हुई। 1861 में इस क्षेत्र को अँग्रेजों ने सिंधिया से लिया था। अतः ब्रिटिश सरकार ने हस्तक्षेप

कर ब्रिटिश कंजरवेटर ऑफ फ़ॉरेस्ट द्वारा लीज जारी की। बाद में गायकवाड़ ने इसकी शिकायत बॉम्बे सरकार से की।[22]

महाराष्ट्र और खानदेश सीमावर्ती क्षेत्र में 1879 का भील विद्रोह

वर्ष 1879 में कई और जनजातीय डकैत गिरोहों की जानकारी हमें मिलती है जो बॉम्बे प्रेसिडेंसी में सक्रिय थे। सभी जनजातीय नायक मुख्यत: कोली, रामोसी और भीलों के बीच से जन्मे थे। इनके मुख्यत: चार समूह 1879 में देखे गए थे। पहला समूह रामोसी जनजातियों का था, जिनका नायक हरि माकाजी थे जो सतारा (महाराष्ट्र) जिले के कलंबी का रहने वाले थे। इनके गैंग ने जनवरी में सतारा जिले में कई डकैतियाँ डालीं। वह मार्च में सोलापुर पुलिस द्वारा पकड़ लिए गए। उसके बाद उस गिरोह का सरगना बने तात्या माकाजी। उनके दो भाई, बबिया और रामकृष्ण भी सहयोगी थे। साल के अंत में तात्या माकाजी पुलिस द्वारा मारे गए। रामकृष्ण और अन्य गिरफ्तार कर लिए गए। दक्खिन का दूसरा बड़ा गिरोह मुख्यत: रामोसी जनजातियों का था। उनका नायक दौलत्ता थे। दौलत्ता ने फरवरी-मार्च, 1879 में पूना में कई डकैतियाँ डाली थीं। बाद में पूना पुलिस ने जब उन पर दबाव बनाया तो वह जिला थाणे में प्रवेश कर गए और वहाँ दो बड़ी डकैतियाँ डालीं। वहाँ से पुन: पूना लौटे मगर मेजर डेनियल ने उन्हें 17 मार्च को मुठभेड़ में मार गिराया। उनके चार अन्य सहयोगी भी मारे गए और 11 घायल हो गए थे। इस गैंग से ब्राह्मण वासुदेव बलवंत फड़के भी जुड़े और कई डकैतियाँ डालीं जो पूर्व में राजस्व विभाग में क्लर्क थे। दौलत्ता के मारे जाने के बाद वह निजाम की सीमा में प्रवेश कर गए और रोहिल्लाओं का एक गैंग तैयार किया। वह जल्द ही कालाडगी जिले में मेजर डेनियल द्वारा गिरफ्तार कर लिए गए। पुरंधरघेरा के कोलियों का भी एक गैंग था जिसके सरगना कृष्ण सबले और उसका बेटा मरोटी सबले थे। वे पूना जिले के आस-पास डकैतियाँ डालते थे। इस गिरोह को मेजर वाइज और खानदेश के इंस्पेक्टर सैयद जमाल ने खानदेश की पुलिस के सहयोग से 1879 के अंत में भुसावल के पास गिरफ्तार कर लिया। यह गिरफ्तारी ससवड़ (Saswad) के पास की पहाड़ियों में हुई थी जिसमें दस डकैत शामिल थे। चौथा गिरोह भीलों का था जिनके मुखिया टुकिया और अनिया थे। यद्यपि उन्होंने सुरक्षा की दृष्टि से अपना मुख्यालय निजाम सीमा क्षेत्र में बना रखा था मगर डकैतियाँ, ब्रिटिश सीमा के खानदेश और अहमदनगर जिलों में डालते थे। साल में सेंट्रल प्रॉविंस में पड़ी कुल 161 डकैतियों में से इन गिरोहों ने कुल 81 डकैतियाँ डाली थीं।[23]

इस प्रकार हम देखते हैं कि मेजर वाइज ने अंतत: पूना के आस-पास के जनजातीय विद्रोहियों को पकड़ने या मारने में सफलता पाई थी। खानदेश के एक मुख्य भील कांस्टेबल ने 1879 के अंत में ससवाल की पहाड़ियों के आस-पास से दस डकैत

गिरोहों को पकड़ा था। इनमें से दो भुसावल के पास पकड़े गए थे। दक्खिन के इन सभी जनजातीय विद्रोहियों का रिंग लीडर टंट्या भील थे जिनके बारे में भाग तीन में विस्तार से चर्चा करेंगे।[24]

1883 के एक अखबार से पता चलता है कि औरंगाबाद जिले का जो हिस्सा खानदेश से लगता था, वहाँ ब्रिटिश सेना, भीलों के खिलाफ अभियान जारी रखे हुए थी।[25]

1887 में नायक जंगिया का विद्रोह

सन 1887 की शुरुआत में भीलों का विद्रोह दक्खिनी क्षेत्र में देखने को मिलता है। औरंगाबाद से 104 मील दूर, डासाला में जंगिया नामक भील मुखिया विद्रोही बने हुए थे। अँग्रेजों को लंबे समय से जंगिया की तलाश थी। उन पर हत्या और डकैती के अनेक मामले दर्ज थे। हर बार वह चकमा देकर बच निकलते थे। कई बार लगता था कि अब जंगिया हाथ आया मगर अँग्रेजों के लिए हर बार उम्मीद की किरण धुँधली पड़ जाती थी। आखिरकार परेशानी देने वाले उस नायक को डासाला में गिरफ्तार कर लिया गया। उन्हें लेफ्टिनेंट फोर्ड, सिविल इंजीनियर, ने गिरफ्तार किया था। डासाला, निजाम के क्षेत्र में था इसलिए उन्हें गिरफ्तार कर निजाम के अधिकारियों को सौंप दिया गया। अँग्रेजों को पूरी उम्मीद थी कि वहाँ उन्हें उचित दंड मिलेगा। जंगिया के गिरफ्तार हो जाने के बाद आस-पास के क्षेत्रों से उपद्रव की सूचना मिलनी बंद हो गई थी।[26]

1888 के प्रारंभ में खानदेश के मुसलमान भीलों के एक बड़े गैंग द्वारा निमाड़ जिले में प्रवेश कर के दो डकैतियाँ डाली गई थीं। इनसे टंट्या भील का जुड़ाव था। निमाड़ की पुलिस ने इनके मुखियाओं को गिरफ्तार कर अभियोजन की कार्यवाही की थी। कुछ को फाँसी और कुछ को लंबे समय तक जेल की सजा सुनाई गई थी।[27]

दशरथ भील : 1890

नर्मदा घाटी के टंट्या भील की तरह ही महानदी बेसिन क्षेत्र में दशरथ भील विद्रोही का आतंक कायम हुआ। उन्हें भी लोग बहुत जल्द भारत का रॉबिनहुड नाम से जानने लगे थे मगर कुछ ही समय बाद दशरथ और उसके गैंग को बिलासपुर के पुलिस अधीक्षक मि. नेलर (Naylor) और कुछ अन्य अधिकारियों ने छिन्न-भिन्न कर दिया। कुछ एक मुठभेड़ों के बाद दशरथ को गिरफ्तार कर लिया गया। उन्होंने बहुत-सी डकैतियाँ डाली थीं मगर किसी की हत्या नहीं की थी इसलिए उन्हें फाँसी की सजा नहीं हुई।[28]

भोला जी भील उर्फ इट्टा नायक का 1898 में आतंक

मि. सी. हांकिन (Hankin) आई.जी. निजाम पुलिस, औरंगाबाद की रिपोर्ट से ज्ञात होता है कि 11 और 12 मई 1898 की सुबह भोलाजी या भोला सिंह भील नायक ने भारी पुलिस बल और सेना के साथ भीषण युद्ध किया था। भोलाजी के गैंग में लगभग 100 भील थे। भोलाजी उर्फ इट्टा के अलावा माधव राव और दौतिया भी गैंग के अगुवा थे। औरतें भी बंदूकें चलाती थीं। भोला सिंह मूल रूप से कर्जत के रहने वाले थे और वहाँ कई डकैतियाँ डालने के बाद वह निजाम क्षेत्र में चला आए थे। इस गैंग के पास झंडे थे जिनका उपयोग वे संकेत देने के लिए करते थे। 11 मई की रात में पाचोरा से पुलिस, रोहिल्ला और अरब सैनिकों की टुकड़ियाँ भेजी गईं। दस मील चलने के बाद प्रकाश होने के पहले 12 मई की सुबह, भीलों के गैंग ने घोड़ों की टापों की आवाज को सुन गोली चला दी थी जिससे एक रोहिल्ला जवान मारा गया, एक पुलिस और एक घोड़े को भी गोली लगी। उजाला होते ही दोनों ओर से भीषण गोलीबारी हुई। भीलों का विश्वास था कि उनके मुखिया भोलाजी के प्रताप से झंडों से गुजरकर गोली पानी हो जाएगी। वे 'भोलाजी की जय' के नारे लगा रहे थे (ठीक इसी तरह 1922 में चौरी चौरा विद्रोह में शामिल किसानों को विश्वास हुआ कि गाँधीजी के प्रताप से गोली पानी हो जा रही है। वे भी गाँधीजी की जय के नारे लगा रहे थे। 'चौरी चौरा विद्रोह और स्वाधीनता आंदोलन' नामक पुस्तक में मैंने इसका उल्लेख किया है)। जल्द ही उनकी जनहानि हुई। 64 भील बंदी बना लिए गए और 14 भागने में सफल रहे। उनका इरादा औरंगाबाद जेल पर आक्रमण कर कैदियों को मुक्त कराना था। भोला गैंग के 60 लोगों ने बोरगाँव में भीषण डकैती डाली थी जहाँ उसके 33 लोग पकड़ लिए गए थे। उसके बाद भील परभाणी की ओर भागे। फिर सोहाले पहाड़ी में पुलिस से मुठभेड़ हुई। उसके बाद पुलिस 11 भीलों को पकड़ने में सफल हुई। गैंग ने अहीरमाल पहाड़ी पर शरण ली। वहाँ से मालेगाँव की ओर गिरोह गया और डकैती डाली। एक जमादार और दो जवानों पर गोली चलाई। यहाँ पर गैंग ने इटोबा भील, हिरिया भील, यादिया भील और रामचंदर को पकड़ लिया। उन्हें संदेह था कि ये लोग पुलिस की मदद कर रहे हैं। उनको गाँव से बाहर ले जाकर सिर काट दिया। उसके बाद लूटते हुए अहीरमाल पहाड़ी लौट आए। महालगाँव से तहसील भेजी जा रही सरकारी किस्त लूटने का प्रयास किया। गैंग के भीवा और वाडिया ने एक पुलिस जासूस, भावो सिंह भील को मार दिया था। डगरिया भी पुलिस का जासूस था और उसे वाडिया और रामजई ने मार दिया था। पकड़े गए भीलों पर सरकार ने अभियोग चलाकर दंडित किया था।[29]

1899 के अकाल का अभिशाप

वर्ष 1899 के आस-पास खानदेश एवं राजपूताना में भीषण सूखा, भीलों के लिए काल बन गया था। भूख से मर रहे भीलों ने जिंदगी बचाने के लिए बनियों और साहूकारों के खिलाफ बगावत की।[30] खानदेश के बजाय, राजपूताना क्षेत्र में यह बगावत ज्यादा देखने को मिली। हम इस छप्पनिया अकाल एवं राजपूताना के भीलों की आपदा के बारे में अगले अध्याय में चर्चा करेंगे।

भूख मिटाने के लिए गुजरात और मध्य प्रदेश की सीमा पर भीलों ने विद्रोह कर दिया था। सुंथ और रामपुर के आस-पास के गाँवों के सैकड़ों भील लूटपाट के लिए जंगलों से बाहर निकल आए थे। वेस्टर्न मालवा एजेंसी के अंतर्गत पड़ने वाले एक छोटे-से राज्य सैलाना, जो रतलाम से बहुत दूर नहीं था, के एक गाँव पर भीलों ने धावा बोला। तत्कालीन समय में भील, गाँवों के ऊपर लगाई जाने वाली लेवी और अनाज की बढ़ती कीमतों से परेशान थे। उन्होंने बनियों से उचित मूल्य पर अनाज बेचने की माँग की और धरना दिया। जब बनियों ने उनकी माँग को ठुकरा दिया तो भीलों ने बनियों के कई गाँवों पर धावा बोल दिया। उनके यहाँ रखे अनाज तथा जानवरों को लूट ले गए। 21 सितंबर 1899 की रात, 200 भीलों की भारी भीड़ ने एक गुज्जर गाँव, खेरिया रूंडी (Kheria Rundi) पर धावा बोल दिया और वहाँ का सारा अनाज लूट ले गए। साथ ही साथ 150 के लगभग भैंसों को भी खोल ले गए। सैलाना (मध्य प्रदेश) में स्थानीय पुलिस और घुड़सवार थे जो रोटी (Roati) के ठाकुर के नियंत्रण में थे। ठाकुर ने अपनी पुलिस और घुड़सवार सिपाहियों तथा लगभग 100 स्थानीय भील मित्रों को लेकर विद्रोही भीलों का 25 मील तक पीछा किया। उन पर गोलियाँ चलाईं। कुछ को मारा तथा कुछ को घायल किया। इसके बावजूद भीलों ने अनाज, जानवरों और अपने घायल साथियों को छोड़ा नहीं, उन्हें लेकर झाबुआ के पहाड़ी जंगलों में पहुँच गए। जंगलों और पहाड़ियों में पहुँचते ही भीलों ने पलटकर आक्रमण किया, जिससे ठाकुर के 7 सिपाही और 6 घोड़े मारे गए। कई सिपाही और कुछ घोड़े घायल हुए। उसके बाद भील पहाड़ियों में गायब हो गए। स्थिति को सँभालने के लिए नेटिव इन्फैंट्री, पंचमहल भेजी गई मगर सूखा और भूख से बेहाल भीलों द्वारा लूटपाट जारी रही। उस समय संपन्न और बनिया वर्ग ही एकमात्र खुशहाल वर्ग था।[31]

1901 में खानदेश और गुजरात सीमांत क्षेत्र में भीलों के आक्रमण जारी थे। झाबुआ (मध्य प्रदेश) और दाहोद (गुजरात) में भीलों को नियंत्रित करने के लिए मालवा भील कार्प्स को लगाया गया। दाहोद के एक भील गैंग ने पिटोल थाने पर आक्रमण कर अपने एक कैदी को छुड़ा लिया। झाबुआ दरबार की पुलिस उनका पीछा कर रही थी मगर उसकी गलती के कारण विद्रोही ब्रिटिश क्षेत्र के अपने जिले में प्रवेश कर गए।[32]

1888 से 1903 तक खानदेश, अन्य प्रांतों की तरह सूखे की चपेट में रहा। बारिश

की कमी के कारण खानदेश को छोड़कर, अहमदनगर, नासिक आदि में कपास की बहुत कम पैदावार हुई थी। 1900 में 77 प्रतिशत कपास, खानदेश से ही पैदा हुई।[33] अकाल के कारण भील भूखे मर रहे थे। चारों ओर भीलों की लाशें देखी जा सकती थीं। रास्तों, गड्ढों और पुराने कुओं में लाशें भरी पड़ी थीं।[34] इस संबंध में कुछ और जानकारी अगले अध्याय में दी गई है।

कन्हैया भील : 1901

सिकंदराबाद (हैदराबाद) से 5 जुलाई 1901 को भेजे टेलीग्राम से पता चलता है कि अहमदनगर और निजाम क्षेत्र में डकैती, हत्या और लूटपाट के लिए कुख्यात कन्हैया भील को निजाम कोर्ट ने 1901 के मध्य में फाँसी की सजा सुना दी थी। वह निजाम कोर्ट में बंद थे और उन पर कत्ल का मुकदमा चल रहा था। कन्हैया ने 1899 से लेकर 1900 तक अहमदनगर जिले में अनगिनत डाके डाले और लूटमार की। यह वही समय था जब राजपूताना, खानदेश और स्वयं अहमदनगर में भीषण अकाल पड़ा था। ब्रिटिश पुलिस ने कन्हैया को पकड़ने के बहुत प्रयास किए मगर वह नाकामयाब रही। जब अहमदनगर जिले में उन पर दबाव बढ़ा तो वह निजाम के क्षेत्र में प्रवेश कर गए। वहाँ उन्होंने अनेक हत्याएँ कीं। टंट्या भील की तरह वह भी लोगों की नाक काटकर दंड देने के आदी थे। अंततः ब्रिटिश सरकार के जासूस मि. स्टीवेंसन (Stevenson) के सहयोग से हैदराबाद क्षेत्र में निजाम की पुलिस ने उन्हें पकड़ लिया और निजाम कोर्ट में मुकदमा चला। स्टीवेंसन के कार्य की सराहना करते हुए बॉम्बे सरकार ने उन्हें 500 रुपये का इनाम दिया था। निजाम सरकार ने भी उन्हें इनाम दिया।[35]

जावरा जेल विद्रोह : 1922-23

1922-23 में इंदौर राज के जावरा (Jaora)नामक जेल में 45 भीलों को डकैती के एक मामले में गिरफ्तार कर रखा गया था। जेल में बंद भीलों ने अपने बाहरी साथियों की मदद से एक सुनियोजित रणनीति के तहत जेल में विद्रोह कर दिया। बाहरी भीलों ने जेल पर आक्रमण कर सुरक्षा गार्डों पर नियंत्रण कर लिया। टेलीफोन के तार काट दिए गए और सभी कैदी जेल से भाग निकले। नाजुक स्थिति को देखते हुए सेना को बुला लिया गया जिसने भागते हुए कैदियों पर गोलियाँ चलाईं और कुल 16 भील कैदी मारे गए। बचने वाले कैदी भी लगभग घायल हो चुके थे।[36]

संदर्भ :

1. Maharashtra State Gazetteers, Ahamadnagar District (Revised Edition), Gazetteers Department, Government of Maharashtra, 1976, PP. 145, 146; Gazetteer of the Bombay Presidency, Volume XVI, Nasik, Government Central Press, Bombay, 1883, Page 203.

2. Bombay Gazette, 14 January 1863.

3. Homeward Mail from India, China and the East, 30 June 1888; Morning Post, 24 December 1859; Gazetteer of the Bombay Presidency, Volume XVI, Nasik, Government Central Press, Bombay, 1883, Page 203.

4. Ibid.

5. Maharashtra State Gazetteers, Jalgaon District (Revised Edition), Second Edition, 1962, Page 112; Maharashtra State Gazetteers, Ahamadnagar District (Revised Edition), Gazetteers Department, Government of Maharashtra, 1976, Page 146; Homeward mail from India, China and East, 23 December 1859 and 30 June 1888; Illustrated London News, 11 August 1888; Morning Post, 24 December 1859.

6. Illustrated London News, 11 August 1888.

7. Homeward mail from India, China and East, 23 December 1859.

8. Homeward mail from India, China and East, 7 July 1888.

9. Illustrated London News, 11 August 1888.

10. Homeward mail from India, China and the East, 6 October 1860.

11. Homeward mail from India, China and the East, 4 September 1860.

12. Bombay Gazette, 10 May 1861.

13. The Times Of India, 23 October 1861, page 3.

14. Maharashtra State Gazetteers, Ahamadnagar District (Revised Edition), Gazetteers Department, Government of Maharashtra, 1976, Page 146.

15. Bombay Gazette, 30 December 1861.

16. Bombay Gazette, 24 December 1861.

17. NAI/ Foreign Department/Political/B/ File 29-30/ February 1882.

18. The Mercury (Hobart) 22 September 1862.

19. Bombay Gazette, 5 March 1863.

20. Ibid.

21. Ibid.

22. NAI, Foreign Department, Political-A, File Nos. 294-299, 1870.

23. Homeward Mail from India, China and the East, 17 February 1881.

24. Homeward Mail from India, China and the East, 29 January 1880, Page 105.

25. Field, 2 June 1883.

26. Homeward Mail, 25 April 1887.

27. Charu Chandra Mukherjee, B.H. Dutt, The Life Of Tantia Bhil, Calcutta, 1890, Page 60.

28. The Colonies and India, 16 July 1890.

29. Homeward Mail from India, China and the East, 5 September 1898.

30. North Devon Gazette, 21 November 1899.

31. Homeward Mail from India, China and the East, 14 April 1902.

32. Homeward Mail from India, China and the East, 23 October 1899.

33. The Manchester Courier and Lancashire General Advertiser, 9 January 1900.

34. The People and Collectivist (Sydney), 5 May 1900.

35. Homeward Mail from India, China and the East, 29 July 1901

36. Pall Mall Gazette, 12 June 1923.

अध्याय-6 खानदेश सीमांत, बड़वानी और अलीराजपुर के भील नायकों का 1833 के बाद विद्रोह

(क) बड़वानी राज्य के भील मुखियाओं का विद्रोह

खानदेश, बड़वानी और अलीराजपुर के भील विद्रोह का अलग-अलग अध्यायों में अध्ययन कर पाना मुश्किल काम है। सभी क्षेत्र एक-दूजे से सटे और प्रशासनिक रूप से एक-दूसरे पर निर्भर थे। बड़वानी और अलीराजपुर, खानदेश, गुजरात की सीमा से सटे, राजपूत ठाकुरों द्वारा शासित राज्य थे, जिन पर अँग्रेजों का बाह्य नियंत्रण था। आंतरिक रूप से ये राज्य आजादी के समय तक स्वायत्त रहे। खानदेश में अँग्रेजों द्वारा पाँव पसार लेने के बाद, बड़वानी राज्य में, नर्मदा के दक्षिणी किनारे, 1833 से सैन्य शक्ति द्वारा भील सेटलमेंट की गतिविधियाँ तेज हुईं। तब भील मुखिया अशांत थे। ब्रिटिश अधिकारियों को इस तथ्य की जानकारी थी कि जब तक बड़वानी राज्य द्वारा भील मुखियाओं को उनका हक नहीं दिया जाएगा, तब तक वे शांत नहीं होंगे। उत्पीड़न रोकना और सुरक्षा व्यवस्था कायम करना, दोनों के बीच संतुलन की जरूरत थी। यद्यपि इस भावना का व्यवहार में कभी पालन नहीं हुआ। 1830 के दशक के अंत से भीलों का हक (राजस्व का निर्धारित हिस्सा) बकाया था, जिसके कारण उन्होंने लूटपाट शुरू कर दी थी। 1840 के दशक की शुरुआत तक, औपनिवेशिक नीति भील विद्रोहियों के खिलाफ सैन्य प्रयोग पर केंद्रित रही। 1840 के मध्य में ब्रिटिश अधिकारियों ने बड़वानी के जंगलों का दौरा किया। भील मुखियाओं के दावों की पड़ताल की। राजपूत राजाओं ने तब भी भील मुखियाओं का हक देने में उदासीनता दिखाई जिससे लूटपाट की गतिविधियाँ बंद नहीं हुईं। इस प्रकार उन्नीसवीं सदी के उत्तरार्द्ध में निमाड़ क्षेत्र में दो बड़े विद्रोहों ने जन्म लिया, एक बड़वानी क्षेत्र में और दूसरा अलीराजपुर क्षेत्र में।[1] (अली राजपुर = अलीराजपुर)

1. काजी सिंह या खाज्या या कजर सिंह नायक और भीमा नायक

बड़वानी राज्य के भीलों का विद्रोह 1833 से सुनाई देता है जब हटनिया को गिरफ्तार किया गया था। उसके बाद, काजी सिंह नायक की विद्रोही गतिविधियाँ, लंबे समय तक ब्रिटिश सत्ता के लिए चुनौतीपूर्ण रहीं। 1857 तक वह ब्रिटिश सरकार का रखवालदार था मगर उसके बाद, वेतन या कम वेतन विवाद के कारण, वह विद्रोही बन गए। यही स्थिति उनके रिश्तेदार भीमा नायक की भी रही। दसाना पहाड़ियों, डही, भिकल्डा और कुक्षी के गाँवों में लगातार लूटपाट जारी थी। सड़कें असुरक्षित हो चुकी थीं। भील एजेंट, कैप्टन हट्नीसन (Hutenison) ने एजेंट, गवर्नर जनरल, सेंट्रल इंडिया को सुझाव दिया था कि लेफ्टिनेंट डायसार्ट (Dysart) को झाबुआ से हटाकर भिकल्डा और दसाना क्षेत्र में भीलों को नियंत्रित करने के लिए लगा दिया जाए।[2]

बड़वानी में कुल 134 गाँव थे जिनमें से 26 गाँव राजपरिवार के अन्य सदस्यों के लिए या धार्मिक व्यय हेतु छोड़ दिए गए थे। शेष 108 गाँवों से 25,000 रुपये का वार्षिक राजस्व मिलता था। पूरा राज्य पहाड़ों और घने जंगलों से घिरा था। राज में 700-800 भील रहते थे। भील मुखियाओं के परंपरागत अधिकारों को देखते हुए राज्य की ओर से उन्हें मासिक वेतन मिलता था। बड़वानी के पड़ोसी राज्यों, धार, अलीराजपुर और होल्कर राज के भीलों के बीच उनकी हैसियत सबसे मजबूत थी। देशी राज्य कमजोर स्थिति में थे। खानदेश में ब्रिटिश सत्ता होने के कारण, काजी सिंह के विरुद्ध कार्रवाई ब्रिटिश अधिकारियों द्वारा ही हो पाती थी। दस्तावेजों में काजी सिंह का नाम कहीं-कहीं खाजी, कजर या खाज्या सिंह भी मिलता है। काजी सिंह पर कई बार खानदेश के कलेक्टर मॉसफील्ड ने दया दिखाई थी। दया दिखाने का कारण भी था। वह यह कि भील काजी सिंह 1831 से लेकर 1851 तक, ब्रिटिश सेवा में भील कार्प्स का सैनिक रहे। बेहद वफादार रहे। सेवा के दौरान उनका शानदार व्यवहार रहा। उन्हें सेंधवा से शिरपुर तक, 40 मील सड़क मार्ग की रखवाली का दायित्व सौंपा गया था और उस मार्ग पर तैनात पुलिस बल का इंचार्ज बनाया गया था यानी वह सेंधवा घाट का रखवालदार थे। उन्होंने बीस साल की सेवा में सेंधवा-शिरपुर मार्ग पर एक भी डकैती, राहजनी या हत्या की वारदात न होने दी थी। उनकी इस वफादारी और साहस के कारण ही कलेक्टर ने उसके छोटे-मोटे अपराधों को माफ कर दिया था। उसने मेजर ग्राहम, मेजर मॉरिस, कैप्टन रोज और मेजर कीर की वफादारी से सेवा की थी। उन्होंने अनेक कुख्यात भील नायकों को भी नियंत्रित कर ब्रिटिश सेवा में लगाया था। 1851 में उन्होंने एक अपराधी भील को पीटा था, जिससे उसकी मृत्यु हो गई थी। उस मामले में उन पर मुकदमा चला और दस वर्ष की कठोर सजा हुई मगर मेजर कैप्टन रोज और दूसरे अधिकारियों की प्रबल सिफारिश पर वह 1855 में जेल से बाहर आ गए। जून, 1857 में उन्हें पुनः उत्तरी दर्रे की सुरक्षा

की जिम्मेदारी सौंपी गई परंतु इस बार उनका मन ब्रिटिश सरकार की सेवा में न लगा। कुछ महीने का वेतन बकाया होने के कारण वह विद्रोही नजर आने लगे। और भी कारण रहे होंगे, इस संभावना से भी इनकार नहीं किया जा सकता। मुझे लगता है कि 1857 के विप्लव का समाचार उन तक पहुँच गया था। सरकार के विरुद्ध व्यापक जनाक्रोश को उन्होंने महसूस किया हो। उनके साथी, भीमा नायक और मवासिया नायक भी अँग्रेजों के विरुद्ध विद्रोही बन चुके थे मगर जैसा कि कुछ लेखकों ने काजी सिंह और भीमा नायक को सीधे तौर पर 1857 के विप्लव में शामिल होना बताया है, उनसे सहमत होने का कोई साक्ष्य नहीं है। भीमा नायक के चाचा के बारे में जरूर एक हद तक 1857 के विप्लव में आने के संकेत मिलते हैं मगर बड़वानी के भील नायकों की अपनी समस्याएँ थीं। काजी सिंह और भीमा नायक के बेटे भी उनके साथ विद्रोही थे। मामला उनके हक की उपेक्षा का था।[3]

काजी सिंह नायक और भीमा नायक आपस में रिश्तेदार थे (भीमा नायक, काजी सिंह के जीजा थे)। भीमा नायक बड़वानी के बहुत ही शक्तिशाली भील मुखिया थे। बड़वानी का राजा अपनी सत्ता के हितों के लिए उनका इस्तेमाल करता था। नर्मदा के तट पर स्थित ब्राह्मणगाँव को होल्कर राज्य में शामिल कर लिया गया था। इस गाँव को बड़वानी का राजा अपना मानता था। इस नाराजगी के कारण उसने भीमा नायक को ब्राह्मणगाँव को लूटने के लिए उकसाया। ब्राह्मणगाँव के कामसदार (Kamasdar-प्रबंधक) ने बताया कि 18 अगस्त 1857 को सुबह दिन निकलने के बाद बड़वानी इलाके (राज्य) का भीमा नायक अपने 500 से 700 आदमियों के साथ मौजा दतवाड़ा में आया और लगभग 10 से 11 बजे तक लूटता रहा। इसी प्रबंधक ने बताया कि 5 सितंबर 1857 को भीमा नायक ने एक बड़ी लूटपाट की। उसने होल्कर राज्य, खानदेश, बड़वानी राज और बॉम्बे हाईवे पर लूटपाट की। उसके बाद वह विंध्य और सतपुड़ा पहाड़ियों के बीच के विस्तृत क्षेत्र का हीरो बन चुका था। भीमा नायक ने 27 सितंबर 1857 को बड़ोदा के वाहिवतदार (संरक्षक, यहाँ अँग्रेज रेजीडेंट के संदर्भ में प्रयुक्त हुआ है) को एक पत्र लिखा- 'मैंने अपने मन से मौजा दतवाड़ा को नहीं लूटा है, जैसा कि आप संदेह कर रहे हैं। मुझे बड़वानी के महाराजा यशवंत सिंह, भूधगीर बावा और दौलत सिंह मामा ने ऐसा करने का आदेश दिया था। उन्होंने कहा था कि बड़वानी राज्य को छोड़कर वह लूटपाट करे। उन्होंने आगे कहा कि वह मौजा दतवाड़ा को लूट ले क्योंकि यह गाँव बड़वानी का है। इस कार्य के लिए उन्होंने मुझे पचास रुपये और सम्मान वस्त्र दिया लेकिन काम हो जाने के बाद राजा ने मेरी मदद नहीं की। अब आपसे राजा मेरी शिकायत कर रहे हैं। इसलिए मैंने तय किया है कि अपने इलाके में भी लूटपाट करूँगा और राजा से अलग रहूँगा।'[4] उन्होंने धमकी भी दी कि 'आप मेरे बारे में किसी शिकायत पर कोई कार्रवाई

नहीं करें क्योंकि मैं राजा का पुराना आदमी रहा हूँ और मैंने जो कुछ भी किया, उनके आदेश से किया है। इसलिए आप मुझसे क्षतिपूर्ति का आदेश देने के बजाय, राजा से क्षतिपूर्ति लें। अगर आप चाहते हैं कि आपके इलाके में लूटपाट न करूँ तो कृपया मेरा वेतन दिलाने की व्यवस्था करें।'[5]

सितंबर, 1857 में भीमा नायक ने लेफ्टिनेंट केनेडी पर आक्रमण किया। खानदेश के पुलिस अधिकारी को चेतावनी दी। भीमा स्वयं को तत्कालीन दिल्ली सत्ता यानी ढहती मुगल सत्ता का प्रतिनिधि बताता था। उसकी इस धृष्टता के कारण अँग्रेजों ने उसे गिरफ्तार करने की कोशिश की और जब वे सफल न हुए तो उस पर एक हजार का इनाम घोषित किया।[6]

खानदेश के दो भील मुखिया, सेंधवा घाट के भीमा नायक से आ मिले थे। आए दिन इस मार्ग पर टेलीग्राफ सेवाएँ बाधित रहती थीं। मासफिल्ड ने असिस्टेंट गवर्नर जनरल, मध्य प्रांत को 22 अक्टूबर 1857 के पत्र से अवगत कराया था कि 90 मील के सेंधवा मार्ग पर पर्याप्त इरेगुलर घुड़सवार पुलिस और पैदल पुलिस द्वारा पेट्रोलिंग कराई जाए। होल्कर राज भी अपनी सीमा पर ऐसा ही करे।[7]

29 अक्टूबर 1857 को भीमा सिंह, काजी सिंह और कुछ अन्य भील मुखियाओं ने संयुक्त रूप से 1,500 भीलों के समूह के साथ शिरपुर पर आक्रमण किया और लूट लिया। कैप्टन बिर्च ने उनका 56 मील तक पीछा किया मगर कोई लाभ न हुआ। 1 नवंबर को काजी सिंह और भीमा नायक ने ब्रिटिश जिला मुख्यालय से महज 6 मील दूर के दो गाँवों को लूट लिया। ठीक उसी समय खाला नायक ने सुल्तानपुर तालुका के एक गाँव को लूट लिया। बॉम्बे सरकार को सूचना मिली कि 'पाटोडा तालुका में भीलों की भारी भीड़ जमा हो रही है। सिन्नर से जल्द ही 400 भील वहाँ और पहुँचने और लूटमार करने वाले हैं।' कलेक्टर से आवश्यक कदम उठाने की अपील की गई थी। ऐसा लगता है कि किसी जागीरदार ने यह सूचना भेजी थी। काजी सिंह ने पहाड़ियों के नीचे के गाँवों को लूटना शुरू किया और सेंधवा दर्रे को बंद कर दिया। उसके गैंग में अँग्रेजों के प्रति बगावत करने वालों की संख्या बढ़ती जा रही थी। होल्कर की सेना से अलग हुए कुछ सैनिक भी काजी सिंह के गैंग में आ मिले। उसी समय उसके हाथ में एक बड़ा खजाना आ गया। इंदौर से बॉम्बे जा रहे सरकारी खजाने को उसने लूट लिया था।[8]

काजी सिंह और भीमा नायक द्वारा खजाने को लूटने का क्रम 1857 से ही जारी था। 17 नवंबर 1857 को काजी सिंह और भीमा नायक के साथ 1,500 भीलों की भीड़ ने बॉम्बे-आगरा मार्ग पर सेंधवा घाट से सात लाख का खजाना लूट लिया। उसके कुछ दिन बाद बिजासन घाट में 60 बैलगाड़ियों पर लदी अफीम व डाक सामग्री को लूट लिया गया, टेलीग्राफ तार तोड़ दिए गए। उसके बाद भीलों का गिरोह नीचे आया और

सुल्तानपुर इलाके के गाँवों को लूट लिया। इसी बीच भागोजी नायक भी अपने समर्थकों के साथ काजी सिंह और भीमा नायक की मदद में आ गए। उनके दिल में भी अँग्रेजों से नफरत भर गई थी। धार सेना से निकाले गए अरबी भाड़े के सैनिक भी अँग्रेजों से नाराज थे और वे भी काजी सिंह के साथ जुड़ गए। ऐसा जान पड़ता है कि बड़वानी का राजा इन्हें 1850 से सहयोग कर रहा था। मेजर इवांस ने भीमा नायक और मवासिया (भीमा का भतीजा) से समझौता करने का प्रयास किया था लेकिन सफलता न मिली थी। काजी सिंह, दुलार सिंह या दौलत सिंह (काजी नायक का बेटा) और कालू बाबा ने मिलकर मेजर इवांस के विरुद्ध मोर्चा खोल दिया था। 11 अप्रैल 1858 को प्रातः 8 बजे अंबापानी में ब्रिटिश सेना और भील मुखियाओं के बीच भीषण युद्ध शुरू हुआ जो दोपहर बाद 3 बजे तक चलता रहा। भीलों ने परंपरागत हथियारों के अलावा भरने वाली बंदूकों का प्रयोग किया। इस युद्ध में 1,500 भीलों ने भाग लिया था। उस युद्ध में भीमा नायक बुरी तरह पराजित हुए थे। सीताराम उनका सहयोगी था। इसका उल्लेख अध्याय 4 में किया जा चुका है। इस युद्ध में कई ब्रिटिश अधिकारी घायल हुए। एक भारतीय अधिकारी मारा गया। दुलार या दौलत सिंह सहित 65 भील मारे गए और 170 घायल हुए। इस युद्ध में पुरुषों की मदद करने वाली 400 भील महिलाएँ भी ब्रिटिश सेना के विरुद्ध थीं, जिन्हें गिरफ्तार कर लिया गया और धुलिया जेल भेज दिया गया। 17 नवंबर 1857 को सेंधवा से लूटे गए खजाने को, बाद में सेना ने बरामद कर लिया था जिससे खुश होकर बॉम्बे सरकार ने जवानों को नकद इनाम देने की घोषणा की थी। The Drum Trails में 57 भीलों को सजा मिली थी।[9]

लेफ्टिनेंट डब्ल्यू जी. कमिंग, कार्यवाहक पॉलिटिकल एजेंट, निमाड़ ने रॉबर्ट हमिल्टन बरनेट, एजेंट टू गवर्नर जनरल फॉर सेंट्रल इंडिया को 28 जून 1858 को पत्र लिखते हुए अवगत कराया कि नवंबर, 1857 में भीलों द्वारा सेंधवा घाटमार्ग से लूटे गए खजाने में से चालीस हजार रुपये पुलिस द्वारा बरामद कर लिए गए हैं। आपके आदेशानुसार उस राशि में से पाँच प्रतिशत काटकर शेष संबंधित व्यापारी को लौटा दिया गया है। सतपुड़ा फील्ड फोर्स द्वारा भी लगभग एक लाख बीस हजार बरामद किए गए हैं। बड़वानी जिले से पैंतीस सौ रुपये बरामद हुए हैं। इन्हें मंडलेश्वर ट्रेजरी में रखा गया है। पत्र से ज्ञात होता है कि उक्त राशि, व्यापारियों को लौटाने का इरादा न था।[10]

सेक्रेटरी, बॉम्बे सरकार ने आर. हमिल्टन को 20 नवंबर 1858 को पत्र द्वारा अवगत कराया कि नवंबर, 1857 में सेंधवा घाट में खजाने की लूट के कारण भीलों को सहयोग करने के संदेह पर 165 गार्डों को गिरफ्तार किया गया था। इनमें से केवल 5 गार्ड मुकाबला करते हुए घायल हुए थे जबकि 160 गार्ड घायल नहीं हुए थे। इन 160 को पहले 14 साल और बाद में पाँच साल की सश्रम सजा हुई।[11]

काजी सिंह और उसके साथियों के संयुक्त विद्रोह को देखते हुए मालगाड़ी से 26वीं नेटिव इन्फैंट्री की दो कंपनियाँ, 18 मई 1860 को काबिल अधिकारी कैप्टन बौडिच (Boudich) के नेतृत्व में शिरपुर से धुलिया भेजी गईं। वहाँ पहले से ही कैप्टन अटकिंस और प्रॉब्यान, भील वाहिनी के 150 जवानों के साथ इंतजार कर रहे थे।[12]

काजी सिंह पुत्र गुमान सिंह ने, भीमा नायक पुत्र धूम सिंह का रिश्तेदार होने के नाते, 1858 में अँग्रेजों को वचन दिया था कि अगर भीमा नायक कोई वारदात करता है तो उसके लिए वह जिम्मेदार होगा। काजी ने अँग्रेजों से यह एग्रीमेंट किया था कि अगर वह भीमा को पुलिस के सामने लेकर आता है तो उसे न जेल में बंद किया जाएगा, न काले पानी की सजा दी जाएगी और न फाँसी दी जाएगी। वह पुलिस की निगरानी में रहेगा। भागकर पहाड़ियों में नहीं जाएगा और अगर जाएगा तो उसे वापस लाने की जिम्मेदारी खाज्या की होगी।[13]

कैप्टन ई. एच. थॉमसन, पॉलिटिकल एजेंट, निमाड़ ने सहायक गवर्नर जनरल को लिखा- 'मैं समझ नहीं पा रहा कि खाज्या नायक खानदेश से आकर होल्कर सीमा में विद्रोहियों से कैसे मिल गया। खाज्या हमारा वैतनिक रखवालदार है। उसने भीमा की गारंटी ले रखी थी मगर भीमा को पकड़वा नहीं पाया। मैं नहीं समझता कि हमें उस पर इतना विश्वास करना चाहिए। मेरे विचार से तो उसे खानदेश भेज दिया जाना चाहिए।' होल्कर सरकार के मंत्री रामचंद्र राव ने अर्द्ध शासकीय पत्र में लिखा- 'खाज्या नायक ने खानदेश में लूटपाट की है और अपने परिवार के साथ बड़वानी भाग गया है। लेफ्टिनेंट डायसार्ट का मानना है कि कहीं भीलों में सामूहिक विद्रोह न फूट पड़े, मगर ऐसा नहीं होगा। अन्य भील मुखिया खाज्या की कार्रवाई पसंद नहीं करते। मुवासिया और भीमा नायक का काका नूरला नायक उसकी सहायता को तैयार नहीं है।'[14]

काजी सिंह और भीमा नायक द्वारा 1857 में किए गए विद्रोह को उनकी पिछली सेवाओं, साथ ही साथ सेंधवा घाट मार्ग पर उनकी पकड़ को देखते हुए सरकार ने माफी देकर पुनः सेंधवा घाट की सुरक्षा जिम्मेदारी सौंप दी थी। बाद में अक्टूबर 1860 में कैप्टन कीटिंग ने बड़वानी का कार्यभार ग्रहण करने के बाद क्षमादान की बात को नामंजूर करते हुए जे.सी. वुड, कार्यवाहक भील एजेंट, सरदारपुर को लिखा कि 'भीमा नायक ने कार्यालय के कर्मचारियों को रिश्वत देकर क्षमादान का आदेश पारित करवा लिया है। आपने असिस्टेंट गवर्नर जनरल के आठ माह पुराने पत्र के आधार पर क्षमादान का प्रस्ताव भेज दिया। जब मैंने बड़वानी का कार्यभार ग्रहण किया तो उस पुराने पत्र की व्यवस्थाओं को समाप्त कर, नए निर्देश जारी किए। असिस्टेंट गवर्नर जनरल की अनुमति से मैंने भीमा नायक के क्षमादान को नामंजूर कर दिया है। उसे बता दिया गया है कि दिए गए वचन का पालन नहीं किया जाएगा। कैप्टन थॉमस और मैं, दोनों इस बात में

विश्वास करते हैं कि भीमा नायक के पास पर्याप्त धन है। वह पुलिस वालों को रिश्वत देकर अपने पक्ष में कर लेता है। आप पता करेंगे तो आपके कार्यालय में भी ऐसी स्थिति मिलेगी।' इससे स्पष्ट होता है कि भीमा नायक की पहुँच ब्रिटिश कार्यालयों तक थी।[15] जाम-ए-जमशेद में 4 जुलाई 1860 को समाचार छपा कि वासिंद और महू ट्रेन मार्ग के साथ आने-जाने के रास्ते पर काजी सिंह और भीमा नायक, बैलगाड़ी वाले यात्रियों से लूटपाट कर रहे हैं। समाचार से ऐसा लगता है कि मई, 1860 के आस-पास दोनों विद्रोही मुखिया, वासिंद और इंदौर के बीच लूटपाट कर रहे थे। वे दोनों अलग-अलग दल के साथ लूटपाट करते और फिर आपस में मिल जाते। दोनों का मिलन स्थान पहाड़ियों के पीछे के घने जंगलों में, धुलिया और सेंधवा के बीच के गाँव होते थे। उन गाँवों से दोनों विद्रोहियों के मित्रवत संबंध थे। काजी सिंह ने आगरा मार्ग पर तैनात एग्जीक्यूटिव इंजीनियर के कुछ कर्मचारियों को घायल कर दिया था तथा बेइज्जती की थी। उनके पास जो कुछ धन था, उसको लेकर वह सतपुड़ा की पहाड़ियों में चला गया था तथा ब्रिटिश सरकार से फिर गद्दारी की थी।[16]

काजी सिंह द्वारा 15 जून 1860 को भी खजाना लूटा गया था। उस लूट के बारे में विभिन्न अखबारों में समाचार छपा था मगर लूट की राशि के बारे में भ्रामक बातें लिखी थीं। जैसे, बॉम्बे गजट में 23 जून 1860 को छपा कि 12 ऊँटों के काफिलों पर लदा सरकारी खजाना, जो इंदौर की ओर जा रहा था, जिसकी कीमत दो लाख साठ हजार थी, उसे काजी सिंह ने लूट लिया और एक सप्ताह बाद बूँद में जाकर भीमा नायक से मिले। भीमा नायक तब तक एक-दो गाँवों को लूट चुके थे। उनके पास पहले से ही आठ-दस लाख रुपये थे। इतनी भारी रकम के होते वह अपने समर्थकों की भारी फौज रखने में समर्थ थे। अपने समर्थकों के साथ उन्होंने उस ट्रेन को रोक लिया था जो इंदौर की ओर जा रही थी। सेंधवा की ओर वह लगातार लूटपाट कर रहे थे। उस मार्ग से गुजरने वाले व्यापारियों से वह 10-12 लाख लूट चुके थे। बॉम्बे गजट में 2 जुलाई 1860 को छपा कि 12 ऊँटों का खजाना लूट लेने के बाद काजी सिंह पहाड़ियों में जा छिपे थे। उसके बाद उन्होंने किसी का अपहरण नहीं किया था और न सरकार को कोई नुकसान पहुँचाया था। वह टेलीग्राफ के तार बार-बार काट देते थे तथा छोटे रेलवे स्टेशनों को लगातार लूट रहे थे।[17] एक अखबार ने खजाने की कीमत चार लाख बताई थी जबकि एक अन्य अखबार में खजाने की कीमत दो लाख सत्तर हजार बताई गई थी।[18] इस प्रकार ब्रिटिश समाचारों में खजाने की कीमत, ऊँटों के काफिलों की संख्या और सरकारी या व्यापारियों के खजाने के बारे में भिन्न समाचार मिलते हैं।

ज्यादा प्रामाणिक जानकारी, ले. प्रॉब्यान, वेस्टर्न भील एजेंट एंड असिस्टेंट सुपरिन्टेंडेंट ऑफ पुलिस, खानदेश द्वारा लेफ्टिनेंट जी.एस. डायसार्ट (Dysart), डिप्टी भील एजेंट

एंड पॉलिटिकल असिस्टेंट को लिखे दिनांक 22 जून 1860 के पत्र से होती है। केवल 12 ऊँटों के काफिले के साथ, अफीम की खरीदारी के लिए व्यापारी इंदौर जा रहे थे। जब ऊँटों का काफिला सांगवि के पास पहुँचा तो सेंधवा घाट के रखवालदार, काजी सिंह ने उन ऊँटों को कैद कर लिया और उन पर लदा खजाना लेकर जंगलों तथा पहाड़ियों में भाग गए। यह घटना 15 जून 1860 की है। उन 12 ऊँटों पर केवल दो लाख रुपया था जिसे उसने लूट लिया था। इस क्षेत्र के मुखिया काजी और भीमा नायक थे, इसलिए सरकार को भीमा और काजी पर ही शक था। काजी सिंह खजाना लेने के बाद सतपुड़ा के कठिन दर्रों से होते हुए भाग गए। वह बड़वानी क्षेत्र में प्रवेश कर गए थे। बड़वानी राज्य के दूसरे प्रभावशाली मुखिया, भीमा नायक, से जा मिले थे जो उनके रिश्तेदार थे। उनके साथ सलून के मुखिया माधो सिंह या माधो नायक भी थे जो गोहन चौकी पर नियंत्रण रखते थे। वह काजी सिंह के साले थे। लूट की घटना के बाद उन्हें पकड़ने के लिए भारी पुलिस बल तैनात किया गया। ले. जी.एस. डायसार्ट द्वारा कर्नल सर आर. शेक्सपीयर बर्ट, एजेंट टू गवर्नर जनरल फॉर सेंट्रल इंडिया को बड़वानी कैम्प से 25 जून 1860 को लिखे पत्र से ज्ञात होता है कि सरकार इस संभावना से चिंतित थी कि कहीं काजी सिंह के साथ उत्तरी नर्मदा के अरब विलायती और मकरानी न जुड़ जाएँ। इसलिए सरकार सभी पड़ोसी राज्यों से इस संबंध में निगरानी रखने को कह रही थी। पुलिस बल ने मालेगाँव, धुलिया, महू और इंदौर के बीच विद्रोहियों को तलाशा। कैप्टन अटकिंस (Atkins) और लेफ्टिनेंट प्रॉब्यान को 29 जून को यह भी खबर मिली कि काजी सिंह, सतपुड़ा पहाड़ियों में निवाली के दक्षिण-पश्चिम में छिपे हैं और मजबूत स्थिति में मोर्चाबंदी किए हुए हैं। कैप्टन अटकिंस ने शिरपुर में लाइट फील्ड फोर्स, खानदेश भील कार्प्स, पूना हॉर्स, खानदेश पुलिस, कुछ पूना इरेगुलर्स और कुछ ऐसे लोगों को लिया, जो सतपुड़ा पहाड़ियों के बारे में भिज्ञ हों। राजा इंदौर की 300 घुड़सवार सेना, छठी और 9वीं रेजीमेंट एन.आई, जो मेजर बाघ (Baugh) और लेफ्टिनेंट डेस्टर (Diester) के नेतृत्व में थीं, कैप्टन डेविसन (Davison) द असिस्टेंट डाइरेक्टर ऑफ द ट्रांसपोर्ट ट्रेन तथा अन्य यूरोपीय अधिकारियों की भारी-भरकम टीमें, आगे बढ़ने लगीं। पहाड़ी रास्ता परेशानी पैदा कर रहा था। रास्ते में बारिश भी हो रही थी। लगभग 100 मील थकाऊ रास्ते पर चलने के बाद 1 जुलाई को उन्होंने निवाली के पास, खुल नामक स्थान पर चार दिन कैम्प किया। वहाँ से विद्रोही पास थे। उन्होंने एकाएक काजी सिंह पर आक्रमण किया। काजी सिंह के साथी शानदार तरीके से लड़े मगर कमजोर पड़ने पर इधर-उधर भाग खड़े हुए। काजी सिंह भी अपने मुख्य समर्थकों के साथ भागने में सफल रहे। प्रॉब्यान और अटकिंस ने काजी सिंह का 8 मील तक पीछा किया। शाम होने लगी थी और तभी तेज आँधी के साथ बरसात शुरू हो गई। इससे काजी सिंह का पीछा करना बेहद थकाऊ और मुश्किल भरा लग

रहा था। एक समय काजी सिंह गिरफ्त में आते-आते रह गए। जब तक उस पर ब्रिटिश सेना गोली चलाती या पकड़ती, काजी सिंह और उसके समर्थक, अपने-अपने घोड़ों से कूदकर घने जंगलों और ऊबड़-खाबड़ घाटियों में भागने लगे। अँधेरा घना होने के पूर्व कार्बाइन की मार से दो भील मारे गए और तीन घायल हो गए। मारे गए एवं घायलों को लेकर, भीलों की एक टुकड़ी पहाड़ियों में भाग गई मगर उनके पास से कुछ लूटा हुआ खजाना मिल गया था। काजी की दो खूबसूरत तलवारें, एक दोनाली बंदूक मिली। उनके मुख्य सहयोगी माधो सिंह पकड़े गए। कुछ महँगे परसियन कारपेट, बैल, भैंसे और खच्चर प्राप्त हुए मगर काजी सिंह हाथ नहीं आए। अंततः अधिकारी, भीमा नायक के चाचा को पकड़ने में कामयाब हुए। भीमा नायक के चाचा 1857-58 के विद्रोह में अपने इलाके के रिंग लीडर थे। उनकी ख्याति इतनी थी कि पकड़कर ले जाने के लिए भारी फोर्स लगानी पड़ी थी। उस फोर्स में भील बटालियन के जवान और इंदौर रेगुलर कॉवलरी के 50 जवान लगाए गए, जो उन्हें खुल के पास स्थित मंडलेश्वर नामक किले में ले गए।[19]

उसके बाद तय किया गया कि बरसात बाद ही काजी सिंह के विरुद्ध अभियान चलाया जाएगा। अभियान के लिए 9वीं वाहिनी के कर्नल इवांस से बढ़िया कोई नेतृत्वकर्ता न था क्योंकि 1858 में सतपुड़ा की पहाड़ियों में उनकी टुकड़ी रह चुकी थी। उस समय 9वीं वाहिनी महू में थी और आसानी से बरसात बाद काजी सिंह के विरुद्ध अभियान चला सकती थी।[20]

सरकार ने काजी सिंह पर 2,000 रुपये, माधो, भीमा, नीमला, रतनिया और सेवा भील, प्रत्येक पर 500 रुपये का इनाम घोषित किया था। इनमें से माधो सिंह मारा जा चुका था। ए.आर. ग्रांट, एक्टिंग मजिस्ट्रेट, खानदेश के 26 जून 1860 के पत्र से ज्ञात होता है, जो उन्होंने कर्नल शेक्सपीयर बर्ट, एजेंट, गवर्नर जनरल, सेंट्रल इंडिया, इंदौर को लिखा था, कि काजी 1857-1859 में विद्रोही रहा और उस अवधि का वेतन सरकार ने रोक लिया था। खजाने के साथ संगवी से भागते समय उसने मामलतदार को एक पत्र लिखा था कि उसका वेतन अपर्याप्त है। ए.आर. ग्रांट इस पक्ष में नहीं थे कि अब उसे क्षमादान दिया जाना चाहिए क्योंकि वह खजाना लेकर भाग गया है।[21]

भीमा ने एक और पत्र लिखा और कहा कि जो सिपाही मुझे रसद पहुँचाते हैं, उनको आप पकड़ लेते हैं। ठीक है, मैं बड़वानी राज्य के सभी सिपाहियों और राजा के थानों को बंधक बना लूँगा। अपना खयाल रखें। हमें दिल्ली सरकार (मुगल सरकार) का आदेश प्राप्त हुआ है कि प्रत्येक यूरोपीय और उनके कर्मचारियों का सिर काट दें। दशहरा के बाद मुझे इस दिशा में सफलता मिलेगी।[22]

मेजर बी.एस. कीटिंग, पॉलिटिकल एजेंट, निमाड़ ने 2 मई 1861 को कर्नल आर.सी. शेक्सपीयर बर्ट, एजेंट टू गवर्नर जनरल फॉर सेंट्रल इंडिया को पत्र लिखकर बताया कि

सेंधवा के पास खजाना ले जा रहे व्यापारियों के दल को रोका गया था। इस संबंध में विरोधाभासी सूचनाएँ मिल रही हैं। यह भी सूचना मिल रही है कि आगामी एक-दो माह में भीलों के गिरोह और खजाना लूटेंगे और जंगलों में ले जाकर अपने गिरोहों को मजबूत करेंगे। विगत तीन सालों में दो बार खजाना लूटा जा चुका है। कई बार लूटने के असफल प्रयास हुए हैं। नवंबर, 1857 में भीलों को खजाना लूटने की पहली सफलता मिली थी। सेंधवा मार्ग से बिना पर्याप्त सुरक्षा के खजाना भेज दिया जाता है जिसे रोकने की कोशिश की जानी चाहिए।[23]

2. काजी सिंह की शहादत

अँग्रेजों ने अंत तक काजी सिंह को गद्दार माना। वे लगातार इस प्रयास में रहे कि काजी सिंह को उनके आपराधिक कृत्य का दंड मिले। उन्होंने अपने हितैषी भील मुखियाओं का सहयोग लिया था। अंतत: 3 अक्टूबर 1860 को एक मकरानी भील और उसके लोगों ने काजी सिंह की हत्या कर दी और अँग्रेजों की नीति के अनुसार काजी का सिर काटकर शिरपुर लाए। काजी के बेटे को पकड़कर लोहे के पिंजरे में शिरपुर लाया गया। इस कृत्य के बाद अँग्रेजों को उम्मीद थी कि ऐसी सजा देखकर, विद्रोही और काजी के साथी या तो गायब हो जाएँगे या समर्पण कर देंगे।[24] मगर ऐसा हुआ नहीं। अँग्रेजों ने भीलों की क्षमता को समझा नहीं। भीलों का विद्रोह जारी रहा।

इंडिया ऑफिस, लंदन के दिनांक 30 अप्रैल 1861 के पत्र, जो गवर्नर बॉम्बे को लिखा गया है, से स्पष्ट है कि काजी सिंह को रोहिद्दीन मकरानी जमादार ने मारा था और उसी ने उनके बेटे पहलाद को पकड़ा था। रोहिद्दीन के साथ खानदेश पुलिस की एक टुकड़ी भी थी। पत्र में खासतौर पर इस बात का उल्लेख है कि काजी सिंह और उसका पिता, दोनों यद्यपि कंपनी द्वारा नियुक्त किए गए थे मगर सतपुड़ा पहाड़ी क्षेत्र में उनका व्यापक प्रभाव होने के कारण कभी भी नियंत्रण में न रहे। काजी सिंह को दो बार क्षमादान दिया गया फिर भी उसने अँग्रेजों के खिलाफ बगावत की। मि. रीवस कहते थे- वह खानदेश और उत्तरी सीमांत का गद्दार और कीड़ा था (A traitor and pest of Khandesh and the Northern frontier (देखें संलग्नक-3)।[25]

3. श्यामजी नायक, हिंगोना पर आक्रमण और भीमा नायक की शहादत

भीमा नायक और उसका भतीजा मवासिया या मोवासी, 1857 के आस-पास बड़वानी राज्य के सबसे कुख्यात विद्रोही थे। 1858 के प्रारंभ में उसने अनेक बड़ी डकैतियाँ डालीं और उसके बाद, कर्नल स्टाकले के पास क्षमादान के लिए गए जो

उसे प्रदान कर दिया गया। क्षमादान के बाद वह पुन: विद्रोहियों से जुड़ गए और अनेक डकैतियाँ डालीं। मई, 1858 के प्रथम सप्ताह में भीमा नायक को ब्रिटिश कैम्प में चर्चा के बहाने बुलाया गया और गिरफ्तार कर लिया गया। कुसुम्बिया नामक स्थान पर 5 मई 1858 को मेजर कमिंग के सामने उसने बयान दिया कि 'जब उसने पहली बार लूटपाट की थी तब उसका 11 माह का वेतन बकाया था। महाराजा के आदमी जग्गा से मैंने बकाया वेतन देने को कहा था। उसने 4 दिन में देने का वचन दिया तथा मुझे 50 रुपये भी दिए। मेरे पास तब खाने को कुछ नहीं था। बालकुआँ के भूरा मारू से 2 मानी ज्वार लिया। उसके आठ-दस दिन बाद मवासिया के साथ मिलकर खानदेश के कंटूल को लूटा। यह सब राजा के कहने पर किया मगर जग्गा ने मुझे धोखा दिया। बाध्य होकर मैंने भूख से व्याकुल होकर गाँवों को लूटा। कैप्टन हट्नीसन से मैं जून, 1857 में मिला था तथा अपना वेतन दिलाने का अनुरोध किया था। उन्होंने इसके लिए हिम्मतलाल (राजा का अधिकारी) को पत्र भी लिखा था। मैं दौलत सिंह (काजी सिंह का बेटा) की गतिविधियों के बारे में नहीं जानता। अंबापानी की लड़ाई के समय मेरे पास 200 आदमी थे मगर मैं लड़ाई स्थल से आधा कोस दूर था। मैं धाबा बावड़ी की लड़ाई में भी शामिल न था और न खजाना लूटने में मेरा हाथ है, न हिस्सा मिला है। दतवाड़ा को मैंने निसरपुर के हनुमंतराव बोलिया के कहने पर लूटा था।' मेजर कमिंग ने भीमा के बयान के बाद दूसरी बार पुन: क्षमादान दे दिया था लेकिन कुछ ही दिन बाद उन्होंने खुद सरकार को लिखा कि भीमा पुन: नियंत्रण से बाहर हो गया है। उसके भतीजे को, भीमा को समझाकर लाने के लिए भेजा गया था मगर वह नहीं आया। 1859 के अंतिम दिनों में मेजर कीटिंग ने गिरफ्तार किए गए भीमा को तीसरी बार मंडलेश्वर किले में आराम से खुले में रहने का अवसर दे दिया था।[26]

एच.एल. एंडरसन (सचिव, बॉम्बे सरकार) द्वारा सर हमिल्टन बैट (एजेंट, गर्वनर जनरल ऑफ सीक्रेट डिपार्टमेंट, सेंट्रल इंडिया, इंदौर) को 24 फरवरी 1859 को लिखे पत्र से ज्ञात होता है कि मेजर कीटिंग ने भीमा नायक के साथियों पर हमला कर उन्हें काफी नुकसान पहुँचाया। मेजर कीटिंग ने 1 अप्रैल 1861 को खानदेश के पॉलिटिकल एजेंट, ए. आर. ग्रांट को लिखा था कि उन्होंने अक्टूबर, 1860 में बड़वानी राज्य का कार्यभार ग्रहण किया था। भीमा नायक ने 1857 में जिस जगह लूट को अंजाम दिया था, वहाँ तक पहुँचने के लिए कीटिंग, गोई दर्रे से होकर, बैलगाड़ी का रास्ता बनवा रहे थे। सड़क आगे बन जाने से पुलिस चेकपोस्ट स्थापित की गई। इसलिए जनवरी, 1861 में भीमा और उसके साथियों तक खाने-पीने का जरूरी सामान पहुँचने में परेशानी हो गई और पुलिस का काम आसान हो गया था। फरवरी में भीमा परेशान रहे। 18 फरवरी 1861 को उन्होंने स्थानीय पाटिलों को पत्र लिखा कि वह सेना ज्वॉइन करने जा रहा है।

एक साल बाद वापस आकर वह उनके गाँव तबाह कर देगा। मेजर को विश्वास था कि वह जिस दिन बॉम्बे-इंदौर मार्ग को पार कर पूरब की ओर बढ़ा, उसके साथ 30-40 आदमी थे। कीटिंग ने तुरंत होल्कर महाराज को सूचित किया और उन्होंने भीमा को तलाशने का प्रयास किया मगर खरगोन के महाराज ने, जिनके पास पर्याप्त फोर्स था, कोई ऊर्जा खर्च नहीं की। उन्होंने बताया कि 'भीमा ने उनकी सीमा में प्रवेश नहीं किया है। मेजर को उम्मीद है कि जल्द ही भीमा के पास चाँदी के सिक्के खत्म हो जाएँगे और वह पैसों की जरूरत का सामना करेगा। खरगोन की पुलिस दक्षिणी पहाड़ियों में उसको ढूँढने की कोशिश कर रही है। पश्चिमी सीमा पर दो पुलिस चेकपोस्ट बना दिए गए हैं। मेजर कीटिंग, ग्रांट को कहते हैं कि वह जब सूचित करें, असीरगढ़ के पश्चिम में भीमा की तलाश में वह, उनको सहयोग करने को तैयार हैं।'[27]

भीमा के कुछ आदमियों और उसकी माँ सुरसी को गिरफ्तार कर मंडलेश्वर किले में रखा गया था जिससे भीमा को पकड़ने के लिए दबाव बनाया जा सके। 28 फरवरी 1859 को भीमा की माँ का मंडलेश्वर किले में देहांत हो गया। 22 अगस्त को कैदियों ने बगावत कर दी। पहरेदारों पर हमला बोल दिया। उनके शस्त्र छीनकर किले पर कब्जा कर लिया। कैप्टन हेम्स ने होल्कर महाराज से तोपें भेजने को कहा था जो शाम 5 बजे पहुँची थीं। हल्की तोपों से किले पर कोई प्रभाव नहीं पड़ा। गोलीबारी में कार्यवाहक पॉलिटिकल एजेंट कैप्टन हेम्स को गोली लगी और मारे गए। महू से तोपें आने तक किले में कैदियों को घेरे रखने के लिए शेक्सपीयर और लेफ्टिनेंट स्कॉट ने 19वीं नेटिव इन्फैंट्री को चारों ओर तैनात किया मगर रात्रि दस बजे किले के पिछले द्वार से कैदी भाग निकले। किले में रखा खजाना 7,69,629 रुपये लूट ले गए। भागे कैदियों में से 26 पकड़े लिए गए थे। उन पर मुकदमा चला और 7 को मृत्यु दंड दिया गया। 11 को समुद्र पार भेजे जाने की सजा दी गई। 8 के बारे में कोई जानकारी उपलब्ध नहीं है।[28]

अक्टूबर, 1859 में मेजर कीटिंग के आने के बाद भीमा को मंडलेश्वर के किले में गिरफ्तार कर रखा गया। वहाँ उन्हें रोज पढ़ने के लिए स्कूल भेजा जाता जिससे वह कुछ पढ़-लिखकर सभ्य बन जाएँ। मेजर कीटिंग ने किले में उस पर किसी तरह की बंदिश न लगाई थी। वह वहाँ से 6 हफ्ते बाद, 24 नवंबर 1859 की रात में खिड़की के रास्ते से भाग गए और अपने राज में जाकर पुन: लूटपाट करने लगे। काजी सिंह मारे जा चुके थे इसलिए अब भीमा को वापस लाने के लिए काजी नहीं थे। 31 दिसंबर 1859 को कैप्टन कमिंग, भील एजेंट और पॉलिटिकल असिस्टेंट ने असिस्टेंट एजेंट गवर्नर जनरल सेंट्रल इंडिया को लिखा कि, 'भीमा ने मुथवारा के ठाकुरों के विरुद्ध बगावत करने के लिए इटिया को कहा है। उन्होंने मालवा भील कार्प्स की दो टुकड़ियों के साथ अलीराजपुर और बड़वानी के 50 सिपाहियों को मुथवारा भेजा। भील कार्प्स की एक टुकड़ी 26 दिसंबर

1859 को मुथवारा पहुँच गई। वहाँ इटिया गैंग के 30 लोग देखे गए थे जो टुकड़ी के पहुँचते ही भाग गए। इस प्रकार भीमा नायक पर 500 रुपये का इनाम घोषित होने के बाद भी वह पकड़ से दूर है। चीकली के थानेदार से मुझे संदेश मिला था कि भीमा नायक कुछ शर्तों के साथ समर्पण करने को तैयार है। मैंने उसे बिना शर्त समर्पण करने को कहा क्योंकि पहले भी उसने किसी शर्त का पालन नहीं किया है।' कमिंग ने 24 जनवरी 1860 को लेफ्टिनेंट अटकिंस, पुलिस अधीक्षक खानदेश को लिखा कि भील नायकों के सहयोग के बिना हम भीमा और इटिया को नहीं पकड़ सकते। सोलापुर से 24 फरवरी 1860 को पुलिस कमिश्नर ने ज्यूडिशियल सेक्रेटरी, बॉम्बे को पत्र लिखा कि अकरानी और बड़वानी के जंगलों में भीमा नायक को पकड़ने के लिए अभियान चलाने के लिए उपयुक्त मौसम का इंतजार किया जाना चाहिए है।[29]

दिसंबर, 1860 में भीमा का गैंग सेमली के पास था। वहाँ पाँच मुसलमान बालिग लड़के और एक किशोर उनकी सेवा में आए। इसके कुछ समय पूर्व ही काजी सिंह को मारा गया था। अतः उसके आशंकित साथियों ने उन्हें विश्वासघाती समझा। उन्हें पेड़ से बाँध दिया और निर्दयतापूर्वक तलवार से टुकड़े-टुकड़े कर दिए। भीमा सिंह ने अपने हाथ से यह कृत्य नहीं किया था। पहले तो वह लड़कों को छोड़ना चाहते थे मगर उनके साथियों ने मार डालना उचित समझा। 26 मार्च 1861 को ए.आर. ग्रांट, खानदेश के कार्यवाहक पॉलिटिकल एजेंट ने मेजर कीटिंग को पत्र से अवगत कराया था कि हिंगोना गाँव पर आक्रमण की अगुवाई, भीमा ने ही की थी। यह दुखद है कि वह खरगोन से होकर निकल गया और किसी को पता नहीं चला। हिंगोना उनकी अंतिम बड़ी डकैती थी। उसकी गिरफ्तारी के लिए 500 रुपये के बजाय, 1,000 रुपये का इनाम रखा गया, जिसे बाद में बढ़ाकर दो हजार कर दिया गया था। भील समाज, भीमा की हिफाजत करता था और उसके बारे में पूरी गोपनीयता बरतता था। कुछ अँग्रेज अधिकारी भीमा को माफी दे देने के पक्ष में थे क्योंकि उनका मानना था कि भीमा ने हाल-फिलहाल में छोटी-मोटी चोरियों के अलावा कोई बड़ा अपराध या हत्या नहीं की थी लेकिन सरकार ने इस सुझाव को नहीं माना। मेजर गार्डन कमिंग ने 11 मार्च 1861 को कर्नल आर. शेक्सपीयर को लिखा कि अलीराजपुर के मकरानी, भीमा को मदद एवं रसद दे रहे हैं। बेहतर होगा कि अलीराजपुर के मीर सहमत अली की उपस्थिति में अलीराजपुर के लोगों की गिरफ्तारी की जाए। इससे भीमा को पकड़ने में मदद मिलेगी। भीमा ने अपने इलाके में जगह-जगह चाँदी की ईंटें गाड़ रखी थीं और वह उसी से अपने साथियों का खर्च चलाते रहे तथा पुलिस से बचते रहे।[30]

लक्ष्मण ब्राह्मण, जो भीमा नायक के पुजारी थे और जो काजी सिंह को बहुत पसंद करते थे, ने बताया था कि हिंगोना गाँव पर हुए आक्रमण के दो दिन पूर्व श्यामजी नायक,

भीमा नायक से जुड़े थे। हिंगोना आक्रमण की नीति उन्होंने ही बनाई थी। भीमा के घोड़े की देखभाल करने वाले बुद्धू ने बताया था कि श्यामजी, हिंगोना की लूट के लिए भीमा नायक से जुड़े थे। वह लूट के समय अपने आदमियों के साथ मौजूद थे। दरअसल, बॉम्बे-आगरा मार्ग का वह रखवालदार थे और उसके एवज में होल्कर स्टेट उसे पेंशन देता थे। जब होल्कर स्टेट ने उसकी पेंशन बंद कर दी तो वह नाराज हो गए थे। लूट के बाद वह अपने घर लौट आए और भीमा से अलग हो गए। मेजर कीटिंग का मानना था कि अगर होल्कर सरकार ने उनकी पेंशन बहाल न की तो वह निश्चय ही भीमा नायक से जुड़ जाएगा। उनके अनुसार, श्यामजी के विरुद्ध कार्रवाई किए जाने के पूर्व पंद्रह दिन का नोटिस खानदेश प्रशासन द्वारा दिया जाना चाहिए। तब तक बॉम्बे-आगरा मार्ग पर एवं सेंधवा मार्ग पर खजाने के काफिले को प्रतिबंधित किया जाना चाहिए। अफीम ले जाने वाली प्रत्येक बैलगाड़ी के साथ दो सशस्त्र गार्ड होने चाहिए और काफिले के साथ कम-से-कम 15 बैलगाड़ियाँ होनी चाहिए। यहाँ भी हम देखते हैं कि भील मुखियाओं का हक रोका जाना, विद्रोही तेवर अपनाने का मुख्य कारण है।[31]

1866 के प्रारंभ में ले. ब्लोअर्स, कार्यवाहक डिप्टी भील एजेंट, पहाड़ी क्षेत्र में आए और खुफिया पुलिस वालों की, लकड़ी काटने वाले बढ़ई के रूप में तैनाती की। खुफिया पुलिस ने भीमा के छिपने के उस ठिकाने के बारे में पता लगाया जहाँ उसने 1866 की बरसात बिताई थी। वहाँ भीमा ने दो छोटी बंदूकें गाड़ रखी थीं जो उन्होंने 1857 में राणा, बड़वानी से प्राप्त की थीं। 2 अप्रैल 1867 को पुलिस ने पहाड़ी पर एक झोपड़ी में तलाशी ली मगर वह खाली मिली। वहीं से ढाल पर एक और झोपड़ी दिखी जिसमें भीमा सो रहे थे और उनके बगल में तीर-धनुष रखा हुआ था। चार पुलिस वालों ने सामान्य हाथापाई के बाद उन्हें गिरफ्तार कर लिया था। उन्हें सरदारपुर जेल में रखा गया। ब्रिटिश सरकार ने उन पर मुकदमा चलाया और काले पानी की सजा देते हुए पोर्टब्लेयर जेल भेज दिया जहाँ 29 दिसंबर 1876 को उनकी मृत्यु हो गई थी।[32]

भीमा वाले मुकदमे के दौरान बड़वानी रियासत के विश्वासघात का मामला फिर से उभरा। भीमा के भाई, सेवा ने तर्क दिया कि रियासत की ओर से हमारा हक न मिलने के कारण ही हम विद्रोही हुए। जब खाने को कुछ न था तब हमने कंटूल को लूटा। उसके बीस दिन बाद जब खाने को कुछ न रहा तब उन्होंने दतवाड़ को लूटा और फिर धाबा बावड़ी लौट आए। भीमा ने अपने भाई के दावे को कुछ हद तक स्वीकार किया था मगर विद्रोही बनने की स्वीकृति से दोषमुक्त होने के दावों को नुकसान पहुँचाने की बात भी मानी थी। भीमा ने कहा कि जब 1857 का विद्रोह शुरू हो गया था तब बड़वानी के राणा ने उन्हें तथा मवासिया को लगभग दो सौ भीलों को लेकर आने को कहा। मैंने भीलों को जमा किया मगर राणा के पास अकेले गया। कहा कि मैं सरकार की सहायता करूँगा

परंतु पहले पुरस्कार स्वरूप मेरा इलाका (राजस्व गाँव) लौटाया जाए। राणा ने कहा कि यह समय इस पर विचार करने का नहीं है तो मैं लूटपाट करने के लिए पहाड़ियों में चला गया और बलक्वाड़ा गाँव को लूट लिया। मैंने राणा को खबर भेजी कि हमारे आदमियों के खाने के लिए कुछ नहीं है। राणा ने मदद करने से इनकार कर दिया था इसलिए हमने बाध्य होकर लूटपाट की।[33]

भीमा नायक की बीवी नंदी और बच्चे को जनवरी, 1865 से इंदौर जेल में कैद रखा गया था। उनका कोई अपराध नहीं था। यह भीमा को समर्पण करने के दबाव के रूप में किया गया था। जब भीमा सरदारपुर जेल में कैद थे तब एजेंसी सर्जन (Surgeon), इंदौर ने अपने 31 मई 1867 के पत्र द्वारा एजेंट, गवर्नर जनरल फॉर सेंट्रल इंडिया को अवगत कराया कि इन्हें छोड़ दिया जाना चाहिए।[34]

4. बड़वानी के अन्य भील नायकों- नीमला, रतनिया, इसराम और जुगतिया का विद्रोह

1858 के आस-पास दसाना, डही, चिकल्डा और कुक्षी क्षेत्र के भीलों की गाँवों और सड़क मार्गों पर लूटपाट जारी थी। भील एजेंट और पॉलिटिकल एजेंट का मानना था कि पिछला अनुभव यही बताता है कि जब तक चिकल्डा और कुक्षी के भीलों का दमन नहीं किया जाएगा, तब तक विंध्यपर्वत श्रृंखला में भीलों का विद्रोह जारी रहेगा।

फर्स्ट कॉवेलरी के कमांडिंग ऑफिसर ने असिस्टेंट गर्वनर जनरल फॉर सेंट्रल प्रॉविन्स को 11 जनवरी 1859 को एक पत्र लिखा था। उससे पता चलता है कि बड़वानी क्षेत्र के दौलत सिंह, कालू नायक, ब्रह्म सिंह और मोहासा नायक दसाना-सुल्तानपुर के जंगलों में छिपे हुए थे। लूटपाट के उद्देश्य से 50 घुड़सवार विद्रोहियों ने नर्मदा नदी को पार कर बाँसवाड़ा की ओर प्रस्थान किया था। 150 के आस-पास विद्रोही सुल्तानपुर की पहाड़ियों में जमे रहे। मोहासा नायक, ब्रहम नायक के साथ ही काम करता थे।[35]

ब्रिटिश प्रशासन का मानना था कि बड़वानी राज्य के भील नायकों द्वारा खानदेश की सीमा में प्रवेश कर लूटपाट करने में काजी सिंह और भीमा नायक का हाथ है। बड़वानी राज्य के भील नायकों ने, जो लगभग 175 की संख्या में थे, सुल्तानपुर तालुका (महाराष्ट्र) में पड़ने वाले गाँव खैर (KHEIR)को 28 मई 1860 की सुबह लूट लिया था। इसका नेतृत्व रुस्तम, निम्बिया और अतहर नायक कर रहे थे। ये डोबा डुग्गर नामक गाँव के थे। उसी गिरोह ने 3 मई की सुबह खैर गाँव के पास ही टीलारी पड़ाव को लूट लिया था। 15 मई को उसने सुल्तानपुर जिले में एक और लूट को अंजाम दिया था। यह घटना तभी घटी जब ले. प्रॉब्यान, पानसेमल में थे। उनका मानना था कि इन भील उपद्रवियों के पीछे संभवतः इसराम नायक और भीमा नायक का हाथ है। ले. प्राब्यान

और ले. अटकिंस, दोनों का मानना था कि लगभग 400 की संख्या में बड़वानी के भील, खानदेश में प्रवेश कर लगातार लूटपाट करने में संलिप्त हैं। इस इलाके में लगातार हो रहे उपद्रव को देखते हुए 1 जून को ले. अटकिंस, एक्टिंग सुपरिन्टेंडेंट ऑफ पुलिस, खानदेश ने जी. आर ग्रांट, एक्टिंग मजिस्ट्रेट खानदेश को पत्र लिखकर धुलिया से पूना हॉर्स की सेवाएँ लेने का अनुरोध किया था और कहा था कि इन्हें सुल्तानपुर और थलनेर तालुका में ले. प्रॉब्यान के नियंत्रण में रखा जाना चाहिए। बड़वानी के भीलों द्वारा खानदेश में प्रवेश कर लूटपाट को अंजाम देने को प्रशासन ने गंभीरता से लिया था और आर.जी. शेक्सपीयर, एजेंट टू द गवर्नर जनरल फॅार सेंट्रल इंडिया ने अपने 10 जून 1860 के पत्र द्वारा कहा था कि वह भील कार्प्स के 100 सशस्त्र बल उपलब्ध करा रहे हैं। बड़वानी के रतनिया और नीमला नामक भील नायक भी खानदेश में आकर लूटपाट कर रहे थे। शेक्सपीयर का कहना था कि अगर बड़वानी के राजा ने उन पर नियंत्रण न रखा तो लूट की भरपाई उन्हें करनी पड़ेगी। बाद में रतनिया और नीलमा को पकड़ने के लिए भेजी गई भील कार्प्स के हाथ दोनों नहीं आए मगर रतनिया के घर को नष्ट कर दिया गया। उनके करीब 50 जानवर कब्जे में ले लिए गए। 2 अगस्त 1860 को भीमा नायक के गैंग के 25 भीलों ने जुगतिया के नेतृत्व में दोताड गाँव को लूट लिया था।[36]

नीमला या नीमलिया बहुत ही खतरनाक भील नायक थे। 31 जुलाई 1860 के एक सरकारी पत्र से पता चलता है कि उनके दो भतीजे भी गिरफ्तार किए गए थे मगर उन्हें छोड़ दिया गया था।[37]

3 अक्टूबर 1860 को काजी सिंह की शहादत एवं पुत्ताजी के समर्पण के बाद भीलों का संघर्ष जारी रहा। सरकार की परेशानी तत्कालीन अखबारों में झलकती है। बड़वानी (दक्कन) के भीलों द्वारा छापामार नीति से हमला करने के कारण ब्रिटिश सरकार को सैन्य अभियान चलाने में मुश्किल आ रही थी। भीलों का विद्रोह दक्षिण और पश्चिमी क्षेत्र में जारी था। महू से एक यूरोपीय सेना भेजी गई थी लेकिन बरसात के मौसम में भीलों के खिलाफ सैन्य कार्रवाई कर पाना संभव न था। 1863 में एक ब्रिटिश अखबार से पता चलता है कि यह युद्ध किसी भी औपनिवेशिक युद्ध से भिन्न तरीके से लड़ा जा रहा है। भील विद्रोही सरहद के लुटेरे हैं। मात्र एक माह से कम समय में इनके द्वारा हमारे 16 सैन्य अफसर और 273 जवान मारे जा चुके हैं।[38] स्वयं भीमा नायक 3 अप्रैल 1867 की गिरफ्तारी तक सक्रिय बने रहे।

5. सतपुड़ा रेंज की कुक्षी पुलिस चेकपोस्ट पर भीलों का आक्रमण : 1861

बड़वानी राज के भील मुखियाओं ने कुक्षी पुलिस चेकपोस्ट पर तैनात मालवा भील कार्प्स पर 16 दिसंबर 1861 को आक्रमण कर दिया था। इस आक्रमण में बड़वानी के चार मुख्य भील नायकों ने भाग लिया था जिनके नाम थे-नीमला, बिसराम, रतनिया और खूमन। इस आक्रमण में भील कार्प्स के तीन जवान मारे गए थे और 13 घायल हुए थे। मेजर कीटिंग, इंदौर ने मेजर मीड (Meade) को टेलीग्राम कर बताया था कि 28 मार्च 1862 की सुबह 6 बजे कैप्टन हांसन (Hanson) के सामने नीमला या निमलिया ने अपने साथियों सहित बिना शर्त समर्पण कर दिया था।[39] इन चारों भील नायकों पर मुकदमा चला और फाँसी की सजा हुई थी मगर नीमला की सजा आजीवन कारावास में बदल दी गई। कैप्टन वुड, पॉलिटिकल एजेंट, निमाड़ के 10 जून 1862 के पत्र से पता चलता है कि वह नीमला के लिए फाँसी की सजा चाहते थे मगर उसे 50 की उम्र में आजीवन कारावास की सजा दी गई थी।[40]

नीमला, बिसराम, रतनिया और खूमन अपने-अपने इलाके के मुखिया थे इसलिए अँग्रेज अधिकारियों के सामने इनके उत्तराधिकारियों की नियुक्ति करने की बात आई। बिना भील मुखियाओं के भील क्षेत्रों पर शासन कर पाना न तो संभव था और न भीलों को नियंत्रित करना। बड़वानी राज्य की सबसे महत्त्वपूर्ण भील जागीर डोबा डुग्गर के नायक नीमला की थी। उसको 20 रुपये का मासिक वेतन मिलता था मगर कुक्षी कांड के बाद अँग्रेजों ने अपनी नाराजगी दिखाते हुए उनके बड़े बेटे पुंजला नायक को मात्र 15 रुपये मासिक वेतन पर मुखिया बनाया। बिसराम और रतनिया, स्वतंत्र इलाके के मुखिया न थे लिहाजा उनके स्थान पर किसी की नियुक्ति न की गई। उनके बदले में धेगरा नायक, जो झारार के मुखिया थे और उन्होंने कई बार कैप्टन हांसन (Hanson) और मेजर कीटिंग की मदद की थी, उन्हें 10 रुपये मासिक वेतन पर मुखिया बना दिया गया और कहा गया कि झारार, पीपरकुंड और बोकरता क्षेत्र में शांति कायम रखे। कीमला और गोविंदा ने मेजर कीटिंग की मदद की थी इसलिए उन्हें 2 रुपये अधिक वेतन दिया जाने लगा। खूमन के बेटे धन सिंह को भी मुखिया नियुक्त किया गया।[41]

6. रामला भील का विद्रोह : 1864-65

रामला भील नायक हनुवंतिया का रहने वाला था जो होल्कर क्षेत्र के झाबुआ जिले में पड़ता था। 1864-1865 में, होल्कर राज में इंदौर के भीलों का उपद्रव लगातार जारी था। होल्कर की सेना उपद्रवियों के दमन के लिए भेजी गई। दरबार की सेना से भील विद्रोहियों की कई बार मुठभेड़ हुई। भीलों का मुखिया जिसका उपनाम- नायक था, वह

पकड़ा गया और उसे बीस साल की कठोर सजा हुई। उसके साथी जंगल में भागने में सफल रहे। 1864 में होल्कर महाराजा गंभीर रूप से बीमार चल रहे थे। इस कारण भी भील उपद्रव को नियंत्रित करने में कठिनाई आ रही थी।[42]

भील एजेंट और पॉलिटिकल एसिस्टेंट द्वारा एजेंट, गवर्नर जनरल फॉर सेंट्रल इंडिया को लिखे 12 फरवरी 1864 के पत्र से ज्ञात होता है कि हनुवंतिया इलाके के रामला नामक भील ने 30-40 भीलों का एक गैंग बना रखा था और लगातार लूटपाट कर रहा था। कुछ महीने पूर्व, धार जिले में इसी गिरोह द्वारा अफीम की भारी लूट की गई थी। इसने झाबुआ के कुछ ठाकुरों और होल्कर राज्य के कुछ लोगों को भी अपने गैंग में मिला लिया था। पूर्व के अधिकारी ने 9 जनवरी 1864 को पत्र लिखकर अपेक्षा की थी कि रामला की गतिविधियों को नियंत्रित करने के लिए हनुवंतिया में एक थाना बनाया जाए जिसमें कम-से-कम 15 जवानों की तैनाती हो। मगर उसकी माँग अस्वीकार कर दी गई। उधर रामला का गिरोह बड़ा होता जा रहा था। रामला की गतिविधियाँ पाँच-छह वर्ष पूर्व से जारी थीं। 1859 में उन्हें गिरफ्तार किया गया था और मंडलेश्वर किले में रखा गया था। तब उन्होंने कैदियों के साथ मिलकर कैप्टन हाव्स (Hawes) की हत्या कर दी थी और अन्य कैदियों के साथ जेल से भाग गए थे। मई, 1861 में एजेंट गवर्नर जनरल आर. शेक्सपीयर ने उन्हें माफ कर दिया था। दिसंबर, 1861 में उन्होंने मेजर कमिंग को रोटी नामक स्थान पर सहयोग दिया था। उसके बाद उन्होंने माही राज्य में लूटपाट की। भील एजेंट और पॉलिटिकल एसिस्टेंट ने एजेंट, गवर्नर जनरल फॉर सेंट्रल इंडिया को 23 फरवरी 1864 को लिखे पत्र में बताया कि झाबुआ के राजा के वकील की तीन चिट्ठियाँ प्राप्त हुई हैं जिनमें बताया गया है कि हनुवंतिया के रामला और उसके साथियों ने झाबुआ राज में पड़ने वाले रामपुरिया के पटवारी से कुल 1,024 रुपये मूल्य की लूट की है। सारंगी और चबवीन के कुनबेरों पर रतलाम में आक्रमण किया। तीर भी चलाए थे जिससे दो लोग घायल हुए थे। कुल 306 रुपये का माल लूट लिया था। लुटेरों में रामला के भतीजे, बोरजी और उसके एक आदमी, मुंजथिया कालिया की पहचान हो सकी थी। झाबुआ के ठाकुर राजा को कहा गया था कि जब तक थाना नहीं बन जाता तब तक रामला के आदमियों के पकड़े जाने पर अपने यहाँ रखें। धार में एक अन्य लूट की वारदात में 9 लोगों को गिरफ्तार किया गया था जो रामला गिरोह के थे। इंदौर दरबार ने रामला को पकड़ने के लिए 500 रुपये का इनाम रखा था और झाबुआ दरबार के ठाकुर से उसको पकड़ने का अनुरोध किया था। रामला के विद्रोही बनने और अधिकारियों की बातों पर भरोसा न करने का एक कारण यह था कि उसके लड़के की नृशंस तरीके से हत्या कर दी गई थी। बड़वानी राज्य के दक्षिणी किनारे, दसाना क्षेत्र के एक गाँव मुठवाड़ में भीलों ने 1864 में आक्रमण किया और दो आदमियों की हत्या कर जानवरों को खोल ले गए।[43]

7. इटिया भील नायक का विद्रोह : 1864

दसाना पहाड़ियों के एक और विद्रोही भील नायक, इटिया ने स्थानीय ठाकुर और ब्रिटिश प्रशासन के सामने परेशानी खड़ी कर रखी थी। वह मुठवाड़ राज के सकुंडा गाँव के रहने वाले थे। वह भीमा नायक के सहयोगी थे। वह अपने एवं पड़ोसी राज्यों में लूटपाट करते रहते थे। उनके आतंक से परेशान होकर बदरीपुर के राजा ने अक्टूबर 1864 में मुठवाड़ में अपने सिपाहियों को भेजने की अनुमति ब्रिटिश सरकार से चाही थी जिससे इटिया को खत्म किया जा सके। मेजर कमिंग इसके पक्ष में न थे। उन्होंने मुठवाड़ और राजपुर के भील मुखियाओं से अपेक्षा की कि वे इटिया को नियंत्रित करें। मुठवाड़ का ठाकुर, इटिया को रोक पाने में असफल था क्योंकि इटिया के मामले में उसी के भील उसका साथ नहीं दे रहे थे। दसाना के भील भी इटिया की मदद कर रहे थे। दसाना के भीलों को मुठवाड़ से कुछ 'हक' मिले हुए थे जिसके कारण भी दोनों में विवाद बना रहता। एक बार मुठवाड़ के 50 भील नायकों ने जमा होकर सकुंडा पर आक्रमण किया जिसमें इटिया के हाथ में चोट लगी। वे इटिया के 20 जानवरों को खोल ले गए। इटिया ने सकुंडा के दूसरी ओर, खानदेश के भुशा गाँव के पास नर्मदा को पार किया जो अकरानी परगना में पड़ता था। वहाँ भील कार्प्स की टुकड़ी धड़गाँव में थी। उसके अनुरोध पर भुशा के पटेल और कुछ सिपाहियों ने मुठवाड़ के नायकों पर आक्रमण किया और इटिया के आधे जानवरों को छुड़ा लिया। इस झड़प में भुशा का पटेल और एक सिपाही मारे गए। इससे नाराज होकर मेजर कमिंग ने मुठवाड़ के ठाकुर को सम्मन भेजा। इससे स्पष्ट होता है कि मेजर कमिंग, इटिया के प्रति नरम रुख रख रहे थे। उन्होंने 15 दिसंबर 1864 को सरदारपुर में दसाना, मुठवाड़, डही और आस-पास के भील मुखियाओं को बुलाया जिससे उन्हें लूटपाट से दूर रहने के लिए समझाया जा सके। मेजर कमिंग ने 28 दिसंबर को होल्कर दरबार को सुझाया कि वह दसाना में एक थाना बनाए, इससे जुगतिया को भी नियंत्रित किया जा सकता है। डही में थाना स्थापित किया जा चुका था।[44]

8. अमरिया, गुजरिया, भालचंद, बजरिया, मंगलिया महादेव, रूपचंद और रूपा नायक का विद्रोह

बड़वानी राज के एक अन्य भील नायक ने भी कुछ डकैतियाँ डाली थीं। उनका नाम अमरिया पुत्र सुकला भील मांकुर था जो बोरालिया गाँव के रहने वाले थे। उन्हें 23 नवंबर 1869 को 3 साल की कठोर सजा सुनाई गई थी। गुजरिया नामक भील नायक और उनके गैंग के 14 लोगों पर 1864 में मुकदमा चला और सजा हुई। भालचंद पुत्र श्री भीला और बजरिया भील पुत्र श्री लाल सिंह, दोनों बड़वानी स्टेट के लोनसारा गाँव के थे। दोनों ने 30 दिसंबर 1867 को डकैती डाली थी और 1,800 रुपये की लूट की थी। इन

पर डकैती का अपराध सिद्ध हुआ था मगर केवल आर्थिक दंड लगाया गया। 1864 में ही मंगलिया महादेव और रूपचंद पर भी लूट का मुकदमा चला। बड़वानी राज्य के भीलों के विद्रोह के रेवाकाँटा के भीलों में बढ़ जाने की आशंका से ब्रिटिश सरकार परेशान थी। रूपा नायक के नेतृत्व में यह विद्रोह रेवाकाँटा की ओर बढ़ता दिख रहा था।[45]

9. जुगतिया, बंदरिया, रैल्ला और आनंदा का विद्रोह

जुगतिया नामक भील विद्रोही, बड़वानी के मुख्य नायक थे। जैसा पहले उल्लेख किया जा चुका है कि इनका संबंध भीमा नायक गैंग से 1860 में जुड़ता है। इनके पिता का नाम भीकिया भील था। होल्कर राजा द्वारा सजा माफी मिलने के बाद उन्होंने गाँव आकर, डायन के शक में अपनी पत्नी को मार दिया था। उनका दल बहुत बड़ा नहीं था, तब भी लंबे समय तक वह ब्रिटिश सरकार, होल्कर, दसाना के ठाकुर और अलीराजपुर आदि राज्यों के लिए परेशानी का कारण बने रहे। इंदौर क्षेत्र में लूटपाट करने के अभियोग में उन्हें होल्कर दरबार द्वारा बीस साल की सजा मिली थी और वह इंदौर जेल में कैद थे। 1871 में उन्होंने अन्य भील कैदियों के साथ जेल तोड़कर भागने में सफलता पाई थी। ब्रिटिश सरकार जुगतिया को समर्पण के लिए राजी करना चाहती थी। 1872 में गवर्नर जनरल के अनुरोध पर महाराजा होल्कर ने आगे से शांतिपूर्वक जीवन जीने की शर्त पर जुगतिया की सजा माफ कर दी थी। यह माफीनामा 21 जून 1872 में दसाना की पहाड़ियों में स्थित एक छोटे-से राज, धर्मराई के एक ब्राह्मण नाथू राव पुरोहित की मध्यस्थता में होल्कर राजा ने प्रदान किया था। नाथूराव का दसाना भीलों के बीच प्रभाव था। इसके बाद भी जुगतिया होल्कर राज और खानदेश में लूटपाट करते रहे थे। बंदरिया और जुगतिया ने खानदेश के एक गाँव को लूटा था। इस मामले में जुगतिया के बेटे बंदरिया को जेल की सजा मिली थी। कर्नल गार्डन के 23 जून 1872 के पत्र से ज्ञात होता है कि जुगतिया ने अपने बेटे के अपराध को माफ करने के लिए उन्हें एक प्रार्थनापत्र दिया था जिस पर 6 जुलाई को पॉलिटिकल एजेंट ने अधिकार सीमा का हवाला देते हुए असमर्थता जताई थी। बंदरिया को 27 जनवरी 1871 को धुलिया के सेशन कोर्ट द्वारा चार साल के सश्रम कारावास की सजा सुनाई गई थी जिसे पॉलिटिकल एजेंट ने गलती से दो साल समझ लिया था। उसे खानदेश की जेल में रखा गया और बाद में पूना सेंट्रल जेल भेज दिया गया। माफी का प्रकरण गवर्नर जनरल, बॉम्बे सरकार के पास गया और अस्वीकृत हो गया। बॉम्बे सरकार ने इस बात पर एजेंट गवर्नर जनरल, सेंट्रल इंडिया से नाराजगी व्यक्त की कि बंदरिया 32 साल का जवान है न कि बालक, और उसे चार साल की कठोर सजा हुई है न कि दो साल की। जुगतिया ने बेटे के माफीनामे में कहा था कि पत्नी के न होने के बाद उसके दो बच्चों में से छोटा बच्चा मरने के करीब है इसलिए उसे माफी दे दी जाए

क्योंकि वह अबोध होने के कारण दूसरों के इशारे पर डकैती में शामिल हो गया था।[46]

बंदरिया को माफी नहीं मिली। उन्हें चार साल की सजा पूरी करनी पड़ी। 21 जनवरी 1873 को जुगतिया ने आपसी दुश्मनी की वजह से बड़वानी के सेमलीगाँव में 50 भीलों के साथ अपने ही एक भील चीमा नायक के घर पर धावा बोल दिया था। लगभग 50 रुपये की संपत्ति लूटी तथा तीन औरतों कालू पत्नी धोवला भील, रैशी पत्नी कूरजी भील और चिकली पत्नी गोदरिया भील और एक लड़की को उठा ले गए। जुगतिया से परेशान स्थानीय सामंतों ने दसाना पहाड़ियों में समझौते का प्रयास किया। डही के कामदार नाथू पुरोहित और धर्मराई के राजा नर्मदा तट पर स्थित गाँव, नरीम पाल में 30 जनवरी 1873 को जुगतिया से शांति वार्ता कर रहे थे कि होल्कर ने जुगतिया को पकड़ने के लिए अपने सिपाहियों को भेज दिया। धर्मराई के राजा का बेटा, दौलत सिंह, होल्कर सेना की मदद में अपने 100 जवानों को साथ जा मिला और जुगतिया के घर के पास पुलिस चौकी बना दी। इससे जुगतिया और अन्य भील नाराज हो गए। उन्होंने 10 फरवरी 1873 को होल्कर सेना पर आक्रमण कर दिया। तीन-चार सिपाही घायल हुए। उन्होंने होल्कर के एक मुनोबा नामक ब्राह्मण की हत्या कर दी जो बड़वानी स्टेट के अरदा, रोलागुआ, डही और दसाना गाँवों का पटवारी था। होल्कर की पुलिस ने इमामुद्दीन नामक पुलिस अधिकारी के नेतृत्व में कुशलता से वहीं दो माह घेरा डाले रखा। मार्च में जुगतिया परेशान रहे। इमामुद्दीन ने जुगतिया पर समर्पण का दबाव बनाए रखा। जुगतिया ने बड़वानी के राजा राव बहादुर वेंकटराय, नेटिव सुपरिन्टेंडेंट ऑफ बड़वानी, के सम्मुख 30 मार्च 1873 को समर्पण कर दिया। उन्हें बड़वानी जेल भेज दिया गया। उस पर डिप्टी भील एजेंट के कोर्ट में मुकदमा चला और 7 मई 1873 को आजीवन कारावास की सजा सुनाई गई। उसके बाद उसे पुणे के पास केंद्रीय कारागार, येरवडा भेज दिया गया। 31 दिसंबर 1892 को बॉम्बे सरकार के न्यायिक विभाग ने 186 कैदियों की शेष सजाएँ माफ कर मुक्त कर दिया था। उस समय जुगतिया की सजा पूरी होने में 7 माह, 24 दिन शेष रह गए थे। उन्हें मुक्त कर दिया गया था। जुगतिया के भाई, रैल्ला भील लंबे समय से बड़वानी क्षेत्र में सक्रिय थे। जुगतिया के समर्पण करते ही रैल्ला को 8 अगस्त 1873 को पकड़ लिया गया और सरदारपुर जेल भेज दिया गया। जेल से मुक्त होने के बाद, बंदरिया ने लूटपाट की गतिविधियों को जारी रखा।[47]

बड़वानी के पाटी इलाके के सरवन भील ने दिनांक 10 अक्टूबर 1874 को ब्रिटिश अधिकारियों को बताया था कि उनके गैंग ने दो साल पहले सदर नाला के पास एक कलाल और एक बंजारा को लूटा था। यह जगह थान और चीतवाल (होल्कर क्षेत्र) के बीच पड़ती थी। गैंग के टुटहू भील ने लूट को 6 लोगों-मुंशी नायक, टुटहू नायक, मंगलिया, रामला, सरवन और देवला में 8 आना प्रति व्यक्ति बाँटा था। गहनों को टुटहू

और मंगलिया ने हथिया लिया था। बँटवारे को लेकर गैंग में असंतोष भड़का। उचित हिस्सा न मिलने के कारण सरवन ने लूट का भांडाफोड़ कर दिया था। मामले की जाँच पाटी के महलकुरी ने की। जाँच के अनुसार लूट की धनराशि 31 रुपये, 8 आना से लेकर 49 रुपये, 12 आना के बीच थी। बड़वानी दरबार ने इसमें शामिल भीलों के विरुद्ध मुकदमा चलाया। इस वारदात के पीछे आनंदा नायक का नेतृत्व था। वह बड़वानी के मुख्य भील मुखिया और आजीवन कारावास की सजा भोग रहे भीमा नायक के साले थे। उनकी वार्षिक आय लगभग 2,500 रुपये थी। मुंशी नायक की वार्षिक आय 800 रुपये थी। राज्य की ओर से यह धनराशि इन्हें लूटपाट से दूर रहने और खेती कर शांतिपूर्वक रहने के लिए दी जा रही थी मगर लूटपाट जारी थी। 1874 के 12 महीनों में बड़वानी क्षेत्र में लूट के 49 मामले प्रकाश में आए थे और लगभग 6,000 रुपये की संपत्ति लूटी गई थी। केवल एक मामले में दोषियों को सजा हुई थी। यही कारण था कि बड़वानी के राणा की सहमति से ब्रिटिश सरकार ने भीलों को दंडित करने का निर्णय लिया था। मुख्य भील नायक आनंदा को दंड देने के पक्ष में राणा नहीं थे इसलिए बाकी 6 भीलों को दंडित किया गया। सरवन ने सूचना दी थी इसलिए उसे माफ कर दिया गया।[48]

10. दसाना पहाड़ी क्षेत्र में 1872 से 1902 तक भील विद्रोह

इंदौर के आस-पास के पहाड़ी भील इलाके में लगभग बीस वर्ष तक दसाना के भीलों का आतंक छाया रहा। 1872 में दसाना भीलों ने चिकलना परगना में डकैती डाली थी जो इंदौर, अलीराजपुर और बड़वानी राज्यों से सटा था। दसाना भीलों के आतंक से घबराकर इंदौर दरबार ने उन्हें नियंत्रित करने के लिए ब्रिटिश अधिकारियों से अनुरोध किया था। मेजर विलियम कीनिंग, भील एजेंट ने ए.डी. डाली (Daly) को 9 मई 1872 को लिखा कि उन्होंने चिकली के थानेदार को इस मामले की जाँच हेतु लगाया है। 11 अप्रैल 1877 के एक पत्र से पता चलता है कि दसाना भीलों में बुचिया, सलमिया, खेमा, भौरिया, कनिया, गासू भील विद्रोही शामिल थे। दसाना भीलों ने धार से चलकर, बड़वानी क्षेत्र से गुजरकर, भैलरी (Bhailri), परगना-अखरानी, तालुका-जलूड, खानदेश में प्रवेश कर 87 रुपये, 12 आना की लूट की। राजा धार को थानेदार हबीब खान ने बताया कि जमादार छोटे खान ने 2 अप्रैल 1877 को कुछ लोगों को गिरफ्तार किया है लेकिन उन लोगों ने अपनी संलिप्तता नकारी है। 6 अप्रैल को जमादार 11 लोगों को लेकर डभानी गाँव गया जहाँ के वे भील थे। वहाँ भीलों ने छोटे खान पर आक्रमण कर दिया। मुख्य बुचिया भील मारा गया और कुछ घायल हुए। गुसिया भील के यहाँ से लूटी हुई संपत्ति मिली। उक्त मामले में गुसिया पर मुकदमा चला और दंडित किया गया था।[49]

1902 में एक ब्रिटिश अखबार से पता चलता है कि विगत वर्षों के अकाल से

स्थिति खराब हो चुकी थी और पूरे प्रांत में डकैतियाँ पड़ रही थीं। इंदौर के दक्षिण, निमाड़ के दक्षिणी हिस्से की सतपुड़ा पहाड़ियों में विद्रोही भील छिपे रहते थे। दसाना के भील मुखियाओं ने एक बार फिर बहुत परेशानी पैदा कर दी थी। उनके दमन के लिए इंदौर दरबार की ओर से बहुत प्रयास किए गए। ब्रिटिश सरकार ने भी इसमें सहयोग किया और मालवा भील कार्प्स और इंदौर राज की पुलिस को बड़वानी और अलीराजपुर भेजा गया। पुलिस और भीलों के बीच हुए संघर्ष में अंततः बहुत से भील पकड़ लिए गए। कुछ ने समर्पण कर दिया, फिर भी 42 भील सुरक्षित बच निकले। मालवा भील कार्प्स ने दाहोद और झाबुआ में छापे मारे। कुछ दिन पूर्व भीलों के एक गिरोह ने दाहोद से लगभग 31 किलोमीटर दूर पिटोल की पुलिस चौकी पर धावा बोल दिया था और अपने एक भील कैदी को छुड़ा ले गए थे। वे भील विद्रोही ब्रिटिश क्षेत्र में स्थित अपने ठिकानों पर जाने को प्रयासरत थे। झाबुआ दरबार की पुलिस इस प्रयास में थी कि उन्हें ब्रिटिश क्षेत्र में जाने से रोका जाए।[50]

(ख) अलीराजपुर में 1870 से 1883 तक का भील विद्रोह

अलीराजपुर एक छोटा भील राज्य था जहाँ की सत्ता पर काबिज राणा स्वयं को सिसोदिया कुल से जोड़ते थे। बड़वानी और अलीराजपुर यद्यपि खानदेश से अलग, उसकी सीमा पर थे, तब भी राजशाही पर भोपावर के पॉलिटिकल एजेंट का अंकुश रहता था, जिसका मुख्यालय सरदारपुर में था। 1824 में अलीराजपुर के बारी गाँव में भील मुखिया के विद्रोह का उल्लेख अध्याय 4 में किया जा चुका है। उसके बाद 1870 तक अलीराजपुर के भीलों ने कोई उग्र विद्रोह नहीं किया।

अँग्रेजों के आने के बाद, 1820 से 1880 के बीच अलीराजपुर राज्य में वित्त सुधार के जो प्रयास हुए, वे भीलों के शोषण के लिए उत्तरदायी हुए। अँग्रेजों ने पटवारियों को लगाकर अलीराजपुर रियासत के गाँवों का मूल्यांकन कराया। सदियों से भील, बिना कर के जंगलों का उपयोग करते आए थे। अब जंगलों के उपयोग पर भारी कर लगा दिया गया था। महुआ से शराब बनाने की प्रथा को नियंत्रित कर दिया गया था। इससे दुखी होकर 1883 में राठ और तकरबाड़ा परगना के 12 गाँवों के भील मुखियाओं ने अलीराजपुर में पॉलिटिकल एजेंट को शिकायत की सूची सौंपी और कहा कि दिवंगत महाराणा दयालु थे। उन्होंने खेती के साधनों के अनुसार प्रत्येक माह कर लिया। वे प्रत्येक काश्तकार, प्रति हल 3 या 4 रुपये कर लेते थे। इससे हम संतुष्ट थे। वर्तमान राजा द्वारा कराधान की नई प्रणाली के लागू होने से व्यापारियों ने नई तौल प्रणाली लागू की है जिससे खेती करने वाले भीलों को नुकसान हो रहा है और बकाया का भुगतान नहीं हो पा रहा है। आबकारी

कर और जंगलों पर लगने वाले कर से उनका शोषण हो रहा है। साहूकार पहले से ही शोषण कर रहे हैं। नई कर प्रणाली के विरोध में पूर्व में भी, 1869 में पॉलिटिकल एजेंट को याचिका भेजी गई थी। इस बीच कुछ याचिकाएँ और भेजी गई हैं। 1870 में जब भीलों ने लूटपाट तेज की तब उन्हें कुछ रियायतें मिलीं।[51]

उमरठ नामक स्थान पर 10 मार्च 1872 को कुछ भीलों और उनके साथियों ने डकैती डाली थी। 9 मई 1872 को दसाना के भीलों ने चिकल्डा परगना, अलीराजपुर में डकैती डाली।[52] उसके बाद सीहोर में 9 सितंबर 1873 को पड़ी डकैती और हत्या के मामले में पाँच लोगों को गिरफ्तार किया गया था। उनके नाम थे- नाहूजी राठौर, नानूराम, भानू भील, ओंकार भील और भीमजी। भोपाल के पॉलिटिकल एजेंट विल्लंघली ने उन पर अभियोग चलाकर अपने कोर्ट में 19 सितंबर 1873 को आजीवन कारावास की सजा सुनाई। 1874 में खुशालपुर और बड़वानी के भील लगातार झाबुआ राज क्षेत्र में लूटपाट कर रहे थे। उनको नियंत्रित करने के लिए ब्रिटिश अधिकारियों ने मालवा भील कार्प्स की तैनाती थांदला शहर में कर दी।

चिट्टो का विद्रोह : 1883

जनवरी-फरवरी, 1883 में अलीराजपुर (मध्य प्रदेश) में एक बार फिर भीषण भील विद्रोह की धमक सुनाई देती है। एक ब्रिटिश अखबार से जानकारी मिलती है कि- 'अलीराजपुर के सामंती राज में भीलों द्वारा गंभीर विद्रोह की सूचना मिली है। अलीराजपुर शायद भारत की सबसे छोटी और कम महत्त्वपूर्ण मूल रियासत है जो आंशिक स्वतंत्रता को बरकरार रखे हुए है। विंध्य पर्वत शृंखला के पश्चिमी हिस्से में होने के कारण यह राज्य मराठों की घुसपैठ के कई खतरों से बच गया और कुछ हद तक अँग्रेजी शक्ति के विस्तार से भी बचा। राज्य के शुरुआती रिकॉर्ड खो गए हैं और इसके मूल इतिहास को मिथकों से बचाया नहीं गया है लेकिन सत्तारूढ़ परिवार स्वयं को उदयपुर घराने की वंश-परंपरा से जोड़ता है और खुद को गौरवशाली मानता है। अलीराजपुर का क्षेत्र सीमित है। इसका क्षेत्रफल 800 वर्ग मील से अधिक नहीं है। ज्यादातर जनसंख्या भीलों की है जो लगभग 30,000 के आस-पास हैं। यहाँ के राजा राणा, प्रति वर्ष 3,000 पाउंड के निजी राजस्व का आनंद लेते हैं। उनके सैन्य बल में 150 पुलिसकर्मी और दो बंदूकें हैं। वर्तमान स्थिति, इस सैन्य बल के कारण पैदा नहीं हुई है और न मालवा भील कार्प्स के कारण, जिसको समय-समय पर गंभीर स्थितियों में तैनात किया जाता रहा है और उसके व्यय का भार राजा को उठाना पड़ा है। वास्तव में, अलीराजपुर को हमेशा से एक प्रगतिशील छोटा राज्य माना जाता रहा है। इसने मध्य भारत एजेंसी के प्रशासन के लिए कभी कोई परेशानी नहीं पैदा की। अलीराजपुर के सिसोदिया राजपूत के मार्गदर्शन में भील, शिक्षा

के माध्यम से आगे बढ़ रहे हैं। अलीराजपुर राज्य कई साल पहले धार के बड़े राज्य का हिस्सा था लेकिन 1821 के उत्तरार्द्ध में इसका अधिकार कंपनी के पास स्थानांतरित हो गया। परिवार के उत्तराधिकार के कठिन प्रश्न को तय करने में, हमें कई बार हस्तक्षेप करने के लिए बुलाया गया। यद्यपि अन्य भारतीय क्षेत्रों की तरह, रियासत अपने संकट से गुजरी है, फिर भी वह अपनी महत्त्वाकांक्षा में सफल रही है और हमारे हस्तक्षेप से सदा सुखद परिणाम निकला है। वर्तमान राजकुमार रूपदेव, अपने भाई की मृत्यु के बाद, 1871 में गद्दी पर बैठे हैं। इन्होंने कभी भी भीलों के असंतोष के कारण के बारे में बताया नहीं। इसलिए, यह संभव है कि उनके भाइयों के बीच का असंतोष, भील विद्रोह के ताजा उभार का कारण हो।'[53]

अलीराजपुर मुख्यतः भीलों और भीलाला का था। यह इलाका भोपावर एजेंसी के अंतर्गत आता था। यहाँ का राजा मध्य भारत की अन्य रियासतों की तुलना में कुछ सीमित अधिकार रखता था। राजा को राज्य में हुए गंभीर अपराधों के संबंध में तब तक कोई अधिकार न था जब तक कि उसे अधिकृत न कर दिया गया हो। 1881 में राणा रूप देव सिंह की मृत्यु हो गई थी। तब उनका कोई उत्तराधिकारी नहीं था। ब्रिटिश सरकार ने अवयस्क बालक बागे सिंह का राजा के रूप में चयन किया था। राजा के अवयस्क होने के कारण राज्य का प्रशासन ब्रिटिश अधिकारियों के नियंत्रण में चलता था। पॉलिटिकल एजेंट, भोपावर उसके मुखिया थे। भोपावर एजेंसी का मुख्यालय 60 मील दूर सरदारपुर में होने के कारण वहाँ से राज्य पर पूरी तरह नियंत्रण संभव न था। राज्य का दीवान मुख्य रूप से कार्य देखता था। अवयस्क राजा को रेजीडेंसी कॉलेज, इंदौर में पढ़ने को भेजा गया था। 1881 तक वहाँ के दीवान खान बहादुर नजफ खान थे मगर उसके बाद उन्हें बड़वानी राज्य का दीवान बना दिया गया। अलीराजपुर के दीवान के पद पर वेंकट राव की नियुक्ति हुई। भील विद्रोह की घटनाएँ वेंकट राव के कार्यकाल में ही हुईं। 1883 के विद्रोह के बाद पुनः नजफ खान को अलीराजपुर का दीवान नियुक्त कर दिया गया था तथा राज्य की कमान जोखवाड़ा के ठाकुर के हाथों में दे दी गई थी जो बोरी के ठाकुर के भाई थे। नजफ खान और बोरी के ठाकुर ने चिट्टो के मुकदमे में गवाहियाँ दी थीं।[54]

राणा की मृत्यु के बाद अधिकारियों में उत्तराधिकारी को लेकर विमर्श हुआ था। उस समय राजा धरमपुर का दावा ज्यादा मजबूत था। उन्होंने अपने एक बेटे को अलीराजपुर की गद्दी पर बैठाने का अनुरोध किया मगर बॉम्बे सरकार ने उसे नहीं माना था।[55]

1882-1883 के बीच राज्य में उपजे विद्रोह के मुखिया चिट्टो भील (भीलाला) थे। वह सोरवा के रहने वाले थे। उन्होंने सोरवा गाँव में बहुत सारी संपत्ति जमा कर रखी थी। उनके साथ 7,000 लोग थे जो हथियारों से लैस थे। उनमें भीलों के अलावा अफगानी भी थे। उन्होंने नानपुर (मध्य प्रदेश) शहर को लूट लिया था। छकतला और वावी में डाके

डाले थे। अलीराजपुर शहर को लूटने की धमकी दी थी। भोपावर एजेंसी (मध्य प्रदेश) के पॉलिटिकल एजेंट, मेजर बिडल्फ (Biddulph), अपने मुख्यालय सरदारपुर से अलीराजपुर पहुँचे थे। उनके साथ मालवा भील कार्प्स और सेंट्रल हॉर्स सेना की टुकड़ी थी। चिट्टो भील ने मेजर बिडल्फ पर आक्रमण कर दिया था। मालवा भील कार्प्स और सेंट्रल इंडिया हॉर्स सेना ने उसे राजपुर की दक्षिणी पहाड़ियों में खदेड़ने में सफलता पाई। इस युद्ध में एक घुड़सवार सैनिक मारा गया। भगाए गए भीलों ने फिर से मोर्चा सँभाल लिया था। उन्हें भगाने के लिए महू और सरदारपुर से यानी दो दिशाओं से सेना को भेजा गया। यह उपद्रव इतना शक्तिशाली था कि मध्य भारत के गवर्नर जनरल के एजेंट, सर लेपेल ग्रिफिन (Lepel Griffin) उपद्रव की सूचना पर स्वयं पहुँचे थे।[56]

चिट्टो के विद्रोह की पूरी जानकारी उसके ऊपर चलाए गए अभियोग की गवाहियों से मिलती है जिसे यहाँ सार रूप में दिया जा रहा है।

चिट्टो भीलाला पर 16 जुलाई 1883 को कैप्टन रॉबर्टसन, असिस्टेंट एजेंट गवर्नर जनरल के सेशन कोर्ट में अभियोग शुरू हुआ था। अभियोग निर्धारित करने वाले तीन देशी वकीलों ने इंदौर राज्य के महू में अभियोग शुरू करने में सहयोग दिया। पहली गवाही मेजर बिडल्फ की हुई। अलीराजपुर राज्य उन्हीं की देखरेख में शासित था क्योंकि वहाँ का राजा अल्पवयस्क था और रेजीडेंसी कॉलेज, इंदौर में पढ़ रहा था। मेजर बिडल्फ ने अपनी गवाही में बताया कि 19 जनवरी 1883 को उन्हें सरदारपुर में सूचना मिली कि कई सौ भीलों ने चिट्टो के नेतृत्व में 7 जनवरी 1883 को नानपुर शहर को लूट लिया। उन्होंने कई लोगों को घायल किया तथा 1,700 रुपये की संपत्ति लूटी। चिट्टो ने 9 जनवरी को छकतला, 11 जनवरी को भावरा और 16 जनवरी को चाँदपुर को लूट लिया था। सूचना मिलने के बाद सरदारपुर से प्रस्थान कर मेजर बिडल्फ 23 जनवरी को नानपुर पहुँच गए थे। तब उन्होंने देखा कि नानपुर शहर के कई लोग तलवारों के वार से जख्मी थे। उनके घरों को तोड़-फोड़ दिया गया था और कुछ में आग लगा दी गई थी। 23 जनवरी को भीलों ने एक राज्य थाना को लूट लिया था और एक आदमी की हत्या कर दी थी। इस कांड में चिट्टो था या नहीं, इसकी पुष्टि नहीं हो सकी।[57]

नानपुर में मेजर बिडल्फ को सूचना मिली कि अलीराजपुर की राजधानी राजपुर को चिट्टो के नेतृत्व में पाँच से दस हजार की संख्या में भीलों, मकरानियों और विलायतियों ने घेर रखा है। उनके हाथों में बंदूकें, तलवारें, तीर-धनुष हैं। मेजर बिडल्फ ने राजपुर की ओर प्रस्थान किया। वहाँ पहुँचकर उन्होंने पाया कि ढाई घंटे से शहर को घेरे रखा गया था। राज्य के कोषागार को लूटने की तैयारी थी। शहर में आने-जाने वाले यात्रियों को लूटा जा रहा था। पूरी तरह से अराजकता की स्थिति पैदा हो गई थी। पर्दानशीं रानी, डरकर घर से बाहर निकली और चिट्टो से मिलने गई थीं। यह एक प्रकार की अभूतपूर्व

घटना थी। मेजर ने पाया कि सभी अधिकारी अप्रभावी हो चुके थे। सभी रास्ते बंद थे। सभी तरह की संचार सेवाएँ बंद थीं। हथियारबंद पार्टियाँ दिन में लूटपाट कर रही थीं। स्थिति की गंभीरता को देखते हुए 25 जनवरी 1883 को मेजर बिडल्फ ने चिट्टो के नाम एक घोषणापत्र जारी करते हुए, संदेशवाहक से उसके पास भेजा और कहा कि चिट्टो और उसका लेफ्टिनेंट भवानी अपनी इच्छित जगह पर एक निश्चित समय के अंदर आकर उनसे मिलें और अपनी शिकायतें बताएँ। उनकी सुरक्षा सुनिश्चित होगी। चिट्टो ने उस घोषणापत्र के साथ एक संलग्नक लगाकर, यह लिखकर लौटा दिया कि वह अलीराजपुर में राजा को स्थापित करना चाहता है। संलग्नक पर किसी ने हस्ताक्षर नहीं किए थे इसलिए मेजर ने उसकी वैधता को अस्वीकार करते हुए चिट्टो के पास लौटा दिया। इसके बाद मेजर बिडल्फ के पास पुनः चिट्टो द्वारा एक पत्र भेजा गया जिस पर फुलमाल के ठाकुर, चिट्टो, भवानी और कई पटेलों के हस्ताक्षर थे। पत्र में उल्लेख किया गया था कि 'दरबार में राजा जी को कायम करना चाहिए। वे ब्रिटिश हस्तक्षेप से जारी सत्ता को नहीं स्वीकारते।' 1 फरवरी 1883 को चिट्टो ने मेजर बिडल्फ के पास सोरवा के पटेलों के माध्यम से कई मौखिक संदेश भेजे, जिसका तात्पर्य यह था कि वह अलीराजपुर के पूर्व दीवान नजफ खान से मिलना चाहता है जो तब बड़वानी के दीवान थे। 1873 में नजफ खान ने दीवानी का चार्ज वेंकट राव को सौंप दिया था। मेजर बिडल्फ ने 1 फरवरी को 5 देशी अधिकारियों का एक प्रतिनिधिमंडल, बोरी के ठाकुर और नजफ खान के नेतृत्व में डोबलाझिरी की ओर भेजा जो राजपुर से चार मील की दूरी पर था और वहाँ चिट्टो अपने लोगों के साथ कैम्प किए हुए था। नजफ खान ने देखा कि वहाँ चिट्टो, फुलमाल के ठाकुर, भवानी, मकरानी और विलायती हथियारों से लैस थे। मकरानियों और विलायतियों का नेतृत्व एक मकरानी जमादार दोस्त मुहम्मद कर रहा था। नजफ खान ने चिट्टो को राजपुर चलकर मेजर बिडल्फ से मिलने और अपनी शिकायतें बताने को कहा मगर चिट्टो तैयार नहीं हुआ। उसे बंदी बना लिए जाने का डर था। उसने नजफ खान को अपनी कुछ शिकायतें सुनाईं। उसने कहा कि वेंकट राव उसका हक नहीं देते। वह पटेलों को लोहे की चेन में बाँधकर रखते हैं। उन्होंने सभी पटेलों को अपदस्थ कर रखा है। रातभर जंगल में बैठक चली मगर कोई परिणाम नहीं निकला।[58]

नजफ खान राजपुर लौट आए। उसके तुरंत बाद चिट्टो ने अपने गाँव सोरवा के आस-पास कई डकैतियाँ डालीं जहाँ वह परिवार के साथ रह रहा था। 3 फरवरी को मेजर बिडल्फ ने एक सैन्य और कॉवलरी टुकड़ी के साथ सोरबा के लिए प्रस्थान किया जो राजपुर से 11 मील दूर था। 5 फरवरी को मेजर बिडल्फ से चिट्टो की मुठभेड़ हुई। जब वह जंगलों और पहाड़ियों से गुजर रहे थे, पहाड़ियों से मकरानियों ने उन्हें घेर लिया। उनके दल पर गोलियाँ दागीं। जवाब में मेजर की ओर से भी गोलियाँ चलाई गईं जिसमें

मकरानियों और विलायतियों के नेतृत्वकर्ता दोस्त मुहम्मद मारे गए। मेजर की मध्य भारत अश्व टुकड़ी का एक घुड़सवार सैनिक मारा गया था। मेजर भी इस आक्रमण में बाल-बाल बचे थे। दोस्त मुहम्मद का मारा जाना एक बड़ी उपलब्धि थी। इससे चिट्टो के विद्रोह की गरदन टूट गई। 14 फरवरी 1883 को एजेंट, गवर्नर जनरल, सर लेपल ग्रिफिन राजपुर पहुँच गए थे। उन्होंने 16 फरवरी को एक फरमान जारी किया जिसमें फुलमाल के ठाकुर, चिट्टो, भवानी और मकरानियों को छोड़कर शेष भीलों को आममाफी देने की बात कही गई थी। इसके बाद कुछ हथियारबंद भील तितर-बितर हो गए मगर जल्द उन्होंने अम्खुत (मध्य प्रदेश) में जमा होकर मोर्चा सँभाल लिया। अलीराजपुर से सेना को अम्खुत की ओर प्रस्थान करना पड़ा। चिट्टो अपने आदमियों और परिवार के साथ जंगल में छिप गए थे। इस प्रकार चिट्टो के समूह के जो लोग आम माफी के अंतर्गत नहीं आ रहे थे उन्हें गिरफ्तार करने के लिए मालवा भील कार्प्स के कैप्टन बिगनल और मध्य भारत अश्व टुकड़ी के रिसालदार मेजर ईसरी प्रसाद को लगाया गया।[59]

जंगल में छिपे चिट्टो को पकड़ने के लिए मध्य भारत के रिसालदार मेजर ईसरी प्रसाद एवं पंचमहल से सेना बुलाई गई। बॉम्बे जिला पुलिस अधीक्षक मि. हालैंड (Holland) और मि. स्पेंस, असिस्टेंट सुपरिन्टेंडेंट और खान साहिब अब्बास अली खान, जिला पुलिस इंस्पेक्टर ने घेराबंदी की। ब्रिटिश सरकार की नजरों में इनमें सबसे महत्त्वपूर्ण भूमिका अब्बास अली की रही।[60] जंगल में छिपे चिट्टो सहित तीन भील मुखियाओं ने प्रतिरोध जारी रखा जिसके कारण सेना की टुकड़ी धार से आगे नहीं बढ़ रही थी।[61]

चिट्टो ने बरार के रास्ते पलायन करने का प्रयास किया। उन्होंने अकोला और अमरावती के भीलों को उकसाने का असफल प्रयास किया। कैप्टन बिगलन ने चिट्टो का पीछा नहीं छोड़ा। उन्होंने उनके आदमियों की जंगल में तलाशी शुरू की। चिट्टो अपने परिवार और अपने मुख्य आदमियों सहित भागने का प्रयास कर रहे थे। कैप्टन ने लगातार उसका पीछा किया। उनके आदमी एक-एक कर गिरफ्तार होते गए। महाराष्ट्र के अधिकारी भी उसके पीछे लगे थे। चिट्टो को आराम करने का मौका नहीं मिला। फरवरी के अंतिम सप्ताह से पूरे मार्च में लगातार उनकी पत्नी और उनके घोड़ों का पीछा किया गया। अप्रैल के प्रारंभ में केवल उनकी सास ही उनके साथ बच गई थीं। बॉम्बे सुपरिन्टेंडेंट ऑफ पुलिस, मि. हालैंड अप्रैल के प्रारंभ में कई दिनों से चिट्टो को समझाने में लगे हुए थे और अंततः उनकी घेराबंदी के बाद चिट्टो ने अप्रैल, 1883 के दूसरे सप्ताह में गोधरा में बॉम्बे सुपरिन्टेंडेंट ऑफ पुलिस, मि. हालैंड, के सम्मुख आत्मसमर्पण कर दिया था। वायसराय ने विशेष तौर पर इसके लिए उन्हें धन्यवाद दिया था।[62]

सेना और भीलों में संघर्ष के बाद भील तितर-बितर हो गए। बाद में सरकार को दमन की नीति छोड़ने को मजबूर होना पड़ा। ब्रिटिश सरकार ने भीलों के असंतोष के कारणों

का पता लगाया और उन्हें दूर किया जिससे भील नेता संतुष्ट हुए और इस इलाके का विद्रोह शांत हो सका।[63]

जुलाई, 1883 में शुरू हुई कोर्ट कार्यवाही में कोर्ट की नजरों में मुख्य घटनाएँ निम्नलिखित प्रकार से थीं-

1- विद्रोहियों द्वारा व्यापक पैमाने पर लूटपाट और संपत्तियों को नुकसान पहुँचाना।

2- मेजर बिडल्फ से राजपुर आकर मिलने से मना कर देना।

3- 1 फरवरी को डेबलाझिरी में भेजे गए प्रतिनिधिमंडल के अनुरोध के बावजूद आने से साफ मना कर देना।

4- चिट्टो के लेफ्टिनेंट दोस्त मुहम्मद का यह कहना कि वह बागे सिंह को राजा नहीं मानता बल्कि धरमपुर के राजा को गद्दी का हकदार मानता है।

5- पॉलिटिकल एजेंट पर 3 फरवरी को आक्रमण करना।

6- चिट्टो द्वारा यह स्वीकार करना कि फुलमाल के ठाकुर के कहने पर वह धरमपुर गए थे और वह बागे सिंह के बजाय धरमपुर राजा को गद्दी का हकदार मानते हैं।

इसलिए वेंकट राव की ज्यादतियों के बावजूद कोर्ट, चिट्टो के अपराध को माफ करना नहीं चाहता था। कैप्टन रॉबर्टसन का मानना था कि यद्यपि चिट्टो के कुछ हक गलत या सही तरीके से रोक दिए गए थे लेकिन ऐसा केवल उसी के साथ नहीं किया गया था। उनका मानना था कि चिट्टो का उद्देश्य साफ था और वह ऐसे व्यक्ति को गद्दी पर बैठाना चाहते थे जो उसके प्रभाव में रहे। यह सही है कि दीवान वेंकट राव की छवि ठीक नहीं थी। वह केवल बनिया और राजपूतों को व्यापार करने देता था। उसने भीलों पर अनावश्यक कर लाद दिया था लेकिन चिट्टो ने इसी कारण कुछ माह तक दीवान को राजमहल पर राज्य का झंडा फहराने नहीं दिया था। यह पूरी तरह सत्ता पलटने की कार्रवाई जैसी है।[64]

चिट्टो द्वारा जो डकैतियाँ डाली गई थीं, उनमें सबसे महत्त्वपूर्ण थीं 12 जनवरी 1883 को बरडबरा में कुछ बंजारों से 3,700 रुपये की लूटी गई संपत्ति। उससे पूर्व 30 दिसंबर 1882 को एक बोहरा, जिसका नाम नूरुद्दीन था, को भी लूटा गया था। बरदा का एक बनिया, जिसका नाम मंगल लाल था, लूट लिया गया था। मेजर बिडल्फ ने कोर्ट में बताया था कि चिट्टो और भीलों के विद्रोही होने का मुख्य कारण राज्य के दीवान वेंकट राव का अलोकप्रिय होना था। उनके द्वारा विगत चार सालों में जंगल के उत्पादों पर भारी कर लगा दिया गया था। दस वर्ष पूर्व चिट्टो को राज्य द्वारा कुछ हक, कुछ रियायतें मिली हुई थीं। वेंकट राव ने चिट्टो के हक को पूरा नहीं किया। अकाल के समय बेचने को भेजे जा रहे अनाज को चिट्टो ने लूट लिया था। इस पर वेंकट ने चिट्टो को गिरफ्तार

कर जेल भेज दिया था। इससे पूरे राज्य में एक आम असंतोष, राज्य का कामकाज देखने वालों के कारण पैदा हो गया था।[65]

मेजर बिल्डफ ने पॉलिटिकल एजेंट भोपावर की हैसियत से अपनी जिम्मेदारियों से खुद को अलग कर लिया था और सारा दोष राज के अधिकारियों पर मढ़ दिया था। देखा जाए तो राजा के अल्पवयस्क होने के कारण राज्य की देख-रेख के लिए वह भी जिम्मेदार थे।

मेजर बिल्डफ ने कोर्ट को बताया था कि चिट्टो की मुख्य नाराजगी वेंकट राव को हटाने के लिए थी न कि दूसरे राजा को स्थापित करने के लिए। फुलमाल के ठाकुर की नाराजगी पूर्व राजा देव सिंह जी (रूप देव सिंह) की 1881 में मृत्यु के बाद नियुक्त किए गए अल्पवयस्क राजा के प्रति थी। चिट्टो और फुलमाल का ठाकुर, राज्य पर धरमपुर के ठाकुर का अधिकार मानते थे। ठाकुर के कहने पर चिट्टो धरमपुर भी गए थे। वहाँ राज्य के सभी मुखियाओं को बुलाया था और अलीराजपुर की गद्दी के लिए दावा प्रस्तुत किया था। पूर्व दीवान खान बहादुर नजफ खान, अलीराजपुर से हटा दिए गए थे और अब वह बड़वानी राज्य के दीवान थे। चिट्टो के मुकदमे में नजफ खान की भी गवाही हुई थी और उन्होंने बताया था कि 1873 के पूर्व भील असंतुष्ट नहीं थे। उनके हक उन्हें मिल रहे थे। चिट्टो को राज्य की ओर से कुल आय का दस प्रतिशत हक मिलता था और 20 रुपये प्रतिमाह भत्ता भी। नजफ खान ने कोर्ट को बताया कि विगत आठ सालों से पटेलों को उनके वैध हक न मिलने के कारण ही राज्य में असंतोष पनपा है। भीलों पर कुछ अनुचित कर भी लगाए गए हैं। बड़वानी की जिस जमीन पर प्रति हल एक से पाँच रुपये प्रति वर्ष कर लगता है उसी प्रकार की जमीन पर अलीराजपुर में आठ से नौ रुपये देने पड़ते हैं।[66]

चिट्टो के मुकदमे में तीसरे गवाह बोरी के ठाकुर थे। सात अन्य गवाहों के बयान हुए थे। बचाव पक्ष की ओर से तीन पटेलों की गवाहियाँ हुई थीं। सभी ने वेंकट राव के बुरे बर्ताव की जानकारी दी। चिट्टों के क्लर्क ने अपना रजिस्टर दिखाया था जिसमें मकरानियों को नौकरी पर रखा गया था और बिना हक मिले उनका वेतन देना संभव न था।

सुनवाई के बाद अभियुक्तों पर निम्न आरोप निर्धारित किए गए थे-

1- भीलों की सशस्त्र भारी भीड़ द्वारा दिसंबर, 1882 और जनवरी-फरवरी, 1883 में राज्य प्रशासन के विरुद्ध बगावत करना (धारा 121 आईपीसी)।

2- 17 जनवरी 1883 को पाँच अन्य लोगों के साथ नानपुर गाँव में डकैती डालना (धारा 395 आईपीसी)।

3- बरडबरा की सीमा में 12 जनवरी को डकैती के लिए भीलों को उकसाना (धारा

109, 395 आईपीसी और अलीराजपुर राज्य कानून)

4- फरवरी-अगस्त, 1882 के बीच मंगल लाल से 1000 रुपये, 30 दिसंबर 1882 को बोहरा नूरुद्दीन से 125 रुपये छीनना (धारा 411 आईपीसी और अलीराजपुर राज्य कानून)।

कुल मिलाकर मुख्य आरोप था राज्य सरकार के विरुद्ध युद्ध करना।

उक्त मुकदमे में चिट्टो और भवानी को आजीवन कारावास की सजा सुनाई गई तथा उनकी सारी संपत्ति जब्त कर ली गई। मकरानियों के मामले की अलग से सुनवाई हुई।[67]

सोरवा युद्ध में जिन 16 मकरानियों ने सेना पर गोली चलाई थी, उन पर 2 अगस्त 1883 को मेजर बिडल्फ के कोर्ट में सुनवाई शुरू हुई। इनमें भवानी का साथी ननकीया भी था जिसने भावरा को लूटा था और वहाँ एक बनिया मारा गया था। नौ अगस्त को दुबारा सुनवाई हुई और 10 अगस्त को उनके विरुद्ध सजा सुना दी गई। इन मकरानियों ने हजारों भील लड़ाकों के साथ 24 घंटे से अधिक समय तक, 1 और 2 फरवरी 1883 को राजपुर को घेरे रखा था। इनका नेता चिट्टो, राजपुर से 4 मील दूर, डोबलाझिरी में डेरा डाले हुए था। 16 मकरानियों में से 3 के खिलाफ पर्याप्त सबूत नहीं थे। एक मकरानी अभी 19 साल का नौजवान था। इस प्रकार चारों को मुक्त कर दिया गया। दो मकरानियों, अल्लाहसन और बहराम को कुख्यात मानते हुए कोर्ट ने फाँसी की सजा सुनाई थी।[68] एक अन्य मामले में भरुच के कालू घाँची नामक भील मुखिया के पास से चिट्टो की कुछ लूटी हुई संपत्ति मिली थी जिसके कारण उसे दस वर्ष की सजा हुई थी।[69]

संदर्भ :

1. Shashank Kela, A Rogue and Peasant Slave: Adivasi Resistance, 1800-2000, Navayana Publishing, 2012, Delhi, PP. 130-136.

2. NAI, CIA, Bhopawar Agency, File No. 734/ 1858.

3. Maharashtra State Gazetteers, Jalgaon District (Revised Edition), Second Edition, 1962, Page 111; NAI, CIA, Bhopawar Agency, File No.137/1860.

4. K.S. Singh, The Tribal's and the 1857 Uprising, Social Scientist, Vol. 26, No. 1/4 (Jan.-Apr. 1998, Page 83).

5. Ibid, Page 84.

6. Maharashtra State Gazetteers, Jalgaon District (Revised Edition), Second Edition, 1962, Page 112.

7. NAI/CIA/137/1857/ 22nd October 1857/Letter from Mr. Mansfield addressed to the AGG for CI.

8. Maharashtra State Gazetteers, Jalgaon District (Revised Edition), Second Edition, 1962, Page 112.

9. Maharashtra State Gazetteers, Jalgaon District (Revised Edition), Second Edition, 1962, Page 112; Bombay Gazette, 12 June 1863; डॉ. शिवनारायण यादव, 1857 स्वाधीनता संग्राम में जनजातीय बलिदान, स्वराज संस्थान संचालनालय, 2008, पृष्ठ 244.

10. NAI/CIA/File 1420/ 28 June 1858/letter from the office of Political Assistant of Nimar addressed to the AGG for CI.

11. NAI/CIA/ File 1420/20 August 1858/letter from the office of Political Assistant of Nimar addressed to the AGG for CI; NAI/CIA/File 1774/1858, 20 November 1858.

12. The Homeward Mail, 6 August 1860.

13. NAI, Central India Agency (CIA), Bhopawar Agency, letter no. 272/1859, 29 August 1859.

14. डॉ. शिवनारायण यादव, 1857 स्वाधीनता संग्राम में जनजातीय बलिदान, स्वराज संस्थान संचालनालय, 2008, पृष्ठ 244, 245.

15. वही, पृष्ठ 245; Homeward mail from India, China and the East, 4 September 1860 and 11 June 1862; Newcastle Courant, 24 August 1860.

16. Homeward mail from India, China and the East, 4 September 1860 and 11 June 1862; Newcastle Courant, 24 August 1860.

17. The Homeward Mail, 6 August 1860; Geelong Advertiser (Vic), 12 September 1860; Homeward mail from India, China and the East, 4 September 1860.

18. Homeward mail from India, China and the East, 11 June 1862.

19. Geelong Advertiser (Vic), 12 September 1860; Homeward mail from India, China and the East, 4 September 1860; Homeward mail from India, China and the East, 11 June 1862; Newcastle Courant, 24 August 1860; NAI, CIA, Bhopawar Agency, File No.137/1860.

20. The Homeward Mail, 6 August 1860; Newcastle courant, 24 August 1860.

21. NAI, CIA, Bhopawar Agency, File no.140/1860, 26 June 1860.

22. Shashank Kela, A Rogue and Peasant Slave: Adivasi Resistance, 1800-2000, Navayana Publishing, 2012, Delhi, Page 149.

23. NAI/CIA/File 743/1861, 2 May 1861/letter from the Political Agent of Nimar addressed to the AGG for CI.

24. Homeward mail from India, China and the East, 9 November 1860.

25. NAI/CIA/ 3072, 12th June 1861, Letter from the leader Secretary to Govt. of India addressed to the AGG for CI.

26. Bombay Gazette, 16 September 1867; Englishman's Overland Mail, 23

September 1867; डॉ. शिवनारायण यादव, 1857 स्वाधीनता संग्राम में जनजातीय बलिदान, स्वराज संस्थान संचालनालय, भोपाल, 2008, पृष्ठ 260, 261.

27. NAI, CIA, Bhopawar Agency, letter no. 455/1859, 24 February 1859; letter no. 134/1861, 1 April 1861.

28. डॉ. शिवनारायण यादव, 1857 स्वाधीनता संग्राम में जनजातीय बलिदान, स्वराज संस्थान संचालनालय, 2008, पृष्ठ 248, 249, 250.

29. NAI, Central India Agency (CIA), File no. 1422, 29th March 1860; Bombay Gazette, 16 September 1867; Englishman's Overland Mail, 23 September 1867; NAI, CIA, Bhopawar Agency, letter no. 115/1860, February 28, 1860.; letter no. 73/1861, March 11, 1861; NAI, CIA, Bhopawar Agency, letter no. 664/1859, 31 December 1859.

30. Bombay Gazette, 16 September 1867; Englishman's Overland Mail, 23 September 1867; NAI, Central India Agency (CIA), Bhopawar Agency, letter no. 115/1860, 28 February 1860; letter no. 73/1861, 11 March 1861; NAI, CIA, Bhopawar Agency, letter no. 664/1859, 31 December 1859.

31. NAI/CIA/ File no. 1058/1861, 24 July 1861, letter from the PA Nimar addressed to the R Shekshpeer.

32. The Homeward Mail, 21 October 1867; https://hi.wikipedia.org/wiki/BhimaNayak; Englishman's Overland Mail, 23 September 1867; NAI, CIA, Bhopawar Agency, letter no. 399/1861, 26 March 1861; letter No. 272/1859, August 29, 1859; letter no. 45/1860, 24 January 1860; letter No. 115/1860, 28 February 1860.

33. Shashank Kela, A Rogue and Peasant Slave: Adivasi Resistance, 1800-2000, Navayana Publishing, 2012, Delhi, PP. 168, 169, 170.

34. NAI, CIA, Bhopawar Agency, letter no. 33/1867, 31 May 1867.

35. NAI/CIA/ File no. 49/1859, 11 January 1859, letter from the commanding officer Ist Cavalry, H.C. addressed to the AGG for CI.

36. NAI, CIA, Bhopawar Agency, File No. 734/1858; File No. 10/1860; File No.140/1860 and File No.137/1860.

37. NAI, CIA, Bhopawar Agency, File No. 144/1862.

38. Dublin daily Express, 15 December 1863; Bombay Gazette, 12 August 1862; Saint James's Chronicle, 11 September 1862.

39. NAI. CIA. File 217/1862, Telegram from Major Keating to Major Meade, 28 March 1862; NAI, CIA, Bhopawar Agency, File No. 145, 1862-70.

40. NAI, CIA, Bhopawar Agency, File No. 144/1862.

41. NAI, CIA, Bhopawar Agency, File No. 145, 1862-70.

42. Bombay Gazette, 25 January 1866; Geelong Advertiser (Vic.) 14 May 1864.

43. NAI, CIA, Bhopawar Agency, File 824/1864; File No-507, 1864-67; File No-508, 1864-65.

44. NAI, CIA, Bhopawar Agency, File No. 508/1864-65.

45. NAI, CIA, Bhopawar Agency, File No. 1477 & 1474/1869; File No. 871/1868.

46. NAI, CIA, Bhopal Agency, File No. 510/ 1872 and File 512/1873.

47. NAI, CIA, Bhopal Agency, File 512/1873.

48. NAI/CIA/File Progs. No 10, 1875/Indore letter receipts/ 30 March 1875. Submits opinion of the Burwani Durbar for punishing some of the Burwani Bheels who committed robbery in the Holkar's district.

49. NAI, CIA, Bhopawar Agency, File 509/1872-78.

50. The Homeward Mail, 14 April 1902.

51. Shashank Kela, A Rogue and Peasant Slave: Adivasi Resistance, 1800-2000, Navayana Publishing, 2012, Delhi, PP. 208-210

52. NAI, CIA, Bhopal Agency, File 1135/1873-98; File 1715/1874.

53. Western Daily Press, 6 February 1883.

The feudatory State of Ali Rajpur, where serious disturbances are reported to have broken out among the Bheel, is perhaps the smallest and least important native principality in India retaining the name and rights of semi-independence. Thanks to its isolated position on the western spurs of the Vindhya range, it escaped many of the dangers of Marathas incursions, and some of the consequences of the extension of English power. The early records of the State have been lost, and its origin has not been rescued from the myths of history; but the ruling family retain the proud remembrance of their descent from the great house of Udaipur. The Area of Ali Rajpur is as limited as its pretensions to fame- its surface not exceeding 800 square. The population, mostly Bheels numbers some 30,000 persons, and the Rana enjoys a personal revenue of some 3,000 a year. His military force is composed of 150 policemen and two guns; but she occasion has not arisen for employing either it or the Malwa Bheel corps, to the maintenance of which the Rana contributes, in any serious operations. In fact, Ali Rajpur has always been considered a progressive little State in its way and caused no trouble to the administration of the Central India Agency. If the Bheel was advancing anywhere in the scale of civilisation by means of education and a provident government, it would have been admitted that he was doing so in Ali Rajpur under the guidance of his Prince of the Sisodia Rajput. Ali Rajpur was many years ago the tributary of the larger State of Dhar, but in 1821 the rights of the latter were transferred to us. In the capacity of suzerain we have been several times called open to intervene in deciding the difficult question of family succession; but although the principality has passed through its crisis and been, like other Indian territories, the sport of fortune and the plaything of ambition, the intervention has always been attended by happy results. The present Prince Rupdeo was placed in the seat of power by as in 1871, on his brother's death, and has never given cause of dissatisfaction. It is probable, therefore, that the present outbreak within his brothers has been caused, not by say disloyalty cowards his person or dislike his regime, but by some fresh ebullition of that discontent and rebellions inclination among the Bheels' which first revealed itself some two years, and which does not yet seem to have been quelled or removed (Western Daily Press, 6 February 1883).

54. Times of India, 4 August 1883.

55. Ibid.

56. Times of India, 4 August 1883; Globe, 12 February 1883.

57. Times of India, 26 July 1883; Times of India, 4 August 1883.

58. Ibid.

59. Ibid; Times of India, 17 April 1883; Daily Telegraph & Courier, London, 12 February 1883.

60. Times of India, 4 August 1883.

61. Morning Post, 14 February 1883.

62. Times of India, 26 July 1883 and 31 December 1883; Bangalore Spectator, 30 April 1883; Friend of India and Statesman, 27 February 1883.

63. Homeward Mail from India, China and the East, 17 April 1883.

64. Times of India, 4 August 1883.

65. Times of India, 26 July 1883.

66. Ibid.

67. Times of India, 26 July 1883, 4 August 1883.

68. Times of India, 20 August 1883 and 31 December 1883.

69. Friend of India and Statesman, 11 August 1883.

भाग-2

अध्याय-7 राजपूताना, रेवाकाँटा और माहीकाँटा एजेंसी और भील : एक सामान्य परिचय

राजपूताना

ब्रिटिश सरकार ने राजपूत रियासतों के समूह की, 'राजपूताना' नाम से एक प्रशासनिक इकाई (एजेंसी या प्रांत) स्थापित की थी जिसमें जैसलमेर, जोधपुर या मारवाड़, बीकानेर, अलवर, शेखावटी, जयपुर, भरतपुर, धौलपुर, करौली, बूँदी, कोटा, झालावाड़, प्रतापगढ़, बाँसवाड़ा, डूंगरपुर, मेवाड़ या उदयपुर और सिरोही रियासतें शामिल थीं। इनके अलावा ब्रिटिश जिला- अजमेर, मारवाड़, किशनगढ़ और टोंक भी शामिल थे।[1] राजपूताना में राजस्थान के अलावा कुछ क्षेत्र मध्य प्रदेश और गुजरात के भी पड़ते थे। उदयपुर, बाँसवाड़ा, जोधपुर, डूंगरपुर, कोटा, प्रतापगढ़ और सिरोही राज, भील क्षेत्र कहे जाते थे। कहा जाता है कि बाँसवाड़ा को राजा बाँसिया भील, डूंगरपुर को राजा डूंगरिया भील, कोटा को कोट्या भील और मांडलगढ़ को मांड्या भील ने बसाया है।

राजपूताना के भील और राजपूत

राजपूताना में राजपूतों के आने के पूर्व, दक्षिण एवं दक्षिण-पूर्वी राजस्थान का बहुत बड़ा हिस्सा भीलों के नियंत्रण में था। वे यहाँ के स्वामी या शासक थे। सिंधु घाटी की सभ्यता के समकालीन, 'आहड़ संस्कृति' के विकास में भीलों का योगदान बताया जाता है। सातवीं से 14वीं सदी के दौरान राजस्थान में राजपूतों का आगमन हुआ था। 11वीं-12वीं सदी में उनका आगमन ज्यादा हुआ जब मुसलमानों द्वारा सिंध की ओर से खदेड़े गए राजपूतों ने अपने घोड़ों की मदद से इस क्षेत्र में प्रवेश किया और खासकर मैदानी इलाके में अपने पाँव जमा लिए। भील जनजातियों को जंगलों की ओर खदेड़ दिया। सत्ता संघर्ष में अपनी सुरक्षा के लिए भील, पहाड़ों और घने जंगलों की ओर चले गए और राजपूतों ने मैदानी क्षेत्रों पर अधिकार कर लिया। कहा जाता है कि कभी भिल्लमाल के आस-पास शक्तिशाली भील बस्तियाँ थीं। आज इसे भीनमाल के नाम से जाना जाता है।

कालांतर में मेवाड़ में गुहिलौतों (मेवाड़ राजवंश) ने अपनी सत्ता स्थापित करने के लिए भीलों और प्रतिहारों से संघर्ष किया। उन्होंने हजारों भीलों की हत्या की। चूँकि उनकी सत्ता, भीलों का रक्त बहाकर स्थापित हो सकी, इसलिए कालांतर में भी भीलों ने उनसे संघर्ष जारी रखा।[2]

राजपूतों के भील क्षेत्रों में आगमन का काल सातवीं से चौदहवीं सदी के मध्य माना जा सकता है। कुछ इतिहासकार राजपूतों का आगमन सातवीं से बारहवीं सदी मानते हैं। इस पर एक राय नहीं है। हमें सातवीं सदी के बाद एवं चौदहवीं सदी के पूर्व, राजपूतों का आगमन स्वीकार करना चाहिए।

राजपूत, भीलों को अपने इलाके के भूतपूर्व निवासी और जमीनों के कब्जादार मानते हैं। इसका सुबूत यह है कि कुछ राजपूत सरदार जब गद्दी पर बैठते हैं तो उनके माथे पर किसी भील के खून से तिलक लगाने की प्रथा बीसवीं सदी के मध्य तक दुहराई जाती रही है। अँग्रेज प्रशासक जेम्स टॉड बतलाते हैं कि सिसोदिया राजपूतों के गोह नामक पूर्वज ने भील राजा से ईडर (गुजरात) राज्य हासिल किया था। एक कथा है कि नौजवान गोह, अकसर जंगलों में भीलों के पास जाता था। वह भीलों का प्यारा बन चुका था। खेल-खेल में भीलों ने एक राजा चुनने का निश्चय किया। उनकी नजर गोह पर पड़ी। तभी एक जंगली भील नौजवान ने अपनी उँगली चीरकर उसके माथे पर, प्रभुसत्ता की निशानी के तौर पर, टीका लगा दिया। जो कुछ खेल-खेल में हुआ था, उस पर भीलों के सरदार ने सहमति दे दी। उसके बाद जो कुछ हुआ, उसने गोह पर कृतघ्नता का कलंक लगा दिया क्योंकि गोह ने उपकार करने वाले भील का वध कर दिया। हालाँकि इस कथा में हत्या का कोई उद्देश्य नहीं बताया गया है फिर भी कथा से यह बात निकलती है कि राजपूतों ने ही ईडर के भीलों को पराजित किया और उन्हें अधिकारहीन बनाया था। इस कथा से एक दिलचस्प संकेत यह मिलता है कि राजपूत, भीलों पर विजय मात्र से ही वंश परंपरा की शुरुआत नहीं मानते अपितु वे यह भी दिखाना चाहते थे कि उनके हाथ में सत्ता, भीलों के ही कृत्य और मुक्त सहमति से आई थी। शायद इसलिए भी राजपूतों ने भीलों के देवी-देवताओं को अपना संरक्षक देवी-देवता मानना स्वीकार कर लिया। 'ओगुन और उंदरी के भील भू-स्वामी अभी भी सिसोदिया राजाओं (उदयपुर, डूंगरपुर, बाँसवाड़ा और प्रतापगढ़ राज्यों के राजाओं) को टीका लगाने के विशेषाधिकार का दावा करते हैं। ओगुन का भील, खुद के अँगूठे से खून निकालकर सरदार के माथे पर (उसकी प्रभुता की निशानी के तौर पर) लगाते हैं और फिर सरदार की बाँह पकड़कर गद्दी पर बैठाते हैं, जबकि उंदरी का भील टीका लगाने के काम आने वाले केसर और चावल को थाल में लिए रहते हैं।'[3]

एक ब्रिटिश अखबार का मानना था कि सदियों पूर्व उदयपुर की गद्दी पर बैठने वाले राजपूतों को भीलों के रक्त का टीका लगाने की परंपरा रानाबप्पा के समय से शुरू हुई थी

जब बालनेव भील (Balneo) ने उन्हें उदयपुर की गद्दी सौंपी थी।[4]

गाँवों के चौकीदारों के रूप में भीलों की नियुक्ति इस तथ्य को मान्यता देती है कि वे इस क्षेत्र के सबसे पुराने बाशिंदे थे। निमाड़ और बरार में भील 'मानकर', अर्थात गाँव के श्रेष्ठतर चौकीदार की हैसियत से काम करते थे। ग्रांट डफ का कथन है कि मराठे, गाँवों के चौकीदारों के रूप में रामोसी (भील की एक जनजाति) की नियुक्ति करते थे और यह कि रामोसी, गाँवों के चौकीदारों की एक पेशेवर जाति थी जो संभवत: भीलों या भीलों और कोलियों के वंशज थे।[5]

उपरोक्त तथ्यों से यह सिद्ध होता है कि राजपूतों ने अपनी सत्ता, भीलों का रक्त बहाकर स्थापित की थी। उन्होंने बाद में चालाकी से भीलों को शांत रखने और सम्मानित दिखाने के लिए उनके रक्त से राजतिलक की परंपरा कायम रखी। भीलों के विद्रोही तेवर को देख, राजपूतों ने अपने अधीन, भीलों को उनके क्षेत्रों में स्वायत्तशासी शासक के रूप में स्वीकार किया था और उन्हें रावत, भौमिया अथवा गिरिसिया नामक पदों और नामों से सुशोभित किया था। कहीं-कहीं उनकी जागीरों की स्वतंत्रता कायम रखी गई यानी कुछ भील मुखिया स्वतंत्र जागीरदार बने रहे। जागीरदार भील अपने क्षेत्रों से गुजरने वाले यात्रियों और व्यापारियों की सुरक्षा के बदले बोलाई नामक लाग (कर) वसूलते थे तो अपने क्षेत्र के खेती-किसानी, और संपत्ति की सुरक्षा प्रदान करने के बदले रखवाली नामक लाग वसूलते थे। मैदानी क्षेत्रों में चौकीदारी करने के एवज में उन्हें कर-मुक्त जमीनें मिली हुई थीं। मुगल काल में भील सामान्यत: बेहतर स्थिति में थे। अबुल फजल ने 'आईने-अकबरी' में भीलों को नियमों का पालन करने वाला और मेहनती बताया है। मुगल सत्ता के कमजोर पड़ने पर मराठों ने राजस्थान के शहरों पर आक्रमण करना शुरू किया और वहीं से राजस्थानी भीलों के तेवर विद्रोही होते गए। मेवाड़ के भीलों के विद्रोही होने के पीछे मुख्य कारण उनके द्वारा वसूले जाने वाले 'रखवाली' कर पर रोक लगाना था जो वे अपने इलाके से गुजरने वाले व्यापारियों और यात्रियों से वसूलते थे।[6]

राजपूतों और भीलों के रक्त संबंधों या उत्तराधिकार संबंधों का प्रश्न हमेशा जटिल रहा है। समय के साथ राजस्थान के कुछ भीलों के गोत्र, राजपूतों से मिलते-जुलते लगने लगे। इस आधार पर कुछ भील स्वयं को राजपूतों से जोड़ने का प्रयास करते हैं। इस प्रवृत्ति को निम्नजातीय समाज में कुंठा से मुक्ति का प्रयास मात्र समझा जाना चाहिए। भीलों और राजपूतों के सम्मिश्रण से भीलाला जाति के अलग अस्तित्व की बात भी लेखक करते हैं। गिरासिया जनजाति में भी आधा खून राजपूत का और आधा भील का माना जाता है। 'वीर विनोद' के अनुसार, कल्याणपुरा के भील अपनी उत्पत्ति, धार के पंवार राजपूतों से बताते हैं। देवपुरा, पाडुना, खरवाड़ माँडवा, जवार, चिनावडा, सारू, लिम्बोडा, सिंगटवाडा, अमरपुरा और देरवास के भील अपनी उत्पत्ति सिसोदिया राजपूतों से मानते हैं। इसी प्रकार

कुछ भील, चौहान, राठौर आदि उपनामों को धारण कर अपना संबंध राजपूतों से बताते हैं। उपरोक्त संभावनाओं का कोई वैज्ञानिक आधार नहीं है। हर जनजाति या जाति में मिश्रण हुआ है। कुछ भील मुखियाओं से राजपूतों के रिश्ते भी रहे हैं मगर इन्हें अपवाद ही माना जाना चाहिए। राजस्थानी भील सदा स्वतंत्र और परंपरागत सामाजिक-राजनीतिक बंधनों से संचालित होते रहे हैं। पूर्व में उनके क्षेत्र, विभिन्न पालों में विभक्त होते थे। प्रत्येक पाल का एक खानदानी मुखिया होता था जिसे गमेती या नायक कहा जाता। वह राजनीतिक और सामाजिक अधिकारों का नेतृत्वकर्ता था। विशेष परिस्थितियों में भील तेज आवाज 'कुल्की' द्वारा अपनी बिरादरी को पहाड़ियों में बटोर लेते।[7]

राजपूत राजाओं के काल में भील आदिवासियों की हत्याएँ आम रहीं। कुछ भील महिलाओं को डायन या चुड़ैल बताकर मार दिया जाता तो तमाम रीति-रिवाजों और संस्कारों के नाम पर भी भीलों की बलि दी जाती थी। जयपुर की पुरानी राजधानी अम्भर में शिलादेवी का मंदिर है। इस मंदिर में प्रति-दिन सुबह एक व्यक्ति की बलि दी जाती थी। यह विधान उन्नीसवीं सदी के प्रारंभ तक यानी ब्रिटिश सत्ता स्थापित होने तक चलता रहा। जाहिर है कि इस कुप्रथा में ज्यादातर जनजातियों की ही बलि दी जाती थी। नवंबर, 1876 में सिरोही राज में राजतिलक के अवसर पर सात भीलों की हत्या कर परंपरा निभाने की घोषणा की गई थी। घोषणा होते ही राज्य के सारे भील सीमा से बाहर भाग गए थे।[8] ऐसी परंपराएँ या सोच, भीलों के प्रति क्रूरता को दर्शाती हैं। ऐसी सोच की प्रतिक्रियाएँ भी भीलों को बर्बर और हिंसक रास्ता चुनने को मजबूर करती रहीं।

1908 के उदयपुर गजेटियर से पता चलता है कि मराठे, भीलों को जंगली जानवर समझते थे। जब उनका सामना भीलों से होता तो वे उन्हें मुठभेड़ में मार देते या पकड़कर भाले से छेदकर या आग में जलाकर मार डालते। कभी-कभी गर्म लोहे की सलाखों में बाँध देते। इन जुल्मों की इंतहा भी भीलों के विद्रोही, अपराधी या लुटेरा बनने के कारण हैं।

कविराज श्यामलदास ने अपनी किताब 'वीर विनोद' में भीलों को सामंती दृष्टि से ही देखा। मध्य प्रदेश, गुजरात और महाराष्ट्र की भाँति ही राजस्थान के भीलों का अस्तित्व, आर्यों और द्रविणों से पूर्व का है। ये यहाँ के मूल निवासी हैं। राजपूतों के आगमन के पूर्व, सातवीं सदी तक भील स्वतंत्रतापूर्वक अपने इलाके में रहते रहे।[9]

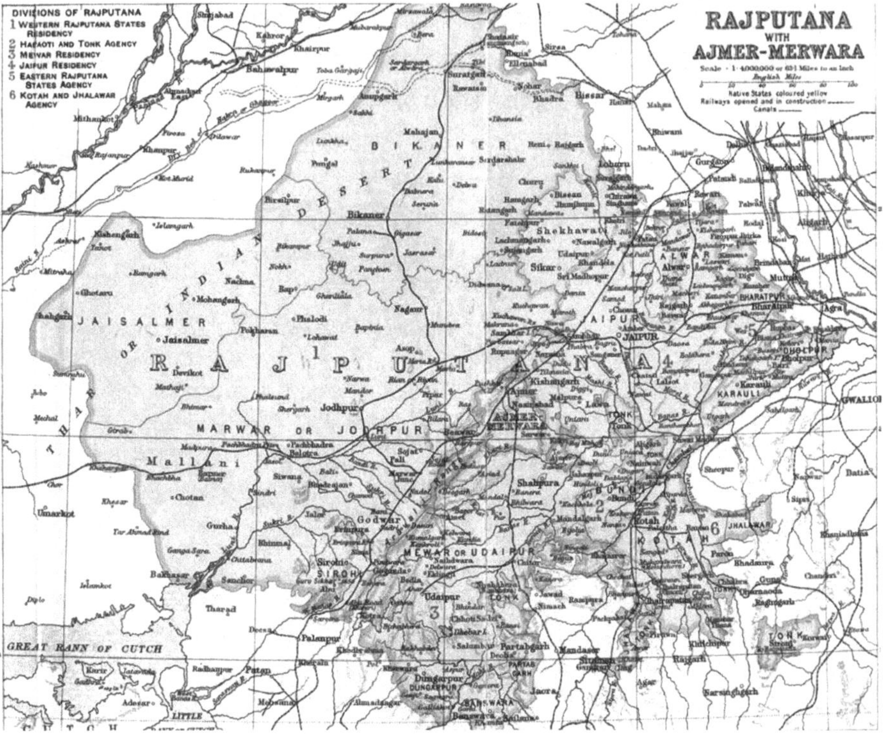

रेवाकाँटा

माहीकाँटा की ही तरह रेवाकाँटा भी ब्रिटिश काल में पूर्वी गुजरात की एक पॉलिटिकल एजेंसी थी जिसके अंतर्गत कई देशी राजाओं के क्षेत्र पर अँग्रेज नियंत्रण रख रहे थे। कहने को रेवा (नर्मदा) नदी के किनारे होने के कारण इस क्षेत्र को रेवाकाँटा नाम दिया गया था मगर इसका क्षेत्रफल माही नदी के तट तक था। रेवाकाँटा का गठन 1811 में हुआ था जो राजपूताना एजेंसी के अंतर्गत सीधे विदेशी कार्यालय से नियंत्रित होती थी। इस एजेंसी का कुल क्षेत्रफल 4,980 वर्ग मील था। 1891 में इसकी कुल जनसंख्या 7,33,506 थी जो 1899-1900 के अकाल के बाद 1901 में घटकर 4,79,065 रह गई थी। इसकी सीमाएँ उत्तर में मेवाड़ राज्य डूंगरपुर और बाँसवाड़ा, पूरब में भालोद सब-डिवीजन, पंचमहल के दाहोद, अलीराजपुर, भोपावर एजेंसी के छोटे-छोटे राज्यों, खानदेश के कुछ हिस्सों से मिलती थीं। दक्षिण में गायकवाड़ के क्षेत्र, सूरत का मांडवी सबडिवीजन, पश्चिम में अंकलेश्वर और भरूच, गायकवाड़ के कुछ क्षेत्रों, पंचमहल के गोधरा और कलोल, साथ ही साथ कैरा के थासरा और कपड़वंज तथा अहमदाबाद के प्रांतों से मिलती थीं।

रेवाकाँटा का पॉलिटिकल एजेंट, पड़ोसी ब्रिटिश जिला, पंचमहल का कलेक्टर होता था। रेवाकाँटा की सीमाएँ, लगभग चारों ओर से पंचमहल जिले को घेरे हुए थीं। आजादी के बाद रेवाकाँटा क्षेत्र गुजरात के सौराष्ट्र क्षेत्र में शामिल है।[10]

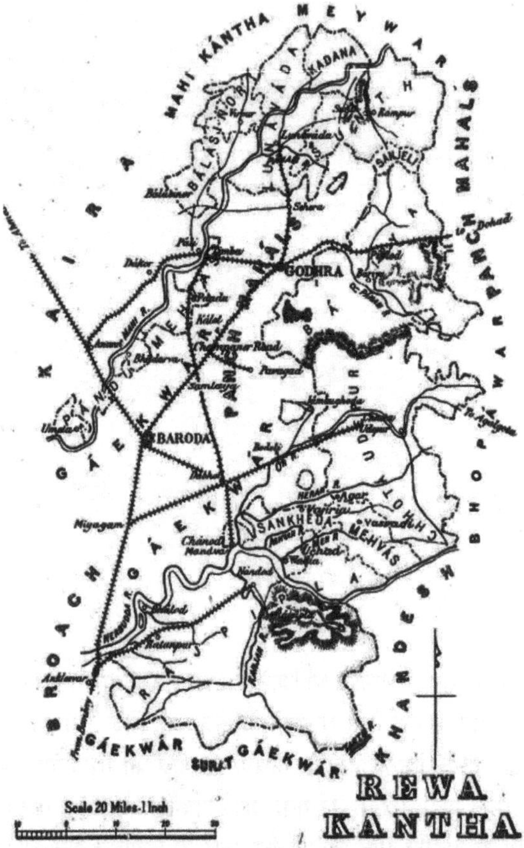

रेवाकाँटा एजेंसी में कुल 6 बड़ी और 66 छोटी रियासतों को शामिल किया गया था। बीच-बीच में इनमें एकाध फेरबदल भी हुए थे। सबसे बड़ी रियासत राजपीपला थी जो दक्षिण में स्थित थी। छोटी रियासतों में बारिया, छोटा उदयपुर, लुनावाड़ा, बालासिनोर, सुंथ, कदाना, भादरवा, संजेली, उमेटा, जम्बूघोड़ा, संखेड़ा, मेहवास, पांडु मेहवास, नारुकोट, माँडवा, गद बोरियद, सनोर, वजिरिया वनामला आदि थीं। रेवाकाँटा और माहीकाँटा में पहले भील और कोलियों की सत्ता थी। राजपीपला में सबसे पहले राजपूतों ने अपने महल खड़े किए। 12वीं-14वीं सदी में मुसलमानों ने राजपूतों को परास्त किया

और चांपानेर में बस गए। 1484 में उन्होंने चौहानों को परास्त किया और तब तक अहमदाबाद में मुस्लिम सल्तनत स्थापित हो चुकी थी। तब रेवाकाँटा का बहुत सारा हिस्सा अहमदाबाद सल्तनत में था। चांपानेर के पतन के बाद एक बार फिर स्थानीय राजपूतों ने अपनी स्थिति सुदृढ़ की मगर उसके बाद मुगल और फिर मराठों ने अपनी सत्ता स्थापित की। रेवाकाँटा एजेंसी के गठन के बाद 6 फरवरी 1826 को मि. विल्लबी (Willoughby) पहले पॉलिटिकल एजेंट नियुक्त हुए थे। 1829 में यह पद खत्म कर दिया गया था मगर 1842 में 12 जनवरी को कोर्ट ऑफ डायरेक्टर्स के आदेश पर पुनः बहाल कर दिया गया।[11]

माहीकाँटा

बॉम्बे प्रेसीडेंसी के अंतर्गत गुजरात में काठियावाड़ की प्रशासनिक व्यवस्था की सफलता के बाद कुछ प्रिंसली स्टेट को मिलाकर माहीकाँटा नामक पॉलिटिकल एजेंसी का निर्माण 1812 में किया गया था और 1820 में यहाँ कैप्टन बैलेंटिन (Ballantine) को पहला पॉलिटिकल एजेंट नियुक्त किया गया। माहीकाँटा के पूरब में रेवाकाँटा, डूंगरपुर और कैरा की सीमाएँ मिलती थीं। उत्तरी सीमा, मेवाड़ और सिरोही रियासतों से, पश्चिम में खेरालू, वीजापुर और गायकवाड़ के क्षेत्र से तथा दक्षिण में बालासिनोर, कैरा, अहमदाबाद और लुनावाड़ा से इसकी सीमाएँ मिलती थीं। इस एजेंसी के अंतर्गत 3,124 वर्गमील क्षेत्र था जिसमें 6 जिले थे- छोटा (नानी) मारवाड़ (तालुका ईडर और अहमदनगर), रेहवाड़ (राजस्थान), साबरकाँटा, वत्रककाँटा, बाविसी और कटोसन शामिल थे। इसमें ईडर जैसा बड़ा स्टेट था तो पोल, दांता जैसे दूसरे नंबर के स्टेट थे। इनके अलावा दर्जनों ताल्लुकाएँ भी थीं। 1881 में माहीकाँटा एजेंसी की कुल जनसंख्या 5,17,485 थी मगर आपदा प्रभावित पर्वतीय क्षेत्र होने के कारण अकाल के बाद 1901 में यहाँ की जनसंख्या घटकर 3,61,545 रह गई।[12] माहीकाँटा एजेंसी, राजपूताना एजेंसी के अंतर्गत सीधे विदेशी कार्यालय से नियंत्रित होती थी। माहीकाँटा एजेंसी का प्रारंभ 1819 में काठियावाड़ अभियान से लौटकर 1820 में कर्नल वाल्कर द्वारा किया गया था। आजादी के बाद, 1960 में यह गुजरात राज्य का हिस्सा हो गई है।[13]

पहले इस भू-भाग पर केवल भील और कोली जनजातियाँ रहती थीं। जैसा कि पहले उल्लेख किया जा चुका है, सातवीं सदी के बाद राजपूतों का आगमन शुरू हुआ। उन्होंने भीलों और कोलियों को जंगलों की ओर सीमित कर दिया और मैदानी क्षेत्रों में अपनी सत्ता स्थापित कर ली। 12वीं-14वीं सदी में मुसलमानों ने परमार राजपूतों को खदेड़ने में सफलता पाई तो 1412 में अहमदाबाद सल्तनत की स्थापना हुई और राजपूतों ने उसकी अधीनता स्वीकार कर ली। अहमदाबाद सल्तनत ने आगे मुगलों की अधीनता स्वीकारी

और 1755 में इस क्षेत्र पर मराठों का शासन कायम हुआ। पेशवा और गायकवाड़ ने गुजरात और काठियावाड़ को आपस में बाँट लिया। 1818 में यह क्षेत्र बॉम्बे प्रेसीडेंसी के अधीन आ गया।[14] ब्रिटिश शासन में भीलों के आंतरिक मामलों में हस्तक्षेप बढ़ा और यहीं से भील विद्रोह के लिखित दस्तावेज उपलब्ध होने लगते हैं।

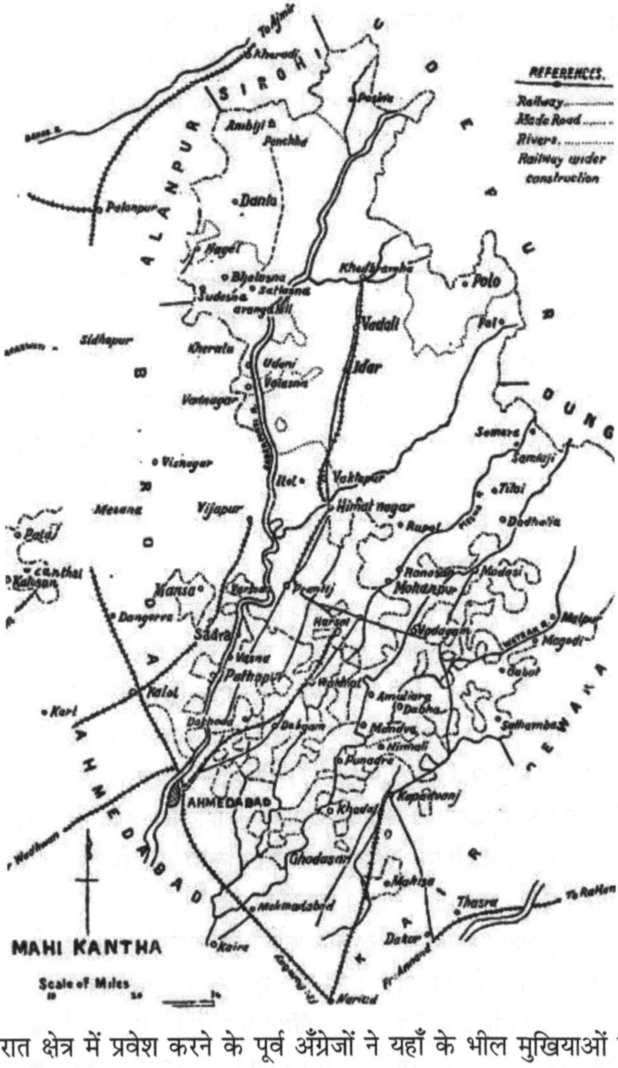

गुजरात क्षेत्र में प्रवेश करने के पूर्व अँग्रेजों ने यहाँ के भील मुखियाओं को अपने पक्ष में करने का प्रयास किया था। 1806 के एक समाचार से ज्ञात होता है कि उन्होंने गुजरात, मालवा और अन्य पहाड़ी क्षेत्रों में रहने वाली भील जातियों से लाभप्रद समझौता

किया था।[15] 1818 में अधिकांश राजपूतों ने अँग्रेजों की अधीनता स्वीकार कर ली थी। राजपूतों से हुई संधियों के बाद अँग्रेजों ने भीलों पर कठोर राजनीतिक नियंत्रण स्थापित करने का प्रयास किया और उसी का परिणाम हुआ कि सदा से स्वशासी रहने वाला समाज विद्रोही हो गया। भीलों पर ब्रिटिश सेना के सहारे नियंत्रण आसान न था और यही कारण था कि खानदेश के अनुभव के आधार पर 1841 में अँग्रेजों ने मेवाड़ भील कार्प्स का गठन किया।[16]

13 जनवरी 1818 को मेवाड़ राज्य ने ईस्ट इंडिया कंपनी से संधि की और सभी बाह्य मामले कंपनी के हाथों में सौंप दिए। कुछ मामलों में राज्य के आंतरिक मामलों में भी कंपनी को हस्तक्षेप का अधिकार था। इसी प्रकार भील क्षेत्र वाले राज्यों-डूंगरपुर राज्य से 11 दिसंबर 1818, बाँसवाड़ा से 25 दिसंबर 1818, प्रतापगढ़ से 5 अक्टूबर 1818 और सिरोही से 11 सितंबर 1823 को संधियाँ हुईं। इन संधियों के बाद अँग्रेजों को बाह्य मामले देखने थे तथा यहाँ की रियासतों से कर प्राप्त होना था। जाहिर है, इसकी पूर्ति के लिए, रियासतों ने रिआया पर कर बढ़ाया।[17]

ब्रिटिश सत्ता के अधीन राजपूताना प्रांत की मेवाड़ रियासत का कुल क्षेत्रफल 13,674 वर्ग मील था और उसमें 6,030 गाँव थे। 1901 में मेवाड़ की कुल जनसंख्या 1,018,805 थी। रियासत को कुल कर का चौथाई, ब्रिटिश सरकार को पाँच साल तक भुगतान करना था और उसके बाद 3/8 भाग देना था मगर 1826 में स्थानीय मुद्रा में यह तीन लाख सालाना निश्चित हुआ जो बाद में 1846 में घटाकर दो लाख औपनिवेशिक मुद्रा में कर दिया गया। संधियों के बाद, ब्रिटिश सरकार द्वारा रियासतों में पॉलिटिकल एजेंट की नियुक्ति कर दी गई थी।[18]

ब्रिटिश उगाही को पूरा करने के लिए मेवाड़ यानी उदयपुर रियासत ने प्रजा पर कर बढ़ाने का प्रयास किया। भील, पहले कर के दायरे में नहीं आते थे या नाम मात्र को कर देते थे, अब उन पर भी कर थोप दिया गया। जाहिर है, इससे उनमें बेचैनी होनी ही थी। अँग्रेज प्रशासक जेम्स टॉड ने जागीरदारों की सेनाओं को भंग किया तो जिन भील जागीरदारों की अपनी सेनाएँ थीं, उनमें असंतोष पैदा हुआ। रखवाली और बोलाई कर वसूलने का अधिकार भी छीन लिया गया जिससे उदयपुर के दक्षिणी और पश्चिमी पहाड़ी क्षेत्रों में विद्रोह शुरू हुआ। 1818 में भीलों ने अपने क्षेत्रों में नाकेबंदी कर दी। जब कर्नल टॉड ने भीलों को मनाने का प्रयास किया तो उन्होंने स्पष्ट मना कर दिया। 1820 में सेना को भील विद्रोह दबाने के लिए लगाया गया मगर सफलता न मिली। जनवरी, 1823 से लेकर दिसंबर, 1823 तक अँग्रेज सेनाएँ भीलों को नियंत्रित करने में परेशान रहीं तब जाकर कुछ सफलता मिली।[19]

राजपूताना के अंतर्गत डूंगरपुर रियासत का क्षेत्रफल 1,447 वर्ग मील था। उसमें

कुल 762 गाँव थे तथा 1911 में कुल जनसंख्या 1,59, 192 थी। इनमें से लगभग आधा अर्थात 75,000 के आस-पास भीलों की जनसंख्या थी। डूंगरपुर की मानगढ़ पहाड़ी, सुंथ (गुजरात)-बाँसवाड़ा (राजस्थान) रियासतों की सीमा पर थी।[20]

डूंगरपुर व बाँसवाड़ा में भीलों ने लंबे समय तक लगातार विद्रोह किया था। 12 मई 1825 को डूंगरपुर राज्य में लीम्बराबारू के भीलों ने कंपनी के साथ एक समझौता किया जो वास्तव में अँग्रेजों द्वारा थोपा गया था। शर्तों के अनुसार- भीलों को धनुष-बाण और अन्य हथियार सौंप देने थे। पूर्व का लूटा हुआ माल लौटा देना था, भविष्य में लूटमार नहीं करनी थी, अँग्रेजों के किसी भी शत्रु को अपने यहाँ शरण नहीं देनी थी, कंपनी के आदेशों का पालन करना था। गाँव के ठाकुरों व रावलों से पूर्व निर्धारित कर से अधिक नहीं वसूलना था। डूंगरपुर रावल को सालाना कर देने से मना नहीं करना था तथा कंपनी के किसी भी आदमी को गाँव में रुकने पर सुरक्षा प्रदान करनी थी। इसी प्रकार का समझौता सिमूर वारु, देवल एवं नंदू पाल के भील मुखियाओं ने भी किया।[21]

मेवाड़ भील कार्प्स का गठन

पहाड़ों, जंगलों और घाटियों में रहने वाले भीलों पर, ब्रिटिश सेना के बल पर नियंत्रण असंभव था। अँग्रेजों को यह अनुभव खानदेश में मिल चुका था। कर्नल जेम्स ऑट्रम ने 1837 में मेवाड़ भील कार्प्स के गठन का प्रस्ताव बॉम्बे सरकार के सामने प्रस्तुत किया था। तब वह माहीकाँटा एजेंसी के पॉलिटिकल एजेंट थे। सरकार से अनुमति मिलने के बाद उन्होंने खानदेश भील कार्प्स की तरह, 1841 में मेवाड़ भील कार्प्स का गठन करने का निर्णय लिया। इससे एक ओर सैन्य पुलिस की आवश्यकता की पूर्ति होनी थी तो दूसरी ओर भील मुखियाओं को भील वाहिनी में शामिल कर, उनको सरकार के हित में लगाकर, रोजगार उपलब्ध कराया जाना था। महाराजा मेवाड़ ने अपनी स्वीकृति देते हुए सेना का खर्च वहन करने की सहमति दे दी। डूंगरपुर, बाँसवाड़ा और प्रतापगढ़, तीनों राज्यों को 70,000 रुपये और उदयपुर राज्य को 50,000 रुपये का वार्षिक व्यय भार वहन करना था। राजपूताना के गवर्नर जनरल के एजेंट तथा मेवाड़ और माहीकाँटा के राजनीतिक एजेंटों ने मिलकर एक संयुक्त प्रत्यावेदन गवर्नर जनरल के पास भेजा। अप्रैल, 1841 में गवर्नर जनरल ने सलाहकार परिषद की सलाह पर मेवाड़ भील कार्प्स के गठन की स्वीकृति प्रदान कर दी। इसका मुख्यालय उदयपुर राज्य के खैरवाड़ा में रखा गया। पहले कैप्टन थे डब्ल्यू. हंटर। प्रारंभ में 10 बटालियनें थीं जिनमें से 3 कोट्रा में रहती थीं। बाद में जब इस कार्प्स की क्षमता पर सवाल उठे तो 1861 में इसे घटाकर 8 बटालियन का कर दिया गया जिनमें से 6 बटालियनें खैरवाड़ा में और 2 कोट्रा में रखी गईं। 1950 में मेवाड़ भील कार्प्स को राजस्थान पुलिस बल में समाहित कर दिया गया। अँग्रेजों ने

भील कार्प्स के गठन के साथ-साथ, भील मुखियाओं (जागीरदारों) को शांति व्यवस्था की जिम्मेदारी सौंपी।[22]

संदर्भ :

1. राष्ट्रीय अभिलेखागार, होम एडुकेशन/बी/1889/स्टूडेंट्स हिस्ट्री ऑफ राजपूताना, नई दिल्ली.

2. डॉ. बृजकिशोर शर्मा, राजस्थान में किसान एवं आदिवासी आंदोलन, राजस्थान हिंदी ग्रंथ अकादमी, जयपुर, 9वाँ संस्करण, 2019, पृष्ठ 2, 5, 7.

3. R.V. Russell, Tribes and Castes of the Central Provinces of India, Vol. II, Macmillan and Co., Limited, London, 1916, PP. 279, 280.

4. Times Of India, 10 October 1878.

5. R.V. Russell, The Tribes and Castes of the Central Provinces of India, Vol. II, Macmillan and Co., Limited, London, 1916, PP. 279, 280.

6.डॉ. बृजकिशोर शर्मा, राजस्थान में किसान एवं आदिवासी आंदोलन, राजस्थान हिंदी ग्रंथ अकादमी, जयपुर, 9वाँ संस्करण, 2019, पृष्ठ 7, 8; NAI, Foreign Department, Notes, File no 2212/1869, A Short History of the Meywar Bhil Corps, August 1890.

7. B.K. Sharma, Tribal Revolts, Pointer Publishers, Jaipur, 1996, Page 9.

8. Cornish Times, 26 May 1877.

9. B.K. Sharma, Tribal Revolts, Pointer Publishers, Jaipur, 1996, PP. 8, 9.

10. The Rewa Kantha Directory, Vol. I, Printed by Chakubhai Vakhatch and Dhanji Ramji, Parmar Press, Rajkot, 1922, PP. 1, 2, 3, 4; https://en.wikipedia.org/wiki/Rewa_Kantha_Agency.

11. The Rewa Kantha Directory, Vol. I, Printed by Chakubhai Vakhatch and & Dhanji Ramji, Parmar Press, Rajkot, 1922, PP. 4, 5, 6, 7, 8.

12. The Mahi Kantha Directory Vol. I, Liberal Laxmi Printing Press, Rajkot, 1922, PP. 2, 3, 16, 22, 46.

13. Gazetteer of Bombay Presidency, Vol. I, Part I, History of Gujarat, Government Central Press Bombay, 1896, Page 424.

14. The Mahi Kantha Directory Vol. I, Liberal Laxmi Printing Press, Rajkot, 1922, PP. 38, 39.

15. Lancaster Gazette, 27 December 1806.

16. डॉ. बृजकिशोर शर्मा, राजस्थान में किसान एवं आदिवासी आंदोलन, राजस्थान हिंदी ग्रंथ अकादमी, जयपुर, 9वाँ संस्करण, 2019, पृष्ठ 9.

17. वही, पृष्ठ 35, 36.

18. The Rajputana Gazetteer, Vol. II-A, Ajmer, 1905, PP. 26, 32; The Rajputana Gazetteer, Vol. I, Calcutta, 1879, Page 1.

19. डॉ. बृजकिशोर शर्मा, राजस्थान में किसान एवं आदिवासी आंदोलन, राजस्थान हिंदी ग्रंथ अकादमी, जयपुर, 9वाँ संस्करण, 2019, पृष्ठ 35, 36, 37.

20. Report on the Administration of the Dungarpur State for the Samvat year 1970-71 (A.D. 1913-14), Published by Authority Rawalpindi, Printed by J.R. Thapar & Sons at the Egerton Press, PP. 1, 4.

21. डॉ. बृजकिशोर शर्मा, राजस्थान में किसान एवं आदिवासी आंदोलन, राजस्थान हिंदी ग्रंथ अकादमी, जयपुर, 9वाँ संस्करण, 2019, पृष्ठ 37, 38.

22. वही, पृष्ठ 39, 40; Liverpool Standard and General Commercial Advertiser, 22 August 1848; http://www.bl.uk/onlinegallery/onlineex/apac/photocoll/m/019pho000010s12u00030000.html

अध्याय-8 राजपूताना (राजस्थान), रेवाकाँटा, माहीकाँटा (गुजरात) के भील विद्रोह और उनके नायक

बड़ोदा भील विद्रोह : 1804

गुजरात का बड़ोदा या बड़ोदरा, गायकवाड़ राज्य का केंद्र रहा है। अँग्रेजों की सत्ता स्थापित होने के बाद वहाँ ब्रिटिश सेना रखी गई और आस-पास के विद्रोहों को कुचलने के लिए भेजी जाती रही। 1804 में जब अभी रेवाकाँटा, माहीकाँटा और राजपूताना जैसी राजनीतिक एजेंसियों का गठन नहीं हुआ था, 22 सितंबर 1804 को शाम साढ़े छह बजे भीलों ने लेफ्टिनेंट हर्ड पर आक्रमण किया था, जो अपने सहायकों, मि. विलियम्स और एक छह साल के बच्चे जेम्स उरक्वार्ट के साथ दो कोस दूर, छावनी से बड़ोदा कैंट, बग्घी से लौट रहे थे। भीलों की एक टुकड़ी ने तीर-धनुष से घोड़े के सिर को जख्मी कर बग्घी को रोक लिया। मि. विलियम्स, सौभाग्य से सड़क किनारे की झाड़ी में छिप गए मगर लेफ्टिनेंट हर्ड और बालक जेम्स को भीलों ने रोक लिया। उनसे रुपये माँगने लगे। हर्ड ने बताया कि उनके पास रुपये नहीं हैं। वह अपना सब कुछ उतारकर दे रहे थे। उन्होंने अपना कोट, कैप आदि उतारकर दे दिया मगर भील रुपये... रुपये चिल्ला रहे थे। उन्होंने लेफ्टिनेंट हर्ड की तलाशी भी ली। बाद में बड़ोदा पहुँचकर कमांडिंग ऑफिसर कर्नल ग्रुमांट (Grummont) को घटना के बारे में बताया गया। ग्रुमांट ने सिपाहियों के साथ, आस-पास तलाशी अभियान चलाया मगर भील लुटेरे हाथ नहीं आए। बड़ोदा कैंट में भील, धावा बोलने से नहीं चूक रहे थे। उस घटना से पूर्व भीलों ने कैप्टन फॉलन (Fallon) के घर पर धावा बोल दिया था और उनके शयन कक्ष में रखीं वस्तुएँ उठा ले गए थे। भीलों ने यह साहस तब किया था जब वहाँ सुरक्षा गार्ड तैनात था। कैंट क्षेत्र में आए दिन डकैती पड़ती रहती थी जबकि रोज पेट्रोलिंग जारी थी।[1]

खानदेश, गुजरात और राजस्थान के सीमांत क्षेत्र में भील नायक जग्गा रावत (1817-1830) और अन्य का विद्रोह

गुजरात, राजस्थान और खानदेश के सीमांत राज्यों जैसे बाँसवाड़ा और प्रतापगढ़ रियासत क्षेत्रों में भील मुखिया जग्गा रावत और कुछ अन्य मुखियाओं की 1817-1818 के आस-पास तूती बोलती थी। यहाँ के पहाड़ी क्षेत्रों में रावत भीलों की अच्छी-खासी आबादी थी। जग्गा उन सभी भील मुखियाओं में मजबूत और समृद्ध थे। कभी वह उस इलाके के स्वतंत्र शासक थे। जब उन्हें पैतृक जागीरदारी से स्थानीय राजपूत राजाओं ने छलबल से बेदखल कर दिया तो उन्होंने विद्रोह कर दिया। उन्होंने राजपूत शासकों की सत्ता को नकारते हुए, पूरे इलाके में लूटमार शुरू कर दी। ब्रिटिश सरकार की नजरों में उन्हें कुख्यात भील डकैत कहा जाता था। इस इलाके में अँग्रेजों का जब आधिपत्य हुआ तो उन्होंने जग्गा रावत के प्रभाव और ताकत को देखते हुए उनसे समझौता करने की नीति अपनाई। यद्यपि यह नीति सफल न हो सकी और जग्गा को 27 फरवरी 1826 को असीरगढ़ किले में राज्य कैदी के रूप में बंद कर दिया गया। ऐसा इंदौर के रेजीडेंट की संस्तुति के आधार पर किया गया था।[2]

22 मई 1819 को ब्रिगेडियर जनरल सर जॉन मैल्कॉम (Malcolm) ने सचिव, मेटकॉफ (Metcalfe) को, अपने सहायक कैप्टन मैकडोनाल्ड (Macdonald) के पत्र को अवलोकनार्थ भेजा था। कैप्टन मैकडोनाल्ड ने 31 मार्च 1819 को लिखा था कि मैंने मोवरा कैरी (Mowra Kairee) या मौजा कैरी के भील मुखिया नाथू रावत से बातचीत की है। बातचीत संतोषजनक रही है। इसके नियंत्रण में 5,000 भीलों का समूह है जो बाँसवाड़ा जिले के उत्तर-पूरब के पहाड़ी हिस्से में रहते हैं। इसके पास पूर्व में मौजा कैरी के 12 गाँवों की जागीर थी। दो वर्ष पूर्व बाँसवाड़ा के राजपूत राजा से युद्ध हुआ और नाथू रावत के सैनिकों को पहाड़ों में शरण लेने को बाध्य किया गया था। राज्य द्वारा मौजा कैरी को लूट लिया गया था और घरों को जला दिया गया था। नाथू रावत के अधिकार क्षेत्र पर कब्जा कर लिया गया था। उनके लोग सदियों से वंशानुगत अधिकारों के साथ रह रहे थे लेकिन उन्हें जबरदस्ती बेदखल किया गया। जिस समय नाथू रावत पर आक्रमण किया गया, उनकी जागीर समृद्धशाली थी। उनका दावा था कि उन्होंने कभी आक्रामकता नहीं दिखाई। कैप्टन मैकडोनाल्ड का मानना था कि उनकी बात को स्वीकार किया जाना चाहिए। वह आश्वासन दे रहा था कि अगर ब्रिटिश सरकार के नियंत्रण में उनकी जागीर वापस दिला दी जाए तो वह गुनटाटी से माही नदी के तट तक के 12 या 13 मील लंबे मार्ग की सुरक्षा की जिम्मेदारी लेंगे तथा पूर्व जागीर क्षेत्र के उजाड़ हो चुके स्थानों को फिर से बसा लेंगे। इसलिए कैप्टन मैकडोनाल्ड ने अनुरोध किया कि बाँसवाड़ा सरकार को इस भील मुखिया के पक्ष में जागीर को पुनः बहाल कर देना चाहिए। इसके लिए बॉन्ड

भरा जाना चाहिए। इसके बिना आबादी के बड़े हिस्से पर अत्याचार जारी रहेगा। कैप्टन मैकडोनाल्ड का विश्वास था कि राजा ने इसके पैतृक अधिकारों को खत्म किया था।[3]

मैकडोनाल्ड ने पुन: 5 अप्रैल 1819 को दूसरा पत्र लिखा कि अब मुझे यह बताते हुए खुशी हो रही है कि 'हमने बागर (Bagar) और कौंटल (Kauntel)* में लूटमार वाली व्यवस्था को खत्म करने तथा बाँसवाड़ा और प्रतापगढ़ मार्ग की सुरक्षा व्यवस्था की नीति बनाई है। मैंने 2 अप्रैल को सादिलपुर (Sadilpore) या सदलपुर गाँव में लोगों को संबोधित किया जो मुख्य भील मुखिया जग्गा रावत का गाँव है। पहले मैंने उसे अपने कैम्प में बुलाया था मगर उसने इस आधार पर मना कर दिया कि कुछ दिन पहले एक राजपूत से मुठभेड़ में वह घायल हो गया है जिसने उसकी बाँसवाड़ा की संपत्ति छीन ली है। मेरे पहुँचने के तुरंत बाद हमारी उससे बातचीत हुई। हमने उससे कहा कि तुम्हारा व्यवहार हमें बंदी बनाने का था इसलिए मैंने तुम्हें दंडित करने की संस्तुति की थी लेकिन जैसा कि मैं जानता था कि उसके अनुयायियों की भीड़ उसकी जान का खतरा बन जाएगी इसलिए मैंने एक स्वीकार्य समझौता करने को सोचा और कहा कि अगर वह बागर और कौंटल क्षेत्र में लूटमार से दूर होने का वचन दे तो उसे हमारे सहयोगियों के क्षेत्र में ब्रिटिश सुरक्षा मिलेगी और कोई उसका उत्पीड़न नहीं करेगा।'[4]

कैप्टन मैकडोनाल्ड ने लिखा- 'जग्गा रावत ने कुछ सहयोगात्मक संकेत भी दिए थे। जब से कैप्टन कौलफील्ड (Caulfield) से उसकी बात हुई है, उसने कौंटल में कोई लूटपाट नहीं की है। उसकी इच्छा थी कि अगर ज्वार की पैदावार पर उसका अधिकार रहने दिया जाए तो वह लूटपाट नहीं करेगा। मैं अनुरोध करूँगा कि उसका ज्वार (गुजराती नाम-पौंक) पर अधिकार, लिखित में स्वीकार कर लिया जाए। उसे ज्वार खरीदने से न रोका जाए। प्रतापगढ़ के राजा के वकील ने भी किसी प्रकार की आपत्ति नहीं की है। उसने अपने धन की सुरक्षा चाही। आमतौर पर प्रतापगढ़ मार्ग के यात्रियों द्वारा उसे धन का भुगतान किया जाना चाहिए लेकिन मैं इतना ही कहूँगा कि उसे उतना ही दिया जाना चाहिए, जितना पहले मिला करता था। उसके भविष्य के व्यवहार के लिए अनुबंध पत्र भरा जाना चाहिए। इसके लिए लक्ष्मण सिंह (महारावल लक्ष्मण सिंह, बाँसवाड़ा राजपूत राजा) और ठाकुर ब्रह्मा सिंह अनिच्छुक दिख रहे थे। उनका कहना था कि भील मुखियाओं ने बार-बार लूटमार रोकने के प्रयास का उल्लंघन किया है लेकिन मेरे इस आश्वासन पर कि अगर अब जग्गा रावत अनुबंध का उल्लंघन करेगा तो दंडित किया जाएगा, वे सहमत हुए। कुशलपुरा और सुरीबीह (Suribeah), दो मुख्य स्थान हैं जहाँ

---

*मालवा 6 डिवीजनों में विभक्त था- कौंटल, जिसका केंद्र मंदसौर था, बागर का केंद्र बाँसवाड़ा था। शेष डिवीजन- रथ (केंद्र- झाबुआ और जोबत), सोंदवाड़ा (केंद्र- महदिपुर), उमटवाड़ा (केंद्र- राजगढ़ और नरसिंहगढ़) और खीचीवाड़ा (केंद्र- राघोगढ़) थे।

से आस-पास के भील सामान खरीदते हैं। कुशलपुरा में शराब बनती है इसलिए भील मुखिया उसे अपने अधिकार में चाहता है। वह स्थान उसे दे दिया गया और एक अनुबंध पर जग्गा ने हस्ताक्षर कर दिए। उसने केवल 8 गाँवों की सुरक्षा ली। उसी दिन चार अन्य भील मुखियाओं से भी समझौता किया गया जो कभी जग्गा के साथ रहते थे। उनमें से एक खेमा नायक, पदमुंड का था जिसके पास 500 भील थे। तीन अन्य जिनके गाँव प्रतापगढ़ मार्ग पर पड़ते हैं, चिकली (तहसील-अरनोड) का माजी रावत, मुंदारी का हीरल रावत, रेंडा का देवादेह रावत।' इस प्रकार 22 अप्रैल 1819 को जग्गा रावत से मैकडोनाल्ड ने समझौता कर, बांगर, डूंगरपुर और बाँसवाड़ा क्षेत्र में जग्गा और कुछ अन्य भील नायकों से शांतिपूर्वक रहने, लूटपाट छोड़ने का अनुबंध कराने में सफलता पाई। अनुबंध के अनुसार प्रति सौ बैलगाड़ी पर उसे मात्र दो रुपये वसूलने का अधिकार दिया गया तथा प्रतापगढ़ से देओला घाट मार्ग की सुरक्षा की जिम्मेदारी सौंपी गई।[5]

22 अप्रैल 1819 को जग्गा रावत, देशी राजपूत राजाओं और मैकडोनाल्ड के बीच हुआ समझौता स्थायी नहीं रहा। इसके पीछे के ठोस कारणों की जानकारी नहीं मिलती है। ऐसा लगता है कि बाँसवाड़ा और प्रतापगढ़ के राजाओं ने भीलों का दमन बंद नहीं किया। इसलिए अपने समय का ताकतवर भील मुखिया जग्गा ने उन राज्यों में लगभग सात सालों तक लूटमार जारी रखी और भीलों के आंतरिक मामलों में राजपूतों के हस्तक्षेप के विरुद्ध संघर्ष करते रहे। बंगाल पॉलिटिकल डिपार्टमेंट की पत्रावलियों से कुछ और जानकारी मिलती है। 1819 से लेकर 1825 तक जग्गा को पराजित करने में देशी और विदेशी ताकतें असफल रहीं। वर्ष 1826 के प्रारंभ में, अँग्रेज सेना ने उन पर आक्रमण किया और समर्पण करने को मजबूर किया। समर्पण के बाद 27 फरवरी 1826 को उन्हें असीरगढ़ किले में लाकर बंद कर दिया गया। 1826 से 1829 तक जग्गा, असीरगढ़ किले में कैद था और इस बीच की किन्हीं खास गतिविधियों की जानकारी नहीं मिलती है। इस संबंध में जानकारी मिलती है कि बाँसवाड़ा राजपूत ने जग्गा को मुक्त करने का एक प्रार्थना पत्र दिया है। बाँसवाड़ा के राजपूत पहले जग्गा के विरुद्ध थे। बाद में राज्य के रावल ने मेजर स्टुवर्ट (Stuwart), एक्टिंग रेजीडेंट, इंदौर को जग्गा को मुक्त करने के लिए एक पत्र सौंपा था। बंगाल सरकार द्वारा खानदेश के प्रशासन को दिनांक 14 अक्टूबर 1830 को लिखे पत्र से पता चलता है कि स्टुवर्ट द्वारा बाँसवाड़ा राज्य के निरीक्षण के समय, रावल ने जग्गा को जेल से मुक्त करने के लिए एक आवेदन दिया था। उस आवेदन में यह उल्लेख किया गया था कि जग्गा के शरीर पर पाए गए चोट के निशान के आधार पर ही उसे बागी मानकर किले में कैद किया गया है। रावल का पत्र, साउथ कोर्ट के सम्मुख प्रस्तुत किया गया था। एक्सट्रैक्ट पॉलिटिकल लेटर फ्रॉम बंगाल, दिनांक 26 दिसंबर 1829 से जानकारी मिलती है कि सॉउथ कोर्ट ने 1 अप्रैल 1829 को जग्गा की पिछली

गतिविधियों के संबंध में जानना चाहा और एक्टिंग रेजीडेंट, इंदौर से जानकारी माँगी गई। स्टुवर्ट ने ऑफिस रिकॉर्ड के आधार पर अवगत कराया कि ऐसा कुछ भी नहीं लगता कि जग्गा को कथित चोट के आधार पर गिरफ्तार किया गया था। स्टुवर्ट का मानना था कि जग्गा रावत काफी पैसे वाला मुखिया है। उसके रिश्तेदारों ने रावल को पैसे देकर सौदेबाजी की है तभी उन्होंने जग्गा को मुक्त कराने का अनुरोध किया है जबकि प्रतापगढ़ के राजा अभी भी जग्गा को मुक्त करने का पुरजोर विरोध कर रहे थे।[6]

8 फरवरी 1830 को मेजर स्टुवर्ट ने चीफ सेक्रेटरी, स्वींटन (लंदन) को पत्र लिखा और अवगत कराया कि कैप्टन मैकडोनाल्ड द्वारा वेलेस्ली (Wellesley) को लिखे 30 मई 1825 के पत्र से स्पष्ट है कि जग्गा से सुलह-समझौते के सभी प्रयास अप्रभावी रहे। जग्गा से उम्मीद की गई थी कि वह अच्छी आदतों को ग्रहण करेगा। अनुबंध का पालन करेगा और पड़ोसियों के राज्यों में आतंक नहीं मचाएगा लेकिन उसने ऐसा कुछ नहीं किया और अंत में सैन्य कार्रवाई से उसे समर्पण कराकर कैद कर लिया गया। बाँसवाड़ा के रावल ने जग्गा को मुक्त करने का प्रार्थना पत्र देते हुए, उसके अच्छे आचरण की खुद जिम्मेदारी ली थी। उन्होंने आश्वासन दिया था कि जग्गा भील क्षेत्र की बेहतर देखभाल करेगा। प्रतापगढ़ के राजा ने, जो जग्गा से समान रूप से प्रताड़ित थे, उसको मुक्त किए जाने का विरोध किया था। ऐसा लगता है कि बाँसवाड़ा के रावल ने भाड़े के इरादे से यानी पैसा लेकर जग्गा को मुक्त करने का प्रार्थना पत्र दिया तो इस संबंध में स्टुवर्ट का विचार था कि बेहतर होगा कि रावल अपना प्रत्यावेदन कौंसिल के माध्यम ने गर्वनर जनरल को दें, जिससे कौंसिल में प्रतापगढ़ के राजा का पक्ष भी सुना जा सके।[7]

इस प्रकार देखें तो 27 फरवरी 1826 को असीरगढ़ किले में राज्य बंदी के रूप में कैद जग्गा, फरवरी 1830 तक कैद में रहे। उसके आगे की स्थिति की जानकारी नहीं मिलती। इस संदेह को बल मिलता है कि उन्हें मात्र चोट के निशान के आधार पर फर्जी तरीके से किले में बंद किया गया था क्योंकि अनुबंध के बाद किसी युद्ध का विवरण नहीं मिलता।

राजपीपला (गुजरात) और सगबारा के कूर वासावा का विद्रोह : 1822

1820 से 1822 के बीच कूर वासावा का आतंक राजपीपला रियासत में तथा कालिया चमार पुत्र जीवा वासावा का आतंक खानदेश की सीमा पर कायम था। कालिया चमार का गाँव, कोलीवाड़ा, खानदेश की सीमा पर था। दोनों के बीच खूँटी (नवापुरा) पर स्वामित्व स्थापित करने को लेकर पुश्तैनी लड़ाई जारी थी। कूर वासावा, राजपीपला के सगबारा गाँव के रहने वाले थे। उनके पिता का नाम उमेद था। सगबारा, भील जागीर का

मजबूत गढ़ था और वहाँ की राजस्व आय सर्वाधिक थी। कूर वासावा ने अपने प्रत्यावेदन में कहा था कि 1813-14 में उनके पिता भील राजा थे और मरने तक राजा रहे। उनके कब्जे में खूँटी, नवापुरा और दस्तान थे। एक बार कुछ ब्राह्मणों ने जमा होकर जबरदस्ती उनका हाथ पकड़कर बंदोबस्त कराया। कूर वासावा का ससुर, रेय सिंह जी ने बहुत कम उम्र में 1763 में ही राजपीपला में भील जागीर की स्थापना कर ली थी और 1785 तक उसकी सत्ता बरकरार रही। रेय सिंह जी, धनी जागीरदार था। उसके समय में सगबारा का वार्षिक कस्टम लाभ 50,000 रुपये तक था। भील जागीरदारों को मुगल काल से ही कुछ विशेष अधिकार मिले हुए थे। ब्रिटिश सत्ता की शुरुआत से ही भीलों के विशेषाधिकारों में कटौती की गई। कूर वासावा को पैतृक गाँव से बेदखल कर दिया गया था। इसका परिणाम यह हुआ कि भील जागीरदारों ने राजपीपला के विरुद्ध बगावत कर दी थी। कूर वासावा के आतंक की वजह से राजपीपला के पहाड़ी परगने वीरान हो चुके थे। राजा के वश में नहीं था कि वह उसे नियंत्रित कर सकें।[8]

कूर वासावा एक शक्तिशाली भील नायक था। उसके गैंग में अरब और सिंधियों का मजबूत सैन्य बल था। उसे ताकत से कुचलना आसान न थ। यद्यपि 1820 के आस-पास जे.पी. विल्लबी (Willoughby), बड़ोदा के असिस्टेंट रेजीडेंट ने उसे सैन्य ताकत से चकमा दिया था फिर भी वासावा की ताकत को देखते हुए ब्रिटिश अधिकारियों ने समझौता करने का प्रस्ताव रखा। जेम्स विलियम्स (बड़ोदा रेजीडेंट) और विल्लबी के आपसी पत्र-व्यवहार से स्पष्ट है कि वे मानते थे कि राजपीपला में शांति व्यवस्था कायम करने के लिए भील मुखियाओं से वार्ता करना ही श्रेयष्कर होगा। वासावा को 6 जनवरी 1822 को नांदेड़ (महाराष्ट्र) में बुलाया गया जिससे उसके विशेषाधिकारों में हुई कटौती पर बातचीत की जा सके। उस समय वासावा की उम्र 26 वर्ष के आस-पास थी। जे.पी. विल्लबी ने कूर वासावा से कहा कि अगर वह शांति स्थापना में सहयोग दे और खुद शांतिपूर्वक रहना चाहे तो उसके पूर्व अपराधों को माफ कर दिया जाएगा। कूर वासावा ने अधिकारियों को बताया कि वह शौक के लिए नहीं, अपनी रोटी के लिए अपराध करने को मजबूर है। उसने जे.पी. विल्लबी द्वारा पूर्व के अपराधों को माफ कर देने के प्रस्ताव पर धन्यवाद व्यक्त किया। जे.पी. विल्लबी को कूर वासावा अच्छा आदमी लगा। वह सम्मान के साथ बात कर रहा था। उन्होंने उसे अपनी माँगों के संबंध में एक प्रत्यावेदन देने को कहा। कूर वासावा ने अपनी 8 सूत्रीय माँगें 26 जनवरी को प्रस्तुत कीं। उस समय कूर वासावा के साथ 20 सिंधी और 30-40 भील थे। उनका सबसे वफादार एक सिंधी, जमादार था जिसका नाम बुरूक था। वह उनके साथ 5-6 साल से था। नवंबर, 1821 में नांदेड़ में जे.पी. विल्लबी ने उससे बात करने की कोशिश की थी।[9]

इस प्रकार जो प्रस्ताव तैयार किया गया उसे बॉम्बे सरकार के पास अनुमोदन के

लिए भेजा गया। उसमें कहा गया कि कूर वासावा बिना अपने सहयोगियों के शांति-प्रस्ताव स्वीकार नहीं करेगा। अत: कुछ सीमित मात्रा में आदमियों को रखने की अनुमति दी जाए। उसे उसके पैतृक गाँव सगबारा में रहने की अनुमति दे दी जाए। बाद में कूर ने ब्रिटिश सरकार के सामने एक अतिरिक्त माँग यह रखी कि डेढ़ साल पूर्व से, उसके जो 7 अन्य साथी जेल में हैं, उन्हें मुक्त कर दिया जाए। सरकार ने लगभग सारी माँगों को स्वीकार कर दिनांक 7 मार्च 1822 को बॉन्ड पर हस्ताक्षर कर दिए थे। पूर्व की भाँति उसे प्रति छप्पर या प्रति झोपड़ी बहुत कम कर देना था। उसके गैंग के 25 लोगों को राजा राजपीपला की सेवा में दे दिया गया था। शेष को हटाया जाना था। उसे तीन घोड़े और कुछ भील समर्थकों, उसके भाई एवं स्वयं के लिए 125 रुपये प्रति व्यक्ति, प्रति वर्ष भत्ता स्वीकार किया गया। सुरक्षा के लिए सगबारा में एक थाना स्थापित किया गया जिसमें 50 घुड़सवार और 100 पैदल सिपाही रखे गए थे। इस प्रकार कूर वासावा के विद्रोह को शांत करने में सरकार सफल हो सकी। इस पूरे प्रकरण में उपरोक्त दोनों अधिकारियों ने एफ वार्डेन, चीफ सेक्रेटरी टू गवर्नमेंट, बॉम्बे, डब्ल्यू. चैपलिन, कमिश्नर इन डक्कन तथा कैप्टन ब्रीग्स से सहमति ली थी। कूर वासावा, कालिया चमार और राजा राजपीपला के बीच 4 जनवरी 1824 को समझौता हो गया। इन प्रयासों के फलस्वरूप 1823-1824 तक राजपीपला के समस्त भील मुखियाओं से शांति समझौते कायम कर लिए गए। बाद में खानदेश के पॉलिटिकल एजेंट ने कूर वासावा से अलग से समझौता कर विवाद को सुलझाया।[10]

कूर वासावा का ससुर, रेय सिंह जी, वारी गाँव का था। वह अपने दामाद की सुरक्षा को लेकर सतर्क रहता था। पिछली बरसात में कूर वासावा, ससुर के यहाँ ही रहा। वर्तमान में वह गाँव- कपूरगंजी, परगना- थावा में रह रहा था। ब्रिटिश अफसर जे.पी. विल्लबी ने उसके सामने निम्नलिखित प्रस्ताव रखे-

1- उसके पूर्व अपराधों को माफ कर दिया जाएगा।

2- उसके पूर्व में मिले सभी अधिकारों की जाँच करा ली जाएगी और जो सही होंगे उन्हें बहाल किया जाएगा।

3- आगे, अच्छा व्यवहार करने पर सुरक्षा प्रदान की जाएगी।

4- उसे अपने सभी कर्मचारियों को हटाना होगा।[11]

जेम्स विलियम, रेजीडेंट, बड़ोदा ने 16 जनवरी 1824 को मुख्य सचिव, विलियम न्यूहाम (Newnham), बॉम्बे को लिखे अपने पत्र में कूर वासावा और कालिया चमार के बीच समझौते के प्रस्ताव का जिक्र किया था जो 4 जनवरी 1824 को चार लोगों के बीच संपन्न हुआ था। इसमें कूर वासावा, कालिया, राजापीपला महाराजा वारिसाल और विल्लबी शामिल थे। इस समझौते में मुख्य शर्त यह रखी गई थी कि खानदेश के

लिए सड़क मार्ग को वाया सगबारा, खोला जाएगा। लखवाड़ा मार्ग की ओर व्यापारी सुरक्षित आवागमन करेंगे। 5 फरवरी 1824, पॉलिटिकल डिपार्टमेंट, बॉम्बे रेजीडेंसी द्वारा विलियम न्यूहाम को भील मुखिया कूर वासावा के विगत दो सालों के अच्छे व्यवहार के संबंध में सूचना देकर सेटलमेंट की सार्थकता से अवगत कराया गया था। मेजर रॉबट्रम (Robutrm), खानदेश के पॉलिटिकल एजेंट ने भी इस पर सहमति दी थी।[12]

1846 में कुँवर जीवा वासावा के नेतृत्व में गुजरात क्षेत्र के भीलों ने विद्रोह का झंडा बुलंद किया। बाँसवाड़ा राज ने अपने वकील कोठारी केसरी सिंह को पश्चिमी मालवा ब्रिटिश एजेंट के पास मदद के लिए भेजा। ब्रिटिश मदद के द्वारा 1850 के अंत तक भील विद्रोह को कुचल दिया गया।[13]

कुँवर जीवा वासावा के बारे में अध्याय 4 में भी जिक्र किया जा चुका है।

सगबारा, सदियों से स्वतंत्र भील राज था और यहाँ का वासावा यानी मुखिया परिवार राजा होता था। 1890 के आस-पास सगबारा के दमजी वासावा और राजपीपला स्टेट के बीच सीमा विवाद गहराने के कारण उसे हल करने के लिए बॉम्बे सरकार ने मि. ए.एफ. वुडबर्न की नियुक्ति की।[14]

राजपीपला के राजा, सगबारा के वासावा को अपने अधीन तालुकेदार की हैसियत से देखते थे मगर बॉम्बे सरकार उसे स्वतंत्र राज्य के रूप में स्वीकार करती थी। इसलिए भी आजादी के तुरंत बाद जब देशी राजाओं को प्रीवी-पर्स यानी राज भत्ता दिया गया तो सगबारा स्टेट के वासावा, करन सिंह जी, फतेह सिंह जी को भी 2,000 रुपये प्रति माह आजीवन भत्ता देने का निर्णय 16 नवंबर 1950 को लिया गया।[15]

1823-24 में भीलवाड़ा में भील विद्रोह जारी रहने के समाचार मिलते हैं। 1823-24 में हमीरगढ़ किले (भीलवाड़ा) पर भीलों ने कब्जा कर लिया था जिसे ब्रिगेडियर जनरल कारमाइकल (Carmichael) से खाली कराया था।[16]

1823 में ईचा पुग्गी का विद्रोह

लुनावाड़ा का राजा, गायकवाड़ और सिंधिया को नजराना देते थे यानी वह गायकवाड़ और सिंधिया के सहायक थे। ब्रिटिश सरकार गायकवाड़ के सहायक राजाओं से राजस्व प्राप्त करने की हकदार थी। राजा लुनावाड़ा, बड़ोदा रेजीडेंट के माध्यम से बॉम्बे सरकार से संपर्क रख सकते थे। जनवरी, 1823 में लुनावाड़ा आर्मी कैम्प में 80 सिपाही, एक सूबेदार, एक जमादार, पाँच हवलदार, पाँच नायक, गायकवाड़ घुड़सवार सेना के कई जवानों को, सेकेंड बटालियन, फर्स्ट रेजीमेंट, बॉम्बे नेटिव इन्फैंट्री के लेफ्टिनेंट जॉर्ज रीचर्ड स्टोवन फेनविक, जो माहीकाँटा के राजनीतिक एजेंट भी थे, ने 22 जनवरी 1823 को रात 11 बजे सेमरिया की ओर बढ़ने का आदेश दिया। फेनविक के नेतृत्व में जो सेना

थी, वह गायकवाड़ की थी मगर बड़ोदा रेजीडेंट के आदेश के कारण वह ईस्ट इंडिया कंपनी की सेना के समान थी। ऐसा गायकवाड़ और बॉम्बे सरकार के बीच समझौता था। राजा लुनावाड़ा और बॉम्बे सरकार के बीच ऐसा कोई समझौता नहीं था। सेमरिया गाँव वहाँ से 6 कोस दूर था। लुनावाड़ा (माहीसागर, गुजरात) के सेमरिया में 400 भीलों की बस्ती थी। यह गाँव अपने विद्रोही तेवरों के लिए कुख्यात था और इसलिए स्थानीय सामंतों को खटकता था। लुनावाड़ा का राजा, गाँव के पाटिल, ईचा पुग्गी (Etcha Puggee) को 'बुरा हरामजादा' कहता था।[17]

उपरोक्त सेना 23 जनवरी, सुबह 4 बजे, सेमरिया गाँव से एक कोस की सीमा में पहुँच गई। सेमरिया गाँव के विद्रोही भीलों को सबक सिखाने के लिए फेनविक ने गायकवाड़ की सेना के साथ मिलकर उजाला होते ही आक्रमण कर दिया। यह आक्रमण धूप निकलने तक जारी रहा। पूरे गाँव को नष्ट कर दिया गया। गाँव के भीलों को मार दिया गया और घरों में आग लगा दी गई। युद्ध खत्म होने के बाद फेनविक ने सूबेदार शेख अब्दुल्ला से कहा कि उन्होंने दो भीलों को कैद कर लिया है। उनमें से एक बहुत बर्बर है और उसका एक हाथ जख्मी हो चुका है। जिसे फेनविक ने बर्बर कहा था वह ईचा पुग्गी नामक बहुचर्चित मुखिया यानी गाँव के पाटिल थे। इस गाँव के विरुद्ध किए गए आक्रमण से स्पष्ट होता है कि स्थानीय सामंतों के उकसावे में ही अँग्रेजों की सेना ने आक्रमण किया था। इस संघर्ष में एक सिपाही घायल हो गया था। स्थानीय सामंतों ने भी युद्ध में भाग लिया था। लुनावाड़ा का राजा युद्ध के दिन, सूबेदार शेख अब्दुल्ला से सेमरिया के पास ही सड़क पर मिला था और शेख अब्दुल्ला से कहा था कि बहुत से अँग्रेज अफसर आए मगर किसी ने फेनविक की तरह अच्छा काम नहीं किया। उसने 400 भीलों के मुखिया, ईचा पुग्गी की ओर इशारा कर कहा कि यह बुरा हरामजादा है। अगर इसे मैंने पकड़ा होता तो तुरंत हत्या कर देता। लगभग सुबह 10 बजे तक सेना गाँव में रही और उसके बाद उसने लुनावाड़ा लाइन्स की ओर प्रस्थान किया। शेख अब्दुल्ला ने अपने बयान में कहा था कि सेना अपराह्न 2 बजे के लगभग लुनावाड़ा लाइन्स लौट आई थी और आराम करने चली गई। शेख अब्दुल्ला ने दोनों कैदियों को सुरक्षा गार्ड की निगरानी में रख, फेनविक को राजा की कही बात बताई। फेनविक ने कहा, कोई बात नहीं, डिनर करने जाओ। 23 जनवरी 1823 की शाम 7 बजे सूबेदार, अर्दली के साथ फेनविक के पास आया। तब फेनविक ने सूबेदार से कहा कि वह गिरफ्तार भील मुखिया के साथ एक तमाशा दिखाने जा रहा है। वह उसे फाँसी पर लटकाएगा। सूबेदार ने कहा, सर! यूरोपीय सरकार के आदेश से ही हम ऐसा कर पाएँगे। जब हमने इसे कैदी बना लिया है तब अँग्रेजी कानून के मुताबिक ऐसा करना ठीक न होगा। मगर फेनविक नहीं माना। रात 10 बजे उसने अर्दली को चार डोली वालों की सहायता से, रस्सी सहित, ईचा

पुग्गी पाटिल को डोली में रखकर, महुवा पेड़ के पास लाने का आदेश दिया जो लाइन्स से 100 कदम दूर था।[18]

डोली में लाए गए ईचा पुग्गी के गले में रस्सी बाँधी गई और डोली को हटा लेने का आदेश दिया गया। पहले ईचा पुग्गी के गले में फंदा ठीक से नहीं लगा था और वह थर-थर काँपने लगा था। दुबारा उसके गले में फंदा डाला गया और पेड़ की डाल में लटका दिया गया। कुछ घंटे बाद लाश को जग्ग गोगुल नामक चपरासी ने उतारा और फेनविक के आदेश पर नदी में फेंक दिया। यह गैरकानूनी कृत्य बॉम्बे सुप्रीम कोर्ट में सुनवाई के लिए गया था। इस मुकदमे में लेफ्टिनेंट टी.आर. बिलमोर, सूबेदार शेख अब्दुल्ला, अर्दली मंसा प्रसाद सहित कई कर्मचारियों/अधिकारियों के बयान लिए गए। इस मुकदमे में कंपनी के अधिकार क्षेत्र का मामला भी उठा मगर न्यायाधीश ओयर तथा टर्मिनर ने गायकवाड़ से हुई संधि के आधार पर न्यायिक अधिकार क्षेत्र को सही माना। उसके बाद उन्होंने युद्ध में की जाने वाली हत्या और ठंडे दिमाग से की गई हत्या के अंतर को परिभाषित किया। इस प्रकार 30 जुलाई 1824 को सुप्रीम कोर्ट ने अपने फैसले में फेनविक को भील मुखिया की हत्या का दोषी माना था। मुख्य न्यायाधीश का कहना था गाँव पर आक्रमण के समय से 12 घंटे बाद भी आरोपी का दिमाग शांत नहीं हुआ हो, इसे नहीं माना जा सकता। यह ठंडे दिमाग से की गई हत्या है। उसने कैदी को स्वयं फाँसी पर चढ़ाकर, जान-बूझकर हत्या का अपराध किया है। अपराधी को दोषी बताने के बावजूद न्यायालय ने अपने फैसले में दया की सिफारिश की थी। उसने दोषी की अनुभवहीनता और परिस्थितिजन्य कारणों के आधार पर माफी की सिफारिश कर दी- *'The Jury retired, and after an hour's consultation returned a verdict of Guilty, accompanied by a strong recommendation to mercy, on account of the inexperience of the prisoner, and the peculiarity of the circumstances under which he was placed'.*[19]

इस सेमरिया भील नरसंहार के कारणों पर कभी प्रकाश नहीं डाला गया। जज ने भी केवल भील मुखिया की हत्या तक अपने को सीमित रखा। आखिर ईचा पुग्गी और 400 भीलों का क्या अपराध रहा होगा ? एक पूरे भील गाँव की हत्या करने में स्थानीय राजा का हाथ स्पष्ट दिखाई दे रहा था। यह कर वसूली और भील पाटिल के स्वामित्व को समाप्त करने का मामला था। एक जिम्मेदार अधिकारी द्वारा न्यायालय के सामने अन्य कैदियों के उपस्थित होने का रास्ता क्यों बंद कर दिया गया था ? क्या इससे कोई भेद खुल सकता था ? ये सारे प्रश्न इतिहास में अँधेरे में सदा-सदा के लिए खो गए।

1826 में गिरासिया भील मुखिया- दौलत सिंह एवं गोविंदरा का विद्रोह

दौलत सिंह और गोविंदरा या गोविंद्रा ने 1826 के आस-पास भीलों की एक टुकड़ी का गठन किया था। उन्होंने जनवरी, 1826 में उदयपुर राज्य के खिलाफ विद्रोह शुरू किया तथा पुलिस थानों पर आक्रमण कर सिपाहियों की हत्या कर दी। जुरा (राजस्थान) में रह रही तोड़क बंदूक वाली सौ की सेना पर आक्रमण कर नष्ट कर दिया तथा बचे हुए दरबार के सैनिकों को भगा दिया। ब्रिटिश सेना उनके विद्रोह को कुचलने में असफल रही। इसका प्रभाव यह पड़ा कि 1825 में विभिन्न भील मुखियाओं द्वारा की गई संधियों से जो शांति स्थापित हुई थी वह खत्म हो गई। 1826 में सर्वत्र भील विद्रोही हो गए। अँग्रेजी सेना विद्रोही दौलत सिंह को गिरफ्तार कर पाने में असफल रही। 1828 में सरकार ने दौलत सिंह से लंबी बातचीत की और आत्मसमर्पण के लिए तैयार किया। उसे उदार अनुदान के साथ खर्चे के लिए बबूलवाड़ा नामक गाँव दिया गया। जावास की भील जागीर, जो 1823 में जब्त कर ली गई थी, लौटा दी गई। भील मुखियाओं को बोलाई कर वसूलने की अनुमति दे दी गई।[20]

1826 में डेबर झील के दक्षिण-पश्चिम की कुछ जागीरों को छीन लिए जाने के कारण ऋषभदेव के भीलों ने दरबार के खिलाफ विद्रोह किया। इसे दबाने के लिए ब्रिटिश सेना बुलाई गई। ऋषभदेव के साधु का विद्रोह में हाथ पाए जाने के कारण उसे आजीवन सजा दी गई। ब्रिटिश अधिकारी कैप्टन कोबे ने कुछ हल्की शर्तों के सहारे भीलों से समझौता कराया फिर भी विद्रोह जारी रहा। 1826 में ही गरासिया पहाड़ियों में भीलों ने एक थाना नष्ट कर दिया। इस प्रकार बाध्य होकर महाराजा ने पहाड़ी जिलों का चार्ज अपने अधिकारियों से लेकर कैप्टन कोबे को दे दिया। 1827 में कैप्टन कोबे भी असहाय नजर आए। दौलत सिंह ने गरासिया भीलों की मदद से नाक में दम कर रखा था। ऐसी स्थिति में अँग्रेजों के सामने दो विकल्प बचे थे-एक, या तो राजा के ऊपर स्थिति को छोड़कर वे हट जाएँ या फिर गंभीरता से भील विद्रोहियों से निबटें। महाराजा जिम्मेदारी से डर रहे थे इसलिए अँग्रेजों से शर्तें तय हुईं कि, विद्रोह से निबटने में आने वाला खर्च महाराजा उठाएँगे। भील पहाड़ी क्षेत्रों को पूरी तरह मेवाड़ पॉलिटिकल एजेंट के नियंत्रण में सौंप देंगे। सभी निर्णय महाराजा के नाम से ही होंगे मगर उनके अधिकारी कोई हस्तक्षेप नहीं करेंगे। इस प्रकार अँग्रेजों ने पहाड़ी क्षेत्रों पर अपना पूरा नियंत्रण स्थापित कर लिया।[21]

अकबर शाह से मुठभेड़ : 1830

8 फरवरी 1830 को जीरपुर से 3 मील दूर पहाड़ी क्षेत्र पर भीलों का सामना 20वीं कॉवलरी के भ्रमण के दौरान हो गया। यह स्थान हरसोल (गुजरात) से लगभग 35 मील

पूरब था। भीलों के नेता का नाम अकबर शाह था। अकबर शाह 400 से 500 भीलों को जमा कर अक्सर कैरा कलेक्ट्रेट पर धावा बोला करता। इस झड़प में अँग्रेजों के 5 जवान मारे गए और एक दर्जन घायल हुए। उसके बाद भील तितर-बितर होकर अपने घरों को चले गए।[22] अँग्रेजों और उदयपुर राज्य ने 1838 तक भीलों के प्रति उदार नीति का पालन किया फिर भी 1836 में बाँसवाड़ा में भील विद्रोह के प्रमाण मिलते हैं जिन्हें बाँसवाड़ा के महारावल ने अपने सैन्यबल से नियंत्रित कर लिया था।[23]

1833 से 1835 के बीच भीलों का विद्रोह

1833 के आस-पास खानदेश से सटे माहीकाँटा क्षेत्र में भीलों की बगावत जारी थी। माहीकाँटा की रियासतें, राजस्थान और खानदेश से सटी थीं। वहाँ लंबे समय से भीलों की बगावत जारी थी। 1835 में जब ऑट्रम ने खानदेश छोड़ा तब बॉम्बे सरकार ने उनसे माहीकाँटा की अशांति के बारे में विस्तृत रिपोर्ट तैयार करने को कहा। 11 सितंबर 1835 को खानदेश से प्रस्थान कर वह अहमदाबाद पहुँचे और वहाँ के राजनीतिक कमिश्नर विलियम के साथ मिलकर माहीकाँटा की अशांति पर एक रिपोर्ट तैयार की थी। यह रिपोर्ट 14 नवंबर को बड़ोदा में पूरी हुई थी। रिपोर्ट में कहा गया था कि माहीकाँटा में तब तक अशांति दूर नहीं की जा सकती, जब तक कि विद्रोही नायकों का ब्रिटिश बंदूकों से दमन नहीं कर दिया जाता। तब सर जॉन कीन ने उन्हें सैन्य कमान सँभालने की पेशकश की थी परंतु ऑट्रम ने अपने वरिष्ठ मित्र के होते, उस दायित्व को लेने से मना कर दिया था और अवकाश पर चले गए थे। अवकाश से लौटने के बाद उन्होंने माहीकाँटा के राजनीतिक एजेंट के रूप में कार्यभार ग्रहण कर लिया था। खानदेश के अपने लंबे अनुभव के कारण वहाँ भी मि. ऑट्रम अशांति को दबाने में सफल रहे थे।[24]

चीकली (गुजरात) से 2 मई 1833 को प्राप्त समाचार से ज्ञात होता है कि भरुच के पास अंकलेश्वर में एक ब्रिटिश सिविल सेवा का अधिकारी ठहरा हुआ था जिसका नाम मि. जॉन गोर्डन था। एक दिन वह अपने घुड़सवार सिपाहियों के साथ कैम्प से बाहर निकला और एक भील गैंग से बातचीत करने के उद्देश्य से मिलने गया। उसने अपने घुड़सवारों को थोड़ी दूर छोड़ दिया और केवल एक घुड़सवार को साथ लिया। बाकी को किसी भी प्रकार से गोली न चलाने का निर्देश दिया और खुद भीलों की ओर बढ़ा। उसने भीलों से भी तीर-धनुष रख देने को कहा। शायद भीलों ने उसके आने का आशय समझा नहीं और न उसकी बात पर ध्यान दिया। उन्होंने तुरंत तीर चला दिए। गोर्डन को तीन तीर लगे और वह घोड़े से गिर गया। तुरंत उसे लादकर अंकलेश्वर लाया गया जहाँ कुछ दिन बाद उसकी मौत हो गई।[25] जॉन गोर्डन की मृत्यु का समाचार 1833 के अनेक अखबारों में छपा था मगर एक ब्रिटिश अखबार से ज्ञात होता है कि यह झूठी खबर थी और मि.

गोर्डन जीवित रहे। डूंगरपुर के भील भी 1835 में विद्रोही बने हुए थे।[26]

सूरजमल भील राजा का विद्रोह : मार्च, 1835

कैप्टन मॉरिस ने अपनी सेना के साथ भील राजा सूरजमल के विरुद्ध कार्रवाई की थी। उसकी सेना ने देरोल (माउंट आबू के पास) से प्रस्थान किया था जो लंबे समय से वहाँ रुकी थी। 17 मार्च 1835 को सेना ने सराय मल के एक गाँव- पिनोरा (Pinora) (संभवत: पिनोद्र) की ओर प्रस्थान किया। 15 मील चलने के बाद एक कठिन और मजबूत दर्रा प्रारंभ हुआ। भील और मकरानी, दर्रों के पास पहाड़ियों पर मोर्चाबंदी किए हुए थे। 18 मार्च की दोपहर को कैप्टन दर्रे से गुजर रहे थे। कठिन रास्ते पर पूरी रात सेना बढ़ती रही। जब पिनोरा आठ मील दूर रह गया था तब अचानक तेज आवाज के साथ गोलियाँ चलने लगीं। ज्यादातर गोलियाँ सेना तक पहुँच नहीं रही थीं, केवल कुछ ऊपर से होकर निकल गईं। कैप्टन शॉ (Shaw), 9वीं रेजीमेंट ने लाइट इन्फैंट्री के सहयोग से विद्रोहियों को हटाया। उसके बाद सेना पिनोरा और मौनपुर की ओर बढ़ी। दोनों गाँवों में रखा अनाज ले लेने के बाद उन्हें जला दिया गया। पिनोरा, राजा सूरजमल का गाँव था और वहाँ अन्न का भंडार रखा हुआ था। सेना ने रात में सतर्कता से मोर्चाबंदी की। भीलों की ओर से रात में कोई आक्रमण नहीं हुआ। 19 मार्च को पहाड़ियों पर भीलों की लाशें देखी गईं। लगभग 500 भील पहाड़ियों पर खड़े थे। जब सेना ने कैम्प की ओर वापसी शुरू की तो भीलों ने एक बार फिर आक्रमण शुरू किया। उन्होंने सेना को हर मिनट में रुकने को मजबूर किया। इस आक्रमण में प्रथम रेजीमेंट के लेफ्टिनेंट क्रूकशाह (Cruikshanh) और 15 अन्य ब्रिटिश सैनिक घायल हुए। कुल 350 के लगभग भील मारे गए थे। इस युद्ध में बड़ोदा की टुकड़ी ने अच्छा काम किया था। बाद में मकरानियों ने भील राजा का साथ छोड़ दिया। भारी संख्या में भीलों के मारे जाने के कारण राजा कमजोर पड़ गया था। उसके बचे हुए साथियों ने साथ छोड़ दिया था। वह जंगलों में चला गया था। अपनी कमजोर स्थिति को देखकर भील राजा सूरजमल ने मि. इरशीन (Ershine) के सामने समझौते का प्रस्ताव रखा था मगर अब स्थिति बदल चुकी थी और ब्रिटिश सरकार फिलहाल समझौते के पक्ष में नहीं दिख रही थी।[27]

राजा के जंगलों में चले जाने के बाद स्थिति और खराब हो गई थी। भीलों का उपद्रव इतना तेज हो गया था कि ब्रिटिश सेना ने स्वयं को औरंगाबाद तक समेट लिया था। पूरे अहमदनगर जिले में लूटपाट, हत्याएँ और अराजकता जारी थी। ब्रिटिश सरकार की सैन्य टुकड़ियाँ, विद्रोहियों के सामने छोटी पड़ रही थीं और अन्य जगहों से सेना को बुलाया जा रहा था।[28]

देरोल (माउंट आबू) का भील विद्रोह : 1835

देरोल में सेना कैम्प किए हुए थी। चारों ओर भीलों के विद्रोह को देखते हुए ईडर से सेना को भ्रमण पर निकलना था मगर भीलों के उग्र हो जाने के कारण, संभव नहीं हो रहा था। गुजरात के मैदानी क्षेत्रों में अन्य वर्षों की तुलना में फसल ठीक थी मगर भील क्षेत्रों में भीषण अकाल पड़ा था जिससे देरोल में भूखे भीलों ने विद्रोह कर दिया था। 17 अगस्त 1835 को ईडर से सेना ने लेफ्टिनेंट पोटिंगर (Pottinger) और मैलेट (Malet) के नेतृत्व में मार्च किया था। पूरा क्षेत्र घने जंगलों, पहाड़ियों और घाटियों से घिरा था। अकाल से पीड़ित, भूखे भीलों ने पहाड़ियों पर मोर्चाबंदी की हुई थी। सेना की आठ हजार के लगभग गोलियाँ खत्म हो गईं और उसे मजबूर होकर पुनः ईडर लौट जाना पड़ा। इस अभियान के दौरान 17वीं नेटिव इन्फैंट्री रेजिमेंट के लेफ्टिनेंट पोटिंगर की हत्या कर दी गई थी।[29]

सर जॉन माल्कम की मेल-मिलाप वाली नीति के प्रति दक्षिण मालवा भीलों ने कुछ सकारात्मक रुख अपनाया था मगर उत्तरी भारत के भील निहायत उग्र और अड़ियल थे, खासकर उदयपुर क्षेत्र के भील। एक बार ब्रिटिश अधिकारियों ने मेल-मिलाप के लिए उन भील मुखियाओं के पास एक संदेशवाहक को भेजा था और खबर भेजी थी कि उनके अपराध माफ कर दिए जाएँगे। भील मुखियाओं ने सकारात्मक जवाब देना तो दूर, संदेशवाहक का सिर काटकर एक बाँस पर टाँग दिया था, जो दूसरे दिन अधिकारियों के संज्ञान में आ पाया।[30]

1837-38 का भील विद्रोह

पाल गाँव (गंगा का पाल) के भीलों के विरुद्ध चार राज्यों की संयुक्त कार्रवाई- लेफ्टिनेंट कर्नल एन. एल्यूज (Alues) को लिखे गए दिनांक 13 दिसंबर 1837 के पत्र से पाल गाँव के भीलों के विद्रोह की जानकारी मिलती है। नीमच जिले के पाल गाँव के भीलों के विद्रोह से मेवाड़, प्रतापगढ़, ग्वालियर और होल्कर राजा परेशान थे। किसी एक राजा के बस में भीलों का दमन संभव न था। ब्रिटिश अधिकारियों ने कई बार पत्र-व्यवहार कर इन राजाओं को संयुक्त रूप से कार्रवाई हेतु तैयार किया। उदयपुर राज्य के दो जिलों की सैन्य टुकड़ियाँ, क्रमशः अमीर सिंह और बालगोविंद के नेतृत्व में इस अभियान में शामिल हुईं। इन दोनों टुकड़ियों की संयुक्त कमान, जनरल सुपरिन्टेंडेंट ऑफ द मिनिस्टर, मेहता शेर सिंह के जिम्मे थी। इन दोनों टुकड़ियों ने पाल के दो दर्रों, उत्तरी और दक्षिण-पश्चिमी रास्ते से प्रवेश किया था। ग्वालियर राज्य एवं होल्कर की सेना ने नारू पंत आप्टे के नेतृत्व में तीसरे, पूर्वी दर्रे से प्रवेश किया। प्रतापगढ़ राज्य की सेना, धमोतर के ठाकुर के नेतृत्व में थी और उसने दक्षिण-पूर्वी, चौथे दर्रे से प्रवेश किया। सभी

राज्यों की सेनाओं के अधिकारियों ने तय किया था कि वे अपने-अपने इलाके से रात में चलते हुए सुबह, तय समय पर पाल गाँव पहुँचेंगे और एक साथ पाल गाँव के भीलों पर आक्रमण करेंगे। देशी सेनाओं में समय निष्ठा के अभाव के कारण ऐसा नहीं हो पाया। सबसे पहले प्रतापगढ़ की सेना ग्यासपुर दर्रा पहुँची। पाल के विद्रोही भीलों के विद्रोह से प्रतापगढ़ राज्य सबसे ज्यादा प्रभावित रहता था। ग्यासपुर से पाल गाँव ढाई मील दूर था। अचानक हुए हमले का भीलों ने डटकर मुकाबला किया। उनका एक गोमेती और एक भील मारे गए मगर बाकी बचने में कामयाब रहे। उन्होंने सेना के चार घोड़ों को घायल कर दिया। अन्य राज्यों की सेनाएँ सहयोग हेतु पहुँच न सकीं और भीलों के प्रतिरोध के कारण प्रतापगढ़ की सेना को ग्यासपुर से तीन मील पीछे हटना पड़ा। उसके बाद उदयपुर की दो सैन्य टुकड़ियाँ, मेहता शेर सिंह के नेतृत्व में पहुँचीं और पाल गाँव पर आक्रमण किया। पाल गाँव में आग लगा दी गई। सात भीलों को बंदी बनाया गया। 40 टट्टुओं को पकड़ा गया। 48 जानवरों के सिर काटे गए। एक राजपूत का भाला छीन लिया गया जो कुछ समय से सिंधिया और होल्कर राज्य में लूटपाट करता था और पाल गाँव में शरण लिए हुए था। उदयपुर सेना ने एक ब्राह्मण कैदी को मुक्त कराया जो मंदसौर जिले का था और भीलों ने उससे पैसा वसूलने के लिए कैदी बना रखा था। इस सफल कार्रवाई के बाद उदयपुर सेना अपनी सुरक्षा हेतु 9 मील पीछे धरियावाद लौट गई। सबसे खराब प्रदर्शन ग्वालियर सेना का रहा जो नानू पंत आप्टे के नेतृत्व में थी। बारोल (मेवाड़) का ठाकुर, जो ग्वालियर सेना को रात में रास्ता बता रहा था, जंगली रास्ते में भटक कर धोलापानी जा पहुँचा। इसको लेकर सेना और ठाकुर में आरोप-प्रत्यारोप हुए। ठाकुर पर आरोप लगा कि उसने पाल के भीलों के साथ एक संघ बना रखा है इसलिए वह नहीं चाहता था कि ग्वालियर सेना पाल पहुँच सके। जबकि ठाकुर का आरोप था कि ग्वालियर सेना में कोई उत्साह नहीं था। वह पाल गाँव की ओर बढ़ने में कोई रुचि नहीं दिखा रही थी। अँग्रेज अधिकारी का मानना था कि ठाकुर द्वारा रास्ता भटका देने के कारण सेना रुचि नहीं दिखा रही थी। पाल गाँव पर कार्रवाई के बाद आगे की सुरक्षा-व्यवस्था के लिए प्रतापगढ़ की एक टुकड़ी को जंगल में एक खुली सड़क पर तैनात कर दिया गया। चूँकि उदयपुर के मेहता शेर सिंह के पास 100 हॉर्स और 400 इन्फैंट्री जवानों की भारी संख्या थी इसलिए उन्हें प्रतापगढ़ सैन्य टुकड़ी को सहयोग देने को कहा गया जिससे पाल गाँव के भील आगे लूटपाट न कर सकें।[31]

वर्ष 1838 में उत्तरी भारत के भीलों के उपद्रव, लूटपाट और हिंसा से ब्रिटिश प्रशासन काँप रहा था। बॉम्बे गजट में प्रकाशित 28 मार्च 1838 की सूचना के अनुसार, लगातार लूटपाट से ब्रिटिश अधिकारी थक गए थे। बड़ोदा में हर प्रकार की सैन्य टुकड़ियों में कुल 600 जवान थे। उन्हें हर दिशा में दौड़ाया जाता मगर हजारों की संख्या में भीलों की भीड़

के सामने सारे अभियान फीके पड़ जाते। 1837-1838 के इन अभियानों में दो ब्रिटिश अधिकारी गंभीर रूप से घायल हो चुके थे।[32]

1844 से 1856 के बीच भील विद्रोह

1844 में बाँसवाड़ा राज्य में छुटपुट भील विद्रोह हुए। बाँसवाड़ा के भील, अपने पड़ोसी मालवा के क्षेत्रों से लंबे समय से रखवाली कर वसूलते थे, जिसे अँग्रेजों ने संधि के बाद रोक दिया था। उसी कारण से बाँसवाड़ा के भील विद्रोही बने हुए थे। उन्होंने मोखेड़ी नामक गाँव पर आक्रमण कर दिया और वहाँ के मुखिया के भाई को मार दिया। इसी समय माहीकाँटा एजेंसी के अंतर्गत पोसीना (गुजरात) एवं सिरोही राज्य के भील व गिरासिया विद्रोही थे। कैप्टन वालेस (Wallace), पॉलिटिकल एजेंट, माहीकाँटा ने 600 के मजबूत सैन्य बल से उस विद्रोह को दबाया था। विद्रोह का केंद्र बाँसवाड़ा, गुजरात और राजस्थान की सीमा पर था। बाँसवाड़ा के विद्रोह का प्रभाव गुजरात क्षेत्र पर पड़ता था।[33]

उदयपुर राज के कालीबास के भील, 1855 में विद्रोही हो गए थे। राजा ने मेहता सवाई सिंह को 1 नवंबर 1856 को विद्रोही भीलों के दमन के लिए भेजा। उदयपुर राज की सेना ने कालीबास पहुँचकर गाँवों में आग लगा दी और भीलों को मौत के घाट उतार दिया। अनेक भीलों को गिरफ्तार किया गया। अनेक के सिर काटकर लाए गए।[34]

1857-58 में चांदप (गुजरात) का विद्रोह

1857 में चांदप में भीलों की विद्रोही गतिविधियाँ जारी थीं। उन्हें शांत करने के लिए दो बार सेना को बुलाना पड़ा था। पहली बार सेना ने कुछ विद्रोहियों के हथियार जब्त किए मगर इससे बात न बनी। इसलिए मेजर ग्रीम्स के नेतृत्व में एक मजबूत सैन्य बल को विद्रोहियों को कुचलने के लिए भेजा गया। सेना ने 588 गाँवों से 310 हथियारों को जब्त कर लिया मगर गायकवाड़ के खरालू सब-डिवीजन के डभोरा गाँव की जनजातियों ने अपने हथियार सौंपने से मना कर दिया। उन्होंने तरंगा नामक पहाड़ी पर अपने आदमियों को जमा कर लिया और मजबूत किलेबंदी कर ली। सेना ने घेराबंदी की और समर्पण का प्रस्ताव रखा जिससे मुखिया ने इनकार कर दिया। साथ ही साथ, उन्होंने गायकवाड़ की सेना के एक जवान की हत्या कर दी। स्थिति की गंभीरता को देखते हुए 31 मई 1858 को सेकेंड ग्रेनेडियर रेजीमेंट, एन.आई. और गुजरात इरेगुलर हॉर्स की टुकड़ी ने भीलों पर आक्रमण कर दिया। आक्रमण से बचते हुए भील, एक पहाड़ी से दूसरी पहाड़ी पर भागते और लड़ते रहे। कुल 80 के लगभग भील मारे गए या घायल हुए और 10 को कैद कर लिया गया था। ब्रिटिश सेना को भी नुकसान पहुँचा था। उसके दो जवान मारे गए थे और

कुछ घायल हुए थे।[35]

मुंदेती (राजस्थान) के ठाकुर का विद्रोह

1858 में चांदप विद्रोह के समय मुंदेती के ठाकुर सूरजमल का व्यवहार ठीक न था। वह पहले से ही विद्रोही स्वभाव का था। इसका उल्लेख किया जा चुका है। 1836 में उसे क्षमादान दिया गया था। बाद में वह कर्ज में डूब गया तो सरकार ने उसकी जागीर जब्त कर वेतन दे दिया था। उसने वेतन से प्राप्त धनराशि से कुछ मकरानी सैनिकों की भर्ती की और पहाड़ियों पर कब्जा जमा लिया। 22 अगस्त 1858 को सेना ने उसे मुंदेती से बेदखल कर शहर पर कब्जा कर लिया था।[36]

1857-58 में रेवाकाँटा का भील विद्रोह

1825 के बाद रेवाकाँटा में तीन बार बड़ी अशांति उत्पन्न हुई। वैसे भीलों के छोटे-मोटे विद्रोह होते रहते थे। 1838, 1857 एवं 1858 में नयकारा भील विद्रोही दिखे। 1838 में बारिया, छोटा उदयपुर, जम्बूघोड़ा और गोधरा के नयकारा भील मुखिया विद्रोही दिखे। माहीकाँटा के पॉलिटिकल एजेंट मि. ऑट्रम ने फरवरी, 1838 में सेना को संगठित कर, मेजर फोर्ब्स के नेतृत्व में विद्रोहियों से निबटने को भेजा। उस समय सीमांत चौकियों पर जवान तैनात किए गए और विद्रोहियों को घेरकर समर्पण के लिए बाध्य किया गया। साल के अंत तक बारिया और छोटा उदयपुर के मुखियाओं के सहयोग से, मुख्य-मुख्य नयकारा भील मुखियाओं को या तो पकड़ लिया गया या उन्हें जेल की सजा हुई। बाद में अच्छे व्यवहार करने वाले भील मुखियाओं को छोड़ दिया गया था। यह विद्रोह मुख्यतः दो भील मुखियाओं की वजह से हुआ था। उनमें से एक थे केवल डामा, जो बारिया जिले के बारा गाँव के रहने वाले थे। उनके साथ उनका भाई जालम रूपा नायक भी थे। उनके मैनेजर ओंकार सिंह ने एक अलग गैंग बना लिया था जिसे मकरानी मदद कर रहे थे। कुछ उदयपुर और जम्बूघोड़ा के अनुचरों ने राजा उदयपुर के जानवरों और कुछ संपत्तियों को लूट लिया था। दूसरा गैंग विराम नायक का था। उनके साथ उनका भाई महादेव नायक था। साथ में अमर नायक भी थे जिन्होंने बारिया स्टेट के राजगढ़ क्षेत्र को लूटमार करके वीरान कर दिया था। सगताला सबडिवीजन की अशांति को रोकने के लिए बारिया स्टेट के सैन्यबल को पॉलिटिकल एजेंट के नियंत्रण में कर दिया गया तथा वीरान हुए गाँवों को फिर से बसाया गया।[37]

1857 के विप्लव के समय रेवाकाँटा के भील विद्रोही तेवर अपनाए हुए थे। सूरजमल, लुनावाड़ा शहर के मुखिया थे मगर जून, 1857 में उसको मुखियागीरी से बेदखल कर दिया गया। इससे नाराज होकर उसने जुलाई, 1857 में शहर पर आक्रमण

कर दिया। सरकार की ओर से सैन्य कार्रवाई किए जाने पर वह मेवाड़ के सलुम्बर में प्रवेश कर गए। वह कुछ महीने तक विद्रोही बने रहे। राजा उदयपुर द्वारा उदार प्रस्ताव देने पर वह शांति व्यवस्था कायम करने को सहमत हो गए थे। एक अन्य विद्रोही जमादार मुस्तफा खान, सोंठा के विदेशी किरायेदार सैनिक थे। उनका वेतन बकाया था। उन्होंने अपने वेतन के 4,674 रुपये की माँग की थी। पॉलिटिकल एजेंट के निर्देश पर गुजरात इरेगुलर हॉर्स-फोर्स की टुकड़ी, यूरोपीय अधिकारी के नेतृत्व में मुस्तफा खान को गिरफ्तार करने के लिए भेजी गई। मुस्तफा खान और सेना का कड़ा संघर्ष हुआ जिसमें वह मारे गाए तथा उनके सहयोगी भाग गए। अगस्त, 1857 के मध्य में सैयद मुराद अली ने राजपीपला में विद्रोह करने की कोशिश की। उसी समय संगवारा का मुखिया या वासावा परेशानी पैदा किए हुए था। 1858 में केवल डामा और रूपा गोबर नयकारा भील मुखियाओं ने पंचमहल राज्य में विद्रोह कर दिया। पूरे आठ महीने ब्रिटिश सेना इन दोनों नयकारा भील मुखियाओं को नियंत्रित करने में लगी रही मगर सफलता न मिली। दोनों विद्रोही पंचमहल के रहने वाले थे। इसी बीच 28 नवंबर 1858 को इंदौर भील एजेंट ने लेफ्टिनेंट विबर्ट को सूचना दी कि 24 नवंबर को तात्या टोपे, जिले की ओर बढ़ रहे हैं। उस समय विबर्ट, पंचमहल के दोहाद में कैम्प किए हुए थे।[38]

1 नवंबर 1858 को ईस्ट इंडिया कंपनी के हाथ से भारत की सत्ता, ब्रिटिश सरकार के हाथों में चली गई थी। उसके बाद भील क्षेत्रों में कुछ सुधारात्मक नियम-कानून लागू करने का प्रयास किया गया जो स्वतंत्र मिजाज भीलों को पसंद नहीं आया।[39]

12 दिसंबर 1858 को गोधरा से सूचना मिली कि अनास नदी के किनारे विद्रोही भील जमे हुए हैं। कुशलगढ़ के राणा ने अनास नदी की ओर की राशन आपूर्ति रोक दी थी। विद्रोही भील अपना दूना हक माँग रहे थे।[40]

1859 में रेवाकाँटा में विद्रोह

राजपीपला में मुख्यतः राजपूत और भील निवास करते थे। उसके निचले भाग में कुनबियों की आबादी थी जहाँ लोग अच्छी हालत में थे। यह पूरा प्रांत पहाड़ी और घने जंगलों से घिरा था। बारिया और छोटा उदयपुर में नयकारा भील रहते थे। ये इतने घने जंगलों में रहते थे कि इनकी ठीक-ठीक जनसंख्या बता पाना संभव न था। 1838 में नयकारा भीलों द्वारा लूटपाट की घटनाएँ इतनी बढ़ चुकी थीं कि अँग्रेजों ने नियंत्रित करने के लिए सेना भेजी। सगताला नामक स्थान, जनजातियों का मुख्यालय था और रेवाकाँटा एजेंसी के सीधे नियंत्रण में था। लुनावाड़ा और सोंठा के भील, राजपूत राजाओं द्वारा शासित थे। मेहवासियों का क्षेत्र नर्मदा नदी के किनारे और माही नदी के बीच पड़ता था। रेवाकाँटा क्षेत्र में कुल 52 भील मुखियाओं का शासन चलता था। प्रत्येक के अंतर्गत एक

खास जाति और अधिकतम 12 गाँव थे। भील मुखियाओं को सामान्यत: ठाकुर कहा जाता था। 1822 से इन मुखियाओं पर ब्रिटिश नियंत्रण हो गया था और गायकवाड़ का नियंत्रण समाप्त हो गया था। ब्रिटिश शासन के आते ही भीलों के आंतरिक मामलों में हस्तक्षेप बढ़ा और यहीं से भीलों ने बागी तेवर अपनाने शुरू किए। बालासिनोर के भील मुसलमान थे मगर वे भी अन्य पड़ोसी राज्यों के भीलों की तरह रहते थे। जो मुखिया ताकतवर थे वे अपने-अपने क्षेत्र में स्वतंत्र शासन करते थे लेकिन उन पर रेवाकाँटा एजेंसी के पॉलिटिकल एजेंट का निर्देश चलता था। मुखियाओं के आपसी विवादों का निबटारा भी पॉलिटिकल एजेंट करता था। रेवाकाँटा के नयकारा और धमका, मुख्यत: घने जंगलों में रहते थे। कोली और राजपूत कृषि कार्य करते थे परंतु कोलियों की दशा खराब थी और इसलिए वे विद्रोही हो जाते थे। आर्थिक दशा खराब होने का यह परिणाम हुआ कि पूरी रेवाकाँटा एजेंसी में भीलों का विद्रोह शुरू हो गया था। मेजर वालेस (Wallace) के नेतृत्व में विद्रोह को दबाने के लिए सेना को भेजा गया था। धोरा, खुदादी (खुदवाली), जम्बूघोड़ा, पालनपुर, और पाँचनेर से सेना भेजी गई। इन सेनाओं को बहुत कम सफलता मिली। कुछ समय पहले कैप्टन बकल (Buckle) ने एक सीमांत चेकपोस्ट पर आक्रमण कर जला दिया था और वहाँ रखा सारा अनाज भी जला दिया था। उसने बिना अपने जवान खोए यह अभियान पूरा किया था। उसके केवल एक या दो जवान घायल हुए थे। इसी समय शिवराजपुर में एक अन्य घटना घटी। कैप्टन बोनर (Bonnor) की एक सैन्य टुकड़ी और भील विद्रोहियों के बीच घमासान युद्ध हुआ। 17वीं नेटिव इन्फैंट्री के लेफ्टिनेंट हेवर्ड (Hayward) घायल हो गए थे। उनके 13 जवान मारे गए थे या घायल हुए थे। भीलों का भी थोड़ा नुकसान हुआ था। उनके दो जवान मारे गए थे और आधा दर्जन घायल हुए थे। 13 फरवरी 1859 को 26वीं रेजीमेंट के कैप्टन कोलियर (Collier) ने अपनी टुकड़ी के साथ भीलों के मजबूत गढ़ पर आक्रमण किया जिसमें अनेक भील मारे गए। उनकी टुकड़ी को बहुत कम नुकसान हुआ था। केवल कुछ जवान घायल हुए थे।[41]

1859 में रेवाकाँटा में भीलों ने राजपीपला के राजकुमार के कुछ घुड़सवारों को घेर लिया था और उनको अपने हथियार सौंप देने को बाध्य कर दिया। रेवाकाँटा एजेंसी ने इस मामले में हस्तक्षेप किया और अपनी 14वीं नेटिव इन्फैंट्री को कैप्टन फ्रांसिस (Francis) और लेफ्टिनेंट कीज (Keys) के नेतृत्व में स्थिति नियंत्रित करने को भेजा मगर कोई खास परिणाम न निकला। चार साल पहले रेवाकाँटा एजेंसी के पॉलिटिकल एजेंट ने हस्तक्षेप कर राजपीपला के प्रधान मंत्री दानेश्वर विश्वनाथ जी बहादुर को हटवा दिया था जिससे राजपीपला से एजेंसी के संबंध खराब चल रहे थे।[42] इस प्रकार पूरा रेवाकाँटा युद्ध का मैदान बन चुका था।[43]

1859 के आस-पास झाबुआ राज्य के पोल जिले के भीलों ने आस-पास के

पंचमहल और दाहोद में लगातार लूटपाट शुरू कर दी थी। 18 फरवरी 1859 को 18 लोगों को घायल कर 170 जानवरों को खोल ले गए थे। कैप्टन बकल (Buckle), असिस्टेंट पॉलिटिकल एजेंट के अनुसार, झाबुआ राज्य के पोल और दाहोद के भील, वहाँ के मुखिया के नियंत्रण से बाहर थे। सिंधिया के पंचमहल के गाँवों पर उन्होंने आठ बार आक्रमण किया था और तीन लोगों की हत्या कर दी थी। कुल 1,657 रुपये की क्षति हुई थी। यद्यपि झाबुआ के मुखिया के अँग्रेजों के साथ अच्छे संबंध थे। मेजर वालेस (Wallace), पॉलिटिकल एजेंट, रेवाकाँटा का कहना था कि इसके लिए झाबुआ स्टेट को क्षतिपूर्ति देनी चाहिए। सबसे कुख्यात गाँव पालस्डोर था जहाँ के कांजी हरी सिंह, जो दमोर जनजाति का था, ने भीलों द्वारा लूटे गए झाबुआ और दाहोद के गाँवों की सूची अँग्रेज अधिकारियों को दी थी।[44]

1860 में मेवाड क्षेत्र में भीलों का विद्रोह जारी था। यह जानकारी 23 जुलाई 1860 को इंग्लिशमैन ने छापी थी। उस समय भीलों के अनेक गैंग सक्रिय थे जिनका नेतृत्व राव साहिब कर रहा था। 1865 तक रेवाकाँटा में भील विद्रोही बने हुए थे।[45]

1861 से 1863 के बीच भील विद्रोह

इस अवधि में उदयपुर के समीप खेरवाड़ा में 1861 में अनेक भील उपद्रवों की घटनाएँ देखने को मिलीं।[46] 1862 के आस-पास महाराष्ट्र, खानदेश और रेवाकाँटा के सीमांत पहाड़ी क्षेत्रों में भील मुखियाओं ने अपनी स्वतंत्रता के लिए लंबे समय तक विद्रोही गतिविधियाँ कायम रखीं। इससे तोरणमल पहाड़ी, झंड और डांग के जंगली एवं पहाड़ी क्षेत्रों में अशांति बनी रही। इन घटनाओं का उल्लेख अध्याय 4 में किया जा चुका है। 1863 में कोटड़ा के भील भी खेरवाड़ा के भीलों के साथ शामिल हो गए। 1864 में करवड़, परसाद, नठारा एवं इनके समीप के पालों के भील उत्पात मचाने लगे। अँग्रेज अधिकारियों के अनुसार, जिलों के हाकिम की उपेक्षा के कारण भील विद्रोही बने हुए थे।[47]

1863 के मध्य में बाँसवाड़ा और कुशलगढ़ के भील झाबुआ, थांदला और पेटलावद जिलों में घुसपैठ कर लूटपाट कर रहे थे। मेवाड़ के पॉलिटिकल एजेंट, डब्ल्यू.एस. ईडेन ने मेजर जनरल लॉरेंस, एजेंट टू गवर्नर जनरल, राजपूताना को 8 अगस्त 1863 को लिखते हुए कहा कि बाँसवाड़ा के राजा को हिदायत दी जानी चाहिए कि वह अपने राज के विद्रोहियों को नियंत्रित करें।[48]

प्रतापगढ़ और बाँसवाड़ा के जंगलों में रहने वाले भील दल ने 1863 में एक गंभीर लूटपाट की थी। सोनखेड़ा के ठाकुर ने भील पार्टी का पीछा किया था तथा अपनी बंदूक से चार भीलों को मार गिराया था। इस घटना के बाद ठाकुर ने ब्रिटिश अधिकारियों को

पत्र लिखा था। दिनांक 27 अक्टूबर 1863 को लेफ्टिनेंट आर.सी. ब्राडफोर्ड (Bradford), पॉलिटिकल असिस्टेंट, मालवा नेमेजर आर.आई. मीड (Meade), एजेंट गवर्नर जनरल, मध्य भारत, इंदौर को पत्र लिखकर बताया था कि ठाकुर को भय है कि भील अपने जवानों की मृत्यु का बदला ले सकते हैं। उसके लिए मध्य भारत की घुड़सवार सेना की टुकड़ी को भेजने का अनुरोध किया गया था।[49] प्रतापगढ़ और बाँसवाड़ा के भील लगातार मालवा के मंदसौर जिले के गाँवों में दो सालों से लूटपाट कर रहे थे। उन्होंने भालोट को लूटा था। वे मंदसौर जिले के कुछ गाँवों पर अपना हक मानते थे।[50]

1864-67 में भीलों की लूटमार

श्रीमती डब्ल्यू. नामक किसी ब्रिटिश अधिकारी की पत्नी का संदर्भ मिलता है जो बैलगाड़ी द्वारा अहमदाबाद से नीमच जा रही थी। उसके साथ घुड़सवार सिपाही भी थे। जब वह उदयपुर से 6 मील और नीमच से 67 मील दूर थीं तभी यात्री टोली पर भीलों ने आक्रमण कर दिया। घुड़सवारों को घोड़ों से खींच लिया और अपने तीरों की बौछार से बैलगाड़ी के बैलों को घायल कर दिया। वे उसमें बैठी महिला को मारने ही वाले थे कि एक वफादार देशी सिपाही ने भीलों से अनुरोध किया कि वे सब संपत्ति ले लें मगर जान बख्श दें। उसके अनुरोध पर भीलों ने महिला के संदूकों को तोड़कर सब कुछ लूट लिया। महिला को एक घुड़सवार के साथ बैठाकर उदयपुर पहुँचाया गया जहाँ राजा ने उसकी देख-रेख की और अपने सिपाहियों के साथ नीमच भेज दिया।[51] 1865 के प्रारंभ में भील बागी तेवर बनाए हुए थे। उन्होंने मेवाड़ राज के बोखला नामक स्थान के कुछ गाँवों को लूट लिया। मेवाड़ राज की सेना ने विद्रोहियों से निबटने के लिए प्रस्थान किया।[52]

1866 में मेहता रघुनाथ सिंह को मगरा जिले का हाकिम नियुक्त किया गया था जो एक भ्रष्ट अधिकारी था। 1851 में वह जहाजपुर के मीणा विद्रोह के लिए जिम्मेदार था। मेवाड़ भील कार्प्स के कामांडिंग अधिकारी ने भी उसकी लिखित शिकायत की थी और कहा था कि यह भीलों पर मनमाने तरीके से जुर्माना एवं दूना कर लगा रहा है। इन शिकायतों के बाद रघुनाथ सिंह को हटा दिया गया। 1867 में खैरवाडा एवं डूंगरपुर के बीच देवलपाल के भीलों ने उत्पात मचाया और एक बार फिर मेवाड़ भील कार्प्स की मदद से इन्हें दबाया जा सका।[53]

सिरोही राज का एक भील मुखिया, ढोरिया, ईडर राज्य के गाँवों में लूटपाट किया करता था। सिरोही के राव से उसके मधुर संबंध थे और वह अपने राज में लूटपाट नहीं करता। एक बार उसने 1867-68 में ईडर के गाँवों को लूटा और हत्याएँ कीं। उस पर अभियोग चलाने के लिए सिरोही के राव को ढोरिया को सौंपने को कहा गया मगर उन्होंने उसे नहीं सौंपा।[54]

1867 : सुंथ रियासत के खिलाफ विद्रोह

1867 में सुंथ और मेवाड़ की सीमा पर भील विद्रोह की घटनाएँ देखने को मिलती हैं। सुंथ दरबार ने भूंडिया नामक एक व्यक्ति को इस बात के लिए तैयार किया कि वह भनासीमल नामक भील गाँव का जागीरदार बन जाए। वह गाँव डूंगरपुर सीमा के करीब था। भूंडिया, मूल रूप से भनासीमल गाँव का निवासी नहीं था। उसका परिवार कुछ वर्षों से भनासीमल में रहने लगा था। भनासीमल गाँव एवं आस-पास के अन्य भीलों को सुंथ रियासत का यह कृत्य अपमानजनक लगा। वे नहीं चाहते थे कि उनके गाँव के परंपरागत मुखिया की जगह कोई बाहरी व्यक्ति मुखिया बन जाए। उन्होंने रियासत की दुर्भावना को समझ लिया और विद्रोह का झंडा उठा लिया। उन्होंने राजा के थानों को जलाना शुरू किया और सेबंडी गार्डों पर आक्रमण किए। भनासीमल गाँव के थाने को जला दिया गया। उनके साथ खेरापुर गाँव के भील भी जुड़ चुके थे। रियासत की पुलिस ने भनासीमल और खेरापुर गाँवों पर आक्रमण किया मगर भीलों ने कड़ा मुकाबला किया। कई सिपाहियों को घायल कर दिया। स्थिति की गंभीरता को देखते हुए रेवाकाँटा के पॉलिटिकल एजेंट ने हस्तक्षेप किया। वह वहाँ पहुँचे। 1 अप्रैल 1867 को भीलों ने उनके सामने अपनी पीड़ा सुनाई और बताया कि आखिर क्यों उन्हें विद्रोही होना पड़ा है।[55]

1868 पंचमहल (गुजरात) के नयकारा भीलों का विद्रोह

ब्रिटिश भारत के इतिहास में भील आदिवासियों ने अपनी धरती को बचाने के लिए जितनी शहादतें दी हैं, उतनी दूसरी कौमों ने नहीं। दक्खिन के तमाम ऐसे नायकों की जानकारी हमें मिलती है। इसी बीच खानदेश की उत्तरी सीमा पर एक भीषण विद्रोह की खबर मिलती है। यह इलाका गुजरात के पंचमहल स्टेट के दक्षिणी हिस्से में था जो बड़ोदा से दक्षिण-पूर्व, जम्बूघोड़ा से मात्र 6 मील की दूरी पर वारीक (Warrick) नामक गाँव था। यहाँ नयकारा भीलों ने ब्रिटिश सत्ता के खिलाफ बगावत की। यह इलाका छोटा उदयपुर का हिस्सा था जो खानदेश के जंगल विस्तार में शामिल था। जाहिर है कि खानदेश और गुजरात क्षेत्र के विद्रोही अक्सर एक-दूसरे के क्षेत्र में आते-जाते रहते थे।[56]

1868 में रूप सिंह या रूपा सिंह नामक भील नायक, नयकारा भीलों के विद्रोह का अगुवा था। रूपा सिंह ने 1859 में भी ब्रिटिश सरकार को परेशान किया था। विगत दस वर्षों से उसका दबदबा बना हुआ था। बाद में ब्रिटिश सरकार से उसने अच्छा व्यवहार किया जिसके कारण उसे बार गाँव की जागीर दे दी गई थी। रूपा सिंह, मुल्ला मानिक और एक कट्टरपंथी ब्राह्मण, जो स्वयं को 'परमेश्वर' कहता था, ने 2 फरवरी 1868 को बार दरबार के थाना राजगढ़ पर आक्रमण किया और थानेदार को मार दिया। वहाँ के खजाने के 1,500 रुपये लूट लिए। उसके बाद उन्होंने ब्रिटिश क्षेत्र, जम्बूघोड़ा के

कैशचेस्ट को लूट लिया। 6 फरवरी को उन्होंने जैतपुर और छोटा उदयपुर पर आक्रमण किया लेकिन वहाँ वे पीटे गए। परमेश्वर स्वयं को देवता का अवतार कहता था। इन तीनों ने 4-5 गाँवों में विद्रोह फैला रखा था। खजाने की सुरक्षा के लिए लगाए गए दो सिपाहियों की हत्या कर दी थी। उसके बाद उसने हलोल शहर को धमकी दी थी। धमकी की खबर मिलते ही पंचमहल के गवर्नर जनरल के एजेंट, प्रॉपर्ट ने कैप्टन सेग्रेव (Segrave) और लेफ्टिनेंट वेस्टमैकॉट (Westmacott) को साथ लिया और भील वाहिनी के 50 जवानों सहित, 40 मील मार्च कर हलोल पहुँच गए और शहर को सुरक्षा प्रदान की। रेवाकाँटा के राजनीतिक एजेंट मेजर बॉर्टन (Barton) को जैसे ही विद्रोह की जानकारी मिली, वह सीमांत क्षेत्र में जा पहुँचे और मि. प्रॉपर्ट को सहयोग प्रदान किया। नेटिव इन्फैंट्री की दो बटालियन और गायकवाड़ घुड़सवार सेना की एक बटालियन को हलोल शहर भेजा गया जो मि. प्रॉपर्ट के आदेशानुसार कार्य करने लगी।[57]

पंचमहल के भील विद्रोह से निबटने के लिए 9 फरवरी 1868 को कैप्टन एम. लीअड, हलोल पहुँच गए थे और लेफ्टिनेंट बर्नेस से मिले जो पहले से 26वीं नेटिव इन्फैंट्री के 100 सशस्त्र बलों के साथ वहाँ थे। 25 जवानों की एक टुकड़ी को हलोल में एक भारतीय अधिकारी के नेतृत्व में छोड़कर 11 फरवरी 1868 को कैप्टन मॉक लीअड (Leod), 26वीं रेजिमेंट एन.आई. को लेकर चांपानेर होते, 12 मील दूर शिवराजपुर पहुँच गए। हलोल से 25 जवानों की एक और टुकड़ी को उन्होंने मेजर बार्टन के पास राजगढ़ भेज दिया था। शिवराजपुर में लेफ्टिनेंट रे (Reay) का दल, छठी रेजिमेंट एन.आई. के 60 जवानों सहित, अरब मूल के मकरानियों का एक दल और गायकवाड़ की घुड़सवार सेना की एक टुकड़ी वहाँ मिलीं। वहाँ से वह 14 फरवरी की सुबह जम्बूघोड़ा के लिए चले जो 9 मील दूर था। रास्ते में एक दर्रे से गुजरना पड़ा जहाँ 1858 में भीलों ने ब्रिटिश सरकार को चुनौती दी थी। जम्बूघोड़ा के खुले मैदान में सेना ने अपना पड़ाव डाला। वहाँ से बारिया के जंगल में वारीक (Warrick) या वुरेक (Wurreck) नामक गाँव मात्र 6 मील की दूरी पर था। इसी गाँव में भील विद्रोह की खबर मिली थी। 16 फरवरी की सुबह कैप्टन लीअड एवं अन्य सैन्य अफसर भीलों पर आक्रमण के लिए बढ़े। मि. प्रॉपर्ट (Propert) और मि. रॉजर्स (Rogers) जवानों के साथ अभियान में शामिल हो चुके थे। उक्त दल सावधानीपूर्वक आगे बढ़ता हुआ सुबह 7.30 बजे के लगभग बार या वारीक गाँव के पास पहुँच गया। यह गाँव चारों ओर से ऊँची पहाड़ियों से घिरा था। चारों ओर घना जंगल था और गाँव में प्रवेश के लिए एक सँकरा दर्रा था। ब्रिटिश सेना ने दर्रे के प्रवेश द्वार पर पहुँचकर आगे मकरानियों को भेजा। कुछ मकरानी चोटी पर चढ़ गए जिससे प्रवेश द्वार पर नियंत्रण रखा जा सके। चोटी से उन्होंने गाँव को देखा और सेना के अफसरों को जानकारी दी कि वहाँ भीड़ जमा है। सेना की मुख्य

टुकड़ी को लेफ्टिनेंट बर्न्स (Burnes) के नियंत्रण में छोड़कर, कैप्टन एम. लीअड ने तैयारी की और भीलों की गतिविधियों को करीब से देखने के लिए आगे बढ़े। उन्होंने देखा कि भील पीछे के घने जंगल में भाग रहे हैं। उन्होंने घुड़सवार सेना को दौड़ाकर उनका रास्ता रोक दिया। उन्हें पूना घुड़सवार सेना के रिसालदार मोहम्मद खान का पूरा सहयोग मिल रहा था। तभी मोहम्मद खान को एक तीर लगा और वह घायल होकर घोड़े से नीचे गिर गए। यह देख, सेना की मुख्य टुकड़ी ने गाँव पर धावा बोल दिया। 16 फरवरी को स्वराजपुर के पास कैप्टन सेग्रेव (Segrave) और लेफ्टिनेंट वेस्टमैकॉट (Westmacott) ने भील कार्प्स के साथ एवं कैप्टन मैक्लेओड (Macleod) ने 26वीं एन.आई. के सौ के लगभग जवानों के साथ भीलों पर धावा बोल दिया। कई भील मारे गए और घायल हुए, बाकी जंगलों में भाग गए। मुख्य विद्रोहियों में भीलों के पुजारी, परमेश्वर के बारे में पहले मारे जाने की सूचना प्राप्त हुई लेकिन बाद में पता चला कि वह जिंदा रहे और जम्बूघोड़ा की जेल में कैद रहे। वहाँ से उन्होंने भागने की असफल कोशिश की थी। उनके नेता रूप सिंह के बारे में भी पहले मारे जाने की खबर दे दी गई थी लेकिन वह भी कैदी बना लिए गए थे जबकि उनका बेटा मार दिया गया था। कुछ भील विद्रोही पकड़ लिए गए थे। कुल 50 भील कैदी बनाए गए थे। सभी जम्बूघोड़ा की जेल में अभियोजन का इंतजार कर रहे थे। वारीक युद्ध में भील मुखियाओं ने दस मिनट तक भीषण युद्ध किया था। अफसरों का कहना था कि परमेश्वर और उसके सहायक धार्मिक उन्माद पैदा कर रहे थे। परमेश्वर सिंह स्वयं को भीलों के साथ जोड़े हुए था और वह कहता था कि वह और भील, दो शरीर, एक जान हैं। युद्ध के बाद गाँव को जला दिया गया। उसके बाद अफसर डेरे पर लौट आए। मोहम्मद खान की स्थिति नाजुक थी जो बाद में मर गया था। अभी सैन्य टुकड़ी अपने डेरे पर ही थी कि 16 फरवरी की शाम को खबर मिली कि शिवराजपुर में, जहाँ कुल 50 जवानों को, जिनमें कुछ मकरानी भी थे, सूबेदार शेख सुल्तान के नियंत्रण में छोड़ दिया गया था, वहाँ पिछली रात भीलों ने आक्रमण कर दिया था। उस आक्रमण में पाँच जवान मारे गए थे और 25 घायल हो गए थे। एक जवान के पैर में तीर लगा था। बाद में ब्रिटिश सरकार ने संसद में माना कि रूप सिंह और परमेश्वर के मारे जाने की खबर झूठी थी।[58]

इस अभियान में जो भील पकड़े गए थे उनमें से मुख्य पाँच को जम्बूघोड़ा में 11 मई को फाँसी दे दी गई थी। फाँसी की सजा देखने के लिए भारी भीड़ जमा हो चुकी थी। वहाँ मि. बार्टन ने गुजराती में भाषण दिया था। उन्होंने कहा था कि लोग शांतिपूर्वक रह सकें, इसलिए वह उपद्रवियों को सजा दे रहे हैं। उसी वर्ष मुल्ला मानिक, पोरबंदर के करीब काठियावाड़ में अपने चार साथियों के साथ मार दिया गया।[59]

1872 से 1875 तक बाँसवाड़ा का विद्रोह : दल्ला, देवा, ओंकार रावत और अनूपजी भील मुखिया

1872-75 के दौरान बाँसवाड़ा में भील विद्रोह की अनेक घटनाएँ हुईं। इन विद्रोहों के मुख्य कारणों में से थे-

1- 1868 का बाँसवाड़ा राज्य और अँग्रेजों के बीच हुआ समझौता, जिससे अँग्रेजों को भीलों को कुचलने का निरंकुश अधिकार मिल गया था।

2- बराड़ नामक कर में वृद्धि कर दी गई थी तथा भीलों पर पहली बार भू-राजस्व भी थोप दिया गया था।

3- भीलों के दमन के लिए मकरानी और विलायती नौकरों (अफगानिस्तान के पठान) की भर्ती की गई थी। वे भीलों को भारी ब्याज दर पर उधार देते थे। उनके बच्चों को लिखित गिरवी रख लेते। कर्ज न चुकाने पर वे बच्चों को गुलाम बना लेते थे।

4- 1868-75 के भयानक अकाल से भी भील भूखे मरने की स्थिति में आ गए और उन्होंने विद्रोह करना शुरू कर दिया।

5- पड़ोसी गुजरात राज्य के भीलों व नायकों के विद्रोह से बाँसवाड़ा राज्य के भीलों को विद्रोही होने की प्रेरणा मिल रही थी।

सोदलपुर के भील मुखिया दल्ला ने बराड़ के मुद्दे पर बाँसवाड़ा के महारावल के विरुद्ध बगावत कर दी। महारावल बराड़ के अंतर्गत 2,000 रुपये वसूल करना चाहते थे जबकि दल्ला 900 रुपये देना चाहते थे। जब राज्य ने 2,000 रुपये देने का नोटिस जारी किया तो दल्ला प्रतापगढ़ की ओर भाग गए। वहाँ उन्होंने 8,000 भीलों की सेना बनाई। अँग्रेज पॉलिटिकल अफसर यह देख चिंतित हुए और महारावल पर दबाव डालकर दल्ला की शर्तों के अनुसार समझौता कराया।[60]

बाँसवाड़ा राज्य में चिलकारी व शेरगढ़ गाँवों में भीलों की छापामार गतिविधियाँ जारी थीं। 1873-74 में इन गाँवों में जारी छापेमार गतिविधियाँ मध्य भारत के सैलाना और झाबुआ राज्यों तक फैल गई थीं। भोपावर के अँग्रेज पॉलिटिकल एजेंट ने भीलों पर नियंत्रण हेतु मालवा भील कार्प्स की एक कंपनी भेजी। 1875 में भूरीखेड़ा के भील मुखिया देवा और ओंकार रावत ने विद्रोह किया मगर दिसंबर, 1875 में भूरीखेड़ा और पीपलखूँट गाँवों के भीलों में आपसी झगड़ा उत्पन्न हो जाने के कारण भील मुखियाओं का उत्पात स्वत: समाप्त हो गया।[61]

1873 के प्रारंभ में राजस्थान के मानपुर जिले में एक विद्रोही भील की टुकड़ी लगातार डाके डाल रही थी। मानपुर के एजेंट, कैप्टन बार (Bar) ने भील कार्प्स की मदद से उसे पकड़ने का प्रयास किया था।[62] 1875 के आस-पास मेवाड़ और मारवाड़

के भीलों और मीणाओं का विद्रोह जारी था। महारवाड़ा राज्य के एक पत्र से ज्ञात होता है कि इन दोनों जनजातियों ने अपने पुश्तैनी लूटपाट और हत्या के धंधे से मेवाड़ और मारवाड़ को परेशान कर रखा था।[63] समल गाँव (राजस्थान) का राजपूत मुखिया इन दोनों की क्रूरता से डरता था। समल (जसवंतगढ़-सायरा के बीच) गाँव में एक दिन भीलों ने आक्रमण कर, लूट लिया। वहाँ के ठाकुर ने उनकी मदद करने के बजाय स्वयं को अपने महल में बंद कर लिया। इसी प्रकार सामान बेच रहे एक बनिया को भीलों ने पेड़ से बाँधकर मारा।[64]

1873 के आस-पास सिरोही राज में भूता नामक भील मुखिया के विद्रोह को दबाने के लिए ब्रिटिश सरकार ने मेवाड़ भील कार्प्स को भेजने पर विचार किया था।[65]

बड़ोदा (गुजरात) से बॉम्बे गजट के संवाददाता ने 28 अक्टूबर 1875 को समाचार दिया था कि ऐसी अफवाहें उड़ रही थीं कि विद्रोही भील, बड़ोदा और आस-पास के राज्यों के शहरों को लूटने वाले हैं। समाचार प्रकाश में आते ही प्रशासन के कान खड़े हुए और सौ के आस-पास जवानों को यूरोपीय अधिकारियों के नेतृत्व में बड़ोदा के घंटाघर पर तैनात किया गया। आस-पास के शहरों में भी सेना तैनात की गई। कैम्प में बाकी सेना को हर पल तैयार रहने को कहा गया। स्टेट फौज से भी 50 घुड़सवार और 100 जवानों को यूरोपीय अधिकारियों के नेतृत्व में अशांति की आशंका वाले शहरों में तैनात किया गया। इस क्षेत्र में विद्रोही भील अनूपजी विगत सात सालों से विद्रोही बना हुआ था। वह पाटन जिले के कुद्दी गाँव के काश्तकारों को परेशान करता था। अंतत: लेफ्टिनेंट बैलेंटिन (Ballantine) ने उसे और उसके गैंग के सदस्यों को पकड़ लिया था।[66]

1881 : मेवाड़ का भील विद्रोह

सन 1881 के मेवाड़ विद्रोह का भील इतिहास में महत्त्वपूर्ण स्थान है।

उदयपुर राज्य की राजा की सेना और भीलों के बीच मार्च और अप्रैल, 1881 में भीषण संघर्ष का समाचार मिलता है।[67] उदयपुर-खेरवाड़ा मार्ग पर, उदयपुर से 14 मील दक्षिण में बारापाल नामक भील गाँव पड़ता था। इस गाँव में पुलिस थाना था जिसमें कुल 12 लोग तैनात थे। बारापाल में एक कलाल (बंगाली व्यापारी, जिसके पास शराब बेचने का ठेका था) ने चार-पाँच साल से शराब का ठेका लिया हुआ था। एक दावत के आयोजन में भील शराब चाहते थे। कलाल उनसे चार आना प्रति बोतल की माँग कर रहा था जो भील मुखिया के अनुसार बहुत अधिक था। भील मुखिया ने स्वयं शराब बनाना शुरू कर दिया। इसकी शिकायत कलाल ने मेवाड़ अधिकारियों से की। मोगरा के हाकिम ने भील मुखिया पर दंड लगाया और यहीं से झगड़े की बुनियाद पड़ी। 25 मार्च 1881 को वहाँ के थानेदार ने अकबर हुसैन नामक सवार (सशस्त्र घुड़सवार सैनिक) के माध्यम

से, पडुणा गाँव के भील मुखिया (गमेती) को एक जमीन विवाद में हाजिर होने के लिए सम्मन भेजा। पडुणा गाँव, उदयपुर-खेरवाड़ा मार्ग पर, बारापाल से 9 मील दक्षिण पड़ता था। मुखिया ने तुरंत चलने से मना कर दिया। अकबर हुसैन ने जोर-जबरदस्ती से मुखिया को पकड़कर ले जाने का प्रयास किया। अपने मुखिया के साथ इस तरह के अपमानजनक व्यवहार से भील नाराज हो गए और उन्होंने सवार पर आक्रमण कर, हत्या कर दी। इतना ही नहीं, थानेदार के दुस्साहस से नाराज पडुणा गाँव के भील, 26 मार्च को बारापाल पहुँच गए और स्थानीय भीलों की तीन सौ की भीड़ के साथ थाने पर आक्रमण कर दिया। सिपाहियों ने लगभग एक घंटे तक भीड़ का मुकाबला किया मगर उनकी गोलियाँ खत्म हो गईं। उदयपुर से समय से सहायता नहीं पहुँच पाई। इस प्रकार भीलों की उग्र भीड़ ने बारापाल थाने को फूँक दिया और थानेदार की हत्या कर दी। उसके बाद भीड़, कलाल के घर में घुस गई। कलाल के भाई और तीन स्त्रियों की हत्या कर दी। केवल उसका आठ साल का लड़का, छोटी बेटी और उसकी दादी ही बच पाईं। शराब का ठेकेदार, भीलों के बीच शराब की बिक्री बढ़ाने का प्रयास कर रहा था। कुछ अन्य बनियों की दुकानें जला दी गईं। थानेदार और स्त्रियों के जले शव को क्षत-विक्षत कर दिया गया था। कुल सोलह लोग मारे गए थे जिनमें दारोगा के अलावा 11 सवार और सिपाही, लक्ष्मण प्रसाद और हजारी कलाल नामक दो व्यक्ति, थानेदार की दो पत्नियाँ, एक बेटी भी मारी गई थीं। इन लाशों की भी बुरी स्थिति थी। बाद में भीलों की भीड़ तीन से चार हजार तक बढ़ गई थी। उन्होंने उदयपुर-खेरवाड़ा मार्ग को बंद कर दिया। उदयपुर दरबार में अगले दिन यानी 27 मार्च को खबर पहुँची। महाराजा सज्जन सिंह ने 500 पैदल सेना, 150 घुड़सवार सेना, दो तोपें, दरबार के अधिकारियों का एक प्रतिनिधिमंडल और अपनी सुरक्षा में तैनात अँग्रेज कमांडेंट को भेजा। जब तक सेना पहुँची, भील जंगलों में भाग गए थे।[68]

27 मार्च को भीलों का समूह अल्सिगढ़ की ओर बढ़ा। वहाँ पाई के भील उनसे आ मिले। दोनों समूहों ने अल्सिगढ़ थाने पर आक्रमण कर दिया और उसे जला दिया। वहाँ के कुछ घरों को भी जलाया। दुलजी कामदार, उसके एक सहायक और 2-3 सवारों को भी मार डाला। घटना की सूचना मिलने पर भैंसोरगढ़ से 50 सवार और सिपाही अल्सिगढ़ पहुँचे मगर तब तक भील भाग गए थे। 27 मार्च को भीलों ने केवड़ा की नाल में स्थित पुलिस चौकी को भी जला दिया था मगर चौकी के सिपाहियों ने तीन भीलों को मार दिया था।[69]

(Photograph of the Residency at Mount Abu in Rajasthan, taken by Lala Deen Dayal in the 1880s, from the Curzon Collection: 'Views of places proposed to be visited by their Excellencies Lord & Lady Curzon during Autumn Tour 1902'. Lord Curzon served as Viceroy of India between 1899 and 1905. From 1840 Abu was used as a summer residence by the Political of Sirohi and a sanatorium was subsequently built for invalid soldiers. From 1845 to 1947 it was the head quarters of the British Resident in Rajputana.)

ऐसा लगता है कि भीलों ने सभी थाने और चेकपोस्टों को जला देने का निर्णय लिया था। इस विद्रोह के पीछे कई कारण थे। दरबार के प्रशासनिक अधिकारी श्यामलदास ने भीलों का दमन करने का सुझाव दिया था (श्यामलदास, कविराज श्यामलदास के नाम से भी जाने जाते हैं जो उदयपुर नरेश, सज्जन सिंह द्वारा कर्नल टाड के साथ पुरातत्व संबंधी खोजों के लिए लगाए गए थे)। दरअसल, भीलों ने कभी भी अपने परंपरागत अधिकारों में छेड़छाड़ को बर्दाश्त नहीं किया। भील सदियों से महुआ से शराब बनाते और उपयोग करते आए थे। उदयपुर दरबार ने 1880-81 से उन्हें ऐसा करने से रोक दिया था। जिस पडुणा के भील मुखिया को पकड़ने के लिए बारापाल के थानेदार ने सवार और सिपाही भेजे थे, वह मुखिया भी शराब बनाते थे और दारोगा ऐसा नहीं करने देना चाहता था। दूसरा मुख्य कारण यह था कि 1881 के प्रारंभ में जनगणना शुरू की गई थी। इससे भीलों के बीच कई तरह की अफवाहें उड़ीं। एक यह कि अफगान युद्ध के लिए तगड़े भीलों को छाँटकर भेजा जाएगा। ब्रिटिश दबाव में नए कर लगाए जाएँगे जिससे अफगान युद्ध

का खर्च दिया जा सके। जानवरों की गणना कर, दरबार जानवरों पर भी कर लगाएगा। इस बीच नमक का दाम अत्यधिक बढ़ गया था। भील यह नहीं चाहते थे कि उनके इलाके में पुलिस पोस्ट या कस्टम पोस्ट स्थापित हो। अत: वे दक्षिणी मेवाड़ के जावर नामक स्थान पर एक मंदिर में जमा हुए। स्थिति की गंभीरता को देखकर ब्रिटिश सरकार ने फरवरी, 1881 में सर्वे का काम रोक दिया। अप्रैल, 1881 में भीलों ने इस संबंध में अपनी माँगें दरबार (उदयपुर रियासत) के सामने रखीं कि जनगणना नहीं होनी चाहिए, चेकपोस्टों को हटाया जाना चाहिए, डायनों को मारने, आपसी झगड़ों को खुद सुलझाने के अधिकार की हिफाजत की जानी चाहिए। भीलों की माँगें, उनकी परंपरागत संस्कृति से जुड़ी थीं। मेवाड़ भील कार्प्स के कमांडिंग ऑफिसर मि. सी.आर. ब्लेयर ने प्रॉब्यान को इस संबंध में लिखा भी कि मेवाड़ के भील अन्य रियासतों के भीलों की तुलना में बेहद गरीब हैं। फिर भी ब्रिटिश सरकार अपने हितों के लिए कर लगाने से उदयपुर स्टेट को नहीं रोक सकती थी। जब वहाँ कोई सुनवाई नहीं हुई तब उन्होंने बगावत का झंडा बुलंद किया। 1881-82 में उन्होंने अपने पड़ोसी राज्यों को लूटना शुरू किया। माल-मवेशियों को चुरा लाने का धंधा शुरू हुआ। भीलों ने रेलवे संपत्ति को लूटना और पुलिस चौकियों पर आक्रमण करना शुरू कर दिया।[70]

बारापाल की घटना के अलावा ऋषभदेव की स्थिति नाजुक बनी हुई थी। दरबार ने अपने सिपाहियों को भेजने का निर्णय लिया। मेवाड़ में चारों ओर भील विद्रोही हो चले थे। उदयपुर-खेरवाड़ा मार्ग पर उदयपुर से 40 मील दूर ऋषभदेव के लिए उदयपुर से 27 मार्च को विभिन्न प्रकार की कई सशस्त्र टुकड़ियाँ भेजी गईं मगर उन्हें ऋषभदेव पहुँचने में चार दिन लग गए। रास्ते में जगह-जगह भीलों की टुकड़ियाँ, सिपाहियों पर आक्रमण कर रही थीं। बारापाल से लेकर ऋषभदेव तक, हर ओर विद्रोह ही विद्रोह दिखाई दे रहा था।[71] राजा के सिपाहियों ने ऋषभदेव पहुँचकर भीषण युद्ध किया। भीलों ने भी जमकर उनका मुकाबला किया। कुल 80 भील इस संघर्ष में मारे गए थे।[72] राजा के 17 सैनिक मारे गए और दो घायल हुए थे। बाद में राजा के अधिकारियों ने भीलों से समझौता करना मुनासिब समझा। श्यामलदास ने ऋषभदेव मंदिर के पुजारी के माध्यम से भील मुखियाओं से अप्रैल के प्रथम सप्ताह में संपर्क करने का प्रयास किया।[73]

1881 के इस विद्रोह में प्रॉब्यान की सेवाएँ बहुत लाभदायक सिद्ध हुई थीं और उन्होंने भीलों को समझौते के लिए तैयार किया था और एक विशेष कमीशन की नियुक्ति हुई।[74]

कर्नल सी.आर. ब्लेयर, पॉलिटिकल सुपरिन्टेंडेंट, हिली ट्रैक्ट्स, मेवाड़ ने डॉ. जे.पी. स्ट्रेशन, पॉलिटिकल एजेंट, मेवाड़ को दिनांक 30 मई को पत्र लिखकर बताया था कि भील विद्रोह की जानकारी मिलते ही वह 1 अप्रैल को उदयपुर पहुँच गए थे और महाराजा

से बात की थी। ब्रिटिश सरकार के प्रतिनिधि के रूप में कर्नल ब्लेयर और मि. विंगक (Wingak) ने 15 अप्रैल को उदयपुर से खेरवाड़ा की ओर प्रस्थान किया जहाँ 17 अप्रैल को ऋषभदेव में बारापाल और पडुणा (अपराधी गाँव) के भीलों से समझौता वार्ता होना तय था। पूरे रास्ते में दोनों अँग्रेज अधिकारियों ने देखा कि भील समझौता वार्ता के लिए इच्छुक हैं। 17 अप्रैल को ऋषभदेव पहुँचने पर कर्नल ब्लेयर ने पाया कि स्थिति ठीक नहीं है। दरबार के प्रतिनिधि श्यामलदास को भील संदेह की दृष्टि से देख रहे थे क्योंकि अप्रैल के प्रथम सप्ताह से ही श्यामलदास कोई स्पष्ट रुख नहीं अपना रहा था। 18 अप्रैल को कर्नल ब्लेयर ने भील मुखियाओं से बात की और कहा कि वे अपनी माँगें और समस्याएँ शाम 5 बजे श्यामलदास के सामने एक नियत स्थान पर आकर रखें। नियत स्थान से तीन-चौथाई मील की दूरी से कर्नल ब्लेयर और मि. विंगक बैठकर समझौता वार्ता पर निगरानी रख रहे थे। तभी एकाएक भगदड़ मच गई। दुर्घटनावश किसी भील की बंदूक से गोली चल गई थी। गोली की आवाज सुन, डरकर भील इधर-उधर पहाड़ियों की ओर भागने लगे थे। वे पहाड़ी की चोटियों से युद्ध... युद्ध... चिल्लाने लगे। यह देखकर दरबार के सिपाहियों ने, जो ब्रिटिश अधिकारियों के निर्देशानुसार दूसरी ओर बैठे थे, गोली चलाना शुरू कर दिया। भीलों द्वारा शोर मचाने से चारों ओर से भील जमा होने लगे थे। मि. बर्न को पहले ही खेरवाड़ा भेजा गया था। जब ब्लेयर और विंगक ने अनुमान लगाया कि भील तेजी से जमा हो रहे हैं तो उन्होंने अपने कपड़े बदले और दरबार के सिपाहियों को उनके भाग्य पर ऋषभदेव में छोड़कर, दोनों खेरवाड़ा की ओर भाग लिए। उन्होंने अपना कैम्प भी खाली छोड़ दिया। उनके भागते ही भीलों ने उस कैम्प को लूट लिया। खेरवाड़ा पहुँचकर दोनों अधिकारियों ने अहमदाबाद से सेना की मदद माँगने की सोची मगर इसी बीच दूसरी सुबह यानी 19 अप्रैल को श्यामलदास और भील मुखियाओं के बीच पुन: समझौता वार्ता शुरू हो गई।[75]

श्यामलदास और अमर सिंह ने मिलकर भीलों को समझा-बुझाकर उदयपुर-खेरवाड़ा मार्ग को खोलने का अनुरोध किया। इस समझौते में ऋषभदेव के आस-पास के सभी गमेती (मुखिया) शामिल हुए जिनमें बीलुक का गमेती नीमा, पीपली का खेमा और सगतरी का ज्योता शामिल थे। दरबार के अधिकारियों ने भीलों के दुखों को सुना। भीलों ने विद्रोह खत्म करने के लिए शर्तें रखीं कि विद्रोह में शामिल सभी भीलों को माफ कर दिया जाए। उनके परंपरागत अधिकारों के लिए आजादी दी जाए। अधिकारियों ने मजबूरीवश भीलों की माँगों को मान लिया। जिस समय यह समझौता हो रहा था, सौ भील मुखिया बातचीत के लिए उपस्थित थे और 6-7 हजार भीलों की भीड़, पहाड़ियों पर बैठकर यह नजारा देख रही थी।[76]

ऋषभदेव में भीलों के विद्रोही होने के पीछे अनेक कारणों में एक, 1881 में मेवाड़

में की जा रही जनगणना का कार्य भी था। मेवाड़ के भीलों को यह कार्य अपनी निजता में हस्तक्षेप लगा था और उन्होंने मेवाड़ दरबार पर दबाव बनाने के लिए ऋषभदेव में घेरा डाला था। 19 अप्रैल 1881 को हुए 21 सूत्रीय समझौते में सरकारी पक्ष ने भीलों से कहा कि वे जनगणना का विरोध न करें। इस जनगणना में उनकी जमीनें नहीं नापी जाएँगी। जिन भीलों ने हाल में सरकार के खिलाफ बगावत की है, उन्हें माफ कर दिया जाएगा। जो भील विगत तीन सालों से जेल में बंद हैं, उन्हें उचित क्षतिपूर्ति देकर मुक्त कर दिया जाएगा। तीसालू टैक्स का आधा माफ कर दिया जाएगा। राजा का कोई भी अधिकारी बिना उचित मूल्य भुगतान किए, भीलों की कोई भी वस्तु नहीं ले सकता है। कोई भी पुलिस चौकी, पहाड़ी भीलों की प्राकृतिक पैदावार पर स्थापित नहीं की जाएगी। एक्साइज ड्यूटी समाप्त कर दी जाएगी। भीलों को उनके क्षेत्र से गुजरने वाले यात्रियों से कर वसूलने की छूट प्रदान कर दी जाएगी। शेष सभी धाराएँ, भीलों के अंधविश्वास पर उदार रहेंगी। इस समझौते के बाद भील जंगलों में लौट गए थे।[77] (21 सूत्रीय समझौते को परिशिष्ट 4 में दिया गया है।)

यह समझौता एक प्रकार से भीलों के लिए विजय थी। उनकी सारी माँगें माननी पड़ी थीं। यहाँ तक कि बीरपाल में उन्होंने थानेदार सहित 16 लोगों की हत्या की थी, उस मामले में भी क्षमादान दे दिया गया था। इसलिए ब्रिटिश सरकार ने अपने अधिकारी कर्नल ब्लेयर के प्रति नाराजगी जताई थी कि वे क्यों ऋषभदेव में दरबार के सिपाहियों को छोड़कर, खेरवाड़ा निकल गए थे।[78]

भीमा खेड़ा क्षेत्र (राजस्थान) में भी 1881-1882 में भीलों का विद्रोह सशक्त रूप से उभरा था। भीलों ने राजपूताना स्टेट रेलवे के कुछ कर्मचारियों की हत्या कर दी थी। आबू यात्रियों के लिए सुरक्षित नहीं रह गया था। यूरोपीय यात्रियों पर आक्रमण हो रहे थे। आबू से सपत्नीक लौट रहे एक अधिकारी का बैग लूट लिया गया था।[79]

1890 में राजपीपला स्टेट के भील एक बार पुनः विद्रोही हो गए थे। सगबारा के भील जागीरदार दामजी और राजपीपला रियासत के बीच सीमा विवाद हिंसक रूप ले रहा था। इस विवाद को सुलझाने के लिए बॉम्बे प्रेसिडेंसी की सरकार ने ए.एफ. वुडबर्न को 21 जनवरी 1890 को मध्यस्थ नियुक्त किया था, जिन्होंने इस विवाद को सुलझाया।[80]

1881 : माहीकाँटा के पोल राज्य में भील विद्रोह

माहीकाँटा के सहायक पॉलिटिकल एजेंट और इंचार्ज ईडर स्टेट, अच्छेराम मीठाराम ने लेफ्टिनेंट कर्नल जी.आर. गुडफेलो (Goodfello), पॉलिटिकल एजेंट, माहीकाँटा को पत्र लिखकर अवगत कराया कि ईडर राज्य एवं सीमांत माहीकाँटा क्षेत्रों से लेकर शिशोद (खेरवाड़ा) तक के बीस मील क्षेत्र एवं डूंगरपुर में शांति बनी हुई है। माहीकाँटा

के सीमांत क्षेत्र के भील मुखिया, मेवाड़ भील विद्रोह में शामिल नहीं हुए हैं। 25 अप्रैल 1881 की सुबह गायकवाड़ की 50 घुड़सवार सेना सीमांत क्षेत्र में पहुँच गई थी। ईडर से सिरबंडी अपने अधिकारियों के साथ पहुँच गए थे। 27 अप्रैल को स्वयं अच्छेराम मीठाराम पहुँच गए। भीलों और मेवाड़ दरबार द्वारा खेरवाड़ा में हुआ समझौता जो राजा डूंगरपुर और जवास के राव के हस्तक्षेप से हुआ था, के बाद कोई उपद्रव नहीं हुआ। अच्छेराम की उक्त रिपोर्ट तथ्यात्मक नहीं थी। सीमांत माहीकाँटा पोल राज्य में अशांति बनी हुई थी।[81]

पोल राज्य में लेफ्टिनेंट कर्नल जी.आर. गुडफेलो कैम्प किए हुए थे। 1 जून को पोल स्टेट के राव उनसे मिले और बताया कि भील विद्रोही उनके राज्य में लूटमार कर रहे हैं। उन्होंने यह भी बताया कि मई के प्रारंभ में 38 बिंदुओं का समझौता उन पर दबाव डालकर कराया गया है। माहीकाँटा के भीलों का जुड़ाव, निमाड़ (मध्य प्रदेश) के भीलों से था। यहाँ के विद्रोह की जानकारी बॉम्बे सरकार के पत्र संख्या 9पी, दिनांक 17 जून 1881 और पत्र संख्या 11पी, दिनांक 23 जून 1881 से मिलती है। सी. गोने (C. Gonne), चीफ सेक्रेटरी (बॉम्बे) के दिनांक 17 जून 1881 के पत्र से स्पष्ट होता है कि घोरडे में भील आदिवासी जमा हुए जो पोल रियासत में पड़ता था और वहाँ की कुछ दुकानों को लूटा और जला दिया था। 17 जून को कर्नल गुडफेलो ने पोल राज्य के भील अशांति की रिपोर्ट भेजी थी जो बनियों के द्वारा उकसाया गया था और मेवाड़ के भील विद्रोह की सफलता से प्रभावित था। तत्कालीन समय में पोल एक छोटा, प्रिंसली स्टेट था जो वर्तमान में विजयनगर तहसील के रूप में जाना जा सकता है। मई के प्रारंभ में भील मुखियाओं ने पोल के राव को बाध्य किया कि वह 38 बिंदुओं पर हस्ताक्षर करे, जिसमें कर कम करने का मुख्य बिंदु था। दूसरा बिंदु था, अपराधियों पर केवल जुर्माना लगे। बकाया जुर्माना समाप्त किया जाए, कैदियों को मुक्त कर दिया जाए। यह 38 बिंदुओं का अनुबंध भीलों, पटेलों, कलालों (शराब बेचने वाले), बढ़ई, सुनार, कुम्हार, चारण, बुनकर और विजयनगर पेट्टा के लोगों के बीच हुआ था। मेजर गुडफेलो का बेटा ले. कर्नल जी.आर. गुडफेलो, उस समय माहीकाँटा का राजनीतिक एजेंट था। वह जाँच में गया और आश्चर्यजनक फैसला लिया। उसने मुखिया द्वारा दबाव में किए गए हस्ताक्षर पर अपनी सहमति जता दी और वैशाख 7, बुधवार, संवत् 1937 (4 मई 1881) को जी.आर. गुडफेलो ने अपने हस्ताक्षर किए। भीलों ने अनुबंध पर ब्रिटिश सरकार की सहमति मान ली। बाद में सरकार को गलती का एहसास हुआ। उसे समझ में आया कि इससे उसके हितों को नुकसान पहुँचेगा तो उन्होंने 38 बिंदुओं की सहमति में किए गए हस्ताक्षर को एक गलती मानते हुए, अधिकारियों को समझाने के लिए भेजा। इसके बावजूद सरकार ने भील समस्याओं पर विचार करने की इच्छा जताई। जुलाई, 1881 में मेवाड़ (राजस्थान)

से बहुत से भील आए और घोरडे (मध्य प्रदेश) में जमा भीलों से मिल गए। पुलिस चौकी गुलपुरा (मध्य प्रदेश) में पड़ती थी। जमा हुए भीलों को भगाने की कार्रवाई की गई। ब्रिटिश पुलिस से संघर्ष हुआ और 20 भील मारे गए। सरकार को यह विश्वास करने का कारण नजर आया कि बनियों ने भीलों को उकसाया था कि उनका कर्ज, मुखिया माफ कर देंगे। सरकार का कहना था कि यह उपद्रव बिना सेना की मदद के दबा दिया गया। बॉम्बे सरकार का निर्देश बताने, एजेंट, गवर्नर जनरल, राजपूताना एजेंसी, अहमदाबाद आए। कर्नल ब्लेयर और मेजर प्रॉब्यान को उन्होंने विरोध के कारणों की जाँच के लिए लगाया। सरकार ने निर्णय लिया कि अगले जाड़े में अर्थात दिसंबर, 1881 या जनवरी, 1882 में ब्रिटिश अधिकारियों और भीलों की एक सभा बुलाई जाएगी।[82]

माहीकाँटा एजेंसी में 1881 में राज्य पुलिस से भीलों का टकराव फिर शुरू हो गया था। लगता है कि भीलों का विद्रोह लगातार जारी था। अँग्रेजों के अनुसार, माहीकाँटा के पूर्वी और उत्तरी जिलों के भील बेहद जंगली थे।[83]

मेवाड़ का सियोल विद्रोह: अगस्त 1881

डूंगरपुर से लिखने वाला एक संवाददाता, अगस्त 1881 में मेवाड़ में हुए सियोल (वर्तमान, उदयपुर जिले में, नाथद्वारा के पास) विद्रोह के बारे में कुछ और विवरण देता है। कुछ समय पूर्व मेवाड़ के मोंड पाल में रहने वाले कई भीलों ने, एक गमेती के नेतृत्व में, (जिसे अखबार मूर्ख गमेती कहता है) दो मकरानी सिपाहियों पर हमला किया और उनकी बेरहमी से हत्या कर दी, जो डूंगरपुर की सीमा में सलुंबर की ओर बढ़ रहे थे। डूंगरपुर के अधिकारियों द्वारा मामले की कड़ी जाँच शुरू की गई, और धमकियों से भयभीत भीलों को अंततः आत्मसमर्पण करने और भविष्य में अच्छे आचरण के लिए एक समझौता करने को बाध्य किया। भविष्य में उन्होंने शांतिपूर्ण रहने और डूंगरपुर क्षेत्र में उपद्रव से दूर रहने की प्रतिज्ञा की। एक जिला पुलिस निरीक्षक को अशांत क्षेत्रों में जाने का आदेश दिया गया; लेकिन इस निर्णय ने भीलों को उत्तेजित करने का काम किया। उन्होंने बड़ी संख्या में इकट्ठा होकर पुलिस निरीक्षक और उनके लोगों पर हमला कर दिया। छह लोगों को मार डाला। बड़ी कठिनाई के बाद ही निरीक्षक स्वयं को बचा पाया और भाग निकला।[84]

सितंबर 1899 में सशस्त्र भीलों के एक बड़े समूह ने खेरगाम (गुजरात) के पास धावा बोल दिया था। बड़ौदा की देशी इन्फैंट्री की दो कंपनियों से उनका मुकाबला हुआ था जिसमें एक सौ के लगभग भील मारे गए थे या घायल हो गए थे। 29 मृतकों को मैदान में गिना गया था।[85]

राजपूताना में छप्पनिया अकाल और भील विद्रोह

1899-1900 में खानदेश सहित राजपूताना का पूरा भील प्रांत भीषण अकाल की गिरफ्त में रहा।[86]

1899 के अकाल का क्षेत्रफल, 1897 के अकाल से बड़ा था। इसमें पूरा राजपूताना, मध्य भारत, बॉम्बे के दक्षिण पूरब के राज्य, बड़ोदा और हैदराबाद राज्यों का क्षेत्रफल शामिल था।[87] यह अकाल राजपूताना के भीलों के लिए काल बन गया। जंगलों में भूखे भील मरने लगे तो उन्होंने घर के बाहर माँ और बच्चों को फेंकना शुरू कर दिया था। आपदा बहुत बड़ी थी। भारतीय राजे-महाराजे भले ही ऐसे समय में मदद को आगे न आए हों, औपनिवेशिक सत्ता के अफसरों का दिल पसीज गया था। मेजर एवं मिसेज हटन डॉसन (Hutton Dawson), अकाल के दौरान कोट्रा में जमे रहे। उन्होंने अपने इकलौते बच्चे को देखने, लंदन जाने का कार्यक्रम स्थगित कर दिया और लोगों से मदद की अपील की।[88]

इस छप्पनिया अकाल (1899-1900) ने भीलों और जानवरों का संहार किया। संवत् 1956 अर्थात 1899 ई. के कारण इसे छप्पनिया अकाल कहा जाता है। लूटपाट से स्थिति और बदतर हो गई थी क्योंकि कई लोग अपने घरों की रक्षा करते हुए मारे गए थे। बचे हुए लोगों को भोजन के बिना छोड़ दिया गया था। मेवाड़ भील कॉर्प्स के कमांडिंग ऑफिसर ने लिखा, 'हर ताड़ के पेड़ को काट दिया गया है, उन्हें पत्थरों से कूँचकर खाया जाता है। अब केवल काली चट्टानें और धूप में पकी हुई मिट्टी बची है। सभी मवेशी मर चुके हैं या खाए जा रहे हैं। लगभग सभी कुओं में पानी सूख गया है।' भीलों के लिए राहत कार्यों में खुद को झोंक देने वाले स्टेवर्ट थॉम्पसन की बाद में हैजा से मृत्यु हो गई थी।[89]

ब्रिटेन के शहर ईलिंग से कर्नल जसपर बर्न ने 28 मार्च 1900 को एक पत्र, मेवाड़ भीलों की दशा पर लिखा था, जो 24 अप्रैल 1900 के स्टार अखबार में प्रकाशित हुआ था। पत्र लेखक ने सरकार से भीलों को बचाने का अनुरोध किया था। उसका कहना था कि अकाल प्रभावित चालीस हजार भीलों के लिए खेरवाड़ा राज मात्र 350 रुपये प्रति माह और मेवाड़ दरबार मात्र 200 रुपये प्रति माह खर्च कर रहा है जो समुद्र में एक बूँद के समान है। पूरे मेवाड़ में हर कहीं मरे लोग देखे जा सकते हैं। जनवरी, 1900 में एक छोटे-से कैंट क्षेत्र में 120 लोग मरे देखे गए और अभी 16 फरवरी तक सौ से ज्यादा भील मारे जा चुके हैं। भील झोपड़ियों में एक कतार में जीवित कंकाल, मृत्यु का इंतजार करते देखे जा सकते हैं। इन्हें तत्काल साठ हजार रुपये की मदद की जरूरत है क्योंकि अगले सितंबर तक स्थिति में कोई सुधार संभव नहीं है।[90]

अकाल के समय भीलों की मदद के लिए दो ईसाई मिशनरियाँ आगे आईं और मई, 1900 तक उन्होंने 12 'अकाल रसोईघर' चालू किए जिनमें लगभग 5,500 भील,

मुख्यत: भील बच्चों को खाना दिया जा रहा था।[91] अक्टूबर, 1899 से दिसंबर, 1900 तक सरकार ने 46,00,000 पांउड सीधे अकाल राहत सहायता में खर्च करने की योजना बनाई और लगान वसूली स्थगित की।[92] इससे हम वस्तुस्थिति का अनुमान लगा सकते हैं कि तत्कालीन समय में भूखे भीलों के बीच कैसी मार-काट मची होगी। 1899 में पंचमहल में भीलों के विद्रोह से कई लोग मारे गए थे। भील और दूसरे आदिवासी, सरकार के लिए मुश्किल खड़ी किए हुए थे। बड़ोदा से सेना को उस विद्रोह को कुचलने के लिए तैनात करना पड़ा था।[93]

हाउस ऑफ कॉमन्स में 3 मई 1900 को राजपूताना के भीलों की दुर्भिक्ष से होने वाली मौतों पर सवाल पूछे गए। मि. मैकलीन (MacLean) ने सेक्रेटरी ऑफ स्टेट फॉर इंडिया से पूछा कि मेवाड़ में भीलों के मारे जाने की सूचना आ रही है। 120 के लगभग भील, एक छोटे-से कैंटोनमेंट में मारे गए हैं। यही हाल रहा तो जुलाई तक मात्र 10 प्रतिशत भील जीवित बचेंगे। आखिर सरकार भीलों का जीवन बचाने के लिए क्या कर रही है? इसके उत्तर में लॉर्ड हमिल्टन ने कहा कि भारत सरकार अकाल आपदा राहत के लिए स्टेट को पाँच लाख का कर्ज मुहैया कर रही है। यदि महाराणा और मदद चाहें तो माँग सकते हैं। सरकार उस पर तुरंत कार्यवाही करेगी। उन्होंने कहा कि वह इस बात से सहमत नहीं हैं कि मेवाड़ राज, भीलों के जान-माल के प्रति लापरवाह बना हुआ है।[94]

अकाल के समय में देशी बनियों ने अनाज के दाम बहुत बढ़ा दिए थे। राजपूताना और खानदेश की सीमा पर हुए कुछ भील विद्रोहों का उल्लेख, अध्याय 5 में भी किया गया है। सुंथ रियासत और झलोड महल से भीलों ने उधार पर अनाज देने की माँग की थी। जो भील अपनी पैदावार बनियों को बेच देते थे वे चाहते थे कि बनिये उन्हें उचित मूल्य पर अनाज दें। जब बनियों ने अनाज के दाम बढ़ा दिए तब भीलों में रोष व्याप्त हुआ और उनके दो बड़े गिरोहों ने सुंथ और झलोड महल के गाँवों में अनाज लूटना शुरू किया। 10 सितंबर 1899 को लिमड़ी में उन्होंने आक्रमण किया मगर गाँव वालों ने स्थानीय पुलिस बल के सहयोग से उन्हें खदेड़ दिया। यद्यपि इस संघर्ष में कई जानें गईं। 11 सितंबर को सुंथ के कई गाँवों को भीलों ने लूट लिया। कुछ सोने-चाँदी के गहने और मवेशियों को भी लूट लिया गया। भीलों के आक्रोश को देखते हुए कलेक्टर ने तार भेजकर ट्रुप्स और 9 बॉम्बे इन्फैंट्री की दो कंपनियाँ बड़ोदा में तुरंत मँगवा लीं। ये कंपनियाँ 12 सितंबर को दाहोद में पहुँच गई थीं। जहाँ-जहाँ लूट की आशंका थी, वहाँ-वहाँ सेना की छोटी टुकड़ियाँ तैनात कर दी गईं तथा मुख्य टुकड़ी लेफ्टिनेंट हॉशिंस (Hoshyns) के नेतृत्व में सुंथ राज के रामपुर में और फतेपुर में बड़ी टुकड़ी को तैनात किया गया। इसके बाद ही भीलों के आक्रमण कम हुए।[95]

1899 में खेरगाम (गुजरात) के पास भीलों की भारी भीड़ ने लूटपाट करने के

उद्देश्य से आक्रमण कर दिया था। उन्होंने दो बनियों के गोदामों से भारी मात्रा में अनाज लूट लिया था। जिला पुलिस की मदद के लिए बड़ोदा से नेटिव इन्फैंट्री की टुकड़ियाँ भेजी गईं जिन्होंने पीछा करके पहाड़ियों के पास भीलों पर आक्रमण किया। युद्ध भयानक था और बताया जाता है कि लगभग 100 भील या तो मारे गए या घायल हुए। युद्ध के बाद मैदान में 39 लाशें देखी गई थीं। कई घायलों और लाशों को भील अपने साथ लेते गए थे। कुल मिलाकर भीलों का जो मूल मकसद था, वह 39 जीवन देकर पूरा हुआ और वे लूटा हुआ अनाज ले जाने में सफल रहे थे।[96]

शावाडी (अहमदाबाद) में जून, 1900 में एक भीषण डकैती पड़ी। यह डकैती भीलों के एक गैंग ने डाली थी। पुलिस ने इस मामले में कुछ भीलों को गिरफ्तार किया था और उनमें से उस भील का पता चल गया जिसने इसफ खान, हेड कॉन्स्टेबल और नाथेखान, जमादार पर तलवार से हमला किया था तथा उन्हें गंभीर रूप से घायल कर दिया था।[97]

जनवरी, 1901 में मेवाड़ के भीलों ने अहमदाबाद जिले के सायरा के पास स्थित, मोदासा महल से जानवरों को चुरा लिया था। मेवाड़ रेजीडेंट ने मेवाड़ दरबार से लुटेरे भीलों को गिरफ्तार करने और पशुओं को बरामद करने को कहा। पॉलिटिकल सुपरिन्टेंडेंट हिली ट्रैक्ट्स, मेवाड़, खेरवाड़ा में कैम्प किए हुए थे। मेजर डॉसन ने तहसीलदार को घुड़सवारों के साथ वलेटिया गाँव भेजा मगर वह दिए गए निर्देशों के अनुसार दिन में चलने के बजाय रात में चला और मार्ग भटककर, दबय्चा पाटिया पहुँच गया। वहाँ 200 भीलों ने आक्रमण कर दिया जिसमें मेवाड़ का हवलदार सूरा घायल हो गया। उस गाँव में 250 के लगभग चुराए जानवर रखे गए थे। तहसीलदार ने 55 जानवरों को पकड़ लिया। खेरवाड़ा वापस आने पर मेजर ने उसे उदयपुर जाने को कहा और मुगरा हाकिम के नियंत्रण वाले खालसा पालों में चुराए जानवरों की तलाश करने को कहा। 22 फरवरी 1901 को जिलाधिकारी अहमदनगर कार्यालय ने मेवाड़ दरबार को चुराए जानवरों को बरामद करने और अपराधियों को पकड़ने को कहा। दरबार ने मुगरा हाकिम पर दबाव बनाया और उसे भारी फोर्स, घुड़सवार, बंदूकें आदि उपलब्ध कराईं। लुटेरे भीलों के ज्यादातर गाँव मेवाड़ राज्य में पड़ते थे। कुछ ईडर राज्य की सीमा में भी थे। मुख्य अपराधी मेवाड़ खालसा गाँव के थे जो मेवाड़ दरबार के नियंत्रण में था। कुल 61 जानवर, 32 भैंसे, 15 गायें, 8 बछड़े, 3 साँड़ और 3 बकरियाँ बरामद की गईं।[98]

बीसवीं सदी का पहला दशक शांतिपूर्वक गुजरा। इसके पीछे मुख्यत: भीलों के बीच ईसाई मिशनरियों की सक्रियता एक कारण हो सकती है। इसके अलावा भीलों के बीच 'भक्त आंदोलन' के फैलाव के कारण, उन्होंने हिंसा और नशे से अपने को अलग करना शुरू कर दिया था।

1913 : गोविंद गुरु का विद्रोह

भील मुखिया गोविंद गुरु पूर्व के प्रिंसली स्टेट, डूंगरपुर के पास स्थित बेदसा गाँव के रहने वाले थे और भील-बंजारा जाति के थे। वह प्रारंभ में एक खेतिहर भील थे। बाद में वह 'बूँदी दशनामी पंथ'* के संन्यासी बन गए थे। ईसाई मिशनरियों से प्रभावित होकर उन्होंने मेवाड़ पहाड़ियों में बसे भीलों के बीच 1908 से 1913 के मध्य डूंगरपुर, बाँसवाड़ा, ईडर और सुंथ रियासतों के भीलों की आदतों को सुधारने, उनके चारित्रिक उत्थान और पिछड़ेपन को दूर करने के लिए 'भक्त या भगत आंदोलन' को आगे बढ़ाया।[99] गोविंद गुरु का नाम, एक हिंदू गिरि के संपर्क में आने के कारण, गोविंद गिरि भी कहा गया है। मेरी नजर में उनका उपयुक्त नाम गोविंद था और गुरु बनने के बाद उसे गोविंद गुरु कहा जाना चाहिए। लगभग सभी इतिहासकार गोविंद गुरु को ही भगत आंदोलन का प्रणेता तथा आदिवासियों के बीच एकल देव पूजा का प्रवक्ता मानते हैं मगर यह तथ्य पूरी तरह से सही नहीं है। गुजरात के सामलाजी से 4 मील दूर, लुसाडिया नामक गाँव के खेराड़ी सूरमल रलिया या सूरजी नामक भील ने मई, 1869 में स्वयं को 'गुरु' घोषित कर लिया। वह भी एकल ईश्वर को मानने वाले थे। उन्होंने भीलों को सुधारने के लिए एक पंथ की शुरुआत की, जिसे 'भक्त या भगत पंथ' कहा जा सकता है।[100] लगता है वह कबीर पंथ या नाथ पंथ से प्रभावित थे जो पशुवध के विरोधी थे और इन दोनों पंथों ने अहिंसा का दर्शन, बुद्ध के विचारों से ग्रहण किया था।[101]

सूरजी ने भी बौद्ध, नाथ पंथ और कबीर पंथ की तरह पशुवध को नकारा। गुजरात और राजस्थान में कभी कबीर पंथियों और गोरख पंथियों की बहुतायत रही है। इस प्रकार सूरमल ने किसी भी प्रकार के अपराध और हिंसा से भीलों को अलग रहने का उपदेश दिया। शराब पीने से मना किया तथा बिना नहाए भोजन न करने की सीख दी। वो अपनी पगड़ी के चारों ओर पीला कपड़ा बाँधते थे जो उनके भक्त पंथ की पहचान बन गई। उनके समर्थकों को 'भक्त' कहा जाने लगा। भक्त अपने माथे पर लाल टीका लगाते थे। ईडर राज्य के लगभग 400 भील उसके भक्त बन गए थे। ईडर राज्य के अलावा, गुजरात और मेवाड़ राज्य सीमा के आस-पास के कुल एक हजार के लगभग भील उसके अनुयायी थे। मेवाड़ राज्य के अन्य भील, इन्हें जाति-बिरादरी से बाहर मानने लगे थे। ऐसा लगता है कि विद्रोही भीलों के बरक्स, सूरमल को खड़ा करने के उद्देश्य से माहीकाँठा के पॉलिटिकल एजेंट लेफ्टिनेंट कर्नल जे. ब्लैक उनसे मिलने लुसाडिया गए। लुसाडिया में सूरमल रलिया अपने परिवार के साथ रहते थे। उनका परिवार भी भक्त पंथ में शामिल हो चुका था। सूरमल ने कर्नल जे. ब्लैक से, अन्य भीलों से अपने परिवार एवं अपने

---

*बूँदी नामक स्थान का दशनामी पंथ जो मूलत: दादू पंथी या निर्गुण पंथ की तरह था, ज्यादातर अभिलेखों में उसे नाथ पंथी कहा गया है। उसके धर्मिक कार्यों में ब्राह्मणों को शामिल होने की अनुमति न थी।

समर्थकों की सुरक्षा का अनुरोध किया। कर्नल ब्लैक ने सभी राज्य प्रमुखों को ऐसा करने को कहा। दरअसल, सूरमल के विचार, सरकार के लिए लाभप्रद थे। इससे भील स्वयं हिंसा से अलग हो रहे थे।[102]

इस प्रकार हम देख सकते हैं कि गोविंद गुरु, एकेश्वरवाद को अपनाने वाले भीलों के पहले संत नहीं थे। उनके सारे विचार सूरमल के भक्त पंथ से ही लिए गए थे जो 1869 में ही भीलों के बीच प्रकाश में आ चुका था। गोविंद गुरु भी नहा-धोकर रविवार को पूजा करने की सलाह देते थे। वह अग्नि की पूजा करने को कहते थे। अपने माँ-बाप के प्रति वफादार होने और हत्या, चोरी, व्यभिचार, छल-कपट आदि से दूर रहने की सीख देते थे। बुरी आदतों को छोड़ने, दूसरों के प्रति बैर-भाव न रखने, पशु हिंसा छोड़ने, खेती-किसानी करने, सभी प्रकार की कड़वाहट से दूर रहने, भूत-प्रेत, डायन, जादू-टोना में विश्वास न करने की सलाह देते थे। वह पवित्र अग्नि के सामने खड़े होकर धूनी रमाने और झंडा फहराने की सीख देते थे। वह भीलों को हिंदुओं की उच्च जातियों यथा ब्राह्मण और राजपूतों के समान बताते थे। वह ब्राह्मणों और राजपूतों की औरतों की तुलना में भील औरतों को बेहतर बताते थे और कहते थे कि उनके यहाँ जवान विधवाओं के विवाह की अनुमति नहीं है जबकि भील औरतों को यह अनुमति है। डूंगरपुर, बाँसवाड़ा और सुंथ राज्यों के भीलों को गोविंद की बातें सरल और व्यावहारिक लगती थीं और यही कारण था कि बहुत कम समय में ही नवंबर, 1913 तक उनके पंथ से पाँच लाख भील जुड़ चुके थे।[103]

गोविंद गुरु ने प्रारंभ में 1905 के आस-पास सिरोही राज्य में सम्पा सभा (Sampa Sabha) की स्थापना की थी जो पुराने जमाने की पंचायत व्यवस्था की तरह काम करती थी। वह विदेशी वस्तुओं का बहिष्कार करती थी। स्थानीय कुटीर उद्योगों को बढ़ावा देती थी।[104] उसके बाद वह भगत आंदोलन से जुड़े।

स्टीफन पुच (Stephen Puchs) ने गोविंद गुरु को नाथ पंथी साधु माना है। गोविंद गुरु की प्रारंभिक कहानी यह है कि 1900 के भीषण अकाल में भील देश तबाह हो गया था। लोग मारे जा रहे थे। बेदसा गाँव का घुमंतू बंजारा जाति का विंदा नामक एक व्यक्ति, जो पहले सेना कैम्प में चपरासी थे, उनकी पत्नी, बच्चे और जानवर, सभी अकाल में मारे गए। इस अपार दुख के चलते वहीं से उनके अंदर धार्मिक आस्था का उदय हुआ। परिवार के जो सदस्य बचे थे, उनके साथ वह वहाँ से सुंथ-रामपुर और गोदरा नामक रियासत में चले गए। वहाँ वह किसी अज्ञात गाँव में बस गए। वहीं उन्होंने अपनी विधवा भाभी से शादी कर ली। शादी के बाद वह राजगुरु नामक एक हिंदू गोसाईं के संपर्क में आए। उसके बाद उन्होंने अपना नाम बदल लिया और वह गोविंद गिरि कहे जाने लगे। लगभग 1909 में वह पुनः अपने बीवी-बच्चों के साथ अपने गाँव बेदसा लौट

आए। वहाँ उन्होंने स्वयं को धार्मिक कार्यों में लगा दिया। उन्होंने भीलों के लिए एक भोज भी आयोजित किया और वहाँ आग जलाकर धूनी भी रमाई। वहीं उन्होंने घोषणा की कि उन्हें भगवान ने भीलों के सामाजिक सुधार हेतु लगाया है। देखते-देखते उन पर भीलों का विश्वास जम गया और उनकी ख्याति डूंगरपुर, बाँसवाड़ा, सुंथ-रामपुर, ईडर, पंचमहल और आस-पास फैलने लगी। उन्होंने सभी प्रकार की बुराइयों से मुक्त भील समाज को बनाने का काम शुरू किया मगर वह अपने धार्मिक कार्यों में ब्राह्मणों को आने की अनुमति नहीं देते थे। उनकी ख्याति सुन, डूंगरपुर के राजा ने एक बार उन्हें बुलाया और उनका भजन सुना। गाँव-गाँव में उनके अनुयायियों ने धूनी रमाना शुरू कर दिया और देखते ही देखते उनके अनुयायियों की संख्या इतनी हो गई कि एक भील राज्य बनाने का संकल्प दिखाई देने लगा।[105]

राजपूताना और रेवाकाँटा क्षेत्र के राजपूत राजाओं को गोविंद गुरु द्वारा धूनी रमाने और भीलों को सभ्य बनाने की नीति, उनके हितों के विरुद्ध लगने लगी। वे चाहते थे कि भील सदा पिछड़े और अंधविश्वासी बने रहें। गोविंद गुरु ने भीलों को नशा करने और शराब पीने से मना किया। इससे राजपूताना और रेवाकाँटा के राज्यों का राजस्व प्रभावित हुआ। राजपूताना के सुंथ राज्य में सलाना 6,000 रुपये के राजस्व का नुकसान हुआ। नाराज होकर राजपूत राजाओं ने गोविंद गुरु को सबक सिखाने की तैयारी की। उन्होंने उसके समर्थकों का उत्पीड़न शुरू किया। उन्हीं उत्पीड़न के विरोध में गोविंद गुरु ने अक्टूबर-नवंबर, 1913 में मानगढ़ पहाड़ी पर भीलों को आमंत्रित किया।[106]

अक्टूबर-नवंबर, 1913 में मानगढ़ टेकरी पर गोविंद गुरु की मोर्चाबंदी

1907 से गोविंद गुरु ने डूंगरपुर राज्य के बहुत सारे भील अनुयायियों को अपनी ओर आकर्षित कर, राज के अधिकारियों में खलबली पैदा कर दी थी। विशेषकर 1912 और 1913 के प्रारंभ में शराब के ठेकेदारों में बेचैनी पैदा हो गई थी क्योंकि गोविंद गुरु के उपदेशों के कारण भीलों ने शराब पीना छोड़ दिया था। राजा को आर्थिक क्षति हो रही थी और उसने प्रजा को ठगने और गुमराह करने के झूठे आरोपों में गोविंद गुरु को जेल

में डाल दिया। उनके बचत के पैसों को जब्त कर लिया। उनके बीवी-बच्चों को भी जेल में डालकर, दबाव डाला कि वह अपने धार्मिक विचारों को छोड़ दें। इन गिफ्तारियों से भीलों के अंदर बेचैनी पैदा हुई। भीलों में पैदा हो रहे विद्रोह को देखते हुए अप्रैल, 1913 में गोविंद गुरु को जेल से मुक्त कर, डूंगरपुर से बहिष्कृत कर दिया गया। उसके बाद वह और उनके प्रचारक अप्रैल, 1913 से लेकर अक्टूबर, 1913 तक गाँव-गाँव भटकते रहे। इस बीच राज्य के अधिकारी उन्हें लगातार परेशान करते रहे तथा उन्हें धूनी रमाने और भीलों के बीच धार्मिक प्रवचन देने से रोकते रहे। गोविंद गुरु के प्रचारक, राजपूत शासकों द्वारा की जा रही प्रताड़ना के खिलाफ लगातार भीलों को जागरूक करते रहे। यानी कि वह धार्मिक विचारों से भीलों को राजनीतिक रूप से जागरूक करते रहे। ईडर के राजा ने ईडर राज्य में स्थित उनके राजोड़ा के आवास से गिरफ्तार करने की कोशिश भी की थी। इससे नाराज होकर उन्होंने अक्टूबर, 1913, दीपावली की छुट्टियों में, मानगढ़ पहाड़ी पर अपने समर्थकों सहित मोर्चा सँभाल लिया था। मानगढ़ टेकरी (पहाड़ी), डूंगरपुर और सुंथ राज्यों की सीमा पर स्थित है। उन्होंने मानगढ़ पहाड़ी पर कब्जा भीलों के परंपरागत तौर-तरीकों के अनुसार ही किया था जिससे अपनी तकलीफों की ओर राज्यों का ध्यान आकृष्ट कर सकें। इस गंभीर स्थिति में पुंजा धीरजी, जो डूंगरपुर राज्य, तालुका सुंथ के रहने वाले थे, वह गोविंद गुरु के विद्रोही अनुयायियों का प्रतिनिधित्व कर रहे थे। उनके अनुयायी, राजपूत शासकों से मुठभेड़ करने का मन बनाकर आए थे। वे एक बार फिर, 800 वर्ष पूर्व राजपूतों द्वारा हथिया लिए गए भील राज्य की पुनर्स्थापना के उद्देश्य से आए थे, जिससे राजपूतों के दमन से मुक्ति मिल सके। पुंजा धीरजी गर्म मिजाज का था। वह गोविंद गुरु के मुख्य सचिव या लेफ्टिनेंट के रूप में काम कर रहा था। इस प्रकार गुरु के कहने पर लगभग 4,000 की भारी संख्या में अनपढ़ भील, अपने परंपरागत हथियारों के साथ उसके झंडे तले सशस्त्र विद्रोह हेतु जमा हो गए थे। गोविंद गुरु ने अपनी आक्रमणकारी गतिविधियों की शुरुआत 31 अक्टूबर 1913 को की जब उसने सुंथ राज्य के एक पुलिस जमादार और एक कॉन्स्टेबल को पकड़ लिया जो मानगढ़ पहाड़ी की गतिविधियों का पता लगाने के लिए भेजे गए थे। अगले दिन यानी 1 नवंबर को उसने सुंथ राज्य के प्रतापगढ़ किले पर आक्रमण किया मगर रियासत की पुलिस ने उसे असफल कर दिया। इसके बाद उसने सुंथ और बाँसवाड़ा सीमा के कुछ गाँवों को लूटा। बाँसवाड़ा के भ्रामरी गाँव के मुखिया ने उसके साथ जुड़ने से मना कर दिया था। नाराज होकर गोविंद गुरु ने उस गाँव को लूट लिया। इसका प्रभाव यह पड़ा कि बाँसवाड़ा के अम्जा (राजस्थान) गाँव के 300 भील उसके साथ आकर मानगढ़ पहाड़ी पर जुड़ गए। गोविंद गुरु ने कुशलगढ़ (राजस्थान), बाँसवाड़ा और सुंथ राज्यों में भील विद्रोह की धमकी दे दी।[107]

गुजरात-राजस्थान की सीमा के आस-पास के इन राज्यों के लिए मानगढ़ पहाड़ी पर विद्रोही भीलों के नियंत्रण से परेशानी पैदा हो गई थी और उन्हें लगने लगा था कि इससे गोविंद गुरु के लिए भील राज्य की पुनर्स्थापना करना संभव हो जाएगा। इसलिए सभी राज्य एकजुट हो गए और बाँसवाड़ा, डूंगरपुर, सुंथ और बारिया राज्यों की संयुक्त सेनाएँ 6 नवंबर से ही मानगढ़ पहाड़ी को घेरने के लिए आगे बढ़ीं। मि.आर.पी. बैरो (Barrow), नार्दर्न डिवीजन के कमिश्नर, मि. सी.डब्ल्यू.एम. हडसन, पॉलिटिकल एजेंट रेवाकाँटा और जिला पुलिस अधीक्षक, सुंथ की ओर से पहाड़ी की ओर बढ़े। मेजर हमिल्टन, दक्षिण राजपूताना राज्यों की ओर से बढ़े।[108]

इनके अलावा 104वीं रायफल, बड़ोदा की टुकड़ी सीनियर ऑफिसर वेलेस्ले (Wellesley) के नेतृत्व में, 7वीं राजपूत की मशीनगन की टुकड़ी, अहमदाबाद से कैप्टन एस्कफ (Ayscough) के नेतृत्व में, मेवाड़ भील कार्प्स की दो टुकड़ियाँ खेरवाड़ा से मेजर स्टॉक्ले (Stockley) और कैप्टन लेकी (Leckie) के नेतृत्व में इस अभियान में जुटीं हुई थीं।[109]

12 नवंबर 1913 को गोविंद गुरु ने कैप्टन जे.पी. स्टॉक्ले (Stockley), मेवाड़ भील कार्प्स के कमांडर और रेवाकाँटा के पॉलिटिकल एजेंट के पास अपना एक प्रतिनिधिमंडल, एक पत्र के साथ भेजा कि वह बाँसवाड़ा और सुंथ राजाओं को, भील समस्याओं को दूर करने को कहें। उन्होंने बेगार न कराने, जंगलों में हस्तक्षेप न करने, आबकारी और राजस्व नीतियों में परिवर्तन कर शराब बिक्री रोकने, उसके अनुयायियों को उसके पंथ के अनुसार धार्मिक आचरण करने की अनुमति देने तथा राज्य के अधिकारियों द्वारा शराब पीने का दबाव न डाला जाए, जैसी माँगें रखीं। उन्होंने यह भी माँग की कि उनके मुख्य लेफ्टिनेंट, धीरजी पुंजा और उसके दस अनुयायियों के खिलाफ दायर देशद्रोह, एक सिपाही की हत्या और गदारा (राजस्थान) चेकपोस्ट को जलाए जाने का अभियोग वापस लिया जाए क्योंकि वे निर्दोष हैं। इसके अलावा उन्होंने अपने को सुंथ राज्य का दीवान नियुक्त करने की माँग की और अपने खर्चे के लिए सभी वर्गों से लेवी वसूलने की छूट देने की माँग की। स्टॉकले ने गोविंद गुरु की माँगों में से केवल एक माँग का उत्तर दिया कि किसी भी राज्य में भीलों को उनके धार्मिक अनुष्ठानों को स्वतंत्रतापूर्वक करने की ब्रिटिश सुरक्षा दी जाएगी। शेष किसी भी माँग को उन्होंने नहीं माना। उन्होंने गोविंद गुरु के सुधारवादी विचारों के प्रति अपनी सहानुभूति दर्शाई मगर कहा कि उन्हें तुरंत पहाड़ी से चले जाना चाहिए। इतनी भारी भीड़ को हथियारों के साथ जमा करना ठीक नहीं है।[110]

मेजर हमिल्टन, हडसन और नार्दर्न डिवीजन के कमिश्नर मि. बैरो ने अपने संदेशवाहकों के माध्यम से बार-बार भील मुखियाओं से बात करने का प्रयास किया

और उत्पन्न विवाद का निबटारा करने की कोशिश की। गोविंद गुरु को समर्पण करने के लिए 24 घंटे का समय दिया गया और कहा गया कि तय समय में वह पहाड़ी खाली करे वरना सेना से खाली करा दी जाएगी। मगर गोविंद गुरु ने उसे अनसुना कर दिया। उनके ऊपर अभी तक आक्रमण नहीं हुआ था। गोविंद गुरु के अनुयायी इसे अपने गुरु का दैवीय चमत्कार मान रहे थे। वे कह रहे थे कि बाबा की ताकत से साहिब डर गए हैं। भीलों का मानना था कि दैवीय गुणों वाले उसके गुरु पर गोलियों का असर नहीं होगा। इस बीच मानगढ़ पहाड़ी पर जमा भीलों की खबर आस-पास के पड़ोसी राज्यों में फैलने लगी थी और बाँसवाड़ा, कुशलगढ़, डूंगरपुर के अन्य भील भी विद्रोही हो रहे थे। यह देखकर ब्रिटिश अधिकारियों ने 16 नवंबर को सेना को दृढ़ता से आगे बढ़ने का आदेश दिया। 17 नवंबर 1913 की सुबह, मानगढ़ पहाड़ी को खाली कराने के लिए सेना ने घेर लिया। भीलों को भगाने के लिए मशीनगन का इस्तेमाल किया गया जिससे 12 भील मारे गए और लगभग 900 भीलों को गिरफ्तार कर लिया गया (तत्कालीन अँग्रेजी अखबारों में यह संख्या 300 दी गई है, जो सही प्रतीत होती है)। गिरफ्तार भीलों में उनके नेता पुंजा और गोविंद गुरु शामिल थे। भील नेताओं को छोड़कर बाकी सभी भीलों को उसी दिन उनके गाँवों और घरों को वापस भेज दिया गया। कमिश्नर ने सबको चेतावनी दी थी कि पुनः भीड़ जमा करने का प्रयास न किया जाए।[111]

यहाँ यह स्पष्ट करना है कि भील नेताओं के अलावा भी भील गिरफ्तार किए गए थे। यह कहना कि बाकी को छोड़ दिया गया था अन्य तथ्यों से मेल नहीं खाता। गोविंद गुरु और पुंजा धीरजी के अलावा 28 लोग और गिरफ्तार कर जेल भेजे गए थे। गोविंद गुरु और पुंजा को अहमदाबाद जेल में भेजा गया था। डूंगरपुर रियासत के अभिलेख बताते हैं कि जेल जाने वालों में उनके राज्य के 15 भील थे।[112]

तत्कालीन समय में भीड़ को भगाने के लिए ब्रिटिश सेना ने खच्चरों की पीठ पर बँधी कार्बाइन या मशीनगन का कई स्थानों पर उपयोग किया था। मैंने अपनी पुस्तक 'अवध का किसान विद्रोह' में भी ऐसी सेना का जिक्र किया है जो खच्चरों के पीछे से गोली दागती थी। उसका निशाना अक्सर सही नहीं होता था और भीड़ में अफरातफरी मच जाती थी।[113] इसलिए यह स्वीकार किया जा सकता है कि अनेक भील मारे गए, गिरफ्तार हुए और बाकी इधर-उधर भाग गए। गोविंद गुरु सहित मुख्य भील नेताओं की गिरफ्तारी का समाचार 48 घंटे में ही पूरे भील क्षेत्र में फैल गया और जगह-जगह भीलों ने विद्रोह कर दिया। सरकार ने गिरफ्तार विद्रोहियों के अपराधों की सुनवाई हेतु एक विशेष कोर्ट का गठन किया। विशेष कोर्ट ने गोविंद गुरु और धीरजी पुंजा को सुंथ और बाँसवाड़ा राज्यों के खिलाफ युद्ध भड़काने तथा सुंथ के एक सिपाही, गुल मोहम्मद की हत्या का दोषी माना। कोर्ट ने पुंजा को आजीवन और गोविंद गुरु को दस वर्ष जेल की सजा सुनाई।[114]

तत्कालीन ब्रिटिश अखबारों एवं बाँसवाड़ा गजेटियर से गोविंद गुरु और पुंजा धीरजी की सजा के बारे में कुछ भिन्न तथ्य प्रकाश में आते हैं। जैसे कि डेली हेराल्ड, बर्मिंघम मेल और वेस्टर्न मेल के अनुसार, मानगढ़ पहाड़ी से 900 के बजाय 300 भीलों को गिरफ्तार किया गया था। यह भी स्पष्ट होता है कि गोविंद गुरु को 104 रायफल के कमांडिंग ऑफिसर मेजर बेयले (Bayley) ने गिरफ्तार किया था। गोविंद गुरु और पुंजा धीरजी के अभियोग की सुनवाई हेतु सरकार ने संतपुर (गुजरात) में विशेष कोर्ट का गठन किया था। फरवरी, 1914 में कोर्ट ने सेक्शन 121 के अंतर्गत गोविंद को फाँसी की सजा सुनाई और सेक्शन 121 और 302 के अंतर्गत पुंजा धीरजी को आजीवन कारावास की। शेष 28 भीलों को सेक्शन 148 और 149 के अंतर्गत तीन-तीन साल के सश्रम कारावास की सजा सुनाई थी। एक ब्रिटिश अखबार इस तथ्य की पुष्टि करता है कि संतपुर के विशेष कोर्ट ने फाँसी की सजा सुनाने के बाद गोविंद गुरु के लिए क्षमादान देने की पुरजोर सिफारिश भी की थी। कोर्ट का कहना था कि गोविंद गुरु उन भीलों के बीच एक श्रेष्ठ धार्मिक नेता और समाज सुधारक हैं जो आर्यों के पूर्व से, मध्य भारत और राजपूताना में रहते आए हैं। अखबार के अुनसार, गोविंद गुरु का आंदोलन शराब पीने की कुप्रथा के विरुद्ध था जो कि भीलों में अत्यधिक पाई जाती थी। वह देशद्रोही प्रवृत्ति की ओर तब बढ़ा जब शराबबंदी और सुधार आंदोलन चलाने के कारण उन्हें जेल में डाल दिया गया। उसके बाद ही उन्होंने बॉम्बे प्रेसिडेंसी क्षेत्र की पुलिस चेकपोस्ट पर असफल आक्रमण किया और अपने अनुयायियों को रेवाकाँटा की मानगढ़ पहाड़ी पर बुलाया। जज की उक्त टिप्पणी के कारण ही गोविंद गुरु ने नार्दर्न डिवीजन के कमिश्नर के यहाँ अपील दायर की। कमिश्नर ने उसकी फाँसी की सजा को आजीवन कारावास में बदल दिया था। पुंजा की सजा बरकरार रही। शेष 28 अभियुक्तों में से 5 को दोषमुक्त कर दिया गया तथा 23 की सजा को घटाकर 6-6 माह का सश्रम कारावास कर दिया गया। बाँसवाड़ा गजेटियर के अनुसार, गोविंद गुरु की जेल में ही मृत्यु हो गई थी परंतु कुछ अन्य दस्तावेजों से लगता है कि गोविंद गुरु की जेल में मृत्यु नहीं हुई थी। इसके बारे में आगे जानकारी दी गई है।[115]

गुजरात के वन विभाग ने एक किताब प्रकाशित की है- The Chief Actor of the Mangadh Revolution. इसमें बताया गया है कि मानगढ़ की घेराबंदी तोड़ने के लिए ब्रिटिश सरकार ने खच्चर की पीठ पर लदी कार्बाइनों का प्रयोग किया था। स्थानीय निवासियों ने अपने पूर्वजों से मानगढ़ नरसंहार की कथाएँ सुनी हैं। अमलिया, खूटा टिकमा, भोंगापुर और तेमरवा (बाँसवाड़ा) गाँव के निवासी बताते हैं कि खच्चरों पर लदी तोप जैसी बंदूकों से हजार से ज्यादा भील मारे गए थे। गोविंद गुरु ने भगत आंदोलन को मजबूती देने के लिए 'संफ सभा' नाम से एक सामाजिक-धार्मिक संगठन बनाया था। इसमें तेमरवा गाँव के तीहा नामक एक भील का भी महत्त्वपूर्ण योगदान था।

तीहा, मानगढ़ टिकरी पर मारे गए थे। उनकी लाश को 6 भील, गाँव उठा लाए थे और पास के जंगल में दफना दिया गया था। वहाँ एक छोटा स्मारक बना हुआ है। कुछ वर्ष पूर्व इंडिया टुडे ने भी मानगढ़ विद्रोह की पड़ताल की थी। उसके अनुसार, गोविंद गुरु को आजीवन कारावास की सजा हुई थी। जेल में वह बेहद कमजोर और गाँजा पीने का आदी हो चुके थे। हालाँकि उनका आचरण अच्छा था इसलिए हैदराबाद जेल से 1919 में छोड़ दिया गया था और वहाँ की तत्कालीन रियासतों में उनके प्रवेश पर प्रतिबंध लगा दिया गया था। इससे स्पष्ट होता है कि दस वर्ष से भी कम सजा के बाद उसे मुक्त कर दिया गया था। जेल से मुक्त होने के बाद गोविंद गुरु गुजरात के लिंबड़ी के पास कंबोई में बस गए थे जहाँ 1931 में उनका देहांत हो गया। भील समुदाय का एक ऐसा नायक, जिसने एक अंधविश्वासी समाज को कुछ हद तक सामाजिक बुराइयों और अंधविश्वासों से मुक्त करने का प्रयास किया और जिसकी चाह एक भील राज्य की पुनर्स्थापना की थी, उसका अंत हो गया। आज भी डूंगरपुर भील क्षेत्र में नाथ पंथी भीलों की संख्या देखी जा सकती है। कंबोई में गोविंद गुरु की समाधि बनी हुई है। पुंजा धीरजी के बारे में कहा जाता है कि काले पानी की सजा हुई थी जहाँ उनकी मृत्यु हो गई थी।[116]

हाल के वर्षों में गोविंद गुरु को हिंदू धर्म प्रचारक एवं संन्यासी के रूप में प्रचारित करने का प्रयास किया गया है और उसे भगत आंदोलन का अगुवा बताया जाता है। ऊपर स्पष्ट किया जा चुका है कि इस कथन में सच्चाई नहीं है। रेवाकाँटा और माहीकाँटा क्षेत्र में नाथ एवं कबीर पंथियों की अच्छी-खासी संख्या थी। भरुच नामक शहर से 12 मील दूर नर्मदा नदी तट के पास एक विशाल बरगद के वृक्ष का उल्लेख 1783 में किया गया था, जिसको कबीर के नाम से कबीर बर कहा जाता था।[117] गोविंद गुरु, एकेश्वरवादी धार्मिक व्यक्ति तो थे मगर ब्राह्मणों को अपने धार्मिक कृत्यों में शामिल नहीं होने देते थे। वह हिंदू धार्मिक विधानों से दूर रहते थे। शुरुआत में वह पुरानी पंचायती व्यवस्था का पक्षधर था और भीलों को मांसाहार, शराब से दूर रहने की सलाह देते थे। बाद में वह भगत आंदोलन से जुड़े।[118] वह विधवा विवाह के पक्ष में थे तथा उन्होंने अंधविश्वासों और जादू-टोना, डायन प्रथा जैसी बुराइयों से भीलों को बचाने का प्रयास किया था।

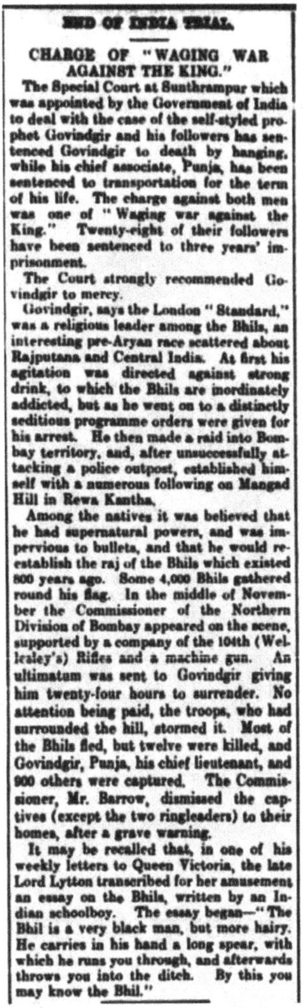

END OF INDIA TRIAL.

CHARGE OF "WAGING WAR AGAINST THE KING."

The Special Court at Sunthrampur which was appointed by the Government of India to deal with the case of the self-styled prophet Govindgir and his followers has sentenced Govindgir to death by hanging, while his chief associate, Punja, has been sentenced to transportation for the term of his life. The charge against both men was one of "Waging war against the King." Twenty-eight of their followers have been sentenced to three years' imprisonment.

The Court strongly recommended Govindgir to mercy.

Govindgir, says the London "Standard," was a religious leader among the Bhils, an interesting pre-Aryan race scattered about Rajputana and Central India. At first his agitation was directed against strong drink, to which the Bhils are inordinately addicted, but as he went on to a distinctly seditious programme orders were given for his arrest. He then made a raid into Bombay territory, and, after unsuccessfully attacking a police outpost, established himself with a numerous following on Mangad Hill in Rewa Kantha.

Among the natives it was believed that he had supernatural powers, and was impervious to bullets, and that he would re-establish the raj of the Bhils which existed 800 years ago. Some 4,000 Bhils gathered round his flag. In the middle of November the Commissioner of the Northern Division of Bombay appeared on the scene, supported by a company of the 104th (Wellesley's) Rifles and a machine gun. An ultimatum was sent to Govindgir giving him twenty-four hours to surrender. No attention being paid, the troops, who had surrounded the hill, stormed it. Most of the Bhils fled, but twelve were killed, and Govindgir, Punja, his chief lieutenant, and 900 others were captured. The Commissioner, Mr. Barrow, dismissed the captives (except the two ringleaders) to their homes, after a grave warning.

It may be recalled that, in one of his weekly letters to Queen Victoria, the late Lord Lytton transcribed for her amusement an essay on the Bhils, written by an Indian schoolboy. The essay began—"The Bhil is a very black man, but more hairy. He carries in his hand a long spear, with which he runs you through, and afterwards throws you into the ditch. By this you may know the Bhil."

(Belfast Telegraph, 25 February 1914)

गोविंद गुरु को जब जेल भेज दिया गया था तब उस क्षेत्र में ईसाई मिशनरियों को लगाया गया जिससे वे विद्रोही भीलों को धार्मिक रूप से दीक्षित कर उनके विद्रोही तेवर को खत्म करें।[119]

गोविंद गुरु की तरह एक और भील समाज सुधारक ने अपनी ओर ध्यान आकृष्ट किया था। वह थे पश्चिमी खानदेश के गुलिया भील। उन्हें 'महाराज' उपनाम से भी बुलाया जाता था। गुलिया ने भी भीलों को शराब और नशे से मुक्त करने का पूरा प्रयास

किया था। उन्होंने अपने धार्मिक उपदेशों को हिंदू धर्म से अलग रखा तथा एक समय अपने अनुयायियों की संख्या 75,000 तक कर ली थी। शराबबंदी आंदोलन के कारण शराब व्यापारी गुलिया से नाराज थे और एक दिन उन्होंने गुलिया की उनके कमरे में ही हत्या कर दी थी।[120]

Guru Govindgiri (Courtesy; Directorate of Public Relations Government of Rajasthan, Jaipur)

1921-22 : राजपूताना के उदयपुर और सिरोही राज्य के भील विद्रोह

एकी आंदोलन : मोतीलाल तेजावत का भीलों के बीच सामाजिक सुधार और कर बंदी विद्रोह

बेगुन के भील समय-समय पर विद्रोही रुख अख्तियार करते रहे थे। अगस्त, 1921 में बेगुन के भील एक बार फिर उदयपुर रियासत के विरुद्ध अशांत दिखे। दरबार ने पूर्व के अनुभवों से सीख लेते हुए तुरंत भीलों से वार्ता करना मुनासिब समझा। वार्ता के द्वारा समस्या का निराकरण कर उन्हें शांत कर दिया गया।[121]

गोविंद गुरु का भील विद्रोह डूंगरपुर, बाँसवाड़ा, सुंथ एवं ईडर तक सीमित रहा। उदयपुर व सिरोही राज्यों के भील और गिरासिया विद्रोहों को लगभग उसी कालावधि में

मोतीलाल तेजावत ने दिशा दी। 1917 में पहाड़ा जागीर (मेवाड़) के भीलों ने बेगार एवं करों की वृद्धि के विरुद्ध विद्रोह किया। नवंबर, 1918 में महाराणा ने कुछ रियायतें तो दीं मगर भीलों को वे स्वीकार न हुईं। भील पूरी तरह से बेगार करने से इनकार करने लगे थे। 1921 तक यह आंदोलन कई क्षेत्रों में फैल गया। झाड़ोल, कोलियारी, मादरी एवं मगरा तथा मेवाड़ के भौमट के भीलों ने एकता स्थापित करते हुए रियासतों और उनके समर्थन में आई ब्रिटिश सरकार के खिलाफ मोर्चा खोला। लगभग इसी बीच मोतीलाल तेजावत ने इन भील आंदोलनों का नेतृत्व सँभाल लिया था।[122]

1921 में मेवाड़ के दक्खिन-पश्चिम क्षेत्र में भोमट और सिरोही आदि क्षेत्रों में मोतीलाल तेजावत ने भील किसानों का एक संगठन खड़ा किया जिसको 'एकी' कहा जाता था। वह विजय सिंह पथिक से प्रभावित थे जो बिजोलिया किसान आंदोलन के प्रणेता थे। सिरोही रियासत में मदन मोहन मालवीय के बड़े पुत्र रमाकांत मालवीय दीवान थे। उन्हीं दिनों कर बंदी को लेकर मोतीलाल ने सिरोही रियासत के खिलाफ भीलों को खड़ा करने में सफलता पाई। कुछ हद तक पंचायती राज व्यवस्था कायम कर ली और रियासती शासन को किनारे लगा दिया। बाद में रमाकांत मालवीय ने राजपूताने के एजेंट टु दी गवर्नर जनरल के कहने पर विजय कुमार पथिक की मध्यस्थता में बिजोलिया समझौते की तरह यहाँ भी समझौता करा दिया था मगर शासन ने उस समझौते को बाद में तोड़ दिया।[123]

उदयपुर रियासत के झाडोल तालुका के कोल्यारी गाँव के रहने वाले मोतीलाल तेजावत, सीताराम के बाद दूसरे गैर भील नेतृत्वकर्ता थे जिन्होंने भील बगावत की अगुवाई की। उन्होंने भीलों के बीच समाज सुधारक और विद्रोही नेता की छवि बनाने में सफलता पाई। वह ओसवाल बनिया जाति के थे। उन्होंने झाडोल तालुका में कुछ दिन काम किया था तथा वहीं भीलों के संपर्क में आए थे। बाद में जागीरदार से मतभेद होने पर उन्होंने काम छोड़ दिया और घूम-घूमकर मिर्च-मसाला बेचने लगे। इस व्यवसाय से उनका भीलों से करीबी संबंध बना। उन्हें भीलों की दयनीय दशा की जानकारी मिली। वह द्रवित हुए और भीलों के बीच सामाजिक सुधार आंदोलन चलाने का प्रयास किया। उन्होंने पूर्व के सूरमल रलिया के भक्त पंथ की तरह, शराब न पीने, चोरी न करने, मांस न खाने की सीख दी। विधवा से बलपूर्वक और पति के रहते दूसरे पुरुष से संबंध न बनाने, अपनी मर्जी से विधवा विवाह करने, दहेज न लेने और चोरी छोड़ देने जैसे सामाजिक सुधारों का प्रचार किया। मोतीलाल के ये प्रयास, सूरमल रलिया और गोविंद गुरु के प्रयासों से मेल खाते हैं। इसलिए कहा जा सकता है कि इन दोनों के सामाजिक सुधारों का मोतीलाल पर प्रभाव पड़ा था। वह भीलों के बीच सामाजिक सुधारों को लागू करवा के सर्वाधिक प्रिय मुखिया बन चुके थे। मोतीलाल पर तत्कालीन समय की गतिविधियों का भी प्रभाव पड़ा था।[124]

गाँधीजी के नेतृत्व में 1920 से पूरे देश में असहयोग आंदोलन की शुरुआत हो चुकी थी। मोतीलाल पर गाँधीजी के करिश्माई व्यक्तित्व का प्रभाव पड़ा था। उन्होंने 1921 में भीलों के बीच एका स्थापित कर जागीरदारों के शोषण का विरोध करने की प्रेरणा दी और इस प्रकार एकी आंदोलन का सूत्रपात हुआ।[125]

एकी आंदोलन की पूर्व पीठिका, अवध प्रांत में 1921-22 में चले एका आंदोलन में तलाशी जा सकती है। मदारी पासी के नेतृत्व में हरदोई और उसके आस-पास के जिलों में चला एका विद्रोह लगभग उसी काल का है। इस पर मैंने विस्तार से 'अवध का किसान विद्रोह' में लिखा है।[126]

उस आंदोलन की रूपरेखा लगभग एकी आंदोलन की ही तरह दिखती है। एका आंदोलन में भी बेगार और कर न देने तथा आपसी मामले पंचायतों के माध्यम से हल कर लेने की बात थी जो एकी में भी दिखाई देती है। एकी और एका का समान अर्थ है। दोनों ही आंदोलनों में समानांतर सरकार के गठन का प्रयास दिखता है। मदारी पासी और मोतीलाल, दोनों अपने समर्थकों को धार्मिक ताने-बाने, सामाजिक सुधारों और व्यक्तित्व के चमत्कारों से प्रभावित करते हैं और अंततः पूरी तरह विद्रोही बन जाते हैं। ऐसे में कहा जा सकता है कि मोतीलाल तक, हरदोई के एका आंदोलन की गूँज पहुँच चुकी थी और उन्होंने उसी तर्ज पर भीलों के बीच एकी आंदोलन चलाकर रियासतों को डरा दिया था।

झाडोल के ठाकुर ने 19 अगस्त 1921 को मोतीलाल को गिरफ्तार कर लिया। इस खबर ने भीलों को और अधिक उत्तेजित कर दिया और हजारों की संख्या में भील जमा होकर तेजावत को मुक्त कराने में सफल रहे। उसके बाद तो गाँव-गाँव में ढोल पीटकर भीलों को कर न देने का संदेश दिया जाने लगा। सभी भीलों ने व्रत लिया कि तेजावत के निर्णय यानी एकी का पालन किया जाएगा। पालन न करने वालों को बिरादरी बाहर कर दिया जाएगा। मोतीलाल तेजावत की छवि को गाँधी की तरह करिश्माई बनाया गया, ठीक मदारी पासी की तरह। झुंड के झुंड भील उनके दर्शन को आने लगे। तेजावत का प्रभाव इतना व्यापक बन चुका था कि समानांतर सरकार जैसी स्थिति पैदा हो गई थी। दिसंबर, 1921 में लगभग 200 भीलों को संगठित कर तेजावत ने झाडोल स्टेट के तीन अधिकारियों की पिटाई कर बंधक बना लिया और उनके द्वारा वसूली गई कर राशि को जब्त कर लिया था। दांता में पुलिस गश्ती दल पर हमला किया गया जिसमें खच्चर पर सवार चार जवान घायल हुए। एक कस्टम क्लर्क और एक बनिया को धकियाया गया। उदयपुर सरकार ने 31 दिसंबर 1921 को जागीरदारों को आदेश दिया कि बिना अनुमति, 50 से अधिक लोगों की सभा न होने दें। मोतीलाल दिखे तो गिरफ्तार किया जाए। इसके लिए 500 रुपये का इनाम भी घोषित किया गया। इसके बावजूद भील विद्रोह शांत न हुआ। उसी कालखंड में उदयपुर राज्य में बिजौलिया का किसान आंदोलन चरम पर था।

उस आंदोलन का भी प्रभाव भीलों पर पड़ रहा था।[127]

क- 8 मार्च 1922 का विद्रोह

7 जनवरी 1922 को दांता में दो कॉन्स्टेबल गश्त पर थे तो उन्हें पीटा गया और उनकी बंदूकें छीन ली गईं। सिरोही राज्य में 15 जनवरी को हजारों सशस्त्र भीलों ने आबू रोड पर मार्च किया। पड़ोसी गाँवों में सभा की। सिरोही क्षेत्र की सारी फसलें बिना कर दिए काट ली गईं। आबू रोड पर स्थित अंबाजी के तीर्थ यात्रियों की सुरक्षा में लगाए गए गश्ती दल को कैद कर लिया गया। एक थाने को ढहा दिया गया, जहाँ कर का कुछ हिस्सा अनाज के रूप में रखा हुआ था। फरवरी में सभी गिरासिया और भीलों ने एकता की शपथ ली। फरवरी के मध्य में असिस्टेंट पॉलिटिकल एजेंट, माहीकाँटा पर मोतीलाल तेजावत के नेतृत्व में भीलों ने गोली चलाई। 3 मार्च को ईडर के एक सिपाही को अपमानित किया गया।[128]

इस प्रकार 1922 के प्रारंभ में मेवाड़ रियासत के भीलों ने सशक्त विद्रोह किया। ये आंदोलन मुख्यतः वस्तुओं की आपूर्ति पर लगने वाले लेवी (कर) और बंधुआ मजदूरी के खिलाफ थे। उस समय चल रहे देशव्यापी असहयोग आंदोलन का प्रभाव भील मुखियाओं पर भी पड़ा था। मोतीलाल ने भी अपने आंदोलन को गाँधी के नाम से जोड़ा मगर उन्होंने अहिंसा के सिद्धांत का अपने हितों के अनुसार अनुसरण किया। वह भीलों के बीच एक समाज सुधारक के रूप में स्थापित हो चुके थे। उनके आह्वान पर भीलों ने सरकार को कर देना बंद कर दिया। मोतीलाल के नेतृत्व में हजारों की संख्या में भीलों ने बंदूकों, तलवारों और तीर-धनुषों के साथ सिरोही रियासत से होकर ईडर की ओर प्रस्थान किया। भीलों का यह मार्च एक तरह से बगावत की शुरुआत थी।[129]

7 मार्च को ईडर स्टेट के पाल नामक स्थान पर पॉलिटिकल सुपरिन्टेंडेंट, पहाड़ी ट्रैक्स पर मोतीलाल ने गोली चलवाई।[130]

बदले में 8 मार्च 1922 को मेजर सटन (Sutton) के नेतृत्व में मेवाड़ भील कार्प्स की मुठभेड़ मोतीलाल से हुई। दोनों ओर से गोलियाँ चलीं। मोतीलाल ने भी फायर किए। युद्ध में 22 भील मारे गए और 29 घायल हुए। सेना का कोई नुकसान न हुआ परंतु मोतीलाल भागने में सफल रहे। बाद में भीलों ने आरोप लगाया कि उनके 200 आदमी मारे गए थे। अँग्रेजों का कहना था कि भारत के तिहाई क्षेत्रफल में रहने वाले नंगे भीलों ने असहयोग आंदोलन से प्रभावित होकर अपना विद्रोह और तेज कर दिया है।[131]

5 अप्रैल 1922 से एकी आंदोलन दिखाई देने लगा था। 6 अप्रैल को सियावा में चालीस गाँवों के गिरासिया जमा हुए। चीफ मिनिस्टर (दीवान), पॉलिटिकल अफसर एवं छठी बटालियन के साथ सियावा (राजस्थान) गए जिससे गिरासियों को समझा-बुझाकर

समझौता किया जा सके। गिरासियों ने कहा कि पहले उनकी समस्याएँ हल हों तभी वे कर देंगे। चीफ मिनिस्टर और पॉलिटिकल ऑफिसर, मुख्य भील मुखिया के घर गए और उसका अनाज उठवा ले गए। उससे नाराज होकर गाँव वालों ने पहाड़ी चोटियों पर मोर्चाबंदी कर ली और चारों ओर युद्ध के ड्रम बजाने लगे। हथियारों से लैस गिरासिया सौ गज तक बढ़ आए थे और चीफ मिनिस्टर के साथ नोंक-झोंक की। एक हथियार धारक गिरासिया ने पॉलिटिकल अफसर को धमकाया और जब दीवान तथा ब्रिटिश अधिकारी वापस लौटने लगे तो उन पर गिरासियों ने हमला कर दिया। चीफ मिनिस्टर और पॉलिटिकल ऑफिसर स्थिति की गंभीरता को देख, वहाँ से एस्कॉर्ट की मदद से आबू रोड खिसक लिए। गाँव छोड़ते समय, गाँव वालों पर दो गोलियाँ दागी गई थीं। उस रात गाँव वालों ने एक्साइज कांट्रैक्टर की दुकान लूट ली और उसके साथ बुरा व्यवहार किया। मुन्गथाला मार्ग को पत्थर रख अवरुद्ध कर दिया गया। 7 अप्रैल को गिरासिया ने भारी संख्या में आबू रोड पर जमा होकर धरना दिया। 8 अप्रैल को सात हजार की भीड़ जमा हो गई। 11 अप्रैल को चीफ मिनिस्टर एवं पॉलिटिकल ऑफिसर ने संयुक्त हस्ताक्षर से मुखियाओं को पत्र भेजकर समझौता करने का प्रस्ताव भेजा। उसी शाम सिरोही राज्य के गश्ती दल पर गोली चलाई गई जिससे गश्ती दल का एक आदमी घायल हुआ। सियावा गाँव का मुखिया समझौता हेतु नहीं आया तो गाँव का कुछ हिस्सा 12 अप्रैल की सुबह 3 बजे जला दिया गया। कुल 22 झोपड़ियों में आग लगाई गई थी।[132]

स्थिति को देखते हुए गिरासिया, पहाड़ियों में जा छिपे और अंत में फोर्स आबू रोड लौट आई थी। ब्रिटिश अधिकारियों के अनुसार तीन गिरासिया मारे गए मगर सियावा गिरासिया मुखिया ने माना कि केवल एक व्यक्ति मारा गया और एक घायल हुआ था।[133] कुल मिलाकर तमाम भील और गिरासिया गाँवों को जला देने के बावजूद स्थिति शांत नहीं दिख रही थी। भूला गाँव की एक शोक संतप्त औरत, जिसके रिश्तेदार और परिवार के लोग हाल में मारे गए थे, रो-रोकर शिकायत कर रही थी कि उसके रिश्तेदारों का जो खून बहा है, उसका बदला लिया जाएगा। मुख्य मार्ग पर विद्रोहियों के एकाध दल घूमते देखे गए थे।[134]

ख- 5 मई 1922 का विद्रोह

सिरोही रियासत के गाँव वालोरिया, भूला और नवावासा, जो रोहेरा तहसील में पड़ते थे, के भील और गिरासिया, सिरोही राज द्वारा आरोपित कर को नहीं देना चाहते थे। वे गाँवों में बने थानों को हटाना चाहते थे और कई थानों की झोपड़ियों को जला भी दिया था। वालोरिया के भील ज्यादा नाराज थे। उन्होंने मोतीलाल के नेतृत्व में एकी आंदोलन तेज किया हुआ था। पहले सिरोही राज द्वारा भीलों से वार्ता का प्रयास किया गया। कमांडिंग

फोर्स के ऑफिसर, लेफ्टिनेंट, आर.एल.बेजलगेट (Bazelgette) ने ब्रिटिश सरकार को जो ऑपरेशन रिपोर्ट दी थी, उसके अनुसार लगभग 600 भील और गिरासिया, वालोरिया में जमा थे। उन्होंने मेवाड़ और भाकर परगना (गुजरात) के भीलों को सहायता के लिए बुलावा भेज रखा था। 30 अप्रैल 1922 को बेजलगेट ने वालोरिया, नवावासा और भूला के भील मुखियाओं को चिट्ठी लिखी, जिस पर उनके और सिरोही के चीफ मिनिस्टर के संयुक्त हस्ताक्षर थे। पत्र में कहा गया था- 'आप लोगों से दरबार ने कई बार बकाया कर जमा करने को कहा। आप लोगों ने कर चुकाने के बजाय, गाँव खाली कर दिया और पहाड़ियों में चले गए। आपके द्वारा कोट्रा मार्ग बंद कर दिया गया। दूसरे स्थानों से भीलों को बुलाकर भीड़ जमा की गई। आप लोगों का व्यवहार, दरबार को बंधक बनाने जैसा रहा। आप सभी को अच्छी सलाह देने के लिए 3 मई को रोहेरा में बुलाया जा रहा है। बातचीत का नतीजा जो भी हो, मुखियाओं को घर वापस जाने दिया जाएगा। दरबार आपकी परेशानी का हल चाहता है। अगर आप सहयोग नहीं करेंगे तो दरबार को दोष न देंगे।'[135]

3 मई तक मुखियाओं ने पत्र के जवाब में मिलने की कोई इच्छा नहीं व्यक्त की। तब 3 मई को सिरोही स्टेट की सेना एवं मेवाड़ भील कार्प्स को रोहेरा में जमा होने का आदेश दे दिया गया। यह आदेश 4 मई की शाम से प्रभावी हो गया। 5 मई की सुबह ब्रिटिश और सिरोही रियासत के अधिकारी, रोहेरा पहुँच गए जिनमें लेफ्टिनेंट, आर.एल. बेजलगेट शामिल थे। उन्होंने 5 मई की सुबह पहुँचते ही एक और पत्र तीनों गाँवों के मुखियाओं को भेजा और उन्हें समर्पण करने को कहा।[136]

भीलों को कहा गया कि अगर तुम लोग कर नहीं जमा करोगे तो गाँव में सेना आएगी और दंडात्मक कार्रवाई करेगी। वालोरिया गाँव के मुखियाओं ने कहा कि गाँव के लोग, दूसरे गाँवों से बातचीत कर रहे हैं। जैसा सभी सहमत होंगे, वैसा ही हम करेंगे। हम बिरादरी के साथ एकता के लिए धार्मिक व्रत में बँधे हुए हैं। अधिकारियों ने कहा कि उन्हें व्रत तोड़ने के निर्देश मिले हैं। गाँव वालों को इस बात का पहले से ही अंदेशा था। उन्होंने अपने विगत अनुभव के आधार पर यह जान लिया था कि रियासत सेना भेजेगी। इसलिए वे 6-7 रातों से अपना खाना लेकर पहाड़ियों में छिपे रहते। घरों के सामान वे नहीं हटाते थे क्योंकि उनका मानना था कि रियासत के सैनिक उनके घरेलू सामानों या अनाजों में से अधिक से अधिक, विवादित कर के बराबर सामान ही ले सकते हैं। यद्यपि बकाया कर की राशि उनके अनुमान से बाहर थी। इस प्रकार रियासत और ब्रिटिश अधिकारियों द्वारा कर जमा कराने के अनेक प्रयास असफल रहे। अंत में वालोरिया गाँव में भीलों ने कर देने या न देने के संबंध में पंचायत बुलाई। उन्होंने व्रत लिया था कि बिरादरी का निर्णय मानेंगे। वहाँ मेवाड़, दांता, ईडर और सिरोही के अन्य गाँवों के भील पहले से जमा थे।

ड्रम बजाकर और भीलों को बुलाया जा रहा था। स्थिति को देखकर यूरोपीय अधिकारियों ने वालोरिया में 5 मई को, भूला में 6 मई को तथा नवावासा में 7 मई को आक्रमण की योजना बनाई।[137]

5 मई की सुबह 5.30 बजे रोहेरा से 500 गज उत्तर, वसा मार्ग पर फोर्स तैयार हुई और फिर उसको विभिन्न टुकड़ियों में बाँटकर, लेफ्टिनेंट, आर.एल. बेजलगेट, मेजर प्रीचर्ड (Pritchard), मेजर वॉकर (Walker), सूबेदार सिद्धनाथ और जमादार हीरा के नेतृत्व में सुबह 6 बजे वालोरिया के लिए वाया वसा, रवाना किया गया।[138]

जब वसा गाँव 300 गज दूर रह गया था तो पहाड़ी की चोटी से एक गोली दागी गई। वहाँ से वालोरिया 2 मील की दूरी पर था और वहाँ तक सड़क मार्ग के साथ-साथ पहाड़ी की चोटियों पर भीलों ने मोर्चाबंदी की हुई थी। पहाड़ी को खाली कराने के उद्‌देश्य से लेफ्टिनेंट बेजलगेट के नेतृत्व में मेवाड़ भील कार्प्स की एक टुकड़ी और मेजर वॉकर के नेतृत्व में दो प्लाटून मेवाड़ भील कार्प्स आगे बढ़ीं। दाहिनी ओर भीलों का जमावड़ा ज्यादा था। मेजर वॉकर और सिरोही राज्य की सेना दाहिनी ओर बढ़ी। गोली दागी गई। जब गाँव करीब आया तो भीलों ने ब्रिटिश और राज्य की सेना को डेढ़ मील पीछे ढकेल दिया। सिरोही राज के दीवान साहिब सेना के साथ थे। वालोरिया में 2,000 से 3,000 भील जमा थे। ढाई घंटे तक भीषण युद्ध हुआ। गाँव में बाहरी आवागमन रोक दिया गया जिससे अन्य गाँवों के और भील जमा न हो सकें। कुल 11 भील मारे गए। सेना को आते देख कुछ भीलों ने अपना बचाव पहाड़ियों में छिपकर किया था। वालोरिया गाँव को जला दिया गया। रोहेरा पहुँचकर एक और पत्र भूला और नवावासा के मुखियाओं को समर्पण हेतु भेजा गया। कहा गया कि अगर वे बात नहीं मानेंगे तो उनके गाँव भी जला दिए जाएँगे। वहाँ से उपेक्षापूर्ण संदेश आने के बाद 6 मई की सुबह भूला की ओर फोर्स ने प्रस्थान किया। भूला में 200 भील जमा थे। वहाँ सामान्य झड़प हुई। कुछ मारे गए। लेफ्टिनेंट बेजलगेट ने उन्हें पहाड़ियों पर दौड़ाया मगर ज्यादातर बंदूक की रेंज में नहीं आ पाए। गाँव को जला दिया गया। उसके बाद उसी दिन फोर्स नवावासा की ओर बढ़ी। वहाँ भी कई भील मारे गए। गाँव को जलाकर फोर्स रोहेरा वापस आ गई थी। दोनों गाँवों में कुल 24 भील मारे गए थे और इतने ही घायल हुए थे। इस प्रकार 5 और 6 मई को वालोरिया, भूला और नवावासा गाँव को ब्रिटिश सेना और सिरोही रियासत की सेना ने जलाकर राख कर दिया था। सबसे हैवानियत की बात यह थी कि खाने-पीने के सामान भी जला दिए गए थे।[139]

5 मई को भील कार्प्स ने 430 राउंड, लेविस गन द्वारा 92 राउंड, स्टेट ट्रुप्स द्वारा 1,522 राउंड गोलियाँ चलाईं। 6 मई को भील कार्प्स द्वारा 135 राउंड, लेविस गन द्वारा 3 राउंड और स्टेट ट्रुप्स द्वारा 526 राउंड गोलिया चलाई गई थीं। ब्रिटिश अधिकारियों के

अनुसार, स्टेट ट्रुप्स द्वारा दिखाई गई गोलियों की संख्या गलत थी। सबसे बेहतर काम मेवाड़ भील कार्प्स का रहा।[140]

ब्रिटिश और सिरोही राज्य के अधिकारियों ने आम भीलों का दमन कर, अपने हितों के अनुकूल दबाव में कुछ बयान लिखवाए थे। 9 मई को भूला गाँव के गिरासिया रूपा सिंह पुत्र कान्हा से बयान लिया गया कि बरसाती फसल का 1/6, जाड़े की फसल का 1/5 (जहाँ कच्चे कुएँ से सिंचाई होती) और 1/4 (जहाँ पक्के कुएँ से सिंचाई होती), कर देते थे। पिछले पूस या क्वार महीने में मोतीलाल एवं अन्य लोग, ईडर स्टेट और सिरोही स्टेट के पाबा, दंत्राल, उपला खेजरा, टंकिया, गढ़, सामैया, वरली, दंग, मोरस, बहिमाना आदि गाँवों में दौरे पर आए। उन्होंने कहा कि अब तुम्हें बरसाती फसल पर 25 पौंड यानी लगभग 11.3 किलो मक्का और जाड़े की फसल पर 1 रुपया चार आना, कर देना है। अगर स्टेट इतना कर नहीं लेता है तो उसके पैतृक मंदिर, सरनेश्वर मंदिर में जाकर जमा कर दो। अगर स्टेट जुल्म करता है तो विरोध करो या मेवाड़ क्षेत्र में चले जाओ और वहाँ अपनी नई राजधानी बनाओ। उनके किसी आदमी को गाँव में घुसने न दो। रूपा ने कहा कि हमने मोतीलाल की बात मान ली। वह तीन दिन तक भूला गाँव में रहे उसके बाद दांता की ओर चले गए। भूला गाँव के रावत सिंह जी उनके साथी थे, उन्होंने हम लोगों को 'एकी' में शामिल किया था। एकी द्वारा विवादों को सुलझाने के लिए न्यायाधीश के रूप में गिरासिया पीठा और भील हंसिया को, जो भूला गाँव के थे, नियुक्त किया था। फौजदार के रूप में गिरासिया सोमा और भील जीवा को, थानेदार के रूप में गिरासिया खेमा को और दीवान के रूप में गिरासिया मानिंग को, जो भूला गाँव के थे, नियुक्त किया गया था।[141]

सेना द्वारा वालोरिया, भूला और नवावासा गाँवों में की गई कार्रवाई से भील मुखियाओं पर दबाव बनाने में सफलता मिली। पॉलिटिकल एजेंट की उपस्थिति में सिरोही के दीवान और रोहेड़ा के तहसीलदार ने 10 मई को गाँव वालों को सूचना भेजी कि वे 11 एवं 12 मई को भील पंचों से बात करने आ रहे हैं। 12 मई को सनवाड़ा में भील मुखियाओं से ब्रिटिश अधिकारियों ने वार्ता की जिसमें भूला के रूपा, पीठा, माना और दल्ला, नवावासा के पुनिया और ओड़िया, पीठा की पडार के विरिया और सदाफली के जुमला नामक भील मुखियाओं ने भाग लिया था। उन्हें अधिकारियों ने बताया कि वालोरिया के भीलों ने एकी तोड़ दी है। आप सब भी एकी तोड़ें। मुखियाओं ने कहा कि उन्हें नहीं मालूम कि वालोरिया के मुखियाओं ने ऐसा किया है। इस पर ब्रिटिश अधिकारी ने कहा, बिना आप लोगों द्वारा एकी तोड़े, वार्ता नहीं होगी। आप एकी तोड़ें अन्यथा हम आबू रोड लौट जाएँगे। बाद में सभी मुखियाओं से उनकी तलवारें एक बाल्टी में खड़ा कर, एकी तोड़ने की कसम खिलाई गई।[142]

वालोरिया, भूला और नवावासा गाँव को जलाने और भीलों का नरसंहार करने के विरुद्ध सबसे गंभीर रुख द सर्वेंट्स ऑफ इंडियन स्टेट्स सोसाइटी (राजस्थान सेवा संघ, अजमेर) का रहा जिसने इस बर्बर कृत्य की जाँच के लिए अपना एक जाँच दल भेजा था जिसमें संत सत्यभक्ता जी और राम नारायण चौधरी शामिल थे।[143]

राजस्थान सेवा संघ, अजमेर ने सिरोही राज्य के भील एवं गिरासिया पर हुए बर्बर दमन की जाँच रिपोर्ट 'द सेकेंड भील ट्रेजडी', 25 पेज की पुस्तिका में, मई 1922 में प्रकाशित की (देखें पुस्तिका का कवर पेज एवं मुख्य आँकड़े)। मुख्य जाँच रिपोर्ट इस प्रकार थी- भूला और वालोरिया गाँवों में 325 परिवार थे जिनमें 1,800 लोग रहते थे। कुल 640 घरों को जला दिया गया था। कुल 7,085 मन मक्की, 600 बैलगाड़ी सूखी घास, 108 जानवर या तो नष्ट कर दिए गए थे या उन्हें सेना साथ लेती गई थी। कुल 10,000 रुपये के नुकसान का अनुमान किया गया था।[144]

पॉलिटिकल एजेंट की उपस्थिति में सिरोही के दीवान और रोहेड़ा के तहसीलदार द्वारा 11 मई को भील पंचों पर दबाव बनाया गया था। उन्हें धमकियाँ दी गई थीं। उसके बाद द सर्वेंट्स ऑफ इंडियन स्टेट्स सोसाइटी, जाँच दल ने सेना एवं रियासत के कुकृत्यों की अपने स्तर से जाँच की थी। जाँच दल जब वालोरिया गाँव गया था तो डरे हुए भील पहाड़ियों में छिपे हुए थे। जाँच दल ने उन्हें बुलाकर घटना की जानकारी ली। जाँच दल को मिली जानकारी के अनुसार पूरा वृत्तांत इस प्रकार है-

5 मई 1922 को गाँव में भीलों की पंचायत थी। खतरे के संकेत के रूप में ड्रम पीटकर आस-पास के भील मुखियाओं और भीलों को गाँव में बुला लिया गया था। उसी समय सुबह 7 बजे सेना वालोरिया गाँव पहुँची तो उसने भीलों को समर्पण करने को कहा। डरकर गाँव वाले पहले ही भागकर पहाड़ियों और खाइयों में जा छिपे थे। भीलों ने जाँच दल को बताया कि एक अँग्रेज, जिसने चश्मा पहन रखा था, इमली के पेड़ के पास झंडा लेकर खड़ा था। सेना के गाँव में पहुँचने के थोड़ी देर बाद रायफल और बंदूकों की गोलियाँ तड़तड़ाने लगी थीं। जो लोग खाइयों में छिपे थे, उनके चारों ओर गोलियों की बौछार हो रही थी। कान्हा पुत्र राजा, गोली लगने से मारा गया। उसका भाई, लाखा, उसे उठाने की कोशिश में मुड़ा तो उसे भी पाँच गोलियाँ लगीं और मारा गया। इदा गाँव का डिमटी भील भी पंचायत में भाग लेने आया था। उसे भी गोली मार दी गई थी। पड़ोसी गाँवों से आए कई पंचों को भी गोली लगी थी। कई भीलों के साथी लाशें लेकर भाग गए थे। जिस अँग्रेज के हाथ में झंडा था, वह जिस दिशा में संकेत करता, उस दिशा में गोलियाँ चलाई जातीं। मशीनगनों, रायफलों का उपयोग किया जा रहा था। सेना चारों ओर फैलकर गोलियों की बरसात कर रही थी। सुबह आठ बजे के बाद सेना के कुछ जवानों ने गाँव को लूटना और फिर जलाना शुरू किया। घुड़सवार सेना मिट्टी के तेल में कपड़े भिगोकर घरों

पर फेंक रही थी, जिससे जल्द आग पकड़ सके। घरों में रखे हथियार, अनाज, बरतन, कपड़े और अन्य जरूरी सामान जलाकर राख किए जाते रहे। कुछ समानों को कुओं में फेंक दिया गया। गर्मियों के सीजन में पैदा हुआ अनाज ऊँटों पर लादकर भेजा जा रहा था। अपराह्न दो बजे तक यह बर्बर कार्रवाई जारी रही। दो बजे के बाद ही सेना ने गाँव को छोड़ा था। अगले दिन यानी 6 मई को भील अपने गाँव आए। गाँव का मंजर देख, उनके होश उड़ गए थे। 6 मई तक गाँव में धुआँ उठ रहा था। सब कुछ जलाकर राख कर दिया गया था। कुछ अधजले अनाजों को उन्होंने बाहर निकाला। दिन में वे गाँव में रहे मगर सुरक्षा के लिए फिर रात में पहाड़ियों में चले गए थे।[145]

8 मई को सुबह दीवान साहिब, दो यूरोपीय अधिकारी, रोहेड़ा के तहसीलदार और 100 से 150 सैनिकों के साथ फिर आए। उन्होंने सनवाड़ा गाँव के लोगों से कहा कि वालोरिया गाँव वालों को कह दो कि अपने गाँव लौट आएँ नहीं तो उन्हें गोली मार दी जाएगी। गाँव वालों ने डरकर आदेश का पालन किया। एक यूरोपीय अधिकारी ने कहा कि हमने तुम्हारे 50 लोगों को मारा है और 150 को घायल किया है। तुम मानोगे नहीं तो औरों को भी मारेंगे। दीवान साहिब ने भीलों से कहा कि तुम लोग अपना व्रत तोड़ दो। भीलों ने उत्तर दिया कि व्रत एक धार्मिक और सामाजिक बंधन है, उसे वे नहीं तोड़ सकते। अगर वे ऐसा करेंगे तो उन्हें शादी से मना कर दिया जाएगा, कोई भी उनके परिवार से शादी-ब्याह नहीं करेगा। यह सुन यूरोपीय अफसर ने धमकी दी कि अगर भील यह कसम नहीं खाएँगे कि वे व्रत तोड़ देंगे और अपने गाँव लौट जाएँगे तो उन्हें गोली से उड़ा दिया जाएगा। भीलों ने कहा कि उन्होंने डरकर तलवार उठाई थी मगर किसी भी दशा में व्रत नहीं तोड़ेंगे। भीलों का निर्णय सुन रियासत और सरकारी अधिकारी, सेना सहित लौट गए। उनके जाते ही भील पुनः पहाड़ियों की ओर चले गए। जाते-जाते अधिकारियों ने धमकी दी थी कि यदि उन्होंने आदेश नहीं माना तो उन्हें भी जला दिया जाएगा।[146]

भूला गाँव को चेतावनी दी गई कि अगर सरकारी आदेश का पालन नहीं किया गया तो फिर गाँव जला दिया जाएगा। वहाँ के भीलों ने कहा- 'राजा हमारा मालिक है, उसे घर जला लेने देंगे परंतु अपना व्रत नहीं तोड़ेंगे। हम सवा रुपये और 12.5 सेर प्रति हल से ज्यादा कर नहीं देंगे। बाद में अगर हमारी बिरादरी ज्यादा देने को कहेगी तभी हम उसके निर्देशानुसार कार्य करेंगे।' इतना कहकर और आक्रमण के डर से भील, बच्चों और जानवरों सहित पहाड़ियों में भाग गए। उसके बाद सेना पहुँची। उसने गाँव को तहस-नहस कर दिया। घरों में आग लगा दी गई और अपनी बैलगाड़ियों और ऊँटों पर लादकर सब कुछ लेते गए।

10 मई को गाँव वालों को संदेश वाहक के माध्यम से निम्नलिखित संदेश मिला था-

सेवा में,

गिरासिया और भील मुखिया

भूला और नवावासा एवं अन्य गाँव

आप बुरे लोग विद्रोही हैं। बाद में आप सभी को कड़ा दंड मिलेगा। अगर आप लोग बात मान लेंगे तो इस समय कोई कठिन दंड नहीं दिया जाएगा। हमें ब्रिटिश सरकार द्वारा भेजा गया कि आप आकर अपनी समस्याओं को बता सकें। हम कल 10 बजे सुबह सनवाड़ा गाँव में मिलेंगे। जो हमारी मित्रवत सलाह सुनना चाहते हैं वे सभी भूला, नवावासा एवं अन्य गावों के मुखियाओं के साथ वहाँ आएँ। वहाँ पर एक गवर्नमेंट अफसर, सिरोही रियासत का दीवान, रोहेड़ा के तहसीलदार और 10 अर्दलियों के अलावा और कोई नहीं होगा। आपको आने और सनवाड़ा से वापस जाने में कोई परेशानी न होगी।

दिनांक 10 मई 1922, कैम्प रोहेड़ा

हस्ताक्षर

मेजर प्रिचर्ड, सेक्रेटरी टू द एजेंट, गवर्नर जनरल इन राजपूताना

गाँव वालों ने जाँच समिति को बताया-

11 मई को शाम 4 बजे 100 से 150 भील पंच सनवाड़ा पहुँचे, जहाँ दो टोपी वाले (यूरोपीय) अफसर, दीवान और तहसीलदार रोहेड़ा और 10 अर्दली मौजूद थे। दीवान ने पूछा-तुम लोग किसकी ओर हो, गाँधी की ओर या सरकार की ओर?

भील पंच-गाँधी की ओर।

दीवान-अगर तुमने मोतीलाल को देखा हो तो बताओ।

भील पंच-हमने नहीं देखा है।

दीवान (कड़क आवाज में)- क्या तुम गाँधी की ओर होगे या सरकार की ओर?

भील पंच-गाँधी की ओर।

दीवान- तुमने एकी क्यों ज्वॉइन किया? तुम्हारी परेशानी क्या है?

भील पंच-हमारे साथ जुल्म हो रहा है। इसलिए हम एकी में शामिल हुए हैं। इससे आप को क्या नुकसान है अगर हम एकी में शामिल हुए हैं? एकी में शामिल होने के कारण ही हमने चोरी करना, शराब पीना और जानवरों का मांस खाना छोड़ दिया है। हमारी समस्याएँ हैं- 1- हम जो भी पैदा करते हैं उसका एक हिस्सा राजा, कर के रूप में वसूल लेते हैं। 2- सही हो या गलत, हम पर चोरी का आरोप लगाया जाता है। 3- पुलिस और तहसील के अधिकारी हमारे ऊपर जबरन वसूली करने के झूठे आरोप लगाते हैं। हमें लोहे की चेन में बाँधते हैं।

दीवान- तुम लोगों ने राजा के सम्मुख अपनी समस्याओं के संबंध में आवेदन क्यों

नहीं दिया? तुम एकी में क्यों शामिल हुए?

भील पंच- हमने राजा के सम्मुख इसलिए आवेदन नहीं किया कि इससे अधिकारी हमें और सताने लगेंगे।

दीवान- तब तुम्हें बड़े साहिब (पॉलिटिकल एजेंट, ब्रिटिश अफसर) के पास आबू जाकर शिकायत करनी चाहिए।

भील- हम वहाँ इसलिए नहीं गए कि हमें पकड़ लिया जाता और अधिक सताया जाता।

दीवान- हम आठ दिन बाद फिर आएँगे और तुम्हारी सभी समस्याओं को दूर करेंगे। तुम्हें जब मन करे, रोहेड़ा आकर मिल सकते हो लेकिन कोई परेशानी नहीं पैदा करोगे। जाओ और अपने गाँव में बस जाओ।

इस वार्तालाप के बाद सभी पंच भूला गाँव लौट आए। गाँव आकर सभी की राय बनी कि कोई कर नहीं देगा। भले ही इसके परिणामस्वरूप हमारे अंतिम बच्चे की जान चली जाए। जब तक हमारे साथ पूरा न्याय नहीं हो जाता, तब तक हम केवल एक फसल का कर देंगे। हम बकाया कर नहीं देंगे। रियासत हमें अब भी अनगिनत दुख दे रही है। दूसरी रियासतों में जहाँ लोगों ने विगत चार सालों से कर नहीं दिए हैं, वहाँ भी इतने जुल्म नहीं हो रहे हैं। सिरोही रियासत में जिंदा रहना, जैसे पाप भोगना है।

जाँच टीम ने पाया कि लगभग सभी घर फिर से बनाने होंगे। ज्यादातर भीलों के पास पहनने को कोई कपड़ा नहीं बचा था सिवाय जो उनके तन पर था। उनका मक्की का दाना या तो नष्ट कर दिया गया था या अधजला हो जाने के कारण खाने योग्य न रहा था। उनकी पिसाई की मशीन अर्थात जाँता और खेती-किसानी के औजार जैसे खुरपी, हँसिया, कुदाल और हल आदि या तो नष्ट कर दिए गए थे या उन्हें सेना अपने साथ लेती गई थी।

जाँच समिति के सम्मुख कुछ भीलों के बयान इस प्रकार थे-

1- मेरा नाम पूना है। मेरे पिता का नाम राजी है। मैं 45 वर्ष का भील हूँ। मेरी अनुपस्थिति में सेना ने मेरे दो घरों में आग लगा दी, जो जलकर राख हो गए। उन्होंने 70 मन मक्की, 50 मन बाट्टी, 25 मन गेहूँ, 10 मन अन्य अनाज और 5 मन सामली, 5 तख्त, 6 बिछावन, कपड़े और बाकी सब घरेलू सामान नष्ट कर दिए। मेरा एक बैल गाँव के पास में घास चर रहा था। उसे गोली लगी और वह मर गया। इनके अलावा काठी के साथ मेरी घोड़ी, 4 बकरियाँ, 1 बंद टीन और 2 टीन भरा हुआ घी, जिन्हें बेटे की शादी के लिए रखा था, भी उठा ले गए। हमारे परिवार में खाने वाले 6 लोग हैं जिनके खाने-पहनने के लिए कुछ भी नहीं छोड़ा गया है। कुछ मन अधजला मक्का बचा पाया था, जिससे हम अपना पेट भर रहे हैं मगर उसमें कोई स्वाद नहीं है। उसको खाने से पेट में दर्द पैदा

हो रहा है। सिपाहियों ने मेरे दो भाइयों, काना और लाखा की हत्या कर दी। उनकी दो विधवाओं सहित 8 बच्चों का भार भी मेरे ऊपर आ पड़ा है। उनका कोई और पालनकर्ता नहीं है। उनके पास जो भी नकदी और गहने थे, सब कुछ सेना के हाथ लग गए। उन्होंने उनके सभी कपड़े, अनाज और अन्य सामान जला दिए।

2- मेरा नाम गोमी है। मेरे पति का नाम मेवा था। मैं एक विधवा हूँ। मेरी उम्र 60 वर्ष के लगभग है। जब मैंने ड्रम बजने की आवाज सुनी तो डर गई और पहाड़ी की ओर भाग गई। एक और औरत, भादू भी मेरे साथ थी। सेना ने गाँव में आकर गोली चलानी शुरू की। हम चट्टान के पीछे की खाई में छिप गईं। हमारे चारों ओर गोलियाँ चल रही थीं। जल्द ही सेना हमारे करीब आ गई। उन्होंने हमें देख लिया और गोली चलाने लगे। हम जान बचाने के लिए पहाड़ियों की ओर भागीं। हत्यारे चिल्लाने लगे- उधर वह भाग रही है... उधर वह भाग रही है। जब यह आवाज कान में पड़ी तो डर के मारे मेरे होंठों को लकवा मार गया। मेरा शरीर भारी है। सैनिकों ने अनेक गोलियाँ दागीं। एक गोली मेरे लहँगे को छेदती हुई जाँघ में लगी। जख्म को दबाए हुए मैं पहाड़ी के पीछे खाई में छिप गई। वहाँ मैं पूरे दिन भूखी-प्यासी छिपी रही। सूरज डूबने के बाद गाँव लौटी और वहाँ पाया कि मेरा घर, मक्की, कपड़ा और अन्य सब कुछ जलकर राख हो चुका है। कुछ भी नहीं बचा था। मैं पड़ोसी से कुछ राब (खट्टे दूध में पका आटा) माँग लाई। उसी के सहारे अभी तक जिंदा हूँ। मैं अकेली हूँ और इतनी बूढ़ी हूँ कि बहुत काम नहीं कर सकती। मेरा कोई पालनकर्ता नहीं हैं। राजा के लुटेरों ने मुझे पूरी तरह से बर्बाद कर दिया है।

3- मेरा नाम भादू है। मेरे पति का नाम साधू था। मेरी उम्र 75 वर्ष के लगभग है। मैं अकेली और विधवा हूँ। मैं पहाड़ी की खाई में गोमी के साथ छिपी हुई थी। जब गोली चलने लगी तो गोमी दूर भाग गई। मैं इतनी बूढ़ी और कमजोर हूँ कि पहाड़ी पर नहीं भाग पाई। जहाँ थी, वहीं पड़ी रही। तभी 7 या 8 सिपाही मेरे पास आए और मेरी बाँह पकड़ ली। उन्होंने मेरी पीठ पर रायफल के कुंदे से दो प्रहार किए और जमीन पर फेंक दिया। उन्होंने मेरे लहँगे का नाड़ा खींच दिया और उसे फाड़ दिया। उन्होंने मुझे लगभग नंगा कर दिया। अपने हाथों से मेरे जननांग को टटोला। शायद वे कुछ छिपे सिक्के तलाश रहे थे। इसके बाद उन्हीं में से कुछ सिपाहियों ने मुझे बूढ़ी औरत देखकर, छोड़ देने को कहा। इसके बाद सिपाहियों का दल चला गया। मैं वहीं पूरे दिन और पूरी रात खाई में भूखी-प्यासी पड़ी रही। अगले दिन वहाँ से निकलकर गाँव आई तो पाया कि मेरा घर, कपड़ा और अनाज, सब कुछ जलकर राख हो गया था। मैं भी राब पर जिंदा हूँ।

4- मेरा नाम बोद्धा है। मैं दौला भील का बेटा हूँ। जब सेना ने मेरे गाँव पर आक्रमण किया, तब मेरे गाँव वाले और मेरे परिवार के सभी लोग पहाड़ी की ओर भाग गए। मेरा दस वर्ष का बालक भाग नहीं पाया और गाँव में छूट गया। जब सेना आई तो वह बचने

The Second Bhil Tragedy

IN

SIROHI STATE.

REPORT

BY

THE REPRESENTATIVES OF THE RAJASTHAN SEVASANGHA,

AJMER

PUBLISHED BY

RAJASTHAN SEVASANGHA, AJMER.

MAY 1922

2,000 Copies] [*Price 1 Anna.*

Table showing the losses incurred by the Bhils of Bhoola and Balolia.

No.	Name of village burnt.	No. of families affected.	No. of persons affected.	No. of houses burnt or destroyed.	Quantity of corn burnt or looted.	Quantity of hay burnt.	No. of animals killed or carried away.	Value of other articles burnt or looted.
1	Bhoola ...	210	1150	315	4560 Maunds.	400 Cartloads.	25	7,000/- Rs.
2	Balolia ...	115	650	325	2525 Maunds.	200 Cartloads.	83	3,000/- Rs.
Total.		325	1800	640	7085 Maunds.	600 Cartloads.	108	10,000/- Rs.

(25)

के लिए सूखी घास की ढेर में छिप गया। सेना ने गाँव के साथ, सूखी घास के ढेर में भी आग लगा दी और मेरा बेटा उसी में जलकर मर गया। जब मैं गाँव आया तो पाया कि बेटे का शरीर क्षत-विक्षत हो गया था। सेना ने मेरा घर, 25 मन मक्की, 3 तख्तें, 3 बिछावन, 1 पीसने वाली मशीन (जाँता) और अन्य जो कुछ भी घर में था, सब जलाकर राख कर दिया था। वे मेरे एक बछड़े को भी साथ लेते गए।[147]

राजस्थान सेवा संघ, अजमेर के प्रतिनिधियों, सत्यभक्ता और राम नरायण ने सिरोही राज्य के भील एवं गिरासिया पर हुए बर्बर दमन की अपने स्तर से जाँच की और एक 25 पेज की जाँच रिपोर्ट मई, 1922 में प्रकाशित की, जिसका उल्लेख किया जा चुका है।

इस जाँच रिपोर्ट को अजमेर से निकलने वाले 'नवीन राजस्थान' अखबार के संपादक ने प्रकाशित कर दिया। अखबार के संपादक, देश के जाने-माने क्रांतिकारी, विजयी सिंह थे। ब्रिटिश सरकार को विजयी सिंह का यह कृत्य नागवार लगा। सरकार का मानना था कि राजस्थान सेवा संघ की जाँच रिपोर्ट तथ्यहीन है और सरकार को बदनाम करने के लिए प्रकाशित की गई है। इसलिए अखबार के संपादक के खिलाफ धारा 124A के अंतर्गत कार्रवाई की जानी चाहिए। बाद में विजयी सिंह ने इस संबंध में माफी माँग ली थी। पॉलिटिकल सेक्रेटरी ने 11 दिसंबर 1922 को मि. एल.डी. वाक्ले, सेक्रेटरी पॉलिटिकल डिपार्टमेंट, इंडिया ऑफिस, लंदन को अवगत करा दिया कि विजयी सिंह ने तथ्यहीन रिपोर्ट प्रकाशित करने के लिए माफी माँग ली है। इस पर फॉरेन एंड पॉलिटिकल डिपार्टमेंट ने 11 दिसंबर के पत्र द्वारा उन्हें निर्देशित किया कि उनके माफीनामे को देशी और विदेशी, दोनों अखबारों में प्रकाशित किया जाए। इसी क्रम में लंदन के अखबार, द स्टेट्समैन में 17 दिसंबर 1922 को- 'Pamphlet Allegations Entirely False/ Ajmer Editor's Apology' शीर्षक से माफीनामा प्रकाशित किया गया था।[148]

मोतीलाल फरार चल रहे थे। मेवाड़ के भील अंदोलन का दमन किया जा चुका था। फरारी के दिनों में गोपनीय तरीके से 1923 में एक बार फिर मोतीलाल ने भील विद्रोह को उभारने का प्रयास किया मगर सफलता न मिली। उनकी अनुपस्थिति में 1927 में भील पंचों ने सिरोही राज्य से समझौता कर लिया। 3 जून 1929 को मोतीलाल को गिरफ्तार कर लिया गया। उन्हें 3 अप्रैल 1936 को जेल से इस शर्त पर रिहा किया गया कि उदयपुर रियासत की अनुमति के बिना बाहर नहीं जाएँगे और कोई आंदोलन नहीं शुरू करेंगे। उन्हें जीवन यापन के लिए 30 रुपये प्रतिमाह भत्ता स्वीकृत किया गया। एक बार जब उन्होंने भौमट क्षेत्र में प्रवेश करने की कोशिश की तो उन्हें जनवरी, 1945 में बंदी बना लिया गया और फरवरी, 1947 में जेल से मुक्त किया गया।[149]

संदर्भ :

1. Calcutta Gazette, 1 November 1804.

2. British Library, UK, London, Reference: IOR/F/4/1027/28142, The notorious Bhil robber Jagha Rawat is ordered to be confined, 1826; IOR/F/4/1253/50487, Further information supplied regarding the antecedents of the Bhil robber Jagha Rawat, July 1826.

3. Ibid.

4. Ibid.

5. Ibid.

6. Ibid.

7. Ibid.

8. Selections from the Records of the Bombay Government, No XXIII, New series, Part II, Bheel Settlements, Bombay Education Society Press, 1856, PP. 701, 703-709, 715, 717, 722, 723, 733; British Library, UK, London, Reference:IOR/R/2/524/270, File 4A/144A of 1824.

9. British Library, UK, London, Reference:IOR/R/2/524/270, File 4A/144A of 1824.

10. Ibid.

11. Selections from the Records of the Bombay Government, No XXIII, New series, Part II, Bheel Settlements, Bombay Education Society Press, 1856, PP. 701, 703-709, 715.

12. British Library, UK, London, Reference:IOR/R/2/524/270, File 4A/144A of 1824.

13. डॉ. बृजकिशोर शर्मा, राजस्थान में किसान एवं आदिवासी आंदोलन, राजस्थान हिंदी ग्रंथ अकादमी, जयपुर, 9वाँ संस्करण, 2019, पृष्ठ 40; Liverpool Standard and General Commercial Advertiser, 22 August 1848.

14. NAI, Foreign Department, Internal-A, File Nos. 52-55, March 1890.

15. NAI, Ministry of States, Political, File No. 361-P/49, 1950.

16. Home News for India, China and the Colonies, 25 November 1870.

17. Morning Post 27 December 1824; Star (London), 27 December 1824.

18. Ibid; The Asiatic Journal and Monthly Register for British India its Dependencies, London, Printed for Kingsbury, Parbury & Allen, Booksellers to the Hounrable East India Company, Leadenhall Street, 1825. Page 92.

19. Ibid.

20. डॉ. बृजकिशोर शर्मा, राजस्थान में किसान एवं आदिवासी आंदोलन, राजस्थान हिंदी ग्रंथ अकादमी, जयपुर, 9वाँ संस्करण, 2019, पृष्ठ 38; NAI, Foreign Department, Notes, File no 2212/1869, A Short History of the Meywar Bhil Corps, August 1890.

21. NAI, Foreign Department, Notes, File No 2212/1869, A Short History of the Meywar Bhil Corps, August 1890.

22. Bombay Gazette, 24 March 1830.

23. डॉ. बृजकिशोर शर्मा, राजस्थान में किसान एवं आदिवासी आंदोलन, राजस्थान हिंदी ग्रंथ अकादमी, जयपुर, 9वाँ संस्करण, 2019, पृष्ठ 38.

24. https://en.wikisource.org/wiki/Outram,_James_(DNB00).

25. Morning Post, 20 September 1833.

26. Sherborne Mercury, 7 October 1833; NAI/Rajputana Agency/Political(Dungarpur)/1835/File-Progs.Nos. 1-Dungarpur 1835.

27. The Evening Chronicle, 27 August and 17 September 1835; Belfast Commercial Chronicle, 31 October 1835.

28. London Courier and Evening Gazette, 18 September 1835.

29. The Naval Military Gazette and Weekly Chronicle of the United Service, 22 August 1835; The Atlas, 12 July 1835; Hereford Journal, 26 August 1835.

30. Mayo Constitution, 24 September 1838.

31. NAI, RajputanaAgency/Political 1837/File NOs.6-Banswara(old)-II/1837-38.

32. The Naval Military Gazette and Weekly Chronicle of the United Service, 26 May and 30 June 1838.

33. डॉ. बृजकिशोर शर्मा, राजस्थान में किसान एवं आदिवासी आंदोलन, राजस्थान हिंदी ग्रंथ अकादमी, जयपुर, 9वाँ संस्करण, 2019, पृष्ठ 39; Liverpool Standard and General Commercial Advertiser, 22 August 1848.

34. डॉ. बृजकिशोर शर्मा, राजस्थान में किसान एवं आदिवासी आंदोलन, राजस्थान हिंदी ग्रंथ अकादमी, जयपुर, 9वाँ संस्करण, 2019, पृष्ठ 41.

35. The Mahi Kantha Directory Vol. I, Liberal Laxmi Printing Press, Rajkot, 1922, PP. 50, 51.

36. Ibid, Page 51.

37. The Rewa Kantha Directory, Vol. I, Printed by Chakubhai Vakhatch and & Dhanji Ramji, Parmar Press, Rajkot, 1922, PP. 9, 10, 11.

38. Ibid, PP. 11, 12, 13.

39. G.N. Sharma (Edited), Social and Political Awakening Among the tribals of Rajasthan, Centre For Rajasthan Studies, University of Rajasthan, Jaipur, 1947, Page 12.

40. NAI/CIA/File 4/13 December 1858/New Delhi/Letter from the Sir R Shakespeare addressed to the AGG for CI.

41. Bell's Weekly Messenger, 9 April 1859.

42. Empire (Sydney), 20 December 1859.

43. Adelaide Observer (SA), 28 May 1859.

44. NAI/CIA/ 382/1859/New Delhi/ 7th March 1889/letter from the Political Commissioner of Gujrat, address to the AGG, CI and NAI/CIA/594/1859, 4th April 1859/letter from the Political Agent, Rewa Kanta address to the AGG, CI.

45. The Age (Melbourne), 11 September 1860 and The Age (Melbourne), 27 June 1865.

46. डॉ. बृजकिशोर शर्मा, राजस्थान में आदिवासी एवं किसान आंदोलन, पृष्ठ 43.

47. वही.

48. NAI/CIA/File 686/1863/New Delhi/ 20 August 1863, Letter from the AGG of Rajputana to AGG for CI.

49. NAI, CIA, Malwa Agency, File No. 287/1863.

50. NAI, CIA, Malwa Agency, File No. 290/1864.

51. Bombay Gazette, 24 February 1864.

52. Bombay Gazette, 22 February 1865.

53. डॉ. बृजकिशोर शर्मा, राजस्थान में आदिवासी एवं किसान आंदोलन, पृष्ठ 43.

54. NAI, Foreign/Political/File Nos. 90-92, May 1868.

55. National Archive of India, Foreign Department/Political-A, File No. 38/August 1867, Delhi.

56. Morning Post, 7 April 1868; The Homeward Mail, 23 March 1868.

57. Homeward Mail from India, China and the East, 10 March 1868; The Homeward Mail, 23 March 1868.

58. Morning Post, 7 April 1868; Bombay Gazette, 11 April 1868; The Homeward Mail, 23 March 1868.

59. Glasgow Herald, 18 June 1868.

60. डॉ. बृजकिशोर शर्मा, राजस्थान में आदिवासी एवं किसान आंदोलन, पृष्ठ 43.

61. वही, पृष्ठ 43, 44

62. Times of India, 7 February 1873.

63. The Sydney Mail and New South Wales Advertiser (NSA) 7 August 1875.

64. Exmouth Journal, 10 July 1875.

65. NAI, Foreign Department/ Political/ File-2, May 1873, Part B.

66. The Sydney Mail and New South Wales Advertiser (NSA) 1 January 1876, Page 9.

67. Sheffield Independent, 12 April 1881.

68. Issues in Modern India History for Sumit Sarkar, edited by Biswamoy Pati, Popular Prakashan, Mumbai, 2000, PP. 75, 76, 84; Times Of India, 19 April 1881; NAI, Foreign Department, Political A, File No. 313-334, August

1881, New Delhi.

69. Ibid, PP. 76, 77.

70. Ibid, PP. 76, 77, 78, 80, 81, 82, 83.

71. Ibid, Page 84.

72. The Star, 21 April 1881.

73. Issues in Modern India History for Sumit Sarkar, edited by Biswamoy Pati, Popular Prakashan, Mumbai, 2000, Page 84.

74. Homeward Mail from India, China and the East, 29 January 1880.

75. National Archive of India, Foreign Department, Political-A, August 1881, No.313-334, Delhi.

76. Issues in Modern India History for Sumit Sarkar, edited by Biswamoy Pati, Popular Prakashan, Mumbai, 2000, PP. 86, 88, 89.

77. Nottingham Evening Post, 30 May 1881.

78. National Archive of India, Foreign Department, Political-A, August 1881, No.313-334, Delhi.

79. The Homeward Mail, 27 February 1882, Page 198.

80. National Archive of India, Foreign/Internal/File No. 52-55, 1890, Delhi.

81. National Archive of India, Foreign Department, Political-A, August 1881, No.313-334, Delhi.

82. Aberdeen Evening Express, 25 July 1881; NAI, Foreign Department, Political- A, File No. 313-334, August 1881, New Delhi.

83. National Archive of India, Defence/A/1900-08/File Defence-A-1900-August-60-66, Delhi.

84. Times of India 07 September 1881, page 2.

85. The Scotsman, 30 September 1899, page 9.

86. The Church Missionary Intelligencer, Volume 51, page, 558. 1900.

87. Evening news (Sydney) 28 June 1900.

88. North Devon Gazette, 21 November 1899.

89. Margins of Faith: Dalit and Tribal Christianity in India, edited by Rowena Robinson, Joseph Marianus Kujur, Page 214, Sage Publications, India, 2010.

(The Chappania Famine (1899-1900) hit the Bhils very hard. 'The loss of life from starvation and disease was terrible, and was made worse by looting, for many were killed in defending their homes, and the survivors were left without food or the means wherewith to buy it.' The commanding officer of the Bhil Corps wrote, 'Every palm tree has been cut down, pounded between stones, and eaten and now only the black rocks and sun-baked mud are left. All cattle are dead or eaten, and water is dried up in nearly all the wells.' Thompson who threw himself into relief works for the Bhils died of the cholera that followed. The successors of Thompson continued the work and reaped fruits in the form of conversion of a number of Bhagats) (cited by Lobo 1991: 43).

90. The Star, 24 April 1900.

91. Surrey Mirror, 22 June 1900.

92. Evening news (Sydney), 28 June 1900.

93. Bradford Daily Telegraph, 13 September 1899 .

94. Homeward Mail from India, China and the East, 5 May 1900.

95. Englishman's Overland mail, 12 October 1899.

96. Yorkshire Post and Leeds Intelligencer, 30 September 1899; Homeward Mail from India, China and the East, 16 October 1899.

97. Englishman's Overland Mail, 7 June 1900.

98. NAI, Home Department/Public-B/File no. 315-317/October 1901, Delhi.

99. V.K. Vashisth: The Bhil Revolt of 1913 under Guru Govindgiri, Proceeding of the Indian History Congress, Vol. 52(1991) PP. 522-523; Belfast Telegraph, 25 February 1914.

100. Homeward Mail from India, China and the East, 18 March 1872; Edinburgh Evening News, 11 January 1876; Pall Pall Gazette, 3 April 1872.

101. सुभाष चन्द्र कुशवाहा, कबीर हैं कि मरते नहीं, अनामिका प्रकाशन, इलाहाबाद, 2020, पृष्ठ 77.

102. Homeward Mail from India, China and the East, 18 March 1872; Edinburgh Evening News, 11 January 1876; Pall Pall Gazette, 3 April 1872.

103. V.K. Vashisth: The Bhil Revolt of 1913 under Guru Govindgiri, Proceeding of the Indian History Congress, Vol. 52 (1991) PP. 522-523; Belfast Telegraph, 25 February 1914.

104. G.N. Sharma (Edited), Social and Political Awakening Among the tribals of Rajasthan, Centre For Rajasthan Studies, University of Rajasthan, Jaipur, 1947, Page 9; Rima Hooja, Rajasthan A Concise History, Rupa Publications India Pvt. Ltd., 2018, Page 711.

105. Stephen Puchs, Messianic Movements In Primitive India, Asian Folklore Studies, Vol. 24, No.1 (1965) PP. 50, 51, 52.

106. V.K. Vashisth: The Bhil Revolt of 1913 under Guru Govindgiri, Proceeding of the Indian History Congress, Vol. 52 (1991) PP. 522-523. Homeward Mail from India, China and the East, 27 December 1913.

107. V.K. Vashisth: The Bhil Revolt of 1913 under Guru Govindgiri, Pro-

ceeding of the Indian History Congress, Vol. 52 (1991) PP. 523, 524; Belfast Telegraph, 25 February 1914; The Rewa Kanta Directory (revised edition) Vol. I, 1922, Parmar Press, Rajkot, Page 25.

108. The Bhil Revolt of 1913 under Guru Govindgiri, Proceeding of the Indian History Congress, Vol. 52 (1991) Page 524; Belfast Telegraph, 25 February 1914; Rajasthan District Gazetteers, Banswara, K.K. Sahgal, Directorate, District Gazetteers, Government of Rajasthan, Jaipur, 1974, Page 34; The Rewa Kanta Directory (revised edition) Vol. I, 1922, Parmar Press, Rajkot, Page 25.

109. Homeward Mail from India, China and the East, 27 December 1913.

110. V.K. Vashisth: The Bhil Revolt of 1913 under Guru Govindgiri, Proceeding of the Indian History Congress, Vol. 52 (1991) Page 524; Belfast Telegraph, 25 February 1914; Rajasthan District Gazetteers, Banswara, K.K. Sahgal, Directorate, District Gazetteers, Government of Rajasthan, Jaipur, 1974, Page 34; The Rewa Kanta Directory (revised edition) Vol.I, 1922, Parmar Press, Rajkot, Page 25.

111. Homeward Mail from India, China and the East, 6 December 1913; V.K. Vashisth: The Bhil Revolt of 1913 under Guru Govindgiri, Proceeding of the Indian History Congress, Vol. 52 (1991) Page 525; Belfast Telegraph, 25 February 1914; The Rewa Kanta Directory (revised edition) Vol. I, 1922, Parmar Press, Rajkot, Page 25.

112. Rajasthan District Gazetteers, Banswara by K.K. Sehgal, Directorate, District Gazetteers, Government of Rajasthan, Jaipur, 1974, Page 34; Report on the Administration of the Dungarpur State for the Samvat year 1970-71 (A.D. 1913-14), Published by Authority Rawalpindi, Printed by J.R. Thapar & Sons At the Egerton Press, Page 4.

113. सुभाष चन्द्र कुशवाहा, अवध का किसान विद्रोह, राजकमल प्रकाशन, 2018, पृष्ठ 146.

114. V.K. Vashisth: The Bhil Revolt of 1913 under Guru Govindgiri Among the Bhilssouthern range and its impact, Proceeding of the Indian History Congress, Vol. 52 (1991-92) Page 525, New Delhi, 1992, Published by Prof. K.M. Sharimali and Indian History Congress, Department of History, University of Delhi.

115. Daily Herald, 13 February 1914, Birmingham Mail, 13 February 1914, Glove, 13 February 1914, Western Mail, 13 February 1914; Belfast Telegraph, 25 February 1914; Londonderry Sentinel, 19 February 1914; The Rewa Kanta Directory (revised edition) Vol. I, 1922, Parmar Press, Rajkot, Page 26; Rajasthan District Gazetteers, Banswara by K.K. Sehgal, Directorate, District Gazetteers, Government of Rajasthan, Jaipur, 1974, Page 34.

116. https://www.indiatoday.in/magazine/special-report/sto-

ry/20120910-jallianwala-bagh-in-gujarat-brutal-tribal-massacre-gujarat-rajasthan-border-759622-1999-11-30; Stephen Puchs, Messianic Movements In Primitive India, Asian Folklore Studies, Vol. 24, No.1 (1965), PP. 52, 53.

117. सुभाष चन्द्र कुशवाहा, कबीर हैं कि मरते नहीं, अनामिका प्रकाशन, प्रयाग, 2020, पृष्ठ 60.

118. Social and Political Awakening Among The Tribals of Rajasthan, Ed. G.N. Sharma, Centre for Rajasthan Studies, University of Rajasthan, Jaipur, 1986, Page 9.

119. Dumfries and Galloway Standard, 25 March 1939.

120. Stephen Puchs, Messianic Movements In Primitive India, Asian Folklore Studies, Vol. 24, No. 1 (1965) Page 53.

121. National Archive of India, Home/ Political/File no. 300/1921, A Fort Nightly Memorandum of the internal situation in Rajputana for the period ending, 31 August 1921, New Delhi.

122. डॉ. बृजकिशोर शर्मा, राजस्थान में किसान एवं आदिवासी आंदोलन, राजस्थान हिंदी ग्रंथ अकादमी, जयपुर, 9वाँ संस्करण, 2019, पृष्ठ 108, 109.

123. पृथ्वी सिंह महता, हमारा राजस्थान, हिंदी भवन, जालंधर और इलाहाबाद, 1950, पृष्ठ 358.

124. डॉ. बृजकिशोर शर्मा, राजस्थान में किसान एवं आदिवासी आंदोलन, राजस्थान हिंदी ग्रंथ अकादमी, जयपुर, 9वाँ संस्करण, 2019, पृष्ठ 109; Homeward Mail from India, China and the East, 18 March 1872.

125. डॉ. बृजकिशोर शर्मा, राजस्थान में किसान एवं आदिवासी आंदोलन, राजस्थान हिंदी ग्रंथ अकादमी, जयपुर, 9वाँ संस्करण, 2019, पृष्ठ 109.

126. सुभाष चन्द्र कुशवाहा, अवध का किसान विद्रोह, राजकमल प्रकाशन, नई दिल्ली, 2018, पृष्ठ 246.

127. डॉ. बृजकिशोर शर्मा, राजस्थान में किसान एवं आदिवासी आंदोलन, राजस्थान हिंदी ग्रंथ अकादमी, जयपुर, 9वाँ संस्करण, 2019, पृष्ठ 110, 111, 112; British Library London, Foreign and Political Department, File No. 954-International secret/1923, Reference: IOR/R/1/1/1419.

128. British Library London, Foreign and Political Department, File No. 954-International secret/1923, Reference: IOR/R/1/1/1419.

129. Pall Mall Gazette, 11 March 1922; Woman's Dreadnought, 15 April 1922.

130. British Library London, Foreign and Political Department, File No. 954-International secret/1923, Reference: IOR/R/1/1/1419.

131. Pall Mall Gazette, 11 March 1922; Woman's Dreadnought, 15 April 1922.

132. British Library London, Foreign and Political Department, File No. 954-International secret/1923, Reference: IOR/R/1/1/1419.

133. National Archive of India, Home/Political/April 1922/File No. 18 Part

I, Delhi.

134. Ibid.

135. British Library London, Foreign and Political Department, File No. 954-International secret/1923, Reference: IOR/R/1/1/1419.

136. Ibid.

137. Woman's Dreadnought, 15 July 1922, Page 6; National Archive Of India, Foreign and Political Department, File No. 428P (secret), 1923, New Delhi.

138. British Library London, Foreign and Political Department, File No. 954-International secret/1923, Reference: IOR/R/1/1/1419.

139. Ibid; Woman's Dreadnought, 15 July 1922, Page 6; National Archive Of India, Foreign and Political Department, File No. 428P (secret), 1923, New Delhi.

140. British Library London, Foreign and Political Department, File No. 954-International secret/1923, Reference: IOR/R/1/1/1419.

141. Ibid.

142. Ibid; Woman's Dreadnought, 15 July 1922, Page 6; National Archive Of India, Foreign and Political Department, File No. 428P (secret), 1923, New Delhi.

143. National Archive of India, Home/ Political/File No. 300/1921, A Fort Nightly Memorandum of the internal situation in Rajputana for the period ending, 31 August 1921, New Delhi; Woman's Dreadnought, 15 July 1922, Page 6; National Archive of India, Foreign and Political/File No. 428 P (secret)/1923, Delhi.

144. British Library London, Foreign and Political Department, File No. 954-International secret/1923, Reference: IOR/R/1/1/1419.

145. Woman's Dreadnought, 15 July 1922, Page 6.

146. Ibid.

147. Ibid, PP. 6-7.

148. British Library London, Foreign and Political Department, File No. 954-International secret/1923, Reference: IOR/R/1/1/1419.

149. National Archive of India, Foreign and Political/File No. 428 P (secret)/1923, Delhi; राजस्थान राज्य अभिलेखागार, उदयपुर कान्फिडेंशियल रिकॉर्ड्स, फाइल नं. 40, बस्ता नं 4.

भाग-3

British Library, File Photo 92/11 (127), Tantia Bhil

British Library, File Photo 92/11 (127), Tantia Bhil

अध्याय-9 टंट्या भील : द ग्रेट इंडियन मूनलाइटर

खानदेश एवं मालवा के सभी ज्ञात भील मुखियाओं से भिन्न, एक ऐसा भील योद्धा, खंडवा और निमाड़ भील क्षेत्र में उभरा, जिसकी जनपक्षधरता, उदारता, दुस्साहस के किस्से, भारत और भारत की सीमाओं के बाहर गूँजते रहे। संचार के सीमित साधनों के युग में, उस योद्धा को पूरी दुनिया में जाना और पढ़ा गया। गरीबों के प्रति मानवीय और उदार नीतियों के कारण उसे सराहा गया। इस प्रतिष्ठित भील नायक को यद्यपि सारे के सारे ब्रिटिश दस्तावेज 'कुख्यात डकैत' के नाम से संबोधित करते हैं मगर उसके चारित्रिक आदर्शों की भूरि-भूरि प्रशंसा भी करते हैं। यहाँ तक कि ब्रिटिश इंडिया के वायसराय ने 1886 में भारत सचिव को लिखे अपने पत्र में उसकी ख्याति का उल्लेख किया था।[1]

प्रस्तुत अध्याय में उसी योद्धा- तंट्या या टंट्या जैसे साहसिक, गरीब हितैषी और सामंत विरोधी भील नायक के बारे में चर्चा की जाएगी। उस योद्धा से संदर्भित तमाम घटनाओं का सिलसिलेवार यहाँ जिक्र किया जाएगा। अँग्रेजों के मन-मस्तिष्क में भारतीय रॉबिनहुड के नाम से विख्यात टंट्या को अँग्रेजी अखबारों और अभिलेखों में Tantia लिखा गया है।[2] प्रस्तुत पुस्तक में हम तंट्या या टंट्या लिख रहे हैं।

टंट्या अब तक के सभी भील मुखियाओं से एकदम भिन्न प्रवृत्ति के थे। वह जागीरदार या सामंती वंश-परंपरा वाले भील मुखिया नहीं थे। उनकी हैसियत एक सामान्य गरीब भील की थी। गरीब भीलों की उदारतापूर्वक मदद करने और ब्रिटिश ताकत को 11 वर्षों तक छकाने के कारण उनकी ख्याति पूरी दुनिया में फैली। उनके दुस्साहसिक किस्से एग्लो-इंडियन, ऑस्ट्रेलियाई, न्यूजीलैंड और अमेरिकी अखबारों में छप रहे थे। चीन के सुप्रसिद्ध विद्रोही, थे दोइ वान (The Doi Van) की लंबे समय बाद हुई गिरफ्तारी की तुलना भारत के टंट्या भील की गिरफ्तारी से की गई थी।[3]

अँग्रेज कहते थे कि टंट्या अचानक गायब हो जाने वाला और अचानक प्रकट हो जाने वाला ऐसा डकैत था, जो स्थानीय निवासियों के मस्तिष्क में दैवीय ताकत का आनंद देता था।[4]

पाठकों को यह जानकर आश्चर्य होगा कि टंट्या को जिन अँग्रेज अफसरों ने गिरफ्तार किया था, उन्होंने भी उससे हुई मुलाकात, बातचीत और संस्मरण को आदर के साथ पूरी दुनिया को बताया। नेशनल लाइब्रेरी ऑफ ऑस्ट्रेलिया में रखे डिजिटल अखबारों में प्रमुखता से टंट्या भील के रोचक संस्मरण मिलते हैं। मेलबर्न से प्रकाशित लीडर अखबार ने Some adventures with an Indian Dacoit, शीर्षक से 5 मई 1906 से धारावाहिकों का प्रकाशन शुरू किया तो सिडनी से प्रकाशित अखबार, वर्ल्ड न्यूज ने 1936 में कई किस्तों में- 'Exploits of Tantia Bheel' शीर्षक से लीडर में छपी सामग्री को दुबारा प्रकाशित किया। उन धारावाहिक संस्मरणों को टी.एस. गर (Thomas Stuart Gurr) ने लिखा था। संस्मरणों का नाट्य रूपांतरण करते हुए लेखक ने कुछ स्थानों एवं व्यक्तियों के नामों में परिवर्तन किया है। इसलिए उस प्रकाशित सामग्री को तत्कालीन समय में टंट्या की शोहरत और उसके किस्सों को एक लोकनायक की लोकगाथा के रूप में देखा जाना चाहिए। धारावाहिकों की लोकप्रियता का आलम यह था कि प्रकाशकों ने प्रकाशन के पूर्व, विज्ञापन निकाला।[5]

तंट्या भील सेंट्रल इंडिया के गरीब और बेसहारा भीलों के मसीहा थे। जहाँ अँग्रेजों ने उन्हें लुटेरा या डाकू कहकर संबोधित किया, वहीं तमाम विद्वानों ने उन्हें 1857 विद्रोह के बाद, लंबे समय तक मध्य भारत में अँग्रेजों को नाकों चने चबवा देने वाला विद्रोही माना है। वह अनपढ़ भील, साहूकारों, मालगुजारों और अँग्रेजों से बेहद नफरत करते थे। उनमें अद्भुत सांगठनिक क्षमता और साहस था। वह सतपुड़ा पहाड़ियों में अपनी गुरिल्ला युद्ध शैली से अँग्रेज अधिकारियों और उनकी बड़ी सेना को लंबे समय तक छकाते रहे, परेशान करते रहे। जंगलों और पहाड़ों में छिपकर रहने वाले टंट्या, समाज के उपेक्षित जन के मददगार के रूप में प्रकट हुए। वह अमीरों से उनकी अतिरिक्त संपदा को अपने गैंग के बल पर छीनकर गरीबों में बाँट देते थे। भीषण सूखे के समय, मध्य प्रांत के भीलों को रोटी उपलब्ध कराने वाले टंट्या एक मसीहा की हैसियत रखते थे। गरीब भील बेटियों की शादी का खर्च उठाने वाले 'टंट्या मामा', इसी संबोधन से निमाड़ी लोकगीतों में आज भी सम्मान पा रहे हैं।[6]

तत्कालीन समय में गाँव की सत्ता पाटिल और मालगुजारों के हाथों में थी। पाटिल, गाँव का मुखिया था। राजस्व वसूली मालगुजार करते। गाँव के अमीर, साहूकार होते थे। ये सभी गरीब भीलों के वास्तविक शोषक थे। टंट्या इन्हीं शोषकों के दुश्मन थे। वह अमीरों, साहूकारों, मालगुजारों और पाटिलों को लूटते और लूट का धन गरीबों में बाँट देते। उनकी गरीब हितैषी भावना के कारण ही भील समुदाय उन्हें प्यार करता। बागी जीवन और जंगलों में उन्हें खाना उपलब्ध कराता। वह भारत में फैली किसी 'क्रिमिनल कास्ट' का हिस्सा नहीं थे।[7] अपितु शोषक विरोधी समुदाय के थे। वह कई बार अचानक

प्रकट हो जाते जिससे बच्चे डर जाते। हाँ मगर वह बच्चों को डराते नहीं थे। उनके पानी के बरतनों में पैसे डालकर चले जाते थे। कभी वह किसी भील के शादी समारोह में एकाएक प्रकट हो जाते। गहनों से लदी दुल्हन को लूटने के बजाय, वर-वधू के हाथों में पैसे रखकर चले जाते।[8]

टंट्या का जीवन परिचय

टंट्या भील का जन्म, सेंट्रल प्रॉविंस के निमाड़ जिले में बिराड़ा नामक गाँव में 1842 में हुआ था। उनके पिता भाऊ सिंह, खेती-किसानी करके पेट पालते थे। वह बिराड़ा गाँव से थोड़ी दूर, पोखर गाँव में मौरूसी जमीन के काश्तकार थे।[9] एस.सी. वर्मा ने 'द भील किल्स' नामक पुस्तक में तंट्या का जन्म 1844 के आस-पास माना है।[10] मगर 1842 ज्यादा स्वीकार्य है।

बिराड़ा गाँव, पाल गाँव के समीप था जो बुरहानपुर के पश्चिम, सतपुड़ा पर्वत श्रेणी में पड़ता था। पास ही में सुक्ता नदी, घटाखेड़ी गाँव से बहती थी। बिराड़ा में भाऊ सिंह के पिता (तंट्या के दादा) की थोड़ी जमीन थी। तंट्या के दादा ने पोखर गाँव के पाटिल से कर्ज लिया हुआ था। कर्ज लेते समय, पोखर गाँव की जमीन गिरवी रखनी पड़ी थी। ब्याज के एवज में उन्हें पाटिल के खेत में काम करना पड़ता था जिससे मूल धन बढ़ने न पाए। जब भाऊ सिंह के पिता का देहांत हो गया तो पाटिल ने गिरवी रखी जमीन हथिया ली। दुखी होकर भाऊ सिंह ने पोखर गाँव छोड़ दिया और अपनी पत्नी जिवनी के साथ बिराड़ा गाँव में आकर रहने लगे। भाऊ सिंह परिश्रमी थे। जड़ी-बूटियों से इलाज भी करते थे। दोनों पति-पत्नी ने पाटिल से पट्टे पर जमीन लेकर खेती करना शुरू किया। उनका बेटा तंट्या भी उनके साथ खेत में जाने लगा। वह तीर-धनुष से खेलने, फल तोड़ने और पक्षियों का शिकार करने लगा था।[11] बचपन से तंट्या होनहार था। वह जल्द ही बच्चों के साथ खेल-खेल में धनुष चलाने में निपुण हो गया।[12]

तंट्या का पालन-पोषण गरीबी में हुआ था। सूखा पड़ने से पट्टे पर खेती करने वाले किसानों के पास, लगान चुकाने के बाद, कुछ बचता न था। लिहाजा भाऊ और जिवनी भूखे रहने लगे। तंट्या के बचपन में ही, अभाव और बीमारी के चलते माँ का देहांत हो गया। भाऊ सिंह की स्थिति दिन-प्रतिदिन खराब होने लगी। तंट्या के बड़े होते ही उन्होंने उसे हल चलाना सिखा दिया।[13]

वह 24 साल के थे जब हल चलाने लगे थे। एक दिन जब वह हल चला रहे थे तभी बिराड़ा गाँव में शोर सुनाई दिया। उन्होंने गाँव की ओर देखा। एक बेकाबू पागल भैंसा लोगों को मारने के लिए चारों ओर दौड़ा रहा था। तंट्या हल चलाना छोड़, उसकी ओर एक डंडा लेकर दौड़े। तंट्या की ओर जब भैंसा पलटा तब तंट्या ने भैंसे के दोनों

सींग पकड़कर उसे जमीन पर पटक दिया। उनकी बहादुरी देख लोग चकित रह गए।[14]

पोखर गाँव की पैतृक जमीन कर्ज की वजह से पाटिल ने हथिया ली थी। अब भाऊ सिंह, शिवा पाटिल के साथ संयुक्त रूप से उस जमीन पर खेती कर पेट पालने लगे। इस प्रकार तंट्या ने अपने पिता के साथ जिन खेतों में काम करना शुरू किया वो पाटिल के थे और वे किरायेदार के रूप में खेती कर रहे थे। उसी समय भाऊ सिंह का देहांत हो गया। उस समय तंट्या की उम्र लगभग 30 वर्ष की थी। पिता की मृत्यु के समय बिराड़ा गाँव की जमीन का लगान बकाया हो जाने के कारण पाटिल ने उन्हें जमीन से बेदखल कर दिया। ऐसी स्थिति में तंट्या पोखर आकर शिवा पाटिल के यहाँ नौकर के रूप में उनके जानवरों की देखभाल करने को मजबूर हुए। पिता के साथ संयुक्त रूप से काम करते समय पाटिल के प्रति अच्छी छवि थी मगर पिता के देहांत के बाद, पाटिल को मजबूरी का फायदा उठाते देख, उनकी यह धारणा बदल गई।[15]

टंट्या का प्रारंभिक जीवन : पहली जेल यात्रा

पोखर गाँव, बिराड़ा के उत्तर में था। पास में छेगाँव पुलिस थाना था। दोनों में 8 मील का फासला था। पोखर की भिक्की या भिकाई नामक लड़की से उसकी शादी बचपन में हो चुकी थी। शिवा पाटिल के यहाँ मजदूरी करते हुए तंट्या ने अपनी पैतृक जमीन का बकाया लगान चुकाने की बात की, जिसको शिवा पाटिल ने हड़प लिया था। पाटिल का इरादा जमीन मुक्त करने का नहीं था। उसके इरादे को समझकर, नहाल जैसे दोस्तों की राय पर तंट्या ने खंडवा तहसील में शिकायत की। ब्रिटिश सरकार जमींदारों के विरुद्ध नहीं जाती थी लिहाजा तहसील का फैसला पाटिल के पक्ष में रहा। नाराज तंट्या ने एक दिन अपनी पुश्तैनी जमीन पर काम कर रहे पाटिल के नौकर को लाठी से पीट दिया।[16]

इस घटना ने पाटिलों को सतर्क कर दिया था। पोखर के पास भुईफल गाँव था जहाँ का जमींदार हिम्मत पाटिल था। हिम्मत पाटिल और शिवा पाटिल, दोनों रिश्तेदार थे। हिम्मत पाटिल के पुलिस से अच्छे संबंध थे। उसके इशारे पर शिवा ने तंट्या पर चोरी और उठाईगीरी का झूठा आरोप लगाया। 1871 में पुलिस आई और तंट्या गिरफ्तार हो गया। असिस्टेंट कमिश्नर, निमाड़ के यहाँ आई.पी.सी. की धारा 411 के तहत मुकदमा चला। न्यायालय में हिम्मत पाटिल ने झूठी गवाही दी और टंट्या को दो साल के सश्रम कारावास की सजा हुई। बाद में सेशन कोर्ट ने निचली अदालत का फैसला रद्द कर दिया। यह देख शिवा पाटिल ने फिर थाने में चोरी की शिकायत दर्ज कराई। पुलिस फिर 'बदमाश' तंट्या को पकड़कर ले गई। कोर्ट में हिम्मत पाटिल ने एक बार फिर झूठी गवाही दी और निचली अदालत ने 1873 में एक साल की कठोर सजा सुना दी। तंट्या को नागपुर सेंट्रल जेल भेज दिया गया।[17]

एक साल की कठोर सजा काटने के बाद तंट्या जेल से पोखर आए। इस बीच उनकी बीवी और बच्चों को उनके साले ने मदद की थी। पोखर गाँव के उत्तर में 'नौ गजा पीर' की नौ गज लंबी मजार थी। आम लोगों का यह विश्वास था कि मुश्किल में सूफी संत, नौ गजा पीर मदद करते हैं। जेल से वापस आकर उन्होंने नौ गजा पीर की मजार के पास निवास बनाया। उन्होंने नौ गजा पीर से अपनी जमीन वापस पाने की मन्नत माँगी। वह फिर शिवा पाटिल के पास गए और बोले कि दादा का बकाया लगान वह चुका देगा मगर उसका खेत उसे वापस दे दिया जाए। चालाक और मृदुभाषी पाटिल उसे आश्वासन देकर अपने खेत पर काम कराने लगा। पाटिल की एक विधवा बेटी थी, जिसका नाम जसोदा था। वह तंट्या से आठ-दस वर्ष छोटी थी। तंट्या की पत्नी भिक्की और जसोदा सहेलियाँ थीं। जसोदा को अपने बाप के इरादे नेक नहीं लगते थे। वह जानती थी कि उसका बाप जमीन नहीं लौटाएगा। वह चोरी-छिपे तंट्या को खाना देती रहती।[18]

जेल से तंट्या को आए अभी तीन माह बीते थे कि जसोदा से उसके अवैध संबंध की चर्चा पूरे गाँव में होने लगी।[19] लोग कहते कि दोनों में प्रेम संबंध है। गाँव के लोगों ने एक भील से हिंदू राजपूत की बेटी के संबंधों को हवा देकर पंचायत बुलाई और पाटिल को जाति से बाहर कर दिया। यह देख तंट्या ने उनकी भैंसों के कान काट दिए। उन्हें धमकाया। धमकाने का यह असर हुआ कि दुश्मन नरम पड़ गए और मात्र सौ रुपये का जुर्माना लेकर पाटिल को पुन: जाति में शामिल कर लिया गया।[20]

दूसरी जेल यात्रा के बाद बागी टंट्या

पोखर गाँव का माहौल ठीक न रहा। एक बार फिर तंट्या ने अपने दोस्त नहाल से राय कर, गाँव छोड़ने का मन बनाया। पोखर गाँव खंडवा तहसील में पड़ता था, जिस पर अँग्रेजों का शासन था। वहीं पास में हीरापुर गाँव था जो होल्कर रियासत में पड़ता था। तंट्या हीरापुर गाँव में बीवी-बच्चों सहित आकर मजदूरी करने लगा। वहाँ उसकी दोस्ती बिजनिया से हुई जो पास के खजूरी गाँव का रहने वाला था। बिजनिया स्वभाव से बड़ा क्रूर, देखने में भयानक और काले पहाड़ के समान बड़ा बलवान था। इसी बीच हीरापुर के पास, बारी गाँव में चोरी की एक घटना हुई। तंट्या का नाम पहले ही पुलिस रिकॉर्ड में बदमाश के रूप में दर्ज था। इसलिए शक के आधार पर 1878 में टंट्या और बिजनिया को गिरफ्तार किया गया। गिरफ्तार करने आई पुलिस से बिजनिया की हाथापाई हुई। उन्हें खंडवा लाया गया। अदालत में मुकदमा चला। चोरी का आरोप तो नहीं सिद्ध हुआ मगर हाथापाई करने के अभियोग में दोनों को तीन-तीन महीने की सजा हुई। उनके निवास स्थान को देखते हुए तंट्या को जबलपुर जेल में और बिजनिया को खंडवा जेल में भेज दिया गया।[21]

दूसरी बार सजा काटकर तंट्या जेल से बाहर आए। इन दोनों घटनाओं ने तंट्या को विद्रोही बनाने का परिवेश तैयार किया। वह सोचने लगे कि उनकी गरीबी और मजबूरी के कारण पाटिल अकारण झूठे मामलों में फँसा रहे हैं। उन्होंने तय किया कि अब ब्रिटिश क्षेत्र में नहीं रहना। वह वहाँ से होल्कर रियासत के गाँव सिआरो में बीवी-बच्चे के साथ आ गए। यहाँ पर उन्हें एक और दोस्त मिला- दौल्या। यहाँ बिजनिया भी कभी-कभार मिलने आ जाता था। उधर पोखर और आस-पास गाँवों के पाटिलों (जमींदार) की ईर्ष्या बनी हुई थी। वे तंट्या को रास्ते से हटाने का कुचक्र रचा करते थे। एक बार पोखर के पास के एक गाँव में सुभान भील के यहाँ चोरी हुई। चोरी का माल पास के गाँव के जालिम के यहाँ बरामद हुआ। हिम्मत पाटिल और दूसरे राजपूतों के कहने पर जालिम ने पुलिस को बता दिया कि यह माल तंट्या ने लाकर रखा है। तंट्या को इस षड्यंत्र का पता चल गया। वह दो बार जेल जा चुका था। अब उन्होंने फरार होने का सोचा और बीवी-बच्चे को समझाकर, सिआरो गाँव से भागकर सतपुड़ा के घने जंगलों और पहाड़ियों में प्रवेश कर गए। उन्होंने बिजनिया और दौल्या को भी जंगल में बुला लिया। तंट्या ने देखा कि ईमानदारी से एक भील का जीवन नहीं चल सकता। पाटिल उन्हें जीने नहीं देंगे तो उन्होंने लूट और डकैती की ओर कदम बढ़ा दिया। वह अपने साथियों के साथ जीवनयापन के लिए छोटी-मोटी चोरियाँ करने लगे। उनके साथी, बिजनिया ने अपना खजूरी गाँव नहीं छोड़ा था। वह अपने बाल-बच्चों सहित वहीं रहता और कभी-कभी तंट्या से जंगल में आकर मिला करता। समय-समय पर वे पोखर के लोगों के यहाँ चोरी करते। पोखर के गाँव वालों से उनकी नाराजगी स्वाभाविक थी। पोखर गाँव का कोई व्यक्ति जंगलों में सफर करता तो वे उसे रोक लेते। जब उनका वारिस या कोई व्यक्ति, माँगी रकम पहुँचा देता तो वे उसे छोड़ देते। यह सिलसिला बहुत दिनों तक चलता रहा।[22]

इस प्रकार शिवा और हिम्मत पाटिल के उत्पीड़न की वजह से तंट्या और उसके साथी अपराधी जीवन की ओर जा चुके थे। जाहिर था, अब वे उन्हें माफ नहीं करने वाले थे। जंगल में तंट्या सुक्ता नदी के किनारे, शिवा बाबा के मंदिर के पास एक गुफा में रहने लगे थे। एक दिन पोखर गाँव से मंदिर तक आने वाली पगडंडी पर पोखर के भिका पाटिल का भाई कालू आता दिखा। तंट्या पोखर के लोगों से नाराज थे इसलिए उन्होंने कालू को बंदी बना लिया।[23] उन्होंने कालू को 6 दिन बंदी बनाए रखा। बाद में कालू के पिता, सरदार पाटिल और उसके भाई भिका ने नहाल के माध्यम से तंट्या से संपर्क कर सौ रुपये देकर कालू को मुक्त कराया था।[24]

तीसरी बार जेल और 24 दिसंबर 1878 की रात्रि में खंडवा जेल से फरारी

कालू के मुक्त होने के बाद तंट्या के पुराने दुश्मन, शिवा और हिम्मत पाटिल डर गए थे। उन्होंने तंट्या को जेल में डालने का षड्यंत्र जारी रखा। एक दिन सरदार पाटिल के बेटे, मोहन को हिम्मत पाटिल ने तंट्या की खोज में सिआरो गाँव भेजा। वहाँ से वह तंट्या की तलाश में पास के जंगल में गया। सरदार पाटिल, शिवा और हिम्मत पाटिल का रिश्तेदार था। तंट्या के पास जाकर मोहन रोने लगा कि मेरे घर वाले ठीक बर्ताव नहीं कर रहे हैं इसलिए मैं आपके पास आया हूँ। अब यहीं रहूँगा। कुछ दिन जंगल में रहने के बाद मोहन ने तंट्या से अनुरोध किया कि वह पोखर चलकर मेरे माँ-बाप को समझा दे। तंट्या, मोहन के कुचक्र में फँस गया और अपने साथियों के साथ पोखर आया। वहाँ उसके मित्र नहाल ने खातिर की। तंट्या के आने की खबर मिलते ही सरदार पाटिल, मोहन और कुछ अन्य लोग सुबह-सुबह तंट्या के पास पहुँचे। सरदार ने चापलूसी कर तंट्या को धोखा देने के इरादे से कहा कि वह उसके पूर्व के सभी अपराधों को माफ कराने में मदद करेगा। सरदार ने तंट्या को अपने घर चलने को कहा जिससे वह तंट्या के पक्ष में कागज पर हस्ताक्षर कर सके। यह सुनकर तंट्या, सरदार के घर चला गया।[25] वहाँ पहले से ही पुलिसवाले घात लगाए बैठे थे। उन्होंने तंट्या को पकड़ लिया और उन्हें खंडवा जेल ले गए। उसी दिन डकैत दौल्या और निहाल को भी पकड़कर खंडवा जेल लाया गया। दूसरे दिन तंट्या के मुख्य सहायक बिजनिया को घर में सेंध लगाने के मामले में गिरफ्तार कर खंडवा जेल लाया गया। इस प्रकार 1878 में तंट्या बदमाशी के आरोप में फिर पोखर से गिरफ्तार हुए।[26]

24 दिसंबर 1878 की शाम को निमाड़ कोर्ट में मजिस्ट्रेट की हवालात में तंट्या को लाया गया जहाँ दौल्या, निहाल और बिजनिया मिले। यह तीसरी बार था जब वह कोर्ट में लाए गए थे। मजिस्ट्रेट ने अपनी पहली बैठक में ही अभियुक्तों को अपराधी ठहरा दिया और अगले दिन फैसला सुनाने के लिए मामला स्थगित कर दिया।[27]

तीनों अभियुक्त जेल चले गए। झूठी गवाही देने वाले हिम्मत पाटिल से तंट्या ने खुली कचहरी में निमाड़ी में कहा था- 'पाटिल दाजी, म्हारो नाँव तंट्या छे, मख पहीचाणी ल्यों। आज तो धोखासी मख फँसाई दीयो पण याद राख जो म्हारो नाँव तंट्या छे।'[28]

गवाहियों और सबूतों के बाद दूसरे दिन जज साहब सजा सुनाने वाले थे परंतु तीनों ने जेल के अंदर अन्य 10 भीलों को सजा काटते देखकर भागने की युक्ति सोची। दोपिया की सहायता से अपनी कोठरी के ऊपर छेदकर, धोती बाँधी और जेल की 15 फुट दीवार फाँदकर, रात बारह बजे, सुरक्षा को तोड़ते हुए सभी भील कैदी भाग निकले। यह घटना 24 दिसंबर 1878 की रात की है। भागते हुए तंट्या ने पुलिस वालों को ललकारते हुए

कहा- 'देखो, टंट्या अपने साथियों को लेकर जा रहा है। जेकी माय ने सोंठ खाई होय ती मख पकड़ि ले!' यानी टंट्या जा रहा है, जिसने माँ का दूध पिया हो, वह मुझे पकड़े! उसके बाद से तंट्या, टंट्या बन गए थे। यानी अब वह सतपुड़ा के जंगलों के बागी बन चुके थे।[29]

जेल का आपातकालीन घंटा, घंटों घनघनाया। दूरस्थ पुलिस चौकियों पर भी घंटे बजे। मीलों घोड़े दौड़ाए गए मगर कोई हाथ नहीं आया। पहाड़ी, जंगल और घाटियों को पार करते हुए सुबह तक कैदी 60 मील दूर निकल गए थे और अब पूरी तरह सुरक्षित थे। जंगल में उन्होंने जेल बैज को काट फेंका। पूरे दिन वे चलते रहे और शाम होने पर डेरा डाला। दौल्या एक गाँव में गया जहाँ एक कपड़ा बेचने वाला था। कपड़ा बेचने वाले पति-पत्नी ने टंट्या का नाम सुनते ही पहनने के लिए कपड़े बना दिए। वहाँ से दौल्या ने 13 लोगों के लिए पर्याप्त कपड़ा लिया। वहाँ से उसे खाने-पीने के लिए मांस और शराब भी मिल गया। कुछ वर्षों बाद टंट्या उस कपड़ा व्यापारी के पास फिर गया था और उसके अच्छे व्यवहार के बदले धन दिया था। टंट्या की यह विशेषता थी कि वह जिन गाँवों से खाने-पीने का सामान लेते, उन्हें मदद भी करते थे। वह किसी भी मददगार भील को नुकसान नहीं पहुँचाते। यही कारण था कि भील उन्हें अपना देवता मानते थे।[30]

निमाड़ के लोग सदियों से सामंती जुल्मों से आक्रांत थे। राजपूत और मुसलमान सरदारों, फिर मराठों, शिंदे और होल्कर, सबने निमाड़ियों को लूटा था। अँग्रेजों ने मराठों से इस क्षेत्र को लेने के बाद पूर्वी निमाड़ (खंडवा) और पश्चिमी निमाड़ (खरगोन) में विभक्त कर दिया था। पूर्वी निमाड़ पर ब्रिटिशों की और पश्चिमी पर होल्कर की हुकूमत थी।[31]

अब निमाड़ जिले के गाँव-गाँव और घर-घर में टंट्या का नाम गूँजने लगा था। ब्रिटिश सरकार उन्हें भयानक डाकू मानने लगी थी। देखा जाए तो टंट्या डाकू थे मगर नीच व्यक्ति नहीं थे। वह दरिद्रों को छूते नहीं थे, उनकी मदद करते थे। वह निर्दय भी नहीं थे। उन्होंने अपनी लूट से हजारों अनाथ और असहायों की सेवा की। वह शत्रु के काल, अँग्रेजों के विरोधी, कंजूसों के दुश्मन और पुलिस के पुलिस थे। जहाँ उनके दुश्मन रहते थे, जहाँ उनको पकड़ने का षड्यंत्र रचा जाता, जहाँ पुलिस के सहायक रहते, वही स्थान टंट्या का लीला स्थल होता।[32]

यहाँ से टंट्या का दूसरा स्वरूप दिखाई देता है। वह और उनके साथी यह समझ चुके थे कि पाटिलों को उनका सिर उठाना स्वीकार नहीं है। भीलों का सदियों से शोषण होता आया है। जंगल के मूल निवासियों का कत्लेआम कर ही सामंतों की कोठियाँ भरी हुई हैं। उनके अंदर विद्रोह की चिंगारी फूट पड़ी और उन्होंने जल्द अपने साथियों की संख्या बीस तक कर ली।[33] जंगलों में भील जनजातियाँ, टंट्या गैंग का नाम सुनते ही खाने-पीने

की व्यवस्था कर देती थीं। इसलिए वह कभी भी भीलों को नुकसान नहीं पहुँचाता। इसी बीच छिपते-छिपाते टंट्या, अपनी पत्नी से जाकर मिल आते और उनके खाने-पीने की व्यवस्था कर देते।[34]

अब वह विद्रोही डकैतों का नायक बन चुके थे। उसी समय सामपुरा गाँव के नाम्या चमार ने दौल्या को एक तलवार, चाकू और पैर में पहनने के जूते दिए। टंट्या का साहस बढ़ चुका था। उन्होंने सीवना से खंडवा के डिप्टी कमिश्नर को चुनौती देने वाला संदेश भेजा कि वह अब पुलिस का आदेश नहीं मानेगा। उसके बाद उनकी टोली सतपुड़ा पहाड़ियों में घूमने लगी। चिखेली गाँव के सुनार को लूटा गया। सुंदरेल गाँव के पाटिल को बिजनिया और टंट्या जानते थे, जो होल्कर रियासत में पड़ता था। वे दोनों पाटिल के पास आए। पाटिल ने उन्हें 16 रुपये की मदद की। हरबंसपुर के जेसू पाटिल ने टंट्या को अपने खेत में आसरा दिया, जहाँ वह एक हफ्ते रुके। चलते समय जेसू ने कुछ पैसे भी दिए। टंट्या, केलवण में नबी बख्श मिस्त्री के पास आए जो बंदूकें बनाता था। टंट्या ने उससे 19 रुपये में एक बंदूक खरीदी।[35]

6 अप्रैल 1879, पनाली नदी की घटना : पहली लूट

6 अप्रैल 1879 को वह और उसके साथी, बंदूकों के साथ खंडवा बाजार की ओर बढ़े। जिस रास्ते से वे जा रहे थे, वह दोनों ओर से जंगलों से घिरा था और सामान्यतः आम लोगों के इस्तेमाल में नहीं आता था। तभी पनाली नदी के पास, उन्होंने देखा कि एक बैलगाड़ी उनकी ओर आ रही है। उसमें शादी का सामान रखा था और दो लोग बैठे थे। उनमें से एक का नाम सरदार और दूसरे का रामजी था। टंट्या गिरोह को हथियार सहित देखकर वे दोनों अपनी जान बचाने के लिए गाड़ी छोड़कर भाग खड़े हुए। गाड़ी में जो भी माल था, उसे टंट्या ने अपने साथियों में बाँट दिया। यह उसकी पहली लूट थी। उसके बाद वे खंडवा बाजार पहुँचे। रात में वहीं रुक गए। अगले दिन पुनः अपनी यात्रा प्रारंभ की। टंट्या का उद्‌देश्य अपने भील समुदाय को यह बताना था कि वह जेल से फरार हो चुका है। अपने इलाके के विभिन्न हिस्सों में भ्रमण करने के बाद वह फिर खंडवा बाजार लौटे। उसके बाद वह कई दिनों तक यात्रा करते रहे। एक दिन यात्रा के दौरान उन्होंने एक और गाड़ी देखी जो उनकी ओर आ रही थी। उसमें दो व्यक्ति बैठे थे। एक का नाम नाना और दूसरे का भगवान था। टंट्या के साथियों ने जब उनसे सवाल किया तो उनमें से एक टंट्या का नाम सुनकर नाराज हुआ और ठीक से जवाब नहीं दिया। यह देख टंट्या ने गाड़ी में रखा माल लूट लिया। जब भगवान ने लड़ने की कोशिश की तो उसको बुरी तरह से पीटा गया। इस मामले में पुलिस ने अपराधियों का पता लगाने की बहुत कोशिश की मगर सफलता नहीं मिली। संदेह के आधार पर छह लोगों को पकड़ा गया था जिन्हें

मजिस्ट्रेट ने साक्ष्यों के अभाव में छोड़ दिया था।[36]

भुईफल के हिम्मत पाटिल की हत्या : 25-26 अप्रैल 1879 की रात्रि

एक रात में तंट्या ने शिवा पाटिल, सरदार पाटिल और अन्य राजपूतों के घरों को जलाकर राख कर दिया। 25 अप्रैल 1879 को रात्रि 9 बजे, टंट्या अपने 16 साथियों के साथ भुईफल गाँव आया जिनमें से एक के हाथ में बंदूक और बाकी के हाथों में तलवारें थीं। हिम्मत पाटिल यहाँ का प्रभावशाली जमींदार था जिसने निमाड़ कोर्ट में टंट्या के खिलाफ झूठी गवाही दी थी। एक डरावना शोर हिम्मत के घर के पास सुनाई दिया। टंट्या के साथियों ने दरवाजा तोड़ दिया और पाटिल के घर में घुस गए। घर के दरवाजे और खिड़कियाँ तोड़ने लगे। गाँव वाले भी भयभीत और बेचैन थे। कुछ डर के मारे भाग गए थे मगर टंट्या का उद्‌देश्य, मात्र हिम्मत पाटिल को सबक सिखाना था, गाँव वालों को नहीं। हिम्मत पाटिल की पत्नी और बच्चों को भी उन्होंने कोई नुकसान न पहुँचाने का निर्देश दे रखा था। उनके निर्देश पर हिम्मत पाटिल को शयनकक्ष से पकड़कर घसीटते हुए लाया गया। टंट्या की आँखों में झूठी गवाही देने के कारण गुस्सा उबल रहा था। उन्होंने बिजनिया की ओर देखा जो अपनी बंदूक लोड किए हुए खड़ा था। टंट्या के इशारे पर बिजनिया ने हिम्मत पाटिल पर गोली चला दी। टंट्या के साथियों ने पाटिल के घर को पूरी तरह से लूट लिया। उसके बाद लून जी पटेल के घर गए, उसे भी लूटा और आग लगा दी। उसके बाद टंट्या बोरी गाँव आए जहाँ का लम्बरदार नाना पटेल उनका हितैषी था। वह दिन निकलने के पूर्व, 26 अप्रैल 1879 की भोर में फरार हो गए। जख्मी हिम्मत पाटिल खंडवा लाया गया जहाँ दूसरे दिन उसकी मृत्यु हो गई। प्रशासन ने इस घटना को गंभीरता से लिया मगर उसकी खुफिया पुलिस टंट्या तक पहुँच न सकी जबकि भुईफल से छेगाँव थाना मात्र 3 मील दूर था। इसी कांड के कारण बाद में बिजनिया को फाँसी हुई और लम्बरदार नाना पटेल को आजीवन कारावास। सन् 1881 में नाना पटेल ने जबलपुर जेल से भागने की कोशिश की मगर पुलिस की गोली से मारा गया। भुईफल की घटना के बाद लगातार एक महीने में वैसी अठारह घटनाएँ हुईं।[37]

19 दिसंबर 1879 को टंट्या और बिजनिया फिर प्रकट हुए। चिचखेड़ा के पटेल के घर को लूटा और फिरौती लेने के वास्ते पटेल को साथ लेते गए। बागमार के पास पटेल भागने में सफल रहा। 17 जनवरी 1880 को यह गैंग हरास्वाड़ा में फिर प्रकट हुआ जो छेगाँव पुलिस स्टेशन के पास था। गैंग के सदस्य गहरे रंग के कोट और लाल पगड़ी में थे। इससे गाँव वालों को पुलिस दल का भ्रम हुआ। टंट्या ने पुलिस के रूप में प्रभावशाली लोगों के घरों की तलाशी ली और एक बनिया को लूटा।[38]

दौल्या की गिरफ्तारी : जनवरी, 1880

जनवरी, 1880 की बात है। एक रात एक मालगुजार ने सूचना दी कि टंट्या अपने दर्जनों समर्थकों के साथ जंगल में सोए हुए हैं। पुलिस अधिकारी ने अपने सौ जवानों को लिया और बताए गए स्थान पर छापा मारा। उन्होंने आसानी से सोते हुए भीलों को पकड़ लिया। पुलिस वाले बहुत खुश हुए कि उन्होंने टंट्या को पकड़ लिया लेकिन कोर्ट ले जाने पर उन्हें पता चला कि वह टंट्या नहीं, अपितु उसका एक सरदार, दौल्या है। जब टंट्या को पता चला कि मालगुजार की सूचना पर दौल्या और उसके कुछ समर्थकों को पुलिस ने पकड़ लिया है, वह क्रोधित हुए और अपने समर्थकों को बटोरकर मालगुजार के घर जा पहुँचे।[39]

दौल्या पकड़ा जा चुका था। गैंग में दौल्या की जगह जल्द ही महदिया ने ले ली। कभी-कभी बिजनिया और महदिया अलग-अलग तो कभी टंट्या के साथ लूटमार करते। महदिया ने 7 फरवरी 1880 को जमठि में, 12 को जीरावन में, 14 को कल्पत में, 19 को लचोरा तथा 20 को नवरा में डकैती डाली। बिजनिया ने होशंगाबाद जिले में 23 फरवरी को कला में, 27 को पाडालिया में तथा 28 को निमाड़ जिले के हप्ला में डकैती डाली। टंट्या ने निमाड़ जिले के औलिया और कोलादित में क्रमश: 25 और 29 फरवरी को, 2 मार्च को पाबई, पाचंबा, टकली और भंडरिया में डकैतियाँ डाली थीं।[40]

ब्रिटिश अफसरों के सामने एक साथ कई आफतें आईं मगर वे टंट्या का सुराग पाने में असफल रहे। फरवरी, 1880 के अंत में इब्राहिम बेग जैसे ऑफिसर को निमाड़ में विशेष ड्यूटी पर गुप्त रूप से टंट्या को पकड़ने की जिम्मेदारी दी गई जो जासूसी टीम का इंस्पेक्टर था। उसने मार्च, 1880 में 96 भीलों को गिरफ्तार किया जिनमें से 80 पर मुकदमा चला। उसने एक ऐसे भील का पता लगाया जिसका एक जूता, पिछली डकैती में घटनास्थल पर छूट गया था। उस भील कैदी ने बीस डकैतियों में अपनी संलिप्तता स्वीकारी मगर टंट्या या उसके सरदारों के बारे में कोई सुराग न दिया। उसके आरोपों के आधार पर बहुत से भील पकड़े गए और दो सौ के आस-पास भीलों को कठोर सजाएँ हुईं। 7 मार्च 1880 को टंट्या ने बेल्थर और गोंदरी में डाके डाले। अप्रैल, 1880 में महदिया पकड़ लिया गया मगर बिजनिया और टंट्या भागने में सफल रहे।[41]

दौल्या को हिम्मत पाटिल की हत्या के अपराध में आजीवन काला पानी की सजा सुनाई गई थी और जबलपुर जेल भेज दिया गया था। जिस दिन यह सजा सुनाई गई, उसी दिन टंट्या द्वारा उस अपराधी मालगुजार के घर डकैती डाली गई। मालगुजार मार दिया गया और उसकी सारी संपत्ति लूट ली गई। पुलिस हर प्रयास करके भी टंट्या का सुराग लगा पाने में असफल रही थी।[42]

भुईफल के मालगुजार हिम्मत पाटिल की हत्या के मामले में दौल्या को आजीवन

कारावास की सजा होने के बाद डिप्टी कमिश्नर निमाड़ ने कमिश्नर नर्मदा डिवीजन को 1 सितंबर 1880 को बताया था कि मारे गए मालगुजार का बेटा गोविंदा अब मालगुजार है। गाँव की कुल आय साढ़े सैंतीस रुपये में उसका आठ आना यानी आधा हिस्सा है। घर में हिम्मत पाटिल की विधवा, उसके तीन बेटे, बेटों की तीन पत्नियाँ और उनसे सात बच्चे हैं। इस पत्र से स्पष्ट होता है कि दौल्या को सजा इससे पूर्व यानी अगस्त, 1880 में सुना दी गई थी।[43]

दौल्या का जेल से फरार होना : मई, 1880

मई, 1880 की बात है, मध्य रात्रि में जबलपुर सेंट्रल जेल के खतरे की घंटी बजने लगी।[44] एक दिन सुबह, जबलपुर जेलर के ऊपर वज्रपात हुआ। जेलर ने पाया कि दौल्या सहित अन्य सात भील कैदी जेल से भाग चुके थे। ऐसा दूसरी बार हुआ था। उन सात भीलों में से तीन भील, जिनमें दौल्या और उसका साथी हिरिया शामिल थे, रात-दिन भागते रहे। अंततः वे अपने मुखिया टंट्या तक पहुँच गए। टंट्या की खुशी का ठिकाना न रहा।[45]

निमाड़ में आकर दौल्या ने एक बार फिर अपने गैंग में जान फूँक दी। अब टंट्या ने अपने क्षेत्र का विस्तार किया और वह इंदौर स्टेट, इलीचपुर और होशंगाबाद जिलों में डकैतियाँ डालने लगा। टंट्या ने अपने सरदारों के नेतृत्व में कई टोलियों का गठन किया था। वह अपने कार्यक्रम पहले से तय कर लेते थे। एक टोली एक स्थान पर डाका डालती तो दूसरी टोली, दूसरे दिन, दूसरे स्थान पर कई मील दूर डाका डालती। वह अपनी करतूतों से पुलिस को छकाते रहते। सेंट्रल इंडिया के एजेंट, सर लापेल ग्रिफिन (Lapel Griffin) के निर्देशन में टंट्या को गिरफ्तार करने का पूरा प्रयास किया गया मगर वह हाथ नहीं आए। शुरू में उनको गिरफ्तार कराने वाले के लिए 500 रुपये का इनाम घोषित किया गया मगर उन्हें भीलों का समर्थन मिलते रहने के कारण सफलता न मिली। टंट्या अमीरों से लूटे गए माल को गरीबों में बाँट देते इसलिए उनको प्रशासन की सभी गुप्त सूचनाएँ मिलती रहतीं। जंगल में उन्हें भीलों द्वारा भोजन भी उपलब्ध कराया जाता। जहाँ उनके द्वारा परेशान करने की कहानियाँ सुनने को मिलतीं वहीं सैकड़ों स्त्रियों और बच्चों के प्रति दया भाव रखने की भी चर्चाएँ होतीं। उन्होंने एक बार एक ब्राह्मण से 100 रुपये लेने के लिए अधमरा कर दिया और फिर उसमें से एक रुपया देकर छोड़ दिया। वह अनेक गरीब लोगों की बेटियों की शादी का खर्च स्वयं उठाते थे इसलिए बच्चे उन्हें 'टंट्या मामा' कहा करते थे।[46]

बरूर गाँव में टंट्या : बिजनिया की गिरफ्तारी, 13 सितंबर 1880

23 जून 1880 को छेगाँव पुलिस स्टेशन से तीन मील फासले पर बरूर गाँव में टंट्या और बिजनिया आए। उन्होंने मालगुजार के घर का पता पूछा। पुलिस को खबर मिली तो वह सक्रिय हुई। यह देखकर टंट्या और बिजनिया पास के जंगल में छिप गए। एक दिन उन्होंने चिचखेड़ा के मालगुजार से आटा माँगा तो उसने नहीं दिया था। इस पर टंट्या ने उसका घर लूट लिया और उसे रस्सी से बाँधकर जंगल में ले गया मगर मालगुजार चालाकी से भाग निकला। गाँव आकर उसने पुलिस को खबर कर दी। छेगाँव पुलिस स्टेशन से हंसबरा गाँव एक मील दूर था। टंट्या और उसके साथियों ने पुलिस वर्दी में वहाँ आकर पाटिल को धमकाया और बोले कि यहाँ का बनिया गरीबों को लूटता है। उसके बाद टंट्या के दल ने बनिया का घर लूट लिया। हंसबरा गाँव के लोग भागकर जब छेगाँव थाने पहुँचे, तब पता चला कि वह पुलिस वर्दी में डाकू टंट्या था। टंट्या ने मालगुजारों और साहूकारों को लूटा और फिर बरूर गाँव आ गया। वहाँ उन्होंने बरूर गाँव के मालगुजार के घर के लोगों को निकालकर आग लाग दी। टंट्या और बिजनिया के खौफ के मारे मालगुजार ने इस घटना की खबर खंडवा जिला पुलिस प्रमुख को नहीं दी, जो मामले की जाँच में आए थे। उसने बहाना बना दिया कि घर की ढिबरी से आग लग गई थी।[47]

बरूर में आग लगाने के बाद टंट्या और बिजनिया, होल्कर रियासत के खरगोन की ओर चले गए थे। इब्राहिम बेग ने होल्कर की सरहद पर पुलिस बल तैनात किया। खबर मिली कि टंट्या शिवना गाँव में आता-जाता है। वहाँ के पाटिल से उसकी दोस्ती है। शिवना से खजूरी गाँव नजदीक था जो बिजनिया का गाँव था। वहाँ भी पुलिस का पहरा रहता। होल्कर रियासत के बाहर, कुंदवाड़ा गाँव के मालगुजार पर टंट्या को शक था कि वह वफादार नहीं है। 23 जुलाई 1880 को उन्होंने 10 सशस्त्र जवानों के साथ मालगुजार के घर धावा बोला और 900 रुपये लूट लिए।[48]

30 जुलाई 1880 को शालिपुरा में और 31 जुलाई को सेग्वल में डकैती डाली। जिला पुलिस अधीक्षक ने अब टंट्या के विरुद्ध अभियान की कमान स्वयं सँभाली। निमाड़ पुलिस बल में 50 जवानों को बढ़ाया तथा होल्कर दरबार से सहयोग करने को कहा गया। कुछ दिनों की शांति के बाद 27 अगस्त 1880 को पारेठा में और 28 अगस्त को रायपुरा में डकैतियाँ पड़ीं। ये दोनों स्थान ताप्ती बेसिन में सतपुड़ा पहाड़ियों में पड़ते थे। इंस्पेक्टर बेग की जगह अब इंस्पेक्टर शेर अली तैनात हो चुके थे जो दूसरे दिन घटनास्थल पर पहुँचे और गैंग की तलाश शुरू की। उन्होंने गैंग के एक सदस्य को पकड़ने और लूटे हुए कुछ माल को बरामद करने में सफलता पाई। बाकी सदस्य जंगल में भागने में सफल रहे।[49]

1880 के आस-पास सूखा पड़ा। खंडवा के माल-मवेशी और भीलों पर आपदा आ गई। सरकार निमाड़ के लोगों की कोई मदद नहीं कर पा रही थी। साहूकार ज्यादा कीमत पर अनाज बेच रहे थे। ऐसे समय पर टंट्या ने अनाजों को लूटकर भीलों की मदद की। खंडवा के साहूकार की अनाज से भरी गाड़ी लूट ली और गाँव वालों को अनाज बाँट दिया। उसकी यही उदारता, निमाड़ के भीलों के बीच उसे टंट्या मामा के रूप में स्थापित कर चुकी थी। छेगाँव थाने के अंतर्गत संगवारा गाँव की संगवारा नदी के किनारे, करौंदों के झुरमुट में टंट्या के दो सरदारों को बातचीत करते देखा गया था। 13 सितंबर 1880 को जासूस ने पुलिस को खबर कर दी। तुरंत शेर अली, हथियारों से सुसज्जित टुकड़ी लेकर रवाना हुए। उन्होंने कॉन्स्टेबल इमाम खान, बद्री खान, सिहोरी, राम दयाल और उमेद अली के साथ बिजनिया और मेदिया को घेर लिया। दोनों ने अपनी तलवारों से भयंकर मुकाबला किया। मेदिया घायल हो गया और पकड़ लिया गया। बिजनिया असाधारण ताकत के साथ लगातार दो घंटे तक जूझता रहा। तभी अमीर, हेड कॉन्स्टेबल सूरज प्रसाद, कॉन्स्टेबल बसंत सिंह और जग्गर ने उस पर आक्रमण कर दिया और बिजनिया को एक बंदूक और एक तलवार के साथ गिरफ्तार कर लिया गया। दोनों को लोहे की साँकल से बाँधकर और गाड़ी में डालकर खंडवा लाया गया। बिजनिया ने अपना नाम टंट्या बता दिया और चारों ओर खबर फैल गई कि टंट्या गिरफ्तार कर लिया गया है। उन्हें देखने के लिए रेलवे स्टेशन पर चारों ओर से भील जमा हो गए थे। चारों ओर से शेर अली को मुबारकबाद मिलने लगी मगर सुबह लोगों ने बताया कि यह टंट्या नहीं है। ब्रिटिश सरकार ने भुईफल के मालगुजार सहित तीन गाँवों के मालगुजारों को और उनमें से दो गाँवों के लोगों को 500 रुपये का इनाम दिया जिन्होंने बिजनिया के बारे में सूचना दी थी। तीनों मालगुजारों को मालखाने से एक-एक बंदूक और तलवार, आजीवन लाइसेंस के साथ दी गई। एक महीने का अतिरिक्त वेतन अमीर वल्द चीफ कॉन्स्टेबल मुहम्मद हुसैन, कॉन्स्टेबल बसंत सिंह और जग्गर को दिया गया। दो महीने का वेतन कॉन्स्टेबल इमाम खान, बद्री खान, सिहोरी, राम दयाल और उमेद अली को दिया गया जिन्होंने वास्तव में बिजनिया को खोजा।[50]

मेदिया और बिजनिया पर खंडवा कोर्ट में मुकदमा चला। मेदिया को आजीवन कारावास की सजा हुई मगर हिम्मत पाटिल की हत्या के अपराध में बिजनिया को फाँसी की सजा सुनाई गई। बिजनिया ने टंट्या के साथ, भुईफल गाँव में डाका डाला था इसलिए उसे वहीं फाँसी देने का निर्णय लिया गया।[51]

इंदौर मार्ग से तीन मील दूर एक गाँव चिचगोहन में एक कंजूस व्यापारी रहता था जो कभी भी जन सहायता में एक पैसा खर्च नहीं करता था। एक रात टंट्या ने अपने कुछ साथियों के साथ उसके घर को लूट लिया। होल्कर पुलिस, यह जानते हुए कि यह कृत्य

टंट्या का है, कुछ कर नहीं पाई। उस घटना के कुछ ही दिन बाद टंट्या के प्रिय साथी बिजनिया की फाँसी हुई थी।[52] बिजनिया को पकड़ने के बाद ही 28 सितंबर 1880 को मि. ए. हावेल, कमिश्नर नर्मदा डिवीजन ने सचिव, चीफ कमिश्नर सेंट्रल प्रॉविंस को लिखा था कि टंट्या के बारे में जानकारी देने वालों के लिए भी कम-से-कम 1,500 रुपये का इनाम घोषित कर देना चाहिए।[53]

एक बार फिर टंट्या ने निमाड़ जिले में प्रवेश किया। 11 अक्टूबर 1880 को देवाला को और 20 नवंबर 1880 को हिमगीर के पटेल को लूटा। पटेल अपनी बंदूक के साथ रात में फसलों की रखवाली कर रहा था। 27 नवंबर को उसने बलवाड़ा जंगल के पास एक गावली के गहने लूटे। 7 जनवरी 1881 को उसने चिचगाँव के बनिया को लूटा।[54]

बिजनिया को फाँसी

28 फरवरी 1881 को बिजनिया की फाँसी, एक पेड़ पर लटकाकर दी गई थी। उसके हजारों भील समर्थक अंतिम समय में भुईफल में उपस्थित थे। दो दिन तक बिजनिया की लाश पेड़ पर लटकती छोड़ दी गई जिससे अन्य को आतंकित किया जा सके। इस घटना से टंट्या बहुत दुखी हुआ था। सरकार, टंट्या के कुछ मुख्य सरदारों को दंडित करने में सफल रही मगर अभी भी वह टंट्या तक नहीं पहुँच पाई थी। बाध्य होकर ब्रिटिश सरकार ने होल्कर महाराज से टंट्या को पकड़ने में मदद करने को कहा।[55]

ज्यूडिशियल एडमिनिस्ट्रेशन (क्रिमिनल), सेंट्रल प्रॉविंस की 1880 की रिपोर्ट में कहा गया था कि टंट्या और बिजनिया ने निमाड़ सीमा से बाहर, राजपूताना सीमा तक उपद्रव मचा रखा था। वर्ष 1880 में 37 डकैतियाँ पड़ीं जिनमें से 21 डकैतियाँ बिजनिया और टंट्या भील के नेतृत्व में निमाड़ जिले में डाली गई थीं।[56] 1880 में टंट्या को गिरफ्तार करने का इनाम 500 रुपये घोषित किया गया था जिसे जुलाई 1882 में बढ़ाकर 1,000 कर दिया गया। इसके अलावा होल्कर दरबार ने अपनी ओर से 500 रुपये इनाम की घोषणा की थी। इस प्रकार कुल इनाम राशि 1,500 हो गई थी।[57]

धार के महाराज ने सेंट्रल इंडिया, गर्वनर जनरल के एजेंट को टंट्या भील को पकड़ने के लिए इनाम के 1,000 रुपये ब्रिटिश सरकार को सौंपे।[58] 1880 में टंट्या के खिलाफ पुलिस ने ताबड़तोड़ छापेमारी की। सेंट्रल प्रॉविंस के आई.जी. पुलिस, मेजर एम.एम. बोई (Bowie) जो बाद में कर्नल हो गए, को पूर्व के अधिकारियों ने राय दे दी कि टंट्या का गुरूर टूट चुका है। उसे अब कोई सहयोग नहीं दे रहा। 1881 में आँकड़ों के हिसाब से जरूर मात्र 13 डकैतियाँ पड़ीं मगर उनमें से 7 डकैतियाँ उसके गृह जनपद निमाड़ में ही पड़ीं।[59]

होल्कर राज के इंस्पेक्टर शेर अली ने बिजनिया को फाँसी के फंदे तक पहुँचाया था।

इससे उनका उत्साह बढ़ गया था। इसी बीच वह एक दिन खंडवा रेस्ट हाउस में ठहरे हुए थे। तभी एक बूढ़ा व्यक्ति चौकीदार से मिला और बोला कि वह साहब से मिलना चाहता है। चौकीदार ने शेर अली को बताया। शेर अली ने उसे बुला लिया। बूढ़े ने शेर अली से कहा, 'हजूर! मैं खजूरी गाँव का रहने वाला हूँ।' शेर अली को पता था कि वह बिजनिया का गाँव है। बूढ़े चाचा ने कहा, 'वो शैतान था। हजारों को बरबाद किया उसने। आपने उसे सजा-ए-मौत दिलाई, मेरा घर बरबाद किया था उस शैतान ने। मेरे जैसे बहुत लोग दुआ दे रहे हैं आपको।' इतना कहकर चाचा थोड़ा रुके। साहब के विचारों का अंदाज लगाकर फिर बोले, 'और एक बात बतानी है सरकार! जब तक टंट्या नहीं पकड़ा जाता, मुझे चैन नहीं आएगा। सरकार! आप इस गरीब पर भरोसा करेंगे तो मैं उसके अड्डे का पता बता दूँगा।' यह सुन शेर अली सतर्क हुए। 'टंट्या का अड्डा!' शेर अली को लगा जैसे चाचा को अल्ला ने भेजा है। 'कल सुबह निकलेंगे चाचा! आप जो बता रहे हैं अगर वह सच निकला तो सरकार आपको...' शेर अली बोले।

अगले दिन शेर अली ने कुछ चुनिंदा सिपाहियों को लिया और पौ फटते ही निकल पड़े। वह पंधाना थाने से आगे निकल गए जहाँ पहाड़ियाँ फैली हुई थीं। रास्ता खत्म हुआ तो इक्का वहीं छोड़ना पड़ा। शेर अली घोड़े पर सवार हुए। आगे जब घाटी शुरू हो गई तो वह घोड़े से उतरकर चाचा के साथ पैदल चलने लगे। दोपहर हुई। पहाड़ धूप से तप रहे थे। शेर अली एक घाटी से दूसरी घाटी में घूम रहे थे। चाचा किसी जवान आदमी जैसा चल रहा था जबकि शेर अली थक गए थे। उनके साथ चल रहे सिपाही पीछे रह गए थे।

'और कितनी दूर है अड्डा, चाचा?' शेर अली ने खीझकर पूछा।

'बस वह चट्टान है न, उसकी खाई में है।' खाई के किनारे चाचा रुके। 'साहब, एक बात पूछूँ?' बूढ़े की भाषा और आवाज बदल गई थी। शेर अली ने अचरज से उसकी ओर देखा। 'अभी अगर टंट्या खाई से ऊपर आ जाए तो क्या करेंगे?' शेर अली जब तक कुछ समझते, चाचा ने उनकी पिस्तौल छीन ली थी। 'मैं ही टंट्या हूँ। अब क्या करेंगे साहब! क्या इनाम दूँ आपको? इस घाटी में फेंक दिया तो कुत्ते-भेड़िए खा जाएँगे। मगर मैं ऐसा नहीं करूँगा। आपको जान प्यारी हो तो कपड़े उतार दीजिए और पीछे देखे बिना भाग जाइए।' शेर अली ने देखा कि उनके साथ चलने वाले सिपाहियों पर भीलों ने हमला कर दिया था। इस प्रकार शेर अली ने अपने कपड़े उतारकर टंट्या के सामने रखे और भागते-भागते पंधाना थाने पहुँचे।[60]

कोदबार नामक गाँव का पटेल, टंट्या के बारे में ब्रिटिश पुलिस को सूचना पहुँचाता था। टंट्या ने उसे सबक सिखाने के लिए 1 अप्रैल 1881 को उसके घर पर धावा बोला और उसे लूट लिया। उसके सभी रिश्तेदारों को भी लूटा। घायलों ने थाने में शिकायत की मगर कुछ नहीं हुआ। कुछ दिन तवा नदी के किनारे के जंगलों में शांत पड़े रहने के

बाद टंट्या ने 4 अप्रैल को मंडला गाँव के आस-पास अनेक डकैतियाँ डालीं। टंट्या का सिद्धांत था कि वह ऐसे किसी व्यक्ति के यहाँ डकैती नहीं डालते, जिसने उन्हें नुकसान न पहुँचाया हो या जो उनसे नफरत न करता हो। इन डकैतियों के बारे में कोई सुराग, शेर अली नहीं ढूँढ पाए मगर सुरवारी गाँव के ऐसे तीन लोगों को गिरफ्तार किया जिन्होंने टंट्या को शरण दी थी। उन पर मुकदमा चला और टंट्या के अपराध में सहभागिता का अपराधी मानते हुए उन्हें तीन-तीन साल के सश्रम कारावास की सजा हुई। 4 अप्रैल को ही टंट्या का गैंग सहेजला पहुँचा। उसने सुरवारी के मालगुजार से मंत्रणा की। मालगुजार ने उसे 50 रुपये दिए। जासूसों ने पुलिस को खबर कर दी। पुलिस ने मालगुजार को पकड़ा और पूछताछ की। मालगुजार ने माना कि कुछ लोग आए थे मगर वे कौन थे, वह नहीं जानता और न उसने उन्हें पैसे दिए थे। पुलिस के गवाहों के आधार पर डिप्टी कमिश्नर ने मालगुजार को 6 माह की सश्रम सजा सुनाई।[61]

अप्रैल 1881 के अंतिम सप्ताह में खंडवा जिले के दो गाँवों में टंट्या ने दिन में डकैतियाँ डालीं। ये दोनों गाँव जी.आई.पी. (ग्रेट इंडियन पेनिनसुला) रेलवे लाइन के पास पड़ते थे। डर के मारे ज्यादातर गाँव वाले भाग गए थे। मालगुजार की बीवी ने चाबी देने से मना किया तो उसके साथ कठोरता का व्यवहार किया और गर्म लोहे की छड़ से दागा। घटना के बाद गाँव वालों ने डर के मारे पुलिस को कुछ नहीं बताया।[62]

एक महीना होल्कर क्षेत्र में आराम करने के बाद टंट्या ने अपने साथियों के साथ 4 मई 1881 को निमाड़ जिले के बागदा गाँव में डकैती डाली। कुछ दिन बाद बेरिया चेकपोस्ट के जासूस ने सूचना दी कि टंट्या को हथियारों से लैस, अंबा गाँव से गुजरते देखा गया है। हेड कॉन्स्टेबल ने मालगुजार से मंत्रणा कर उस दिशा में प्रस्थान किया मगर टंट्या गिरोह लापता हो गया था।[63]

इसके कुछ ही दिन बाद, अंबा के मालगुजार के यहाँ डकैती पड़ गई। मालगुजार के घर पर पिछली डकैती के समय से ही एक कॉन्स्टेबल की तैनाती थी। टंट्या ने अंबा पहुँचकर कॉन्स्टेबल को बुलाया और मालगुजार का घर छोड़कर जाने को कहा। जब कॉन्स्टेबल नहीं माना तो उसके हाथ-पाँव बाँध दिए। हथियार छीन लिया। डकैती डालने के बाद जब वह अपने दल के साथ जाने लगा तो उसने उस कॉन्स्टेबल के हाथ-पाँव खोल दिए।[64] अंबा की डकैती के बाद उसने ताप्ती के दक्षिण में गावली गाँव, बेल्थर और देड़तालाई में 22 मई 1881 को डकैती डाली। पूरब की ओर बरार सीमा पार कर कमलखार में डकैती डाली। उसके बाद टंट्या ने फिर निमाड़ जिले में प्रवेश कर महाराजा होल्कर के क्षेत्र में पहुँचकर कुछ दिन आराम किया। डकैतों की तलाश में पुलिस झक मारती रही और अंत में उन दो भीलों को पकड़ा, जिन्होंने होरा (Heora) गाँव में टंट्या को शरण दी थी।[65]

खागड़ा गाँव के नाई के घर

6 सितंबर 1881 को टंट्या होल्कर क्षेत्र के खागड़ा गाँव में उस नाई के यहाँ जा पहुँचा जो जासूसी का काम करता था। नाई घर पर नहीं मिला मगर उसका जवान बेटा हाथ लग गया। उससे 25 रुपये तुरंत वसूले। 250 रुपये और वसूलने के लिए उसे लेकर जंगल चला गया। हफ्ते भर वह उसे सतपुड़ा पहाड़ियों में एक स्थान से दूसरे स्थान पर घुमाता रहा। एक दिन सतपुड़ा जंगल के गावली गाँव में उसे रखा। जिसके घर में रखा गया था वह एक दिन सो गया और नाई का लड़का भाग निकला। घर आकर उसने पुलिस को सारा हाल बता दिया। पुलिस, नाई के लड़के को लेकर जंगल में टंट्या को ढूँढने निकली परंतु कुछ भी पता नहीं कर पाई। उसके बाद पुलिस, टंट्या के सहयोगियों को सताने लगी। जिन गाँवों में टंट्या आता-जाता, वहाँ चेकपोस्ट बनाई गईं। चेकपोस्ट का खर्च गाँव वालों से वसूला जाता। पुलिस गावली गाँव में भी गई, जहाँ से नाई का लड़का भाग निकला था। उस घर वाले को मजिस्ट्रेट ने 6 मास की सजा सुनाई। महाराजा होल्कर ने अपने अधिकारियों को टंट्या को पकड़ने का निर्देश दिया। अधिकारियों ने टंट्या को ढूँढना शुरू किया। वे ढूँढते-ढूँढते भीलखेड़ी गाँव आए। इस गाँव में एक सुनार रहता था। उससे टंट्या ने कुछ रुपये माँग रखे थे और वह लेने आया था। सुनार ने टंट्या की खातिरदारी की और उसे आराम करने के लिए अलग जगह उपलब्ध करा दी। पैसे ले आने के लिए जाने के बहाने, सुनार ने महाराजा के अधिकारियों को टंट्या के छिपे होने की जानकारी दे दी। उधर टंट्या का गिरोह एक किनारे हथियार रख, बिना किसी आशंका के विश्राम कर रहा था। अधिकारियों ने उन्हें बड़ी आसानी से गिरफ्तार कर लिया और बाँधकर महाराजा के पास लाए। महाराजा और उसे पकड़ने वाले अधिकारियों की खुशी का ठिकाना न रहा। वे सभी ब्रिटिश सरकार से इनाम की आशा करने लगे। ब्रिटिश सरकार ने महाराजा को खासतौर पर टंट्या को गिरफ्तार कर निमाड़ पुलिस को सौंपने को लिखा था। उनकी खुशी तब काफूर हो गई जब उसे बंदी बनाकर निमाड़ लाया गया। वहाँ पता चला कि वह टंट्या नहीं, दौल्या भील है, जो जबलपुर जेल से 1880 में फरार हो गया था।[66]

ब्रिटिश अखबारों में भी इंदौर के पास से टंट्या की गिरफ्तारी की झूठी खबर प्रकाशित हो चुकी थी।[67] इस प्रकार अक्टूबर, 1881 में दौल्या के साथ कुल 8 डकैत गिरफ्तार हुए थे। उन पर मुकदमा चला और सभी को 14-14 साल की कठोर सजा हुई थी।[68]

1881 में कुल 13 डकैतियाँ पड़ी थीं जो 1880 में पड़ीं कुल डकैतियों से 23 कम थीं। केवल निमाड़ क्षेत्र में 1881 में 7 डकैतियाँ पड़ी थीं। जबकि 1880 में यह संख्या 29 थी। इस प्रकार भले ही पुलिस, टंट्या को पकड़ न पाई होमगर इस बात से ही खुश थी कि विगत वर्ष की तुलना में उसने डकैतियों की रफ्तार कम कर दी है।[69]

दौल्या के गिरफ्तार होने के समाचार से टंट्या बहुत दुखी हुआ। सुनार ने पुलिस को खबर दी थी, इससे वह गुस्से में भीलखेड़ी गाँव पहुँचा। उसने सुनार के घर सहित कुल 8 घरों में आग लगा दी। उन सात लोगों के घरों को भी जला दिया, जिन्होंने महाराजा होल्कर के अधिकारियों की मदद की थी। गाँव को लूटा और उसके बाद अंजनगाँव गया और वहाँ बिरुल गाँव को लूटा। अंजनगाँव में महाराजा के पटवारी का डेरा था। वहाँ गाँवों से लगान वसूली का रिकॉर्ड रखा हुआ था। टंट्या ने रिकॉर्ड रूम में प्रवेश कर सारा रिकॉर्ड जला दिया और कहा- 'जब तक टंट्या, महाराज के क्षेत्र में सुरक्षित था तब तक उनके क्षेत्र में डकैती नहीं डालता था। तुम्हारे महाराज ने हमारे खिलाफ व्यूह रचा है। ठीक है। वह ज्यादा चालाक हैं तो एक दिन हम उनकी अवहेलना कर, युद्ध में तलवारों से मिलेंगे। अब महाराज से युद्ध होगा।' यह घटना नवंबर, 1881 के आस-पास की है।[70]

हिरिया की गिरफ्तारी

जब दौल्या गिरफ्तार हुआ था तो इजिराल के निवासियों ने होल्कर के अधिकारियों की मदद की थी। टंट्या ने इस गाँव को भी लूटा और जलाकर खाक कर दिया। 17 दिसंबर 1881 की रात को वह जमाठि गाँव में देखा गया जो निमाड़ में पड़ता था। वहाँ उसने कुछ किसानों से बलपूर्वक रकम वसूली, जैसा कि किसानों ने पहले ही देने का वादा कर रखा था। सूचना मिलते ही पुलिस टंट्या को पकड़ने पहुँची पर हमेशा की तरह टंट्या का गैंग फरार हो गया था। इस घटना के बाद टंट्या का साथी हिरिया पकड़ में आ गया। हिरिया के भाई-बहन के पास से 70 रुपये बरामद हो गए थे। एक जासूस, इंस्पेक्टर नाथे खान, जमाठि आता-जाता था। उसने वहाँ के एक निवासी को अपना दोस्त बना लिया जो उसके निर्देश पर काम करता था। उसने एक दिन हिरिया को अपने घर बुलाया। हिरिया ने खतरे का अंदाजा नहीं लगाया और उसके घर पहुँच गया। वहाँ इंस्पेक्टर और चार सशस्त्र कॉन्स्टेबल पहले से छिपकर बैठे थे। उन्होंने उस पर आक्रमण कर दिया। हिरिया ने भी गोली चलाई। एक कॉन्स्टेबल घायल हो गया लेकिन अंततः हिरिया घायल होकर गिर पड़ा। नाथे खान ने उसे बंदी बना लिया। हिरिया पर मजिस्ट्रेट के यहाँ मुकदमा चला और उम्र कैद की सजा हुई। उसको गिरफ्तार करने वाले अधिकारियों को सरकार ने इनाम दिया। इस बार जेल में उसकी सुरक्षा चौकस कर दी गई थी। वर्ष 1881 गुजर गया था। ब्रिटिश अधिकारी और होल्कर के अधिकारी संयुक्त प्रयास करके भी टंट्या को गिरफ्तार न कर सके थे। जासूस इंस्पेक्टरों ने अब नई नीति पर अनुसरण करने का विचार किया। पकड़े जाने पर हिरिया ने बताया था कि डकैत रोज ठिकाने बदलते रहते हैं। वे बरसात के मौसम को छोड़कर कभी भी लगातार दो रात एक स्थान पर नहीं सोते। वे जहाँ खाना पकाते हैं, उससे एक या दो मील दूर जाकर सोते हैं। एक जिले में स्थायी नहीं

रहते। लूट के बाद होल्कर क्षेत्र में प्रवेश कर जाते हैं। पूरे जिले में भील उनसे सहानुभूति रखते हैं और उन्हें सूचना पहुँचाते रहते हैं।[71]

1882 में पुलिस ने टंट्या के रिश्तेदारों, समर्थकों और उससे संबंध रखने वाले हर प्रकार के लोगों को खंडवा में बुलाया। उन्हें टंट्या को पकड़वाने का प्रलोभन दिया। उनमें से कुछ ने टंट्या का पता लगाने और पकड़वाने का प्रयास करने का आश्वासन भी दिया। उनमें से बीस लोगों को इस काम के लिए चयनित किया गया और बाकी को छोड़ दिया गया। बीस लोगों ने पता लगाकर बताया कि टंट्या होल्कर महाराज के क्षेत्र में पड़ने वाले गाँव तिनसिया में रह रहा है। पुलिस, वहाँ के मालगुजार के माध्यम से तिनसिया की ओर चल पड़ी। रास्ते में पता चला कि मालगुजार, चुपके से गायब हो गया और उसने जाकर टंट्या को बता दिया। टंट्या अपने साथियों सहित भाग गया।[72]

दौल्या और हिरिया के विरुद्ध हिमगिरि गाँव के कुछ लोगों ने गवाहियाँ दी थीं। उनकी गवाही के आधार पर ही दोनों को आजीवन कारावास की सजा हुई थी।[73]

हिमगिरि की लूट और वर्ष 1883 में सर्वाधिक डकैतियाँ

एक पुलिस अधिकारी अपने साथ बहुत से सिपाहियों को लेकर 16 दिसंबर 1882 को टंट्या गिरोह को पकड़ने हीरापुर गाँव में गया परंतु वहाँ उसे टंट्या का कोई सुराग नहीं मिला। तभी उसने कुछ दूरी पर प्रचंड आग जलती देखी। वह हिमगिरि गाँव था। जब्बर सिंह वहाँ का मालगुजार था। वह टंट्या के खिलाफ जासूसी करता था। जब पुलिस अधिकारी, हिमगिरि गाँव के समीप पहुँचा तो पाया कि गाँव को चारों ओर से आग ने घेर लिया था। आतंक के वातावरण में डकैतों ने गाँव को लूट लिया था। लूट के दौरान गाँव के राजपूतों ने अपनी बंदूकों से डकैतों पर आक्रमण किया मगर डकैतों की गोलीबारी में मालगुजार मारा गया और सभी डकैत भाग गए थे। जब गाँव राख में तब्दील हो गया तब पुलिस वहाँ पहुँची तो जब्बर सिंह की लाश पड़ी मिली। इस प्रकार टंट्या ने दौल्या और हिरिया के विरुद्ध हिमगिरि के लोगों द्वारा दी गई गवाही का बदला लिया।[74]

वर्ष 1882 भी गुजर गया। टंट्या हाथ नहीं आया। इंस्पेक्टर नाथे खान और होल्कर राज्य के कैप्टन माँसा सिंह ने टंट्या के संबंधियों या सहयोग देने वाले कुल तीस लोगों की गिरफ्तारी की जिन्हें मजिस्ट्रेट ने मुकदमे के बाद मुक्त कर दिया। टंट्या ने जनवरी, 1883 में एलिचपुर (महाराष्ट्र) जिले के मेलघाट जमींदार के क्षेत्र में दो डकैतियाँ डालीं। 1883 की हैदराबाद पुलिस रिपोर्ट में इन दोनों डकैतियों का उल्लेख किया गया है तथा मध्य भारत के एक दुस्साहसिक भील को नियंत्रित करने के लिए पड़ोसी जिलों से अनुरोध किया गया है। 21 फरवरी 1883 को टंट्या ने, रोहिणी गाँव (अब महाराष्ट्र में) जो निमाड़ जिले में पड़ता था, के मालगुजार पिट्टू के यहाँ डकैती डालने का निश्चय किया

जो पुलिस के लिए जासूसी करता था। पुलिस को इसकी सूचना मिल चुकी थी। वह मालगुजार पिट्टू के घर में घात लगाकर बैठी थी। टंट्या, रोहिणी से एक मील दूर, जिस घर में छिपे थे, वहीं उनके समर्थकों ने पुलिस के होने से आगाह कर दिया था। टंट्या मालगुजार के घर नहीं गए। जैसे ही पुलिस मालगुजार के घर से हटी, टंट्या ने उसका घर लूट लिया। जब पुलिस ने मेलाघाट में पड़ी दो डकैतियों की जाँच में खुद को लगाया था तभी 26 मई 1883 को एक बार फिर सबके सामने टंट्या प्रकट हुआ और मेलाघाट को लूटकर चला गया। पुलिस पीछा करती रह गई।[75]

1883 के पूर्वार्द्ध में टंट्या सिहारू (Siharu) गाँव में पुलिस वर्दी में देखे गए जो निमाड़ जिले में पड़ता था। उन्होंने वहाँ स्वयं को पुलिस इंस्पेक्टर बताया और दिन भर मालगुजार से सेवाएँ लीं। शाम को 1,000 रुपये की माँग की। मालगुजार ने असमर्थता जताई और कहा कि एक-दो दिन में मुख्यालय पर पहुँचा देगा। टंट्या नाराज हुए और तुरंत पैसे की माँग की। मालगुजार के इनकार करने पर उन्होंने गाँव को लूटा और जंगल में फरार हो गए। चंद्रिका सिंह, इंस्पेक्टर, खंडवा तथा नागपुर के पुलिस इंस्पेक्टर को मौके पर भेजा गया।[76]

18 जुलाई 1883 को मेजर सॉरिन ब्रुक (Saurin Brooke, Deputy Comm. Hoshangabad) ने इंस्पेक्टर जीवन सिंह को लिखा कि टंट्या होशंगाबाद के तीन गाँवों से लेवी वसूल रहा है और वह बेरी सराय या मकराई राज्य में रह रहा है। 1883 के आस-पास में पूरा का पूरा चरुवा परगना टंट्या के भय से काँपता था। जुलाई, 1883 में उसने बेरी सराय को लूटा, जिसका विवरण आगे दिया गया है। हरसूद गाँव को सूचना भेजी कि पैसे तैयार रखें। चरुवा परगना के गाँवों में टंट्या के बारे में किस्से ही किस्से सुनाई देते। एक ब्राह्मण सिपाही ने एक बार कुछ मुसाफिरों से बातचीत में कहा कि उसने टंट्या की दयालुता के बारे में सुन रखा है। वह उसकी तलाश में है। वह मिले तो उससे बेटी की शादी के लिए मदद माँगे। यह सुन मुसाफिरों में से एक ने पूछा कि बेटी की शादी के लिए उसे कितने पैसे की जरूरत होगी। सिपाही ने कहा, पाँच सौ। यह सुन उस मुसाफिर ने अपने दूसरे सहायक को इशारा किया कि वह सिपाही को ग्यारह सौ रुपये दे। सिपाही ने पैसा पाते ही समझ लिया कि यही टंट्या है। उसके बाद उसने पुलिस की नौकरी छोड़ दी।[77] इससे पता चलता है कि टंट्या हर जाति और धर्म के गरीबों की मदद करते थे।

टंट्या चरुवा जंगल का रॉबिनहुड बन चुके थे। गरीब अंधविश्वासी किसान उन्हें दैवीय पुरुष मानते। कहते कि वह जेल से मक्खी बनकर बाहर निकल आते हैं। टंट्या को पकड़ने या पकड़वाने के लिए लगातार इनाम राशि में वृद्धि की जाती रही। 1880 में यह राशि 500 थी जो जुलाई में बढ़ाकर 1,000 कर दी गई। इसके अलावा होल्कर दरबार

ने 500 रुपये अपनी ओर से इनाम घोषित किया था। कैप्टन डोनाल्ड रॉबर्टसन द्वारा 17 जुलाई 1883 को सचिव टु द चीफ कमिश्नर, सेंट्रल प्रॉविन्स को लिखे पत्र से स्पष्ट है कि सरकार ने मेजर बोई के अनुरोध को आंशिक रूप से मानते हुए इनाम राशि 1,500 रुपये कर दी। महाराजा होल्कर ने उसी अनुपात में अपनी इनाम राशि 750 रुपये कर दी। इस प्रकार 1883 में कुल इनाम राशि 2,250 रुपये हो गई थी। इन सब के बावजूद पुलिस वाले टंट्या को पकड़ने में कोई रुचि नहीं दिखा रहे थे। यह देखकर ब्रिटिश सरकार यूरोपीय या यूरो-एशियाई अधिकारियों की नियुक्ति कर रही थी।[78]

चीफ कमिश्नर ने तब तक टंट्या को पकड़ न पाने के लिए प्रशासन से माफी माँगी। उनका कहना था कि सेंट्रल प्रॉविंस भौगोलिक दृष्टि से ब्रिटिश प्रांतों से कटा हुआ है। वह महाराजा होल्कर और बरार के प्रशासन से सहयोग की अपेक्षा करते हैं जिससे टंट्या के एक-दूसरे क्षेत्र में भागने की समस्या का हल निकालकर, पकड़ा जा सके।[79]

12 जुलाई 1883 को टंट्या बोरी सराय (होशंगाबाद) में 20 लोगों के साथ प्रकट हुए जो थाने के बगल में था। मालगुजार घर पर नहीं था। उसकी पत्नी से धन माँगा गया। पटेलिन अपने गहने लेकर टंट्या के सामने खड़ी हो गई। टंट्या ने महिला के गहने लेना अनुचित समझा और बिना कुछ लिए वहाँ से चला गए। 21 जुलाई 1883 को ढोलगाँव (कल्याणपुर के पास) में देखा गया। 6 अगस्त को झर्प गाँव गया। मगरधा का मालगुजार नंदराम, पुलिस को सूचना देता था। इसके लिए उसे धमकाया और 30 रुपये वसूले। 12 अगस्त 1883 को किसनपुरा में देखा गया। 10 सितंबर को चिराप्तला (बैतूल) की ओर जाते देखा गया। सितंबर, 1883 में छिपे स्थान से डकैतियाँ डलवाता रहा। 23 सितंबर 1883 को उसने केली के निवासियों को आतंकित कर लूटा। जैसे ही पुलिस वहाँ पहुँची, उसने दिन के उजाले में, सबके सामने घोटी में छापा मारा। वह लगातार पुलिस को झाँसा देता रहा और डकैतियाँ डालता रहा। प्रशासन काफी उलझन में था। कुछ दूसरे डकैत भी टंट्या का नाम लेकर डाके डाल रहे थे। पुलिस के लिए यह बेहद अपमानजनक था कि वह उसे पकड़ नहीं पा रही थी। इस प्रकार टंट्या साल-दर-साल पुलिस को छकाते रहे। ऐसा कर पाने का कारण, उनके चरित्र के कुछ उच्च मूल्य थे जिनकी वजह से पूरा भील समुदाय उन्हें अपना संरक्षक, देवता और मसीहा मानता था। टंट्या बच्चों से प्यार करते थे। बच्चे उनके दुबारा जन्म लेने की दुआ माँगते। वह डकैती या लूट से जो कुछ भी हासिल करते, गरीबों में बाँट देते। उनके चरित्र को दर्शाने के लिए एक घटना का उल्लेख जरूरी है।[80]

आरखेड़ा गाँव में एक भव्य शादी समारोह में टंट्या पहुँचे। उसे देखते ही सभी लोग थरथर काँपने लगे मगर उन्होंने सबसे कहा कि डरने की जरूरत नहीं। वह लड़के और लड़की के पिता के साथ वर-वधू के पास गए, आशीर्वाद एवं भेंट स्वरूप कुछ पैसे दिए

और वहाँ से चले गए।

11 नवंबर को उन्हें नंदगाँव में देखा गया। उन्होंने दिसंबर, 1883 में कुछ और डकैतियाँ डालीं जिनमें मेलाघाट ट्रैक में 10 दिसंबर को कराडा गाँव में, कालू नामक गावली के 6 बरतनों में गाड़े हुए 500 रुपये के गहने और 2,500 नकदी, धमकाकर ले गए। उसकी बहू के गहने लिए, एक पटेल और एक किसान को लूटा। होशंगाबाद जिले के बीरापुर में 17 दिसंबर को डकैती डाली। बीरपुरा के लक्ष्मण सिंह को तब तक बाँधे रखा जब तक कि उसने 25 रुपये के गहने और 5 रुपये नकद दे नहीं दिए। 26 दिसंबर को बैतूल के मोहटा गाँव को लूटा। 28 दिसंबर को निमाड़ के मथानी गाँव में डाका डाला। वहाँ के कन्हई सुनार की पत्नी से 30 रुपये के गहने लिए। स्थिति को देखकर कमिश्नर हैदराबाद ने रेजीडेंट को 7 जनवरी 1884 को मेलाघाट में विशेष पुलिस बल तैनाती की स्वीकृति देने हेतु लिखा।[81]

मेजर बोई ने पुलिस प्रशासन, मध्य प्रांत की 1883 की रिपोर्ट में लिखा कि तंट्या डकैत को इतिहास में रॉबिनहुड की तरह जाना जाएगा।[82]

टाइम्स ऑफ इंडिया अखबार से पता चलता है कि जनवरी, 1884 में उसका दल दो भागों में विभक्त हो गया। दोनों में संघर्ष की स्थिति बन चुकी थी लेकिन टंट्या की गतिविधियाँ कम नहीं हुईं। दल का कुछ समय के लिए विभाजन, टंट्या की नीति का हिस्सा प्रतीत होता है। उसी वर्ष टंट्या ने कई की नाक काटी। वह बहुत चतुर था। भील कार्प्स (वाहिनी) में केवल भीलों की भर्ती होती थी। भील वाहिनी के जवान टंट्या को सभी गुप्त सूचनाएँ पहुँचाते रहते थे। पुलिस के जवानों को सात-आठ रुपये मासिक वेतन मिलता, वहीं टंट्या अपनी लूट से उन्हें ज्यादा पैसे देकर अपनी ओर कर लेते थे।[83] टाइम्स ऑफ इंडिया, 21 अगस्त 1885 के संपूर्ण समाचार को परिशिष्ट-5 पर देखा जा सकता है।

20 जनवरी 1884 को टंट्या ने उस्कल्ली और कपासी में डकैतियाँ डालीं। उनमें पांडू शामिल था। इस लूट की जाँच के बाद पटवारी पकड़ा गया जो उस्कल्ली के पटेलिन का एजेंट था और उसी ने कपासी की डकैती के लिए टंट्या को उकसाया था। टंट्या ने घर में रखे कागजात जला दिए। उसके बाद वह पटवारी, कामदार और गाँव के संतनारायण को लेकर कपासी गए। वहाँ के मालगुजार से कुल 4,000-5,000 रुपये का माल ले गए।[84]

डिप्टी कमिश्नर निमाड़ के 14 मई 1884 के पत्र से ज्ञात होता है कि तेम्भी, दभी, चिचखेड़ा और भागगढ़ के भीलों के घर से कुल 1,400 रुपये का माल मिला था। इन गाँवों में टंट्या गैंग के कुछ मुख्य सदस्य रहते थे। यह माल हाल ही में निमाड़ और बरार में हुई लूट का था। दभी गाँव की एक औरत ने डिप्टी कमिश्नर को बताया कि 20 मार्च

1884 को टंट्या उसके गाँव में आए थे और अपनी पूर्व प्रेमिका को 100 रुपये देकर चले गए।[85]

अम्धना की डकैती

24 मार्च 1884 को टंट्या ने गाँव अम्धना में डकैती डाली थी जहाँ बरार पुलिस से उनकी मुठभेड़ भी हुई। उक्त गाँव, मेलघाट जमींदारी और खिलचीपुर जिले में पड़ता था। इस मुठभेड़ में कई डकैत घायल हुए। लक्ष्मण सिंह नामक डकैत गंभीर रूप से घायल हुआ जो बाद में मर गया था। मरने के पूर्व लक्ष्मण ने कहा था कि पोखर के टंट्या के साथ वह डकैतियाँ डालता था। टंट्या को लेकर पुलिस अपने क्वॉर्टर पर गई। तभी एक पुलिस वाले को गोली लगी और वह मारा गया। बाकी पुलिस वाले भाग खड़े हुए। टंट्या ने उस जगह को भी लूट लिया तथा रात के अँधेरे का फायदा उठाते हुए भागने में सफल रहे।[86]

लक्ष्मण सिंह ने मरने के पूर्व पुलिस को यह भी बताया था कि बाखर गाँव, जिला निमाड़ के दो डकैत, झाड़ू और पांडू भी डकैती में शामिल थे। इसकी जानकारी तुरंत निमाड़ पुलिस को दी गई थी परंतु पुलिस ने बाखर गाँव का पता नहीं लगाया। कोई जाँच नहीं हुई। टंट्या गैंग के डकैतों द्वारा अम्धना के आस-पास और निमाड़ जिले के गाँवों में आने-जाने, अपने रिश्तेदारों को धन, गहने देने की जानकारी मिलती रही मगर होशंगाबाद पुलिस अधीक्षक उन्हें पकड़ नहीं पाए। अम्धना डकैती के लिए जाते समय बहुत से डकैत बाखर गाँव में अपने रिश्तेदारों के यहाँ गए थे। बाद में गाँव का पता लगाकर डकैतों के रिश्तेदारों के घरों की तलाशी ली गई तो बहुत सारा धन मिला। वह धन, कपासी डकैती का था। उनकी गिरफ्तारियाँ हुईं। मुकदमे चले और जेल की सजाएँ हुईं। एक मुख्य कॉन्स्टेबल को झाड़ू और पांडू के बारे में पता लगाने के लिए बाखर गाँव भेजा गया। पता चला कि झाड़ू महीनों से लापता था और पांडू खेत में था मगर पुलिस के आने की भनक लगते ही जंगल में भाग गया। यह भी पता चला कि वहाँ के गाँवों में कुछ अन्य डकैत भी रहते हैं। पहले यहाँ के कुछ डकैत दौल्या गिरोह से जुड़े थे। दिवंगत दौल्या ने भी टेमली और रोहनखेड़ा (मेलघाट जमींदारी क्षेत्र) के गाँवों में डकैती डाली थी। उस्कल्ली और कपासी में डकैतियों में पांडू शामिल था। उसके बाद पांडू ज्यादा दिन बच नहीं पाया। उसे 1884 में ही गाँव के मालगुजार ने पकड़वा दिया। दो अन्य पकड़े गए जो अम्धना डकैती में शामिल थे। तीनों पर मुकदमा चलाने के लिए बरार भेज दिया गया। कुल मिलाकर 1884 में लक्ष्मण सिंह का मारा जाना ही सबसे बड़ी उपलब्धि थी जो बरार पुलिस की वजह से हो सका था।[87] लक्ष्मण सिंह की गवाही के आधार पर उस्कल्ली के 8 डकैतों की गिरफ्तारी के प्रयास हुए जो देवलिया डकैती में शामिल थे।[88]

9 जून 1884 को लिखे डिप्टी कमिश्नर के पत्र से स्पष्ट होता है कि उपरोक्त आठ

डकैतों में से केवल 5 को गिरफ्तार किया जा सका था और गिरफ्तार डकैतों ने रोहनखेड़ा और टेमली की डकैती में अपनी संलिप्तता स्वीकारी थी। स्थिति बिगड़ती जा रही थी और 16 जुलाई 1884 को कमिश्नर, नर्मदा डिवीजन ने स्वीकारा कि इससे जनता का सरकार से भरोसा टूटता जा रहा है। 11 अगस्त 1884 को डिप्टी कमिश्नर ने कमिश्नर, नर्मदा डिवीजन को अवगत कराया कि टंट्या के खानदेश, निमाड़ और होल्कर क्षेत्र के सीमांत पर होने की सूचना मिली है। 16 अक्टूबर 1884 के आई.जी. के पत्र से पता चलता है कि उसने अगस्त में बोरपानी को लूटा। 300 रुपये गुदरी मुकद्दम से, 500, हरचंद, देवचंद और बुचा गावली से वसूले।[89]

सेंट्रल प्रॉविंस के आई.जी. पुलिस, कर्नल एम.एम. बोई (M.M. Bowie) और डिप्टी कमिश्नर, होशंगाबाद, कर्नल ब्रोकने ने चरुवा क्षेत्र में नवंबर, 1884 में व्यापक दौरा किया था। इस तथ्य का अध्ययन किया कि कैसे देश को लूटपाट से बचाया जा सकता है, संभव हुआ तो कैसे टंट्या को पकड़ा जा सकता है ? डकैतों से सुरक्षा के प्रबंध किए थे मगर पुलिस अधिकारी होशंगाबाद, जिले में टंट्या को पकड़ पाने में असफल रहे। बोई ने पुलिस प्रशासन, मध्य प्रांत, 1884 की रिपोर्ट प्रस्तुत करते समय खेद व्यक्त किया कि उनके प्रबंध काम नहीं आए लेकिन सजग होने का परिणाम यह रहा कि टंट्या होशंगाबाद जिले में प्रवेश नहीं कर पाया। समय-समय पर उसके निमाड़ जिले से गुजरने के अपुष्ट समाचार मिलते रहे। वह पुनः होल्कर क्षेत्र में आता-जाता रहा मगर उसके आने-जाने के बारे में कुछ भी स्पष्ट तौर पर नहीं कहा जा सकता। डिस्ट्रिक्ट सुपरिन्टेंडेंट ऑफ निमाड़ अपने प्रबंध से संतुष्ट दिखे कि अगर डकैत उनके जिले में प्रवेश करेंगे तो गिरफ्तार होंगे। उनका मानना था कि जबसे टंट्या ने होशंगाबाद जिला छोड़ा, तब से उनका आना असंभव हो गया। कर्नल बोई का मानना था कि जब से बाखर गाँव के आस-पास से भील डकैतों के रिश्तेदारों को पकड़ा गया था, तब से टंट्या के छिपने के स्थान सीमित हो गए थे और कुछ महीने से उसकी गतिविधियाँ सुनाई नहीं दे रही थीं। यह अफवाह थी कि वह होल्कर और खानदेश के जंगलों में छिपा हुआ है। उन्हें होल्कर क्षेत्र के खामगों परगना में देखा गया था। कैप्टन मोहम्मद खान की पिछली रिपोर्ट बताती है कि महाराजा होल्कर ने अपने क्षेत्र में भील डकैतों के प्रवेश को नियंत्रित करने के व्यापक बंदोबस्त किए थे।[90]

सरकार की तमाम व्यवस्थाओं के बावजूद 27 दिसंबर 1884 को होशंगाबाद जिले के बेहिर (Behir) गाँव में रात 10 बजे भील विद्रोहियों के गैंग ने दस्तक दी। मालगुजार का घर पूछा। मालगुजार भाग गया था। विद्रोहियों ने उसकी पत्नी, बेटे और नौकर के साथ बुरा बर्ताव किया और 352 रुपये के गहने और नकदी लेते गए। सुबह तीन बजे (28 दिसंबर 1884) चरुवा में डकैती डाली। इस मामले की जाँच दीनानाथ, असिस्टेंट

सुपरिन्टेंडेंट ऑफ पुलिस ने की मगर कुछ हाथ नहीं लगा। बताया गया कि यह डकैती टंट्या के गैंग ने डाली थी। बेहिर डकैती के संबंध में एक डाकू भोगचंद को पकड़ा गया जिसने 6 अन्य भील और भीलाला के शामिल होने की बात कबूल की मगर टंट्या के होने की बात नकारी।[91]

होल्कर रियासत के कैप्टन मोहम्मद खान ने प्रशासन की नजर में शानदार काम किया था। जब सरदार रतन सिंह को निमाड़ का पुलिस अधीक्षक बनाकर भेजा गया था तब उम्मीद थी कि मि. खान और रतन सिंह मिलकर टंट्या को गिरफ्तार करेंगे मगर दोनों में संबंध ठीक नहीं रहे। समन्वय की कमी के कारण टंट्या के खिलाफ कोई सफलता नहीं मिली। खान, पूर्व में रतन सिंह के अधीन इंस्पेक्टर रह चुके थे। इसलिए रतन सिंह कभी मि. खान को सम्मान नहीं दे सके। मि. बोई का मानना था कि मि. खान ज्यादा जिम्मेदार और सम्मान का पात्र था। आपसी विद्वेष के कारण बोई ने महाराजा को दूसरे अधिकारी की नियुक्ति का अनुरोध किया। बाद में होल्कर महाराज ने मि. खान की जगह दूसरे की तैनाती की। इस अप्रिय स्थिति को देखकर नर्मदा डिवीजन के कमिश्नर मि. हावेल ने 1884 में एक संस्तुति की थी कि टंट्या के विरुद्ध अभियान, डिप्टी इंस्पेक्टर जनरल ऑफ पुलिस (डी.आई.जी.) रैंक के अधिकारी के नेतृत्व में ही चलाया जाए। पूर्व में 1881 में भी नर्मदा डिवीजन के कमिश्नर ने ऐसा ही सुझाव दिया था जिस पर अमल न हो सका था। कमिश्नर हावेल के आदेश पर टंट्या के खिलाफ अभियान की बागडोर नव सृजित पद 'डी.आई.जी.' के जिम्मे सौंप दी गई थी। उसका मुख्यालय खंडवा बनाया गया और सबसे पहले 'डी.आई.जी.' पद की जिम्मेदारी मि. हमिल्टन, डिस्ट्रिक्ट सुपरिन्टेंडेंट ऑफ होशंगाबाद को दी गई। उन्होंने युवा अधिकारी प्लेफेयर, असिस्टेंट डिस्ट्रिक्ट सुपरिन्टेंडेंट, निमाड़ के साथ अपने नेतृत्व में अभियान चलाया।[92]

टंट्या ने डिप्टी कमिश्नर खंडवा को चेतावनी भरा पत्र भेजा कि वह ट्रेजरी को लूट लेगा। यह पत्र डिप्टी कमिश्नर की मेज पर रखा मिला था। जाँच कराई गई मगर पता नहीं चल पाया कि यह पत्र किसने रखा।[93]

कुल मिलाकर 1884 में होल्कर के अधिकारियों की आपसी ईर्ष्या के कारण टंट्या के खिलाफ अभियान बेकार रहा।[94] लेफ्टिनेंट कर्नल पी.डी. हंडरसन (Henderson), जो ठगी और डकैती के विरुद्ध चलाए जा रहे ऑपरेशन के जनरल सुपरिन्टेंडेंट थे, ने सी. ग्रांट, सेक्रेटरी, भारत सरकार, विदेश विभाग को 9 सितंबर 1884 को लिखा कि मेजर बोई (नवंबर तक कर्नल बन चुके थे) का मानना है कि मध्य भारत की पुलिस को टंट्या पैसे देता है जिससे वे उसको सभी गुप्त सूचनाएँ पहुँचा देते हैं। इसलिए बेहतर होगा कि मध्य भारत का एक अधिकारी इंदौर में 'ठगी और डकैती अभियान एजेंसी' के दफ्तर से संबद्ध रहे और होल्कर दरबार के अधिकारियों के सहयोग से टंट्या को पकड़ने की

कार्रवाई करे। कर्नल बर्मन भी इससे सहमत हैं।[95]

14 जनवरी 1885 को चीफ कमिश्नर का पत्र प्राप्त हुआ जो तेम्भी, चिचखेड़ा और दभी गाँवों में पुलिस तैनाती की स्वीकृति के संबंध में था। बेहिर और चरुवा की डकैती के बाद चीफ कमिश्नर ने अपने 22 जनवरी 1885 के पत्र द्वारा चरुवा इलाके की पुलिस को पुनर्गठित किया। अब वहाँ एक चीफ कॉन्स्टेबल, 5 हेड कॉन्स्टेबल, एक लांस कॉन्स्टेबल और 32 कॉन्स्टेबल तैनात किए गए। 16 फरवरी को कमिश्नर ने चीफ कमिश्नर को बताया कि बेहिर गाँव में 200 लोग रहते थे और केवल एक के पास एक तलवार थी इसलिए वे अपनी सुरक्षा नहीं कर पाए। 26 फरवरी 1885 को शाम 6 बजे पंद्रह-सोलह हथियारबंद डकैतों ने, जो टंट्या गैंग के बताए गए, गाँव कुतलई (Kutlai) या कोतल्या, पुलिस थाना-अत्तर में आकर मालगुजार से सबसे धनी व्यक्ति के बारे में पूछा और राम गोपाल नामक व्यक्ति के घर गए। जब वहाँ कुछ प्राप्त न हुआ तो उन्होंने घर में आग लगा दी। अन्य गाँव वालों से कुल 1,258 रुपये के गहने और नकदी लूट ले गए। रात 9 बजे अटड़ (Atud) गाँव में डकैती डाली। मि. रॉबर्टसन, प्रथम असिस्टेंट एजेंट, गवर्नर जनरल, मध्य भारत के 1 जनवरी 1885 के पत्र से, जो मि.एल. नील को लिखा गया था, पता चलता है कि पूर्व रिसालदार, ईसरी प्रसाद को भील कार्प्स के साथ, टंट्या को पकड़ने के अभियान में मध्य प्रांत की पुलिस को सहयोग देने के लिए नियुक्त किया गया।[96]

1885 के पूर्वार्द्ध में एलिचपुर में टंट्या ने डकैती डाली और रिजर्व फॉरेस्ट में जाकर छिप गए। होशंगाबाद और निमाड़ सीमा पर ऊँची पहाड़ी थी जिसे काली देव कहा जाता। टंट्या वहीं छिप गए। टंट्या को पकड़ने के लिए 50 भील कार्प्स के जवान, स्थानीय पुलिस बल और फॉरेस्ट के जवान, एक साथ लगाए गए। होशंगाबाद सीमा पर तवा नदी के तट पर भारी फोर्स लगाई गई जिससे टंट्या होल्कर राज्य सीमा में प्रवेश न करने पाएँ। तवा नदी, एलिचपुर जिले को निमाड़ से अलग करती है। इस पूरे ऑपरेशन की निगरानी डी.आई.जी. कर रहे थे। तभी संयोग से मूसलाधार बारिश हुई और नदी का पानी एकाएक बढ़ गया। पानी के बढ़ने से सैन्य बलों की तैनाती की स्थिति बदल गई। बस उसी स्थिति का फायदा उठाकर टंट्या निकल भागे।[97]

1885 की डकैतियाँ

आई.जी. ने अपने 9 अप्रैल 1885 के पत्र द्वारा मि. हमिल्टन को विशेष ड्यूटी, डी.आई.जी. ऑपरेशन डकैती के रूप में तैनात करने, उनके साथ 6 हेड कॉन्स्टेबल, 5 कॉन्स्टेबल, क्रमशः 3 और 2 रुपये के मासिक वेतन पर तैनात करने का प्रस्ताव रखा जिसे 17 अप्रैल को स्वीकार कर लिया गया। मि. हमिल्टन को डेपुटेशन ड्यूटी

हेतु मासिक वेतन का 1/5 डेपुटेशन भत्ता दिया गया। मार्च, 1885 में निमाड़ में गंभीर डकैतियाँ पड़ीं। 21 मार्च 1885 को रात सात बजे 24 या 25 आदमी मौजा सुरगाँव बंजारी आए। वहाँ मालगुजार के हाते में बापू माँग नामक कॉन्स्टेबल बैठा था। बापू माँग की वजह से टंट्या के दो आदमियों-भावल्या और ओलिया को गिरफ्तार कर लिया गया था। इससे टंट्या नाराज था। इसके अलावा बापू ने ही ग्राम रक्षक पथकों को बंदूक चलाना सिखाया था। टंट्या के साथी, बोदरया ने उसे पकड़कर एक खंभे से बाँध दिया और टंट्या ने उसकी नाक काट दी। अप्रैल, 1885 में बोदरया का टंट्या गैंग में जुड़ना लाभदायक रहा। उसके बाद वह गैंग, देवथरा नामक मालगुजार के घर गया। उसे पीटा और उसके घर से गहने तथा नकदी सहित 1,226 रुपये का माल लूट लिया। उस गैंग में टंट्या के साथ बोदरया, उंकार या ओंकार और भावल्या या भाउलिया थे जो बंदूकों और तलवारों से लैस थे। टंट्या को मालूम था कि देवथरा ने कहाँ धन गाड़ कर रखा है। उसको यह जानकारी गाँव के मालगुजार से मिली थी। मालगुजार की देवथरा से दुश्मनी थी।[98]

मि. हमिल्टन ने खंडवा हेडक्वॉर्टर पर 27 अप्रैल 1885 को कार्यभार ग्रहण कर लिया। टंट्या ने नए डी.आई.जी. को अपने कृत्य से सलामी देने के लिए सोचा। हमिल्टन, खंडवा गेस्ट हाउस में ठहरे थे। टंट्या तवा नदी के किनारे जंगलों में छिपे थे। उनके जासूस ने साहब के खंडवा में होने की सूचना दी। उन्होंने अपने चौदह साथियों के साथ 27 अप्रैल 1885 को खैगाँव में प्रवेश किया और सीधे मालगुजार के घर गए। गाँव में तैनात बापू राम कॉन्स्टेबल को गोली मार दी। उसके बाद उसने गोविंद तेली और उसके भाई से 467 रुपये वसूले। गाँव के मालगुजार, लक्ष्मण गुज्जर ने ही गोविंद तेली का घर दिखाया था। तेली के लड़के को देख मालगुजार छिप गया था। वहाँ टंट्या ने गाँव वालों को संबोधित किया। जाते समय मालगुजार ने उसे तम्बाकू भेंट किया और 'राम-राम' कहा था। बाद में मालगुजार को हमिल्टन ने गिरफ्तार कर खंडवा जेल भेज दिया था। सरकार द्वारा बापू माँग को हेड कॉन्स्टेबल बनाया गया और 100 रुपये का इनाम दिया गया। दूसरे कॉन्स्टेबल बापू राम की विधवा को पेंशन दी गई।[99]

टंट्या के कृत्य की खबर हमिल्टन साहब को मिली तो वह सतर्क हो गए। इसी प्रकार एक दिन 18 थानों पर लाल डिस्क (ग्राम रक्षा पथकों द्वारा टंट्या के आने की सूचना लाल पर्ची के माध्यम से देने की नीति) द्वारा इशारा पहुँचा था। विदित हो कि 1883-84 में मि. हांकिन ने लाल डिस्क योजना की शुरुआत की थी जिसे टंट्या ने धता बता दिया था। जिन गाँवों में डाके की सूचना लाल डिस्क से मिली, उससे भिन्न गाँव में डाका पड़ गया। हारकर 1886 में इस सूचना नीति को बंद कर दिया गया।[100]

26 मई 1885 के आदेश द्वारा आई.जी. ने निमाड़ पुलिस बल का पुनर्गठन किया। अब एक चीफ कॉन्स्टेबल, 6 हेड कॉन्स्टेबल, और 130 कॉन्स्टेबल तैनात किए गए।

जिले को चार हिस्सों- मोरटक्का, पंधाना, बुरहानपुर और पिपलोड में विभक्त कर प्रत्येक में एक हेड कॉन्स्टेबल, 20 उच्च रैंक के जवान और 50 कॉन्स्टेबल गश्त के लिए लगाए गए। हमिल्टन के साथ एक चीफ कॉन्स्टेबल, 2 हेड कॉन्स्टेबल और 50 कॉन्स्टेबल तैनात हुए। इनके अलावा कुछ प्रभावी मालगुजारों की ऑनरेरी इंस्पेक्टर के रूप में तैनाती की गई। 110 ब्रीच लोडर बंदूकें दी गईं। टंट्या को पकड़ने या पकड़वाने वाले को 3,250 रुपये का इनाम और मालगुजारी का स्वामित्व देने की घोषणा की गई। स्थिति का आकलन करते हुए टंट्या दक्षिणी निमाड़ जंगल होते ताप्ती के किनारे-किनारे चलते देवरी पहुँचे। इसकी खबर हमिल्टन तक पहुँची। उन्होंने जिला पुलिस अधीक्षक को निर्देशित किया कि बुरहानपुर पेट्रोल पार्टी को इंस्पेक्टर गुलजारीमल के नेतृत्व में देवरी भेजें। आदेश में कुछ विरोधाभासी बातों के कारण उसका अनुपालन न हो सका और टंट्या अपने उद्देश्य में सफल रहे। उन्होंने 26 मई 1885 को सुखराम गावली के घर से 620 रुपये और जमुनाबाई मालगुजारिन से 630 रुपये का माल लूटा। डी.आई.जी. अगले दिन पहुँचे मगर सफलता न मिली। नर्मदा नदी के पास सालिया खेड़ी (जिला-इलिचपुर) में उन्होंने 1 जून 1885 को और 7 जून को दिडाम्डा और लवाडा से 2,000 रुपये का माल लूटा।[101]

मॉनसून के मौसम में टंट्या गोंडवाना रिजर्व में कलियाबाबा पहाड़ी पर छिपे थे। 50 भील कार्प्स जवानों ने जब घेराबंदी शुरू की तब वह बरार की ओर निकल गए, ऐसा मि. हमिल्टन का मानना था। 1 सितंबर 1885 को शाम 6 बजे, टंट्या ने 10-12 लोगों के साथ निमाड़ के भकराड़ा गाँव के मालगुजारों को लूटा। चैन सिंह से 500 रुपये के गहने और नकदी छीन ली। उसके चाचा का घर जला दिया तथा उसके भाई को पकड़कर जंगल लेते गया। उसके बाद लम्बरदार (ऑनरेरी इंस्पेक्टर) खड़ग सिंह के यहाँ डकैती पड़ी। उनकी माँ की नाक काटी और घर को जलाया। हमिल्टन के अनुसार, खड़ग सिंह और एक अन्य मालगुजार, पदम सिंह में दुश्मनी थी। पदम सिंह ने डकैतों को उकसाया था। पदम सिंह ने इस बारे में दूसरी बात बताई। उनका कहना था कि खड़ग सिंह ने टंट्या को 500 रुपये देने का वादा किया था मगर सरकार द्वारा ऑनरेरी इंस्पेक्टर बना देने के बाद वह वादे से मुकर गए। इसलिए टंट्या ने उन्हें लूटा। पदम सिंह का कहना था कि जो घर जलाया गया था, वह वास्तव में उनका था। सुरगाँव बंजारी का मालगुजार भगवान सिंह, खड़ग सिंह का साला था जहाँ टंट्या ने 21 मार्च 1885 को डकैती डाली थी और उसके बाद भगवान सिंह के इशारे पर देवथरा मालगुजार को लूटा था। देवथरा, पदम सिंह का मामा था। खड़ग सिंह के लोगों ने देवथरा को मारा था। 17 सितंबर को 9 लोग दंडित हुए जिनमें पटवारी और कोटवार शामिल थे। उन्होंने भकराड़ा डकैती की सूचना पुलिस को नहीं दी थी।[102]

1885 के मध्य में टंट्या ने बुखारा गाँव पर अपने 25 आदमियों के साथ धावा बोला और 2,000 की संपत्ति लूट ली। वहाँ से वह महाराजा होल्कर के क्षेत्र में प्रवेश कर गया। हमिल्टन ने रोशिया और खारदा में स्थापित चेकपोस्ट हटा लिए। वहाँ तैनात जमादार सहित आठ लोग हटा दिए गए। डोरवा नामक चेकपोस्ट पर तैनात एक रिसालदार और 25 जवान भी हटा दिए गए। उनका मानना था कि चेकपोस्ट के कर्मचारी टंट्या को महाराजा होल्कर सीमा में प्रवेश करने में मदद करते हैं। ब्रिटिश सरकार की नाराजगी को देखते हुए होल्कर स्टेट के लेफ्टिनेंट मुन्ना सिंह ने 25 सितंबर 1885 को गवर्नर जनरल को लिखे पत्र में अवगत कराया कि टंट्या को पकड़ने के हरसंभव प्रयास किए जा रहे हैं। इस प्रकार सीमा से विशेष बल हटा लिया गया। मि. हमिल्टन, विशेष डी.आई.जी. को टंट्या के विरुद्ध चलाए जा रहे विशेष अभियान के नेतृत्व से मुक्त कर 15 सितंबर 1885 से निमाड़ जिले के काम में लगा दिया गया। इससे टंट्या के विरुद्ध कार्रवाई प्रभावी न रही। होल्कर क्षेत्र में लगातार डकैतियाँ पड़ रही थीं। 15 सितंबर को पिपल्गोने में डकैती पड़ी। मुठभेड़ हुई और एक सिपाही तथा दो डकैत घायल हुए। अगले दिन एक घायल डकैत मर गया। आई.जी. ने 1 अक्टूबर 1885 के प्रस्ताव द्वारा निमाड़ पुलिस बल को एक बार फिर मजबूत करने के लिए 3 हेड कॉन्स्टेबल, 50 कॉन्स्टेबल और 30 सवार तैनात करने, उन्हें 1 नवंबर से 15 रुपये प्रति माह वेतन देने की सिफारिश की। उन्होंने ईसरी प्रसाद को 50 भील कार्प्स के साथ, अपने साथ रखने का अनुरोध किया। 15 अक्टूबर को प्रस्ताव स्वीकार कर लिया गया और कहा गया कि डिप्टी कमिश्नर, निमाड़ और डिस्ट्रिक्ट सुपरिन्टेंडेंट ऑफ पुलिस, निमाड़ सीधे होल्कर के अधिकारियों के संपर्क में रहेंगे। 23 नवंबर 1885 को चीफ कमिश्नर ने टंट्या, बोंदरया या बोंदरिया, भावल्या, ठाकुर नुकर, फूल सिंह और रेंकू को पकड़ने वाले को इनाम और उसके पिछले अपराधों के लिए क्षमादान देने की घोषणा की। 26 नवंबर की घोषणा के अनुसार, इनाम राशि बढ़ाकर 3,000 कर दी गई थी। इस इश्तिहार को निमाड़, होशंगाबाद, बैतूल और बरार में प्रसारित किया गया।[103]

सरकार द्वारा एक इश्तिहार निकाला गया था जो इस प्रकार था:

इश्तिहार

मोजिब हुकुम जनाब साहेब चीफ कमिश्नर बहादुर... के नीचे लिखे हुए लोगों ने डाके डाले व उनमें से कोई 2 लोगों ने खून किए और हाल में समझा जाता है के ये सब लोग शामिल होकर डाके डालते हैं और इश्तिहारी गुनहगार हैं।

टंट्या वल्द भाव सिंह भील

बोंदरया वल्द हरचंद भील, टेंभी, खंडवा, निमाड़
देवल्या वल्द बांगर भील दाभी, खंडवा, निमाड़
भावल्या वल्द उघड़या भील, टेंभी, खंडवा निमाड़
उंकार वल्द विठल भील, टेंभी, निमाड़
लछमन वल्द विठल भील, टेंभी निमाड़
भावल्या वल्द हीरा भील, चिचखेड़ा, खंडवा, निमाड़
ठाकुर वल्द नारायण कुनबी, टाकली, खंडवा, निमाड़
उंकार वल्द बन्या भील, चिचखेड़ा, निमाड़
फूल सिंह बंजारा, मंजरोद, खंडवा, निमाड़
रेंगु कोरकू, सोनखेड़ी, होशंगाबाद

हर किसी को कानूनन इख्तियार है के वो इश्तिहारी को पकड़े और उनके पकड़ने में हर तरह की हिकमत लगावे बल्के जिन गुनहगारों ने ऐसे गुनाह किए हैं जैसे कि मुजरिमान बाला ने किए हैं कि जिनकी सजा फाँसी या जनम मियाद कायम होवे उन गुनहगार लोग पकड़े जाने में जबरदस्ती से सामना करें या भागने का इरादा करें तो उनको पकड़ने में खून भी हो जावे तो हारज नहीं। महाराणी सरकार के कुल रैयत को जाहेर किया जा रहा के ऊपर लिखे हुए इश्तिहारी गुनहगारों में से कोई एक या सब गुनहगारों को पकड़े, जीते या मरे, सरकार में दाखल करें तो उसको नीचे लिखे माफिक सरकार से इनाम दिए जावेंगे।

इनाम

जो कोई टंट्या को पकड़ेगा उसको नगदी तीन हजार (3,000) मिलेंगे सिवाय हुशंगाबाद जिले के मौजे नांदगाँव में हजार (1,000) बीघा जमीन की मालगुजारी हाकीयेत मिलेंगे। जो कोई बोंदरया को पकड़ेगा उसको नगदी तीन हजार (3,000) रुपये मिलेंगे सिवाय हुशंगाबाद जिले के मोजे नांदगाँव में पाँच सौ (500) बीघे जमीन की मालगुजारी हाकीयेत मिलेंगे। टंट्या के टोली में से नीचे लिखे लोगों में किसी को पकड़कर सरकार में दाखल करें, उसके हर सकस के वास्ते पाँच सौ रुपये इनाम दिया जावेगा।

देवल्या वल्द बांगर भील साकिन दाभी जिले निमाड़
भावल्या वल्द उघउर्या भील साकिन ठेभी जिले निमाड़
उंकार वल्द विठल भील
लछमन वल्द विठल भील
भावल्या वल्द हीरा भील साकिन चिचखेड़ा जिले निमाड़
ठाकुर वल्द नारायेन कुनबी
उंकार वल्द बन्या भील

फूल सिंह बंजारा साकिन मांजरोह जिले निमाड़
रेंगु कोरकु साकिन सोन खेड़ी, जिले हुशंगाबाद
यह भी जाहेर किया जातो हे के नीचे लिखे हुए गुनहगारों के गुनाह माफ किए जावेंगे।
देवल्या वल्द बांगर
भावल्या वल्द उघउर्या
उंकार वल्द विठल
लछमन वल्द विठल
भावल्या वल्द हीरा

ऊपर लिखी माफी इस शर्त पर दी जावेगी के वो खुद सरकार में हाजर होकर इस कदर हाल बतलावे के जिससे इश्तिहारी गुनहगार में से कोई एक या कुल गिरफ्तार होकर सजा पावें।

जिन लोगों ने ऊपर लिखे हुए इश्तिहारी में कोई एक या सब गुनहगारों को आसरा या मदद दी है और वे सरकारी हुक्कामों को खबर देने से रोके हैं कि शायद उन पर मुताबिक दफा 212 और 216 ताजिरात हिंद के तहत मुकदमा कायेम किया जावेगा इसलिए इस लेख के द्वारा उनको जाहिर किया जाता है के ऐसे गुनाहों के बाबद जो इस इश्तिहार के पारित किए गए हैं, किसी शख्स पर जो हाकिमों को इश्तिहार गुनहगारों से किसी के पकड़ने में मदद देवे, कोई मुकदमा कायेम नहीं किया जावेगा।[104]

खरगोन जिले की भीकनगाँव तहसील, टंट्या के खिलाफ चलाई जा रही मुहिम का केंद्र था। ब्रिटिश सरकार की ओर से मेजर ईसरी प्रसाद ने भीकनगाँव के कुछ भीलों को जासूसी के काम में लगाया था। होल्कर रियासत की ओर से कैप्टन मोहम्मद खान और लेफ्टिनेंट मुन्ना सिंह अभियान में जुटे थे। एक दिन भीकनगाँव तहसील के डाक बंगले पर नए तहसीलदार आए थे और उनके लिए भोजन की व्यवस्था, भुईफल के पाटिल ने की थी। तभी होल्कर राज्य के फॉरेस्ट अफसर बग्घी से आए। तहसीलदार ने अपने साथ फॉरेस्ट अफसर को भोजन कराया। भोजन के बाद जब फॉरेस्ट अफसर चले गए तो भुईफल के पाटिल ने तहसीलदार को बताया कि यह तो टंट्या थे। इस प्रकार अनपढ़ टंट्या अपनी वाक्पटुता, चालाकी और साहस से अनेक किंवदंतियों को गढ़ रहे थे।[105]

होल्कर रियासत के शिवना गाँव के पाटिल टंट्या के मित्र थे। वहाँ की पहाड़ी और जंगल में टंट्या छिपे हुए थे। टंट्या के बेटे की शादी की व्यवस्था शिवना के माधवराव पाटिल एवं जसोदा फूफी ने की थी। पाटिल के खेत में बारात टिकी थी। आस-पास के लोग और युवक टंट्या को देखने आए थे। पुलिस वाले भी सादे कपड़ों में टंट्या की तलाश में मौजूद थे। एक बैलगाड़ी गाँव के बाहर दिखी तो पुलिस वालों ने उसकी तलाशी

ली मगर उसमें दो औरतें थीं। बैलगाड़ी शादी समारोह में आ रही थी। विवाह संपन्न हुआ और जसोदा के साथ आई दूसरी औरत ने साड़ी उतार फेंकी, वर-वधू को आशीर्वाद दिया और पास के नाले में छलाँग लगा दी। वह टंट्या था। उसकी पत्नी भिकी की आँखों में आँसू थे मगर वह खुश थी कि टंट्या आए। पुलिस एक बार फिर हाथ मलते रह गई।[106]

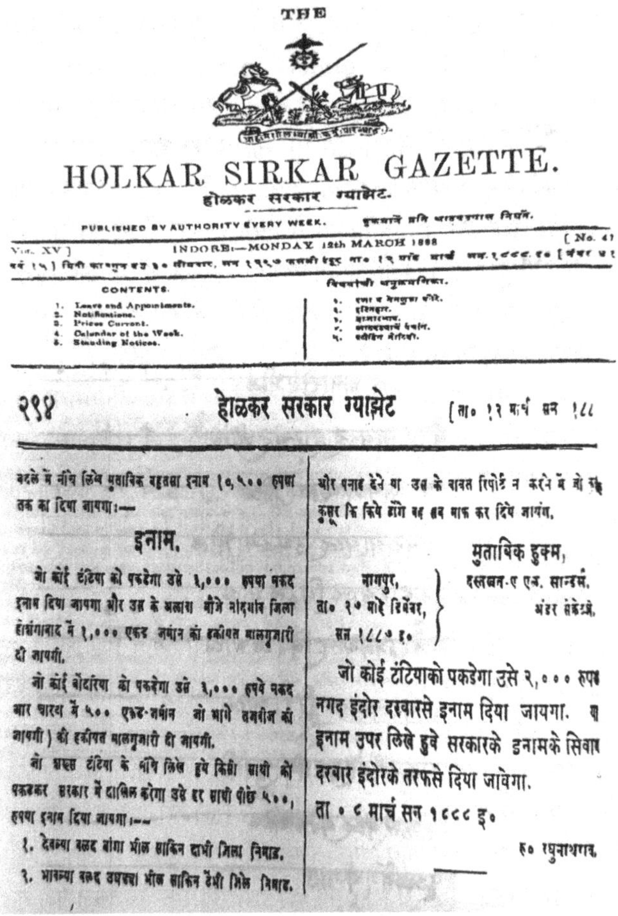

THE

HOLKAR SIRKAR GAZETTE.

होळकर सरकार ग्याझेट.

PUBLISHED BY AUTHORITY EVERY WEEK.

Vol. XV] INDORE:—MONDAY 12th MARCH 1888 [No. 41

CONTENTS.

1. Leave and Appointments.
2. Notifications.
3. Prices Current.
4. Calendar of the Week.
5. Standing Notices.

२१४ होळकर सरकार ग्याझेट [ता० १२ मार्च सन १८८

बदले में नीचे लिखे मुताबिक ज्यादा से ज्यादा इनाम १०,५०० रुपया तक का दिया जायगा:—

इनाम.

जो कोई टंटिया को पकडेगा उसे ३,००० रुपया नकद इनाम दिया जायगा और उस के अलावा मौजे नादगांव जिला होशंगाबाद में १,००० एकड़ जमीन की हकीयत मालगुजारी दी जायगी.

जो कोई बीजनिया को पकडेगा उसे ३,००० रुपये नकद और धारदा में ५०० एकड़ जमीन (जो आगे तजवीज की जायगी) की हकीयत मालगुजारी दी जायगी.

जो शख्स टंटिया के नीचे लिखे हुये किसी साथी को पकड़कर सरकार में दाखिल करेगा उसे हर साथी पीछे ५००, रुपया इनाम दिया जायगा।—

१. देवल्या वल्द बांगा भील साकिन दाभी जिला निमाड़.

२. भावन्या वल्द उधवा भील साकिन डेंभी जिले निमाड़.

और पनाह देने या उस के बाबत रिपोर्ट न करने में जो कुसूर कि किये होंगे वह सब माफ कर दिये जायंगे.

मुताबिक हुकम,

नागपुर,
ता० २७ माहे डिसेंबर,
सन १८८७ ई०

दस्तखत-ए एज. सान्डर्स.
अंडर सेक्रेटरी.

जो कोई टंटियाको पकडेगा उसे २,००० रुपए नगद इंदोर दरबारसे इनाम दिया जायगा. यह इनाम उपर लिखे हुवे सरकारके इनामके सिवाय दरबार इंदोरके तरफसे दिया जावेगा.

ता० ८ मार्च सन १८८८ इ०

द० रघुनाथराव.

मि. क्रॉस्थवेट (Crosthwaite) को एक साल (1885-1886) के लिए बर्मा से बुलाकर सेंट्रल प्रॉविंस का चीफ कमिश्नर बनाया गया। सरकार का अनुमान था कि उनका बर्मा का अनुभव टंट्या को पकड़ने में सहायक होगा मगर उससे कोई लाभ न मिला। वह पुनः वापस बर्मा चले गए थे।[107] 28 दिसंबर 1885 को आई.जी. ने चीफ कमिश्नर को सूचित किया कि टंट्या का गैंग विभक्त हो गया है।

1886 की मुख्य घटनाएँ

1886 में नए अधिकारियों की तैनाती

वर्ष की शुरुआत बैतूल और होशंगाबाद में भीषण डकैतियों से हुई। कुछ माह से कर्नल वार्ड के पास निमाड़ जिले का चार्ज था। 1886 में टंट्या के विरुद्ध चलाए जा रहे विशेष अभियान की बागडोर भी उन्हीं के हाथों में दे दी गई। वह डकैती उन्मूलन विशेष कमिश्नर, नर्मदा वैली (Special Commissioner for the suppression of Dacoity in the Narmada Vailly) थे। तीन पुलिस अधिकारियों, मि. हांकिन को होशंगाबाद, सरदार रतन सिंह को बैतूल और मि. मोरिस को छिंदवाड़ा जिले में तैनाती दी गई। नए अधिकारियों ने तुरंत अपने जिलों का कार्यभार ग्रहण कर अवैतनिक पुलिस बलों की तैनाती की और उसी तरह मि. हमिल्टन ने निमाड़ जिले में भी किया। कर्नल वार्ड ने भोपाल का दौरा किया। सर लेपल ग्रिफिन, गवर्नर जनरल, सेंट्रल प्रॉविंस के एजेंट से मिले। ग्रिफिन, चीफ कमिश्नर की राय से सहमत थे कि कर्नल वार्ड को नर्मदा डिवीजन की ही तरह होल्कर महाराजा के क्षेत्र में भी अधिकार मिलने चाहिए।[108]

इसी बीच 11 जनवरी 1886 की रात को चालीस-पचास की संख्या में टंट्या के नेतृत्व में डाकुओं के गिरोह ने गाँव नकवारा, जिला होशंगाबाद में प्रवेश किया और उसके कुछ घरों को लूट लिया। गाँव के पटवारी और मुकद्दम को लूट के दौरान बाँध दिया गया था जिन्हें बाद में बिना किसी नुकसान के खोल दिया गया। 11 जनवरी को ही डाकुओं ने जिजगाँव में प्रवेश किया और गाँव के तीन प्रभावशाली लोगों के घरों को लूट लिया। नकवारा से 43 रुपये एवं जिजगाँव से 2,538 रुपये की संपत्ति, जिसमें गहने और नकदी थी, लूटी गई थी। जिजगाँव से दो तलवारें, एक बंदूक और एक पिस्टल भी लूटी गई। दोनों डकैतियाँ, अमीर लोगों के यहाँ पड़ी थीं। गाँव का मालगुजार तीन से चार मील दूर, मगरधा पुलिस चेकपोस्ट को खबर देने के उद्देश्य से नकवारा मार्ग की ओर भागा। ठीक उसी समय नकवारा के लोगों ने अपने मालगुजार को लूट की खबर भेजी जो उस समय हरदा में था। उसने तुरंत पुलिस को खबर कर दी। मगरधा का हेड कॉन्स्टेबल, तुरंत दो कॉन्स्टेबलों और 12 बंदूकधारी गाँव वालों (सामंतों) को लेकर जिजगाँव पहुँचा मगर डकैत एक घंटा पूर्व मकराई मार्ग से भाग गए थे। रास्ते में एक बैग मिला जो नकवारा से लूटी गई संपत्ति का हिस्सा था। इसके अलावा कुछ हासिल न हुआ। हेड कॉन्स्टेबल ने पाया कि पूर्व का डकैत, कन्हैया कारकू, उसे गलत रास्ता बता रहा था। कन्हैया कारकू को इस शर्त पर सरकार ने जेल से मुक्त किया था कि वह टंट्या को पकड़ने में पुलिस की मदद करेगा।[109]

13 जनवरी 1886 को डिप्टी कमिश्नर ने होल्कर की पुलिस से टंट्या को पकड़ने

का अनुरोध किया और टंट्या गैंग के सोमलिया नामक आदमी के भाग जाने पर खेद व्यक्त किया। 22 जनवरी को चूना हुजूरी गाँव (जिला-बैतूल) में टंट्या ने डकैती डाली और केवल अमीरों को लूटा। वह दोपहर बाद 5 बजे गाँव में पहुँचा। दो लोग खेत में काम कर रहे थे उन्हें बंदी बनाकर उसने रामचंद और कोहर गावली का घर पूछा। वहाँ से उसने गैंग को दो हिस्सों में बाँटा। एक दल ने कोहर के घर से नकदी और गहने के रूप में 900 रुपये का माल लूटा। दूसरे दल ने रामचंद के यहाँ से 300 रुपये का माल लूटा। टंट्या ने स्त्रियों को नुकसान न पहुँचाने की हिदायत दे रखी थी। एक घंटे से कम समय बाद गाँव के बाहर दोनों गैंग फिर मिल गए और निम्बया की ओर जंगल में चले गए। कुछ दूर तक गाँव के हवलदार को भी ले गए मगर बाद में उसे छोड़ दिया। चिचोली पुलिस स्टेशन को खबर गई मगर रात 10 बजे पुलिस पहुँची और परिणाम शून्य रहा। 23 जनवरी 1886 को डिप्टी कमिश्नर, निमाड़ ने सोमलिया भील, उंकार बंजारा को फिर गिरफ्तार करने की सूचना दी। 11 मार्च को टंट्या धकोची के पास देखा गया था। रतन सिंह और हांकिन ने उसकी तलाश भी की मगर हाथ न आया। मि. हमिल्टन भी तलाशी में थे। उनके साथ 20 पुलिस वालों में से केवल 5 उस गुफा में थे जहाँ टंट्या के छिपे होने का अनुमान था, बाकी दूर-दूर बने रहे। यह स्थिति सिद्ध करती है कि पुलिस वाले टंट्या से बच रहे थे। जब खतरनाक सेवा की जरूरत पड़ती तब कुछ नौकरी छोड़ देते और कुछ बीमार होकर अस्पताल में भर्ती हो जाते। मार्च, 1886 में चरुवा और कालीभीत पहाड़ी और जंगल में गहन तलाशी अभियान चला। तलाशी के समय मि. हांकिन ने टंट्या की तेज आवाज सुनी थी जो अकेले खड़ा दहाड़ रहा था। 27 मार्च को उसने चरुवा क्षेत्र के बंदी गाँव में डकैती डाली जो चरुवा से 18 मील दूर था। उसने गाँव के 27 घरों एवं अनाज के भंडारों में आग लगा दी। गाँव के मालगुजार तमला पटेल द्वारा रसद की आपूर्ति न किए जाने के कारण टंट्या ने गाँव को जला दिया। 28 मार्च की सुबह सरदार रतन सिंह घटनास्थल पर पहुँचे मगर कुछ हाथ न लगा। 11 अप्रैल 1886 को राजाबोरारी क्षेत्र के गाँव डेबराबंडी में डाका डाला और 700 रुपये का माल लूट लिया। यह घटना तब घटी जब जिला पुलिस अधीक्षक, होशंगाबाद और बैतूल, दोनों अवकाश पर थे तथा विशेष कमिश्नर के पास चार्ज था। मि. हांकिन दो दिन बाद घटनास्थल पर पहुँच सके थे। 12 अप्रैल को बैतूल जिले की पुलिस की छोटी टुकड़ी पहुँची मगर कोई परिणाम न निकला। डेबराबंडी डकैती के बाद टंट्या बैतूल जिले के खामपुर जंगल की ओर निकल गए थे। 13 अप्रैल को टंट्या गिरोह घोरपड़ पहुँचा जो खामपुर चेकपोस्ट से 9 मील दूर था। गैंग की मुलाकात एक पुलिस दल से हुई जिसमें एक हेड कॉन्स्टेबल, 3 कॉन्स्टेबल और 9 गाँव के भूस्वामी थे। पुलिस दल ने गोली चलाई मगर गैंग नाले में छिपा रहा और उनकी पहुँच से दूर रहा। मकराई राजभवन को जलाने के बारे में स्थिति स्पष्ट नहीं थी

कि यह कृत्य टंट्या का था या किसी दूसरे का। सरदार रतन सिंह ने जंगल में पाया कि एक अन्न का भंडार, राजा मकराई ने बिना पर्याप्त सुरक्षा के जंगल में स्थापित किया था। इससे सिद्ध होता है कि राजा मकराई, टंट्या की मदद कर रहे थे। यह भी अफवाह उड़ी थी कि मार्च में जब चरुवा और कालीभीत के जंगलों में गहन तलाशी चली थी तब टंट्या, मकराई के जंगलों में छिपे थे।[110]

स्पेशल कमिश्नर फॉर द रिप्रेशन ऑफ डकैती, सेंट्रल प्रॉविंस, मि. एच.सी.ई. वार्ड ने हर गाँव और जिले में पुलिस बलों की व्यापक तैनाती की। ईसरी प्रसाद ने सभी पुलिस अधीक्षकों से विचार-विमर्श कर सुझाया कि रसद की आपूर्ति रोककर ही हम टंट्या को घेर सकते हैं। मालवा भील कार्प्स के 50 जवानों को मकराई राज्य के उन तीन स्थानों पर तैनात किया गया जो डाकुओं के छिपने के स्थान थे। गाँवों में कॉन्स्टेबल तैनात किए गए। डिप्टी कमिश्नर ने सभी मालगुजारों और गाँव के मुखियाओं को कॉन्स्टेबलों की सुरक्षा के संबंध में चेतावनी जारी की। बैतूल, चरुवा और राजाबोरारी में कॉन्स्टेबलों की तैनाती पूरी कर हरदा में 80 कॉन्स्टेबल तैनात किए गए। मकराई राज्य का पुलिस प्रबंध, चीफ कमिश्नर ने अपने हाथों में ले लिया। अब टंट्या के लिए रसद की आपूर्ति लगभग असंभव बना दी गई। इस प्रकार बैतूल, होशंगाबाद और निमाड़ से टंट्या को हटना पड़ा। स्पेशल कमिश्नर फॉर द रिप्रेशन ऑफ डकैती, सेंट्रल प्रॉविंस, मि. एच.सी.ई. वार्ड ने 17 मई 1886 के पत्र द्वारा एक प्रस्ताव तैयार किया था जिससे बैतूल, होशंगाबाद और निमाड़ जिलों की पुलिस व्यवस्था में आमूल परिवर्तन इस प्रकार किया जाना था- खानापुर में स्पेशल पुलिस को तैनात किया जाना जो पुनासा (पश्चिम), कसोन (उत्तर) और भगवानपुर क्षेत्र पर नियंत्रण रखे, जहाँ डाकू आराम करते थे। असीरगढ़ में तैनात स्पेशल पुलिस बल धौलकोट और दीवाल क्षेत्र पर नियंत्रण रखे। घाटाखेड़ी में तैनात बल सेंधवल और मांजरोड क्षेत्र पर नियंत्रण रखे। चीफ कमिश्नर ने 23 जून के अपने पत्र द्वारा इस प्रस्ताव को स्वीकार नहीं किया था। चीफ कमिश्नर के पत्र से पता चलता है कि टंट्या भील को दादू पटेल, शोभा पटेल और राजा पटेल जैसे भू-स्वामी मदद करते थे।[111]

मई, 1886 में ईसरी प्रसाद ने तीन बंजारों को पकड़ा जिनके पास से जिजगाँव डकैती का कुछ माल बरामद हुआ। इसी बीच, मई में विशेष कमिश्नर ने महाराजा होल्कर के अधिकारी कैप्टन मोहम्मद खान की निष्ठा पर सवाल उठाए। मि. खान ने इंदौर क्षेत्र में डकैत विरोधी अभियानों का नेतृत्व किया था। उन्हें हटा दिया गया। जाँच से पता चला कि कैप्टन मोहम्मद खान और लेफ्टिनेंट मुन्ना सिंह के बीच दो बार वाद-विवाद हुआ था कि उनके कुछ लोगों ने टंट्या के बारे में ब्रिटिश अधिकारियों तक सूचना क्यों पहुँचाई। 17 मई 1886 को विशेष कमिश्नर कर्नल वार्ड ने मिलिट्री की तरह विशेष पुलिस बल बनाने का प्रस्ताव रखा जो चीफ कमिश्नर द्वारा अस्वीकृत हो गया। इसी समय वार्ड का

स्थानांतरण हो गया। 11 जून को उन्हें कर्नल हमाण्ड ने कार्यमुक्त किया। आई.जी. पुलिस के निर्देशन में टंट्या के विरुद्ध अभियान जारी रहा।[112]

16 अगस्त 1886 को डिप्टी कमिश्नर बैतूल ने एक दरियाव गोंड के गिरफ्तार होने की सूचना दी जो टंट्या गिरोह का सदस्य था। उसे इस आधार पर क्षमादान दिया गया कि वह टंट्या को पकड़ने में सहयोग करेगा। 6 सितंबर 1886 को कर्नल रिकेट्स (Ricketts) ने कमिश्नर नर्मदा डिवीजन की हैसियत से टंट्या-ऑपरेशन में लगे अधिकारियों की बैठक ली। बैठक में तीन जिलों की पुलिस व्यवस्था को पुन: संगठित करने, जासूसों का एक दल बनाने और सख्त गश्त लगाने का निर्णय लिया गया।[113]

एक दिन टंट्या अपने आदमियों के साथ निमाड़ जिले के मुलगाँव में उपस्थित हुआ। वहाँ पर पहले से एक कॉन्स्टेबल, डकैतों से सुरक्षा के लिए तैनात था। उसने कुछ गाँव वालों के सहयोग से डकैतों पर हमला किया लेकिन मार गिराया गया। उसके बाद डकैतों ने अपना काम किया और वहाँ से चले गए।[114]

एक मुकुंदा नामक भील, महाराजा होल्कर को टंट्या की गतिविधियों की जानकारी देता था। एक दिन टंट्या, मुकुंदा के घर जा पहुँचा। उसके बाद बंदूक की तेज आवाज सुनाई दी और मुकुंदा का शरीर खून से लथपथ, जमीन पर गिर पड़ा।[115]

निमाड़ जिले के बरूर के मालगुजार के यहाँ 3 सितंबर 1886 को टंट्या अपने बीस आदमियों के साथ जा पहुँचे जो छेगाँव पुलिस स्टेशन के पास था। वहाँ का मालगुजार, सरकार की ओर से घोषित इनाम के लालच में टंट्या के बारे में जानकारी जुटाने में लगा था। टंट्या तक इसकी खबर पहुँच चुकी थी। उन्होंने मालगुजार का घर लूट लिया। उसके एकमात्र बेटे, माधो कुनबी को कब्जे में लिया और उसकी मुक्ति के लिए एक घंटे के अंदर 1,000 रुपये की माँग की। छेगाँव थाने को खबर मिली। एक मुख्य कॉन्स्टेबल और चार कॉन्स्टेबल तुरंत पहुँचे। गोलीबारी में एक डाकू को गोली लगी। उसके बाद अन्य घायलों और अपहृत माधो के साथ रात के अँधेरे में टंट्या गिरोह भागने में सफल रहा। 17 सितंबर की रात माधो छूटकर वापस आया मगर डर के मारे टंट्या के छिपे स्थान के बारे में कोई जानकारी न दे सका। उसका कहना था कि उसकी आँखों पर पट्टी बाँधकर रखा गया था। जिन पुलिस अधिकारियों ने मुठभेड़ में भाग लिया था, उन्हें प्रोन्नति दी गई।[116]

1886 में टंट्या ने हरदा तहसील में खंडवा से 6-7 मील दूर सिंधखेड़ा में 1,500 रुपये की लूट की।[117]

इंस्पेक्टर जनरल ऑफ पुलिस (आई.जी.पी.) परेशान थे कि आखिर टंट्या पकड़ में क्यों नहीं आ रहा। उन्होंने दो अच्छे इंस्पेक्टरों को इस तथ्य का पता लगाने के लिए व्यापारी भेष में होशंगाबाद, बैतूल, खंडवा और इंदौर के क्षेत्रों में भेजा। दोनों इंस्पेक्टरों ने लौटकर आई.जी.पी. को जो रिपोर्ट प्रस्तुत की वह इस प्रकार थी- 'सतपुड़ा विंध्य की

पट्टी में हम घूमे और पाया कि टंट्या की इलाके पर पकड़ है। किसान-आदिवासी लोगों में उसका बड़ा सम्मान है। यहाँ के लोग उसे भगवान मानते हैं इसलिए वे पुलिस की मदद नहीं करते। टंट्या पर जान निछावर करने वाले बहुत से युवक हैं।'[118]

कॉलोनीज एंड इंडिया अखबार में 30 जुलाई 1886 को टंट्या के बारे में एक दिलचस्प समाचार छपा था-

'दक्षिण अफ्रीका के काफिरों, ऑस्ट्रेलिया के अश्वेतों और पूरब के जनजातीय मूल निवासियों के कई दिलचस्प और दुस्साहसिक किस्से हमने सुने हैं मगर टंट्या के न पकड़े जाने के दिलचस्प और दुस्साहसिक किस्सों की भरमार है। उसके दुस्साहसिक किस्से भारत, ब्रिटेन, ऑस्ट्रेलिया और अमेरिकी अखबारों की सुर्खियों में रहे। नीचे जिस कथा का उल्लेख किया जा रहा है, यह पूर्व की कथाओं की नकल नहीं है, अपितु यह पश्चिम के पाठकों की नजर में अभी आया है। एक पुलिस अफसर जिसे टंट्या को पकड़ने के लिए विशेष ड्यूटी पर तैनात किया गया था वह अपने शिविर में सिगार पीने का आनंद ले रहा था। सैनिकों से भरे उस शिविर में अनेक सहायक और खुफिया कर्मचारी थे। तभी उसने एक विवाद सुना। जब उसने विवाद का कारण जानना चाहा तो बताया गया कि उसके सिपाहियों ने एक व्यक्ति को उसके पास आने से रोक दिया है। यह सुन उसने उस व्यक्ति को आने देने को कहा। उसके बाद उस व्यक्ति की ठीक से जाँच की गई कि उसके पास कोई हथियार तो नहीं है। फिर अफसर के सामने लाया गया। अफसर ने देखा कि वह एक आम भील कुली था जिसके तन पर मात्र एक लँगोटी थी। उसके कंधे पर चीर-फाड़ का निशान था। सिर नंगा था। उस भील ने संभवतः झूठ-मूठ में कहा कि वह साहब से बहुत प्रभावित है। उसके पास साहब के लिए एक महत्त्वपूर्ण जानकारी है। साहब ने आस-पास के लोगों को हटा दिया तो कुली ने धीमे से कहा कि उसने भीलों से यह सुना है कि सरकार ने टंट्या के लिए इनाम की घोषणा की हुई है। उसे यह जानकारी है कि इस समय टंट्या एक पेड़ के नीचे अकेला सो रहा है। वह जानता है कि इस जानकारी को देना जोखिमपूर्ण है और टंट्या के साथी उसका काम तमाम कर सकते हैं फिर भी अगर साहब उसे 500 रुपये का इनाम दें और अपनी रायफल लिए अकेले मेरे साथ चलें तो वह दुश्मन को एक पेड़ के नीचे सोता दिखा सकता है। तब साहब उसे या तो गोली मार सकते हैं या पकड़ सकते हैं। इससे किसी को पता भी नहीं चलेगा कि मैंने इसकी खुफिया जानकारी दी। कुछ अपने आप से सोच-विचार करने के बाद साहब सहमत हो गए। उन्होंने अपना घोड़ा तैयार किया और रायफल लोड कर कुली के साथ चल दिए। उस कुली ने उन्हें जंगल के बीहड़ों में कई मील तक चलाया फिर उसने कहा कि वह अपने 500 रुपये पेड़ के नीचे छिपाना चाहता है। उसने वैसा ही किया। एक मील और चलने के बाद कुली ने साहब से अनुरोध किया कि वह अपने घोड़े को यहीं बाँध

दें और पैदल चलें। साहब ने उसकी राय मान ली। कुछ दूर और चलने के बाद भील कुली ने बताया कि आगे खाई में उतरना पड़ेगा। यद्यपि गर्मी बहुत थी और यह विचार पहली बार में सहमत होने लायक नहीं था क्योंकि आगे गहरी खाई से चढ़ाई में कठिनाई थी। साहब ने यह सोचकर कि कुली एक गरीब और घबराया आदमी है, वैसा ही किया और खाई में उतर गए। कुछ देर रुकने के बाद कुली ने कहा कि बेहतर होगा कि साहब अपनी रायफल छिपाकर, आगे बढ़कर देख लें कि अभी भी टंट्या पेड़ के नीचे सो रहा है या नहीं। साहब ने रायफल पेड़ की आड़ में छिपाकर, जहाँ से वह उसे देख सकते थे, टंट्या को देखने बढ़े, तभी टंट्या शेर की तरह चुपके से आगे बढ़ गया। जब कुछ समय व्यतीत हो गया तो साहब अधीर हो गए और रायफल उठाने को मुड़े तो देखा कुली जा चुका था, घोड़ा भी गायब था। साहब को अगली सुबह तक खाई से बाहर निकलने का रास्ता मिल सका था और सबसे अजीब बात यह थी कि कुली ने साहब को तेज आवाज में सुनाया कि टंट्या को पकड़ने की कोशिश बेकार है। वह खुद टंट्या है। मूल समाचार इस प्रकार है-

TANTIA Many curious stories have been told of the duplicity and cunning of the Kaffirs in South Africa, the Malagasies, the blacks of Australia, and the natives of all castes in the East, but it may be I questioned if anything more cunning than the duplicity exhibited in the following narrative has ever come within the knowledge of Western readers. It is said that a police Sahib, who had been told off on special duty to catch Tantia, while he was enjoying a pipe, surrounded by a large camp full of followers and spies, heard an altercation, and, on asking the reason, found his native policeman had stopped a man from approaching the Sahib. The Sahib ordered him to be brought forward. He was brought forward, having first been searched to see he carried no arms. He was a common Bhil coolie with a loin cloth on, and another rag about his shoulders, but bareheaded. He said he wished to speak to the Sahib alone and impressed upon the Sahib (with possibly various lies) that he had some important grievance to lay before him. The attendants were ordered to retire, and the coolie, in a low Voice, said he had heard, as all Bhils know, that Government had offered a reward for Tantia, that he knew where he was a sleep under a tree and quite alone, that no amount of torture would make him confess, for his life would not be worth five minutes from Tantia's friends, but if the Sahib would pay him 500 Rupees. down, and would take his rifle and come with him alone, he would show the enemy asleep under a tree; the Sahib could shoot or capture him, and he, the coolie, would make off; no one would know he had played the spy; and he would get his 500 Rupees, and so on. After some communing with his inner self, the Sahib agreed to the terms. He mounted his horse, and with loaded rifle went off with his guide. They marched for several miles through jungles and ravines, and the coolie said, 'I will bury my rupees under this tree.' He did so. At the end of another mile the coolie requested the Sahib to tie his horse up and come on foot. The advice was followed. After-another short distance the Bhil collie suggested that as it was very hot, he would, if the Sahib pleased, carry the rifle, walking only one step in advance of the Sahib, as they had some difficult climbing to do in the ravines. This idea, though not agreed to at first, was eventually also carried out, for the coolie seemed a poor sort of nervous little fellow. Shortly after the coolie stopped and said the Sahib had better stop while he reconnoitred to see if Tantia was still asleep, and he proceeded to place the rifle against a tree, where the Sahib could see it by a look side-way. The coolie went forward as silent as a tiger, and a little time elapsed, when the Sahib, becoming impatient, he went forward to take up his rifle; but, the rifle was gone, the coolie never returned, the horse had disappeared. Next morning the Sahib found his way out of the ravines, and, the strangest part of all, the coolie sent word to the Sahib that he hoped he had convinced him it was no use trying to catch Tantia, for, he added, the coolie was the dacoit Tantia himself ! (The Colonies and India, July 30, 1886).

सरकार परेशान थी कि 200 घुड़सवार और पैदल सेना टंट्या तक नहीं पहुँच पा रही थी।[119] सिद्धहस्त जासूस-पुग्गी (Puggies) भी बेकार सिद्ध हुए थे। एक बार एक पुलिस अधीक्षक तेज गति से जंगली रास्ते पर घोड़ा दौड़ा रहे थे। उन्हें एक थका, पहाड़ी पथिक बहुत कम कपड़ों में दिखा, जो सिर पर लकड़ी लादे चला जा रहा था। पुलिस अधीक्षक को देहाती बोली आती थी। उन्होंने उस जंगली देहाती से कहा कि टंट्या पर सरकार ने इनाम घोषित कर रखा है। जो बताएगा, उसे मिलेगा। यह सुन देहाती ने कहा- अगर साहिब तेज गति से उस बगल वाले रास्ते पर दौड़ें तो निश्चय ही टंट्या मिल जाएगा। पुलिस अधीक्षक ने उसके द्वारा बताए रास्ते पर दौड़ लगा दी मगर वह निरर्थक साबित हुई। उन्हें कुछ घंटे बाद पता चला कि पास के गाँव में डकैती पड़ गई है। इससे पुलिस अधीक्षक ने अनुमान लगा लिया कि वह देहाती ही टंट्या था और उन्हें गलत रास्ते पर भटकाकर उसने अपने छिपे गैंग के साथ पास के गाँव में डाका डाल दिया था।[120]

1886 भी गुजर रहा था। टंट्या को पकड़ने के अभियान में प्रचुर पैसा खर्च हुआ। बहुत से जवान रात-दिन लगे रहे। खुफिया विभाग परेशान रहा। टंट्या पुलिस को छकाते रहे, उन्हें अपमानित और कलंकित करता रहा मगर हाथ नहीं आया। नवंबर, 1886 में सर लेपल ग्रिफिन, जो सेंट्रल प्रॉविंस के गवर्नर जनरल के एजेंट थे, को टंट्या को गिरफ्तार करने की जिम्मेदारी दी गई।[121] लेपल ग्रिफिन ने नवंबर, 1886 में टंट्या के विरुद्ध जाड़े के मौसम में कार्रवाई हेतु उच्च अधिकारियों से अनुमति माँगी। 30 नवंबर 1886 को एफ.सी. एंडरसन, कार्यालय सचिव, कार्यवाहक चीफ कमिश्नर, सेंट्रल प्रॉविंस ने सचिव, भारत सरकार को सूचित किया कि लेपल ग्रिफिन द्वारा 22 अक्टूबर को भेजे पत्र में, टंट्या को पकड़ने के लिए सुझाई गई नीतियों को कार्यवाहक चीफ कमिश्नर सहर्ष सहमति देते हैं। कार्यवाहक कमिश्नर का कहना था कि लेपल ग्रिफिन के अनुसार टंट्या के खिलाफ असफलता के दो मुख्य कारण हैं- पहला सेंट्रल प्रॉविंस के पुलिस बल में ईर्ष्या, जो दूसरों को टंट्या को पकड़ने का अवसर नहीं देना चाहते। दूसरा, उनमें कायरता। कार्यवाहक चीफ कमिश्नर फिट्जपैट्रिक (Fitzpatrick), ग्रिफिन के कथन का कोई आधार नहीं मानते। उनका कहना था कि उन्होंने निमाड़ और होशंगाबाद के जिला सुपरिन्टेंडेंट को अधिकार दे रखा है कि वह अन्य जिलों से भी पुलिस जवानों को चुन सकते हैं। कर्नल वार्ड ने सूचित किया था कि कई मौके ऐसे आए जब पुलिस टंट्या को पकड़ते-पकड़ते रह गई। इसलिए उसमें कायरता की बात बताना ठीक नहीं। कार्यवाहक चीफ कमिश्नर के अनुसार, असफलता के तीन कारण दिखाई देते हैं। पहला, गुप्त सूचनाओं को इकट्ठा करने के लिए संसाधनों की कमी। दूसरा, अधिकांश भील समुदाय द्वारा टंट्या की उपासना और उसके खौफ से पुलिस को सहयोग न करना। तीसरा, होल्कर क्षेत्र में उसका शरण ले लेना। इसलिए कार्यवाहक चीफ कमिश्नर,

भारतीय पुलिस अफसरों की सेवाएँ लेने के पक्ष में हैं। जासूसों की संख्या बढ़ा दी जा रही है। बाकी अन्य मामलों में ग्रिफिन को सीधे प्रशासनिक अफसरों से संपर्क करना चाहिए। 1886 के अंत में रिसालदार मेजर ईसरी प्रसाद को ग्रिफिन ने टंट्या को पकड़ने के लिए तैनात किया।[122]

26 दिसंबर 1886 को टंट्या को बैतूल जिले में देखा गया था। उसने दाम्जिपुरा के पास ढोलगाँव में डाका डाला। उसने कुछ झोपड़ियों को जला दिया। गाँव के कुछ लोगों और पुलिस वालों ने, जो तुरंत मौके पर पहुँच गए थे, मुकाबला किया मगर बेकार रहा।[123]

जनवरी, 1887 से टंट्या के विरुद्ध अभियान की जिम्मेदारी डिप्टी कमिश्नर होशंगाबाद के पास आ गई। 5 फरवरी 1887 को निमाड़ जिले के संखेड़ा गाँव में शाम सात बजे भीषण डकैती पड़ी। वहाँ के मालगुजार नहल राजपूत से टंट्या की नाराजगी चल रही थी। कुल 1,200 रुपये का माल लूटा गया था। रात नौ बजे तक पुलिस पहुँची थी मगर तब तक टंट्या गैंग जंगलों में चला गया था। 12 अप्रैल 1887 को सिंगोट में डकैती पड़ी जो निमाड़ जिले के पिप्लोड के पास था। कुल 1,800 रुपये की संपत्ति लूटी गई थी।[124]

कमिश्नर नर्मदा डिवीजन ने 15 अप्रैल 1887 को आई.जी. पुलिस सेंट्रल प्रॉविंस को यह स्वीकृति दी कि अगर कोई बंजारा टंट्या को जिंदा या मुर्दा गिरफ्तार करेगा या कराएगा तो उसे 1,000 जानवरों को पाँच वर्ष तक चराने हेतु चरागाह मुफ्त उपलब्ध कराया जाएगा। इस पेशकश का उन जिलों में व्यापक प्रचार-प्रसार करने को कहा गया जहाँ टंट्या छिपते थे। पचमढ़ी से 20 अप्रैल को लिखे गए एक पत्र से पता चलता है कि डोवेटन (Doveton) अपने वन विभाग के तंत्र द्वारा टंट्या को पकड़ने में अपनी सेवाएँ देने को इच्छुक हैं।[125]

टंट्या की ख्याति इतनी फैल चुकी थी कि 8 अगस्त 1887 को रेलवे इंस्टीट्यूट, खंडवा के एक सांस्कृतिक कार्यक्रम में मि. असीम ने 'टंट्या भील' नामक गीत सुनाया था।[126]

1887 का साल शुरू होते ही सर लेपल से रिसालदार, मेजर ईसरी प्रसाद, सी.आई.ई. के पास टंट्या को पकड़ने की जिम्मेदारी आ चुकी थी। ईसरी प्रसाद ने विभिन्न स्थानों पर तम्बू गाड़े और घुड़सवार सैनिकों को टंट्या को पकड़ने के लिए तैनात किया। इन सब उपायों और महाराजा होल्कर की सजगता के बावजूद वह नए साल में लगातार एक के बाद एक, दो डकैतियाँ डालने में सफल रहा।[127]

इसी बीच उसने एक मराठा सिपाही के हाथ पीछे बाँधकर हत्या कर दी।[128] यह देख सभी हक्का-बक्का रह गए। ईसरी प्रसाद को भी कोई सफलता न मिली। वह बरसात के

बाद दुखी होकर 27 अक्टूबर 1887 को टंट्या को गिरफ्तार करने के दायित्व से हट गए थे। उनके हटते ही उसी दिन, 27 अक्टूबर को टंट्या अपने सहयोगियों के साथ, पोखर में उपस्थित हुए।[129]

खंडवा के पुलिस अधीक्षक पद पर नेहर की नियुक्ति हुई। उन्होंने नर्मदा डिवीजन के कमिश्नर को रिपोर्ट भेजी कि स्थानीय पुलिस की प्रत्येक गतिविधि की जानकारी टंट्या को मिल जाती है। इसलिए ब्रिटिश इंस्पेक्टर के सिवा दूसरा विकल्प नहीं है।[130] बंबई से ब्रिटिश इंस्पेक्टर भेजने का निर्णय लिया गया। एक इंस्पेक्टर बंबई से ट्रेन के प्रथम श्रेणी डिब्बे में चला। जब ट्रेन महू के पास, पातालपानी रेलवे स्टेशन पर रुकने के लिए धीमी रफ्तार में थी, तभी दो कुली डिब्बे में चढ़े। जब ट्रेन रुकी तो छरहरे बदन वाले कुली ने साहब का अभिवादन किया और सामान लेकर छावनी में चलने की इजाजत माँगी। कुली बातूनी था। वह साहब को प्यारा लगा। उन्होंने इजाजत दे दी। चलते-चलते कुली ने साहब को बताया कि उस पहाड़ के पास एक किसान रहता है। मेरी पहचान है उससे। टंट्या कभी-कभी उसके घर आता है। इंस्पेक्टर को यह बात सुन, उत्सुकता जगी। बोले- 'क्या तुम उसे जानते हो? सरकार ने उस पर बड़ा इनाम रखा है। अगर तूने मदद की तो...' पहले कुली ने घबराने का नाटक किया। आनाकानी की। बाद में साहब को मदद देने को तैयार हुआ मगर बोला- 'इनाम की आधी रकम पेशगी देनी होगी जिससे मैं किसान को दे सकूँ।' शाम को साहब ने कुली को रकम दे दी। दूसरे दिन सुबह उधर जाने का कार्यक्रम तय हुआ। पुलिस छावनी के सामने कालाकुंडा जलप्रपात को सुबह-सुबह साहब निहार रहे थे तभी घाटी से कुली आता दिखा। आते ही उसने अभिवादन किया और बोला- 'साहब, आप बड़े किस्मत वाले हैं। आज शिकार जरूर फँसेगा।' कुली के साथ साहब घाटी की ओर चल दिए। थोड़ी दूर चल, जंगल शुरू हुआ। कुली तेज गति से चल रहा था मगर साहब को थकान हो रही थी। जब सूरज सिर पर चढ़ आया और कुली उन्हें जंगल के अंदर लेकर चला गया तब उसने साहब का हथियार छीनकर कहा- 'मैं ही टंट्या हूँ।' साहब उससे हथियार माँगने के लिए बढ़े और वह उन्हें दौड़ाता हुआ गायब हो गया। साहब मजबूर होकर लौट आए थे। उन्हें यकीन नहीं हो रहा था कि टंट्या ने उन्हें जिंदा छोड़ दिया।[131]

पोखर गाँव के पाटिल के घर धावा : द ग्रेट इंडियन मूनलाइटर (The Great Indian Moonlighter)

पाठकों को यह याद दिलाना होगा कि पोखर के शिवा पाटिल की बेटी जसोदा से टंट्या का प्रेम संबंध था। वह पोखर में ही शिवा पाटिल के हाथों अपमानित हुआ था। पोखर गाँव की आधी जमींदारी शिवा पाटिल की थी तो आधी सरदार पाटिल की। सरदार

पाटिल के बेटे का नाम मोहन था। ये सभी आपस में रिश्तेदार थे। मोहन के छल के कारण 1878 में टंट्या गिरफ्तार हो चुके थे। सरदार और मोहन की विधवाएँ एवं मोहन के दो बेटे एक साथ पोखर गाँव में रह रहे थे। मोहन की विधवा के दो बेटे थे। जब टंट्या, मोहन के छल से पकड़े गए थे, तब जसोदा बहुत दुखी हुई थी परंतु वह अपने भाई या पिता से कुछ कह पाने की स्थिति में नहीं थी। सरदार और मोहन की मृत्यु के बाद, उनके द्वारा सरकार को दी गई सेवाओं के एवज में उनके परिवार को पेंशन मिलती थी। इससे सरदार की पत्नी गाजिया का व्यवहार जसोदा के प्रति उग्र रहने लगा था। जसोदा के टंट्या से संबंध होने के कारण वह कटु वचन बोलती। एक दिन जसोदा ने गाजिया को कोई चीज वापस करने को कहा, जो उसने उसे दी थी। उसे वापस करते हुए गाजिया ने जसोदा का अपमान किया और घर से बाहर कर दिया। उसने गाँव वालों को बुलाकर जसोदा पर 100 रुपये का दंड भी लगवाया।[132]

सबसे पहले टंट्या ने 27 अक्टूबर 1887 को मोहन पाटिल के घर का दौरा किया और अपने पुराने दुश्मन के बारे में पूछताछ की। वह मोहन की माँ, गाजिया के सामने उपस्थित हुआ। मोहन की माँ ने टंट्या को बताया कि कुछ दिन पहले मोहन की मृत्यु हो गई थी। टंट्या ने उस कहानी पर विश्वास करने से इनकार कर दिया और मोहन की माँ को पीटने के लिए आगे बढ़ा। उसने मोहन की माँ से 100 रुपये की माँग की, जो मोहन ने टंट्या को गिरफ्तार कराने वाले को पुरस्कार स्वरूप एक साल पहले दिया था। उसने उस पाँच सौ रुपये की भी माँग की जो जसोदा के पिता पर गाँव की पंचायत द्वारा बेटी पर दुराचार का आरोप लगाकर दंड लगाया गया था। गाजिया बोली कि अभी इतने रुपये नहीं हैं। उसे कुछ समय की मोहलत दी जाए। यह सुन टंट्या के आदमी उसके घर, 'पाल माल' में घुस गए और उसे लूट लिया। जाते समय गाजिया, उसकी बहू और दो पोतों को साथ लेते गए। गाँव वालों ने अपने कृत्य के लिए राहत माँगी तो टंट्या ने भविष्य में उसके विरुद्ध षड्यंत्र न करने की चेतावनी देकर छोड़ दिया। वे बंदियों को खींचते हुए जंगल में ले गए। गाजिया के पैरों से खून निकलने लगा था और उसके कपड़े फट गए थे। जसोदा के प्रति किए गए अत्याचार को देखते हुए वह दयाहीन हो गया था। 'तुमने जसोदा के प्रति जो किया, उसी का यह परिणाम है।' टंट्या ने गाजिया से कहा। उसे लगातार घसीटते हुए थप्पड़ मारता रहा। उसके गहने छीन लिए। फिर शिकार करने वाले चाकू से उसकी नाक काट दी। वहीं एक किसान खेत में हल जोत रहा था। टंट्या ने उसे बुलाकर दोनों औरतों और बच्चों को सौंप दिया। उसने यह भी निर्देश दिया कि गाजिया, जसोदा को बुलाकर घर में रखेगी। किसान ने तुरंत सिर हिलाया। इसके बाद टंट्या और उसके साथी चले गए थे।[133]

ब्रिटिश अखबार में गाजिया की नाक काटने के समाचार को प्राथमिकता से छापा गया थाः

THE REVENGE OF AN INDIAN DACOIT
A WOMAN'S NOSE CUT OFF

Tantia Bheel has been committed for trial in India charged with causing grievous hurt. The case was investigated by the Assistant-Commissioner at the Jabalpur Court. The surrounding grounds were densely crowded from an early hour. Tantia was heavily manacled and guarded by an armed police force. The evidence showed that about ten years ago Tantia Bheel, known to be intimate with Jashoda, daughter of his employer, a native of the village of Pakar, was, by the machinations of Mohan Chowdhri, a near relative of Jashoda's, lodged in Khandwa Jail for two months on a charge of theft. After serving his term, Tantia, bent on reprisals, returned to Pakar, and proceeded to harass his enemies by slaughtering cattle and destroying agricultural implements. Mohan Chowdhri, to whom Tantia was indebted for his two months imprisonment, enjoyed naturally a large share of the dacoit's attention, so much so that he resolved at any risk to capture his enemy. A clever snare was laid, and Tantia at last was run to earth and confined in Khandwa Jail. Pending his trial Tantia escaped, and began the wild career which has made him known to us as the most desperate dacoit in India. In October, 1887, Tantia Bheel made his way to Pakar. On the 27th he visited the house of Mohan Chowdhri, and enquired for his old enemy. He was informed by Mohan's mother that he had died some days before. Tantia refused to believe the story, and proceeded to beat the mother of Mohan Chowdhri, demanding the 100 rupees which Mohan had been awarded a year before for capturing Tantia and claiming also 500 rupees, the sum which the father of Jashoda had been fined by the village panchayat for the misconduct of his daughter.

The woman refused to give the money to Tantia, where upon she was seized, dragged out of the village, stripped of her jewellery, and mutilated by having her nose severed from her face with a hunting knife. At his trial Tantia, who was undefended, did not contradict the above allegations, except in minor particulars. He acknowledges having mutilated the woman,but denies having robbed her. He also acknowledges having claimed 600 rupees, but maintains that he had a right to the money. The other charges will be tried later. (The North-Eastern Daily Gazette, October 7, 1889)

एक अन्य ब्रिटिश अखबार में 'भारत में अज्ञानता' शीर्षक से एक समाचार में दो महिलाओं को अगवा करने और नाक काटने के कृत्य की तुलना मि. रोगर और कैप्टन मूनलाइट के कृत्य से की गई थी। अखबार ने टंट्या की तुलना आयरलैंड के डाकू मिस्टर पायने और गिलहोली से की। उसने व्यंग्य करते हुए कहा कि भारत के इस महान चंद्र प्रकाश (The Great Indian Moonlighter) को नेशनल लीग द्वारा मानद सदस्यता प्रदान करनी चाहिए।

PARNELLISM IN INDIA

The National League should certainly confer honorary membership on Tantia Bhil, the great Indian 'moonlighter.' This worthy's methods of carrying on a 'constitutional movement against the law are precisely those which now obtain in Ireland take for instance, the description given by a native paper of his latest exploit.' 'With a body of five followers, he proceeded to a village, seized two women who had incurred the displeasure of his band, dragged them into an adjoining jungle and cut off their noses.' 'Just like Roger;' quite like dear Captain Moonlight. But the similarity does not stop there. 'As usual, the people of the village,' it is reported, 'permitted the dacoits to act just as they pleased.' So do the villagers of Blatherskite permit the Irish dacoits to act just as they please in robbery, mutilation, and murder. Again, this Tantia Bhil is an outlaw like Mr. Pyne, Mr. Gilhooly, and the other hide- and-seek players in Ireland, dodging the myrmidons of the law from place to place precisely as they do. So far, the resemblance is complete, but note the difference of attitude taken up by the national press in the two countries. In Ireland, dacoity is extenuated, if not actually praised; it is the 'wild justice of revenge,' and so forth. Very different is the tone of the native papers in India; some of them even go so far as to advocate the punishment of any villages that do not make resistance to Tantia Bhil. A happy idea: what if it were applied to Ireland ? In that case, the bold Irish peasant might not think it a manly part to remain passive while innocent people are being mutilated or murdered before his eyes. (The Globe and Traveller, December 6, 1887)

पोखर गाँव में 27 अक्टूबर 1887 की डकैती के बारे में सुनते ही पुलिस अधीक्षक ने टंट्या को पकड़ने की कोशिश की मगर हमेशा की तरह कोई परिणाम नहीं निकला और उसी बीच टंट्या ने खंडवा के पास, बंझरगाँव में डकैती डाल दी। वहाँ से 3,000 की संपत्ति लूटी। पुलिस अधीक्षक को कोई खास सफलता नहीं मिल पाई थी। इन दो डकैतियों के बाद टंट्या, महाराजा होल्कर के क्षेत्र में प्रवेश कर छिप गया। नवंबर, 1887 में वह पुनः भुईफल गाँव में प्रकट हुआ। उसके बाद वह हिम्मत पाटिल के घर आया, जिसे उसने सालों पहले मार डाला था। उस समय हिम्मत का बेटा मालगुजार था और अब वह आंशिक रूप से उस आपदा से मुक्त हो पाया था। वहाँ उसने विधवा और बेटे से दो सौ रुपये वसूले। अक्टूबर, 1887 में ईसरी प्रसाद को अभियान से अलग किया गया।[134]

गंग्रधना की मुठभेड़

बरूर की रहने वाली एक महिला भी जसोदा से गलत व्यवहार करती थी। नवंबर, 1887 में टंट्या बरूर गाँव गया। उसने अपनी प्रेमिका के अपमान का बदला लेने के लिए उस महिला की नाक काट दी। 27 जनवरी 1888 को वह धनकोत्र (धनकोट) गाँव गया जो निमाड़ जिले के पुनासा संरक्षित जंगल के करीब था। वहाँ उसने दौल्या के घर का खंडहर देखा और वहाँ के ग्वालियों से 120 रुपये लूटे। उसके बाद 17 मार्च 1888 को वह निमाड़ के गाँव, भोगाँव गया और वहाँ उसने मालगुजार और पटवारी के घर में आग लगा दी। वहाँ से 4,672 रुपये की संपत्ति लूटकर ले गया। 27 जनवरी और 17 मार्च के बीच वह पुनासा के जंगल में ही रहा जहाँ कुछ ग्वालियों और वन विभाग के

कर्मचारियों ने उसके खाने-पीने का प्रबंध किया। उसके बाद उसने निमाड़ जिले के गाँव गंगाली में डकैती डाली जो महाराजा होल्कर की सीमा से सटा था। 8 मई 1888 को कुछ पड़ोसी भीलों के सहयोग से होल्कर क्षेत्र के बिस्तर गाँव में भीषण डकैती डाली। सूचना पहुँच जाने से होल्कर अधिकारियों द्वारा कई भील गिरफ्तार कर लिए गए। भारी मात्रा में लूट का सामान भी बरामद कर लिया गया। उसी समय भारी पुलिस बल इस क्षेत्र में भ्रमण पर था। स्थिति का मूल्यांकन कर टंट्या ने अपना ठिकाना बदल लिया। उसके बाद वह निमाड़ जिले के कोदरी गाँव में, जो बरार सीमा के पास था, दिखा। 15 जून को वह फिर होशंगाबाद जिले के रोशनी के निकट दिखा। 28 जून को होशंगाबाद जिले के गंग्रधना में और होशंगाबाद में उसकी पुलिस से मुठभेड़ हुई। डकैतों की संख्या 20 के आस-पास थी। वे समीप के जंगल में छिपे थे। कुछ गाँव वालों ने एक पुलिस बल को इसकी जानकारी दे दी। पुलिस बल में केवल एक हेड कॉन्स्टेबल और चार कॉन्स्टेबल थे। हेड कॉन्स्टेबल ने सभी निकटतम चेकपोस्टों को सूचना भेजी कि सभी गंग्रधना पहुँचें। कुछ गाँव वालों ने पूरी रात डाकुओं पर नजर रखी थी। सुबह तक कोई पुलिस बल नहीं पहुँचा। जब डाकू हेड कॉन्स्टेबल की ओर बढ़ने लगे तो पुलिस बल ने डरकर गोली चलानी शुरू कर दी मगर दूरी ज्यादा होने के कारण प्रभावी न हो सकी। फिर भी टंट्या के दल को लगा कि भारी पुलिस बल आ चुका है और वे अपने हथियार और खाने का सामान छोड़कर भाग गए। तब तक और पुलिस बल पहुँच चुका था। छोड़े गए सामानों को कब्जे में कर लिया गया।[135]

गंग्रधना की मुठभेड़ ने टंट्या को होशंगाबाद में जमने नहीं दिया और कई गंभीर डकैतियों से जिला बच गया। उसके बाद टंट्या ने राजाबोरारी संरक्षित वन के पास के एक छोटे-से गाँव भूरियासोत में डाका डाला। इस छोटे-से गाँव में डाका डालने का मकसद यह था कि खाने-पीने और पहनने का सामान मिल सके परंतु वह 300 रुपये का सामान भी लूट ले गया। 5 जुलाई को टंट्या का गैंग पडार गाँव पहुँचा जो बैतूल जिले में पड़ता था। गाँव वालों ने पुलिस को खबर कर दी। इस पर टंट्या गाँव वालों से खफा हो गया। उसने गाँव में आग लगा दी और उसे लूट लिया। जब टंट्या अपने साथियों के साथ लूटपाट कर रहे थे तभी उसे एक कॉन्स्टेबल दिखाई दिया। टंट्या ने तुरंत अपनी तलवार से उसकी नाक काट दी। मि. मॉरिस, बैतूल पुलिस बल के साथ पहुँचे और होशंगाबाद पुलिस के सहयोग से आस-पास के जंगलों में तलाशी अभियान चलाया गया मगर कोई परिणाम न निकला। 27 अक्टूबर 1888 को यह गैंग, होल्कर क्षेत्र में देखा गया। उसके बाद समय-समय पर होल्कर क्षेत्र के विभिन्न गाँवों में उसके देखे जाने के समाचार मिलते रहे। निमाड़ जिले की सीमा से दो मील दूर एक गाँव में उसने एक सामान्य डकैती डाली। पुलिस को एक परिवर्तन जरूर दिखा कि 20 जनवरी 1884 में जब टंट्या ने उस्कल्ली

और कपासी में डकैती डाली थी तब गंग्रधना के जंगलों में उसे डकैती डालने के पूर्व और बाद में सुरक्षित शरण मिली थी। तब गाँव वाले पुलिस को बताते नहीं थे परंतु 1888 में स्थिति बदली नजर आ रही थी। अब यहाँ के गाँव वाले पुलिस तक सूचना पहुँचाने लगे थे।[136]

जब टंट्या बैतूल के जंगल में रह रहा था तब उसे खोजते-खोजते, एक कॉन्स्टेबल सामने जा पहुँचा। टंट्या ने उसे तुरंत बंदी बना लिया। उसकी बंदूक छीन ली, वर्दी उतार दी, नाक काट दी और खदेड़ दिया। नाक काटना, टंट्या की आदत बन चुकी थी।[137]

1878 से 1886 के बीच टंट्या ने निमाड़, ब्रिटिश और होल्कर के क्षेत्र में करीब 400 डाके डाले थे और कभी भी पुलिस के हाथ नहीं आया। उसे पकड़ने के लिए होशियार से होशियार पुलिस अफसर लगे, ब्रिटिश अफसर लगे लेकिन उसने किसी को छद्म वेश में अपना परिचय दिया तो किसी की नाक काट ली, किसी को जंगल में ले जाकर बेवकूफ बनाया, पर पकड़ में नहीं आया।[138]

1887 में मध्य भारत में 150 डकैती के मामले प्रकाश में आए थे और कुल दो लाख दस हजार की लूट हुई थी। सभी सुरक्षा बंदोबस्त के बावजूद, ट्रेन और टेलीग्राफ की सुविधाओं के होते हुए अधिकारियों की नाक तले, टंट्या इंदौर शहर में देखा गया। इंदौर के दीवान को पता था कि टंट्या समय-समय पर शहर में अपने रिश्तेदारों के यहाँ आता-जाता है, उन्हें धन उपलब्ध कराता है। अत: उनके द्वारा कुछ रिश्तेदारों को गिरफ्तार किया गया और उन पर सेशन कोर्ट में मुकदमा चला।[139]

इंदौर दरबार का खरगोन का मैनेजर, टंट्या को डकैती डालने के लिए उकसाता रहता था। सर लेपेल ग्रिफिन के कहने पर अप्रैल, 1888 में उसे पद से हटा दिया गया।[140] मध्य प्रांत पुलिस की 1888 की रिपोर्ट के अनुसार, वर्ष में निमाड़ क्षेत्र में 5 डकैतियाँ पड़ीं जिनमें से 4 में टंट्या के शामिल होने की बात कही गई यद्यपि इनमें संदेह की गुंजाइश थी। निमाड़ की दो डकैतियों में, जिनमें से एक होशंगाबाद जिले में (28 जून को गंग्रधना में) और दूसरी बैतूल जिले में (5 जुलाई को पडार गाँव में), पड़ी थीं, उनमें कोई संदेह नहीं था। इन दोनों में टंट्या शामिल था।[141]

संदर्भ :

1. Times Of India, 1 May 1886.

2. चाँद, वर्ष 7, खंड 1, संख्या 1, नवंबर 1928, (चाँद का फाँसी अंक, संपादक आचार्य चतुरसेन शास्त्री, स्वर्ण जयंती, दिल्ली 2009, आगे-चाँद का फाँसी अंक, पृष्ठ 34).

3. The Mid-Surrey Times, 18 January 1890.

4. ST. James's Gazette, 23 September 1889.

5. The Mercury, 18 June 1936 and The Age, 22 June 1936.

6. Psychological Aspects of Tantia Bheel's Revolution, Dr Ushakiran Agrawal, IOSR-JHSS, Volume 20, Issue 10, Ver. VI (Oct. 2015) PP. 14-16, www.iosrjournals.org .

7. Times Of India, 16 August 1884.

8. Ibid, 21 August 1885.

9. Charu Chandra Mukherjee, B.H. Dutt. The Life Of Tantia Bhil, Calcutta, 1890, Page 1; चाँद का फाँसी अंक, पृष्ठ 34.

10. The Bhil Kills by S.C. Verma, Kunj Publishing House, Delhi, 1908, Page 14.

11. बाबा भांड, जननायक टंट्या भील, प्रभात प्रकाशन, दिल्ली, 2014, पृष्ठ 13, 14; चाँद का फाँसी अंक, पृष्ठ 34.

12. Charu Chandra Mukherjee, B.H. Dutt. The Life Of Tantia Bhil, Calcutta, 1890, Page 2.

13. बाबा भांड, जननायक टंट्या भील, प्रभात प्रकाशन, दिल्ली, 2014, पृष्ठ 15, 16, 17.

14. Charu Chandra Mukherjee, B.H. Dutt. The Life Of Tantia Bhil, Calcutta, 1890, PP. 2, 3.

15. Ibid, Page 3.

16. बाबा भांड, जननायक टंट्या भील, प्रभात प्रकाशन, दिल्ली, 2014, पृष्ठ 19, 20, 23; चाँद का फाँसी अंक, पृष्ठ 34.

17. Ibid, पृष्ठ 20, 21, 136.

18. Ibid, 2014, पृष्ठ 22, 23, 24.

19. Charu Chandra Mukherjee, B.H. Dutt. The Life Of Tantia Bhil, Calcutta, 1890, Page 4.

20. बाबा भांड, जननायक टंट्या भील, प्रभात प्रकाशन, दिल्ली, 2014, पृष्ठ 22, 23, 24.

21. Charu Chandra Mukherjee, B.H. Dutt. The Life Of Tantia Bhil, Calcutta, 1890, Page 5; बाबा भांड, जननायक टंट्या भील, प्रभात प्रकाशन, दिल्ली, 2014, पृष्ठ 25, 136; चाँद का फाँसी अंक, पृष्ठ 35.

22. Charu Chandra Mukherjee, B.H. Dutt. The Life Of Tantia Bhil, Calcutta, 1890, Page 5; बाबा भांड, जननायक टंट्या भील, प्रभात प्रकाशन, दिल्ली, 2014, पृष्ठ 26, 27; चाँद का फाँसी अंक, पृष्ठ 34, 35.

23. Charu Chandra Mukherjee, B.H. Dutt. The Life Of Tantia Bhil, Calcutta, 1890, Page 6; बाबा भांड, जननायक टंट्या भील, प्रभात प्रकाशन, दिल्ली, 2014, पृष्ठ 27, 28.

24. Ibid.

25. Charu Chandra Mukherjee, B.H. Dutt. The Life Of Tantia Bhil, Calcutta, 1890, PP. 6, 7.

26. Ibid, Page 7; बाबा भांड, जननायक टंट्या भील, प्रभात प्रकाशन, दिल्ली, 2014, पृष्ठ

136.

27. Ibid, PP. 7, 8.

28. चाँद का फाँसी अंक, पृष्ठ 35, 36.

29. M.P. State Archive and Museum, Bhopal/ Civil Secretariate/1886/ Police Dept./Compilation/File 160 Part I to IV/ Sub-Tuggee and Dacoity (Narrative of the Career of the Tantia Bhil. Compiled from the records by H.P.K. Skipton, Assistant District Superintendent of Police); चाँद का फाँसी अंक, पृष्ठ 35, 36.

30. Charu Chandra Mukherjee, B.H. Dutt. The Life Of Tantia Bhil, Calcutta, 1890, PP. 8, 9, 10.

31. चाँद का फाँसी अंक, पृष्ठ 36.

32. Ibid.

33. बाबा भांड, जननायक टंट्या भील, प्रभात प्रकाशन, दिल्ली, 2014, पृष्ठ 32.

34. Charu Chandra Mukherjee, B.H. Dutt. The Life Of Tantia Bhil, Calcutta, 1890, Page 10.

35. बाबा भांड, जननायक टंट्या भील, प्रभात प्रकाशन, दिल्ली, 2014, पृष्ठ 32, 33.

36. Charu Chandra Mukherjee, B.H. Dutt. The Life Of Tantia Bhil, Calcutta, 1890, Page 11; Jannayak Tantya Bhil and the Peasant and Tribal Movement: Source Material, Baba Bhand, Swaraj Sansthan Directorate, Bhopal, 2001, Page 42.

37. Ibid, PP. 12, 13, 75, 76; बाबा भांड, जननायक टंट्या भील, प्रभात प्रकाशन, दिल्ली, 2014, पृष्ठ 36, 38, 136.

38. Jannayak Tantya Bhil and the Peasant and Tribal Movement: Source Material, Baba Bhand, Swaraj Sansthan Directorate, Bhopal, 2001, PP. 42, 43.

39. Charu Chandra Mukherjee, B.H. Dutt. The Life Of Tantia Bhil, Calcutta, 1890, Page 13; The Bhil Kills by S.C. Verma, Kunj Publishing House, Delhi, 1908, PP. 14, 15.

40. Jannayak Tantya Bhil and the Peasant and Tribal Movement: Source Material, Baba Bhand, Swaraj Sansthan Directorate, Bhopal, 2001, Page 43.

41. Charu Chandra Mukherjee, B.H. Dutt. The Life Of Tantia Bhil, Calcutta, 1890, Page 15; Jannayak Tantya Bhil and the Peasant and Tribal Movement: Source Material, Baba Bhand, Swaraj Sansthan Directorate, Bhopal, 2001, Page 43.

42. Charu Chandra Mukherjee, B.H. Dutt. The Life Of Tantia Bhil, Calcutta, 1890, Page 14; चाँद का फाँसी अंक, पृष्ठ 37.

43. M.P. State Archive and Museum, Bhopal/ Civil Secretariate/1880/ Police Dept./Compilation/File 160/Sub- Dacoities and Highways Robberies Part II.

44. बाबा भांड, जननायक टंट्या भील, प्रभात प्रकाशन, दिल्ली, 2014, पृष्ठ 42.

45. वही, पृष्ठ 42, 43; Charu Chandra Mukherjee, B.H. Dutt. The Life Of Tantia Bhil, Calcutta, 1890, Page 15.

46. The Bhil Kills by S.C. Verma, Kunj Publishing House, Delhi, 1908, PP. 14, 15; चाँद का फाँसी अंक, पृष्ठ 36.

47. बाबा भांड, जननायक टंट्या भील, प्रभात प्रकाशन, दिल्ली, 2014, पृष्ठ 43, 44, 45.

48. वही, पृष्ठ 46; Jannayak Tantya Bhil and the Peasant and Tribal Movement: Source Material, Baba Bhand, Swaraj Sansthan Directorate, Bhopal, 2001, Page 44.

49. Jannayak Tantya Bhil and the Peasant and Tribal Movement: Source Material, Baba Bhand, Swaraj Sansthan Directorate, Bhopal, 2001, PP. 44, 45.

50. M.P. State Archive and Museum, Bhopal/ Civil Secretariate/1880/ Police Dept./Compilation/File 160/Sub- Dacoities and Highways Robberies Part II; Charu Chandra Mukherjee, B.H. Dutt. The Life Of Tantia Bhil, Calcutta, 1890, PP. 15, 16; बाबा भांड, जननायक टंट्या भील, प्रभात प्रकाशन, दिल्ली, 2014, पृष्ठ 48.

51. Charu Chandra Mukherjee, B.H. Dutt. The Life Of Tantia Bhil, Calcutta, 1890, PP. 15, 16; बाबा भांड, जननायक टंट्या भील, प्रभात प्रकाशन, दिल्ली, 2014, पृष्ठ, 49.

52. Charu Chandra Mukherjee, B.H. Dutt. The Life Of Tantia Bhil, Calcutta, 1890, Page 17.

53. M.P. State Archive and Museum, Bhopal/ Civil Secretariate/1880/ Police Dept./Compilation/File 160/Sub- Dacoities and Highways Robberies Part II.

54. Jannayak Tantya Bhil and the Peasant and Tribal Movement: Source Material, Baba Bhand, Swaraj Sansthan Directorate, Bhopal, 2001, Page 46.

55. Ibid, PP. 15, 16; बाबा भांड, जननायक टंट्या भील, प्रभात प्रकाशन, दिल्ली, 2014, पृष्ठ 48, 49, 50.

56. Times Of India, 26 April 1881.

57. M.P. State Archive and Museum, Bhopal/ Civil Secretariate/1883/ Police Dept./Compilation/File 160/Sub- Dacoities and Highways Robberies.

58. Ibid, 10 August 1885.

59. Dublin Daily Express, 24 July 1884.

60. बाबा भांड, जननायक टंट्या भील, प्रभात प्रकाशन, दिल्ली, 2014, पृष्ठ 52, 53, 54.

61. Charu Chandra Mukherjee, B.H. Dutt. The Life Of Tantia Bhil, Calcutta, 1890, PP. 17, 18, 19; Jannayak Tantya Bhil and the Peasant and Tribal Movement: Source Material, Baba Bhand, Swaraj Sansthan Directorate, Bhopal, 2001, Page 46.

62. Times Of India, 2 May 1881.

63. Charu Chandra Mukherjee, B.H.Dutt, The Life Of Tantia Bhil, Calcut-

ta, 1890, PP. 19, 20; Times Of India, 2 May 1881.

64. Ibid, Page 20.

65. Ibid, Page 20; Jannayak Tantya Bhil and the Peasant and Tribal Movement: Source Material, Baba Bhand, Swaraj Sansthan Directorate, Bhopal, 2001, Page 47.

66. Charu Chandra Mukherjee, B.H. Dutt. The Life Of Tantia Bhil, Calcutta, 1890, PP. 20, 21, 23, 24; Times Of India, 8 June 1883; Jannayak Tantya Bhil and the Peasant and Tribal Movement: Source Material, Baba Bhand, Swaraj Sansthan Directorate, Bhopal, 2001, Page 47.

67. MP State Archive and Museum, Civil Secretariat /1882/Police Dept./ File 160/Dacoities and Robberies; Reynold's News Paper, 24 October 1881; Homeward mail from India, China and the East, 24 October 1881.

68. Times Of India, 13 June 1885.

69. Englishman's Overland Mail, 3 June 1882.

70. Charu Chandra Mukherjee, B.H. Dutt. The Life Of Tantia Bhil, Calcutta, 1890, Page 22; Englishman's Overland mail, 3 June 1882.

71. Ibid; Jannayak Tantya Bhil and the Peasant and Tribal Movement: Source Material, Baba Bhand, Swaraj Sansthan Directorate, Bhopal, 2001, Page 47.

72. Charu Chandra Mukherjee, B.H. Dutt. The Life Of Tantia Bhil, Calcutta, 1890, PP. 24, 25.

73. Ibid, Page 25.

74. Ibid, PP. 25, 26, 30, 31; Times Of India, 8 June 1883; 21 August 1885.

75. Ibid, PP. 26, 27; NAI, Home Dept. Police B, August 1884, File No. 89-90; Times Of India, 21 August 1885.

76. Times OF India, 7 July 1883.

77. Ibid, 20 August 1883; M.P. State Archive and Museum, Bhopal/ Civil Secretariate/1883 and 1884/ Police Dept./Compilation/File 160/Sub-Dacoities and Robberies.

78. Ibid.

79. Ibid, 6 November 1883.

80. Ibid, 21 August 1885; The Life Of Tantia Bhil, Charu Chandra Mukherjee, B.H. Dutt. Calcutta, 1890, Page 28, 29, 30; M.P. State Archive and Museum, Bhopal/Civil Secretariate/1883 and 1884/Police Dept./Compilation/File 160/Sub- Dacoities and Robberies.

81. Ibid.

82. Dublin Daily Express, 24 July 1884.

83. Times Of India, 21 August 1885.

84. M.P. State Archive and Museum, Bhopal/ Civil Secretariate/1884/ Police Dept./Compilation/File 160/Sub- Dacoities and Robberies.

85. M.P. State Archive and Museum, Bhopal/ Civil Secretariate/1886/ Police Dept./Compilation/File 160 Part I to IV/ Sub- Tuggee and Dacoity.

86. Charu Chandra Mukherjee, B.H. Dutt. The Life Of Tantia Bhil, Calcutta, 1890, Page 30.

87. Times Of India, 13 June 1885; M.P. State Archive and Museum, Bhopal/ Civil Secretariate/1886/ Police Dept./Compilation/File 160 Part I to IV/ Sub-Tuggee and Dacoity.

88. M.P. State Archive and Museum, Bhopal/ Civil Secretariate/1886/ Police Dept./Compilation/File 160 Part I to IV/ Sub-Tuggee and Dacoity.

89. Times Of India, 23 February 1888; M.P. State Archive and Museum, Bhopal/ Civil Secretariate/1886/ Police Dept./Compilation/File 160 Part I to IV/ Sub-Tuggee and Dacoity; M.P. State Archive and Museum, Bhopal/ Civil Secretariate/1884/ Police Dept./Compilation/File 160, Tuggee and Dacoity.

90. Ibid, 6 January & 13 June 1885; Charu Chandra Mukherjee, B.H. Dutt. The Life Of Tantia Bhil, Calcutta, 1890, Page 30.

91. M.P. State Archive and Museum, Bhopal/ Civil Secretariate/1886/ Police Dept./Compilation/File 160 Part I to IV/ Sub-Tuggee and Dacoity.

92. Ibid, June 13, 1885; बाबा भांड, जननायक टंट्या भील, प्रभात प्रकाशन, दिल्ली, 2014, पृष्ठ 56.

93. Homeward Mail from India, China and the East, 16 June 1885.

94. Times Of India, 13 June 1885.

95. NAI, Home Dept., Police-B/1884, File 48-49, September.

96. M.P. State Archive and Museum, Bhopal/ Civil Secretariate/1886/ Police Dept./Compilation/File 160 Part I to IV/ Sub-Tuggee and Dacoity.

97. Times Of India, 3 July 1885.

98. M.P. State Archive and Museum, Bhopal/ Civil Secretariate/1886/ Police Dept./Compilation/File 160 Part I to IV/ Sub-Tuggee and Dacoity.

99. M.P. State Archive and Museum, Bhopal/ Civil Secretariate/1886/ Police Dept./Compilation/File 160 Part I to IV/ Sub-Tuggee and Dacoity; Jannayak Tantya Bhil and the Peasant and Tribal Movement: Source Material, Baba Bhand, Swaraj Sansthan Directorate, Bhopal, 2001, Page 51.

100. M.P. State Archive and Museum, Bhopal/Civil Secretariate/1886/ Police Dept./Compilation/File 160 Part I to IV/ Sub-Tuggee and Dacoity; बाबा भांड, जननायक टंट्या भील, प्रभात प्रकाशन, दिल्ली, 2014, पृष्ठ 58, 59.

101. Jannayak Tantya Bhil and the Peasant and Tribal Movement: Source Material, Baba Bhand, Swaraj Sansthan Directorate, Bhopal, 2001, Page 52.

102. M.P. State Archive and Museum, Bhopal/ Civil Secretariate/1886/ Police Dept./Compilation/File 160 Part I to IV/ Sub-Tuggee and Dacoity.

103. Times Of India, 2 October 1885; M.P. State Archive and Museum, Bhopal/ Civil Secretariate/1886/ Police Dept./Compilation/File 160 Part I to IV/ Sub-Tuggee and Dacoity.

104. M.P. State Archive and Museum, Bhopal/ Civil Secretariate/1885/ Police Dept./Compilation/File 160/Sub-Thuggee and Dacoity.

105. बाबा भांड, जननायक टंट्या भील, प्रभात प्रकाशन, दिल्ली, 2014, पृष्ठ 99, 100.

106. Ibid, पृष्ठ 100, 101.

107. Times Of India 23 February 1888.

108. M.P. State Archive and Museum, Bhopal/ Civil Secretariate/1887/ Police Dept./Compilation/File 160/Sub-Thuggee and Dacoity.

109. M.P. State Archive and Museum, Bhopal/ Civil Secretariate/1887/ Police Dept./Compilation/File 160/Sub-Thuggee and Dacoity; M.P. State Archive and Museum, Bhopal/ Civil Secretariate/1886/ Police Dept./Compilation/File 160 Part I to IV/ Sub-Tuggee and Dacoity.

110. Ibid.

111. Ibid.

112. Ibid.

113. Ibid.

114. Charu Chandra Mukherjee, B.H. Dutt. The Life Of Tantia Bhil, Calcutta, 1890, Page 31.

115. Ibid, Page 32.

116. Times Of India, 25 January 1887; Homeward Mail from India, China and the East, 15 February 1887; M.P. State Archive and Museum, Bhopal/ Civil Secretariate/1887/ Police Dept./Compilation/File 160/Sub-Thuggee and Dacoity.

117. Times Of India, 2 March 1887.

118. बाबा भांड, जननायक टंट्या भील, प्रभात प्रकाशन, दिल्ली, 2014, पृष्ठ 62.

119. Homeward Mail from India, China and the East, 24 March 1886.

120. Boston Guardian, 14 May 1887.

121. Charu Chandra Mukherjee, B.H. Dutt. The Life Of Tantia Bhil, Calcutta, 1890, Page 33.

122. NAI, Home Department, Police, File No.18 to 20, December 1886.

123. M.P. State Archive and Museum, Bhopal/ Civil Secretariate/1887/ Police Dept./Compilation/File 160/Sub-Thuggee and Dacoity; Times Of India, 25 January 1887; Homeward Mail from India, China and the East, 15 February 1887.

124. M.P. State Archive and Museum, Bhopal/ Civil Secretariate/1887/ Police Dept./Compilation/File 160/Sub-Thuggee and Dacoity.

125. Ibid.

126. Times OF India, 21 June and 15 August 1887.

127. Ibid, 5 April 1887; Charu Chandra Mukherjee, B.H. Dutt. The Life Of Tantia Bhil, Calcutta, 1890, Page 33.

128. Times Of India, 5 April 1887.

129. Charu Chandra Mukherjee, B.H. Dutt. The Life Of Tantia Bhil, Calcutta, 1890, PP. 33, 34.

130. बाबा भांड, जननायक टंट्या भील, प्रभात प्रकाशन, दिल्ली, 2014, पृष्ठ 62.

131. Ibid, पृष्ठ 63, 64, 65.

132. Charu Chandra Mukherjee, B.H. Dutt. The Life Of Tantia Bhil, Calcutta, 1890, Page 34.

133. Ibid, Page 35; The North-Eastern Daily Gazette, 7 October 1889.

134. Ibid, Page 36; Times Of India, 7 December 1887.

135. Ibid, PP. 36, 37, 56, 57, 58.

136. Ibid, PP. 58, 59.

137. Ibid, Page 38.

138. चाँद का फाँसी अंक, पृष्ठ 36.

139. Times Of India, 11 & 17 April 1888.

140. Ibid, 4 May 1888; Homeward mail for India, China and the East, 4 June 1888.

141. Charu Chandra Mukherjee, B.H. Dutt. The Life Of Tantia Bhil, Calcutta, 1890, Page 55.

अध्याय-10 खेमा नायक द्वारा टंट्या को संरक्षण और सजा

ब्रिटिश सरकार का स्पष्ट मत था कि कुख्यात टंट्या भील को होल्कर राज्य के कुछ शक्तिशाली लोगों द्वारा मदद मिलती है। यह बात सही है कि जब ब्रिटिश क्षेत्र में टंट्या पर दबाव बढ़ाया गया तो वह होल्कर राज्य में चले गए थे। अब सवाल उठता है कि शक्तिशाली लोगों में कौन लोग थे? शक्तिशाली लोगों में खेमा नायक मुख्य थे जो पाँच वर्षों तक टंट्या को अपने यहाँ शरण देकर मदद कर रहे थे। खेमा नायक, मूलतः दक्खिन का रहने वाले थे। वहाँ से वह खंडवा आए और फिर सतवाड़ा गाँव (परगना-खरगोन, जिला निमाड़) में आकर बस गए। उनके पिता का नाम कृष्णा बंजारा था। खेमा नायक, होल्कर राज्य का इजारदार और कई गाँवों (रोसा, मोरदड़ और वर्कला) के पटेल (मुखिया) थे। वह होल्कर राज्य के प्रभावशाली आदमी थे। वह 25,000 रुपये तक के साहूकार तथा मुख्य रूप से पशु व्यापारी थे। सालाना एक हजार पशुओं का व्यापार था उनका। पशु व्यापारी होने के कारण वह प्रतिवर्ष मालवा, खानदेश और दक्खिन हैदराबाद की यात्रा करते थे। पहाड़ियों, घाटियों और जंगलों में घूमते रहते, जहाँ डाकुओं से दोस्ती संभव थी। उनके साथ बड़ी संख्या में आदमी थे। उनके पास हथियार, घोड़े और बहुत बड़ा भंडारणयुक्त सुविधा थी। वह समूह में गाँव-गाँव, शहर-शहर यात्रा करते इसलिए उन्हें सभी आसानी से पहचानते थे। बरसात के मौसम में इकला, काकरा, खोपरिवाला और खेदरा के जंगली चरागाहों (गोवालिया) में कैम्प करते। ऐसे में उन्हें टंट्या जैसे भील नायकों को शरण देनी पड़ती थी। टंट्या और खेमा नायक पहले पड़ोसी गाँव के रहने वाले थे। इसलिए जब महान टंट्या भील, खेमा नायक से जुड़ गए तो खेमा की ताकत और बढ़ गई। टंट्या से प्राप्त धन के बल पर वह पशुओं की खरीद-बिक्री में बहुत लाभ कमाते और इस कारण भी टंट्या की मदद करना उनका कर्तव्य था।[1]

खेमा के विरुद्ध टंट्या को छिपाने का अभियोग कैसे सिद्ध हुआ, उसका वृत्तांत यह है

कि लगभग तीन साल पहले (1885 के मध्य में) खेमा नायक की लगभग 1,800 रुपये की संपत्ति लूट ली गई थी। उस लूट के लिए उन्होंने अपने चार अनुयायियों- ताजा, रामू, चंद्रा और मायाराम को जिम्मेदार माना और मामला थाने तक गया। बमनाला के थानेदार, दामोदर पंत ने उन चारों को बंदी बना लिया। दामोदर पंत, भीमाजी पंत का भाई था। भीमाजी पंत, खेमा का गुमाश्ता (बही-खाता लिखने वाला) था। जब उन चारों को जेल में डाला गया तो उन्होंने हिरासत अवधि में अधिकारियों को बता दिया कि खेमा, टंट्या से मिला हुआ है। उन चारों में से एक ने बताया था कि टंट्या ने एक डकैती में लगभग 7,500 रुपये की लूट हासिल की थी। सारा धन दो कम्बलों में बाँधकर, एक भैंसे की पीठ पर लादकर खेमा के घर लाया गया था। खेमा, चंद्रा, सकरी और सूक्या ने उस खजाने को भैंसे की पीठ से उतारा था। खजाने में ब्रिटिश और हालू (इंदौर राज्य के सिक्के) थे।[2]

चारों की जमानत लेने वाले रामा वल्द दुल्ला, पूर्मा वल्द गोया, रघुनाथ वल्द कृष्णा और दुल्ला वल्द घासी ने जमानत लेते हुए अनुबंध किया कि एक हफ्ते में लूटा धन लौटा देंगे। इस पर खेमा सहमत हो गया था परंतु जमानतदार ऐसा कर नहीं पाए। तब खेमा ने एक अन्य शिकायत राजाराम विश्वनाथ, तृतीय श्रेणी मजिस्ट्रेट के सम्मुख की। चारों ने जब टंट्या से इस मामले में अनुरोध किया तो उसने गारंटी ले ली कि खेमा की संपत्ति लौटा दी जाएगी। खेमा और टंट्या चीप खाल (चूरी खाल) में मिले और टंट्या के आश्वासन के बाद खेमा ने मजिस्ट्रेट को दी गई शिकायत वापस लेने की अर्जी लगा दी। एक राजीनामा, राजाराम विश्वनाथ के सम्मुख लिखा गया। खेमा ने चोरी की बात को स्वीकारा मगर राजीनामे में इस तथ्य का उल्लेख नहीं किया कि टंट्या के द्वारा चोरी की रकम लौटाने की गारंटी मिली थी। उन्होंने यह नहीं स्वीकारा कि टंट्या ने उसके बदले उसे चाँदी के सिक्के दिए, जैसा कि चारों अभियुक्तों ने अपने बयान में कहा था। इस प्रकार खेमा के राजीनामे से कोर्ट संतुष्ट नहीं हो पाया कि आखिर वह क्यों दूसरी बार अपनी अर्जी वापस ले रहा है ? किस कारण उसने राजीनामा लिखा है ? इस बात से कोर्ट ने उसके द्वारा टंट्या को शरण देने का अभियोग स्वीकार कर लिया था। साथ ही साथ उक्त चारों अनुयायियों द्वारा दी गई जानकारी के आधार पर खेमा नायक के विरुद्ध टंट्या भील को छिपाने का आरोप तय पाया गया। बाद में जब चारों अभियुक्त, खेमा नायक के विरुद्ध सरकारी गवाह बन गए तो निचली न्यायालय ने सहयोग करने के कारण उनके विरुद्ध अभियोग को समाप्त कर दिया और खेमा पर टंट्या को शरण देने का मुकदमा शुरू कर दिया।[3]

अप्रैल, 1888 के अंत में सरदार बहादुर ईसरी प्रसाद ने खेमा के विरुद्ध अभियोग चलाने का मामला इंदौर के तृतीय श्रेणी मजिस्ट्रेट, गनेश कृष्णा के सम्मुख प्रस्तुत किया था। लोअर कोर्ट ने खेमा पर दोष सिद्ध पाया। लोअर कोर्ट के फैसले के विरुद्ध खेमा के

वकील आत्माराम चिमनाजी ने मई के अंत में इंदौर सेशन कोर्ट में अपील की। सेशन कोर्ट के जज थे, के.जी. आचार्य। सेशन कोर्ट में सरकारी वकील थे आनंदराव दाजी और ईसरी प्रसाद। सेशन कोर्ट ने खेमा के सात साल की कठोर सजा पर मुहर लगा दी। उसके बाद खेमा के वकील ने सदर कोर्ट (इंदौर दरबार का कोर्ट जिसे हाई कोर्ट भी कहा गया है) में अपील की तैयारी की। इंदौर सदर कोर्ट के मुख्य न्यायाधीश बैजनाथ और न्यायाधीश धुरंधर ने अभियुक्त खेमा के वकील को दो दिन सुनने के बाद तय किया कि वे उन चारों गवाहों का परीक्षण करेंगे जिन्हें अभियोग पक्ष द्वारा सेशन कोर्ट में प्रस्तुत नहीं किया गया था और जिनके विरुद्ध चोरी का मामला निचली अदालत में लंबित था। टंट्या, उनके लिए खतरा बना हुआ था। चारों कैदियों का वकील, उस पूरे मामले में नए सिरे से ब्रिटिश अधिकारियों से सुनने की अपेक्षा कर रहा था। उसका मानना था कि इससे कुख्यात डकैत के गुप्त ठिकानों के नए रहस्य खुल सकते हैं।[4]

खेमा द्वारा हाई कोर्ट इंदौर में की गई अपील की सुनवाई जब 19 जून 1888 को हुई तो केवल एक गवाह उपस्थित हुआ। शेष तीन गवाह अनुपस्थित रहे। सरदार बहादुर ईसरी प्रसाद और भवानी प्रसाद, ब्रिटिश सरकार की ओर से मामले की पैरवी कर रहे थे। विदित हो कि ईसरी प्रसाद, 1887 में टंट्या को पकड़ने के लिए तैनात किए गए थे मगर असफल रहे थे। सुनवाई के बाद 25 जून तक निर्णय सुरक्षित रख लिया गया था।[5]

खेमा नायक की अपील के संबंध में मुख्य न्यायाधीश ने निम्नलिखित अपराध निर्धारित किए थे- एक- कुख्यात डकैत टंट्या भील को भोजन, सुविधा और शरण उपलब्ध कराना (धारा 160, इंदौर पेनल कोड)। दो- एक इजारदार और पटेल होने के नाते अर्थात सरकारी नौकर होने के नाते, कानून द्वारा बाध्य होने के बावजूद टंट्या को गिरफ्तार न करना (धारा 162), और तीन- पारितोषण प्राप्त करने के बावजूद, अपराधी को बचाना (धारा 161)। उपरोक्त धाराओं में ही सेशन कोर्ट इंदौर द्वारा अपराध सिद्ध पाया गया था। खेमा ने हाई कोर्ट में इस आधार पर अपील की थी कि उसकी टंट्या से संलिप्तता, साक्ष्यों से मेल नहीं खाती। जैसा कि टंट्या से 7,500 रुपये प्राप्त होने के आरोप के बारे में उसका कहना था कि वह तब दक्खिन में था।[6]

मुख्य न्यायाधीश का मानना था कि खेमा को अपनी ड्यूटी की जानकारी थी। उसके बेटे प्रेम नायक ने 26 जून 1886 को दो मस्टररोल, बनजारा और इकरारनामा पर हस्ताक्षर किए थे। वह इजारेदार था और इंदौर क्रिमिनल प्रॉसीजर कोड की धारा 26 के अनुसार टंट्या के गाँव आने पर, पुलिस को सूचना देने को बाध्य था। इसलिए उसका अपराध सिद्ध होता है।[7] 25 जून 1888 को मुख्य न्यायाधीश बैजनाथ और न्यायाधीश धुरंधर ने खेमा नायक भू-स्वामी को सात साल की सश्रम सजा सुना दी थी।[8]

टंट्या भील को लंबे समय तक ब्रिटिश पुलिस द्वारा न पकड़े जाने का मुख्य कारण

था, संपूर्ण भील समुदाय से मिला दिली संरक्षण। उनमें से खेमा नायक भील का संरक्षण सदा याद किया जाएगा।[9]

टाइम्स ऑफ इंडिया ने अपने समाचार में यह आरोप लगाया था कि देशी राज्यों (होल्कर राज्य) में टंट्या जैसे डकैतों का सुरक्षा कवच, स्थानीय प्रभावशाली लोग थे। वे टंट्या को छिपा लेते थे। खेमा नायक ने लंबे समय तक यह सुविधा टंट्या को उपलब्ध कराई थी। अखबार लिखता है कि पशुपालक, टंट्या को घोड़े, हथियार तो उपलब्ध कराते ही थे, वे यह भी नीति बनाते थे कि किस प्रकार प्रशासन की नजरों से उसे और उसके गैंग को बचाए रखा जाए? कैसे टंट्या की देखभाल की जाती रहे और उससे अपना हिस्सा प्राप्त करते रहें? अखबार लिखता है कि खेमा नायक की पत्नियाँ, टंट्या के लिए दावत का प्रबंध करती थीं। टंट्या ने जब से खेमा नायक के बेटे को धनुष चलाने का प्रशिक्षण दिया था तब से वह खेमा के परिवार का बहुत करीबी हो गया था। खेमा नायक को ब्रिटिश अधिकारियों ने टंट्या को गिरफ्तार करने का काम सौंपा था। उसके साथ टंट्या को पकड़ने के लिए अनुबंध किया गया था मगर वह भील नायक अपने ही समुदाय के एक जननायक के साथ धोखा नहीं कर सकता था। उसने ब्रिटिश अधिकारियों के साथ धोखा किया। टंट्या को छिपाने के अपराध में खेमा को गिरफ्तार कर सात साल की कठोर सजा सुनाए जाने पर अखबार का कहना था- 'उसे दिया गया दंड उचित है, यद्यपि इसमें विलंब हुआ। यह सख्त दंड, खेमा नायक की तरह, दूसरे दोहरे चरित्र वालों के अंदर डर पैदा करने में मदद करेगा। इससे इंदौर, ग्वालियर और अन्य देशी राज्यों में अपराधियों को संरक्षण देने वालों में भय फैलेगा।'[10]

अखबार का कहना था- 'टंट्या भील अनेक बार हाथ से फिसलकर भाग चुका था। कई बार लगा कि अब उसका बचना मुश्किल है मगर वह हवा की तरह निकल भागा। खेमा नायक ने यह सिद्ध कर दिया कि अब टंट्या को पकड़ने के लिए किए जा रहे अनुबंधों के बारे में फिर सोचने की जरूरत है। निःसंदेह टंट्या के दूसरे समर्थक कम महत्त्वपूर्ण नहीं कहे जा सकते; लेकिन खेमा नायक को मिली सात साल की कठोर सजा से इस प्रकार के खतरनाक खेल खेलने वालों की आँखें खुल सकती हैं और टंट्या का पकड़ा जाना आसान हो जाएगा। दूसरी ध्यान देने वाली बात है इंदौर हाईकोर्ट के जजों की दृढ़ इच्छा शक्ति, जिन्होंने इस मामले में अलग से खेमा नायक को सख्त सजा दी। मुकदमे के दौरान जज महोदयों द्वारा अन्य शामिल लोगों के बारे में दिए गए निर्देश, उन्हें दंडित करने में सहायक होंगे।' अखबार आगे लिखता है कि होल्कर राज्य की निचली अदालतों की स्थिति संतोषजनक नहीं है। कुछ अफसरों ने अभियोग पक्ष के रास्ते में तरह-तरह की रुकावटें डालीं। एक उप-मजिस्ट्रेट द्वारा, जिन्हें पुलिस द्वारा सहयोग दिया गया था, खेमा नायक के विरुद्ध गवाही देने वाले चारों गवाहों को प्रताड़ित किया गया।

उन पर दबाव डाला गया कि वे कमिटिंग मजिस्ट्रेट के सम्मुख दिए गए खेमा नायक को दोषी सिद्ध करने वाले बयान से मुकर जाएँ। अखबार का कहना था कि आशा की जानी चाहिए कि उन लोगों को दंडित करने की कार्रवाई की जाएगी, जिससे प्रशासन के विरुद्ध षड्यंत्र समाप्त किया जा सके। महाराजा होल्कर को भी अच्छी सरकार के वादे को निभाना होगा, जिससे टंट्या और अन्य अपराधी बचने न पाएँ। इंदौर के ब्रिटिश अधिकारियों का मानना था, 'होल्कर राज्य, अपराधियों के लिए अच्छा घोसला साबित हो रहा था।' उनके अनुसार, 'होल्कर राज्य को पूरी तरह से चुस्त करने के लिए, वहाँ के बहुत से अधिकारियों को दंडित करने की जरूरत है। इनमें से कुछ बड़े पदों पर बैठे अधिकारियों को जेल भेजना होगा। कई के विरुद्ध कठोर दमन करना होगा। यह निर्णय महाराज के कान में पहुँचा देना होगा लेकिन उनकी असुविधाजनक स्थिति को देखते हुए फिलहाल वह जैसा, वायसराय और कौंसिल को आश्वासन देंगे, उसी के अनुसार उन्हें मुआवजा दिया जाना चाहिए।'[11]

खेमा नायक के विरुद्ध 25 जून 1888 को सुनाए गए फैसले के बाद, इस मामले में कई दिलचस्प मोड़ आए थे। जब मुख्य न्यायालय द्वारा खेमा नायक को सात साल जेल की सजा सुनाई गई थी, उस सजा के दौरान, खेमा नायक मामले के कुछ गवाहों द्वारा दरबार में एक शिकायत की गई थी। उस शिकायत की सुनवाई दरबार द्वारा नियुक्त विशेष न्यायालय में हुई थी। इस संबंध में एक ब्रिटिश अखबार ने दिनांक 21 सितंबर 1888 को 'कथित यातना' शीर्षक से एक समाचार छापा था- 'एक संवाददाता महू से 31 अगस्त 1888 को लिखता है कि- (होल्कर राज के) तृतीय श्रेणी के मजिस्ट्रेट, राजाराम और बमनाला के थानेदार पर कुछ गवाहों ने आरोप लगाया था कि खेमा नायक मामले में उन्हें यातना दी गई थी। उस शिकायत पर दरबार (होल्कर राज) द्वारा मि. केशव राव आचार्य को उक्त कथित यातना दिए जाने के मामले की जाँच के लिए विशेष तौर पर नियुक्त किया गया। गवाहों का प्रार्थना पत्र केशव राव के सम्मुख सुनवाई हेतु प्रस्तुत हुआ और खेमा नायक को आत्म सुरक्षा हेतु हथियार रखने की छूट की माँग की गई। 11 अगस्त को मामला सुनवाई हेतु प्रस्तुत हुआ।[12]

दोनों अभियुक्त- राजाराम और दामोदर, सुनवाई हेतु न्यायालय में विशेष मजिस्ट्रेट के सम्मुख प्रस्तुत किए गए। मजिस्ट्रेट ने गवाही को बिना लिपिबद्ध किए, मामले की जाँच शुरू की। इस प्रक्रिया पर राजाराम के वकील द्वारा आपत्ति व्यक्त की गई। सरदार बहादुर ईसरी प्रसाद, जो मध्य भारत अश्व-कमान के थे, अभियोजन के इंचार्ज थे। कुछ साक्ष्यों को प्रस्तुत करने के बाद अभियोजन पक्ष ने खेमा नायक को गवाही हेतु प्रस्तुत किया, जो उस समय शहर की जेल में सजा काट रहा था। खेमा नायक ने बताया कि न्यायालय लाने के पूर्व उसे जेल से रेजीडेंसी बाजार ले जाया गया और वहाँ टंट्या भील के बारे में

सवाल पूछा गया। ऐसा करने के पीछे राजाराम का उद्देश्य यह था कि मैं टंट्या भील के संबंध में अपनी सहभागिता कबूल कर लूँ और जो सजा, राजाराम द्वारा सिविल कोर्ट में दी गई है, उस सजा को अपने कृत्य का फल मानते हुए स्वीकार कर लूँ तथा उनके फैसले के विरुद्ध दरबार में की गई अपील को वापस ले लूँ। खेमा नायक ने यह भी स्वीकार किया कि उसे सजा मिलने के बाद अभियोजन पक्ष के गवाह उसे देखने जेल गए थे।[13]

23 अगस्त 1888 को अभियोजन पक्ष के वकील ईसरी प्रसाद ने कोर्ट में एक प्रार्थना पत्र दिया कि वह एक अभियुक्त, दामोदर को कुछ जरूरी कागजात लाने के लिए बमनाला गाँव ले जाने की अनुमति चाहते हैं। न्यायालय ने अगली सुबह, दोनों अभियुक्तों की उपस्थिति में इस संबंध में आदेश देने का फैसला किया। 24 अगस्त को दामोदर और ईसरी प्रसाद सुनवाई हेतु कोर्ट में उपस्थित नहीं हुए। इस पर राजाराम के वकील ने अभियोजन पक्ष पर आरोप लगाया कि वह बिना कोर्ट की अनुमति के सह अभियुक्त को ले जाना चाहते हैं। 30 अगस्त को सुनवाई हेतु मुकदमा पुकारा गया मगर ईसरी प्रसाद और दामोदर पुनः न्यायालय में अनुपस्थित पाए गए। इस पर दामोदर के जमानतदार से पूछा गया कि दामोदर कहाँ है? जमानतदार ने कहा कि दामोदर को दूर ले जाते समय उससे विमर्श नहीं किया गया इसलिए वह नहीं जानता कि दामोदर कहाँ है? राजाराम के वकील ने न्यायालय को सूचित किया कि दामोदर 25 अगस्त को सनावद में अभियोजन पक्ष के वकील के साथ देखा गया था। वह गवाही हेतु कुछ कागजात इकट्ठा करने गाँव गया हुआ है। सुनवाई की तिथि 3 सितंबर 1888 के लिए निर्धारित कर दी गई।[14]

एक ब्रिटिश अखबार में छपे इस मामले में एक महत्त्वपूर्ण समाचार को यहाँ मूल रूप से दिया जा रहा है:

ALLEGED TORTURE

A CORRESPONDENT writes from Mhow, 31 August:– Raja-ram, third class magistrate, and Damodar, Thanedar of Bamnala, who were accused by some witnesses in Khema Naique's case of torturing them, have been placed on trial before Mr. Kesheo-rao Acharya, who has been specially appointed by the Durbar to hold the inquiry into the charges of torture and giving purwana to Khema Naique for carrying arms. On the 11th instant both the accused were brought before the special magistrate, who, with-out recording any evidence, examined them at length, although an objection was raised by Rajaram's counsel to that procedure. Sirdar Bahadur Isriprasad, of the Central India Home, is in charge of the prosecution. After offering some evidence, the prosecution produced as witness Khema Naique, who is undergoing imprisonment in the city Jail. He stated that before he was brought in court to give evidence he had been taken from the Jail to the Residency Bazaar, and there questioned about Tantya Bheel, and that the object of his now confessing his complicity, and that of Rajaram with Tantya Bheel, not withstanding his appeal to the durbar against his conviction by the Saddar Court, was his desire to see Rajaram share with him the fruits of his crime, as Rajaram failed to bring about Khema's release. Khema Naique also admitted that after his conviction witnesses for the prosecution had visited him in Jail. On the 23rd Isriprasad, the prosecutor, presented an application to the court for permission to send Damodar, one of the accused, to the village of Bamnala to bring some papers from there, but was ordered to apply next morning in the presence of both the accused. On the 24th, however, Damodar and Isriprasad did not put in an appearance in Court, and Rajaram's pleader objected to the prosecutors taking a co-accused without the Court's permission. On the 30th the case was called, but Isriprasad and Damodar were still absent from Court, and on Damodar's surety being asked where Damodar was, told that as the surety was not consulted when Damodar was sent away, he had no knowledge of his where about. Rajaram's pleader informed the Court that Damodar was seen at Sanawad on the 25th in company of the prosecution witnesses, and that he had been sent to a village to collect evidence for the prosecution. The case was adjourned till the 3rd of September. (Homeward Mail From India, China and The East, 21 September 1888, Page 7).

संदर्भ :

1. Times Of India, 8, 9, 13 and 30 June 1888.
2. Ibid.
3. Ibid.
4. Ibid.
5. Times of India, 8, 9, 13, 21 and 30 June 1888.
6. Ibid, 30 June 1888.
7. Times Of India, 30 June 1888.
8. Ibid, 26 & 30 June 1888.
9. The Colonies and India, 4 July 1888.
10. Times Of India, 27 June 1888.
11. Ibid.
12. Homeward Mail From India, China and The East, 21 September 1888.
13. Ibid.
14. Ibid.

अध्याय-11 टंट्या भील का अंत

World's News (Sydney) Wednesday 17 June 1936, Page 1.

टंट्या 45 साल से अधिक के हो चले थे। जंगल-जंगल भागते, बिना बिस्तर, पहाड़ों और गुफाओं में सोते, कभी फल खाकर रहने और कभी भूखे रहकर बागी जीवन की अनिश्चितता में जीते, जीवन गुजारते टंट्या अब बूढ़े हो रहे थे। जवानी में वह चलती ट्रेन

में चढ़ जाते। उसमें लदे अनाज के बोरों को नीचे गिराकर कूद जाते। एक दिन में वह 60 मील तक की यात्रा कर लेते मगर अब उनकी थकने की उम्र होने लगी थी। अब वह एक दिन में केवल 20 मील चल पाते। दृष्टि भी कम हो रही थी। इसलिए वह सरकार से क्षमादान के लिए आवेदन करने पर गंभीरता से सोचने लगे। उन्होंने अपने कुछ मित्रों से इस उम्मीद में संपर्क किया कि वे उनके पक्ष में काम करेंगे। मई, 1889 में ईसरी प्रसाद को दूसरी बार टंट्या के विरुद्ध अभियान में लगाया गया। टंट्या का एक राजपूत मित्र था- गनपत, जो होल्कर क्षेत्र के गाँव बणेर का रहने वाला था, नियमित रूप से टंट्या को रसद पहुँचाया करता था। टंट्या ने उसे खुश करने के लिए धन दिया। गनपत ने सहमति दे दी। माँगी भगवंत थानेदार वार्ला ने ईसरी प्रसाद को गनपत और उसके आदमियों की मदद लेने का सुझाव दिया था। साथ ही साथ टंट्या के विरुद्ध कार्रवाई हेतु खरगोन को मुख्यालय बनाने का सुझाव दिया था। ईसरी प्रसाद ने ऐसा ही किया। उन्होंने गनपत सिंह राजपूत को सरकार का भेदिया नियुक्त किया। उसे सरकार से पैसे मिलने लगे। उस समय टंट्या सबलगढ़ में रह रहे थे। कुछ दिन बाद गणपति या गनपत ने टंट्या को बताया कि मेजर ईसरी प्रसाद से क्षमादान के संबंध में बात हुई है।[1]

गनपत ने जब ईसरी प्रसाद को सबलगढ़ में टंट्या के होने की जानकारी दी तो उन्हें पहले विश्वास न हुआ। उन्हें लगा कि यह टंट्या की चाल भी हो सकती है। बाद में जब उन्हें विश्वास हो गया कि गणपति वास्तव में सहयोग कर रहा है तो ईसरी प्रसाद 15 मई 1889 को खरगोन आए और गणपति का इंतजार करने लगे। 9 जून 1889 को उन्होंने गणपति को खरगोन बुलाया और बातचीत की। गणपति टंट्या के संपर्क में रहा और 29 जून को पुनः ईसरी प्रसाद से मिला। गणपति ने बिना ईसरी प्रसाद को संज्ञान में लिए वापस जाकर टंट्या को बताया कि ईसरी प्रसाद उससे मिलना चाहते हैं। बाणेर से 20 मील दक्षिण-पूर्व दिशा में सबलगढ़ था जो सतपुड़ा पर्वत श्रृंखला में स्थित था। गिरफ्तारी से एक माह पूर्व टंट्या, ईसरी प्रसाद के बताए स्थान पर मिला। 30 जून की सुबह 8 बजे, वह एक ऊँची पहाड़ी पर खड़ा था और ईसरी प्रसाद अपने 300 सिपाहियों के साथ घाटी में थे जिनमें भगवंत सिंह भी था। भोपाल बटालियन के बख्शी सिंह और बजरंग सिंह साथ थे। उन्होंने टंट्या को देखा मगर वह बंदूक की रेंज से बाहर था। वहीं से ईसरी प्रसाद और टंट्या में बातचीत हुई। खरगोन में कार्यरत रिसालदार मेजर ईसरी प्रसाद ने सरकार से बात कर एक माह में क्षमादान दिलाने का आश्वासन दिया। फौज वापस खरगोन आ गई। उसके बाद बख्शी सिंह सेंट्रल इंडिया हॉर्स बटालियन, भोपाल ने उस पहाड़ी पर तलाश किया तो वहाँ टंट्या नहीं मिले। ज्ञात हुआ कि वहाँ बारह आदमी और दो औरतें थीं। इससे ईसरी प्रसाद को लगा कि गनपत ने टंट्या को उनके आने की सूचना दे दी थी। गनपत ने इसे स्वीकार किया और कहा कि वह टंट्या को सुरक्षा बलों की जानकारी देता

रहा है। इसलिए उसने उस विश्वास को बनाए रखा।[2]

एक माह गुजर गया तो गनपत ने टंट्या को रक्षाबंधन के दिन अपने घर बुलाया और 7 अगस्त 1889 को पुलिस को खबर कर दी कि 11 अगस्त, रक्षाबंधन के दिन टंट्या घर आने वाला है। 9 अगस्त को खरगोन के दक्षिण जामली गाँव में फौज की टुकड़ी आकर रुक गई और 10 अगस्त को बाणेर पहुँची। टंट्या को लगा कि कोई खतरा नहीं है, वह 11 अगस्त, रविवार को रात 10 बजे अपने राजपूत मित्र के घर चले गए और उसकी पत्नी को राखी बाँधने के लिए पुकारा। गनपत की पत्नी घर पर नहीं थी। उसने अपने काम के बारे में पूछा तो गनपत ने बताया कि काम हो गया है मगर अभी ईसरी प्रसाद से कागजात प्राप्त नहीं हुए हैं। गनपत ने टंट्या की ठीक से खातिरदारी की। उसने टंट्या के साथ गए 6 सहयोगियों को चालाकी से दूर कर दिया और उन्हें आराम करने यानी सोने को कहा। टंट्या आराम करने लगे तो उनकी बंदूक अलग रख दी। उसके बाद इशारे से पुलिस को बुला लिया जो पड़ोसी घर में छिपे थे। उनमें नायक बजरंग सिंह, बख्शी सिंह, पंचम प्रसाद, मीरदार खान और नंद सिंह शामिल थे। पुलिस घर में घुसी और सोते हुए असहाय भील नायक तथा उनके एक साथी नानकू को दबोच लिया। उनके समर्थकों ने उसे मुक्त कराने के लिए गोलियाँ चलाईं लेकिन धोखे के कारण वे सफल न हो सके। उनमें रघु नामक भील जवान भी था जो फौज को देख, अपने साथियों को लेकर भाग गया। टंट्या के पकड़े जाने का समाचार आग की तरह चारों ओर फैल गया। टंट्या भील की गिरफ्तारी 11 अगस्त 1889 की रात्रि में हो चुकी थी।[3]

टंट्या की गिरफ्तारी का श्रेय लेने के संबंध में कुछ विवाद उठा था और अखबारों में ब्रिटिश पुलिस के दावे को नकारा गया था। टाइम्स ऑफ इंडिया में 25 सितंबर 1889 को छपे समाचार का खंडन करते हुए जे.डब्ल्यू. मैक्डुगल (MacDougall), डिप्टी कमिश्नर, निमाड़ ने अखबार को लिखा कि इसका श्रेय ईसरी प्रसाद को दिया जाना चाहिए जिन्होंने खुफिया अधिकारियों के सहयोग से टंट्या को दबोचा। वहीं द इंडियन मिरर में 6 अक्टूबर 1889 को एक पत्र छपा कि टंट्या को होल्कर पुलिस ने पकड़ा। उसकी गिरफ्तारी के समय ईसरी प्रसाद तो मौके पर थे ही नहीं। सच्चाई यह है कि जब उसे धोखे से, उसके मित्र ने होल्कर पुलिस को पकड़वा दिया, उसके बाद खानदेश पुलिस पहुँची।[4] गनपत को 400 रुपये, घायल एकिया भील को 75, बाणेर के शंभु भील, माधया भील और गोविंदा भील, प्रत्येक को 50 रुपये, 17 मुख्य सुरक्षा बलों को जिन्होंने टंट्या को पकड़ा, प्रत्येक को 30 रुपये, बाकी फोर्स को प्रत्येक को 15 रुपये, माँगी मनजीत भगवंत थानेदार को 280 रुपये इनाम दिया गया।[5]

इस बार टंट्या जैसा सतर्क बागी कैसे फँस गया, उसकी तत्कालीन मनोस्थिति की समीक्षा की माँग करता है अन्यथा टंट्या जैसे विद्रोही भील, स्वयं की ब्रिटिश सेना से

सुरक्षा के लिए, बिना पहरेदारी के नहीं सोते थे। दिन और रात, एक के बाद दूसरे पहरेदार तैनात रहते थे। कुछ सोते तो कुछ हमेशा जागते थे।[6]

द कॉलोनीज एंड इंडिया (The Colonies and India), 28 अगस्त 1889 में प्रकाशित समाचार में कहा गया था कि 'प्रसिद्ध भील मुखिया टंट्या के पकड़े जाने का समाचार पिछले हफ्ते प्रकाशित किया गया था। उनकी शिनाख्त कराने में थोड़ी परेशानी हुई। सबसे पहले आस-पास के स्त्री-पुरुषों से उसकी पहचान कराई गई। फिर उन्होंने जिन लोगों की नाक काटी थी, उनसे और अंत में उनके नाई द्वारा भी पहचान कराई गई। टंट्या ने स्वीकार किया कि वह 13 वर्ष पूर्व खंडवा की जेल से भाग चुके थे। वह दुबले-पतले और लम्बे बलिष्ठ आदमी थे जिनकी उम्र लगभग 50 वर्ष रही होगी। उन्हें सजा दिलाने के लिए प्रेसिडेंसी जेल में डाल दिया गया है।'

The Kadina and Wallaroo Times (SA) ने 19 अक्टूबर 1889 को एक समाचार छापा जिसका शीर्षक था- Capture of A Great Indian Robber Chief. अखबार लिखता है- 'सेंट्रल प्रॉविंस का मुख्य भील डाकू मुखिया, होल्कर (इंदौर) के क्षेत्र में पकड़ा गया, जिसका नाम टंट्या भील है। वह जिस भील के यहाँ छिपा हुआ था, उसी ने उसे धोखे से पकड़वा दिया (यहाँ भील के यहाँ छिपे होने का जिक्र है जबकि अन्य दस्तावेज, गनपत को राजपूत बताते हैं)। रात में वह वहाँ सो रहा था। वह बणेर नामक पहाड़ी गाँव में शरण लिए हुए था जो होल्कर राज्य में खानदेश की सीमा और निमाड़ के पास था। होल्कर के मजिस्ट्रेट, राजाराम की अदालत में उसका मुकदमा सुनवाई हेतु आया। टंट्या का नाम निम्नजातियों में महानायकों की तरह लिया जाता है। लोकगीतों में भी टंट्या को आदिवासियों, जनजातियों का महानायक बताया गया है। उसकी प्रसिद्धि निम्नजातियों में बहुत थी। प्रेम कहानियों में टंट्या का बहुत नाम है। वह 'Rob Roy Of India' कहे जाते हैं। वह डाकुओं के समूह के भी नायक थे। वह कई वर्षों तक खानदेश के विशाल क्षेत्र में घूमते रहे। उनको पकड़ने के सारे प्रयास विफल हुए। निराशा की भावना ने पुलिस को पगला दिया था। उन्हें जिस तरह की सूचना के द्वारा गिरफ्तार किया गया, उससे स्पष्ट है कि बिना विश्वासघात के, भारतीय डाकू रॉय को कोई पकड़ नहीं सकता था। वह जबकि अपनी जनजाति और जाति के घर आतिथ्य का आनंद ले रहे थे, सुरक्षा और विश्वास के होते, आराम कर रहे थे, तब एक बड़े इनाम के लालच ने मेजबान को डिगा दिया। उसने उस प्रख्यात डाकू को होल्कर को सौंप दिया। उनका पीछा ब्रिटिश सरकार ने 10-12 वर्षों तक किया। सरकार के कुशल अधिकारियों को वह छकाते रहे। बार-बार पूरे इलाके को घेर लिया जाता रहा मगर उसके लोग उसे सूचना देते रहे। जितना ही कड़ा घेरा डाला गया, उतना ही वह बेकार साबित हुआ। कैसे और किस रास्ते टंट्या बच निकलते, यह प्रशासन के लिए रहस्य बना रहा। हर महीने सौ

मील के दायरे में टंट्या द्वारा सफलतापूर्वक डकैती डाली जाती रही। इस प्रकार उनकी लुकाछिपी से पुलिस की साख को बहुत नुकसान पहुँचा था। रेलवे और टेलीग्राफ जैसी सुविधाओं से लैस ब्रिटिश पुलिस द्वारा टंट्या को न पकड़ पाने से यह बात निःसंदेह सिद्ध होती है कि टंट्या का इस प्रकार बचे रहना, बिना आम जनता में उनकी ख्याति, प्रेम या उनके हजारों शुभचिंतकों के संभव नहीं हो सकता था। निःसंदेह, जो टंट्या को सुरक्षा देते थे, उन्हें वह उपहार देते थे। इस प्रकार वह अपने पूरे भील समुदाय के दुख-सुख में शामिल होते थे। उनका खयाल रखते थे। जो उसके हाथों पीड़ित होते थे, वे भी पुलिस को सूचना इसलिए नहीं देते थे कि टंट्या के साथियों से बच पाना संभव न था। इस प्रकार एक विस्तृत क्षेत्र में उनकी ख्याति और आतंक का राज था। वह अंतराल के बाद, बीच-बीच में बॉम्बे प्रेसीडेंसी के पूर्वी हिस्से में प्रकट होते। कभी-कभी बरार में भी दिखाई देते लेकिन मुख्यतः वह सेंट्रल प्रॉविंस में ही रहते थे। वह लगातार प्रशासन और पुलिस को चुनौती देते रहते थे। इसलिए उनके शुभचिंतक द्वारा निष्ठाहीनता का यह कृत्य, प्रशासन के लिए भी गंभीर बात है। वह देर रात चोरी करने वाले व्यक्ति नहीं थे। वह अपने लिए चोरी करने वाले भी नहीं थे। वह अपनी जनजातियों के नेता थे। भीलों की जीविका का साधन ही लूटमार था। इसलिए वह अपनी जाति के लिए लूटमार करते थे। उनकी जाति को आपराधिक जाति कहा जाता था। डकैती ही उनका पेशा था। डकैती के लिए कभी-कभी हत्या भी करनी पड़ती। भारत में ऐसी और भी जातियाँ हैं, जो धीरे-धीरे संख्या में घटती जा रही हैं या अपना पेशा बदलती जा रही हैं। सबसे खराब ठग हैं। टंट्या की गिरफ्तारी से निश्चय ही भीलों की ताकत कम हो गई है। अब उनका दमन और आसान हो जाएगा। लेकिन सुधार की योजनाएँ समयबद्ध तरीके से चलाई जानी चाहिए। प्रगति होनी चाहिए। हमें नहीं भूलना चाहिए कि कई पुलिस वाले भी भील समुदाय से हैं। इस मामले में भी चोरों को पकड़ने के लिए चोरों का ही सहारा लिया गया है। अभी तक भीलों ने अपनी जाति के विरुद्ध कभी गद्दारी नहीं की थी। यहाँ तक कि भील पुलिस वाले भी भीलों को सुरक्षा देते रहे। अगर टंट्या की बहादुरी के किस्से इकट्ठा किए जाएँ, तो एक मोटी पुस्तक बन जाएगी।'

इस ऑस्ट्रेलियाई अखबार ने एक बास्केट ट्रिक, किस्से का उल्लेख करते हुए लिखा- 'बार-बार लगता था कि अब टंट्या पकड़ लिया जाएगा पर हर बार वह भागने में सफल हो जाता। एक बार जब एक के बाद एक दिन उसका पीछा किया जा रहा था और उसकी गिरफ्तारी आसन्न लग रही थी, उन्हीं दिनों एक पीपल पेड़ के नीचे, कीचड़ में खड़ी मिट्टी की दीवार पर टँगे फूस के घर में टंट्या रुका हुआ था। जब उस कमरे की तलाशी ली गई तो टंट्या नहीं मिला। टंट्या एक टोकरी में घुस गया। टोकरी को जब करीब से देखा गया तो वह खाली थी। तभी आसमान से आती हँसी सुनाई दी लेकिन कुछ

दिखाई नहीं दिया। अपनी आँखों के सामने मौत देखते हुए भी वह हँसी, टंट्या की थी मगर उसका चेहरा दिखाई नहीं दिया था। केवल आसमान में तेज चमकता सूरज था।'[7]

इस प्रकार टंट्या की गिरफ्तारी से पुलिस को कितनी खुशी हुई होगी, समझा जा सकता है। धोखे से पकड़े गए भील नायक का समाचार सुन अँग्रेज अफसर नाचने लगे। ईसरी प्रसाद ने पहले उसकी पहचान कराई। 15 अगस्त 1889 को तंट्या के गाँव सिवना के हारचंद वल्द चुला भील (बहनोई), केशव वल्द नाना भील (रिश्तेदार) और रामजी वल्द माइ (साढू) और सिलादर वल्द फकीरा पाटिल को बुलाकर खरगोन में पहचान कराई गई। 16 अगस्त 1889 को टंट्या को होल्कर राज्य के मजिस्ट्रेट राजाराम की अदालत में पेश किया गया और रिश्तेदारों से शिनाख्त कराई गई। जब पुष्टि हो गई कि यह टंट्या ही हैं तो फिर उन्हें मुकदमा चलाने के लिए खंडवा या इंदौर ले जाने के प्रश्न पर उच्च अधिकारियों के आदेश की प्रतीक्षा की गई। 19 अगस्त को फौज की सुरक्षा में सनावद के रास्ते इंदौर दरबार जेल लाया गया। 19 अगस्त को सिवना के भवर सिंह वल्द हाटू पाटिल और बालमुकुंद वल्द देवकरण पटवारी ने पहचान की। दूसरे दिन सुबह महाराजा शिवाजीराव होल्कर के सामने पेश किया गया। 20 अगस्त को टंट्या को फर्स्ट क्लास मजिस्ट्रेट के सामने प्रस्तुत किया गया। वहाँ उनकी फिर शिनाख्त हुई। मजिस्ट्रेट ने लिखा कि अपराधी का जन्म ब्रिटिश इलाके में हुआ है। उसने ज्यादातर अपराध ब्रिटिश इलाके में किए हैं। इसलिए उस पर ब्रिटिश कोर्ट में ही मुकदमा चलना चाहिए। मजिस्ट्रेट के सामने गनपत सिंह, मेजर ईसरी प्रसाद आदि के बयान लिए गए। टंट्या ने अपने बयान में माना कि वह महाराजा होल्कर के सामने आत्मसमर्पण करना चाहते थे। उन्होंने नाक काटने और साहूकारों को लूटने का जुर्म भी कबूल किया लेकिन राजाराम नामक जज को न पहचानने की बात बताई। 20 अगस्त को कार्यवाही पूरी हुई और टंट्या को गर्वनर जनरल के एजेंट के कब्जे में दे दिया गया। एजेंट ने उसे रेजीडेंसी जेल में रखा।[8]

22 अगस्त 1889 को अदालत में 40 वर्षीय जसोदा का बयान हुआ। उसने उन्हें पहचाना मगर खास दोस्ती की बात नकारी। पोखर की 60 साल की गजरी (गाजिया) का भी बयान हुआ जिसकी नाक टंट्या ने काटी थी। गजरी ने बयान दिया कि वह अभियुक्त को पहचानती है। यह दो साल पहले जंगल में मुझे और मेरी बेटी को पकड़कर ले गया था तथा मेरी नाक काटी थी।[9]

अब न्यायालय क्षेत्र को लेकर ब्रिटिश प्रशासन में मंथन चला। ब्रिटिश पुलिस खंडवा की अदालत में अभियोग चलाना चाहती थी। चीफ कमिश्नर के सचिव, एल.के. लॉरी ने 26 अगस्त 1889 के आदेश द्वारा आरोपी को रिमांड पर ले लिया और जबलपुर जेल के जज के सामने पेश करने को कहा गया। क्रिमिनल प्रॉसिजर कोड की धारा 344 के अंतर्गत उन्हें पुलिस हिरासत में जबलपुर जेल में रखने का निर्देश दिया। इस टिप्पणी पर

चीफ कमिश्नर ने आदेश दिया कि सरकारी फौज ने टंट्या को गिरफ्तार किया है और सरकार के कब्जे में दिया है। जाँच और अदालती कार्यवाही के कालखंड में आरोपी को सुरक्षित कैद में रखा जाए। आरोपी पर निमाड़ में मुकदमा, न्याय-संगत तरीके से चलाया जाएगा, ऐसा मुझे नहीं लगता। इसलिए आरोपी पर जबलपुर में मुकदमा चलाया जाए। निमाड़ में पुलिस अधीक्षक, आरोपी के खिलाफ उपलब्ध सबूत और गवाह, अदालत के सामने पेश करने में मदद करें। आरोपी को जबलपुर जेल में रखा जाए जिससे उसे भागने का मौका न मिले। चीफ कमिश्नर का आदेश 26 अगस्त को इंस्पेक्टर जनरल ऑफ पुलिस, कर्नल हैमंड को खंडवा तार से भेजा गया, जिसमें कहा गया कि सेक्शन 541 के तहत टंट्या को जबलपुर भेज दिया जाए। विगत 11 सालों में उसके द्वारा डाली गई डकैतियों को अभियोग बनाकर मुकदमा चलाने की तैयारी हो।[10]

28 अगस्त को ट्रेन द्वारा इंदौर से खंडवा होते, टंट्या को जबलपुर सेंट्रल जेल ले जाया गया। हर स्टेशन पर आदिवासियों का हुजूम अपने बहादुर को देखने के लिए व्याकुल था।[11]

29 अगस्त को टंट्या को जज के सामने प्रस्तुत किया गया जहाँ 15 दिन की पुलिस कस्टडी मिली। कैप्टन हमिल्टन, पुलिस अधीक्षक, जबलपुर (निमाड़) को मुकदमे का भार सौंपा गया। कुछ साल पूर्व वह नर्मदा विभाग में टंट्या के विरुद्ध कार्रवाई के इंचार्ज रह चुके थे। खंडवा के पुलिस अधीक्षक, स्किप्टन को उनके जिले के अपराधों के लिए साक्ष्य जुटाने की जिम्मेदारी दी गई थी। सरकार ने मुकदमा चलाने के लिए योग्य वकील बैरिस्टर एच.जे. स्टेऑन की नियुक्ति की। बैरिस्टर एच.जे. स्टेऑन ने 13 सितंबर को हमिल्टन को विस्तार से पत्र लिखा- 'टंट्या को होल्कर इलाके से गिरफ्तार किया गया है और बाद में सेंट्रल प्रॉविंस के हवाले किया गया है। ऐसे में क्रिमिनल प्रॉसिजर कोड के अनुसार अपराधी ने जिस स्थान पर अपराध किया है, उसी के न्यायिक क्षेत्र में मुकदमा चलाया जाना चाहिए। ऐसे में जबलपुर के डिप्टी कमिश्नर मि. इस्मे के अधिकार में टंट्या पर मुकदमा चलाया जा सकता है। आप चीफ कमिश्नर को यह कानूनी पेंच बताएँ और मि. गुर्थवेट जैसे कानूनी विशेषज्ञ से राय लें। मेरे हिसाब से पहले खंडवा में मुकदमा दर्ज हो, फिर उसे जबलपुर स्थानांतरित किया जाए। दूसरा विकल्प यह है कि खंडवा का जज, मामले की जाँच करे लेकिन मुझे पहला विकल्प ज्यादा ठीक लग रहा है।' सरकार ने बैरिस्टर की सलाह को नजरअंदाज कर दिया। वह खंडवा में मुकदमा नहीं चलाना चाहती थी।[12]

26 सितंबर 1889 को टंट्या को डिप्टी कमिश्नर इस्मे के सम्मुख, कड़ी सुरक्षा-व्यवस्था के बीच न्यायालय में लाया गया था। उस पर डकैती और अंगभंग करने का आरोप था। टंट्या के समर्थकों की भारी भीड़ से कम्पाउंड भरा हुआ था। डिप्टी कमिश्नर

ऑफ पुलिस का न्यायालय कक्ष छोटा था इसलिए सेशन कोर्ट के कक्ष में सुनवाई हुई। वहाँ भी पूरा न्यायालय भरा था। 26 के बाद, 28 सितंबर को आठ गवाह प्रस्तुत किए गए, जिससे पोखर की डकैती और गाजिया (बाबा भांड के अनुसार गजरी नाम था) की नाक काटने के अपराध सिद्ध किए गए। टंट्या की ओर से कोई वकील नहीं था। उसने अपना पक्ष खुद रखा। जब कोर्ट ने उससे पूछा तो उसने गाजिया की नाक काटने के कारण को बता दिया। 29 सितंबर को सभी गवाहों की जिरह हुई। हमिल्टन ने सरकार की ओर से सबूत प्रस्तुत कराए। डिप्टी कमिश्नर ने उसे क्रिमिनल प्रॉसिजर कोड की धारा 395 और 397 के अंतर्गत दोषी माना और मुकदमा सेशन कोर्ट भेज दिया गया।[13]

5 अक्टूबर को सेशन कोर्ट में टंट्या का मुकदमा आया लेकिन दुर्गा पूजा की वजह से सुनवाई स्थगित कर दी गई। उस दिन एक नया मामला उसके विरुद्ध दायर किया गया था, वह था हिम्मत पाटिल का घर लूटना और उसकी हत्या करना। 9 अक्टूबर को कोर्ट की कार्यवाही जल्दी शुरू हुई। जज के साथ दो मूल्यांकन करने वाले भी थे। अंगभंग करने और डकैती के अभियोग में टंट्या को मुकदमा संख्या 32/1889 में आजीवन कारावास की सजा सुना दी गई। सरकार इस सजा से संतुष्ट न लगी। वह तो टंट्या को फाँसी से कम नहीं चाहती थी। इसलिए टंट्या को पुनः डिप्टी कमिश्नर ऑफ पुलिस के सामने लाया गया। उसके विरुद्ध 5 अक्टूबर को सुनाए गए हत्या और डकैती के मामले का पुनः परीक्षण किया गया। उस दिन कोर्ट में साँस लेने की जगह न थी। भारी भीड़ टंट्या जैसे बहुचर्चित भील नायक के मामले में फैसला जानने को बेचैन थी। डिप्टी कमिश्नर ने कुछ साक्ष्यों को देखा, गवाहों को सुना और टंट्या के मामले को पुनः सेशन कोर्ट में, हिम्मत पाटिल की हत्या के अभियोग में मुकदमा संख्या 33/189 चलाने को भेज दिया।[14] यह जान-बूझकर फँसाने के उद्देश्य से किया गया। एक ब्रिटिश अखबार ने 16 अक्टूबर को लिखा कि टंट्या पर हत्या का आरोप कमजोर लग रहा है।[15]

टंट्या का मुख्य साथी बिजनिया, हिम्मत पाटिल हत्या मामले में फाँसी पर झूल चुका था। उसके विरुद्ध चार डकैती के मामले सिद्ध पाए गए थे और आजीवन कारावास की सजा सुनाई गई थी मगर बाद में हिम्मत पाटिल की हत्या का आरोप उस पर लगाया गया। हिम्मत पाटिल का खून बिजनिया ने किया था मगर अब सबूत रखा गया कि आई.पी.सी. की धारा 391 के अनुसार खून का अपराध अगर किसी अपराधी से हुआ हो तो उसमें शामिल टोली के हर सदस्य को जिम्मेदार माना जाएगा। 18 गवाहों के बयान लिए गए जिनमें एक हमिल्टन भी थे। कुछ अन्य गवाहों के नाम थे-गनपत सिंह (खरगोन), हिम्मत पाटिल का बेटा गोविंद, भुईफल का कोतवाल नारायण, हिम्मत का भाई लुंगी व रूकरी, गोपाल (हिम्मत का भतीजा), दौलत सिंह (मैगाँव, धार), भिका, जसोदा (पोखर), गजरी (पोखर), लक्ष्मण नाई (डाभी, खंडवा), सिरदार, सिकदर, जालिम, मैकूम, मदन

और पोसिका।[16]

19 अक्टूबर 1889 को सेशन जज लिंडसे नील ने टंट्या को फाँसी की सजा सुना दी। कई अँग्रेज अधिकारी टंट्या के खिलाफ थे। इसलिए उन्हें फाँसी की सजा सुना दी गई। सजा सुनकर जहाँ भील समुदाय रोने लगा था, वहीं अँग्रेज खुश हो गए थे।[17]

जबलपुर के कुछ वकीलों ने टंट्या की ओर से चीफ कमिश्नर को एक प्रत्यावेदन भेजा कि जिस मामले में बिजनिया की फाँसी हो चुकी है तो उन्हें उसी मामले में क्यों जिम्मेदार माना जा रहा है? सरकार उनकी फाँसी की सजा माफ करने की मेहरबानी करे। जबलपुर जेल में 19 नवंबर 1889 को टंट्या ने जेल के डॉक्टर के सामने प्रत्यावेदन पर हस्ताक्षर किए और जेल अधीक्षक ए.एच.एच. हैलेट द्वारा यह प्रत्यावेदन ज्यूडिशियल कमिश्नर के सामने 21 नवंबर को प्रस्तुत किया गया। ज्यूडिशियल कमिश्नर का चार्ज, उनके अवकाश पर होने के कारण लिंडसे नील के पास था। जाहिर है, लिंडसे ही फाँसी की सजा सुना चुके थे लिहाजा उसका प्रत्यावेदन खारिज कर दिया गया।[18]

हाई कोर्ट, नागपुर के बैरिस्टर टी.डब्ल्यू. धिक्कन नागपुर बार के सदस्य थे। उन्होंने गोपालराव, बलवंतराव, हॉरी और अन्य वकीलों के संयुक्त हस्ताक्षर से फिर एक प्रत्यावेदन चीफ कमिश्नर एल.के. लौरी (Laurie) को भेजा मगर वहाँ भी उसकी अपील खारिज हो गई। कमिश्नर ने टंट्या को फाँसी देने का दिन 4 दिसंबर 1889 तय कर दिया। उनकी अंतिम इच्छा, पत्नी और बच्चों से मिलने की भी पूरी नहीं की गई यद्यपि सुपरिन्टेंडेंट ऑफ सेंट्रल जेल, जबलपुर ने 24 नवंबर 1889 के पत्र द्वारा चीफ कमिश्नर से जानना चाहा था कि क्या आप टंट्या की पत्नी, बच्चों-नाथू और किसन को लाने के लिए फाँसी की तिथि टालने की अनुमति देंगे? मगर ऐसा नहीं हुआ। टंट्या की फाँसी टालने के पक्ष में सरकार नहीं थी और उनकी अंतिम इच्छा पूरी नहीं की गई। 3 दिसंबर की रात में ही जबलपुर शहर तीर-धनुषों से लैस भीलों से घिर गया था। भीड़ को देखते हुए सुबह 4 दिसंबर को टंट्या को जेल के अंदर ही फाँसी दे दी गई।[19]

कुछ वकीलों ने एक तिमाही तक उसकी सजा कम कराने का प्रयास किया था मगर ब्रिटिश सत्ता की न्यायिक प्रक्रिया के आगे वे असफल रहे। फाँसी के समय जो परिजन उपस्थित थे, उन्होंने फाँसी की सजा पर असंतोष व्यक्त किया और कहा कि टंट्या ने अपने घर-परिवार के लिए लूट की कोई धनराशि जमा नहीं की थी। उन्होंने उसकी लाश का अंतिम संस्कार करने से मना कर दिया।[20]

जनश्रुतियों के अनुसार, टंट्या की लाश को जंगल में पातालपानी नामक स्थान पर दफनाने या फेंक देने की बात की जाती है। वहाँ रेलवे पटरी के पास टंट्या का मंदिर बना हुआ है। कहा जाता है कि वहाँ ट्रेनों को रोककर सलामी दी जाती है मगर उपरोक्त बातें अभिलेखीय एवं रेलवे साक्ष्यों से सही नहीं हैं। टंट्या जैसे प्रसिद्ध भील की लाश को

फेंकने से जनभावनाएँ आहत हो सकती थीं और उनके समर्थकों की विशाल संख्या को देखते हुए ऐसा हरगिज नहीं किया जा सकता था। पातलापानी में ट्रेन रुकने की बात भी सही नहीं है। वहाँ चढ़ाई होने के कारण ट्रेनें धीमी गति से चलाई जाती हैं।[21]

इस प्रकार 1878 से 1889 तक पूरा खानदेश और पूरा भारत, उस विद्रोही भील नायक की चर्चा सुनता रहा। अँग्रेज, सामंत, मालगुजार और साहूकार काँपते रहे।

टंट्या भील की बहादुरी, उदारता और जनपक्षधरता के कारण उन पर एक फिल्म भी बनी है और लोक जनमानस में उन पर अनेक गीत रचे गए हैं। टंट्या का बागी चरित्र और दमित समाज के प्रति उच्च मानवीय मूल्य, उनकी अलग पहचान बनाते हैं। उस महान भील योद्धा से जुड़े कुछ दिलचस्प संस्मरणों को यहाँ पाठकों लिए प्रस्तुत किया जा रहा है। Taunton Courier and Western Advertise में 13 अगस्त 1890 को, एक बंगाली लेखक का आलेख प्रकाशित हुआ था। लेखक ने कुख्यात भगोड़े टंट्या भील के जीवन के बारे में जो लिखा, उससे हमें टंट्या भील की महानता का आभास मिलता है। अखबार ने शीर्षक दिया- 'बायोग्राफी ऑफ ऐन इंडियन आउटलॉ'। उसके अनुसार, 'टंट्या आम डाकू नहीं थे। वह महान थे। उन्होंने देश के संवैधानिक अधिकारियों को शून्य बना दिया था, जिन्हें देश का उद्धारक कहा जाता है। उनका नैतिक मूल्य असीम था। उनके पास मानव जीवन के सभी नैतिक मूल्य थे। उनमें न्याय, दया, सौम्यता, करुणा, सत्य, संयम, साहस और मित्रता के महान गुण थे। उनका जीवन अध्ययन योग्य है जिसमें सभी ज्ञानवर्द्धक निर्देश भरे पड़े हैं। उनका ठिकाना, प्रमुख रूप से मध्य भारत में था। यद्यपि उन्होंने कुछ की नाक काटी, हत्या की और हँसी उड़ाई लेकिन उन्होंने बहुत-से गरीबों की गरीबी दूर कर दी। इसलिए लेखक कहता है कि हम उनके लिए आँसुओं पर विराम नहीं लगा सकते। उनको छलपूर्वक गिरफ्तार करा देने से किसका दिल नहीं रोएगा?' बंगाली लेखक के कथन को मूल रूप से यहाँ दिया जा रहा है-

A TRIBUTE TO TANTIA BHEEL

He was no common outlaw, this Tantia; he had stuff in him of which through developing and refining agencies greatness in the best sense of the term is forged. Tantia set at nought and defied the constitutional authorities of the land authorities whom a gracious providence has in his infinite mercy ordained as the saviour of India, but barring this sole circumstance, Tantia, when weighed in the moral balance, will hardly, we may say it without exaggeration, be found wanting. He has almost all the greatest virtues of which the entire body of human morality is composed. He had, first of all, disinterestedness, on which the whole edifice of morality is reared, and then justice and mercy, which dropping like the gentle rain, and verity and forbearance, and fortitude and courage, which cast out fear, and friendliness and reverence-in short, he had a heart filled with every excellency. His ear had heard the eternal melodies that are ceaselessly chanted forth by the spirit that is of on sea and land, and the light of the setting sum and the deep heart of man. The life of such a person is a study fraught with the most precious and ennobling instructions. Tantia was reckoned one of the principal Bheel outlaws in Central India. He committed many a dacoity at many a place, he set fire to many a village, he cut off many persons noses, and standing at a distance, laughed merrily over their confusion and agony; he assisted at the murder of many a man and pillaging many a village he reduced many a man to the most abject poverty, yet we cannot restrain our tears for him, still we cannot repress the emotion that heaves and swells in our bosom. Whose heart will not be wrought up with an intense and burning grief at the sight of one ranging woods and fells free as a bird, brought to such a plight at the treachery of a common man ? From whose eyes tears will not trickle down in copious streams ? (Pall Mall Gazette, June 23, 1890 and Taunton Courier and Western Advertise, 13 August 1890.)

British Library, File- Photo 92/11 (90), Tantia Bhil and Follower

अँग्रेजों के मन-मस्तिष्क में टंट्या भील का खौफ और किस्से दशकों तक गूँजते रहे। अमेरिका, ऑस्ट्रेलिया और इंग्लैंड के अखबारों में टंट्या भील के समाचार और किस्से प्रमुखता से छपे। एक किस्सा सेंट जेम्स गजेट (ST James's Gazette) लंदन, में 6 मई 1889 को छपा था, जिसका शीर्षक था-AN AUDACIOUS INDIAN FREEBOOTER. अखबार लिखता है कि वह भयरहित, दुस्साहसिक, विद्रोही मिजाज का डकैत था। एक बार पुलिस बल के साथ एक भारतीय पुलिस अधिकारी (जमादार) ने उसको पकड़ने के लिए उसके छिपने के एक पसंदीदा ठिकाने के पास डेरा जमाया। कुछ दिन बाद उस अफसर को दाढ़ी बनाने के लिए एक नाई की सेवा की जरूरत पड़ी। उसने पास के गाँव से एक नाई को बुलाया। नाई आया और पुलिस अफसर की दाढ़ी बनाने

लगा। वह बहुत बातूनी नाई था तथा दाढ़ी बनाते हुए टंट्या डकैत के बारे में बेपरवाही से बातचीत कर रहा था। दाढ़ी बनाने के बाद उसने कहा- 'अब उसको पकड़ने का एक ही तरीका है।' पुलिस अफसर ने पूछा- 'और वह कैसे?' नाई अब दाढ़ी बना चुका था- 'इस तरह' कहते हुए, उसने पुलिस अफसर की नाक काट ली और यह बोलते हुए कि 'मैं ही टंट्या हूँ', उछलकर जंगल में भाग गया। खून से लथपथ पुलिस अफसर (जमादार) ने अपने सिपाहियों को उसके पीछे दौड़ने को कहा मगर टंट्या हाथ न आया।

द वेस्टर्न मेल ने 29 नवंबर 1889 को उसे स्कॉटिश रॉब रॉय की तरह बताया जो लंबे समय से प्रशासन को चकमा दे रहा था मगर वह कभी हाथ नहीं आता था।

इस किस्से के संदर्भ में यह बात बताई जाती है कि खंडवा से बीस मील दूर, घाटाखेड़ी रियासत के राजा ठाकुर तखत सिंह पर ब्रिटिश सरकार को शक था कि वह टंट्या की मदद करते हैं। टंट्या का गाँव बिराड़ा, घाटाखेड़ी के पश्चिम था। राजा को सबक सिखाने के लिए एक बार पुलिस अधीक्षक ने हवलदार के माध्यम से राजा को ब्रिटिश क्षेत्र के थाना-पंधाना पर बुलवाया और वहाँ बैठा लिया। बाद में जनता के विरोध को देखते हुए राजा को हिदायत देकर छोड़ दिया गया था। टंट्या को यह बात बुरी लगी थी क्योंकि उसका गाँव घाटाखेड़ी रियासत में ही पड़ता था। उसने उसी पीड़ा के प्रतिकार में पुलिस अधिकारी को सबक सिखाने के लिए नाई भेष में आकर नाक काटी थी।[22]

सेंट जेम्स गजेट में 9 सितंबर 1889 को तथा न्यूयॉर्क टाइम्स में 10 नवंबर 1889 को एक समाचार छपा था:

Robber Tantia Bheel

INDIA'S ROBIN HOOD MAKES A FULL CONFESSION OF CRIMES.

Tantia Bheel, the bold Robin Hood of the Central Provinces in India, who was recently captured, has just made a full confession, according to the Pall Mall Gazette. Fifteen years ago he left his village and took up the occupation of cultivator of land. He committed some minor police offense and was sentenced to a year's imprisonment in the Nagpur Jail. He was subsequently imprisoned in Jabalpur Jail, and on his release settled in Holkar's territory, but was forced to take refuge in the jungle to escape arrest consequent on a false charge of robbery. He carried on petty depredations for a year, and was arrested and imprisoned in Khandwa Jail, whence he managed to escape. He then formed a dacoit band and commenced robberies on an extensive scale. His first dacoity was accompanied by murder, and his men next pillaged and burned a village. In one of his raids a policeman's nose was cut of. Subsequently Tantia, raided Pokur, where he cut off the nose of a woman Who had helped to betray him, and he robbed her daughter-in-law of all her jewels. At a robbery in the Behut (Betul) district he again cut off a policeman's nose. For the last two years, being much harassed by both are Central Province and Holkar's police, he got tired of his jungle wanderings; he was growing old, and his eye-sight was failing. On commencing his career he could travel sixty miles at a stretch, but now not more than twenty. The greater portion of his time was spent in Holkar's territory. He had never killed anybody himself, but had robbed the rich to help the poor. Last year he distributed 6,000 rupees among the poor on the banks of the Narbada. He had frequently purchased bullocks for poor people.

He was eventually arrested through the treachery of a Gumpoot (Ganapat) Rajput, to whom he had frequently given large sums of money, with which the later had promised to purchased to a pardon. He had latterly suffered severely from want of food, and malaria through sleeping without shelter in the rain. He states that other bands are now committing extensive robberies in his name. Rajaram, a native magistrate accused of participating in Tantia's robberies, has been convicted by the Session Judge and sentenced to seven years rigorous imprisonment and fine 5,000 Rupees. (New York Times, November 10, 1889)

टंट्या की शोहरत इतनी थी 1889 में ही उस पर बी.एल. रॉय, कलकत्ता, प्रकाशन से बांग्ला भाषा में एक किताब- 'टंट्या भील', प्रकाशित हुई जिसके लेखक थे प्रियनाथ मुखोपाध्याय। टंट्या के खौफ से नागपुर की गोंड़ रियासत डरी हुई थी। हाउस ऑफ

कॉमन्स में 7 जून 1888 में नागपुर के गोंड़ राजा स्व. सुलेमान शाह की दो विधवा पत्नियों-रानी मोती कुँवर और बसंत कुँवर के प्रत्यावेदन पर विचार हुआ था जिसमें रानियों ने रियासत की कम आय के बारे में बताया था कि कुख्यात टंट्या भील उनके स्वामित्व को चुनौती दे रहा है। खासकर उत्तरी देवगढ़ क्षेत्र में उसी का राज है।[23]

टंट्या भील के संबंध में बहुत से किस्से और संदर्भ बिखरे पड़े हैं। एक संदर्भ 'द इवनिंग न्यूज', 20 मई 1907 में प्रकाशित हुआ था जिसका शीर्षक था- 'ठग की प्रवृत्ति/ हत्या की एक उत्कृष्ट प्रणाली'। अखबार लिखता है-

'भारत के बारे में कई झूठे भ्रम हैं, उनमें से एक यह है कि अब पूर्व जैसे होने वाले अपराध खत्म हो चुके हैं। मैंने ऐसा लिखा हुआ देखा है। इलाके के एक सहायक का कहना है कि उस ठग को यानी टंट्या को मिटा दिया गया है। श्री टेलर द्वारा 'द कन्फेशन ऑफ ए ठग' में लोगों का डर दूर करने के लिए यह आमतौर पर स्वीकार कर लिया गया है कि सालों पहले लोगों के साथ जो ठगी का भयपूर्ण तरीका अपनाया जाता था, अब वह खत्म हो चुका है, लेकिन मेरी राय में, जब तक कि भारत, भारत है, हत्या की वह प्राचीन प्रणाली एक विरासत के रूप में अजीबो-गरीब अपराध के रूप में बनी रहेगी। मुझे जो कहानी सुनानी है, वह अप्रत्यक्ष रूप से डकैत टंट्या और उसके अनुयायियों से जुड़ी हुई है। यह 1884 की बात है। मैंने बाघों के शिकार के लिए असीरगढ़ के जंगलों में, एक जलकुंड के पास, काकरिया नामक एक गाँव से लगभग पाँच मील की दूरी पर, मचान बनाने का एक उपयुक्त स्थान खोजा। वह स्थान मचान निर्माण के लिए हर तरीके से अनुकूल था। मैंने अपने अनुयायियों से भैंस बाँधने और मारने के लिए जगह तैयार करने को कहा। वहीं पास में एक प्राचीन काई-युक्त मंदिर था। मुझे तब आश्चर्य हुआ जब मेरे लोगों ने किसी भी तरह से मेरी मदद करने से इनकार कर दिया। उन्होंने पहले कभी ऐसा धोखा नहीं दिया था मगर पहली बार मेरी सभी प्रकार की अप्रिय आपत्तियों को उन्होंने अस्वीकार कर दिया। मैंने महसूस किया कि कुछ मजबूत अंधविश्वास या प्रतिहिंसा की भावना होगी, जिसने उन्हें उस विशेष स्थान पर मचान बनाने के मेरे निर्देश को न मानने पर विवश किया। मैं अपने डेरे पर चला गया जहाँ मेरे शिकारी ने सिर हिलाकर मुझे बताया कि वह अपनी क्षमता के अनुसार इस संदर्भ का कारण समझाएगा। शायद उसने मुझसे जो कहा, मैं उसे, उसके शब्दों में दुहराने का प्रयास करूँगा। 'साहब,' उसने कहा, 'टंट्या डकैत इस क्षेत्र में रहता है। वह फिरंगी साहबों और अमीर लोगों का बेहद दुश्मन है। वह गरीबों का दोस्त है। उसने कई आदमियों की हत्या की है और उनसे जो धन इकट्ठा किया है, उसे कई जगहों पर छिपा रखा है। उसके अनुयायियों में से एक- चीट्टू, ने आपकी अच्छी सेवा की है। वह जानता था कि मैं जो कह रहा हूँ वह सच है। एक बार उसे ज्ञात हो गया कि मंदिर के आस-पास के क्षेत्र में, जहाँ आप मचान लगाने को

कह रहे हैं, तंट्या भील ने आधा लाख रुपये छिपाए हैं। आपके दिवंगत शिकारी, चीटू को भी यह पता था और उसने अपने भाई को भी यह बात बता दी। उन दोनों ने धन इकट्ठा करने का संकल्प लिया। टंट्या दूसरे क्षेत्र में गया हुआ था। उन दोनों ने खुदाई के कुछ उपकरण एकत्र किए और दिन में मंदिर क्षेत्र के लिए निकल गए। वास्तव में मंदिर की मूर्ति के नीचे खजाना गड़ा हुआ था। उसके बाद चीटू और उसका भाई रग्गो फिर कभी अपने घरों को नहीं लौटे। जब उनके दो रिश्तेदार उन्हें खोजने के लिए आए, तो वे भी वापस नहीं लौटे। इन घटनाओं के कुछ दिनों बाद मेरा एक भाई मंदिर के सटे कुंड के पास फूस की झोपड़ी में बैठ, शिकार कर रहा था तो उसने चार शवों को देखा। उनमें से दो कंकाल थे, तीसरे को आंशिक रूप से खा लिया गया था लेकिन चौथा, जो मंदिर के अंदर था, ठीक स्थिति में था। उस पर कोई जख्म नहीं था, केवल गर्दन पर गहरे नीले रंग का निशान था, जो ठग के गाँठदार रूमाल से गला घोटने की वजह से हुआ था। गर्दन पर नाखून की खरोंचें थीं।' शिकारी ने बताया, 'टंट्या ने अपने दो प्रसिद्ध ठगों को नौकरी पर रखा है, जो अपने शिकार को मार सकते हैं। इससे पहले जिसने भी टंट्या के खजाने के पास के मैदान को देखा है, बचा नहीं है। हालाँकि यह ज्ञात था कि टंट्या लंबे समय से अपनी बीमारी की वजह से कहीं और था।'

अखबार में छपे वृत्तांत का मूल इस प्रकार है :

THE THUG'S TREASURE, AN ANCIENT SYSTEM OF MURDER.

India has many false delusions, one of them being that crimes practised in days gone by are now extinct. I have seen it written, says a contributor to the 'Field,' that thuggee has been eradicated. It has been generally accepted that the fearful method of making away with man kind disclosed years ago by Mr. Taylor in 'The Confession's of a Thug,' has disappeared but, in my opinion, as long as India, is India, that ancient system of murder will remain as an heirloom to the race of Asiatic prone to that peculiar crime. The story I have to relate is indirectly connected with the dacoit Tantia and his followers. It was in 1884 that I searched a certain watercourse in the Asseerghur jungles for tracks of tiger. I found them About five miles from a village called Kakria, in surroundings that suited my methods in every way for the erection of a machan, and I called upon my followers to tie up the buffalo and prepare the place for a kill. Near at hand was a temple, ancient and moss-bound. Much to my surprise, my men refused on masse to help me in any way. They at first offered all sorts of feeble objections to the position, which did not deceive me. I felt that there was some strong superstition or other feeling of repugnance which made them hostile to a machan being erected on that particular spot. I went to my tent and pondered, and whilst so doing my head shikaree approached me, and told me that he would explain matters to the best of his ability.

What the shikaree said to me I will endeavour to repeat in his own words. 'Sahib', he said, 'Tantia the dacoit is in these regions. He is a friend of the poor, but bitter enemy of the Feringee sahib and the rich. He has murdered many men, and the riches, he has gathered are hidden, in many places. Cheetoo, one of his followers, has served you well and he once knew what I am saying is true.' It became known that Tantia Bheel had hidden half a lac of rupees in the vicinity of the temple near where you wish us to erect a Machan. Cheetoo, your late hunter, knew it also, and he communicated the news to his brother. They both resolved to gather the wealth whilst Tantia was elsewhere, and, having collected some digging implements, they set out at sundown for the temple. The treasure was actually buried beneath the temple idol. Cheetoo and his brother Rugoo never returned to their homes, and when two of their relatives set forth to find them, they likewise returned not. 'Some days after these events a brother of mine was hunting for thatch in the neighbourhood of the temple, and came across four dead bodies. Two of them were skeletons, the third was partially devoured, but the fourth, which was inside the temple, was owing to the incident having occurred about Christinas in a fair state of preservation. There were no wounds on the body, but simply a dark blue mark round the neck, proving strangulation by the Thug's knotted handkerchief, and a bruise at the nape of the neck.' The shikaree added that Tantia had in his employ two renowned Thugs, who could kill their victims before they reached the ground, and those experts watched Tantia's treasure. I was not surprised that the shikarees avoided the spot, though it was known that Tantia had long since lifted his ill-gotten gains and planted elsewhere. (The Evening News May 20, 1907).

किंवदंती बन चुके टंट्या भील महानायक विरले पैदा होते हैं। भीलों के शौर्य और अदम्य साहस, मानवीय सरोकार और समाजवादी दृष्टिकोण के पर्याय इस भील महानायक के बारे में अँग्रेजों को बुरे स्वप्न आते रहे। 1888 में प्रकाशित 'द नेशनल कांग्रेस रेजुलेशन एंड द आर्म्स एक्ट' में एक लंबी कविता छपी थी। उसमें भी अँग्रेजों को टंट्या का नाम आतंकित किए हुए था-

'But the Indian Government, always keen to please,
Also gave parwanas to horrid men like these:-
Yar Mahomed, Yusufzai, down to kill or steal,
Chimbu Singh from Bikanir, Tantia the Bhil.'[24]

संदर्भ :

1. The Life Of Tantia Bhil, Charu Chandra Mukherjee, B.H. Dutt. Calcutta, 1890, PP. 38, 39; बाबा भांड, जननायक टंट्या भील, प्रभात प्रकाशन, दिल्ली, 2014, पृष्ठ 117, 118.

2. Ibid; M.P. State Archive and Museum, Bhopal/ Civil Secretariate/1889/ Police Dept./Compilation/File 160A/ Capture of Tantia Bheel.

3. The Life Of Tantia Bhil, Charu Chandra Mukherjee, B.H. Dutt. Calcutta, 1890, PP. 38, 39, 61; बाबा भांड, जननायक टंट्या भील, प्रभात प्रकाशन, दिल्ली, 2014, पृष्ठ 119, 120, 121; ST. James's Gazette, 5 and 19 August 1889.

4. The Life Of Tantia Bhil, Charu Chandra Mukherjee, B.H. Dutt. Calcutta, 1890, PP. 61, 62, 63, 64.

5. M.P. State archive and Museum, Bhopal/ Civil Secretariate/1889/ Police

Dept./Compilation/File 160A/ Capture of Tantia Bheel.

6. The North London News and Finsbury Gazette, 9 June 1894 .

7.The Kadina and Wallaroo Times (SA), 19 October 1889.

8. Colonies and India, 21 August 1889; बाबा भांड, जननायक टंट्या भील, प्रभात प्रकाशन, दिल्ली, 2014, पृष्ठ 122, 123, 124, 125.

9. बाबा भांड, जननायक टंट्या भील, प्रभात प्रकाशन, दिल्ली, 2014, पृष्ठ 126, 127.

10. वही, पृष्ठ 128.

11. वही, पृष्ठ 129.

12. जननायक टंट्या भील- बाबा भांड, प्रभात प्रकाशन, दिल्ली, 2014, पृष्ठ 130, 131, 132.

13. The Life Of Tantia Bhil, Charu Chandra Mukherjee, B.H. Dutt. Calcutta, 1890, PP. 40, 41; बाबा भांड, जननायक टंट्या भील, प्रभात प्रकाशन, दिल्ली, 2014, पृष्ठ 133.

14. Ibid, PP. 41, 42; वही, पृष्ठ 134, 135.

15. The Colonies and India, 16 October 1889, London.

16. जननायक टंट्या भील- बाबा भांड, प्रभात प्रकाशन, दिल्ली, 2014, पृष्ठ 136, 137, 138.

17. The Life Of Tantia Bhil, Charu Chandra Mukherjee, B.H. Dutt. Calcutta, 1890, PP. 41, 42; जननायक टंट्या भील- बाबा भांड, प्रभात प्रकाशन, दिल्ली, 2014, पृष्ठ 138.

18. जननायक टंट्या भील- बाबा भांड, प्रभात प्रकाशन, दिल्ली, 2014, पृष्ठ 140, 142, 144.

19. वही, पृष्ठ 140, 142, 144, 145.

20. The Colonies and India, 11 December 1889.

'The Indian Robin Hood, Tantia Bheel, not withstanding the endeavours made in many quarters to obtain mitigation Of the capital sentence recently passed upon him, was executed at Jubbulpore on December 4. He persistently affirmed his innocence of the murder with which he was charged. Some of his relatives were present, but they declined to dispose of the body, on the ground that Tantia had been outcasted and rendered impure by execution. They expressed great dissatisfaction that he had accumulated no loot for the family.'

21. The Bhil Kills by S.C. Varma, Kunj Publishing House, Delhi, 1978, Page 14.

22. जननायक टंट्या भील- बाबा भांड, प्रभात प्रकाशन, दिल्ली, 2014, पृष्ठ 65, 69.

23. Proceedings of a Public Meeting the formation of the Northern Central By- Northern Central, British Society, Questions by Sir Roper Lethbridge and answer by Sir John Gorst, in the House of Commons, 7 June 1888, Page 22.

24. Homeward Mail from India, China and the East, 6 February 1888.

अध्याय-12 ऑस्ट्रेलियाई अखबारों में जननायक टंट्या भील की बहादुरी के किस्से

World's News (Sydney) Wednesday 24 June 1936, Page 1.

तत्कालीन समय में ऑस्ट्रेलिया भी ब्रिटेन का उपनिवेश था। ब्रिटिश काल में कई गोरे अधिकारी और शोधकर्ता भारतीय भीलों के बारे में जानने के लिए मध्य भारत में

आते-जाते रहे। भीलों के प्रति उनकी दिलचस्पी देखकर हमें हैरानी होती है। अभी तक ऑस्ट्रेलियाई संदर्भों के आधार पर टंट्या भील के बारे में गढ़े गए किस्सों के बारे में जानकारी नहीं थी। यद्यपि ये गढ़े गए किस्से पूरी तरह प्रामाणिक नहीं कहे जा सकते तथापि इनमें आए संदर्भों का संकेत, उपलब्ध साक्ष्यों में मिलता है।

टंट्या की दुस्साहसिकता, लंबे समय तक गोरे अफ़सरों के लिए अचरज की बात बनी रही। परिस्थितिजन्य संकटों, संघर्षों और समस्याओं ने भीलों को चतुर, सतर्क और खतरों का खिलाड़ी बना दिया था। उनकी चालें, अँग्रेजों की समझ से परे थीं। वे बार-बार धोखा खाते। उनकी विद्वत्ता, अनपढ़ भीलों के सामने बौनी नजर आती। एक ऑस्ट्रेलियाई अखबार ने टंट्या की फाँसी के मात्र ड़ेढ वर्ष के अंदर एक समाचार छापा और उसका शीर्षक दिया- 'असाधारण चोरी करने वाले'।

अखबार ने लिखा- 'भारत भूमि पर चोरी को, भील समुदाय अपने परंपरागत पेशेवर उद्योग के रूप में अपनाए हुए है। उनके चोरी करने के कौशल की अनंत कथाएँ हैं। अपनी फरार हो जाने वाली चालों के लिए ये यूरोप में भी प्रसिद्ध हैं। एक बार भीलों ने कंबल पर सोने वाले एक आदमी का कंबल चोरी कर लिया था, जिसे उनसे सुरक्षा के लिए पहरे पर रखा गया था। उन्होंने उसके चेहरे पर गुदगुदी की। वह हँसता हुआ करवट लेता रहा और लोटते-लोटते जब किनारे हो गया तब वे कंबल लेकर फरार हो गए।

एक अँग्रेज अधिकारी घुड़सवार सेना की एक टुकड़ी के साथ एक बार भीलों के चोर दल का पीछा कर रहा था। उसके सैनिक करीब-करीब उन जुझारू और बर्बर कहे जाने वाले भीलों को पकड़ने ही वाले थे कि अचानक चट्टान की आड़ में चोर दल ओझल हो गया। उनकी शाम तक कड़ी तलाश की गई परंतु खोज पाने में सैनिक असफल रहे। दिन बहुत थकाऊ और गर्म था। एक खुली जगह पर अधिकारी ने राहत की साँस लेते हुए अनुमान लगाया कि भील बहुत दूर नहीं भागे होंगे। उसने अपने सैनिकों को पेड़ों के एक झुरमुट के पास रुकने को कहा। वह इतना थका था कि उसने घोड़े से उतरकर अपनी टोपी को एक पेड़ की टहनी पर लटका दिया और उसके तने पर पीठ टिकाकर आराम करने लगा। तभी उसे आश्चर्य हुआ कि देखते-देखते तना जिंदा चुड़ैल में तब्दील हो गया था। दो-तीन सेकेंड में उस तने ने अँग्रेज अधिकारी को जमीन पर पटक दिया, जिस पर वह पीठ टिकाए आराम कर रहा था। उसने देखा, उसकी टोपी, उस शाखा द्वारा कैद कर ली गई थी, जिस पर उसे टाँगा गया था। दूसरे तने भी आदमी में तब्दील हो गए थे। जब तक वह और उसके सैनिक आश्चर्य से मुक्त होते, पुरस्कार स्वरूप उनकी टोपी लेकर भील चोर गायब हो गए थे।[1]'

मूल समाचार इस प्रकार था:

THIEVING EXTRAORDINARY

As thieves, the Bheels still maintain their old prestige as the most adroit professionals in that branch of industry in India, and abounding in many types of roguery. Endless tales are told of their skill in stealing, and in escaping pursuit by tricks which would put the most knowing thieves of Europe to the bush. They have been known to steal the blanket from under a sleeping man, who had been put on his guard that this would be attempted. The fest was simply accomplished by the thief tickling the face of the sleeper, and as involuntarily he turned himself under the slight titillation, the blanket was gently pulled bit by bit from under him. Naked and oiled all over they move about noiselessly, and if grasped will eel-like slip out of the captor's grasp ? if not, he will probably feel drawn across his wrist the sharp, razor like knife, which is always hung suspended round the thief's neck by means of a string. They have a trick of dropping poison on the leaves of the plantain bushes among which the cattle that they are not able to capture are grazing. In the morning the cattle being found dead, the carcasses are thrown away by the Hindoo owners. This quite suits the thieves' designs and calculations, for they immediately return, flay the dead animals, and Bell the skins, which were what they were desirous of obtaining. The Bheels, on being pursued, have been known to escape among the burnt stumps-which, owing to the prevalence of forest fires, cover considerable tracts of country in certain parts of India- and allow the pursuing parties to pass them within a few yards by the expedient of throwing their black, sinewy, limbs into such attitudes that they would be mistaken for the scorched stumps among which they were hiding. An amusing (and possibly even true) story in reference to this trick of theirs is often related. An English officer with a troop of cavalry was on one occasion pursuing a party of thieving Bheels. The soldiers almost overtook the savages, when suddenly they lost sight of them behind a rock, and though a strict search was made until dusk they failed to find them. The day bad been hot and the sun exhausting. The officer, imagining hat in an open space like this the Bheels could not escape very far, ordered a halt near a clump of blackened stumps. Exhausted he threw himself on the ground, hung his helmet on a scorched branch, and leaned his back against a stump. To his astonishment the stumps seemed to be come alive before his eyes, loud chuckles came from them; in about a second or; two he found himself thrown to the ground by the stump on which he was leaning, and his helmet seized by the very branch on which he had hung it. At the same time the other stumps, became as suddenly metamorphosed into men, and before he or his men could recover from their astonishment, they had disappeared, carrying off the officer's helmet as the reward of their exertions! What he had taken for a clump of blackened stumps was the party of Bheel thieves, who had skilfully, after their usual manoeuvres thrown themselves into the attitudes which had imposed on their pursuers in so ludicrous a manner. [Border Watch (Mount Gambier, SA) 27 April 1892]

लीडर, (मेलबर्न, विक्टोरिया) अखबार ने शनिवार, 5 मई 1906 को एक भारतीय डाकू के खिलाफ साहस के कारनामे (Some Adventures with An Indian Dacoit) शीर्षक से एक श्रृंखला का प्रकाशन शुरू किया था जिसकी अंतिम किस्त 15 सितंबर 1906 को प्रकाशित हुई थी। इन धारावाहिक प्रकाशनों में टंट्या को कमीना, चालाक, डाकू और लुटेरा जैसे शब्दों से नवाज कर, औपनिवेशिक सत्ता की मीडिया ने अपनी विफलता के दंश को कम करने का प्रयास किया था। इसमें कोई आश्चर्य नहीं होना चाहिए और न ही एक औपनिवेशिक सत्ता से किसी विद्रोही जननायक के लिए बेहतर शब्दों के संबोधन की अपेक्षा करनी चाहिए। जिस समय देश के राजे-रजवाड़े अपनी कायरता, फूट और ईर्ष्या के चलते, मातृभूमि के एक-एक टुकड़े को ब्रिटिश ताज के आधिपत्य में सहर्ष न्योछावर कर रहे थे, उसी समय एक जंगली जाति का महानायक,

उनके घुड़सवारों, बंदूकों और सत्ता को लगातार अकेले दम पर झुठलाता रहा। कल्पना कीजिए कि तब अगर एक भी राजे-रजवाड़े ने खुलकर टंट्या का साथ दिया होता, तो स्थिति कुछ और होती। वीर टंट्या ने गोरों को डेढ़ दशक तक छकाया। उस बीच उसकी बहादुरी के तमाम किस्से प्रचलित हो रहे थे। लीडर अखबार के धारावाहिक संस्मरणों के लेखक थे, भारत में जन्मे ऑस्ट्रेलियाई लेखक टी.एस.गर (1877-1960)। यहाँ पर साल 1906 में 5 मई, 26 मई, 2 जून, 16 जून, 18 अगस्त, 25 अगस्त और 15 सितंबर के अखबारों में छपे वृत्तांत का संक्षिप्त विवरण देने का प्रयास किया जा रहा है। यह भी अवगत कराना है कि टंट्या भील के कारनामे इतने रोचक और ऑस्ट्रेलियाई पाठकों में जिज्ञासा का कारण थे कि लीडर में छपे वृत्तांत को पुनः वर्ल्ड्स न्यूज (सिडनी) ने 17 और 24 जून 1936, 01, 08, 15, 22, और 29 जुलाई 1936 तथा 5 अगस्त 1936 अंक में 'Exploits Of Tantia Bheel' शृंखला से दुबारा प्रकाशित किया था।

ट्रेन डकैतियों में टंट्या की संलिप्तता के प्रमाण मिलते हैं। वह चलती ट्रेनों में चढ़ जाता और उतर लेता।[2] ग्रेट इंडियन पेनिन्सुला रेलवे (जी.आई.पी.आर.) खंडवा होते जबलपुर तक जाती थी और टंट्या ने उसकी पटरियों को भी क्षति पहुँचाई थी।[3] लीडर की पहली किस्त में प्रकाशित 'डाबसन और टंट्या भील' अकाल के समय, ट्रेन से अनाज लूटने से संबंधित है, जिसके साक्ष्य मिलते हैं। यद्यपि छोटापुर रेलवे स्टेशन नामक स्थान टंट्या के कार्यक्षेत्र में नहीं मिलता। संभवत जबलपुर के लिए छोटापुर नाम का उल्लेख किया गया है। जबलपुर की जेल से ही टंट्या और उसके साथी भाग चुके थे। इस धारावाहिक में ब्रिटिश अधिकारियों और कर्मचारियों के नामों को बदल दिया गया था। उनमें वास्तविक घटनाओं के साथ कुछ गल्प भी जोड़े गए। अखबार में टंट्या भील का रेखांकन किया गया था जिनमें से दो यहाँ दिए गए हैं।

संपूर्ण धारावाहिक प्रकाशनों को पाठक, मेरी दूसरी पुस्तक- 'टंट्या भीलः द ग्रेट इंडियन मूनलाइटर' में पढ़ सकते हैं।

संदर्भ :

1. Border Watch (Mount Gambier, SA), 27 April 1892.
2. Times Of India, 25 March 1887.
3. Times Of India, 18 March 1887.

उपसंहार

भारतीय भू-भाग के सर्वाधिक क्षेत्रफल पर निवास करने वाली भील जनजातियों का, मध्य भारत और गुजरात-राजस्थान के पहाड़ी इलाके में कभी साम्राज्य था। उनके मुखिया अपने इलाके के राजा थे। सातवीं सदी के बाद एवं चौदहवीं सदी के बीच, मुस्लिम आक्रमणकारियों द्वारा खदेड़े जाने के कारण, अफगानिस्तान के रास्ते बाहरी राजपूतों का राजस्थान और गुजरात में प्रवेश हुआ। उन्होंने अपने घोड़ों की मदद से भीलों को मैदानी क्षेत्रों से खदेड़ दिया। तब तक भील, बेहद सीधे-सादे और शांतिप्रिय लोग थे। बिना किसी वैयक्तिक संपत्ति के सुखी जीवन जी रहे थे। अपने मुखिया या गमेती के नेतृत्व में पालों (गाँवों) में निवास करते और स्वतंत्रता का अनुभव करते। विस्थापित होकर उन्होंने सतपुड़ा की पहाड़ियों में अपना ठिकाना चुना। यह समय भीलों की सत्ता के पराभव का था। सामंती मनोवृत्ति के राजपूतों ने उनसे उनकी जमीनें छीन लीं। तब भीलों को जीवनयापन के तौर-तरीके बदलने पड़े। सामंतों, साहूकारों, बनियों और अंततः अँग्रेजों से उन्हें संघर्ष करना पड़ा। वे विद्रोही और हिंसक बनते गए। उन्होंने अपने बचाव और जीवन संघर्ष की जद्दोजहद में पहाड़ी दर्रों पर नियंत्रण स्थापित किया। उन्होंने अपने क्षेत्रों से गुजरने वाले व्यापारियों और यात्रियों से कर वसूलना या उन्हें लूटकर जीवनयापन करना शुरू किया। धीरे-धीरे भूमिहीन भील, पेट की भूख मिटाने के लिए लुटेरे और हत्यारे बनते गए। वे वारदात के बाद पहाड़ियों और घाटियों में सुरक्षित रहते रहे। पहाड़ियाँ, घाटियाँ और जंगल उन्हें सुरक्षा प्रदान करते रहे जहाँ उनको परास्त करना संभव न था।

अँग्रेजों ने मध्य भारत में प्रवेश करते ही भीलों के विद्रोही तेवरों को देख लिया था। भील क्षेत्रों की भौगोलिक-सामरिक स्थिति का आकलन कर लिया। उन्हें लग गया कि पहाड़ी दर्रों पर जब तक भीलों का नियंत्रण रहेगा, मध्य भारत और राजपूताना पर ब्रिटिश साम्राज्य को आर्थिक लाभ नहीं होने वाला। उनके व्यापारिक मार्ग असुरक्षित रहेंगे। उन्होंने कुछ भील मुखियाओं से समझौता करना जरूरी समझा। कुछ की जागीरें लौटाई गईं। कुछ को पेंशन दी गईं। कुछ को सीमांत चेकपोस्टों पर तैनात किया गया और अंततः भीलों

को अनुशासित सेना में बदल देने के लिए भील कार्प्स का गठन कर, उन्हें ब्रिटिश सैन्य बल का अंग बना लिया गया। उन्नीसवीं सदी के उत्तरार्द्ध में ईसाई मिशनरियों को बढ़ावा दिया गया, जिससे वे भीलों के बीच कार्य कर उनके विद्रोही तेवर को नियंत्रित कर सकें। ईसाई मिशनरियों ने भीलों के बीच शिक्षा, सेवा और सामाजिक कार्यों को बढ़ावा देकर, भीलों को मुख्यधारा में लाने का प्रयास किया।

इन उपायों के बावजूद जहाँ कुछ भील प्रशासन के नजदीक आ गए वहीं विद्रोही भीलों के नए गुट भी बनते रहे। इस प्रकार 1800 ई. से प्रारंभ भील विद्रोह, थोड़े-बहुत उतार-चढ़ाव के साथ, 1925 तक अनवरत चलता रहा। भील लड़ते-मरते रहे। भूख और अकाल की मौतें अलग और अकल्पनीय थीं। कांग्रेस और महात्मा गाँधी के नेतृत्व में राष्ट्रव्यापी असहयोग आंदोलन के तेज होने के बाद धीरे-धीरे भीलों की स्वतंत्र पहलकदमियाँ ओझल होती गईं।

अँग्रेजों से पूर्व, देशी मराठों ने भीलों पर जो जुल्म किए, वे इतिहास के भीषण नरसंहारों में शामिल हैं। उनके द्वारा हजारों भीलों को मार दिया गया। उनके नरसंहार के पूरे आँकड़े उपलब्ध नहीं हैं परंतु कुछ नरसंहारों का उल्लेख इस पुस्तक में किया गया है। एक-एक स्थान पर पंद्रह हजार भीलों की हत्या, इतिहास के काले अध्याय में दर्ज हो चुकी है। अँग्रेजी सत्ता के आते ही भीलों के नरसंहार की जानकारी मिलने लगती है। सबसे ज्यादा मराठों और राजपूतों ने ही भीलों का नरसंहार किया है। मराठे, भीलों के साथ जंगली जानवरों-सा व्यवहार करते। वे इतने जुल्मी थे कि भीलों को पकड़कर लोहे की गर्म सलाखों से दागते या जंजीरों में बाँध देते। वे उन्हें आग में डालकर भून डालते। यही कारण था कि भील, मराठों से इतने नाराज रहते और बदला लेने के लिए आपराधिक कृत्य करने में संकोच न करते।[1]

1835 के पूर्व दक्षिणी कोंकण में दो जेलें बनाई गई थीं, एक मालवण में तो दूसरी मालवण खाड़ी में। मालवण खाड़ी में स्थित एक द्वीप था, जिसे सिंधुदुर्ग फोर्ट कहा जाता था। इसमें भीलों को रखा जाता। 1835 के पूर्व सिंधुदुर्ग फोर्ट में 60 से अधिक भील रखे गए थे। यहाँ भीलों को निर्दयतापूर्वक मारा-पीटा जाता। तरह-तरह के अमानवीय दंड दिए जाते। उन कृत्यों से कई भील मर जाते मगर कहीं कोई सुनवाई नहीं होती थी। भीलों को मारकर समुद्र में फेंक दिया जाता। द्वीप पर किसी को आने-जाने की इजाजत न थी। इसलिए सिंधुदुर्ग फोर्ट को कसाई फोर्ट कहा जाता। वहाँ भीलों को ले जाते समय ही रास्ते में बहुत से भील मर जाते। इसलिए अँग्रेजों ने सिंधुदुर्ग फोर्ट जेल को बंद करने का निर्णय लिया।[2]

शुरू से ही जनजातियों के विरुद्ध सभ्य समाज ने बेइंतहा जुल्म ढाए हैं। उनके जर, जंगल और जमीन को लूटा है। उनके श्रम को कम कीमत पर लाभ में बदला है। हत्या-

दर-हत्या की यह वीभत्स संस्कृति बहुत पुरानी है। बीसवीं सदी के प्रारंभिक आँकड़े बताते हैं कि मध्य प्रदेश के भील बाहुल्य तीन जिलों में प्रतिवर्ष 273 भीलों की हत्या कर दी जाती थी यानी प्रति 32 घंटे में एक भील की हत्या कर दी जाती थी। यह स्थिति तब की है जब पूरे भारत की जनसंख्या 25 करोड़ के आस-पास थी।[3]

जैसा कि उल्लेख किया जा चुका है कि जहाँ भीलों का एक वर्ग सरकार के साथ हो गया, वहीं अँग्रेजों के बाहरी और रंग-रूप, बोली-भाषा से भिन्न होने के कारण, भीलों ने उन्हें बराबर संदेह की नजरों से देखा, यद्यपि अँग्रेजों ने पहली बार उन्हें स्थायी रूप से बसाने, पढ़ाने-लिखाने और सेवा में शामिल करने का प्रबंध भी किया। भीलों का एक वर्ग, जिसकी सत्ता वापस नहीं की गई, विद्रोही बना रहा। इस मनोवृत्ति को देख अँग्रेजों ने सख्ती और धैर्य, दोनों नीतियों का मिला-जुला प्रयोग किया। जहाँ उन्हें लगा कि भीलों को दबाकर नियंत्रित करना आसान नहीं है, वहाँ उन्होंने भीलों को सुधारने, बसाने, पढ़ाने, रोजगार-धंधों में लगाने की नीति पर काम किया। भील बस्तियाँ बसाई गईं। उन्हें सेना में स्थान दिया गया और उन्हीं के सहारे बागी भीलों को नियंत्रित किया गया। बॉम्बे गजट लिखता है कि- *Mr. Elphinstone converted the Bheels of the Deckon from robbers and murderers, into good subjects and preservers of the peace to retain in our pay or otherwise secure the interest of one or two of the most influential Chiefs, making them responsible for the good behaviour of the rest.*[4]

देखा जाए तो ब्रिटिश सरकार ने भीलों को जंगलों और पहाड़ियों से बाहर लाकर शासन और प्रशासन की जिम्मेदारी में लगाया। भीलों का दमन करने के लिए भीलों को लगाया। उन्हें वेतन, जमीन और जागीरें जैसे प्रलोभनों से विद्रोह से मुक्त रखने का प्रयास किया। इस प्रकार लगातार भीलों को समाज की मुख्य धारा में लाने, उन्हें स्थायी तौर पर बसाने का जो अभियान चलाया गया था, उसके चलते भीलों ने जंगलों को छोड़कर कस्बों और बाजारों में आना-जाना शुरू किया। कुछ राजपूतों ने भी भीलों से मित्रवत संबंध बनाना हितकर समझा। इसका प्रभाव यह पड़ा कि भीलों की विद्रोही गतिविधियाँ धीरे-धीरे कम होती गईं। कई भील कार्प्स के गठन हुए। भीलों को भील कार्प्स में शामिल करना पहली और बड़ी कवायद थी। उन्हें खेती-किसानी में लगाना दूसरी, आंशिक स्वायत्तता देते हुए उनकी पैतृक जागीर की बहाली तीसरी बड़ी नीतिगत कवायद रही। इन नीतियों से उनके अंदर विश्वास पैदा हुआ। भीलों के बीच भक्त पंथ के उदय ने आपराधिक प्रवृत्तियों और हिंसा को त्यागने का प्रचार किया। ईसाई मिशनरियों ने भीलों के बीच ईसाई धर्म का प्रचार कर उन्हें बागी जीवन से हटने की प्रेरणा दी।[5] कलकत्ता से आकर इंदौर में मिशनरियों ने अपना मुख्यालय बनाया, भील समाज में सामाजिक सुधार किए और ईसाई

धर्म की ओर आकृष्ट किया।[6]

उपरोक्त सभी प्रयासों एवं राष्ट्रीय स्वतंत्रता आंदोलन के उभार का परिणाम रहा कि 1925 के बाद भीलों के विद्रोही तेवर नहीं दिखाई पड़ते हैं। 1800 ई. के पूर्व के भील विद्रोह के दस्तावेज उपलब्ध नहीं हैं।

निमाड़ का टंट्या भील, जिन्हें अँग्रेज डाकू कहते थे, उन्होंने अपने परिवार के लिए कभी लूटपाट नहीं की। जमीन से बेदखल होने एवं अन्याय-दर-अन्याय झेलते हुए वह प्रतिरोध के लिए बागी जीवन जीने को मजबूर हुए। उन्होंने आम भीलों की दुर्दशा देखी। पाटिलों, साहूकारों और मामलतदारों के अन्याय और हिंसा के विरोध में उनको लूटना शुरू किया। उनकी लूट गरीबों की भूख को समर्पित थी। वह गरीबों की बेटियों की शादी कराते, उन्हें अकाल और गरीबी में मदद करते। एक सच्चे जननायक के रूप में टंट्या भील ने ग्यारह सालों तक निमाड़ की पहाड़ियों और सतपुड़ा के जंगलों में राज किया। सारी की सारी मध्य भारत की ब्रिटिश सत्ता को उन्होंने 1878 से 1889 तक चुनौती दी और खूब छकाया। अंत में टंट्या को धोखे से पकड़ा गया।

हमने 1800 से 1925 के बीच सक्रिय 200 से अधिक भील मुखियाओं या विद्रोहियों को पाठकों के सामने प्रस्तुत किया है। काजी सिंह, भीमा नायक, टंट्या भील जैसे महानायक, सार्वभौमिक नायकत्व से अभी दूर रखे गए हैं। नादिर सिंह, जग्गा रावत, गुमानी, रामजी, हिरिया, औचित, कूर वासावा, मोगीर, हटनिया, कलिया चमार, ईचा पुग्गी, ओंकार रावत, बांगचुंद, सूरजमल, कुँवर जीवा वासावा, रे सिंह नायक, रूपा सिंह, नीलमा, रतनिया, जुगतिया, इटिया, श्यामलजी, कीरा सिंह, देवी सिंह, दौलत सिंह, दल्ला, देवा, अनूपजी, पेनचुंद, खेमा नायक, कनिया भील, कालिया चमार, भागोजी, सीताराम, पुंजा धीरज, पुत्ताजी नायक और चिट्टो नायक की जनपक्षधरता को सम्मान देने का प्रयास होना चाहिए। जो इतिहास हमारे सामने है वह कुल मिलाकर वर्चस्ववादी, कुलीनतावादी निरंकुश सत्ता द्वारा हाशिए के समाज के हितों पर डाली गई डकैती और दमन का इतिहास है। यह अंतिम सत्य नहीं है, और भी सैकड़ों भील मुखियाओं का बलिदान यहाँ दफ्न हुआ होगा। अंधकार की बहुत-सी कोठरियाँ अभी खुलनी बाकी हैं। उम्मीद की जानी चाहिए कि हमारी आने वाली नस्लें हमारे प्रयास को आगे बढ़ाएँगी। तमाम मुश्किलों के बावजूद, जनसामान्य के इतिहास का तथ्यात्मक निरूपण करेंगी।

संदर्भ :

1. श्रीचंद्र जैन, वनवासी भील और उनकी संस्कृति, राजस्थानी ग्रंथागार, जोधपुर, 2018, पृष्ठ 11.

2. Bombay Gazette, 18 February 1837.

3. The Bhil Kills by S.C. Varma, Kunj Publishing House, Delhi, 1978, Page i.

4. Bombay Gazette, 21 May 1836.

5. Belfast News-Letter, 7 May 1915.

6. Newcastle Chronicle, 13 April 1889.

परिशिष्ट : 1

To
William Chaplin Esqr
Commissioner
Poonah

Sir,

I do my self the honour to submit accompanying translations of letters from the Moamlutdars (Mamlatdars) of Baglan and Lohnece dated the 1st, 2nd and 3rd Instant-On the receipt of the first intimation of the rising reported in these dispatches, l immediately ordered on the neighbouring Lamnahs with 25 Horse from Kokurmoonda (Kukurmunda), and as many Rank and file of Locals from this place, to strengthen means at the Comm and of the Moamlutdar (Mamlatdar) of Baglan. It is not impossible that these aids will have caused the marauders to quit their position in the fort of Moolern (Mulher), and obliged them, if not to disperse, at least to retire into the Dhang, in the fastnesses of which the assemblage of these insurgents seems to have been formed, but and the body is reported to be numerous, and especially as it is said not only to be headed by one Godajee, a person who formerly acted a conspicuous part in this Province, and who is a connection or retainer of Trimbuckjee Danglia, but also to have been joined by foreign mercenaries, it would be imprudent to trust to these slight resources alone, since either any casual success in any rencounter with the Police or their being allowed to continue for any time assembled with impunity might generate a confidence that might be attended with much injuries to the country.

3rd. Viewing the subject in this light, I have addressed letters, of which the accompanying are copies, to the officer Commanding at Malligaum and to Captain Rigby at Kokurmoonda, requesting that all the available force at those places may be directed to march, with as little delay as possible, to Baglan.

4th. If 50 to 100 more of the auxiliary Horse could be sent to this quarter just now, they would be of the most material use. I have distributed the greater part of those now here all over the most frequented roads, where they give daily escorts, to travellers, and thereby prevent many of the Robberies, which in such a season, would undoubtedly be perpetrated by the Bheels. With these Escorts I feel the greatest reluctance to interfere, but unless you can spare some more Horse, I may be obliged to concentrate a number of there to the westward. Even too should this not be necessary I require some additional Horse to give the Escort system full effect, and at the same time to leave a few men disposable for any contingency. You will perceive that some of the Bheels in Fauj are said to have joined the insurgents. This I shall not be surprised to hear confirmed. These people cannot resist the opportunity which any thing like a disturbance is likely to afford to them, of following their favourite occupation. The great body of these people, is however, no doubt from the Dhang (Dong) situated below the Ghauts (Ghat), and beyond this jurisdiction.

6th. I beg on this occasion to mention, that I often experience considerable inconvenience from the map that has been furnished to me, not including any of the territory by which this Province is bounded, and to suggest that you will have the goodness to direct this omission to be rectified as I conclude it can easily be, by the Deputy Surveyor General at the West of Khandesh from Rajpipla on the North to below Chondore on the South, might happen to be of the most material use.

Dhoolia. I have the honour to be
4th April 1825. Signed A Robertson
Collector

(British Library, London, Reff. IOR/F/4/1021/28048, Bombay Political, Insurrection in Banglana.)

परिशिष्ट : 2

KHANDESH REVOLT AND INDIAN AGRARIAN DISCONTENTS

To the Editor of The Daily News

Sir, Khandesh has expelled the Company's Revenue Surveyors, and repudiated the land tax. Troops have marched into Khandesh from all quarters- horse, foot, and artillery, have been actively engaged in putting down the insurrection; and it is probable that the next mail will bring the intelligence of the discomfiture of the insurgents, 22,000 in number, according to the latest accounts- but perhaps not without bloodshed. What remains ?

The causes, of discontent remain. Horse, foot, and artillery cannot touch them. The short-sighted selfishness of the East India Company- the connivance or apathy of the Board of Control the ignorance of parliament:- in the face of these obstacles to redress, what hope can the oppressed and tax ridden people of India have of obtaining it ? They have no such hope; they have long ceased to cherish it. 'They nurse their discontents in secret, or study a fruitless, or else a disastrous revenge.' Khandesh is but one such an instance. The example is easy of imitation; and we fear that it will be imitated in thousands of districts not less racked and ground down with taxation than the rained district of Khandesh.

Is it worth while, in the presence of these facts, for parliament to continue to repose a blind confidence, in the flattering but mendacious pictures of good government and contentment, which the recognised parliamentary advocates of the company are so much in the habit of presenting, as the portraiture of the past and present condition of the company's Indian Helots ? We do not ask, if it be worth the while of the company to encourage these gross misrepresentations, for we know that the renewal of their charter depends upon the degree of credit with which they are received. But is it safe or useful for parliament, the representative of that English people, which must answer with its blood and treasure, by and by, for every present hour of oppression and connivance, to accept any longer such base and contemptible pretexts, for conniving one moment more in the great oppressions endured, by one hundred and fifty millions of the Queen's subjects, at the h ands of a corporation in the City ?

It will not do for Sir James Weir Hogg to say the discontents are local. We have had occasion, more than once, to show that they are universal, or nearly so, throughout British India- A vast territory, rivalling in extent the whole continent of Europe. It was but the other day that we heard the groans of the wretched Bengalis, and the nobler protestations of the manly hill tribes, whom the downfall of the Sikh sovereignty had placed beneath our yoke. We are now compelled to witness, in the armed rising of the peasantry in half-conquered Khandesh, and in the sympathy everywhere expressed for their cause throughout the presidency of Bombay, a proof, if we needed one, that the Calcutta association was not the mouthpiece of Bengal alone, nor Saadat Khan the mere avenger of some obscure grievance, hidden in the far mountains of the north-west. The Madras Presidency has never, to our knowledge, told a different tale of the real condition of its people, and their appreciation of the singular blessings of the Company's government. On the contrary, the same Indian mail which brought us the startling intelligence from Khandesh, which enables us to produce a new and striking illustration- derived the revenue system now in operation at Madras- of the sufferings of its people, and, let us add, of the danger which threatens their European masters. I lately, drew attention to an undertaking, in which the editor of the Madras Athenaeum had been for some mouths past engaged, and which had for its object the combination of the people of the Presidency, native and European, in the cause of Indian reform. Feeling persuaded, that the only real difficulty in the way of that reform consists in ignorance of parliament, and anxious to believe that parliament will be only too happy to have that ignorance enlightened, our Indian contemporary had hit upon a very admirable and unexceptionable method of obtaining the newest and most authentic information, and of systematising it in a form acceptable to the curious. Circulars, printed and distributed over the Madras

Presidency, have produced the required information; every question has been fully answered; and the results, digested with great industry and fairness, and accompanied with the justificatory documents, are now before the public. The following is a brief summary of the valuable evidence of two or three Madras land holders, one of them being Mr. Fischer, the respected and patriotic zamindar of Salem on this very subject of the land-tax, or Company's rack-rent, which in the Bombay Presidency has wrought such mischief at Khandesh.

In the Madras Presidency there are two kinds of tenures- the Raiyatwari and the zemindari. Under the former which is nearly universal, the Raiyat or farmer holds of the company direct and settles annually with its officers. Under the latter- where it exists- the zamindar or landlord holds of the company at a fist or tribute, and removers over against the Raiyats under him. Under the former tenure, again, the assessment is made on a money valuation, and the rent is paid in cash according to the assessment. This mode of assessment, which is called the government puttah, is also the mode usually followed under the zamindari tenure. There is, however, under the latter, sometimes used but rarely- a more favourable assessment, called 'amaneevarum', under which the rent is valued according to the quantity of produce, and is paid in kind; the crop being cut, threshed, and measured in the presence of the company's police, and one-half of the surplus left,: After deducting all the village masses, being thereupon handed over to the company, and the other half to the cultivating Raiyat. But this, being accounted much too beautiful an arrangement in favour of the said raiyat, is now nearly everywhere discontinued. Where it exists, however, it is stated to be most beneficial. 'I have stood,' writes a very intelligent land holder, "on a ridge that divided a zamindari from government land; and, when my eye roved over the most luxuriant cultivation on the zamindari side of it, nothing but waste lands presented themselves to my view, so far as I could see on the other. Inquiring into the cause of this vast difference, the answer given was, that 'cultivating amaneevarum lands is like eating milk and rice; but cultivating government puttah lands is like eating blood and rice!'"

It is, in truth, a system of serious and short-sighted cruelty. Whether the zamindari or the Raiyatwari tenure obtain, the general system, that of rack rents ad cash collections is gradually exterminating an industrious and frugal people, and turning a whole country of unexampled fertility, which had been cultivated for thousands of years before the Company's era began, into a howling wilderness. If zamindar be the channel of communication, he must make up his mind 'to play the tyrant with his Raiyats; fully aware that, whatever be the cause of the Irsal, or remittance, being delayed, interest at the rate of 12 per cent, will be wrenched out of him; and what is worse still, his zamindari may be attached, at the option of the collector, for the default of a single instalment.' This attachment, it appears, is a stretch of power beyond the regulations, which only authorise the attachment for the arrears of one year. The collector's 'discretion' is above 'regulation.' He adds, 'in my district the collector has a different course chalked out for him and pursues it without any regard to the regulation. A week before the due day of each instalment, he sends a circular notice to each zamindar in his district, to remind him that the ensuing instalment, of kist falls due on the 15th of that month, and that, if the same is not paid in time, his zamindari will be attached forthwith. This threat sets the Zamindari's people on the qui Vive and the turn to and bully Raiyats, until the Kist the raised.'

In this respect the Raiyatwari system is just the zamindari, with a slight difference. The collector, having no zamindar between him and the Raiyats, is unable to 'turn to and bully' them by deputy; and, instead of having only one reminder to threaten with confiscation, he has several thousand of Raiyats to gratify with that pleasing bit of intelligence.

What follows is so shocking, and so important, that we prefer to give it, word for word, as it, appeared in the printed queries, and Mr. Fischer's written replies. The character of the man, and his long experience in the Presidency, are in every way a voucher for the accuracy of his statement: What shore does the government obtain of the produce ?

After paying expenses of cultivation the government share of the produce is the whole, or nearly the whole. by produce of course is meant what remains after paying the expenses of production.

Is the assessment in theory or practice a permanent one ? The assessment is too permanent by far, both theoretically and practically. It is continued even after the land ceases to be able to pay it. Consequently, it is thrown up, and hence the large tracts of fine land lying waste in every district. It is the finest lands in general, that are waste from being too highly taxed.

There is some Nunjah (or wet) land in my Zamindari assessed at Rs. 18.10 per acre; Thottam (or, garden) lands at Rs. 8.9; and Poonjay (or dry) at Rs. 6-4: on much of which I am obliged to remit 25 per cent, of the kist, to get it cultivated; making up for such remission, by bringing all passible waste into cultivation. Seeing which it was, that a late Invidious and unscrupulous collector proposed to claim all lands in Zamindaries, that were waste at the time of the survey as belonging to government, and actually did seize and appropriate small portions, and was supported in it by the government, and by its judge, when the question was carried before the courts. The amount of the suits precluded my carrying in in appeal to England.

Are the same lands cultivated for any length of time by the same Raiyats ? The Raiyats are attached to their patrimonial lands, and will hold by them, if they will afford them subsistence.

Is the right of occupying land in your district saleable in the market, and at what price ? Whether leads are saleable or not depends entirely on their locality, and whether they are lightly, moderately, or highly assessed. For the assessment throughout the country is exceedingly unequal; it is having depended entirely upon the humour and character of the men who ware employed to establish it and upon the behaviour of the people at the time. If the government employee were hard-hearted and exacting, and the people of any place showed a spirit of independence or indifference, and did not propitiate the native establishment, it was laid on thick. But, If the government employees were considerate and lenient, and the people were submissive and well behaved, and forked out handsomely, they were lot off cheap. Hence the great inequality in the taxation between the Taluka of the same district, any, between the villages of the same Taluka. The collectors of this district have repeatedly reported, that many parts of the district were much overtaxed, and strenuously advocated a reduction; but those reports have all ended, as all rich reports do, with short-sighted and parsimonious government, in smoke.

Has the quantity of wasted and increased in your district, or diminished Wasted and has increased, is increasing, and ought to be diminished ?

Has any land, which is highly assessed, gone out of cultivation, and poorer soils been taken up in lieu of them ? The happened to a very great extent in this district.

Is the condition of the Raiyat better or worse, than at former periods within your recollection ? My experience extends over a space of 30 years, and is considerable, from my occupations of cotton grown and Indigo planter; and I should say that the condition of the Raiyat is much worse now than before; and it is daily growing worse.

Is more food and clothing consumed by the agricultural population now than formerly, within the memory of the present generation ? No, not so much.

Are remissions frequent and are they granted on account of the Raiyat's losses, or on the score of his inability to pay ? Remissions are unknown, except on occasions of extraordinary droughts, and failures of crops; when It is only given to save the Raiyats from utter ruin, deserting lands, or running away.

When a Raiyat is unable to pay his rent, and, if either distrained upon or granted a remission, is be allowed to cultivate his fields as before ? When a Raiyat is unfortunate, and once gets into arrears, and is unable to pay his rent, he goes down hill fast. The whole system is one of depression and ruin. Nothing is done to help, except, as I have said above, on very extraordinary occasions. He is coerced in every possible way; the gentlest of which is by bringing him to the Tahsildar's Cutcherry and keeping him there an unlimited time, away from his family and his fields. When all such means fail, his lands are sold, if they are worth sale, by the Circar, if they are not before told by the moneylender, from whom he has already got the utmost credit he can, to pay government with. Then he is booked and reported as nathady (a beggar) and set a drift to prey on society.

Do you know instances, where a remission has been granted to cultivator, who are too poor to pay, and refused to others who have been, in former seasons, more provident or successful? Such is the common practice, and is the source of much complaint.

Is the necessity for granting remissions a consequence of over assessment, or of causes connected with the habits of the people? The necessity for occasional remission is attributable to both causes over assessment and the improvident character of the people. Them has left them little or no means of accumulation; and this perhaps is the very origin of their improvidence.

'and this,' we may also say, 'is, perhaps, the very origin' of agrarian discontents and incorrectness, like that of Khandesh . INDUS. The Daily News, London, 3 February 1853.

परिशिष्ट : 3

Political
No.13 copy India Office
London 30th April 1861

To His Excellency The Honourable

1. The Government in Council the papers forwarded with the letter of your Excellency Government, No. 6, dated 26th January 1961, relating to the death of the Bheel Naik Kajee Singh and the capture of his son Pholad Singh by the hands of Rohideen, a Mukranee Jemadar, and a party of the Khandesh Police.

2. The records of your Government prove that Kajee Singh and his father before him instead of empowering the Bheels of the Satapura Range in the preservation of order and tranquillity have been for a long period of years, the main source of disturbance in the province and of detriment to its move peaceful inhabitants.

3. From the merciful consideration extended to Kajee Singh by your Government on more than one occasion he had every opportunity afforded him of a reformation twice he received pardon for grave offences and was restored to his situation of trust and responsibility. But kindness and conciliation failed to reclaim him for more than short intervals; the hereditary lawlessness of his nature was too strong; and he remained to the last, as Mr. Reenes states- 'A traitor and pest of Khandesh and the Northern frontier.'

4. From the proceedings before me, I observed that his career was marked by peculiar atrocity. On one occasion he tortured some persons to confess and went to such lengths that one died and two others were maimed for life effects of his cruelty and just previous to the gallant and successful attack upon him by Lieutenant Atkins and Probyon, on the 1st July he perpetrated a very cruel murder on one of his Murine followers. Mr. Mansfield writes- 'His capture or death was absolutely indispensable to the peace of the country.'

5. It was clearly incumbent on your Government to use every means in your power to uphold the supremacy of the law and give protection to the lives and properties of Her Majesty's subject in Khandesh. I do not, therefore disapproves of the reward offered for the capture of Kajee Singh and in reference of the subsequent that nothing cold be more carefully worded than the terms in which this offer was made known. Those terms cold offered no justification for the treacherous act by which Kajee Singh was deprived of life and Her Majesty's condemnation of this transaction and in your decision negativing the proposal to give reward to Rohideen and his associates.

6. I regret to observe evidence in there proceedings that the some attention as for merely does not appear to have been paid to the jus and humane policy sofrequently resorted to with success here tofore, for the reclamation from their predatory habits of the aboriginal tribes of ndia.Mr. Mansfield remarks- 'Though an officer belonging to the Indore Residency has always been nominally in charge of the Burwanee state, no one has ever reside there for any length of time or become personally acquainted with the Bheel Chiefs of the country. In an interview I had with some of them in 1858 they told me that they had nobody to seek redress from and where obliged to take the law into their own hands. Under such circumstances it is not surprising that the peace of the country has been disturbed and I hope that, with the view of preventing further disorder, Mr. Mansfield's judicious suggestion that Major Keating should assemble the Bheel Chiefs and then make a full report on their circumstances and means of subsistence and what measures are necessary for the future peace and security of the frontier has been adopted.'

7. I fed assured that I may trust to your excellency to maleate upon your officer's in Khandesh that successful results can only be obtained in their dealing with these wild and uncivilised tribes by blending conciliation with vigour and by the strictest honesty and the most scrupulous good faith.

I have the honour to the Hines's

C. Wood

Under Secretary to Govt of India.

परिशिष्ट : 4

Translation of 21 Articles of Agreement between the Durbar and the Bheels of Meywar.

1. You will not suffer at any time by men and houses being counted.

2. Men and women will not be weighed.

3. Mahomedans will not allowed to live in Rakab Deoji.

4. The murder of the Thanadar and sepoys in Padona and Bara Pal, & c., was a very great offences; still at your request it is pardoned. In future he who commits an offence will be punished.

5. Land will not be measured.

6. One-half of the Tisala fixed by the Jemadar Bal Govind, and which ever since that time has been taken from those who inhabit Pals, will he taken from you, and you are exempted from payment of the other half.

7. Arrangements will be made, so that the Kamdars may not give trouble to you at the time of Koonts (when the grain is measured), but there should be no procrastination or refusal on your parts in paying the proper amount of revenue.

8. Wherever you do not pay Koonta or share of produce of Kardhna (small grain), then it will not be taken.

9. No tax will be levied on mangoes and mohwa.

10. No custom-duty will be taken for mohwa which the Bheels bring for their own use.

11. The sowars of Patiya have hitherto taken the sum of twelve annas (12 Annas) for the Choki of Poonam, that sum will not be taken hereafter.

12. The Thanas will Act be increased in number.

13. Grass and wood will not be taken from the inhabitants of Pals without being paid for.

14. The amount received by the Pals of Biluk and Peepli from the

Bhandar (Treasury) of Shree Rakab Deoji will ever remain the same.

15. There will be no contract for opium, salt and tobacco.

16. In the Pal hills of the Mugga Pargana's there will be no contract for grass and wood.

17. During the past three years those who have been imprisoned will be set free upon a fine being paid by those who are able to do so.

18. The Dak-Hurkaras (postal runners) will be taken from the respective Pals through which the Dak (post) goes. The Political agent will be addressed on this point.

19. The Sirkaree sowars will not be kept up at the Chokis at which they are now posted as protectors of the road so long as you continue responsible as you have agreed to be for the safety of the road.

20. From pilgrims going to and from the shrine of Rakabnathji and that of Shree Nathji, the Bholai will be taken according to ancient custom.

21. In the Pals Koonta or share of grain will not be taken from the Jogis and Dhobis who have never paid it, and they must do the Raj business according to ancient custom.

Dated Baisakh Badi 5, Summut 1937, corresponding with 19 April 1881.

परिशिष्ट : 5

Times Of India, August 21, 1885

The liberty still enjoyed by Tantia Bhil, the notorious dacoit, is brought before us by a Correspondent. We have often referred to the case with which he commits his depredations, in spite of the efforts of the police to prevent him, and the still greater readiness with which he evades their futile attempts to capture him. Year by year the reports of the police administration of the Central Provinces reach us, and the burden of their song about the romantic dacoit is that he is 'still at large.' The repetition of this phrase becomes as monotonous as the ever-repeated report during the American Civil War that strenuous efforts were about to be put forth to terminate the rebellion, or the more recent tidings which used to be continuously sent from Mandalay that the 'King was still drunk,' or the still more recent telegrams which almost daily have informed us that negotiations with Russia continue with the prospect of a speedy and amicable termination. Those in charge of the hunt after Tantia Bhil seem to consider it such good sport that they prolong it as much as possible. If by chance they were to capture him they would be deprived of their sport, which in up-country stations affords employment during the day and subject Matter for talk over 'pegs' At night– and they would be unable to send in their periodic reports that, 'Tantia is still at large.' And in the meantime the robber goes on robbing those who have anything to rob cutting the noses off those who resist him or spy upon him, and defying the efforts of the administration to capture him. Our correspondent shrewdly, and perhaps cruelly, describes the position in the form of a dilemma- That Tantia must be a very clever man to escape and evade the police during the last seven years; or the police are non-efficient body seem patent. and in the words of Mr. Anstey in his recent 'farcical romance,' this dilemma is sounding its dread orans at the very door of the Police Administration. But it is doing more than this: it is imbruing the mind, of the people in the district with disloyalty; it is undermining the prestige of the executive; it is bringing, into contempt the British raj.

Tantia Bhil having reached notoriety will no doubt in time attain the dignity of A biography, but in the meantime it is difficult to gather up the fragments of description and rumour into a consistent whole. The police report are full of stories about his crimes, nor are his generosities omitted; but it is more than likely that incidents in which others have been the chief actors have been connected with him without just warrant. As romances require heroes to centre upon, so do heroes gather romance round them. It is thus with the dread dacoit Tantia Bhil. We find in the police reports that children being frightened by some sudden apparition of the notorious murderer stand still with fear by the wayside, but are reassured by the apparition dropping a rupee into their water pots. Then on another occasion he enters an enclosure where are gathered a wedding party in their gayest attire and wearing jewels to the value of some three or four thousand rupees. But be pardons them their wealth, assures them he has no intention of robbing or killing them, but wishes to see the owner of the village; then he presents the juvenile bride and bridegroom with a rupee each, and salaams himself away. Such stories are repeated from village to village, and as they spread they receive continual accretions, and in time reached the marvellous, and are then the more readily credited by the simple villagers. Thus the murderer becomes a hero at the cost of a little swagger and a few judiciously spent rupees. At times Tantia Bhil's activity is boundless, he follows up dacoity with dacoity, and then he becomes quiescent for a while and retires into hiding. Thus, for example, we read in the police report for 1883 that After the Hemgir dacoity on the 16th December 1882, he and his gang were next heard of in the Melghat Zamindari of the Ellichpur district, where two dacoities were committed in January. In the following month they appeared at the village of Rohini in the Nimar district to take vengeance upon the Malgujar of the village; but he, being absent, escaped with his life, while his house was plundered and burnt. Then on the 26th May he recommenced with a very serious dacoity in the Melghat Zamindari. In July again he showed himself for a moment only to disappear again. In the end of the September he issued once from his hiding place and committed several very serious and deliberate dacoities. In December some more dacoities were committed, and again in January, when it become apparent that his band was split up into two sections which were both out on the war path. Their activity did not abate, as was apparent from the police report, an extract from which has already appeared in our columns giving the history of Tantia Bhil's doings for the year. and an interesting and valuable contribution from a correspondent in the Berar's, which was published lately by our local contemporary, gave details showing how Tantia Bhil still slashes off roses and terrifies as well as robs the community in which he finds himself.

The immunity which Tantia Bhil enjoys suggests that, however clever a fellow he may be, his cleverness partly consists in gaining over to his support the police who go out in search of him- 'The police of the Central Provinces', we are informed by the correspondent to whom we have already referred, 'Are recruited from among the very tribes which it is their duty to restrain and repress.' and it is apparent that if the pay of the policemen is about seven or eight rupees a month while he may obtain something substantial as a bribe from a successful dacoity, committed, it must be remembered, by people who are his friends and perhaps his relatives, the temptation to be unfaithful is vey strong. The rural police do not enjoy the best of reputations, their ignorance and rapacity being notorious, and they are often so placed in the course of carrying out some skilfully laid plan to capture the dacoit that they are able to reveal their instructions to the criminals they are pursuing. It is not surprising that the plan should miscarry in such cases; but those in charge can hardly escape altogether from the blame of the miscarriage. The tendency in the Central Provinces is, we understand, to gradually replace the British element by native, and this process, if it be continued, must continually recruit the ranks of those who sympathise with the dacoits. The want of unity in the search, and the want of harmony between the officers, is admitted in last year's report 'During the past year,' we read, 'it has, however, been more than ever painfully apparent that the chief causes of the failure of our operations against, Tantia have been the dissensions, resulting from petty jealousy, between officers entrusted with conduct of those operations and the want of accord and co-operation on the part of the police of different districts.' It is high time that some measure, were taken to care the officers of their 'petty jealousy,' and to produce a better system in which 'accord and co-operation' may be restored to 'the police of different districts;' for the daring and effrontery of the dacoit must not be allowed to remain a notorious sandal, nor man the fair fame of the British Administration suffer through the 'petty jealousy,' of some subordinate officials.

संदर्भित पुस्तकें

1. बाबा भांड, जननायक तंट्या भील.

2. Gazetteer of the Bombay Presidency, Vol. XII.

3. Khandesh Bhil Corps, By A.H.A. Simcox .

4. Hunter, Sir William Wilson, Imperial Gazetteer of India, Volume 15. 1908-1931.

5. Evans Bell, Memoir of General John Briggs of the Madras Army; with Comments on some of his Words and Works, Chatto and Windus.

6. A.H.A. Simcox, Collector, East Khandesh, Khandesh Bhil Corps.

8. N. Benjamin and B.B. Mohanty, Imperial Solution of a Colonial Problem: Bhils of Khandesh up to c. 1850, Modern Asian Studies 41.

9. Maharashtra State Gazetteers, Jalgaon District (Revised Edition), Second Edition.

10. W. Gordon Gumming, Scenes In Camp and Jungle.

11. Gazetteers of Bombay Presidency, Vol. XII, Khandesh, Government Central Press, Bombay, 1880.

12. Maharashtra State Gazetteers, Ahamadnagar District (Revised Edition), Gazetteers Department, Government of Maharashtra, 1976.

13. R.C. Majumdar, The Sepoy Mutiny and Revolt of 1857, Published by Srimati S. Chaudhur, 4, Bipin Pal Road, Calcutta-26, 1957.

14. St. Nicholas, Brockenhurst, The Bheel Rebellion, India, 1825-40-Britain's Small Forgotten wars, Hampshire.

15. राजस्थान राज्य अभिलेखागार, उदयपुर कॉन्फिडेंशियल रिकॉर्ड्स, फाइल नं. 40, बस्ता नं 4.

16. S.C. Verma, The Bhil Kills, Kunj Publishing House, Delhi, 1908.

17. Charles Bali, The History of The Indian Mutiny, Vol. II, The London Printing and Publishing Company Limited, London.

18. R.V. Russell, Tribes and Castes of the Central Provinces of India, Vol. II, Macmillan and Co., Limited, London, 1916.

19. B.K. Sharma, Tribal Revolts, Pointer Publishers, Jaipur, 1996.

20. The Rewa Kantha Directory, Vol. I, Printed by Chakubhai Vakhatchand & Dhanji Ramji, Parmar Press, Rajkot, 1922.

21. The Mahi Kantha Directory Vol. I, Liberal Laxmi Printing Press, Rajkot, 1922.

22. Subhash Meena and Nitesh Pal Singh Meena, Historical Perspectives of Different Tribal Groups in India, International Journal of Interdisciplinary and Multidisciplinary Studies (IJIMS), 2014, Vol. 1, No.10, 48-57.

23. M.A. Ansari, Tribals in Criminal Web, Publication Scheme, Jaipur, 1987.

24. Gazetteer of Bombay Presidency, Vol. I, Part I, History of Gujarat, Government Central Press Bombay, 1896.

25. The Rajputana Gazetteer, Vol. II-A, Ajmer, 1905.

26. Report on the administration of the Dungarpur State for the Samvat year 1970-71 (A.D. 1913-14), Published by Authority Rawalpindi, Printed by J.R. Thapur & Sons at the Egerton Press.

27. Selections from the Records of the Bombay Government, No XXIII, New series, Part II, Bheel Settlements, Bombay Education Society Press, 1856.

28. The Asiatic Journal and Monthly Register for British India its Dependencies, London, Printed for Kingsbury, Parbury & Allen, Booksellers to the Honorable East India Company, Leadenhall Street, 1825.

29. G.N. Sharma (Edited), Social and Political Awakening among the tribals of Rajasthan, Centre For Rajasthan Studies, University of Rajasthan, Jaipur, 1947.

30. Rajasthan District Gazetteers, Banswara, K.K. Sahgal, Directorate, District Gazetteers, Government of Rajasthan, Jaipur, 1974.

31. Issues in Modern India History for Sumit Sarkar, edited by Biswamoy Pati, Popular Prakashan, Mumbai, 2000.

32. The Church Missionary Intelligencer, Vol. 51, 1900.

33. Margins of Faith: Dalit and Tribal Christianity in India, edited by Rowena Robinson, Joseph Marianus Kujur, Sage Publications, India, 2010.

34. V.K. Vashisth: The Bhil Revolt of 1913 under Guru Govindgiri, Proceeding of the Indian History Congress, Vol. 52 (1991).

35. डॉ. बृजकिशोर शर्मा, राजस्थान में किसान एवं आदिवासी आंदोलन, राजस्थान हिंदी ग्रंथ अकादमी, जयपुर, 9वाँ संस्करण, 2019.

36. सुभाष चन्द्र कुशवाहा, कबीर हैं कि मरते नहीं, अनामिका प्रकाशन, इलाहाबाद, 2020.

37. Stephen Puchs, Messianic Movements In Primitive India, Asian Folklore Studies, Vol. 24, No.1 (1965).

38. The Bhil Revolt of 1913 under Guru Govindgiri, Proceeding of the Indian History Congress, Vol. 52 (1991).

39. सुभाष चन्द्र कुशवाहा, अवध का किसान विद्रोह, राजकमल प्रकाशन, 2018.

40. Social and Political Awakening Among The Tribals of Rajasthan, Ed. G.N. Sharma, Centre for Rajasthan Studies, University of Rajasthan, Jaipur, 1986.

41. पृथ्वी सिंह महता, हमारा राजस्थान, हिंदी भवन, जालंधर और इलाहाबाद, 1950.

42. D. Graham, A brief historical sketch of the Bheel tribes, inhabiting the province of Khandesh, British Library, Historical Print Editions, 1843.

43. R.V. Russell & Hiralal, The Tribes and Castes of the Central Provinces of India, Vol. II, Asian Educational Services, New Delhi & Madras, 1993.

44. The Rajputana Gazetteer, Vol. I, Calcutta, 1879.

45. Rima Hooja, Rajasthan: A Concise History, Rupa Publications India Pvt. Ltd., 2018, Delhi.

46. Major A.K. Prasad, The Bhils Of Khandesh under The British East India Company, Thesis, University of Poona.

47. P.C. Jain, Christianity, ideology and social Change among tribals.

48. श्रीचंद्र जैन, वनवासी भील और उनकी संस्कृति.

49. Dr Ushakiran Agrawal, Psychological Aspects of Tantia Bheel's Revolution.

50. Charu Chandra Mukherjee, B.H. Dutt, The Life Of Tantia Bhil.

51. संपादक आचार्य चतुरसेन शास्त्री, चाँद, वर्ष 7, खंड 1, संख्या 1, नवंबर 1928.

52. चाँद का फाँसी अंक, स्वर्ण जयंती, दिल्ली 2009.

53. Major A.K. Prasad, The Bhils Of Khandesh under The British East India Company.

54. Evans Bell, Memoir of General John Briggs of the Madras Army; with Comments on some of his Words and Works.

55. Shashank Kela, A Rogue and Peasant Slave: Adivasi Resistance, 1800-2000.

56. Arvind M. Deshpande, John Briggs in Maharashtra: A study of district administration under early British Rule.

57. Ajay Sharika, Being Jangli: The Politics of Wildness.

58. Alf Gunvald Nilsen, Subalterns and the State in the Longue Dure: Notes from 'The Rebellious Century' in the Bhil Heartland.

59. Bipin Chandra, Mridula Mukherjee, Aditya Mukherjee, Sucheta Mahajan and K.N. Pannikar, India's Struggles for Independence, Penguin books, 1989.

60. डॉ. शिवनारायण यादव, 1857 स्वाधीनता संग्राम में जनजातीय बलिदान.

61. Sir John Malcolm, Kingsbury, Parbury and Allen, A Memoir of Central India, Including Malwa, and Adjoining Provinces: With The History, and Copious Illustrations of The Past and Present Condition of the Country, London, Volume 1 & Volume 2.

63. Jannayak Tantya Bhil and the Peasant and Tribal Movement: Source Material, Baba Bhand.

64. Imperial Gazetteer of India, Provincial series, Bombay Presidency, Vol. I.

65. डॉ. शिवनारायण यादव, 1857 स्वाधीनता संग्राम में जनजातीय बलिदान.

66. Stewart Gordon, The New Cambridge History of India, II-4, The Marathas 1600-1818.

67. Sashi Bhushan Chaudhuri, Civil Disturbances During the British rule in India (1765-1857)

68. Hussain Ghulam, Bhil In Pakistan.

69. चाँद, वर्ष 7, खंड 1, संख्या 1, नवंबर 1928.

70. Baba Bhand, Jannayak Tantya Bhil and the Peasant and Tribal Movement: Source Material

71. सुभाष चन्द्र कुशवाहा, चौरी चौरा विद्रोह और स्वाधीनता आंदोलन।

News Papers

1. Aberdeen Evening Express
2. Bangalore Spectator
3. Belfast Commercial Chronicle
4. Belfast Telegraph
5. Bell's Weekly Messenger
6. Birmingham Daily Post
7. Birmingham Mail
8. Bombay Gazette.
9. Border Watch (Mount Gambier, SA)
10. Boston Guardian
11. Bradford Daily Telegraph
12. Burton Chronicle
13. Calcutta Gazette
14. Colonies and India
15. Congleton & Macclesfield Mercury and Cheshire General Advertiser
16. Cornish Times
17. Cumberland Pacquet and Ware's Whitehaven Advertiser
18. Daily Herald
19. Daily Telegraph & Courier, London
20. Downpatrick Recorder
21. Dublin Daily Express
22. Dublin Evening Post
23. Dumfries and Galloway Standard
24. Edinburgh Evening News
25. Englishman's Overland Mail
26. Evening Mail
27. Evening News (Sydney)
28. Exmouth Journal
29. Falkirk Herald
30. Field

31. Friend of India and Statesman
32. Geelong Advertiser (Vic)
33. Glasgow Herald
34. Globe
35. Halifax Courier
36. Hampshire Advertiser
37. Hereford Journal
38. Homeward mail from India, China and East
39. Illustrated London News
40. Jackson's Oxford Journal
41. Kentish Weekly Post Or Canterbury Journal
42. Lancashire General
43. Lancaster Gazette
44. Leader, Melbourne, Victoria
45. Liverpool Standard and General Commercial Advertiser
46. London Courier and Evening Gazette
47. London Daily News
48. London Derry Sentinel
49. London Evening Standard
50. Madras Courier
51. Manchester Courier
52. Mayo Constitution
53. Montrose, Arbroath and Brechin Review; Forfar and Kincardineshire Advertiser
54. Morning Advertiser
55. Monmouthshire Merlin
56. Morning Post
57. Mount Gambier (SA)
58. Newcastle Courant
59. New York Times
60. North Devon Gazette
61. North Wales Chronicle
62. Norwich Mercury
63. Nottingham Evening Post
64. Pall Pall Gazette

65. Reynold's News Paper
66. Royal Cornwall Gazette
67. Saint James's Chronicle
68. Saunders's News Letter
69. Sheffield Independent
70. Sherborne Mercury
71. ST James's Gazette
72. Star (London)
73. Stirling Observer
74. Sun (London)
75. Surrey Mirror
76. Taunton Courier and Western Advertise
77. The Aberdeen Journal
78. The Age (Melbourne)
79. The Atlas
80. The Colonies and India
81. The Daily News, London
82. The Daily Post
83. The Derby Mercury
84. The Evening Chronicle
85. The Evening News
86. The Glasgow Daily Herald
87. The Globe and Traveller
88. The Homeward Mail
89. The Illustrated London News
90. The Illustrated Sporting and Dramatic News
91. The Inquirer and Commercial News (Perth)
92. The Kadina and Wallaroo Times (SA)
93. The Manchester Courier and Lancashire General Advertiser
94. The Mercury (Hobart)
95. The Mercury
96. The Mid-Surrey Times
97. The Naval Military Gazette and Weekly Chronicle of the United Service
98. The North Briton

99. The North London News and Finsbury Gazette
100. The North-Eastern Daily Gazette
101. The People and Collectivist (Sydney)
102. The Preston Chronicle and Lancashire Advertiser
103. The Queenslander (Brisbane)
104. The Royal Gazette
105. The Scotsman
106. The Star
107. The Sydney Mail and New South Wales Advertiser (NSA)
108. The Times Of India
109. Tribune (Melbourne)
110. Western Daily Press
111. Western Mail
112. Woman's Dreadnought
113. World's news (Sydney)
114. Yorkshire Gazette
115. Yorkshire Post and Leeds Intelligencer